KB137813

집중과 영혼

일러두기
• 인용 문헌은 각주를 통해 밝히고, 이어지는 글에서 같은 출처를 인용할 때는 (이름, 출판 연도, 쪽수)로 본문에 삽입했다.

집중과 영혼

영도零度의 인문학과 공부의 미래

김영민 지음

글항아리

서언

미래에서 다가오는 기별을 들을 수 있을까? 아무도 묻지 못한 질문을 공들여 조형함으로써 인간의 가능성을 내다볼 수 있을까? 인간이라는 지금의 무늬(人紋)는 오랜 과거와 먼 미래를 잇는 진화의 율동에 어떻게 조응하고 있을까? 물질과 의식과 언어의 임계를 넘어 쉼 없이 나아가는 인간의 정신사를 '집중'으로써 통으로 조망할 수 있을까? 생명체 중 유일하게 자기 초월의 좁은 길에 들어선 인간의 삶과 죽음에서 '영혼'의 자리는 어떻게 갱신될 수 있을까? 놀라운 이 생명과 정신의 도정에서 '공부'의 의미와 가치는 무엇일까? 인간은 이 광대무변한 시공간 속에서 구원의 소식이 될 수 있을까?

'인간만이 절망'이라고 했건만, 그 인간의 정신에 빛이 깃들 수 있는 희망을 살폈다. 현실에 터하면서도 그 현실성이 가능성과 어울리는 길목을 더듬었다. 우주와 세상의 변화 앞에서 자기 생각을 낮추며, 굳이 이해를 구하지 않고 오히려 더불어 '되어' 가고자 애썼다.

1장

—

집중,
인간이다

—

1. 애착

사탕 하나를 입에 물고 있어도 그 쾌감은 자족(自足)을 위해
체계를 만들며, 그 맛의 긍지 속에서 궁지(窮地)로 졸아든다.
'질투'스러운 감정들이 변명 없이 증명해주는 것처럼, 욕망은
점(유)성(占性)으로 치닫고, 그래서 점성(黏性)으로 무장한다.
물론 리비도(libido)의 자폐적 순환을 막는 방식이 없진 않다.
그러나 이른바 리비도의 그 악명 높은 점착성(Klebrigkeit) 탓에
사태는 자주 혼란스러워지고 악순환의 고리 또한 여간 성가셔
보이지 않는다. 애착은 생명의 진화사 일반에서 어떤 자리와 방
향을 차지하고 있을까? 언젠가 나는 어느 영화관 의자에 앉았
다가 바지에 껌이 붙어 고생한 적이 있다. 나중에 그것을 말끔
히 지워낸답시고 섣불리 연필깎이 칼을 놀렸다가 천이 터져서
결국 옷까지 망치고 말았다. 아예 껌을 금기시할 수도 있겠지
만, 문제는 껌이 있을 자리와 그 운용의 조건이다. 인간의 지혜
라는 것을 구상화해볼 수 있다면, 필시 '맹목의 점착' 혹은 자폐

적 순환을 슬금하게 굽어보는 시선과 닮아 있지 않을까?

자신의 애인이나 배우자를 죽이는 사건은 동서고금을 막론하고 끊임없이 발생하는 비극이다. 근년의 통계치에도 적시되고 있듯이, 성년에 이른 여자가 살해당했을 경우 일차적 용의자로 그녀의 애인이나 배우자를 의심해야 할 만큼 그 비율은 압도적이다. 이런 사건들을 참새가 담장에 머무는 시간만큼이라도 헤아려보면 사랑이라는 만화경 아래 복류, 비등하고 있는 리비도적 애착의 실상이 단면적으로 드러나는데, 이 주제는 이상할 정도로 진지한 관심을 끌지 못할 뿐 아니라 생활의 지혜 속에 내려앉지도 못한다. 사뭇 불나방의 꼴을 연상시키듯, 마치 무슨 구조적인 맹점에 지펴 있는 듯하다.

물론 사회적 상식은 대중의 온건한 일상을 위해 비교적 공고하게 안정화되어 있는 지식의 굴레이므로 너무 예리하거나 심오하지 않아야 할 것이니, 이런 유의 무지 혹은 무시는 일견 이해할 만도 하다. 정신분석적 지식이 흔히 그러하듯이 너무 예리하면 자신을 보호하기 위해서라도 외려 만지고 싶지 않은 욕망이 반동적, 저항적으로 생겨나기도 하고, 너무 심오하면 탐색의 도정에서 끝내 지쳐 이윽고 상식의 표면으로 되돌아 나오게 되기 때문이다. 아무튼 사회적 적응의 막을 깨고 나와서 공부와 분석의 좁은 길로 나서는 일은 예사 노릇이 아니다. 경계를 넓히고 상식에 틈을 내는 자마다 점착의 귀신들에게 보복당할 것인즉! 남자들이 애인과 아내를 죽이게 되는 현실적인 경우의 수는 다양하겠지만, 대개의 사건에 공통으로 흐르는 이치는 앞서 말한바 점유와 점착의 게토를 파들어가려는 리비도적 관계의 일반적 특성으로 유추해 해명해볼 수 있을 것이다.

천변을 산책하다보면 쓰레기 등속이 적체된 채 물길을 막아 악취를 풍기며 썩어가는 곳을 흔히 볼 수 있다. 강이란 강은 죄다 녹조(綠藻) 밭이 되어버린 탓에 수영은커녕 잠시 발을 담그기조차 쉽지 않다. 바다에서 나온 물고기를 먹을 수 없고, 강에서 먹을 감을 수 없는 세상은 다만 오염된 세상이 아니다. 이는 이미 불길불상(不吉不祥)한 곳으로, 그 기미와 징조에서 종말론적 기운을 읽어야 마땅하다. 나는 21세기를 살아가면서도 치산치수(治山治水)가 여전히 관료 행정의 기본이라 여기는 사람이라서 생각이 다소 편벽되었다고 치자. 그러나 특히 근년 들어 강과 바다가 변해가는 꼴을 번연히 목도하면서도 여전히 개발과 행복을 복창하고 있는 이들의 '생-활(生-活)'은 대체 어디에 있단 말인가. 제행(諸行)이 무상(無常)하고 짙은 색(色)조차 하아얀 공(空)임을 간취하진 못하더라도, 한곳에 고집스레 쌓이면 막히고, 막히면 상한다는 것은 그리 어려운 이치가 아니다. 그러나 생명의 순환 속에 자연스레 귀의하는 모든 동식물과 달리 인간의 갖은 욕망이 부리는 리비도적 애착은 마치 점성 좋은 껌같이 오직 그 장소, 그 시간, 그 관심만을 고집하며 비켜나지 않는다. 껌은 바지를 모르지만, 필경 파괴적으로 바지를 고집하는 것이다.

애착 혹은 이에 따르는 섣부른 동일시(Identifizierung)는 대체물을 얻지 못하리라(못했다)는 불안과 우울, 혹은 욕망의 대상을 대체하지 못하는 일종의 무능력과 관련되는 증상이다. '무능'이라고 했지만 이것은 사회적 능력의 문제로 옮아갈 수밖에 없는데, 그 이전에 리비도의 성분에 의해 우선적으로 좌우된다. 바지에 붙으면 좀체 떨어지지 않는 껌과, 이몽룡을 일편단심으로 고집하는 춘향이를 등치시킬 순 없지만, 그 구성적 유사성은 생각보다 중요하다. 당연히 미생(尾生)의 포주신(抱柱信)과 같은 춘향이의 단심(丹心)은 당대의 이데올로기에 의해 오염되어 있다. 진정한 이데올로기가 그 내용과 형식의 완벽한 일치에 의해 가능해진 충실성이라면, 수많은 열녀 열사, 순교자, 그리고 춘향이와 로미오들의 행위에는 마침내 맹목에 이르기까지 텅 비어버린 충실성이 자리한다. 텅 비어 순수해지면 그것은 어느 순간 제어할 수 없이 아름다워진다. 아름다움과 어리석음과 법열(法悅) 따위는 이런 식의 무시무시한 등치를 그 비밀로 내장하고 있다.

그러므로 충실성이 충실하면 할수록 그것은 동어반복이 될 수밖에 없다. 자신의 행위(형식)와 그 행위를 내적으로 뒷받침하는 이데올로기적 신념(내용) 사이에 생기는 균열은 곧 의심이며 불충이고, 불순이며 이단인 것이다. 이렇게 충실 혹은 단심이라는 현상이 맹목화되는 것은 바로 그 현상의 논리상 자연스럽다. 요컨대 신(神)을 위해, 사랑과 진리를 위해, 조국과 민중을 위해, 그리고 당신을 위해 단 하나의 행로를 고집하는 것은 이미 그 속에 병적인 계기를 품고 있는 셈이다. 아, 왜 그토록 사랑의 집요는, 신앙과 애국의 충실은 진선미(眞善美)를 향한 물매가 지독한지 아는가? 욕망의 대상에 매몰된 채 그 현실적인 대체 가능성의 지평이 닫힌 것, 자신의 행위와 그 신념 사이에 오가는 서늘한 의심의 바람들을 경쾌하게 느낄 수 없는 것, 선택했다는 바로 그 사실 탓에 그 사실을 선택 이상의 불침불변(不侵不變)의 도그마로 굳혀버리는 것. 이런 것들은 이미 인간이 스스로의 자유를 포기했다는 증표들이다. 물론 다시, 자유라는 현상은 여전히 자연스러운 일이 아님을 기억해야 한다.

2. 연기(延期)

가령 욕망의 목적을, 그 리비도의 운동을 유예하거나 저지할 수 있다면 어떤 일이 생길까? 껌이 바지에 붙는 나태한 재미를 포기한 채 입속을 유연하게 돌아다니게 함으로써 그 깨끗하고 체계적인 소멸을 진작에 깨닫게 만든다면? 물론 리비도의 전부가 마치 껌이 바지에 붙는 것과 같이 적나라하고 나태한 파괴적 해소(解消)로 건몰아가지는 않는다. 동물의 왕국과 달리 인간사회는 자신의 에너지를 요령 있게 분배하고 배치하는 데서 시작되기 때문이다. 그리고 바로 이 배치는 만족과 해소를 향해 팽배해진 에너지를 시의적절하게 제지하고 유예하는 기술에 다름 아니다. 문명과 문화 일반의 논리가 이러한 저지와 유예의 기술에 터하고 있다는 사실은 뻔한 지적이다. 사랑이 저지와 유예가 아니라면 무엇인가, 종교가 저지와 유예가 아니라면 무엇인가, 정치가 저지와 유예와 (재)배치가 아니라면 대체 무엇인가?

인간을 일러 유예의 지평 속에서 '약속할 줄 아는 존재'(니체)

라지 않던가. '약속하기'에는 인간의 인간됨을 알리는 가장 중
요한 가능성들이 빼곡히 들어차 있으니, 역시 니체의 지적은 족
집게가 아닐 수 없다. 예를 들어 우리가 '사랑'이라고 이름하는,
리비도에 터한 사회적 친화성은 남녀 사이의 성적 관계가 긴 세
월에 걸쳐 적절히 제지되고 유예되면서 그 관계의 문화제도적
안정화와 세련되게 동서(同棲)하게 된 일련의 정서를 가리킨다.
물론 사랑이나 질투와 같이 제법 세련된 정서의 조형은 인간사
회의 특유한 문화적 진화와 적응—복잡다기한 관계망의 장구
한 역사 속에서 쉼 없는 상호작용*이 낳은 표정의 다양성과 복
잡성을 포함해서—과도 깊이 관련된다. 내 판단에는, 사랑이
리비도의 흐름을 우회하거나 유예하거나 변형하거나 재배치하
는 중에 문화사회적 선택을 거듭해오면서 하필 '정서적'으로 세

---

* 자의식적 존재를 향한 인간의 진화사에서도 주객의 '상호작용'은 결정적인 형식인데,
특히 인간 주체의 생성에 '구성적'이라는 점에서도 그러하다. 좀더 일반적으로 말하자면,
뇌(brain)는 외계의 다양한 자극들과 몸의 반응이 더불어 조율하는 상호작용, 즉 넓은 의
미의 '운동'을 생성시키는 기관이다. 잘 알려진 것처럼 식물의 뇌가 생존에 쓸모없는 이유
는, 식물은 붙박이 생물로 원칙상 운동(근수축적 상호작용)을 하지 않으며, '운동'처럼 보
이는 현상도 필경 '생장(生長)'의 일종이기 때문이다. 상호작용으로 촉발되는 진화의 움직
임은 무소부재의 흐름이며, 이 흐름 속에서 개체는 자기이해를 살피고 따질 겨를도 없이
반응하고 응답한다. 자기이해는 추후에야 가능해지는 회고적 시선에 잠시 맺힐 뿐이다. 상
호작용(interactions)은 매우 일반적으로, 모호하게 사용되는 용어이지만, 이것이 인간의
의식/마음의 생성과 관련될 경우 몸과 마음 사이의 상호작용은 비대칭적이며, 이 같은 비
대칭성은 자연계의 갖은 상호작용에서 예외적인 현상이 아니다. "이렇게 평행하는 현상의
깊은 내면에는 몸에서 일어나는 사건을 마음에 표상하는 메커니즘이 자리잡고 있다. 마음
과 몸이 비록 같은 발판을 딛고 있지만, 지각하는 사람에게 표상되는 한 이러한 현상을 뒷
받침하는 메커니즘에는 비대칭적인 면이 있다. 대개 이 현상은 몸이 마음의 내용을 구성하
는 방향으로 이루어지고, 그 반대 방향으로 일어나는 경우는 그보다 적다. 반면 마음의 관
념은 서로 상승 작용을 일으킬 수 있지만, 몸의 경우에는 그런 일이 일어날 수 없다." 안토
니오 다마지오, 『스피노자의 뇌』, 임지원 옮김, 사이언스북스, 2007, 251~252쪽.

집중과 영혼

련화되고 예민해진 길을 택한 것은 논란의 여지가 있어 보인다. 정서적인 세련화와 예민화는 성적 평등을 향한 도시사회화 과정을 배경으로, 성적 관심과 관계가 훨씬 복잡다단해지면서 우발적인 접촉의 가능성이 무제한적으로 높아진 세태와 관련이 깊어 보인다. 신분제에 묶이고 농경에 집중하며 출산과 양육의 노동이 지금의 수십 배에 달했을 법한 전근대 사회 여염집의 일부일처제를 상상해보면, '성적 관심과 관계의 다양화 및 세련화'라는 게 어떤 의미인지 어렵지 않게 납득할 수 있다. 어쨌든 여기에는 사랑의 진화사에서 줄곧 그 배경과 여건이 되어온 자본주의적 세태와 문화가 자리하고 있지만, 이는 짧게 치고 지나갈 논제가 아니므로 다음 기회를 노리기로 한다.

다른 예를 들어 '아버지'라는 관계는 리비도의 목적을 유예하거나 저지하는 데 있어 어떤 위치에 있는가? 혼인식에서 아버지가 딸을 신랑에게 넘겨주는 형식의 절차는 이 점에서 묘한 표식이 된다. 이는 가부장(長)이 자신의 소중하고 파손되기 쉬운 재산을 안심하고 맡기는 행위에 머무는 게 아니다. 아는 대로, 딸이 커서 다른 곳으로 시집가는 일은 인류학적으로는 인륜(人倫)의 초석이 되는 사건이다. 한 곳의 남성 지배자가 자신의 딸을 포기하고 적절한 법식에 의해 다른 곳의 남자에게 넘겨주는 일은, 이제야 그저 '당연'한 것이지만 (한때 '교환'이라는 행위가 결코 자연스럽지 않았듯이) 워낙 '자연'스러운 과정이 아니었다. 혼인은, 앞서 말한바 '약속'이 갖는 인간스러움의 구조와 조건을 가장 당당하고 화려하게 갖춘다. 그 정성스럽고 이채로운 예식이 우아하게 숨기고 있는 점들을 알아채기는 쉽지 않다. 딸의 아버지나 신랑의 어머니를 위시해서, 마치 아무 관계조차 없(어 보이)는 그 밖의 남녀들이 어떤 욕망의 연기와 유예 속에서 이 성대한 잔치에 안전하고 즐겁게 참여하고 있는지를 알아채기는 차마 쉽지 않다.

그렇다. 인간의 과거는 길고, 이 장구한 터널과 그 어둠은 자신의 과거였다는 사실조차 외면하도록 만들기에 족하다. 입술과 스파게티에서 항문과 똥으로 이어지는 터널조차 내 것으로 통합하기가 그리 쉬운 일은 아니잖은가? 깊은 욕망과 관련된 분석적 지식이 늘 신체의 통증과 같은 저항을 거슬러 확보되듯이, 충동을 저지하거나 유예하면서 바로 그 충동이 제법 얌전하게 숨을 수 있는 방식으로 이를 분산시키는 '문화적 자의성의 건축'은 결코 쉽지 않은 노력의 열매였던 것이다. 굳이 덧붙이자면, 실권을 쥔 남자들이 제 영역의 여자들에 대한 욕망을 제지, 유예, 변형 혹은 재배치하는 문화제도적 승화의 기법에 동의하기까지의 과정은 제 깜냥에서나마 제법 혼란스러웠다. (주로 고중세의 여러 기록에 의하면 가부장을 포함한 남자들이 같은 집안에 소속된 여자들을 성적 순환의 고리에 붙들어둔 경우가 더러 확인되며, 특히 높은 신분층에서는 동성애와 더불어 이런 풍습이 특권적으로 제도화된 것을 알 수 있다.) 혼인 예식의 한 줄기는 그 딸의 아버지와 남편 사이에서 벌어지는 권리 이전의 상징적 표지인 셈이지만, 지금이야 그저 매너리즘일 뿐이다. 그래도 구태여 버르집어 말하자면, 이로써 아버지 혹은 이에 버금가는 남성들은 자신의 딸과 누이를 리비도적/성적 전유의 자폐적 내부 고리로부터 해방시키는 전향적 관습에 동의하게 되는 것이다. 이른바 천기(天機)가 사람의 의식을 매개로 기동하기 시작하는 천운의 실마리라면, 내 딸을 내 집에서 다른 집으로 옮겨 보내는 일은 인류라는 생물 종이 바야흐로 새로운 지평에서 새로운 생활을 시작하게 하는 실마리였다고 할 수 있다.

그러나 보론(補論)처럼 얘기하자면, 이 지평에 올라선 이후에도 '아버지는 여전히 이상'하다. 아버지는 영영 그 새로운 역할에 충분히 동화되지 않는 법이기 때문이다. (조금만 깊이 상상해 보면, 어머니는 괴상하고, 아버지는 수상하다! 그리고 자식의 부모가 둘이라는 사실은 아무래도 기이하다.) 인간이 긴 문화적 진보 과정을 통해 구성하고 비교적 안정화시킨 가족 삼각형의 시스템은 동물계 일반에서 극히 예외적이다. 어렵잖게 짐작되듯이, 특히 수컷(아버지)이 일부일처의 가정이라는 이 오이디푸스 삼각형 속으로 순치되어 들어온 길은 유례없는 우여곡절의 명암으로 점철되어 있다. 가령 힘 있는 남성들이 구가해온 여러 형식의 일부다처제는, 정확히 힘 있는 수컷이 어느새 자상한 아버지로 변신하는 과정에서 가장 흔히 찾아볼 수 있는 절충형이다. 엥겔스의 유명한 설명 방식을 원용하자면, 이른바 '일도이비삼창(一盜二婢三娼)' 속의 여종(婢)이 조선조 600년의 남성 지배사 속에 배치된 자리야말로 이런 절충적 구도에 편입된 전형적인 모습이랄 수 있다. 엥겔스는 일부일처제로 옮아가는 역사제도적 과정에서 여종과 같은 여성 노예제의 병존 현상을 통해 남성의 일부다처제적 기호를 비판적으로 역추적한다. 물론 여종이 사라진 지금은 그 신분 계층적 차이에서 생기는 성적 효용을 자본주의적 교환제가 흡수했고, 이로써 남성의 성적 지배성도 대략 화폐의 함수로 재배치되고 말았다. 일반적으로 말해서 '시장이 전통을 대신했다'고 하듯이, 종래의 지배관계는 시장과 자본이라는 평등자의 매개를 거치면서, 그 평등의 단물을 채 빨아먹기도 전에 새로운 지배관계로 변해간다. (그러나 성기와 영혼을 사고팔수 있는 이 시대에도, 시대의 도착적 진보에 적응하지 못하는 수상한 아버지들이 상존한다는 사실은 이상하리만치 '백안시'될 뿐이다.)

엥겔스 혹은 당대의 인류학적/정신분석적 보고의 세례를 받은 일부 좌파는, 이를테면 침팬지보다 보노보의 경우를 본받아 (!) 모계사회를 대안으로 찬양했다. (물론 이 대안은 '수상한 아버지'에 얽힌 진화론적 심리학을 면밀하게 검토한 결과물이 아니었다.) 일처다부제는 자연사적 근거가 빈약하며 역사적으로도 드물다는 상식에는 대체로 동의한다. 다부(多夫)보다 다처의 형식이 현실적으로는 진화적 우성(優性)으로 기능했다는 것은 역사와 자연을 통틀어 어렵지 않게 확인되며, 널리 알려져 있듯이 동물행동학이라거나 진화생물학의 입장도 이를 강화해주고 있긴 하다. 그러나 그 논의의 일부가 지배이데올로기 논쟁에 강하게 잡혀 있어서, 가령 아도르노의 주장처럼 '역사를 자연처럼 자연을 역사처럼' 공평하고 포괄적으로 해명하기란 쉽지 않다.

여기서도 반복되는 주제이지만, 대개 사태의 진상은 아쉽게도 진보의 끄트머리에서 잡히는 게 아니다. 예를 들면 '견(狷)'은 '성급하다'와 함께 '절의를 지켜 지조를 굽히지 않다'라는 좋은 뜻을 품고 있지만, 여기서 반걸음만 성급해지면 곧 '광(狂)'에 이르고 쉽게 광포편벽(狂暴偏僻)에 빠져, 중용(中庸)의 빛으로 차분하고 널리 살펴 공평을 구하는 데 크게 미치지 못하게 된다. 그러므로 극성(極盛)하려는 강성(強性)이라면 좌우와 보혁(保革)을 가리지 않고 자가당착의 난감함에 빠지게 된다. '수상한 아버지'의 테제도 필경엔 이 자가당착의 난감함을 나누어 가진다. 긴 진화사의 난감한 곡절을 배경으로, 아버지라는 개체는 역시 자연의 이기주의와 문화제도적 억압 사이에서 우왕좌왕한다. 어머니와 여자가 병존할 수 있는 자리를, 아버지와 남자는 아직도 찾지 못하고 있다. 비록 애초에 어머니가 그 남편을 제아무리 따지고 살펴 골랐더라도, 이 남편이라는 아버지는 여전히 성적 리비도의 순환이 시작되는 지점과 끝나는 지점을 혼동하면서 '질러가는 길이 먼 길'이라는 이치를 이해하지 못한다.

나는 종종 내 부모가 둘이라는 사실이 혼란스러웠다. 아주 늦게, 그 길이 인간이 영혼으로 가는 길임을 깨치긴 했지만, 여전히 어머니와 아버지라는 결코 어울리지 않는 두 개체의 겹침이 내 기원이라는 사실은 기묘한 낭비(?)처럼 생각되었다. 물론 그

것은 낭비가 아니다. 아니, 실로 과도한 낭비 없이 새로운 생산
은 불가능하다. 족외혼(exogamy)이나 이계교배 혹은 좀더 근원
적으로 유성생식에 이르기까지, 이른바 '타자'를 만나서 생존의
가지를 쳐나가는 생명 조류의 이치에는 무한한 우주 속으로 열
려 있는 존재의 알 수 없는 가능성이 번득이고 있다. 고인 물은
썩는 법이니, 무릇 에너지(리비도)의 운반과 순환에는 개방된
지평과 새로운 절합이 필요하다.

근친상간의 경우에는 여전히 논쟁적이긴 해도 유전자적 소인
으로부터 문화제도적 규율*에 이르기까지 그 배제의 메커니즘

---

* 근친상간 회피의 생물학적 근거가 여전히 결정적이지 못한 가운데, 널리 알려진 정신
분석(프로이트)을 비롯해 사회학적이거나 진화인류학적으로 설명하려는 노력이 적지 않
다. 마빈 해리스는 "근친상간 금기는 결국 교환 원리의 또 다른 표출"이라고 정리하면서,
밴드(band) 내에서의 혼인 금지는 "그 집단이 너무 작아 이웃 집단과 평화적이고 협동적
인 관계를 맺지 않고서는 스스로의 힘만으로는 생물학적-심리적 욕구를 채우거나 제거하
는 데 한계가 있기 때문"이라고 설명한다. 마빈 해리스, 『작은 인간』, 김찬호 옮김, 민음사,
1995, 192, 197쪽. 한편 통섭(consilience) 개념으로 유명한 에드워드 윌슨은, 자신의 절
충적, 통섭적 태도를 유지하면서 환경과 유전자 사이의 격절을 지양하고 이를 연속적으로
이해할 수 있는 매개적 개념으로 '후성 규칙(epigenetic principles of evolution)'을 제시
한다. "문화는 공동의 마음에 의해 창조되지만 이때 개별 마음은 유전적으로 조성된 인간
두뇌의 산물이다. 따라서 유전자와 문화는 긴밀히 연결되어 있다. 하지만 이 연결은 유동
적이다. 얼마나 그런지는 불명확하지만 말이다. 또한 이 연결은 편향되어 있다. 즉 유전자
는 인지 발달의 신경 회로의 규칙적인 후성 규칙(後成規則, epigenetic rules)을 만들어내
고 개별 마음은 그 규칙을 통해 자기 자신을 조직한다. 마음은 태어나서 무덤에 들어갈 때
까지 성장한다. 물론 자기 주변의 문화를 흡수하면서 성장한다. 하지만 그런 성장은 개체
의 두뇌를 통해 유전된 후성 규칙들의 안내를 받아 이뤄진다." 에드워드 윌슨, 『통섭, 지식
의 대통합』, 최재천·장대익 옮김, 사이언스북스, 2008, 232쪽. 윌슨에 따르면, "근친상간
회피와 같은 행동 등에 대한 연구는 동물의 강한 본능이 인간 행동의 후성 규칙들로 번역
될 수 있음을 보여"(339쪽)준 사례이며, 나아가 '인간 본성'도 유전자나 문화의 산물이 아
니라 후성 규칙들로 이루어져 있다.(291쪽) 윌슨은 근친상간 억제를 가장 오래된 후성 규
칙으로 보고, '언어습득(language acquisition)'은 10만 년 남짓의 역사를 지닌 최근의 것
(376쪽)으로 여긴다.

이 사뭇 보편적으로 깔려/널려 있는 듯하다. 그러나 '딸을 범하는 아버지'라는 극단적인 문제가 아니라도, 이 경우와 같은 여러 형식의 '헤어질 수 없는' 애착, 그리고 이로 인한 리비도의 자폐적 순환과 그 후유증을 막는 장치는 이미 인간 문화 속에서 널리 응용되고 있다. 농경의 활법을 위해서는 관개(灌漑)가 필요한데, 관개는 수로(水路)를 잇고 끊으며 열고 닫는 일이듯이, 인간들의 문명문화적 건축을 위한 에너지의 활법도 어디에서 잇고 어디에서 끊는가 하는 문제가 그 요체이기 때문이다. 예를 들어 '사위 사랑은 장모, 며느리 사랑은 시아버지'라는 속담은, 인간적 삶의 활법을 위한 에너지의 흐름을 개폐하고 단속하는 노릇을 슬쩍 짓궂게 건드려본 것이다.

승화(Sublimierung)라는 말에 압축되어 있듯이, 가장 흔한 형식은 리비도 에너지의 충동적이며 최종적인 충족을 연기하고, 이 연기되어 재분배된 에너지의 엔진을 문화적 혹은 공동체적으로 다양하게 전유하는 것이다. 생존과 번식에 집중된 여타 동물들과 달리 인간 종에게 특유한 문명문화적 성취는 이런 식의 연기와 '에두르기'로 가득하다. 승화(昇華)하거나 지양(止揚)하는 것은 차라리 인간 존재의 형식(Seinsweise)이라고 해야 할 것이다.* 프로이트 식으로 말해서 과부하되거나 촉발된 리비도

---

* 그러나 인간이 특수한 여건 속에 처해 "성욕이 일반적으로 없어졌"(59)을 뿐 아니라 생존 자체가 위협받는 절박한 곳에서는 연기, 승화 혹은 문화적 에두르기의 과정이 생략되거나 모조리 박탈당하기도 한다. 오직 지금-여기의 살아남기만이 문제시되는 것이다. "이해하려 애쓰지 말라. 미래를 상상하지 말라. 모든 게 어떻게 언제 끝나게 될지 생각하며 괴로

에너지의 성공적인 연기-가공-승화가 문명문화적 작용이라면, 그 부작용의 일반화된 형식은 신경증일 것이다.

불안 신경증의 가장 일반적인 원인은 좌절된 흥분입니다. 리비도적인 흥분이 촉발되었으나 충족되지 않고 쓰이지 않았을 때, 그쪽으로 사용되기 위해 쏠렸던 리비도 대신 불안증이 나타나는 것입니다. 이처럼 충족되지 않은 리비도가 직접적으로 불안으로 변하는 것이라고 말한다 해도 충분히 정당화될 수 있다고 나는 믿습니다. 이러한 견해는 어린아이들의, 어떤 면에서는 꽤 규칙적이라고 할 수 있는 공포증에서 그에 대한 확인을 얻을 수 있습니다.*

참고 돌아가면서 이룩한 다종다기한 분화의 제도와 재배치의 기술 속에서 놀랍도록 정교해진 인간은, '참~자!'라는 운명적인 신음 속에서 영혼이라는 우주사적 실체의 생성을 향한 첫걸음을 뗀 셈이다. '영혼의 고고학(seelische Archäologie)'은 우선 인간에게 있어서 참고 기다린다는 게 무엇인가, 라는 물음에서 시작해야 할 듯하다. 아무튼 이런 제도와 기술의 성취는 어차피 매체와 메시지가 겨끔내기로 서로를 강화하며 연쇄적 반응을

워하지 마라, 는 게 우리의 지혜였다." 프리모 레비, 『이것이 인간인가』, 이현경 옮김, 돌베개, 2011, 179쪽. 빅터 프랭클은 이와 같은 현상을 '철저한 무감동성' 혹은 '문화적인 동면(冬眠)'이라고 서술하고 있다. 빅터 프랭클, 『죽음의 수용소, 인간의 의미 탐구』, 정태시 옮김, 제일출판사, 1987, 60~61쪽.
* 지그문트 프로이트, 『새로운 정신분석 강의』, 임홍빈·홍혜경 옮김, 열린책들, 2003, 112~113쪽.

집 중 과 영 혼

일으키는 모습을 띤다. 그런 점에서 인간은 극히 문화적이다. 그 문화의 문화(文禍)적 경로가 밟아야 할 필연적 귀결인 '허무' 조차 문화화할 만치 문화적이다. 문화의 '허무(주의)'에서 단적으로 드러나지만, 실로 인간 종만이 매우 적극적이며 창의적으로 유전자의 지령을 '회절(回折)'시키고 있다.

인류는 학습과 상호작용을 통한 뇌의 정보가 유전자 정보를 능가하는 단계로 진입한 지 이미 오래이며, 따라서 다윈 식의 진화론만으로는 그 성격과 행로를 가늠할 수 없는 지경이다. 워낙 진화는 비목적론적(a-teleological)이지만, 진화론적 현상에 곁붙거나 수반되는 우발성과 창발성들은 목적/비목적의 경계 자체를 흐리게 만들 정도로 현혹적이다. 가령 이 글이 간단없이 건드리게 될 개념인 '영혼'도 이처럼 현혹적인데, 온갖 의인주의(擬人主義, anthropomorphism)의 원흉(?)인 영혼의 개념을 숙고하면서 목적과 비목적 사이에서 개연성 있는 자리를 매겨보려는 게 이 글의 목적 아닌 목적이다. 아무튼 인류의 문화적 진화 속의 수많은 현상은 리비도 에너지의 유전적 운용을 거스르거나 혹은 이와 창의적으로 공진화하면서 제 나름의 눈부신 도정을 밟고 있는데, 이 과정은 대체로 그 에너지의 적절한 '연기(延期)'와 재분배를 통해 이루어진다.

엄밀히 말하자면 연기하는 능력이 반드시 인간만의 것은 아니다. 연기는 시간의식이 뒷받침되어야만 가능해지는데, 자신의 생존과 생활을 일정한 타임프레임(time-frame)에 맞춰 생태학적으로 정교하게 조율하는 일은 당연히 인간만의 것이 아니기 때문이다. 천지자연과 그 생명의 이치는 '두루 바뀌는(周易)' 리듬인 시간에 얹혀 있는데, 예를 들어 달은 뭇 생명이 의존하고 있는 대표적인 시계다.

달은 물과 공기와 지구의 조수(潮水)를 발생시키고, 이것은 자장(磁場)을 변화시키는데, 이는 다시 우리 생명장에 전하적 변화를 유발한다. 이러한 변화를 실감하고 우리 세계의 기본적인 시계(timekeeper)인 달의 리듬에 대해 좀더 잘 이해하려면, 우주의 광선이 이온화된 공기를 만들고 이 공기가 우리의 생명장과 교섭하며 우리 반응을 촉진시킨다는 사실에 주목해야 한다. 우리는 달에 민감하게 반응할 수밖에 없지만, 이 민감성은 광년(光年) 단위의 거리에 떨어져 있는 사건들에 의해서 수정된다. 다시 한번 우리는 지구와 그 속의 모든 생명체를 우주적 통합의 일부로 만드는 복잡한 상호 연관성을 알게 된다.*

그렇지만 시간의식에 터한 연기의 능력을 이루 헤아릴 수 없이 많고 복잡한 문화제도적 형식 속에 구성적으로 개입하는 메타프레임(meta-frame)으로 쓴다는 사실은 오직 인간세계만의 것이다. 문명문화의 형식인 승화와 전용(轉用), 배치와 재분배

---

* Lyall Watson, *Supernature: A Natural History of Supernature*, London: Hodder & Stoughton, 1973, pp. 92~93.

의 실천 자체는 곧 연기라는 메타적 형식에 의지한다.

'약속'이라는 시간적 연기의 형식을 통해 인간만의 상호작용 방식을 특칭한 이들이 있지만, 무릇 인간이라는 존재는 연기한다. 속도주의적 환경 속에서는 연기가 일종의 나태와 무능력처럼 비치기도 하는데, 삶의 필요와 문화적 욕망으로부터 리비도의 일차적 투여를 회수하고 시공간적 공백 속에서 얼마간이나마 일관되게 버틸 수 있는 것은 사실상 인간만의 고유한 '능력'이다. 이 논의에서 주목하고 있는 연기의 주요한 대상은 성욕과 식욕의 무절제한 충족으로 내몰리기 쉬운 리비도적 에너지다. 먼 옛날 겨우 동물 단계를 벗어나고 있던 인간의 무리가 어울려 살기 시작하면서 성적 기회와 먹거리의 대상을 화제로 삼아 분배적 정의에 관해 손톱 위의 초승달 크기 정도의 성찰(省察)을 나누어본 경험을 상상해보는 것이다. 이 힘을 제어해서 합리적으로 연기하지 못하면 과연 문명과 문화는 없을 것이기 때문이다. 쉽게 이 '힘'이라고 하지만, 이미 양심과 상식의 텍스트가 살과 뼈를 종횡으로 누비며 각인되어 있는 우리가 이 각인의 매직을 풀고 그 오래된 힘의 안팎을 낱낱이 실감한다는 것은 아예 불가능하다. 그러므로 약속과 그 문명문화적 중요성을 납득하기 위해서라면 무엇보다 초기 인류가 서슬조차 없이 무딘 돌칼의 끄트머리로 제 생명을 볼모삼아 야수를 찔러 잡던 그 '힘'을, 그리고 배설과 교접이 구별조차 잘 되지 않던 어느 옛날 이름도 없이 타인의 살을 찍어 누르고 그 얼굴을 유린하며 제 살을 박아녔던 '힘'을 이해하려고 노력하지 않는다면, 이 글이 제법 힘 주어 떠올리고자 하는 연기와 약속의 유례없는 가능성을 독자들은 영영 이해하지 못할 것이다.

우리는 연기의 문제를, 그 가능성을 사방에 흘러다니는 상식쯤으로 쉽게 가늠하려 하지 말고, 좀더 진지하게 숙고해야 할 것이다. 비교하자면, 우리가 생각하는 것보다 더 영리한 침팬지나 보노보의 경우 난잡한 교미에 이미 사회적 교환가치가 배어 있긴 해도, 이 교환의 사회성이 문화적 연기의 섬세하고 다층적인 시공간을 얻어내기에는 너무 강박적으로 보인다. 영영 확신하기 어려운 영역이지만, 이와 대조적으로 음식의 교환을 포함해서 성적 교환을 공동 사회적 실천으로 엮어내고, 이를 바탕으로 가족적, 부족적 체제로 나아간 초기 인류의 궤적을 미루어 상상해볼 수도 있겠다. 물론 이 상상의 가운데에 놓이는 게 바로 '조직적이며 합리적인 연기술(延期術)'이다. 아무튼 인간은 예절이나 매너 혹은 규약이나 매뉴얼이라는 이름으로 통용되는 절차적 연기(procedural deferral)의 대가이며, 이는 당연히 식사에서 민속까지, 성희(性戲)에서 정치적 표현에 이르기까지 인간의 갖은 사회적 실천을 겹겹이 둘러싸고 있다.

'쾌락의 연기'라는 개념이나 그 실천은 얼른 인간과 동물의 자리 구분을 상상하도록 만든다. 여타 동물들의 에너지는 사뭇 즉각적이다. 맹수든 아니든, 인간이 동물에 대해 갖고 있는 무섬증의 성격은 바로 이와 같은 동작의 즉각성에 기인하는 바가 적지 않다. 즉각성이란, 연기나 타협이나 관례 등의 행위가 약속하는 예측 가능성을 얼어붙게 만든다. 그러므로 에너지의 무매개적 발작성은 동물을 인간으로부터 갈라내는 중요한 지점이다. 이에 더해, 앞선 논의를 통해 짐작할 수 있듯이, 리비도의 즉각적 표현은 인간의 사회성(sociability)에 대한 위협이 되기도 한다. 구미의 직업사회에서 가장 흔히 듣는 사회적 부적격성·부적응성의 표현은 '그는 (정서적으로) 불안정해(He's unstable!)'다. 불안정(unstability)은 사적 욕망들에 쉬 휘둘리는 정서적 상태를 가리키며, 이는 동물이나 초기 인류의 행태에서 흔히 보이는 '에너지의 무매개적 발작성'으로 소급될 수 있다. 지속적인 차분함을 바탕으로 가능해진 사회적 안정성은 바로 이 무매개적 발작성에서 벗어나게 되는 결정적 사회 변화다.

안정된 사회적 그룹(stable social group) 속에서 지속적인 학습과 생활을 연계시킬 수 있었던 것이 이 위대한 유인원이 지성을 얻게 된 열쇠다.*

요컨대 몸의 필요와 쾌락, 그리고 그 에너지의 즉각적 발산에 묶여 있는 동물들은 대체로 연기되어 가능해지는 문화적 틈을

---

* Richard E. Leakey·Roger Lewin, *Origins: What New Discoveries Reveal About the Emergence of Our Species and Its Possible Future*, New York: Penguine Books, 1977, p. 174.

증식시키지 못한다. 인간적 선입견을 투사한 나머지 잘못 해석하는 경우도 있지만 일부 유인원에게서 나타나는 소규모의 간헐적인 문화 현상을 빼면 적극적인 연기와 그 통시적 배치는 다른 동물들의 몫으로 보기 어렵다.

나는 한동안 마당 너른 집에 살면서 인근의 주인 없는 고양이들을 보살핀 적이 있다. 어미 한 마리와 그 새끼 네 마리, 그리고 계보가 불명확한 길냥이 한 마리, 도합 여섯이 시간을 맞춰 내 집에 찾아와 몇 시간씩 놀다 가곤 했다. 나는 매일 우유나 어묵, 심지어 인근 하천에서 잡아온 잡어들을 쟁여놓았다가 먹이곤 했는데, 그러다가 매우 사소하지만 의미 있는 '깨침' 하나를 얻었다. 급식을 하고 있노라면 특히 새끼 다섯 마리는 내가 들고 있는 음식을 노리며 예외 없이 달려드는데, 마치 '에너지의 무매개적 발작성'이라는 표현이 어울릴 만큼 음식을 향한 욕동은 잠시도 '연기'할 수 없는 즉각적인 것이었다. 나는 '차례'를 지키지 않고 달려드는 놈들을 제지하면서 '넌 나중에 줄게!'라는 말을 중얼거리다가 스스로 고소를 금치 못한 게 한두 번이 아니었다. 나중에 줄게, 라니! 아, 이들은 '나중을 약속할 수 없는 존재'인 것이다. 나는, 순번대로 정리해둔 식기와 음식을 일거에 엉망으로 형클어뜨리면서 본능의 아수라장을 만들어내는 다섯 마리의 고양이를 '사람의 시선'으로 가만히 내려다보곤 했다.

그렇다. 나는 하필 사람이었던 것이다. 내 마음은 "근본적으로 예상하는 존재, 기대를 생산하는 존재"[*]인 것이다. 이 다섯 마리의 귀여운 짐승과 대조적으로 약속과 계획의 선조적 기대 속에 당장의 욕망을 연기할 수 있을 뿐 아니라 그 연기의 행위를 제도적·체계적으로 조절하고, 또한 이 조절력으로써 관련되는 체계의 생산성을 안정화하는 존재였던 것이다. 물론 쾌락의 연기 역시 발생학적·계보학적 그리고 진화론적으로 추적할 문제이지, 그것 자체로 여타 동물과의 질적인 차별화를 전제할 일은 아니다. 아무튼 성적 대상이나 음식물과 같은 일차적 생존 조건을 놓고 그 쾌락의 연기를 양식화, 제도화할 수 있게 된 일은 인간의 문화사적 전개에서 획기적이다. '나중에 줄게'라는 조언과 합의를 납득하고, 이를 생활문화사의 내적 구성 논리로 장착해서 인간관계와 시공간의 지평을 통합해낼 수 있게 된 일! 그래서 애나 카레닌의 모토인 '서두르지도 않고 게으르지도 않고'[**]가 계명된 인간이 부리는 태도와 정서의 상시적인 속도가 된 것!

---

[*] 대니얼 C. 데닛, 『마음의 진화』, 이희재 옮김, 두산동아, 1996, 95쪽.
[**] Leo Tolstoy, *Anna Karenina*, Louise & Aylmer Maude, Oxford: Oxford University Press, 2008, p. 109.

3. 식탁의 인류학

이런 식으로, 인간의 식탁(食卓)은 생긴다. '외상(一床)'을 외려 겸상이나 공동 식탁 너머의 현상으로 여기는 게 역사의 실상에 적합해 보이긴 하나, 우리 논의의 취지에서는 홀로 먹는 것은 아직 인간의 식탁이 아니다. 인간의 식탁은 어울리고 나누고 가르고, 특히 체계적으로 '미루'면서 열리는 양식 공간이기 때문이다. 게오르그 짐멜의 유명한 설명에 따르면 독차지하고 싶은 이기적 식탐(食貪)이, 여럿이 모여 함께 나누어 먹는 공동 식사의 경험이 쌓이는 과정 속에서 '연기'되며 절제·조절되고 재배치되면서 어느덧 식사의 사회학적 구조라 할 수 있는 식탁 문화가 생긴다.* 그는 시간의 규칙성, 절차, 그리고 미학적 양식화 등 음식을 소비하는 나름의 형식을 통해 식사의 사회화를 해명한다.(짐멜 2005, 44) 특히 이 글의 맥락에서 중요한 지점은, 식

---

* 게오르그 짐멜, 『짐멜의 모더니티 읽기』, 김덕영·윤미애 옮김, 새물결, 2005, 142~45쪽.

탐의 개인적 행태가 여럿이 더불어 먹는 습관 속에 변형되는 그 형식 가운데서 이른바 식사의 사회학적 구조를 찾아내는 데 있다.(짐멜 2005, 142)

식탁이란 '더불어 먹기'의 사회적 발생을 드러내는 지표와 같다. 이미 언급했듯이, 식탁에서 더불어 먹기라는 행위에 수반되는 조건은 당연히 눈치 보기와 참기(patience)다. (나는 어릴 적 엿장수의 꼬드김에 넘어가서 어머니의 반지를 갖다주고 엿을 받아먹은 후 죽지 않을 만큼 얻어맞은 적이 있다. 서너 살쯤이었던 내 여동생은 나와 함께 외삼촌 댁에 가던 중 길가 좌판에 놓인 엿을 한동안 열렬히 응시한 끝에 불현듯 손을 뻗어 엿가락 하나를 집어들었지만, 주인의 눈총을 받자마자 그 엿을 내 주머니 속에 집어넣었고, 나는 또 한 차례 죽지 않을 만큼만 얻어터졌다. 아, 무릇 아이들이란 마치 고양이처럼 음식을 앞에 놓곤 '참기' 어려워지는 게 '진화사'의 이치인 것이다. 고쳐 표현하자면, "우리는 욕망이 권리와 동등하다는 생각을 가지고 태어나며…… 아기들은 원하는 것을 거부당했을 때…… 화를 낸다."*)

혹은 노르베르트 엘리아스가 문명화 과정(Prozeß der Zivilisation)의 한 부분으로 지목한 '감정과 충동의 통제(Kontrolle über die eigenen Affekte und Triebe)'**일 것이다. 이에 더해서, 눈치 보기와 참기(통제)가 차츰 나름의 문화적 형식을 얻어가면

---

* 제프리 클루거, 『옆집의 나르시시스트』, 구계원 옮김, 문학동네, 2016, 55쪽.
** 노르베르트 엘리아스, 『문명화 과정 1』, 박미애 옮김, 한길사, 2007, 94쪽.

서 매너(manners) 속으로 의례화된다. 문명화 과정은 '일단' 양식화 과정인 것이다. 공동체를 이루는 삶의 기조적 전제는 역시 사적 충동의 통제나 승화이므로, 필시 성적 대상과 먹거리가 일차적이며 상시적인 문제가 될 수밖에 없다. 식탁은 먹거리의 날 것을 놓고 벌어지는 집단적 통제나 승화의 현장이다. 동서양을 막론하고 식탁 위의 행위가 의례화되면서 구성원들에게 '참기'를, 그리고 이 참기를 나름의 양식 속에서 외재화하기를 요구하는 것은 보편적이다. 무엇보다도 성욕과 식욕을 참고 합리적으로 배분하는 형식이 사회적 상식과 절차 속에 안정적으로 내려앉지 않는 한, 그 집단과 사회는 '자연적 상태'를 넘어서는 단계로 나아가지 못할 것이기 때문이다.

예를 들면 하고 싶은 말이라도 참고 자제하던 중 더 현명해진 바 있는 에라스뮈스(1466~1536)는 「어린이들의 예절에 관하여 (De Civilitate morum puerilium)」(1530)라는 글에서 이렇게 밝히고 있다. "식사를 시작하기 전에 잠깐 기다리는 것이 좋다. 그렇게 하면 소년들이 자신의 감정을 자제하는 습관을 기를 수 있다."(재인용, 엘리아스 2007, 227) 한편 에라스뮈스 못지않게 많은 책을 읽고 쓴 조선의 이덕무(李德懋, 1741~1793)는 『사소절 (士小節)』에서, 아이들의 습관 속으로 정착한 식욕의 자제가 선비들의 기본적인 윤리로 심화되는 모습을 차마 우스꽝스럽게 그리고 있다. "남과 함께 앉았을 때 마침 누가 술, 음식, 과실을 대접하는 일이 있으면, 반드시 고르게 나누어 먹어 서로 친밀하

게 지내야지, '혼자 먹거나 또는 거두어넣기에 급급하며 그러고
도 오히려 남이 혹 먹기를 청할까 염려하여서는 안 된다(不可獨
食而且收藏其忙急猶恐人之或請食也).'"*

물론 식탁 문화의 변화는 인류학적으로뿐만 아니라 사회학적
으로도 고찰되어야 할 흥미로운 테마이지만, 자세한 논급은 다
른 기회로 옮기고, 이쯤해서는 조지 오웰이나 피에르 부르디외
(1930~2002)가 말한 대로 문화와 취향을 가르는 계급계층적 변
별에 잠시 주목해야 할 것이다. 신분과 지위를 가르는 고중세적
방식은 "일반적으로 가축이 귀했던 까닭에 육류는 오랫동안 지
배층의 식탁을 위한 것"(엘리아스 2007, 262)이라는 식으로 그
소비 대상에 근거하기도 했지만, 다른 한편 문명화 과정 일반
의 형세에 따라 '고기는 대체로 식탁에서 볼 수 없는 곳에서 이
미 잘리고 중국의 경우에는 (문화적 섬세화에 조응해서) 나이프의
사용 자체가 완전히 사라질 정도'(엘리아스 2007, 267)였을 만치
형식적인 조절에 의지하기도 했다. 어쨌든 시공간적 연기의 기
술을 심화, 정교화하면서 인간의 문화가 문화의 인간을 형성해
냈듯이, 식탁도 형식화를 통해 계급계층적 변별을 이룰 수밖에
없었다.

민중의 '거리낌 없는 솔직한 식사'에 부르주아지는 형식을 갖춘 식

---

* 이덕무, 『士小節: 韓國의 傳統禮節』, 김종권 옮김, 명문당, 1984, 53~54쪽.

사를 대립시킨다. 형식은 무엇보다도 리듬의 문제로, 기다림, 한숨, 절제를 함축하고 있다. 사람들은 결코 서두르지 않고, 마지막으로 서빙받은 사람이 음식을 먹기 시작할 때까지 기다리며, 음식을 조심스럽게 덜어 먹는다.*

예절은 속물의 도구다. 속물들은 예법을 윤리 수준으로 끌어올린다. 앞에서 언급했듯이 예절의 목적은 까다로운 상류사회에서 다른 사람들을 배제하는 데 있다. 그러나 설령 이것이 예절의 목적이고 속물들이 그 사실을 알고 있었다 할지라도, 역사적으로 예절은 사생활 개념의 발전에 결정적으로 기여했으며, 이 사생활 개념이 개인의 개념으로 이어지는 결과를 낳았다.**

성욕과 식욕의 자제가 사회적으로 유익한 습관과 매너 속에 안정화됨에 따라 곧 이를 뒷받침하는 '윤리'가 따른다. 법과 윤리의 구체적인 내용이 어떠하든 그 내력을 따짐에 있어 빼놓을 수 없는 알짬은 역시 '참기'이므로, 초기 인류의 자의식 속에 각인되기 시작한 윤리들은 대체로 '네 이웃의 아내나 남종이나 여종이나 소나 나귀나 할 것 없이 네 이웃의 소유는 무엇이든 탐내지 말라'는 식이다. (비록 중요한 철학적 논제이긴 해도 짧게 깎

---

* 피에르 부르디외, 『구별짓기. 문화와 취향의 사회학下』, 최종철 옮김, 새물결, 1995, 318쪽.
** 아비샤이 마갈릿, 『품위 있는 사회』, 신성림 옮김, 동녘, 2008, 207쪽.

아 필요한 대목만 정리해서 지적하면) 인간은 자기 존재(Sein)의 풍요와 자긍을 위해 당위(Sollen)를 요구하게 마련이다. 모든 인간적 존재와 현상은 (동식물과는 달리) '존재' 자체만으로 존립하지 않고, 어떻게든 '당위' 혹은 정당화의 과정을 끌어안고 살아가려 한다. 그는 언제나 초자아의 우산을 필요로 하고, 사필귀정(事必歸正)의 서사를 발굴하려 하며, 남 보기에는 시답잖더라도 양심과 긍지의 토대 위에서 일상을 영위하려고 한다. (가령 애인이든 당첨금이든, 욕망의 대상을 손에 넣은 자는 대체로 그 획득에 대한 심리적 정당화의 기제를 '아전인수' 격으로라도 발견/발명해내려고 애쓴다. 가령 졸부가 사회적 지위를 더욱 욕망하거나 '혁명'을 외치는 정권일수록 그 정당화의 서슬이 유다르다는 사실은 매우 뻔한 이치를 따르고 있는 것이다.)

싸우거나(fight) 도망치고(flee) 먹거나(feed) 혹은 교미하는(fuck) 등의 원초적 반응의 양식 중에서 먹기와 교미하기의 사회적 의미와 중요성은 널리 알려져 있다. 식사의 사회적 양식이 인간의 정신적 진화 과정에 개입하는 정도는 비근한 경험을 통해 어느 정도 쉽게 추정할 수 있다. 짐승처럼 맞싸우면서 죽고 죽이는 대신 사회적 협약을 통해 비교적 합리적인 소통과 거래를 가능케 했고, 하렘(harem)을 이루어 성적 지배권을 충동적으로 독점하는 대신 일부일처의 계약제 동거제를 성사시켜왔던 것처럼, 인간들은 음식(고기)을 다투는 맹수들과는 달리 이 반복되는 행위를 문화제도적으로 승화시켰을 뿐 아니라 심지

어 미학화(aestheticization) 혹은 종교의례화하는 데까지 이르
렀다. 이 같은 문화적 세련화의 과정과 더불어, 심리적 혹은 행
태적으로 이에 조응할 수 있는 인간의 성정과 태도 역시 놀랍
게 변모했다. 다소 앞서는 지적이긴 해도, 이 문화적 세련화라
는 인간적인 너무나 인간적인 과정과 조응해온 정서의 역사에
서 특기할 만한 게 '불안(Angst)'이다. 인간 존재의 시공간적 불
안은 가히 실존적 사태이자 경험으로서, 삶을 진지하게 대하는
누구라도 그리 어렵지 않게 이 정서에 이입할 수 있다. 특히 초
기 인류가 시공간적으로 처할 수밖에 없었던 근본적인 불안정
(Unruhe)을 상상해본다면, 인류의 문명문화적 진화 과정에서
꾸준히 시도해온 가장 중요한 여건의 변화는 안팎의 안정(감)이
었을 것이다. 어쩌면 앞서 스치듯 언급한 '직업사회 속의 정서
적 불안정'이라는 문제도 필경 이와 같은 통시적 연원을 지니고
있을 듯하다. 어쨌든 비록 문명과 야만이라는 이분법 자체가 조
박하긴 해도, 대체로 이 둘을 구별짓는 잣대의 하나로 가장 중
요한 생존의 조건인 음식에 대한 태도, 그리고 이 태도의 형식
적 변화에 따른 정서적 안정화, 섬세화를 들 수 있다.

　유명한 리처드 리키도 인류의 진화사에서 음식, 그중에서도
육식(肉食)이 가져온 문명사적 변화와 의미를 강조하면서, 특히
'조직적인 사회 그룹 속에서 이루어지는 음식 나누기의 실천'
이야말로 가장 핵심적인 진화적 동인(Leakey 1977, 109)이라고
지적한 바 있다. 다시 그의 해석에 따르면, "인간 진화의 핵심

은 음식-나누기 경제에 초점을 맞춘 사회적 그룹"(Leakey 1977, 234)이다. 이 책 여기저기에 흩어져 있는 이러한 주장에 나는 대체로 동의하는 편이다. 다만 이와 관련된 내 관심은 조금 더 좁아서, 음식 나누기와 식탁 문화가 필경 '집중'이라는 현상으로 수렴되는 갈래와 그 방식에 유의할 뿐이다.*

교미/성애의 대상을 대하는 방식과 더불어 음식을 먹고 나누는 방식의 변화는 인간 종과 여타 동물 종들을 가른다. 기본을 행하는 방식에서 생긴 작은 차이가 큰 변화를 낳는다는 말은, 공부나 수련의 경우와 매한가지인 것이다. 문화권마다, 심지어 가정과 경우마다 음식을 먹고 나누는 매너와 절차는 다를수 있지만 차례를 지키고 순서를 기다리는 형식이 음식 먹기의행위 속에 기입된 것은 일반적으로 여겨진다. 또한 이 같은 외적 형식에 순순히 조응할 수 있는 안정된 심리와 훈육된 태도에 이르게 된 일도 마땅히 주목받아야 할 인류 진화사의 중요한 분수령이다. 거듭 강조하는데 '마침내' 얌전하고 차분해진 인류의 심성과 태도, 그리고 그 의미와 가치는 누구에 의해서도 충분히 논의되고 있지 않다. 인간이, 아니 인류가 마침내 얌전, 차분해진 일은 여러 맥락과 배경 아래 접근해서 토의할 만한 중요

---

* 여담일 뿐이지만, 나는 내 사적 경험을 살려 '독신자의 식탁'이라는 현상(?)을 역시 마음의 집중과 관련해서 생각해보곤 한다. 물론 여럿이 더불어 먹는 격식 있는 식탁도, 개인의 경험이든 역사적이든 인간 정신의 집중과 상조상조(相照相助)하는 경험의 토대가 된다. 그렇지만 음식과의 관계에서 매개성을 줄이면서도 짐승들의 무매개적 발작(性)을 지양하고 인간적 '고독'을 키우면서도 오히려 그 집중력을 배양하는 경험은 드물지 않다.

한 문제다. 하지만 애피타이저 삼아 하나의 사례를 들자면, 흔히 철학적·문학적 형상화 속에서 잘 나타나는 바와 같이 사람이 정서적 발작을 제어하고 사태에 객관적으로 응대할 수 있게 된데에는 '자기 이해(γνῶθι σεαυτόν, 너 자신을 알라)'에 직면하는 경험이 중요하다. 이와 관련해서 톨스토이가 제시한 문학적 형상화 속에 흥미로운 사례가 있다.

한순간 그는 마음이 상했다. 하지만 그는 곧 그녀 탓에 마음이 상할 리 없다는 사실을 알아챘는데, 왜냐하면 그녀가 곧 그 자신이었기 때문이다. 잠시, 그는 알지도 못한 채 등 뒤로부터 한 대 얻어맞은 후, 분노와 복수심에 겨워 가해자를 향해 돌아다봤지만 그를 때린 이는 우연찮게 바로 그 자신이었고, 그래서 화낼 대상이 없다는 사실을 깨닫게 된 셈이었다. 이제 그는 그 고통을 참고 삭일 수밖에 없게 된 것이다.(Tolstoy 2008, 479)

한편 얌전함이나 차분함 자체를 아비투스(habitus)의 흔적 혹은 이데올로기적 훈육의 효과라고 비판하는 일이 이미 사계의 상식처럼 회자된 바 있다. 재론할 것도 없이 이 비판은 정당하다. 다만 근년 들어 배운 이들의 보호색처럼 작동하는 지식의 다발에 대해서는 공평한 시선을 줄 수 있도록 애쓸 일이며, 이미 일상적인 차원에서 체험할 수 있는 구체적인 사례들에 비춰 헤아려볼 일이다.

하지만 나로서는, 그 모든 게 지배와 훈육의 효과라면서 사태의 전모를 그저 끌밋하게 정리해버리는 시속의 이론에 끌려가기가 싫어, 차라리 '훈육을 포기한 세상'에 대해서 다소 다른 맥락에서나마 얼마간의 비평이 절실하다고 본다. 나와 우리가 몸담고 있는 세상이 훈육의 이데올로기에 절고 세뇌된 일이 지속적인 분석과 비평의 대상이 되어야 하는 것은 당연해 보인다. 왜냐하면 실제로 그렇기 때문이다. 거꾸로 세계 최고의 대학 진학율과 대학 바깥에서의 인문학 열풍에도 불구하고 인간들 사이의 처신과 소통에 필요한 기초적인 훈육조차 생략해버린 졸속함에 대해서도 각성과 대책이 시급하기 때문이다. 영남 사림의 종장 김종직의 제자 중 한 명인 김굉필(金宏弼, 1454~1504)은 매양 『소학』을 마음에 품고 몸에 새기면서 이 책을 익히지 않고서는 『대학』이든 사서오경이든 제대로 알 수 없다고 했는데, 우리 시대의 정신은 웬통 '소학 없는 대학'의 형식으로 몰려가는 게 한없이 사상누각처럼 불안하고 체력 없는 짱구처럼 우습다. 당연히 소학의 틀에 묶여 크고 깊은 공부('대학')를 향한 유연성을 잃어서도 문제이지만, 압축근대화, 졸부자본주의, 한탕주의 사회, 엘리트주의 교육 등의 발전주의에 얹혀 갖은 사회적 삶에 필수적인 훈련과 훈육을 등한시해온 일은 날이 갈수록 내적 불구를 알리는 증상으로 드러날 것이다. 가령 교육 분야를 보자면, '자기주도 학습'이 아쉬운 것 이상으로 야무진 훈육의 문화와 제도가 절실하게 아쉬운 때다. 그 모든 일에서 실력이는다는 것은 극히 흥미로운 현상이며, 그 내적 이치와 메커니즘을 파악함으로써만 효율화할 수 있는데, 자기주도성이 창발될 만한 근원과 맥리를 놓친 채 구호만 떠들썩한 것이다.

아무튼 아득한 옛날에 침팬지 무리와 갈라져 진화해온 인류는 약 1만 년 전 농업혁명을 거치면서 땅에 정착했고 이로써 땅이나 기후 등의 일정한 순환 형식에 얹혀 살게 되었는데, 이 과정 역시 안정된 심리와 차분한 태도를 형성하는 데 적잖이 이바지했을 것으로 추정된다. 혹자는 농업혁명의 순기능보다 역기능에 주목하지만, 그렇다고 해도 이 역설적 해석이 '안정된 심리와 차분한 태도의 형성'과 관련해서 어떤 의미를 갖는지는 그리 선명치 않다.

농업혁명은 물론 인류가 처분할 수 있는 음식의 총량을 늘렸다. 하지만 이 늘어난 음식이 더 나은 식사나 더 많은 여가를 낳진 못했다. 오히려 그것은 인구 폭발을 낳고, 방자한 엘리트 그룹을 낳았다. 농부는 채집인(forager)보다 통상 더 힘들게 일했지만, 그 대가로 얻는 식사는 더 못했다. '농업혁명'이라는 것은 역사의 가장 큰 사기다.[*]

* Yuval Noah Harari, *Sapience: A Brief History of Humankind*, London: Vintage Books, 2011, p. 90.

물론 전술한 '식탁의 형성'*이 어떤 특정한 시대 구분에 수렴될 현상은 아니다. 언제였든 간에 어울려 살면서 공동으로 음식을 나누고 먹는 행태는 장구한 기간 다양한 모습으로 이어지면서 인간들로 하여금 눈치를 살피게 하고, 참게 하고, 기다리게 하고, 배려하게 하고, 소통하며 타협하게 하고, 약속을 믿고 보상을 기대하게 하고, 관심거리에 차분하게 집중하게 했을 것이다. 그리고 마침내 인류의 고유한 성취로 여겨지는 마음, 내재적 지성, 그리고 초월적 영성이 형성되도록 하는 도정에서 어느 정도 의미 있는 역할을 했을 것이다. 이와 대조적으로 침팬지를 대상으로 삼은 실험들을 살피면 음식을 놓고 '보상의 연기(delayed reward)'를 시도한 것은 번번이 실패하고 만다. 쾌락의 연기를 위한 심리적 기제와 태도는 '한 가지 일에 대한 집중(concentration/attentiveness)과 지속성(persistence)'이지만, 인간을 뺀 영장류에게서 이러한 능력은 현저히 떨어진다고 알려져 있다.(Leakey 1977, 178) 이런 점에서 리비도 혹은 욕망을 자본화하는 능력은 인간만의 것으로 여겨도 무리가 없을 성싶다.

---

* 말할 것도 없이, 차분한 집중의 능력-문화의 역할은 '식탁의 형성'에만 국한되지 않으며, 프리즘을 통과하는 빛살처럼 문명문화적 과정 일체를 향해 뻗어나간다. 이른바 '침실의 형성'도 바로 여기에 병치시킬 만하다. 집중을 밑절미로 삼은 인간 정신의 형성이 무엇보다도 본능적 사욕(私慾)과 벌버듬한 관계를 이루게 된다는 점을 염두에 두면, 인간의 생식활동이 동물적 교미 단계를 떠나 '사랑'이라는 환상에 이르게 될 것은 어렵잖게 짐작해볼 수 있다. "인간의 섹스는 언제나 단순한 섹스 그 이상이다. 그것은 '어떤 초월적인 것(something metasexual)'의 육체적인 표현이라고 할 수 있을 만큼 섹스 이상이 된다." Viktor E. Frankl, *The Unheard Cry for Meaning*, New York : Washington Square Press, 1985, p. 90.

폴 발레리의 말처럼 '인간 마음의 과업이 미래를 만드는 일'이라면, 우리는 미래를 (그것도 최초로) 자신의 지평 속으로 끌어들이는 일의 놀라움에 대해 좀더 숙고해야 한다. 현실의 욕망이 요구하는 대상에 코를 박고 살아가는 대신, 지금 여기에 없는 현실적 공허를 생활의 중요한 벼리처럼 기대하고 살피고 집중하는 행위의 중요성에 대해서!

물론 그것은 우선 차분해지는 일이었을 것이다. 차분해진다 함은, 내 세상은 당장의 욕망으로만 구성되지 않았다는 사실을 아는 것이고, 일시에 내 몸을 꿰뚫고 흐르는 정서의 에너지에 대한 즉발적인 응대가 사태의 우호적인 변화에 도움이 되지 않을지도 모른다는 깨달음이며, 내 감각 앞에 연속으로 놓인 '있음'의 저 너머에는 '(아직은) 없음'이라는 아득하고 풍요로운 지평이 기다리고 있다는 발견이다. 또한 이는 욕망을 연기하는 능력을 기르는 일로 이어졌다. 손에 잡히지 않는 미래 속으로 쾌락을 연기·재배치하는 방식은 물론 리비도의 즉발적 해소나 자폐적 순환을 막는다. 차분해지고 연기함으로써 가능해진 삶의 새로운 지평은 인간들에게 최초의 정신적 해방을 준 것이다. (물론 이 해방의 대가가 다시 그 해방의 지평과 역동적으로 교섭하는 과정에 대한 논의는 다른 곳으로 미루자.) 이로써 워낙 유전자의 지령으로 조립된 몸을 가진 인간이지만 업그레이드된 뇌의 여유와 정신의 차분함 속에서 자신의 생활을 계획적으로, 미래적으로, 서사적으로 건축할 수 있게 된다.

4. 차분하다(落(ち)付く)

　이런 식으로 보자면, 호모 사피엔스와 다른 동물을 가르는 중요한 차이는 후자의 충동성(impulsiveness)으로 모아진다. 그러나 다 아는 이야기라도 늘 제대로 분석된 것은 아니다. 분석이 가장 경계해야 할 것이 바로 적응(Anpassung) 아닌가. 성찰, 기대와 예측, 약속과 계획, 연기(延期)와 연기(演技) 아래쪽에 맨몸으로 드러나 있는 충동성. 특히 쾌락의 대상을 대하는 행태에서 인간과 다른 동물 사이에는 일반화할 수 있는 패턴화된 차이가 있다. 쉽게 말하면, 인간이라는 동물은 장구한 창조적 진화의 세월 속에서 어느새 (섹스하고 싶은 상대를 눈앞에 두고도 공동의 절차와 양식에 순응해서 운신하며, 먹고 싶은 음식을 코앞에 놓고도 공동의 절차와 양식에 순응하듯이 그렇게) '얌전'해진 것이다. 물론 차분하고 얌전해지는 훈육 과정의 저편에는 프로이트가 '문명의 불만(Unbehagen in der Kultur)'이라고 부른 앙갚음 혹은 승화의 잉여가 자리한다. 더불어 앞서 간단히 시사했듯이,

가령 '그냥'의 정신분석학이 필요한 정도로 '얌전(해진 일)'에도 이데올로기의 흥미로운 계보학이 펼쳐질 것이다.

일본 말 중에 '차분하다'라는 뜻의 낱말로 '오치쓰쿠(落(ち) 付く)'라는 게 있다. 이는 합성어인 셈으로 앞의 오치루(落ちる)는 '떨어지다' '내리다'라는 뜻이며, 뒤에 붙은 쓰쿠(付く·附く)는 '달라붙다' '매달리다'라는 뜻이다. 그러므로 굳이 이런 식으로 풀면 '떨어져서 매달리다' 혹은 '내려서서 달라붙다'라는 뜻이 된다. 물론 이 낱말은 애초에 '차분' '얌전'과 같은 심리 상태를 나타내진 않았다. '날씨/소동이 가라앉다(天気/さわぎがおちつく)' '여관에 묵다(宿屋におちつく)' '시골에 정착하다(田舎におちつく)', 그리고 '아픔이 가라앉다(痛たみがおちつく)' 등의 예문에서 알 수 있듯이 주로 외적인 사태나 현상을 묘사하는 말로 쓰였다고 한다. 그러다가 어느새 '마음이 차분해지다(気持がおちつく)'와 같이 특정한 심리적 상태나 태도까지 뜻하게 된 것이다. 그래서 일본어로 풀어본 '차분하고 얌전함'은, 일단 떨어지고 낮아진 다음 그곳에 있는 무언가에 달라붙거나 의탁하게 된 상태나 태도를 가리킨다고 할 것이다.

생존과 본능의 필요에 따른 단발적, 충동적 집중이 아니라 '고른 지속성'을 특징으로 하는 인간 정신의 집중으로 가는 도상에서 대개 거치는 차분함/얌전함은 우선 낮아지는 것을 말한다. 이는 사람이 혹은 그 사람의 정서의 온도가 낮아지는 것*일진대, 아직 낮아지기 전의 사람, 그러니까 '높이 뜬 사람'이란 어떤 형상을 가리킨다고 해야 할까? 일상의 경험과 사례로 접근해보자면, 가령 '기운이 뜨고' '수선스럽고' '부스대고' '까불거나 와달박달하고' '지망지망하고' '경망스레 졸랑대고' 혹은 '새된 음성이나 높고 빠른 음성' 등등의 행동적 경향성은 그 자체로 높이 뜬 것처럼 느껴진다. 평상시의 행태가 아니라 하더라도, 더러 음주 후 혹은 모종의 자극을 받거나 흥분했을 때에도 비슷한 반응을 보이는 이가 적지 않다. 자극을 받거나 흥분한 사례로는 (반복되는 바이지만) 교미의 상대나 먹거리를 만났을 때가 대표적인데, 이미 문명의 내적 모순 속에 박혀 있는 인간들로서는 이 자극과 흥분의 정확한 내력이나 힘을 느낄 수도 이해할 수도 없다.

쉽게 정리하자면, 우리가 곧잘 '인간도 동물이다'라고 내뱉곤 해도, 실은 철창 너머의 구경거리나 식탁 위의 음식으로서만 짐승을 만날 수 있는 우리로서는 이 '동물성'에 제대로 접근할 수 없다. (하지만 아쉽게도 이 동물성, 자극, 흥분의 뜻에 온몸으로 접근하지 못하는 한, 우리는 이 글의 중심 개념 중 하나인 차분함으로부터도 소외될 수밖에 없을 것이다.) 아무튼 이런 '뜬 상태'는 이른바 '초월'해 있는 것과는 다르다. 여전히 그 주체는 그가 속해 있는 인간 세상 속에 운명처럼 속박되어 있으며, 그의 정서적 부박은

* 역시 비유적이긴 하지만, 이와는 대조적으로 집중을 '정신의 점등(psychical kindling)'이라고 표현한 경우도 있는데, 이는 숯불처럼 조용히 깨어 있는〔惺惺〕상태를 연상시킨다. Teilhard de Chardin, *The Phenomenon of Man*, New York: Harper & Row, 1955, p. 169.

외려 그 속박을 증명하는 내적 증표일 뿐이다. 중력에 의한 위치에너지를 지닌 물체가 제아무리 높이 떠 있어도 지구 중력장에 속박되어 있는 것처럼, 이 '뜬 상태'의 주체는 제아무리 민활해도 제 자의와 기분의 흐름에서 한 치도 벗어나지 못한다. 탄성력이나 중력에 따른 위치에너지는 정교하게 재배치하거나 조절되지 않는 한 유용한 생산력으로 전환될 수 없으며, 떨어지는 운석이나 마구 날아가는 새총알처럼 치명적인 결과를 낳기도 한다.

동물성(animality)에 따른 흥분과 자극이 여전히 동물의 일종인 인간들에게 잘 이해되지 않듯이, 어른이 되고 나면, 도대체 가만있질 못하며 도지개를 트는 아이들이 갑자기 이해되지 않을 때가 있다. 그것은 우선 에너지(리비도)의 차이가 낳는 시점의 흥미로운 변화를 반영한다. 정말이지 개구리가 되고 나면 올챙이 시절은 잘 떠오르지 않는 법이며, 일단 뒷간에 다녀오면 그 생리적 요구의 부름(nature's call)은 영영 재생할 수 없는 것처럼 느껴진다. 여러 사회 이슈가 바뀐 매체나 제도와 구성적으로 결합하고 있는 점을 놓친 채 관련 당사자들만을 무대 위에 올려 왈가왈부하는 게 적절한 논의 방식이 아닌 것처럼, 아이나 청소년들의 문제적 행태들을 따지면서 그들의 인성이나 심리만 추궁할 뿐 그들이 처한 자리 때문에 생기는 '위치에너지'의 높낮이를 고려하지 않는 것 역시 단견에 불과하다. 활화산의 분화구처럼 터져나오는 에너지를 주체할 수 없을 때가 있다. 여기에 적절한 훈육의 각인이나 사회적 규제가 제대로 작동하지 않는다면 그 동물적 충동성은 여과 없이 드러날 텐데, 때로 아이들이 '나중에 줄게'라고 약속할 수 없는 고양이처럼 보이는 이유가 바로 여기에 있다.

이렇게 보자면 '떼쓰는 아이들'의 위치는 매우 흥미롭다. 다 아는 대로, 떼를 쓰면서 에고를 고집하는 행동은 충동이 유아적(幼兒的) 형태로 드러난 것이다. 대별해보자면 충동의 유아적 형식은 떼를 쓰는 짓과 애교를 부리는 짓으로 나눌 수 있다. '당근과 채찍'이라는 성어로써 자신의 욕심대로 상대를 움직이게끔 조작하려는 전래의 테크닉을 싸잡곤 하지만, 이 테크닉의 원형은 떼를 쓰거나 애교를 부리는 식으로 발현되는 충동의 유아적 형식으로 소급될 만하다. 이른바 대화적 합리성을 매개로 설득하는 대신 '떼를 쓰는 것'은 대개 의사소통의 원시적 형태이며, 자기표현의 정교함을 얻기 이전의 상태에서 가능한 과도기적 절충일 것이다. 이 경우의 자기표현은 존 오스틴 식으로 말하면 '사실을 진술하는(constative)' 게 아니라 강력한 수행(strong performance)의 일종인 셈이다. 떼쓰는 짓은 의사소통 능력이 떨어지고 생활의 자립도가 낮은 아이들에게 특화된 생존 전략으로 볼 수 있다.

의사소통 능력이 향상되는 즉시 떼를 쓰는 대신 나름의 대거리를 시도하고, 대타자 혹은 권위자를 좇던 태도를 주체 안으로(ein)-바꾸어(wenden) 곧 '이의를 제기하게(einwenden)' 된다. 혹은 어떤 식이든 생계 자립이 이루어지는 경우에도 이런 식의 중간형 절충은 서서히 모습을 감추게 된다. 말(話)은 곧 화용(話用)일 수밖에 없듯이 상투어든 다른 어떤 표현이든 그 말을 계속할 수 있는 정당화의 근거는 '어떤 특정한 여건(gewisse Umstände)'* 혹은 생활양식(Lebensform)이다. (나는 중학교 1학년 때부터 신문 배달을 하면서 처음으로 정기적인 수입을 얻었는데, 이 '수입'의 효과는 자못 계몽적이었다. 우선 이 일과 관련된 여러 용어를 알게 되었으며, 이 일이 필연적으로 나를 관련시키게 만드는 몇몇 특정한 사회적 여건과 인간관계의 형식에 주목하게 했고, 어느새 '말빨(?)'을 얻어 원하는 물건을 얻기 위해 떼써야 하는 생활양식에서 완전히 벗어나게 되었다.) 떼쓰는 짓이 유아적 행태로 여겨지는 반면 애교를 부리는 짓은 대체로 (어린) 여자와 친연성을 띠는 행태로 표상되지만, 둘 다 근본적으로는 사회적 약자와 연관된 노릇으로 볼 필요가 있다. 역시 화용의 중요한 한 갈래는 신분과 계급인 셈이다. 강자들이 거짓말을 할 필요조차 없고 떼쓰거나 애교를 부릴 필요조차 없다는 사실이 종종 간과되듯이, 위장(僞裝), 무리 짓기, 애교 부리기 혹은 떼쓰기가 사회적 약자들의 생존을 위해 종종 동원된다는 사실 역시 이데올로기적 지형에 의해 역차별되는 중에 제대로 인식되지 않곤 한다. 특히 일부 조류의 행동을 이런 식으로 해석하는 진화생물학자들이 있

* Ludwig Wittgenstein, *Philosophical Investigation*, New York: The MacMillan Co., 1953, p. 60.

는데, 한껏 부리를 벌리면서 먹이를 다투는 새끼 새들의 모습이 야말로 떼와 애교의 기원을 알리는 풍경이 아닐까 한다. 현실적인 필요에 따른 행동이든 혹은 연극적이든 약자의 '자리(place)'에 놓이지 않는다면 떼쓰거나 애교 부리는 짓은 '어울리지 않는(out of place)'일이다.

한편 충동이 유아적 형식을 벗어난다면 어떨까? 그러나 충동이 유아적 형식을 벗어나는 순간 그것은 이미 충동성(impulsiveness)을 잃는 게 아닐까? 비록 폭력이라고 해도 그것이 합리적인 절차와 동의에 의해 가해진다면 충동적으로 보이지는 않을 것이기 때문이다. 충동(impulse)은 말 그대로 규칙적인 리듬이나 맥동(pulse)이 없는(im) 상태가 아닌가. 막스 베버의 유명한 강연 '직업으로서의 정치(Politik as Beruf)'의 앞 대목에서 잘 지적된 대로 현대 국가는 일정한 영토 내에서 '정당한 물리적 강제력의 독점(das Monopol legitimer physischer Gewaltsamkeit)', 즉 폭력의 독점을 요구할 수 있는 인간 집단이므로 비록 제도적으로 사람을 죽인다고 해도 (그것이 민주적, 합법적 절차에 의한 정당한 결말이라고 한다면) 이를 일러 '충동적'이랄 수는 없을 것이다. 문명의 중심 속에서도 엄연히 약동하고 있는 동물적 충동은 프로이트 등의 정신분석학자들이나 아도르노 등 문명비판가들에 의해 이미 충분히 분석, 비판되었을 뿐 아니라, 최첨단 도시의 한가운데를 살아가고 있는 우리 자신의 일상적인 체험을 통해 넉넉히 예증되는 바다. 아무튼 충동이라는 힘은 그 내용을 적시하기 어려운 어떤 묵은 반형식의 형식이므로, 떼나 애교와 같은 유아적 형식을 벗어버린다면 일정하게 거세 효과를 낼 수 있을 법하다. 이참에 덧붙이면, 거세(去勢)는 원래의 뜻과 달리 힘(勢) 자체가 아니라 그 힘을 발휘할 수 있는 양식과 매개를 없애거나 변형시킴으로써 성취되는 경우가 많다. 가령 어떤 관계를 잃거나 어떤 지위로부터 멀어지면서 생기는 우울증도 '힘(에너지)'이라는 실체에 호소해서는 제대로 설명되지 않는다. 고래로 오경(五經)의 하나로 치는 『예기(禮記)』에서, '사람을 다스리는 데에는 예보다 더 절실한 것이 없다(治人之道莫急於禮)'고 한 것도 필경 그 내용을 제어하는 형식의 힘에 주목한 것이다.

충동은 그 성격과 형식이 유아적이므로, 이 형식 밖에서 충동성을 유지하는 경우는 드물다. '억압된 것은 되돌아오는 법'(프로이트)이라면, 문명문화의 과부하 아래 잠복하고 있을 생명과 생존의 원충동은 사람의 일생에 걸쳐 예상치 못한 일출(溢出)의 움직임을 보이곤 할 것이다. 그래도 충동이라는 유아적 형식은 사회화 일반의 순치 과정과 개인의 노력에 따라서 잠복하거나 서서히 허물어지는 법이다. 적지 않은 야생 동물이 인간세계에 포섭되면서 그랬듯이, 인간조차 사회화 과정을 통해 순치되고 거세되어왔다. 떼쓰거나 애교 부리는 짓과 같이 유아적 형식으로 발현되는 충동 혹은 욕망은 대체로 사회적 약자의 것으로 수동성을 띠곤 하며, 따라서 대규모의 폭력적인 폐해에 이르는 일은 드물다. 그러나 어린아이 혹은 유아적 상태에 고착된 어른에게 그들의 충동에 불을 붙일 폭력 수단이나 계기가 주어진다면 문제는 심각해진다. 누가 방아쇠를 당기든 총알은 나가기 때문이다.

2009년 생후 1개월과 3개월, 그리고 6개월 된 신생아 형제들의 잇따른 변사 사건이 있었는데, 경찰은 오랜 수사 끝에 첫째 아들(당시 4세)의 소행으로 잠정 결론을 내렸다. 이 유례없는 사건은 유아적 형식의 충동이 사회적 약자가 아니라 강자의 자리에서 드러난 극단적인 사례라고 할 것이다. 불과 네 살짜리 아이라면 대체로 사회적 약자의 위치에 처하므로 그 정상(?)적인 충동의 표현 방식은 떼쓰거나 애교를 부리는 것일 터이다. 이 또래 아이들은 문제가 생기면 이를 사회적 강자인 부모나 일차적 양육자를 대상으로 해결을 호소하게 마련이지만, (경찰의 잠정적 결론을 받아들인다면) 이 네 살짜리 아이는 그 나이로서는 극히 예외적으로 맏이라는 사회적 강자의 자리에 서서 부모의 중개 없이 직접 동생들을 죽여 없애고 문제를 해결해버린 셈이다.

총기라는 매체/무기에 대한 접근성의 차이 탓에 할리우드 영화의 내면 풍경만이 아니라 인간관계의 기본적인 형식조차 우리와는 달라지고 있는 미국의 이야기이긴 하지만, 2015년 3월 열세 살 난 소년이 저녁 식사 문제로 여섯 살 난 동생과 다투다가 동생을 총으로 쏴 죽인 뒤 스스로 목숨을 끊은 사건이 발생했다.

1940년 6월 7일 '취락관'이라는 카페에서 여종업원으로 근무했던 김옥천은 선원 김도길과 함께 영도다리로 갔다. 그녀는 도길에게 마지막으로 애원할 생각이었다. 100년을 함께 살기로 맹세했건만 도길의 요새 태도는 완전히 달라져 있었다. 옥천은 굳게 마음을 먹었다. 부부로서 살자고 맺었던 언약을 도길이 지키지 않는다면 차라리 영도다리에서 뛰어내려 시퍼런 바다에 빠져 죽으리라. 그러나 마지막 애원도 소용없었다. 도길이 '너와 같이 살 수 없다'는 차가운 말을 내뱉는 순간 옥천은 곧 '죽겠다'는 말을 남기고 영도다리 위에서 몸을 던졌다. 막상 옥천의 투신자살을 보자 도길도 피가 거꾸로 솟았다. 그 역시 옥천을 따라 푸른 바다를 향해 뛰어내렸다.[*]

2013년 12월, 중국의 어느 백화점에서 타오라는 청년은 다섯 시간이나 여자친구와 쇼핑을 하던 끝에 지쳐 '이제 쇼핑백을 더 들 수도 없다'며 그만 돌아가자고 했다. 그러나 여자친구는 할인 행사 중인 신발 가게 한 곳만 더 가보자고 졸랐는데, 지친 타오는 그녀에게 '이미 평생 다 신지도 못할 만큼 신발이 많다'며 '더 살 필요가 없다'고 했고, 마음이 상한 여자친구는 타오에게 '구두쇠'라며 '크리스마스를 망쳤다'고 비난했다. 논쟁이 심해지자, 타오는 결국 들고 있던 쇼핑백들을 내던지고 충동적으로 난간에서 뛰어내려 7층 아래 바닥으로 투신자살한 것으로 알려졌다.

---

[*] 〈동아일보〉, 1940년 6월 10일자 기사. 유승훈, 『부산은 넓다』, 글항아리, 2013, 211쪽에서 재인용.

인간은 자신의 세계와 구성적으로 상호의존의 관계를 맺는다. '장안 하늘에 뜬 한 조각의 달(長安—片月)'(이백)도 이미 시적 화자의 객관적 외부에 따로 존재하는 게 아니다. 인간이라는 주체는 외부를 '상황'이 되게 하고 대상을 의미의 초점으로 바꾼다. 나의 선택에 의해서 내 세계는 그 풍경을 바꾸고, 세계의 변화는 거꾸로 나의 주체적 개입을 재촉하며, 다시 이 개입은 내 주체의 성격과 지향을 재구성한다. 그런 뜻에서 인간의 장소는 동물의 텃세권과 다르고, '영혼'을 낳아놓은 인간의 주체는 자기보존에 적응된 동물의 통각(統覺)과는 다르다.

'나 자신은 세계 속에서 내 형상을 구성해간다.'(BN, 463~464) 세계가 드러내는 것과 내가 가져온 것을 구별하기란 불가능하다. 세계 속에서 내가 나를 선택하는 것과 그 세계를 내가 발견하는 것은 동일하다. 사르트르는 이렇게 말한다. '세계 없이는 내 주체도, 내 인격도 없다. 주체가 없으면 인격도 없으며 세계도 없다.'(BN, 104)*

인간의 세계는 짐승을 배제하면서 세계의 바깥을 소외시킨다. 마찬가지로 인간의 세계는 (짐승과 같은) 아이들을 훈육하는

---

* Betty Cannon, *Sartre and Pschoanlysis: An Existential Challenge to Clinical Metatheory*, *Lawrence*, Kansas: Kansas University Press, 1991, p. 43. 본문의 BN은 다음 책을 가리킨다. Jean P. Sartre, *Being and Nothingness*, (tr). Hazel E. Barnes, New York: Philosophical Library, 1956.

방식으로 그 세계의 안을 구분짓고 만들어간다. 짐승은 '세계'
—아렌트가 하이데거의 '세계 없음(Wertlosigkeit)' 개념을 정치
화시켜 만든 '무세계성(worldlessness)'* 속의 그 '세계'—밖으
로 내몰려 있거나 기껏 동물원에 전시되어 있을 뿐이다. 짐승처
럼 날뛰는 인간들도 동물원과 유사한 시설에 구금된 채 강성의
재훈육으로 내몰린다. 이윽고 얌전해진 짐승들은 가축이 되어
(아리스토텔레스의 말처럼) 인간을 위해 '살아 있는 도구'로서의
숙명을 다할 뿐이다. 이와 대조적으로 아이들은 훈육을 통해 차
분하고 얌전해지며 사회적 구실을 위해 교육받고 순치된다.

　인간들과의 장구한 접촉을 통해 얌전해진 짐승의 종류는 대
체로 두 가지인데, 우습게도 완전히 다른 대접을 받는다. 하나
는 돼지나 염소나 닭과 같은 '가축'으로서, 인간의 생활 공간 속
으로 진입했을 만치 충분히 얌전하지만 인간과의 언어적, 감정
적 소통에서 소외된 채 결국 인간의 음식으로 환원되고 만다.
'얌전함–소통 가능성–식용(食用)'이라는 세 가지 잣대를 부려서

---

* 아렌트가 말한 '세계'는 잘 알려져 있듯이 무관심한 자연과 인간의 주관성 사이의 자
리를 정치화한 것이다. 그리고 "정치의 영역은 직접적으로 함께 행위하는 데서, 즉 '말과
행위의 공유'에서 발생한다". 한나 아렌트, 『인간의 조건』, 이진우·태정호 옮김, 한길사,
1996, 260쪽. 여기에서 아렌트는 특히 '말'을 중시하는데, "말 없는 행위는 행위하는 주체
가 없기 때문에 더 이상 행위가 아니"(아렌트 1996, 239)며, 또한 "말을 수반하지 않는 행
위는 계시적 성격을 상실할 뿐만 아니라 자신의 주체도 상실"(같은 곳)하기 때문이다. '계
시적 성격'이라는 표현은 몹시 흥미로운데, 자세한 논의는 다른 기회로 돌리고 관련된 설
명을 하나 소개한다. "중요한 것은 계시적 성격이다. 이러한 계시적 성격을 갖지 못하는 말
과 행위는 모든 인간적 연관성을 상실하게 된다. 말과 행위는 사람들 사이에서 이루어지며
사람을 지향한다. 그리고 말과 행위는 그 내용이 오로지 '대상적'이고 사물세계의 문제에
만 관심을 가질 때조차 주체를 제시하는 능력을 가진다."(아렌트 1996, 243)

인간과 이모저모로 접촉하는 무수한 동물을 색다르게 분류해볼 수도 있다. 얌전해져서 인간의 세계 속으로 들어왔다는 점에서는 가축과 별다름이 없지만 언어적 혹은 정서적 소통 가능성 면에서 유다른 점이 있어 가축이 아닌 애완용으로 안착한(落ち付く) 개나 고양이 등은 매우 흥미로운 존재다. 물론 특히 한국인에게는 익숙한 사실인데, 얌전하고 소통 가능성이 있는 애완용 동물조차 식용의 관심으로부터 면제된 채 안전한 삶을 누리는 것은 아니다. '소통 가능성'의 측면에서만 보자면 침팬지나 돌고래류에게 동뜨게 도드라진 점이 있지만, 얌전히 순치되기 어려운 점과 더불어 그 생활 여건 자체가 인간들과의 광범위한 접촉을 어렵게 한다. 얌전히 순치되어 차분해진 현상의 중요성은, 이어지는 논의에서 확인되겠지만, 마침내 인간들의 우리 속에 들어온 가축만을 살피더라도 결코 쉬운 일이 아니었다.

가축의 후보에 든 동물들을 타깃으로 삼은 원주민 목자들의 수천 년에 걸친 접근도, 현대의 유전학자들도, 적어도 4500년 전에 순치된 '고대의 14종(the Ancient Fourteen)'(양, 염소, 소, 돼지, 말, 아라비아 낙타, 박트리아 쌍봉낙타, 라마/알파카, 당나귀, 순록, 물소, 야크, 발리 소, 미탄) 이외에 어떤 대형 포유동물도 유용한 가축으로 만드는 데 다 실패했다.*

---

* Jared Diamond, *Guns, Germs, and Steel: The Fate of Human Societies*, New York: W.W. Norton & Company, 1997, pp. 161~162.

그러나 예를 들어 '아까 먹었잖아?'라거나 '넌 나중에 줄게'라는 등의 방식으로, 현장의 직접적인 필요를 떠나 과거와 미래를 불러들여 그 행동을 조절, 규제할 수 없다는 점에서 동물 일반은 인간에 비해 현저한 차이를 보인다. 동물을 과하게 '사랑'하는 이들로부터는 이견이 생기겠지만 실로 '사전 숙고(forethought)'의 능력은 인간의 특유한 점이라고 해도 좋다.

두 번째로는 사전 숙고 능력이 차츰 충동을 억누르게 되었는데, 이런 식으로 우리 인간은 확실히 동물의 영역으로부터 벗어나게 되었다.[*]

그런가 하면 인간의 자기 정체성 형성은 흔히 서사적 형식[**]으로 설명되곤 한다. 내가 나를 이해하고 나름의 입장을 지녀 사회적 실행에 나설 수 있는 이유는 이미 내가 특정한 삶의 지평, 그 서사적 네트워크 속에 위치하고 있기 때문이다.

내가 누군지를 아는 일은 내가 어디에 서 있는지를 아는 종류의 것이다. 내 정체성은 특정한 지평의 프레임을 제공하는 헌신(com-

---

[*] Bertrand Russell, *Unpopular Essays*, New York: Simon & Schuster, 1950, p. 125.
[**] 자아의 서사적 구성을 말하는 리쾨르도는 이미 서사 이전에 혹은 서사와 더불어 개입하고 있는 타자의 존재에 주목한다. "개인의 자아 정체성은, 타자 없이 자아가 존재할 수 없고 또 헤겔적 의미에서 자아가 타자 속으로 옮아간다고 말할 정도로 이미 타자를 함축하고 있다." Paul Ricoeur, *Oneself as Another*, Chicago: Unversity of Chicago Press, 1992, p. 3.

mitments)과 동일시에 의해 정의된다. 그리고 이 프레임은 내가 매번 무엇이 옳고 가치 있으며 혹은 무엇을 해야 하고 또 무엇을 승인하거나 반대해야 하는가를 결정하는 토대가 된다. 고쳐 말하면, 내가 내 입장을 유지할 수 있는 것은 이 지평에서다.[*]

서사성(narrativity)의 지평은 과거-현재-미래를 일관하는 시간 및 역사의식의 소산이며 뇌과학적으로는 전전두엽의 기능과 관련해서 추론할 수 있다. 앞서 내 경험을 얘기했지만 고양이에게 '너는 나중에 줄게'라는 의사를 전달할 수 없었던 사실을 통감(?)하던 중 외려 인간됨의 근본적 특성을 성찰하는 계기를 얻었듯이, 우리가 떼쓰는 아이들에게나 혹은 어떤 정서적 애착이나 전이(轉移)에 빠진 이들에게 '넌 이미…… 그러므로 나중에……'라는 형식의 설득에 실패한다면, 이때 우리는 (놀랍게도!) 이런 개체적 경험을 통해 장구한 세월 동안 이루어진 인류의 계통적 발전의 극히 흥미로운 단면을 엿보게 되는 셈이다.

과거를 일깨우고 미래를 약속함으로써 그 행동을 조절시킬 수 없는 아이들 혹은 아이 같은 어른들은 이처럼 이미 고양이와 닮은 것이다. 고양이에 비하자면 "우리는 한 주나 일 년 혹은 10년 전에 무슨 일이 일어났는지를 이야기할 수 있다. 우리는

---

[*] Charles Taylor, *Sources of the Self: The Making of the Modern Identity*, Cambridge, Massachusetts: Harvard University Press, 1989, p. 27.

장래 계획을 세울 수도 있고, 의논을 할 수도 있다."* 논의가 좀 앞서 달리는 느낌이지만, 이것을 윤리 문제와 결부시킬 수도 있다. 요컨대 현재의 즉자적 관심으로 흩어지는 의식 상태 속에서는 윤리적 판단 자체가 성립되지 않는다. 윤리 역시 산의 높이나 강의 깊이를 따지는 문제와는 차원을 달리하는, 이미 서사성의 지평에 얹혀 있기 때문이다.

순수한 순간의 어리석음에서 빠져나옴으로써만 클리나멘(clinamen)의 어리석음으로부터 벗어날 수 있다. 실존이 순간순간 무(無) 속으로 허물어져 내린다면 스스로를 정립시킬 수 없을 것이다. 바로 이 때문에 아이들에게는 윤리적 문제가 제기되지 않는다. 그들은 아직 과거 속에서 자신을 인식하거나 미래 속으로 자신을 투영해내지 못하기 때문이다.**

과거와 미래를 현재와의 관련 속에 연결시키고 이로써 장면(Szene) 혹은 지평(Horizont)의 종합된 맥락 속에서 사회적 실행을 선택하는 인간과 달리 동물은 일차적 관심에 접맥된 현재적 대상에 매달려 있다. 하이데거는 이를 일러 '대상에 붙들려 있는 혼미한 의식(Benommenheit)'이라고 설명한다.

---

* 제인 구달, 『침팬지와 함께한 나의 인생』, 박순영 옮김, 민음사, 1996, 155쪽.
** Simone de Beauvoir, *The Ethics of Ambiguity*, tr. Bernard Frechtman, Secaucus, New Jersey: The Citadel Press, 1948, p. 27.

어떤 것을 어떤 것으로 인지할 수 있는 가능성이 동물에게는 박탈되어 있다. 그렇다고 해서 동물이 다른 것과 단순히 무관련 속에 있는 것이 아니라, 오히려 바로 그 다른 것에 의해 압도되어 있고 얼빠져 있다. 이렇듯 동물의 '얼빠져 있음(Benommenheit)'이라 함은 첫째로, '어떤 것을 어떤 것으로 인지할 수 있는 개개의 모든 가능성이 본질차원적으로 박탈되어 있음'을 뜻하며, 둘째로 그와 같은 박탈되어 있음 속에서 바로 무엇인가에 의해 압도되어 있음을 뜻한다. 그러니까 동물의 '얼빠져 있음'이란 일단 동물의 존재 방식을 지칭한다.*

대상들에 압도되거나 전적으로 매료당하는 체험은 인식론적인 재앙이다. (벤야민도 자백한 적이 있는바) 홀린 채로 미인 앞에 있으면 그 미인의 말이 제대로 들리지 않고, 위기 상황을 겪고 난 다음의 후일담은 늘 과장되거나 왜곡된다. 그래서일까, 옛말에 "좋아하면서도 그 나쁜 점을 알고 미워하면서도 그 아름다운 점을 아는 자는 세상에 드물다(好而知其惡惡而知其美者天下鮮矣)"(『대학』)고 한 것이다. 이 글이 계속해서 주워섬기는 '얌전해짐'과 차분해짐은, 대상들에 대해 어느 정도 거리감을 얻고, 사태의 앞뒤를 시간적으로 펼쳐볼 수 있는 지평 속에 그 대상들을 위치시킬 때 가능해지는 것이다. 그러므로 일찍이 니체가 약

---

* 마르틴 하이데거, 『형이상학의 근본 개념들』, 이기상·강태성 옮김, 까치, 2001, 404쪽.

속의 능력을 통해 인간과 동물을 구분한 일은, 이 놀라운 천재가 그 구분을 위해 실제로 제출한 설명의 분량보다 훨씬 더 중요한 공헌이었다. 한나 아렌트가 약속의 힘을 정치화한 것(아렌트 1996, 308~312)조차 필시 이 공헌의 곁가지였을 것이다.

아무튼 고양이의 단계를 넘어선 일, 그러므로 '떼쓰는 충동'을 자제하고 욕망을 제도적으로 순치시키면서 '얌전'해진 일은 개인으로서는 얼빠짐의 유아기와 충동의 사춘기를 지나 어른이 되는 길이었다. 이는 인류로서는 동물 일반과 돌이킬 수 없이 갈라서게 되는 일이었고, 정서와 태도와 생활양식의 결정적인 변화를 통해 과거의 문제들과 결별한 사건이었다. 물론 떼쓰는 어른들도 더러 있고, 욕망을 즉물적으로 전시하는 어른들도 있으며, 자신의 미래를 도무지 약속으로 결절(結節)시킬 수 없는 어른들도 있다. 아니, 그저 아직은 동물에 가깝다고 평해야 할 어른들도 있다. 관계가 필요로 하는 만큼 순순히 참지 못하고, 합리적으로 기다리거나 기대할 수도 없을뿐더러 약속으로써 자신의 생활이나 더불어 살아가는 이들과의 공통된 미래를 기획할 수 없는 이들은 단순히 정치사회적 행위의 불구가 아니다. 변덕이나 피로 혹은 우울증 등이 시대의 기운에 얹혀 있을 수 있듯이, 휴대전화를 위시해서 독점을 이루며 번져가는 몇몇 매체의 효과는 사회적 약속의 문화를 체질적으로 바꾸고 있기도 하며, 차분함과 얌전함의 관점에서 외려 진화의 방향을 거스르고 있는 듯한 당대의 시속(時俗)에 의해 약속 행위는 전략전술적으로 재구성되기도 한다.

　나는 약속에 전적으로 무능하거나 약속을 무시하는 이들의 행태를 매우 흥미롭게 살펴보곤 했다. 이 글의 맥리상 약속하기나 룰을 지키기는 어느새 차분해진 인류가, 차분해진 성정과 태도에 걸맞은 안정적인 세상을 꾸리기 위해 자신의 성의(誠意)를 타인들을 향해 '연장'(마셜 매클루언)시키는 매체적 시도이자 장치다. 이 맥락에서 볼 때 어떤 이들이 다만 약속에 무능할 뿐이라면 그것은 퇴행적 현상으로서 별스런 관심의 대상이 못 된다. 흥미로운 현상이라면, 앞서 '당대의 시속에 의해 전략전술적으로 재구성된 약속의 행위'라고 했듯이, 약속을 지속적, 능동적으로 번복하거나 무시하는 행태, 이 행태가 이루어질 때 사용되는 방식이나 매체, 그리고 이런 행태가 그 주체의 존재 방식이나 생활양식에 구성적 장치로서 인입되는 것 등이다. 이는 그 나름대로 매우 유익한 분석이지만 더 이상의 상설은 피한다. 다만 매체로서의 휴대전화에 관한 한, 의미 있는 계급계층적 에너지로 충전(充電)된 일부 여성이 이 문제에 깊이 연루되어 있다는 사실 정도를 지적할 뿐이다. 요컨대 이는 개인에게 환원될 도덕적 무책임이라기보다는 먼저 어떤 집단화된 증상이거나 차라리 어떤 시대의 조짐으로 읽어야 할 듯싶다.

5. 집중이란 무엇인가(1)

리비도의 선순환, 연기(延期), 차분해짐, 그리고 약속 등등의
인류학적 계기들은 '집중(attentiveness)'이라는 극히 인간적인
태도의 형성과 합류한다. 그저 '태도'라고 했지만, 어떤 이들의
눈에는 이것이 '새로운 능력(a new ability)'으로 평가될 만큼 인
상적이며, 나 역시 이에 대해 별 이견이 없다.

> 의식은 외계를 식별하는 인간의 능력이다. 이것은 대단한 성취였지
> 만, 인간은 여기에 자족할 종류가 아니었다. (⋯) 그래서 또 하나의
> 새로운 능력이 생겼다. 집중이라는 능력. 이렇게 애써서 정신적 각
> 성 상태를 유지하는 일은 별로 즐겁지는 않지만, 필경 이 능력은 불
> 쾌보다는 더 많은 쾌락을 낳게 된다.*

쉽게 짐작할 수 있듯이, 여기서는 차분해진 인간들의 리비도
적 에너지를 합리적으로 융통하거나 배치하는 갖은 사회적 제

도와 장치들이 중요한 역할을 한다. 종교나 교육, 군사(軍事)나 산업과 같이 인간의 에너지를 합리적으로 채널링하고 이를 안정되게 공급, 융통하는 데는 규율을 내재화한 제도들의 몫이 크다. 사람의 안팎을 상보적으로 이어주는 것은 늘 틀(제도)인 것이다.

수도원에서 사용되어온 세 가지 주요한 방식—시간 구분을 확립하고 일정한 업무를 강요하며, 반복 주기를 규정하는 일—은 아주 일찍부터 학교, 작업장, 병원에서 재현되었다. 오래전부터 계속되어온 도식 안에, 새로운 규율은 어렵지 않게 자리잡을 수 있었다. 수도원에 흔히 부속 기관으로 있었던 복지사업 기구들은 수도원의 생활 방식과 규율을 이어받고 있었다. 산업 기관에서 시간의 엄정성은 오랫동안 종교적 외양을 간직해왔다. 그리하여 17세기에 대규모 제조소의 규정에는 노동 시간을 분할하는 관례들이 자세히 기록되어 있었다. '모든 사람은 (…) 아침에 일터에 오자마자 일하기에 앞서 우선 손을 씻고, 자기 일을 하나님께 바칠 것, 성호를 긋고 일을 시작할 것'. 그러나 19세기에도 여전히 산업계에서 농촌 사람들을 고용하고자 할 경우에는, 그들을 공장 노동에 익숙해지도록 하기 위해 수도회에 조력을 구하는 일이 있었다. 노동자들을 '공장 수도원'의 틀 속에 집어넣는 것이다.**

---

* Thomas Hanna, *Bodies in Revolt*, New York : A Delta Book, 1970, pp. 67~68.
** 미셸 푸코, 『감시와 처벌』, 오생근 옮김, 나남출판, 2003, 236쪽.

과거의 사적 요인들에 떠밀려 쾌락/불쾌의 장면을 강박적, 충동적으로 재연(再演)하기보다 미래를 향해 이를 주체적, 창의적으로 연기하거나 일매지게 재기획하는 능력은 인간의 생산적 활동에 동원될 수 있는 가장 기초적인 코드다.

어느 초등학교 1학년 여학생은 쉬는 시간에 담임 여선생에게 매달리며 강경한 태도로 그녀의 젖가슴을 만지려고 했단다. 어느 초등학교 1학년 남학생은 수업 중에 의자에 앉은 채로 그만 오줌을 싸버렸고, 스스로 놀라서 자지러지게 울었다고 했다. 인류의 걸음을 길고도 멀리 보려는 이들에게 떼쓰고 악지를 부리는 아이들의 모습은 참으로 흥미롭지 않을 수 없다! 아무튼 본능의 자리를 확실히 배정하고 또 욕구와 욕망의 대상에 대해 넉넉하고 얌전해진 태도를 갖게 된 데에는, 아이들의 개인적 성장과 성숙이 인류 진화사의 단면을 축소 재현하는 모습이 숨어 있는 듯하다. 이기주의의 미로와 우발성의 변수들로 횡행하는 미래 속에 마치 심야의 별빛 같은 안정감으로 인간들 사이의 상호작용을 안내하고 조율하는 약속 및 계약적 장치 등의 정신문화적 성취는 인간이 자기 정체성을 형성하는 과정에서 가장 기초적인 장비가 되었다.

가령 에드워드 윌슨은 사회생물학적 진화의 기본 원리가 기대고 있는 다섯 가지 기본적 범주로서 혈연선택(kin selection), 양육투자(parental investment), 짝짓기 전략(mating strategy), 지위(status)와 함께 계약적 합의(contractual agreement)를 들고 있다.(윌슨 2008, 303) 그에 따르면, "계약 맺기는 문화적 보편자 그 이상"이며, "그것은 언어와 추상적 사고가 인간의 특징인 것과 마찬가지 의미에서 인간의 독특한 형질"(윌슨 2009, 303)이다. 여기서 우리의 관심을 끄는 대목은 약속과 계약을 포함하는 일련의 사회적 실행의 계기들이, 현재와 미래를 한 궤선으로 잇고 주체의 일관된 의지로 이 궤선을 완결시키는 기회를 제공함으로써 '집중'이라는 태도를 배양하며 이와 더불어 인간의 정신을 한 단계 높은 차원으로 안내한다는 사실이다. 63층의 빌딩을 짓는 기량은 단층의 판잣집을 짓는 기량과는 차원이 다르다. 1만2000여 년 전에 처음으로 토기를 제작하던 이들의 기량은 화성에 우주선을 안착시키는 기량과는 비교조차 할 수 없다. 이처럼 인간의 정신은 꾸준히 진화해왔고, 종교나 과학, 예술 등 수많은 기량의 갈래 속에서 경이로운 성취를 증거해왔다. 인간의 정신사가 이룩한 최고의 순간들은 모두 이 '집중'이라는 (당시로서는 획기적이었던) 인간 정신의 한 새로운 결절의 자식인 것이다.

하나 마나 한 소리이지만 동물들은 차분하게 집중하지 못한다. 굳이 집중과 비견할 만한 것을 끄집어내자면 열중(熱中)이 있을 따름이다. 주로 먹이활동과 생식활동을 향해 특화된 이들의 관심은 좁고 그 의식(?)은 얇다. 실은 바로 이 덕에 이들의 생존 가능성이 외려 높아지기도 한다. 생존이 아닌 생활의 다중작업능력(multitasking)은 적절한 삶의 조건이 갖추어지지 않았을 때에는 오히려 위험하기 때문이다. 이들의 열중은 당연히 인간의 집중이 이룩한 그 '중성적 지속'의 가능성과는 차원을 달리한다. '중성적'이라 함은, 인간에게 특유한 정신적 집중은, 마치 인간의 생활이 생존에 등을 돌린 채 '쓸모없는 것의 쓸모(無用之用)'에 골몰하거나 심지어 자신의 파괴를 욕심 부리는 것처럼 식욕이나 성욕과 직접적인 관계를 맺지 않고도 가능하기 때문이다. 종교적 형식의 집중이나 문화적 형식의 집중조차 리비도적 에너지의 전유(轉有) 혹은 승화의 계기와 무관하지 않겠지만, 인간 종의 집중은 여타 동물 종과 달리 생존의 기능성을 고양하는 데 복무하기도 하나 다른 한편 진화론적으로 역설적인 지점을 향해 뻗어나간다. 인간은 과거-현재-미래를 서사적으로 통합시켜 통시적 관점을 얻고 전경과 후경(後景)을 원근법적으로 관련시키면서 공시적 통할을 얻어가는 가운데 대상의 구별과 관심의 선택에 이른다. 바로 이 구별과 선택이 복잡해지는 중에 인간의 걸음은 종종 이해할 수 없는 보폭과 방향을 얻게 된다.

성긴 표현이긴 해도 바로 이 '차분한 집중'이라는 상태는 생명체가 그 생명의 진화사에서 드러내는 정신 수준의 실용적인 지표가 될 수 있을 것이다. '신묘(神妙)한'이라는 말을 음역으로 일본어에 대입하면 '신묘나(神妙な)'일 텐데, 흥미롭게도 이 형용어의 첫째가는 의미는 '온순하고 얌전한'이다. 이미 거세되고 충분히 훈육받은, 심지어 집중의 문화와 지속적 학습의 제도에

순치된 우리에게는 차분하고 얌전한 것이 그다지 대수롭지 않은 일인지 모른다. 그러나 이 일본어의 일차적 의미처럼 인간이라는 동물이 여타 동물들과 비교할 수 없는 정신성을 획득하면서 안팎으로 차분하고 온순해진 일은 진정 신묘하다고 해야 한다. 가령 아래와 같이 황당한 공상으로 예시해보자. 상징과 메타포가 제아무리 기이하고 비현실적이라도, 중요한 것은 그것들의 빛과 조망 속에서 새롭게, 다르게 드러나는 현실과 실재의 모습일 것이기 때문이다. 강태공이 물가 바위에 앉아 바야흐로 낚싯바늘에 지렁이를 끼려고 했다. 한순간 그의 손에 잡힌 어느 지렁이 한 마리는 자못 이목구비가 선명한 '얼굴'을 하고 있었다고 상상해보자. 그리고 그 지렁이는 짜장 애절한 표정을 지으면서 강태공을 '가만히' 바라본다거나 혹은 손가락 사이에서 생존의 몸부림에 부심한 여느 놈들과는 달리 '차분하게' 강태공의 눈을 응시한다면? 한순간 우리에게 익숙한 그 '존재의 질서(ordo essendi)'는 어떻게 되겠으며, '가만히, 차분하게 상대를 응시할 수 있는 시선과 얼굴'에 (레비나스의 생각을 원용할진대) 지펴 있을 그 영혼은 대체 어떻게 되겠는가?

바닷가에서 자란 나는 갖은 해산물에 익숙했는데, 이미 당시에도 이런저런 바다 생물이 드러내는 '인상'을 통해 그 존재론적 질서에 대한 감성이 생겼을 법하다. 특히 그중에서도 마을에서 제사 음식으로 빠뜨리지 않았던 문어에 관한 추억(?) 중에는 갯바위 언저리의 물속 바위틈에서 나를 '차분하게' 응시하던 한

녀석의 인상이 또렷이 남아 있다. 흔히 연체동물 수준을 훨씬 상회할 정도로 똑똑하다고도 하지만 그의 시선은 꽤 차분하고 분명해서 흔히 보던 물고기나 닭의 눈과는 비교할 수 없을 만큼 카리스마를 풍겼던 것이다. 단 한 차례의 특정한 경험에 쏠린 탓으로 생긴 감상적 과장이 없을 리 없겠지만, 그의 응시에는 의식의 비약으로 생긴 차분한 집중의 기미가 흐르고 있었다.

또 잊을 수 없는 눈 중 하나는 늑대의 것이다. 부산의 북쪽 금정구의 명산인 금정산 산록에 위치한 금강공원에는 지금은 없어진 제법 큰 규모의 동물원이 있었다. 외할머니 거처가 인근에 있었기 때문이기도 하지만 어릴 적의 나는 종종 그곳을 찾곤 했다. 내가 특히 애착을 느꼈던 곳은 늑대 두 마리가 동서(同棲)하던 외진 우리였다. 그곳에서 난생처음 만나게 된 늑대는 이미 가축으로 변해버린 개가 결코 아니었으며, 나는 늘 그 숨길 수 없는 야성의 흔적을 접하면서 어떤 아득한 숭고(崇高)의 감정에 빠지곤 했다. 두 마리의 늑대는 잠시도 가만있지 않고 그 좁은 우리 속을 바장였다. 그들의 걸음걸이는 금방이라도 우리 밖으로 뛰쳐나올 기세로 기민하고 당당했으며, 또 그만큼 슬퍼 보였다. 하지만 정작 나를 그 창살 앞에 붙들어놓았던 것은 그들의 눈이었다. 늘 핏발이 선 듯한 그 눈들은 불안해 보였고, 재바르게 바장이던 발들은 초조했다. 나는 그것을 묘한 슬픔으로 이입해내면서, 우리 바깥에 살면서도 한갓 '무익한 열정(une passion inutile)'에 내내 시달릴 뿐인 나 자신의 실존적 부조리를 그들의 눈 속에서 읽곤 했다. 그러나 그들은 대체로 나와 눈길을 마주치지 않았다. 늑대들은 좁은 우리 속을 오락가락하는 중에도 철망 가까이 다가서면 구경꾼들을 가로질러 어느 아득한 곳을 향해 시선을 던지곤 했다. 무엇보다 이곳과 지금에 대한 즉자적 몰입이 짐승들의 기본적 행태이겠지만, 낯선 곳에 구금된 채 인공의 스케줄을 반복하던 그 늑대들의 시선 속에는 마치 다른 어느 때의 어느 다른 곳을 떠올리게 만드는 차분한 슬픔이 배어 있었다.

피에르 샤르댕의 제안처럼 우리가 진화를 주로 '정신적 변화 (psychical transformation)'의 과정으로 본다면 본능 혹은 그 본능에 터한 직관의 종류는 다양할 것이고, 문어나 늑대의 시선이 건넨 인상의 종류도 그런 식의 변화에 조응할 것이다.

> 곤충의 '정신적' 형상은 척추동물의 정신적 형상과 같지도 않고 같을 수도 없다. 마찬가지로 다람쥐의 본능은 고양이나 코끼리의 본능과도 다르다.(Chardin 1955, 167)

'자의식'을 담은 시선은 아무래도 다른 법이다. 한때 내가 알고 지내던 어떤 이는, 내 시선만을 보고서 내가 그와 '함께' 있는지, 아니면 몸은 현장에 있으면서도 마음은 '멀리' 흘러가 제3의 인물을 떠올리고 있는지를 정확히 간파하곤 했다. 인간의 자의식은 흔히 성찰(reflection) 혹은 성찰성(reflectiveness)과 결부되고, 이 용어는 인문학적 맥락 속에서 안이하며 모호하게 사용되는데, 역시 샤르댕은 자신의 사상적 입지를 살려 이를 매우 인상적으로 정의해놓고 있다.

만일 우리가 여타 동물에 대한 인간의 우월함이라는 문제를 해결하려고 한다면, 내가 보기에는 단 하나의 길밖에 없다. 그것은 인간 행동에 드러나는 그 모든 부차적이며 애매한 내적 행위를 차치하고 곧바로 성찰(reflection)이라는 중심적인 현상으로 나아가는 데 있다. 우리의 실험적 입장에서 보자면, 성찰이란 말 그대로 그 자신에게로 되돌아가는 의식에 의해 획득된 힘, 마치 자신만의 특정한 지속성과 가치를 지닌 어떤 대상을 포착하듯이 자기 자신을 포착할 수 있는 의식의 힘이다. 그저 아는 것이 아니라 안다는 사실 그 자체를 아는 것이다.(Chardin 1955, 165)

인간들은 장구한 진화의 세월 동안 어느새 비교할 수 없을 만큼 차분해졌다. 차분함의 강도(强度), 지속성, 그리고 그 차분함과 결부되는 지향(orientation)의 일관성 등에서 유례가 없는 동물이다. 생존과 생활에 얽힌 일이야 다종다양하지만, '인간적인 너무나 인간적인' 일들은 대체로 바로 이 차분함의 능력과 차분함에 터한 정신적 집요함에 힘입은 바가 적지 않다. 이 차분함, 그리고 이와 관련되는 섬세하고 질긴 집중의 능력으로써 베토벤이나 아인슈타인, 그리고 안중근이나 김연아의 성취가 이루어진 것이다. 이로써 내가 말하려는 점은, 차분함이 기량의 전문성이나 창의성에 이르는 유일무이한 길이라는 게 아니다. 개체들의 자리에서는 늘 이치의 패턴이나 이론이 어긋나는 지점이 생기며, 인문학적 사고란 바로 이 어긋남에 대한 숙고와 분석이기도 하기 때문이다. 이 글에서 언급하는 차분함은 개체와 인류를 잇는 자리에 놓을 만한 일반적 현상을 가리킬 뿐이다.

차분함과 집중은 기본적으로 리비도적 분방함과 길항한다. 하지만 이 표현에는 약간의 어폐가 있다. 차분함이든 집중이든, 참회든 오도(悟道)든 모든 것은 리비도적 기원에 젖줄을 대고 있기 때문이다. 차분함이든 집중이든 인간의 삶에 관한 것이라면 다 삶의 에너지 그 자체의 채널로부터 독립할 수는 없기 때문이다. 가령 제아무리 아름답고 고귀한 사랑의 행위라도 생식기의 점액(粘液)들이 배출되고 섞이게 하는 신체 에너지와 별개의 것이 아니다. 그 수원(水源)의 이름이 리비도일지라도 그곳에 뿌리를 대고 있는 하천들의 기능이나 풍경은 천차만별이기 때문이다. 그러므로 '리비도적 분방(奔放)'이라고 했지만, 그 표현 형식이 반드시 분방하지도 않으며 분방할 필요도 없다. 선생이나 선배와 함께(with), 그러나 그들을 넘어(beyond) 어긋내는 가운데 후학들의 성취가 이뤄지듯이, 리비도의 원모습이 어떠하든 차분함과 집중은 이 리비도와 함께, 그러나 그것을 넘어 어긋내는 중에 인간의 정신적 진보를 재촉한다.

뜨겁게 들떠서 꿈을 꾸는 듯한 상태만으로는 집중도 문명도

이루어지지 않는다. 식고(冷める) 제정신이 들어(覺める)야 정신 문화의 열매가 맺히기 시작한다. 축제의 난장이 허용하는 정신 없음조차 인간의 집단적 지성이 긴 세월을 거치며 구성해놓은 틀거리 속에서 움직이는 정신없어 '하는 척(as if)'의 문화일 뿐이다. (잠시 옆길로 새는 발언이지만, 이런 뜻에서 인간 종의 특성과 그 가능성을 이해하는 데 있어 '연극적인 것'의 중요성은 상식인의 짐작을 훨씬 넘어선다.) '뜨겁게 들떠서 꿈을 꾸는 듯한 상태'의 사례로 도시인들에게도 잘 알려진 발정기에 든 고양이를 떠올려보자. 야밤, 그 살 떨리는 울음소리에 잠이 깨고 움찔한 경험이 누구에게든 한두 차례는 있을 것이다. 집에서 키우는 놈이면 가만있지 못하고 밖으로 나가려 애쓴다. 그리고 식욕이 떨어지면서 이곳저곳에 몸을 비비는데, 마치 사랑에 빠진 사춘기 소년처럼 대체로 안절부절못한다. '리비도적 부박', 아니 정확히 말해서 '리비도의 가장 부박한 표현'의 전형적인 상태다. 하긴 고양이들이야 〈운명 교향곡〉을 작곡하거나 『태백산맥』을 집필할 일이 없기에, 그리고 발정기에도 제 나름의 자연적 순서가 있기에 별 문제가 되진 않는다.

그러나 보노보 정도를 빼면 최고의 성적 동물인 사람에게서 이런 발정 상태가 여과 없이 드러난다면 그야말로 재난이다. '은폐된 배란(concealed ovulation)'의 문제에서 보듯이 사람의 발정기는 확실히 알 수 없는 진화사의 긴 여정과 곡절 속에서 초극되고 말았다. 배란이 은폐되고 "성행위를 할 수 있는 기

간이 점점 길어지는 영장류의 경향이 극한까지 진행되어"* 사시
사철 성교할 수 있도록 진화한 '털 없는 원숭이(naked ape)'인
인류는 이 자유의 대가 혹은 기회비용으로 이런저런 제도적 부
담에 얽히게 되었다. 사람들이 충동적 발정의 자연으로부터 서
서히 벗어나 합의의 안정적 문화 속으로 깊이 들어서면서, 명목
상으로나마 일반적으로 동의한 일부일처제는 이 문제에 관한
한 일종의 '근본 독점(radical monopoly)'(이반 일리히)의 지위
를 누리고 있긴 하다. 그러나 흥미롭게도 이 제도는 자유주의의
세례를 향유하자마자 외려 만성적인 고장 상태를 보이는 가운
데 변변한 AS조차 쉽지 않다. 빌헬름 라이히의 말처럼 "일부일
처제는 (…) 어떤 특정한 상대와 생기 있고 행복감 넘치는 성관
계를 언제나 반복해서 체험하려는 성경제학적 원칙에 근거하고
있다"**고 해도, 이 '반복'은 자못 이상적이다. 죽음의 사적 경
험을 인문학적 지식의 체계로부터 체계적으로 배제하려는 현대
학문이 자가당착적이듯이, 인간의 몸과 쾌락을 논하면서 그 유
한성을 배경적 상수(常數)로 놓지 않는 것은 우스운 노릇이다.

오늘날 사람들은 자신을 비롯한 개별 인간들의 지난 삶의 유한성을
보지 못하고 자신의 삶이 곧 사라질 것이라는 사실을 직시하지 못
하며, 자신이 지닌 삶의 방식—자신의 일, 쾌락, 무엇보다도 타인

---

* 　데즈먼드 모리스, 『털 없는 원숭이』, 김석희 옮김, 정신세계사, 1991, 70쪽.
** 　빌헬름 라이히, 『성혁명』, 윤수종 옮김, 새길, 2000, 70쪽.

에 대한 자신의 행위 등—속에 이 같은 지식을 포함시키기를 거부하기 때문에 이러한 의존관계를 이해할 수 없다.[*]

애초의 결합에서 흔히 보이는 우발적 미스매치(mismatch)나 비합리적 선택은 차치하더라도 (이미 프로이트 등이 자세히 논구했듯이) 쾌락 일반의 영역에서 보이는 한계효용체감의 비율은 '애정 속의 행복' 그 자체에 대해 심각한 의문을 제기해야 할 정도로 문제적이다. (가령 라캉의 인문학적 가치는 바로 이 의문의 비판적 생산성에 기인할 것이 아닌가.) 그렇다고 해도 "성행복이 삶의 본래적 내용이며 실천적인 인민 정치의 목표"[**]라는 캠페인은 비현실적이며, 성적 쾌락에 대해 갖는 부르주아 대중의 이중적 태도에 짓눌려 그 이치의 제 가치조차 제대로 구현해내지 못해왔다.

몸에 각인된 리비도 에너지의 과거는 새로운 제도들이 요구하는 문화적 미래와 만성적인 불협화를 빚는다. 그것이 필경 공진화(co-evolution)의 형식을 띤 채 화이부동(和而不同)의 자리를 찾아가려 한다 해도, 그 화(和)에는 늘 부동불류(不同不流)의 긴장이 팽팽하기 때문이다. 유전적 진화보다 문화적 진화가, 몸의 진화보다 뇌의 진화가, 습관의 진화보다 상상의 진화가 앞서 내달리는 일은 최소한 신석기 시대 이후 인류가 당면해왔던 현

---

[*]   노르베르트 엘리아스, 『죽어가는 자의 고독』, 김수정 옮김, 문학동네, 2012, 42쪽.
[**] 빌헬름 라이히, 『오르가즘의 기능』, 윤수종 옮김, 그린비, 2005, 249쪽.

집 중 과 영 혼

실이고, 이 배리(背理)의 현실 속에서 리비도의 위상은 늘 애매할 수밖에 없었을 것이다. 그리고 대중적 시선과 실천 속에서의 리비도는 이후로도 계속 애매하고 어정쩡할 것이다. 각종 터부와 성화(聖化), 의례화와 관습화의 굴레, 그리고 도덕적 훈육과 계몽의 좌표들도 이 애매함을 종식시킬 수 없을 것이다. 유전자의 구심력과 문화적 섭동(cultural perturbations)의 원심력이 어깨동무를 한 채 나란히 한 지점을 행복하게 바라보는 일은 좀처럼 생기지 않을 것이기 때문이다. 인간의 과거는 악착같이 남아 있을 것이며, 인간의 미래도 할 수 있는 것이라면 무엇이든 하려고 악지를 부릴 것이기 때문이다. 과연 "어떤 문화는 잠시 동안이기는 하지만 진화적 적응을 줄이는데도 불구하고 출현"했으며 "제멋대로 굴러가다 심지어 그것을 조장한 사람들마저 해치는 문화들도 존재"(윌슨 2009, 281)하니 말이다.

그저 원칙적인 지적이지만, 성적 부박함을 적절한 때에 적절하게 제어함으로써 '만성적 발정 상태로 인한 재난'을 막는 게 능사일 뿐, 성적 쾌락의 문제에 말끔한 해결책은 없어 보인다. 그래서 사태의 실상은 대체로 부처님의 오랜 한탄에서 그리 멀리 벗어나지 못하고 있다. '차분하다' 혹은 '얌전하다'는 것은 충동적이며 부박한 표현들을 갖곤 하는 에너지에 대한 가장 일반적, 기초적 혹은 미봉적 해결책이었을 것이다. 예를 들어 '나라님도 근절할 수 없는 도둑'의 문제라거나 (내 개인의 경우를 떠올려보더라도) 사춘기를 지나면서 단 한 번도 교육받아본 적 없는 자위(masturbation)의 문제 등은 앞서 말한 대로 팽팽한 긴장을 숨긴 채 어정쩡하고 애매한 상태에 놓인 충동에 대한 (해결에 이르지도 못한) 미봉일 것이다. 물론 차분하고 얌전해진 일만으로 성적 리비도의 해소와 분배 및 승화에 이르고, 이로써 문명문화적 진보가 보장될 수 있는 것은 아니다.

그러나 필경 지속적이며 고도의 집중력을 요하는 문명문화사적 성취와 진보의 도정에서 생략할 수 없는 이정표는 사적 충동을 연기하거나 변성(變成)시키고, 사회적 필요에 따라 개인의 성정과 태도를 차분하게 안정화하는 단계다. 일본 말로 '떠들거나 장난치지 않고 얌전하다'라는 낱말이 '오토나시이(大人しい, 어른스럽다)'인데, 실로 어른이 된다는 사실에 대한 적나라한 설명이 아닐 수 없다. 어른됨을 아이와 변별하는 잣대 및 속성 중에 '얌전하다'는 것은 일견 학술적 전문성을 담기 어려울 만큼 나이브해 보이겠지만, 이 간이한 설명에는 인류 진화사의 비밀을 알리는 알짬 하나가 고스란히 담겨 있다. (물론 나는 철수나 영희가 얌전해진 문제를 다루는 게 아니라, 인류라는 동물의 일반적 행태를 문제 삼고 있을 뿐이다.)

인간들이 리비도의 악순환적 되먹임을 이겨내고 문화사회적 질서를 이루면서 살게 된 것의 배경에는 이 같은 차분함과 중장기적 집중의 능력, 그리고 이에 조응하는 합리성의 훈련이 있었다. 최소한 사랑으로 몸이 달아 있거나 분노로 몸을 떨고 있는 것과 같은 상태가 만성 체질화되었다면 김연아나 안중근 같은 태연한 전문성*에 이를 수 없다. 한 차례도 패한 적이 없는 이순신이나 미야모토 무사시 같은 무인들의 특징 역시 때론 서늘할 정도로 '차분'하다는 것이다. (물론 다른 기회에 상설하겠지만, 이 차분함이 성공적인 연쇄살인범들의 공통적인 행태로 지적된다고 해도 그 이치가 졸아드는 것은 아니다.) 줄곧 인류의 인간됨이 이룩한 성취의 배경 혹은 그 조건으로서 차분함을 지적해왔는데, 안중근이나 이순신의 성취, 서경덕이나 남명 조식의 성취 혹은 R. F. 스콧(1868~1912)과 체즐리 설런버거(1951~)**의

---

* '태연함'은 차분함과 마찬가지로 다만 전문적 기량이나 영웅적 기개만을 위한 정서적 포석이 아니다. 앞서 중장기적으로 집중할 수 있을 만치 그 정서와 태도가 차분해진 것은 인간됨의 기본 조건이라고 했듯이, 태연함은 그저 일상적 생활을 가능케 하는 '사람다움'의 밑절미일 뿐이다. 이는 특히 한 지붕 아래 같은 공동체를 이루고 살아가는 가족에게서 더 도드라진다. "왜냐하면 비록 악한 성정을 지닌 사람들의 세계에서도 가정 안에서는 사생활의 요체인 태연자약함이 항상 유지되었기 때문이다." 이브 카스탕, 「정치와 사생활」, 로제 사르티에 편, 『사생활의 역사 (3): 르네상스에서 계몽주의까지』, 이영림 옮김, 새물결, 2005, 82쪽.
** "2009년 1월 15일, 설런버거는 뉴욕의 라구아디아 공항으로부터 노스캐롤라이나 샤를로테에 위치한 샤를로테/다글라스 국제공항으로 가는 에어버스 A320기의 기장이었다. 편명은 유에스 에어버스 1549 혹은 유나이티드 에어라인 1919로 지명되어 있었다. 이륙 직후 설런버거는 비행기가 큰 새 떼와 충돌했고 이 탓에 두 개의 엔진이 다 불능 상태에 빠졌다고 관제탑에 알렸다. 몇몇 승객은 왼쪽 엔진에 불이 붙은 것을 보았다. 설런버거는 관제탑과 상의하면서 라구아디아 공항으로 회항하거나 혹은 뉴저지의 테터보로 공항에 착륙할 가능성 등을 따졌다. 그러나 설런버거는 그 어느 쪽도 가능하지 않으며, 따라서 허드슨 강에 비상 착수(ditching)할 수밖에 없다고 재빨리 결정했다. 그는 승객들에게 '충격에 대비하시오'라고 알린 후, 오후 3시 31분에 허드슨 강에 착수(着水)했다. 그리고 승객과 승무원 전원이 생존했다. 그는 나중에 말하기를, '우리, 부기장과 내가 일(조종)하는 내내 매우 조용(quiet)했다. 우리는 한 팀이었다. 하지만 그 엔진들이 아무 힘도 쓸 수 없다는 사실은 충격적이었다'라고 했다. 설런버거는 기내의 침수되지 않은 곳으로 두 차례나 걸어들어가 전원이 대피하도록 살폈고, 그 후에야 비행기의 로그북(항공일지)을 회수해서 제일 마지막으로 선체에서 빠져나왔다. 친구들의 말에 의하면 '소심하고 과묵한' 사람인 설런버거는 이 위난을 겪는 내내 그의 '차분하고 균형잡힌 태도(his poise and calm demeanor)'로 주목을 끌었다. 예컨대 뉴욕 시장이었던 블룸버거는 그를 '차분 기장

성취 속에는 바로 이 차분함에서 출발한 뒤 어렵사리 '집중'의 단계를 넘어가면서 이룬 제 나름의 독특한 세계가 자리하고 있다. 이제야 '군자신독(君子愼獨)'을 주워섬기는 일에는 자못 시대착오적인 구석이 있지만, 신독이든 지경(持敬)이든 무의식의 창의성(die Originalität des Unbewussten)(칼 융)이든 혹은 단순한 실용적 집중(concentration)이든, 200만 년 전 호모 에렉투스(homo erectus) 이후 느리지만 분명하게 제 모습을 가꾸고 키워온 호모 사피엔스 사피엔스 종(種)만의 독특한 존재 방식과 성취의 이면에는 우리 조상들이 역사적 아이의 시기를 넘어 차분하게 계획하고 연기하며 집중할 수 있게 된 내력이 있다.

(Captain Cool)'이라고 부르기도 했다. 하지만 설런버거는 사고 후 몇 주 동안은 불면증과 플래시백 등의 외상후 스트레스 장애 증상(PTSD)에 시달렸다고 밝혔다. 그러나 같은해 2월 말경 『피플』지와 인터뷰할 즈음에는 이 상태가 호전되었다." Wikipedia, https://en.wikipedia.org/wiki/Chesley_Sullenberger#Flight_1549

6. 노동과 집중

    일(노동)과 성욕을 대비시켜 갖은 논의를 펼치는 학자가 적지 않은데, 이것 역시 성욕의 관계를 일단 충동적이고 분방하며, 사적 편향으로 기운 세계로 읽어낸 탓이다. 그리고 노동의 세계를 일단 이와 대비되는 계획적이며 집중적이고 협업 가능한 공적 자리로 읽어낸 까닭이다. 놀이와 일의 구분이 전처럼 명료하지 않게 된 새로운 여건 속에서도 (헤겔 식으로 말하자면) '성욕은 일자리 속의 항구적인 아이러니'일 것이다. 당연히 특정한 작업을 제대로 완수하려면 정해진 계획의 계선을 좇아 차분히 일하고 절차를 참고 기다리며 효율적으로 집중해야 하는 법이다. 물론 이것은 대체로 성행위나 이와 관련되는 여러 관계와 계기들의 행태 및 속성과는 거리가 있다. 대체로 성적 리비도의 분방함을 제도적으로 안정시킬 수 없으면 노동이나 작업의 생산성을 기대하기는 어렵다고 봐야 할 것이다. 거듭 강조하건대, 실로 에너지의 얌전한 분배와 차분한 전유는 문명사적 사건이었던 것!

노동 생산성을 위해서라도 노동자들의 성적 방종과 산일(散逸)을 적절히 제어·분배·재구성하는 제도는 늘 당연시되어왔다. 알다시피 이 제도는 대체로 시간과 공간의 구분법이 요점이었다. 사회화나 이에 상응하는 적절한 성숙에 이르지 못한 자는 우선 훈육 단계를 거치는 법이다. 훈육은 기량과 관계와 제반 실행에 들어가기에 앞서 그것들이 요구하는 기본적인 틀과 제도에 익숙해지는 과정이다. 훗날 개구리가 된 상태에서 되돌아보는 시선으로는 늘 흠잡고 탓하기 쉬운 단계가 바로 이 틀과 제도이지만, 진정한 진전과 성숙을 위해서라면 결코 도외시할 수 없는 중요한 과정이다. 우리가 수행이나 공부 일반의 현명한 실천에 나서려면 무엇보다 이 방종과 변덕의 시속 속에서 그 의의나 가치가 훼절(毀折)되어버린 '틀'에 대한 새로운 이해가 있어야 한다. 다음의 인용문은 후기근대적 급진주의에 대한 비판적 논의 속에 놓인 것이긴 해도, 당장의 관심거리인 공부(론)의 맥락에서도 의미 있는 지적이 아닐 수 없다. "모든 닫힌 틀이 억압적이라는 생각은 이론적으로 조야하며 정치적으로 비생산적이다."*

'선생은 틀을 주고 학생은 이 틀을 깨고 나간다'고 했지만, 탈각(脫殼)을 위해서라도 그 틀과 껍질은 요긴할 수밖에 없다.**

---

* 테리 이글턴, 『포스트모더니즘의 환상』, 김준환 옮김, 실천문학사, 2000, 130쪽.

** 어떤 기량이든 특정한 틀거리에 터한 규제와 훈육을 통해 그 기본기가 생긴다는 것은

부박한 자유주의와 개인주의의 거친 흐름 속에서 훈육과 틀은 대체로 타박의 대상이 되고 말았지만, 문명화의 전체 과정에서 보자면 훈육과 그 틀은 오히려 개인의 자유를 지지하는 지식의 내용보다 더 중요했다.

지식 교육을 제대로 받지 못한 사람은 인간을 문화화하는 교육을 통해 다듬어지지 않아 조야하고 조잡한 삶의 수준에 머물고 있는 셈이며, 훈육 교육을 제대로 받지 못한 사람은 거칠고 사납다. 훈육 교육을 소홀히 하는 것은 지식 교육을 소홀히 하는 것보다 더욱 큰 악이다. 왜냐하면 시간이 흘러 지난 후 인생의 늦은 단계에서도 지

잘 알려져 있다. 훈육이 생략된 학습은 그저 그 토대만 부실한 게 아니다. 넉넉히 짐작할 수 있듯이 특히 초기의 훈육은 '도덕적' 가치를 띤다. 예를 들어, 유치원생이나 초등학생들이 물건을 잘 정리하고 장소를 깨끗하게 유지하며 동료-친구들과 사이좋게 지내도록 권면받는 데에는 어떤 솜씨나 기량만을 위한 게 아니라 우선 도덕성의 기초를 함양시키려는 포석이 놓여 있다. 만약 이 단계에서 적절한 틀거리가 없거나, 있더라도 그 운용이 자의적이면 훈육은 붕괴되고 따라서 도덕성의 토대도 허약해질 수밖에 없다. 이런 토대 위에서 강요되는 중고등 교육은 의미나 방향을 잃은 기술이 되고, 이윽고 자유에 이르지 못한 방종이나 반응형성적 기법들에 자리를 내주게 된다. 좋은 부모와 좋은 환경과 좋은 친구의 이로움을 얘기하듯이, 사람의 성숙은 대개 그가 놓인 자리, 그 틀거리에 의해 구성되며, 따라서 그 모든 공부는 '틀(거리)'에 대한 깊은 이해와 실천적 궁리를 요한다. 나 자신도 더러 경험한 게 있지만, 흥미로운 것은 때론 한 사람의 강력한 품성과 기량이 여럿의 틀거리가 될 수도 있다는 사실이다. "사실 크리티아스와 알키비아데스는 소크라테스의 곁에 있을 동안은, 그의 힘을 얻어 아름답지 못한 욕기(慾氣)를 누를 수가 있었다. 그러나 그를 떠나고서부터는, 크리티아스는 데사리아로 도망하고, 그 땅에서 정의보다도 오히려 무법(無法)의 생활을 하는 자들의 동아리로 들어갔고, 알키비아데스는 그 미모(美貌) 때문에 신분이 높은 부인들의 연모(戀慕)의 정을 한 몸에 받고, 그리고 아테네 및 맹방(盟邦) 도시에 있어서의 세력으로 인해 많은 유력자의 추종을 받고, 민중에게 존경을 받아 쉽사리 제일인자가 되고. 이리하여 운동 경기에서 쉽사리 승리를 얻은 선수가 연습을 소홀히 하는 것처럼 그 또한 자신의 훈련을 소홀히 한 것이다." 크세노폰, 『소크라테스의 회상』, 최혁순 옮김, 범우사, 1988, 26쪽.

식 교육은 만회되고 보충될 수 있지만, 어릴 때 훈육 교육을 제대로 실시하지 않으면 인간의 동물적인 사나움과 거칢은 결코 제거될 수 없으며, 훈육 교육을 잘못하는 것은 보충되거나 치유될 수 없기 때문이다.*

초기 산업화 시대의 노동자들에게 배설된 시간표나 공간 구획은 사용자들이 대리한 지배 구조가 장구한 세월 동안 자연의 리듬에 얹혀 살던 이들을 공장/회사의 논리 속으로 훈육해넣는 장치였다. 훈육의 장치에서 늘 금기시하던 것은 성적 방종과 일탈이었다. 지난 시절의 이야기이긴 하지만 그 모든 기숙사는 금남금녀(禁男禁女)의 룰을 내세웠다. 조선조의 서원이 표방하던 3금(三禁)의 하나도 여자(기생)였다.** 나는 입대 후 두 차례(이등병, 하사)의 훈련 기간 내내 단 한 명의 여자도 본 적이 없는데, '여자를 보면 다리에 힘이 빠져 격발(擊發)을 망친다'는 등의 우스갯말이 나돌았던 것이다. 빨치산이나 운동권 내의 연애 금지는 이미 유명한 이야기이고, 얼마 전까지만 해도 사내 연애를 금지하는 풍조조차 있었다. 굿거리나 기도를 앞둔 집안에서도 방사(房事)를 꺼렸고, 심지어 장(醬)을 담글 때에도 택일(擇日)한 뒤에는 외출과 방사를 금해 부정 타는 것을 방지했으며, 실제 장을 담글 때에는 한지(韓紙)로 입을 봉해 음기의 발산을

---

* 임마누엘 칸트, 『칸트의 교육학 강의』, 조관성 옮김, 철학과현실사, 2001, 24쪽.
** 김봉렬, 『서원건축』, 대원사, 2006, 42쪽. 나머지 둘은 술과 광대패였다.

막기까지 하면서 정성을 기울였다. 우리 속담에 '말 많은 집은 장맛도 쓰다'고 하지 않던가? 물론 수도(修道) 일반이나 특정한 종류의 연단 과정에서는 아예 독신을 의무화하기도 했다.

일과 성이 한자리에 나란히 있긴 어려워도 둘 다 인간의 세속적 존재 방식인 이상 공존의 길이 없을 리 없다. 구별을 하더라도 서로 배타적일 필요가 없고, 각자의 자리와 몫을 지키게 하면서도 필경 큰 그림 속에서는 상보적일 수도 있기 때문이다. 산업혁명 이후 전 세계적인 공업화의 길에 들어서면서 좌우파를 막론하고 노동자들의 역할이 결정적인 중요성을 띠게 된 것도, 일과 성의 관계에 대한 각박한 대립을 해소시키는 주요한 배경이 되었다. 퇴근 후 노동 현장과 구분되는 특정한 자리로 이동해서 여럿이 어울려 노동 시간 중 변질되거나 식어버린 리비도적 에너지를 술과 잡담 등의 효력으로 재활성화시키는 일은 설혹 권장되진 않더라도 넉넉하게 방임되었다. 인간의 생활이 복잡하고 개인주의화되면서 보상 체계를 마련하지 않을 수는 없고, 특정한 기능을 요구받는 집단을 효율적으로 통제하기 위해서는 채찍과 더불어 당근이 필수적이었다.

비록 노동자들이 반성 없는 반복 속에서 술과 잡담과 함께 인생을 긴 걸음으로 낭비하게 되더라도, 그 술과 잡담 속에서 바로 그다음 날의 노동생산성은 짧은 걸음으로 강화되는 것이다. 노동생산성이라는 정해진 방향을 위해 고안된 집중의 생활은 보상 메커니즘 속에 포섭된 채로 지속된다. '흔들리면서 정의

(正義)의 길로 가는'(리 호이나키) 게 아니라, 술 깨고 술 취하면
서도 한결같이 자본의 길로 가는 셈이다. 술이나 잡담 등이 돕
는 이완과 쾌락의 문화는 시공간적으로 잘 구획된 노동 및 집중
의 제도와 더불어 서로 꼬리에 꼬리를 문 채 하나의 거대한 체
계를 이루어 삐걱대면서도 잘 굴러간다. 앞의 것은 뒤의 것에
기생하는 편이지만 뒤의 것도 앞의 쾌락에 이미 구성적으로 젖
줄을 대고 있기에 둘은 거의 공생 혹은 공진화하고 있는 실정이
다. 그러므로 앞의 것은 뒤의 것의 단선적인 거부가 아니며, 쾌
락의 공간은 노동의 공간을 단순히 '위반'하고 있는 게 아니다.

그러나 그 거부가 곧 그것과의 절연을 의미하지 않는다. 오히려 그
거부는 더 깊은 일치를 예고하는 거부다.*

위반이 무엇을 뜻하는지 분명히 밝히려면 다른 복잡한 예가 필요
없다. 위반의 의미를 파악하기 위해서는 기독교 또는 불교에서의
충일을 한번 들여다보는 것으로 충분하다. 왜냐하면 위반의 완성
된 형태는 종교적인 충일함과 다른 것이 아니기 때문이다.(바타유
1989, 75)

예를 들어 공교육 정상화를 외치면서도 사교육 시장을 환부

---

* 조르주 바타유, 『에로티즘』, 조한경 옮김, 민음사, 1989, 74쪽.

처럼 드러낼 수 없는 이유라거나, 갖은 이름을 내걸고 비합리적인 행위에 몰두하는 종교들을 계몽할 수 없는 모순이라거나 혹은 강원도 전체의 지역내총생산(GRDP)에 버금갈 정도라는 국내의 성매매 산업의 만연성 등은 작용과 부작용이 유기화된 채로 체계를 이룬 세속의 고리를 잘 보여준다. 고도로 진화한 인간의 제도와 체계들은 인간 자의식의 고유한 형식과 마찬가지로 한결같이 자기비판과 (부드러운) 자기부정의 시늉까지 내재화하고 있는 것이다.

그러므로 '노동자들의 성적 방종과 산일을 적절히 제어하고 재구성하는 제도'는 물론 금욕과는 별 관련이 없다. 제어하되 제거하지 않고, 분배하되 줄이지 않는다. 이는 개인적 도덕의 문제가 아니라 프로이트나 라이히 등이 언급한 것처럼 '리비도 경제(Libido-Ökonomie)'와 관련된 집단적 효율성의 문제다. 인간의 경험이나 역사, 에너지나 희망조차 산업의 일부로 재편성되는 거대한 흐름 속에서, 에너지의 비효율적인 상쇄(相殺)를 예방하고 생산적으로 배치하려는 노력의 일환이었다. 전쟁이나 범죄를 없애는 게 아니라 '관리'하는 게 목적일 수도 있고, 재난이나 빈곤을 없애는 게 아니라 역시 '생산적으로 통제'하는 게 목적일 수 있으며, 중독이나 의존으로부터 자립시키려는 게 아니라 외려 그 증상을 느긋하게 이용하는 게 목적일 수 있고, 윤리나 금기를 지키려는 게 아니라 겨끔내기로 지키고 깨면서 그 다이너미즘을 정치사회적으로 활용할 수도 있다.

이와는 별도로 노동을 금욕 속에 묶어놓은 사례로서 미르치아 엘리아데(1907~1986)는 광산 노동자들 사이에서 지켜지는 금욕이나 성적 금기를 소개*한 바 있다. 이는 앞서 언급한 대로 노동을 위한 장기적 집중의 목표 아래 이루어지는 성적 리비도의 생산적 안정화 전략과는 구별되어야 한다. 노동과 성취/수확의 관계가 신화종교적으로 묶여 있던 시대의 관습이자 그 유물인 셈인데, 신화나 민화류를 살펴보면 나라마다 고루 발견되는 이야기다. 역시 엘리아데 식으로 표현하자면, 이는 신화적 우주(cosmos)가 여전히 세속적 세계(world)를 붙들고 있을 때의 이야기인 셈이다. 혹은 달리 말해서, 아직은 초세속적 초월자를 향한 '경건한 믿음(Andacht)'이 세속적 노동을 위해 필요한 '집중(Andacht)'으로 충분히 옮겨지지 못한 상태를 말한다. 세속적 구체화(Versachlichung) 혹은 베버가 말한바 '세계의 탈주술화(Entzauberung der Welt)'가 미진한 탓에, 인간 의식의 놀라운 성취인 집중이 아직 초월과 세속, 무와 존재 혹은 영성과 지성의 분기점 언저리를 오락가락하고 있는 것이다.

우리 전통 한옥을 지을 때는 용마루 아래에 두는 도리(마룻대)를 올려 결구(結構)하면서 상량식(上梁式)이라는 의례를 집행했다. 최상부에 놓은 부재를 빌미 삼아 지어질 집과 관련되는 천지신명들께 사정을 고하고 그 장소와 거기에 거주할 가족의

---

* 미르치아 엘리아데, 『대장장이와 연금술사』, 이재실 옮김, 문학동네, 1999, 62쪽.

행운 및 복록을 기원하는 행사다. 옛날 한 집안의 음식 맛은 곧 장(醬)맛에 달려 있다고 했다. 우리 속담에도 '집안이 망하려면 장맛부터 변한다'고 할 만치 살림의 알속이었던 것이다. 그러므로 관련된 금기도 적지 않았다. 길일(吉日)과 길시(吉時)에 대한 규정들이 자못 복잡할 뿐 아니라 장을 담그는 항아리에 금줄을 감거나 불씨가 살아 있는 숯을 장독 속에 넣거나 혹은 버선본을 장독 배에 거꾸로 붙여놓기도 했다. 그렇긴 하나 신명(神明)을 부르면서도 세속은 중단되지 않고, 저승을 위한 제사와 이승의 축제는 명확히 구분되지 않는다. 물론 노동과 그 성취의 성격 및 의미가 신화에 각박하게 묶여 있다면 노동은 부정(不淨)이나 사적 쾌락과 질적으로 단절되고, 성속(成俗)의 변증법은 옹색해지며, 필경 생산성은 떨어진다.

　중요한 일이나 노동 속에서 발견되는 이러한 주술적 실천들은, 언어 사용과 더불어 생성된 인간의 2차 의식이 겪었던 (그리고 여전히 겪고 있는) 변화의 과정을 단면적으로 보여준다. 인간의 의식은, 쥐를 유심히 바라보고 있는 공중의 매처럼 리비도 경제의 효율성에만 매달린 직접적인 성격을 띠지 않는다. 의식 그 자체의 복잡성과 정교화의 과정이자 결과인 언어문화적 결과물은 거꾸로 의식에 되먹임되고, 의식에 (마치 과학적 가설이 관찰에 개입하듯이) '능동적'으로 개입함으로써, 의식으로 하여금 대상들과 매개 없는 직접적인 관계를 맺을 수 없도록 내적으로 구성된다. 주술 역시 이러한 능동적 개입 과정의 한 사례인데, 다만 이때의 개입은 인간이 의식적 존재로서 외계에 접근하거나 이를 이해하는 데 썩 적절치 않은 매개임이 지난 수백 년간의 경험을 통해 확인되었다. 직인(職人)과 전문가들의 세상이 되는 가운데, 인간의 일(노동)은 그 성격과 의미가 적잖이 바뀌었다. 직업이나 특정한 일과 관련해서 휴식 혹은 성애나 주술적 실행 등도 마찬가지로 변했다.

이 모든 과정을 통해, 정해진 대상이나 목표를 향해 차분하게, 지속적-중성적으로 집중할 수 있는 마음의 능력은 자신의 길을 가고 있었다. 이로써 단발적, 생존의존적(survival-dependent), 그리고 충동적으로 열중하는 여타 동물들의 세계에서는 상상할 수 없는 갖은 성취를 이뤄냈다. 그러나 특히 정신분석학적 계몽을 통해 널리 알려졌다시피, 인간이 지속적으로 집중할 수 있게 된 대상들의 선택이 늘 적절하고 합리적인 것은 아니었다. 집중이 일종의 에너지인 이상 그 방향이 중요한 것처럼, 인간의 관심권에 든 대상의 선택과 운용이 잘못된 탓으로 투여되는 노력이 기대치의 실효를 얻지 못하거나 예상보다 무익한 경우도 적지 않다. 집중 그 자체가 능사는 아닌 것이다. 나 자신도 수년간 독서와 실천으로 공을 들인 바 있지만, 예를 들면 수천 년간 이어져온 온갖 '호흡법'에 대한 비전(祕傳)들은 대체로 기대나 들인 비용에 비해 그 편익이 현저히 떨어지는 영역이라고 해야 할 것이다. 이는, UFO에 대한 지식이든 귀신의 마음을 되돌리는 주술이든 종교마다 그 형식을 조금씩 달리하고 있지만,

좀더 나은 세상을 염원하는 기도법이든 혹 꿈이나 점이나 이런
저런 징조를 통해서 얻는다는 예지(豫知)라도 대동소이하다.

관상술, 해몽술, 사주팔자, 명리학, 안찰(按擦) 치유법, 보법
(步法), 수상술(手相術), 흑마술, 독심술 혹은 기공술(氣功術) 등
도 관련 서적에 쓰인 이치들에 허황된 게 많은 반면 그 역사적
성취의 경험은 적어, 자신의 인생을 걸어 진중하게 도전하기에
그리 좋은 선택은 아니다. 정성을 다해 반복하는 실행이라면 심
지어 불로장생술에도 필시 눈여겨볼 이치가 있지만, 인생은 봄
날처럼 짧으니 이 짧음을 도외시한 채 자신의 에너지를 분방하
게 낭비할 순 없지 않겠는가. 이후 다른 계기에 논급되겠지만,
선택과 집중에 대한 온전한 논의는 스칼라가 아니라 벡터적이
므로, 집중의 가치와 의미는 단지 그 세기와 지속성만이 아니라
인간 정신의 힘이 지향하는 방향의 함수가 되기 때문이다.

7. 집중과 신(神)

　인류라는 지구의 기생물이 예외적으로 얌전, 차분해지면서
자신이 선택한 일을 위해 지속적으로 집중할 수 있게 된 것이
문명적 사건이라면, 그 영향의 갈래들을 짧고 일매지게 정리할
수는 없을 것이다. 차분함이 인간의 생활 속에 광범위하게 내
려앉고 집중과 더불어 새로운 차원의 행위를 가능케 한 사건은
리비도 경제학에 대한 저간의 논의만으로 말끔히 정리할 수 없
다. 반 고흐가 동생 레오에게 부친 편지 속의 한 구절을 원용한
다면, 무엇을 하든 습작을 반복함으로써 차분해져야 하고, 이
로써 '자신의 침착과 감정'을 되찾아야 한다. '안정화'라는 용어
는 누구든 진보주의의 보호색을 갖추도록 종용받고 있는 지식
계에서 이미 스캔들이 되고 말았지만, 생명 혹은 인류의 진화사
에 관한 한 그처럼 만만한 개념이 아니다. 감정의 안정화, 태도
의 안정화, 관계의 안정화, 생활의 안정화 혹은 욕망과 희망의
안정화에 1분간이라도 실답게 욕할 수 있으려면 우리는 마땅히

이것들에 59분 동안 감사의 뜻을 먼저 표해야 할 것이기 때문이다. 그런 뜻에서, 가령 안토니오 그람시에서 부르디외를 거쳐 흐르는 비판적 지식인들의 '지배와 노동의 안정화 전략'은 의미 있는 지적이었지만, 바로 이 사소하면서도 문명사적 사건의 전모를 파악하기에는 턱없이 부족한 개념으로 보인다. 인간이 온순해지고 얌전해지며 차분해진 일의 의미는 정신분석적 거세와 이데올로기적 순치의 지평 속에서 고갈되지는 않기 때문이다.

잘라 말하면, 내 판단에는 이 일과 관련해서 신(神)의 탄생이라는, 인간적인 너무나 인간적인 무대가 가설되었다고 여겨진다. 당연히 여기서 간략히 선언해버릴 일은 아니지만, 무릇 인간 역사 속에 등장하는 수많은 신은 인간과 삼라만상의 과거를 궁극적으로 책임지고 있는 시원의 창조주가 아니라 차라리 인간의, 인간 정신의, 현재와 미래를 알리는 조짐과 같은 현상이다. 동서고금의 때와 장소를 가리지 않고 등장하는 온갖 귀신에 대한 설화와 구전과 이야기와 소문들처럼, 신(들)은 인간과 함께 존재하고 변화하며, 인간의 상식과 상상에 따라 진화하고, 인간들이 생성시키는 의식의 높낮이에 따라 자신들의 운명을 정하게 된다. 다소 다른 맥락에서 구성된 이야기지만, 이처럼 인간과 더불어 공존하고 진화하는 귀신-담론으로서 매우 흥미롭고 시사적인 대목을 하나 소개한다.

탑지기 노인은 무엇 때문에 그 유령(ghost)이 사찰을 방문하지 못할 정도로 바빴는지 의아해했다. 필자는 탑지기 노인에게 '그 유령이 보고 싶어요?'라고 물었다. 그는 '그래요. 우리가 알고 지낸 지근 30년이 되었어요. 하지만 그가 주변에 보이지 않는 건 좋은 징조임에 틀림없어요. 그 미국인이 좋은 곳으로 갔음이 분명해요'라고 답했다. 장교(유령)가 떠났다는 이야기를 들은 주민들은 탑지기가 매일 한 기도 덕분이라 생각했고, 탑을 자주 찾아온 그 유령의 지혜로운 행동을 군기(軍紀)에 너무 집착해서 개인적 변환의 기회를 놓친 유령 베트남군 소대의 잘못된 행동과 비교하기도 했다.*

달의 뒷면에서 혼자 놀고 있는 귀신이나 토성의 고리를 따라 미끄럼을 타고 있는 귀신을 상상할 수 있는가? 인간을 그리워하지 않는 귀신을, 귀신을 경원(敬遠)하지 않는 인간을 상상할 수 있는가? 포이어바흐의 유명한 명제처럼 "신은 오직 인간만의 대상이다".** 그가 바로 덧붙인 "신은 동물들의 대상이 아니"(Feuerbach 1966, 9)라는 일견 동어반복적인 지적은 외려 중요한 환기(喚起) 효과를 낸다. 전통적인 창조주 신앙과는 달리, 신은 달의 뒷면이나 토성의 고리나 고양이나 침팬지나 멸종한 공룡이나 UFO와는 '완벽히' 무관한 것이다. 이 글의 문맥에 관한 한 흔히 인용되는 엥겔스의 비판조차 별스런 감흥을 불러일으키지 못한다.

* 권헌익, 『베트남 전쟁의 유령들』, 박충환 외 옮김, 산지니, 2016, 90쪽.
** Ludwig Feuerbach, *Principle of the Philosophy of the Future*, M. H. Vogel(tr.),

포이어바흐는 종교의 본질을 인간의 본질에 귀착시킨다. 그러나 인간의 본질은 개개인에게 내재하는 추상물이 아니다. 인간의 본질은 그 현실성에 있어서는 사회적 관계의 총체이다. 포이어바흐는 이러한 현실적 본질에 대하여 비판을 가하지 않는다. (…) 그렇기 때문에 포이어바흐는 '종교적 심성' 자체가 사회적 산물이며, 그가 분석하는 추상적인 개인이 실은 일정한 사회 형태에 속하고 있다는 것을 보지 못한다.[*]

차라리 더 중요한 지적은, 신이 인간의 운명이라는 믿음 속에 과거가 있었지만, 실은 인간이 신의 운명인 것이라는 점 속에 인간의 미래가 있을 수 있다는 사실이다.

차분함과 집중의 현상은 종교적 인간, 영성적 인간 혹은 선정적(禪定的) 인간의 탄생에도 깊이 간여한다. 차분해진 의식의 꾸준한 집중 능력은 인간의 일차적 생존 그 자체와 무관한 내면성을 확보하게 되는데, 인간의 종교 초월적 성향은 결국 이 내면성의 자리가 치밀, 치열해진 형식을 지닌다. 인간의 내면은 인간의 삶이 외부와 접촉하는 지점에서 발생하는 갖은 일을 처리하기 위한 메타화 공정(工程)이며 또 그 결과로 생긴 하이퍼텍스트인 셈이다. 인간의 경우 이 처리 과정에서 선도적 지위를

New York: The Bobbs-Merrill Company, Inc., 1966, p. 9.

[*] 프리드리히 엥겔스, 『루트비히 포이어바흐와 독일 고전철학의 종말』, 양재혁 옮김, 돌베개, 1992, 108쪽.

유지해온 것은 말할 필요도 없이 손*이며 정교하기 짝이 없는 손가락들이자 또 엄지**다. 인간의 내면성 확보에서 그 정화이자 비밀의 열쇠가 되는 언어조차 손과 깊이 관련되었다는 보고와 주장은 이미 낯설지 않다.

프랭크 윌슨의 예리한 치유 방법론 덕분에 몸을 움직이는 행위가 언어의 밑바탕을 이룬다는 폭넓은 시사점을 얻게 됐다. 이 생각에 많은 연구자가 공감했다. 그 결과, 큰 파장을 낳은 『몸짓과 언어본성(Gesture and the Nature of Language)』이 탄생했다. 이 연구를 이끌어간 이들의 기본 생각은 언어의 뼈대를 이루는 범주들 자체가 의도적인 손동작에서 비롯됐다는 것이다.***

인간관계가 복잡다단해지면서 내면성은 더욱 정교해진다. 과

---

* "손으로 무엇을 하는가? 우리는 손으로 요청하고, 허용하고, 부르고, 돌려보내고, 위협하고, 기도하고, 애원하고, 부정하고, 거절하고, 질문하고, 칭찬하고, 수를 세고, 고백하고, 후회하고, 걱정하고, 파렴치한 짓을 저지르고, 의심하고, 가르치고, 명령하고, 자극하고, 격려하고, 맹세하고, 증언하고, 비난하고, 판결을 내리고, 용서하고, 모욕하고, 경멸하고, 도전하고, 화나게 하고, 쓰다듬고, 박수치고, 봉헌하고, 창피를 주고, 조롱하고, 화해하고, 추천하고, 칭찬하고, 주연을 베풀고, 흥겹게 하고, 불평하고…… 숨긴다. 그렇다면 손으로 못하는 것은 무엇인가? 몽테뉴가 '교육 없이도 이해할 수 있는 언어이자 공중의 언어인 몸짓으로 표현하지 못할 것이 없다'(『수상록』, 2권 12장)는 사실을 깨달은 최초의 인물이 아님은 확실하다."(사르트에 2005, 223)
** "영장류와 뚜렷한 구분이 없던 종으로부터 사람으로까지 진화하는 데 '엄지와 나머지 손가락의 맞붙임 구조'가 행한 역할의 중요성은 아무리 강조해도 모자란다. 엄지는 자연선택 과정을 통해서 직립 자세와 두발 걷기, 도구를 사용하고 만드는 능력을 발달시켜왔으며, 의문의 여지가 없는 피드백을 통해서 두뇌 크기를 키우는 데에도 분명히 기여했다." 존 네이피어, 『손의 신비』, 이민아 옮김, 지호, 1999, 81쪽.
*** 리처드 세넷, 『장인』, 김홍식 옮김, 21세기북스, 2010, 291쪽.

밀하고 복합적인 삶의 여건을 접하고 처리하는 인간의 손을 포함한 몸의 제반 형식이 이에 조응하게 되고, 내면성을 종횡하는 감정의 회로들도 더불어 정교해졌다. 정교함은 바로 그 정교함의 수위를 유지하기 위해서라도 이 내면성의 코드들을 가능한 한 (심리학이나 정신분석학의 합리적 대상이 될 수 있을 만치) 정합적으로 조절하고 배치한다. 우리가 쉽게 상상할 수 없는 과거로 소급되는 인간의 몸과 그 기억은 비교적 최근세에 제 자리를 잡은 심리적 기제들과 언제 어디서든 서로 버성기게 마련이지만, 인간의 정신은 세상의 전반적인 합리화에 조응하면서 안정화되어온 게 대세다.

이 과정에서 내면과 외면의 소외는 필연적이었다. 가령 유심(唯心)이니 유물(唯物)이니 하는 생각의 다발들은 인간의 내면성이 객관적 여건으로부터 상대적으로 자율화되는 과정에서, 내외면이 유기적으로 공조해온 장구한 역사를 놓친 채 어설프게 안팎의 균형을 잡으려는 갖은 이론적 시도 중 일부일 것이다. 물론 종교 영역에서는 이론적 결절과는 별도로, 집중을 알짬으로 삼는 여러 형식적 실행이 안팎의 결합에 대한 객관적, 전통적 이해를 넘어서는 종교 초월적 세계를 구성, 유지하는 데 지속적인 공헌을 해왔다. 차분함과 각성된 집중의 능력에 의해 강화된 인간의 내면성이 종교 초월적 세계 혹은 태도의 형성에 이바지하는 데에는 갖은 장단과 명암의 굴곡이 자리한다. 흥미로운 것은 이 과정에서 이른바 '잘못 놓인 구체성의 오류(fallacy

of misplaced concreteness)'*와 같은 시행착오가 개인적, 집단
적으로 끊임없이 이어진 사실이다. 오해가 사랑을 낳고, 헤매면
서 새 길을 열고, 실수로 남을 돕게 되고, 사소한 어긋남이 거대
한 어긋냄의 성취를 내는 일이 드물지 않듯이, 인간의 종교들도
어쩌면 어떤 체계적인 착각에 힘입은 바가 적지 않을 것이기 때
문이다.

  체계적인 착각이나 집단적인 환상이 인간의 사회생활에 진
화론적 이점을 제공하는 일은 이미 그 자체로 극히 인간적인 현
상이다. 인간의 정신은 허무와 자살충동에 탐닉할 수 있을 만치
'진화적 과잉'과 일탈의 행로에 나선 지 이미 오래이기 때문이
다. 고도화한 인간의 의식이 외부 세상과 긴밀하게 교섭하는 중
에 다만 생존에 복무하는 생물학적 조절의 단계를 훨씬 넘어섰
고, 각종 신경증과 정신병, 환각과 초의식(超意識)을 내재화하
는 단계에까지 진입하고 있다. 종교적 인간(homo religiosus)에
특유한 정신과 태도들은 바로 환각과 초의식 사이에 놓인 회색
지대와 너르게 겹쳐질 것이다. 이와 대조적으로 의식의 층이 박
(薄)하고 그 구성이 단순한 오리나 고등어나 멧돼지 등은, 바로
그 이유 덕에 신경증이나 정신병에 시달릴 가능성이 극히 희박
해 보이며, 생존에 불필요한 환각이나 초의식에 노출될 법하지
않다.

---

* Alfred N. Whitehead, *Science and the Modern World*, New York: The Free
Press, 1953, p. 51.

마찬가지 이유에서 이들은 자신과 대상, 심리와 물리 혹은 안
과 밖을 혼동할 만치 그 마음의 자리가 두껍지 않다. 주로 생존
을 위해 특화된 이들의 몸은 환상도 희망도 변덕도 강박도 없이
생존의 필요에 따른 대상 선택과 실행에서 대체로 정밀하고 적
절할 뿐이다. 그러나 의식의 장구한 진화 과정*에서 몇 차례 결
정적인 역치(閾値)를 넘어선 인간 종의 경우, 역시 바로 이 이유
에서 각종 부작용에 시달리게 된다. 햇살이 강하면 그림자도 짙
은 법이다. 고급 아파트에서 (역시 이상한) 인간들과 더불어 살
면서 다분히 이질적인 상호작용에 치열하게 노출된 일부 애완
견들만 해도 이미 그 약소해 보이는 심리에서 경미한 이상을 보
인다. 몸에 누적된 존재 방식(Seinsweise)은 속성으로 바뀌지 않
으니, 매사 욕속부달(欲速不達)이다. 만약 강아지나 고양이 등을
급격히 '인간화' 혹은 개성화시키는 것처럼 인위적인 여건과 장
치를 사용해서 (적절한 진화적 시간을 생략한 채 속성으로) 이 동물

---

* 의식의 환경을 '잘못 놓인 구체성의 오류'로부터 해방시켜 진화론의 큰 그림을 배경으
로 살피는 노력은 드물지 않게 되었다. 그러나 테이야르 샤르댕(1881~1955)이나 라디슬
라우스 보로스(1927~1981)처럼 특정한 종교의 교리를 목적점(terminus ad quem)으로
상정해두는 것은, 그들이 공들여 이룩한 영성의 진화론적 관점에 스스로 균열을 내는 짓으
로 의심받을 수밖에 없다. "개개인의 발전을 보면 거의 방향성이 없는 것처럼 생각될지도
모르지만, 전체적으로 보면 우주의 발전은 하나의 상승 곡선을 그리고 있다. 우주는 손으
로 더듬듯이 서서히 의식으로 나아간다." 라디스라우스 로보스, 「신-우리의 미래」, N. 쿠
치키 엮음, 『현대의 神』, 진철승 옮김, 범우사, 1996, 153쪽. "그리스도의 부활은 이미 하
늘의 창조이자 승천이었다. 인간으로서의 그리스도는, 이제까지 그러했던 바와 같이 신의
두 번째의 위치에 도달했다. 하늘은 최후결정적으로 열렸다. 십자가 위에서 피를 흘림으로
써 한 인간이 투쟁을 관철하고 우주 만물의 필연적인 과정을 이끌어 그 완전한 실현에 이
르게 했다."(쿠치키 1996, 167)

들을 자식이나 애인처럼 가까이한다면, 이들의 몸과 심리는 어긋나게 마련이며, 때로 이 어긋남은 치명상을 불러오기도 한다. 마음은 추수철의 참새처럼 빠르게 움직이는 반면 몸은 느리다.

그러므로 마음의 욕심을 몸에 주입하거나 얹는 방식은 늘 조심스러워야 한다. 다윈이나 프로이트 혹은 니체나 메를로퐁티처럼 '몸의 사유(somatic thiniking)'가 긴요한 이유는 여기에 있다. 마음이 마음대로 할 수 있는 게 아직 그리 많지 않다.

심지어는 데카르트와 맞붙어 싸워온 우리 안에도 마음을 몸의 주인, 배의 선장으로 이해하려는 사고방식이 아직도 뿌리 깊게 남아 있다. 이런 상식적 견해에 젖어 있다보면, 다른 중요한 이해 방식, 다시 말해서 뇌(곧 마음)를 수많은 신체 기관 중 하나로 보는 이해 방식을 놓치게 된다. 마음이 주도권을 잡은 것은 진화의 역사에서 비교적 최근에 나타난 현상이다. 마음의 기능은 마음을 우두머리로서가 아니라, 부리기가 더 까다로운 또 하나의 하인—자신을 보호하고 먹여 살리며 자신의 활동에 의미를 부여하는 육체를 위해 일하는—으로 간주하기 전에는 제대로 이해할 수 없다.(데닛 1996, 119~200)

인간 종이 성취한 놀라운 의식의 상태, 에드문트 후설이 '경이 중의 경이(Das Wunder aller Wunder)'라고 일컬은 순수의식(reines Bewußtsein)은 그 경이로운 높이만큼 깊은 어둠을 지닐 수밖에 없다. 이 경이로움과 어둠을 겹눈으로 동시에 읽어내는 일은 긴요하지만 결코 쉽지 않다. 지난날들의 어둠은 분석하면 할수록 미래마저 어둡게 채색하게 되고, 다가올 날의 희망은 전망하면 할수록 자기 자신의 과거조차 소외시키곤 한다. 이 어둠 속에서 생성되고 있는 부작용의 종류는 많지만 그중에서 특히 이 논의와 관련되는 것으로는 '대상 선택(Objektwahl)'의 문제를 꼽을 수 있다. 말할 필요도 없이 여타 동물들은 자신들의 대상을 선택하는 데 아무런 망설임이나 착오가 없으며 과욕에 시달리거나 환상에 부풀지도 않는다. 사자들은 다이아몬드에 무관심하며 원숭이들은 도원경(桃源境)을 찾아 헤매지 않는다. 곰들에게는 토템이 없으며 개들은 자신들의 복리를 위해 천사나 귀신들에게 기대지 않는다.

그러나 인간은 이와 대조적으로 유토피아를 선택하고, 미신적인 복과(福果)를 선택하며, 사후 복리를 선택한다. "이 세계는 더할 수 없이 아름다우며 크고 깊은 사랑과 선(善)으로 가득한 곳이기에, 증거도 없이 예쁘게 포장된 사후세계의 이야기로 자신을 속일 필요가 없(고) (…) 그보다는 약자 편에서 죽음의 눈을 똑바로 쳐다보고 생이 제공하는 짧지만 강렬한 기회에 매일 감사하는 편이 낫다고 생각한다"*는 식의 실용적인 조언은 외려 비실용적으로 대접받곤 한다. 이런 점에서 인간은 이상한 존재

---

* 칼 세이건, 『에필로그』, 김한영 옮김, 사이언스북스, 2002, 329쪽.

이며, 특히 관심과 욕망의 대상을 선택하는 데서 살짝 비합리적이기도 하다. 인간들은 밖에 있는 대상을 안에서 구하려 하고, 거꾸로 안에만 있는 대상을 굳이 밖에서 찾는다. 고쳐 말하면 안에 있는 것을 밖으로 투사(投射)하거나, 거꾸로 밖에 있는 것으로부터 스스로 소외된 채 자기 내부에서 그 대리물을 구하려는 심리 기제를 들 수 있다. 요컨대 인간의 종교 초월적 욕망의 대상들은 더러 이런 식의 혼동에 얽혀 있기도 하다. 신을 인간의 한계 개념에서 추상된 채 외부화된 존재로 보는 포이어바흐, 종교적 관념과 대상들을 인류의 강력하고 절박하며 오래된 원망(願望)의 투사로 여기는 프로이트, '신은 인간의 펼쳐짐'이라던 들뢰즈 등의 지적은 인간의 투사 기제로 인해 생긴 대상 선택의 오류에 대한 대표적인 설명들이다.

차분함과 집중은 인간사회에서 여러 모습과 형식으로 드러난다. 절대다수의 인간 생활에서 집중의 행위는 거의 보편적으로 나타난다고 해야 할 것이다.

말하자면, 인간의 생활 중에 무엇을 하든 그것은 그 순간 자신의 감각 정보와 생각의 99퍼센트를 제어하는 일이며 또 당장의 과제에 쓸모 있는 그 나머지 1퍼센트에 집중하는 일이다.*

---

* Jared Diamond, *The World until Yesterday*, New York: Penguin Books, 2012, p.388.

집중과 영혼

만약 동물들이 차분하게 집중하고 있는 인간의 행태를 평할 수 있다면, '참 우스운 종자들이야!'라고 일갈할 만하다. 천일 기도라는 것을 하질 않나, 가부좌를 튼 채 '열반정적(涅槃靜寂)'을 말하질 않나, 꿇어앉아 차(茶)를 마실 뿐인 주제에 화경청적(和敬淸寂)을 내세우질 않나, 정치라는 스캔들 속에서조차 "내적 집중력과 평정을 갖고 현실이 자신에게 영향을 미치게 하는 능력, 즉 거리를 두는 것"*에 방점을 찍질 않나, 하다못해 음식을 코앞에 두고서도 차분하고 지긋하게 기다리질 않나. 인간의 차분함과 집중 현상에 수반되는 정신적 지평의 개현(開顯)을 살펴보는 것은 인간 존재를 새롭게 특징짓는 중요하고도 흥미로운 과제다. 구체적으로는 집중이라는 사건을 지성(intellectual-ity)과 영성(spirituality)이 분기되는 인간 정신의 밑절미로 이해해보려는 시도인데, 물론 이것만이 이 글이 품은 관심의 전모는 아니다. 특히 종교적 체제와 제도 및 그 행태가 긴 세월 동안 우스꽝스럽고 잔혹했기 때문에, 종교적 열정이 충동적·광신적으로 나타나는 일들이 잦은 탓에, 그리고 무엇보다도 오래된 반계몽주의적이며 몽매주의적인 이력 탓에, 차분함과 집중의 종교 영성적 가치 혹은 종교적 전통과 실행이 유지해온 차분함과 집중의 가능성은 제대로 밝혀지지 않았다. 이에 더해, 차분함의 문화나 지속적인 집중의 능력은 거꾸로 비종교적, 탈종교적 사

---

* 막스 베버, 『직업으로서의 학문』, 이상률 옮김, 문예출판사, 1994, 127쪽.

회에서 매우 특징적으로 드러나는 측면도 있기 때문에 사안은 더 복잡해진다.

다만 여기서 말하는 비종교적 사회란 이른바 '종교 이후의 사회(post-religious society)'를 뜻한다. 다시 말해, 보편성에 터한 세계 종교들이 지구상 이곳저곳에서 자리잡기 이전의 주술적 공동체라거나 혹은 한때의 알바니아나 캄보디아 혹은 지금의 북한처럼 조작적으로 종교를 없애버린 사회를 말하는 게 아니다. 여기서 특히 정서적 차분함이나 정신적 집중과 관련시킨 비종교적 사회란, 그 나름의 오랜 시행착오와 계몽, 그리고 정신 문화적 성숙을 거쳐 어렵사리 제도 종교의 허실을 이해하고 그 환상의 막을 걷어낸 후 내적 역량과 자율성으로 차분하고 평화로워진 사회다. 리처드 로티 식으로 말하면 "위를 쳐다보기보다는 앞날을 내다보며"* "영원성을 망각하고 그간의 현실 지식을 우연한 미래에 대한 희망으로 대체"(로티 2003, 28)한 사회일 것이다. 필 주커먼도 차분하고 회의적인 태도를 지닌 스칸디나비아인들의 사회 속에서 유독 두드러지는 탈종교적, 세속적 경향을 지적한다.

신이 없는 사회는 어떤 모습일까? 나는 덴마크에서 1년여 동안 살면서 그런 사회를 직접 경험했다. 스웨덴에서도 여러 차례 장기간

---

* 리처드 로티, 『미국 만들기: 20세기 미국에서의 좌파 사상』, 임옥희 옮김, 동문선, 2003, 29쪽.

체류했다. 내 경험상 그런 사회는 부드럽고, 차분하고, 사람에게 많은 생각을 하게 해주는 곳이었다.[*]

르네 지라르의 일관된 주장처럼 인류 역사에서 종교가 매우 중요한 시작점과 참조점을 제공해주었다고 하더라도,[**] 인류는 (마치 자기 자신의 유전자적 설계 요구를 초극해가며 중장기적 계획의 지평 아래 특정한 행동에 면밀하게 집중하게 되었듯이) 자기 자신의 기원과 초기 조건들을 점진적으로 극복하는 과정을 통해 그 가능성의 중요한 부분들을 성취해갈 수도 있었을 것이기 때문이다. 이 과정에서 종교 초월적 세계와 태도에 특유한, 차분한 집중의 문화가 갱신되거나 왜곡되기를 반복하고, 로티의 주장이나 주커먼의 지적처럼 종교적 지평 너머에서 새롭게 생성되는 차분한 집중의 문화를 상상하거나 구체화시켜볼 수도 있다. 아무튼 차분함의 능력 및 집중의 문화가 인간의 종교 초월적 태도에 대해 갖는 부작용을 포함한 가능성과 의미는 여태 충분히 토의되지 않고 있다.

앞서 언급했듯이 신이라는 종교적 대상은 인간만의 특유한 '선택'이 응결된 지점이다. 그 친구로 사람을 알아보고, 한가한 중에 거하는 꼴로써 그 내면을 살필 수 있듯이, 신과 같이 중요한 인류사적 선택들은 인간이라는 존재의 특성을 이해하는 단

---

[*] 필 주커먼, 『신 없는 사회』, 김승욱 옮김, 마음산책, 2012, 65쪽.

[**] Rene Girard, *Les origines de la culture*, Desclée de Brouwer, 2004.

면도적 지표가 될 법하다. 물론 이 선택은 특히 자의식의 중층 복잡성에서 유례가 없는 인간의 집단적 행위다. 이 선택은 하품 하거나 고개를 가로젓는 것과 같은 종류가 아니며, 물까마귀가 물도래를 잡아먹는 행동을 새끼에게 가르치는 것과 같은 종류 가 아닐뿐더러 침팬지들이 어울려 그 나름의 위계 아래서 서로 털을 다듬어주는(grooming) 종류도 아니다. 이 선택은 무엇보 다 강력한 '자의식'에 의해 뒷받침되고 있다. 신의 탄생 과정에 서, 유례없는 강성 자의식을 장착한 인간이 애초 허약한 신체와 허술한 생존 기술에 기대어 외계의 불확실하고 불길한 힘들을 어렵사리 마주하고 있던 장면을 상상할 수 있다. 자의식이 없는 한 불안조차 없지만, 유례없이 예민한 자의식을 지니게 된 인간 은, 초라한 자아와 광활엄혹한 외계를 심리적으로 매개하는 그 자의식을 강화하지 않을 수 없었을 것이다. 이런 식으로 상상해 본다면, 내 생각에, 신은 인간의 자의식이 선택한 하나의 대상 이라기보다 차라리 '잉여의 자의식'이라고 여기는 쪽이 더 현실 적이다. 신을 생성시키는 행위 혹은 이른바 종교 초월적 의식은 인간의 자의식이라는 극히 섬세하고도 위태로운, 화려하지만 쉽게 부패하는 기묘한 움직임-네트워크의 내적, 구조적 보강재 (補强材)의 일종으로 여길 수 있을 법하다. 예를 들어 '유일신 종 교는 인간의 보편적 히스테리에 대한 자의식의 대처'라는 스퐁 주교의 지론을 꼽을 수도 있다. 물론 그의 '대처'라는 표현의 의 미에 따라 또 다른 보론이 필요하기도 하겠다.

아무튼 놀랍도록 침착할 수 있고 장시간 집중할 수 있는 인간의 자의식 유지와 강화에는 '신'이라고 불릴 만한 심리적 콤플렉스나 개념이, 혹은 종교 초월적 경험이 구성적으로 간여한다. 그러므로 이와 관련된 내 입장은 우선 '인간에 앞서 존재하면서 인간과 만상을 만들어낸 창조주'와 같은 전통적인 생각들에서 떠난 것이다. 그렇다고 해도 '무신론'이라는 간명한 용어는 그리 적절치 않아 보이는데 그 사유는 이 글이 진척되는 가운데 어느 정도 해명될 것이다. 내 지기인 어느 목사처럼 50일간이나 금식 기도를 하면서도 신비 체험은커녕 노루 꼬리만큼의 영감조차 얻지 못했다고 해서 '신은 없다!'고 구두덜거릴 일은 아니며, 또 다른 지기와 같이 한적한 산숲에서 홀로 기도하는 중에 마치 응답처럼 보이지 않는 누군가가 자신의 어깨를 부드럽게, 분명히 쓰다듬었다고 해서 '신이 있군!' 하며 자신만의 윤리와 신학에 몰두할 일도 아니다. 네게 오지 않는다고 해서 꼭 없는 게 아니며, 네게 왔다고 해서 그게 반드시 대단한 것은 아니다.

예를 들어 '언어가 찾아온다'거나 '그가 돌아온다'거나 '진리는 현시(顯示)한다'거나 "사실은 스스로 말한다(事實はみずから語る)"*거나 '직업은 자신에게 찾아온다'(막스 베버)는 유의 생각에 몰두한 (종교) 사상가가 적지 않았다. 시인들만 해도 '시가 찾아온다'는 식의 시론을 내놓곤 하며, 어쭙잖은 글쟁이들조차

---

* E.H. カ-, 『歷史とは何か』, 淸木幾太郎 驛, 岩波書店, 1996, 8.

'글이 글을 쓴다'고 고백하곤 한다. 이 경우에도 굳이 언어실재론(linguistic substantialism)이나 종말론적 메시아론이나 진리현시설 혹은 시어(詩語)의 초월적 선재(先在)를 가정할 필요는 없다. 과거의 신학과 형이상학에서 유행했던 이런저런 '초재적 선재(transcendent pre-existence)' 개념은 적잖이 몰락했다. 그러나 이 몰락을 형용하는 표현이 직절(直截)할 필요는 없다. 선재에 후성(後成)을, 존재에 무(無)를 곧장 대치시킬 필요는 없다. 그러므로 니체와 같이 ('신은 없었다'가 아니라) '신은 죽었다'고 하는 표현이 한결 낫다. 더구나 초재적 선재를 대체하고 있는 사후성(Nachträglichkeit)이나 수행적 재구성 등의 개념들 역시 직절한 이항대립식 사유를 경계하고 있기는 마찬가지다.

니체나 윌리엄 제임스의 선구적 지적 이후 근년의 뇌과학자-인지과학자들까지 내놓는 일관된 주장처럼 '사고 과정이 곧 사고의 주체'이며, 따라서 그 배후에 별도의 분리된 사고의 주체를 상정할 필요가 없다는 것이다. 무엇보다 '과정 속의 관계적 역동성(interactive dynamism in the process)'에 주목할 필요가 있다. "요소론적(要素論的) 세계관의 지배로 말미암아 인류의 정신은 주로 명사(名詞)에 의해 고착되어왔다"*는 지적을 살펴, 통공시적 관계성의 맥락 위에서 동사-부사적인 시선과 이해로 조금씩 옮겨갈 필요가 있다. 다만 찾아오는 언어, 돌아오는 무의식, 찾아오는 시어, 돌아오는 상처(사실) 등등의 현상이 곧 인간만이 지닌 놀라운 의식 및 언어활동과 구성적으로 관련되거나 이에 수반된다는 점에 유의할 필요가 있다. 그저 짧게 건드리고 지나가자면 서구의 개신교는 '무로부터의 창조(creatio ex nihilo)'의 주체인 신이 세상과 인간을 향해 '부르고(Berufen)', 이로써 세속적 삶의 방향과 가치가 정해지지만, 여기에선 그 역(逆)에 '가까운' 이치를 뜻하는데, 차라리 '인간들이 부르면 신(들)이 응한다'는 것이다. 혹은 도스토옙스키의 유명한 표현처럼, '오직 인간을 통해서만 비로소 자신을 의식하게 되는 그런 신'**의 존재와 그 미래를 '차분히' 사유해야 한다고 할까. 혹은 라캉의 것? "왜냐하면 무신론의 참된 공식은 '신은 죽었다'가 아니기 때문이다. 부성 기능의 근원을 그의 살해에 두면서까지 프로이트는 아버지를 보호했다. (그러므로) 무신론의 진정한 공식은 '신은 자기 자신을 의식하지 못한다'는 것이다."***

---

* 윤노빈, 『신생철학』, 제일출판사, 1974, 28쪽.

** "I believe in God as a being that is conscious of Himself only through me." Fyodor Dstoyevsky, *The Possessed* (tr). Andrew R. MacAndrew, New York: The New American Library of World Literature, Inc., p. 39.

*** Jacque Lacan, *The Four Fundamental Concepts of Psychoanlaysis*, Alan Sheridan (tr)., New York: W.W. Norton & Company, Inc., 1998, p. 59.

8. 경(敬), 또 하나의 집중

 반복하건대 이 글은 인간의 차분함과 집중의 능력 혹은 사건에 개입하는 좁은 길에 대한 사색이다. 특히 사람의 이치에는 어느덧 그 이치들이 포개지고 깊어져서, 단선적·명사적·이항대립적 시선과 사고로는 밝혀내기 어려운(말로 써내기에는 더 어려운) 지점들이 생기곤 한다. 이런 유현(幽玄)한 이치에 접근하는 방법 중에는 특별히 '삼감〔愼〕'이 있는데, 조심해서 접근하기는 하되 조급하거나 닦달하는 식으로는 안 된다는 뜻이다. 이런 이치들에는 자판기에서 캔음료를 꺼내듯 하거나 계산기로부터 수치를 읽어내거나 대통령이 장관으로부터 답변을 얻는 식으로 접근할 수는 없다. 『근사록』에 '말을 삼감으로써 덕을 기른다(愼言語以養其德)'고 했지만, 이 경우에도 이치의 깊은 데에 이르기 위해서는 인간의 의식과 말과 태도에서 그 나름의 '삼감'이 쓸모 있다. 이런 식의 삼가는 접근법에 조응하는 지식을 일러 '협지(狹智)'라 부르기도 하는데, 이는 '부러 묵히고 삭히면서 삼감으로써 얻게 되는 깊은 지식'을 가리킨다. 얼마간 분별해서 살펴야겠지만, 장인(匠人)의 앎이 요구하는 '시간 지평'* 역시 이 협지와 관련해서 참고할 만한 대목이다. 조급해서는 매사 죽도 밥도 안 된다. '행위에 빠른(敏於行)' 것은 조급한 태도와는 아무 관련이 없다. 이 글이 특히 주목하는 좁은 길의 하나는 지성과 영성이 섞이고 갈라지는 지점의 이력이다. 그리고 이 분기점이야말로 인간만의 고유한 정신적 능력이 발아하는 밑절미였다는 가설에 얼마간이나마 살을 붙여보려는 시도인 것이다.

실로, 차분함의 긴 이력이 도달한 놀라운 능력인 집중에는 인간의 여러 가능성이 집결되어 있다. 내 가설로는 이 집결지에서 지성과 영성의 원천적 분기 현상을 볼 수 있으며, 이 계통발생적(phylogenetic) 사건은 이 시간에도 '개체발생적으로(ontogenetically)', 그리고 다종다양한 형식으로 반복되고 있다. 나는 이 분기의 퇴행(degeneracy) 혹은 그 잠재적 통일성이 이른바 경(敬) 개념에서 특출하게 드러난다고 여긴다. '집중하는' 혹은 '주의 깊은(attentive)'에 해당되는 독일어 낱말은 '안데히티히(andächtig)'인데, 흥미롭게도 이 낱말의 이어지는 의미는 '경건한(pious)' 혹은 '신앙심 깊은(devout)'이다. 집중이 종교적 기질과 태도에 친화적이라는 사실은 대부분의 종교적 실천 속에서 확인된다. 그리고 제도화, 양식화된 종교적 실행들은 죄다

* 리처드 세넷, 『장인』, 김홍식 옮김, 21세기북스, 2010, 401쪽.

차분하고 지속적인 집중의 행태를 오랜 전통의 일부로서 지녀오고 있다. 급기야 108배(拜)라는 종교적 실행은 건강법으로 등재된 지 오래고, 종교적 암창(暗唱)은 예부터 공부법의 중요한 한 갈래로 지속되어왔다.

널리 알려진 대로 종교(religion)의 라틴어 어원은 '다시 묶는 다(re-ligare)'이며, 인간의 눈이 지닌 문명문화사적 의의를 새겨본다면 이는 무엇보다 눈(시선)을 묶는다는 것이다. 실로 묶음(규율) 혹은 지계(持戒)를 통해 인간의 가능성과 한계가 드러난다는 것은 예나 지금이나 변함없는 인문(人紋)의 형식이다. 한 곳이 묶이면 다른 곳이 (더) 풀리는 게 인문의 이치이기 때문이며, 사람을 포함해서 무엇이든 유기적으로 일체를 이루는 존재는 이런 상보적 보상의 장치를 활용하도록 진화하고 적응하게 마련이다. 예를 들면 1944년 데이비드 그리핀에 의해 조어된 반향정위(反響定位, echolocation) 개념은 소수의 맹인이 (박쥐나 돌고래와 유사하게) 음성의 반향을 통해 사물의 위치 및 형태를 알아채는 것인데, 1749년경까지 소급되는 사례 보고가 있으며, 대니얼 키시, 벤 언더우드, 톰 드 위트 등이 유명하다.[*] 그런가 하면 이미 공자 시대에도 주로 맹인들을 음악관(音樂官)으로 임용했다고 한다.[**] 숲에서 개활지로 나오는 결정적인 진화적 이동 과정 중 후각이 퇴화하는 대신 시각을 활성화시켜 대부

---

[*] https://en.wikipedia.org/wiki/Human_echolocation
[**] 金基園 편, 『孔子傳』, 명문당, 1991, 96쪽.

분의 정보를 얻게 된 인류의 조상들과는 정반대로, 필요에 따라 다시 숲으로 들어간 이들이 겪은 감각의 변화와 재배치도 우리 몸의 보상적 기제를 잘 보여준다.

자수단들은 유격대가 이동할 만한 곳마다 매복하고 있다가 기습했는데 완전한 매복을 위해 유격대와 마찬가지로 일체 세수와 면도, 양치질을 하지 않고 담배도 피우지 않았다. 유격대는 후각과 청각이 동물적으로 발달해 50미터 떨어진 곳에서도 담배 냄새는 물론 군경이 쓰는 비누나 치약 냄새를 맡았기 때문이다.*

이로써 진화의 보상적 기제나 오리엔테이션은 이미 뇌의 뉴런적 단계에서부터 활성화되어 있을 수밖에 없음을 쉽게 짐작케 한다. "이렇게 번쩍이는 (뉴런) 신호들은 여러 사회적 교류뿐만 아니라 수많은 보상까지 조절하는 역할을 한다. (…) 타인을 웃겼을 때 마치 자신이 농담한 게 아니라 (그 농담을) 들은 양 기분 좋은 즐거움을 느끼게 되는 것도 마찬가지 원리다. 또는 누군가에게 선물을 하거나 칭찬을 건넨 뒤 따뜻한 감사의 마음을 나누면서 훈훈함을 느끼는 것도 같은 맥락이다. 이것은 훌륭한 적응 전략이다. 친절하게 굴거나 배려심을 발휘하거나 너그러운 행동을 하려면 시간과 에너지, 때로는 돈까지 필요하다. 따

---

* 안재성, 『이현상 평전』, 실천문학사, 2007, 503쪽.

라서 그런 행동을 한 사람은 대가를 치른 대신 다소 신경화학적인 보상을 받게 되고, 인간사회를 움직이는 바퀴에는 약간의 기름칠이 더해지는 것이다."(클루거 2016, 344)*

넓게 보자면, 종교도 이런 식으로 인간의 어떤 부분을 묶어 얻는 세계와 그 보상적 가치를 가리키고 있다. 물론 여기서 핵심적인 장치는 지계(持戒), 즉 그 수행자나 신자를 인위적으로 묶는 전통과 제도다. 원유(原儒) 그룹의 상례(喪禮)로부터 계승, 발전되어온 유교적 예(禮)도 그렇지만 그 모든 종교의 제도적 뼈대를 형성해온 각종 제례(祭禮), 그리고 각양각색의 수행법들은 필경 내 몸의 어떤 것을 묶어주고, 내 정신(존재)의 어떤 것을 얻어 받는 다양한 형식인 것이다. 물론 이 규제적 형식은 알껍질이나 통발〔筌〕처럼 그 의의가 제한적이며 기능도 매개적이다.

한때 수석 라마승이 내게 이렇게 말한 적이 있다. '무지가 남아 있는 한 의례(ritual)가 필요하지요. 의례라는 것은, 일단 우리가 어느

---

* 다른 한편, 최근 과학 학술지『사회적 뇌과학Social Neuroscience』(2016년 11월)에 기고한 신경방사선학자 제프 앤더슨에 의하면, 신자들이 종교적, 영적 경험에 근접했다고 믿을 경우 뇌의 보상 장치가 활성화되는 믿을 만한 증거가 확인되었다. "연구팀은 fMRI 스캔 결과를 바탕으로 강력한 영적 느낌은 뇌에서 보상을 처리하는 중요한 영역인 대뇌 측좌핵의 활성화와 관련 있고, 이는 반복적으로 재생된다는 것을 발견했다. 영적 느낌은 또한 뇌의 보상 회로 외에 내측 측두엽과도 관련 있는 것으로 확인됐다. 이 부위는 평가와 판단, 도덕적 추론을 할 때 활성화되는 복잡한 영역으로 알려져 있다. 아울러 주의 집중과 관련된 뇌 영역도 영적인 느낌으로 활성화됐다." *The Science Times*, 2016/10/05/ http://www.sciencetimes.co.kr/

정도의 영적 성숙 단계에 오르고 나면 버려도 좋은 것입니다.'*

게다가 이 모든 지계, 곧 행위의 형식은 거의 예외 없이 차분한 정신의 집중을 요구하거나 수반한다. 물론 여기서도 당장 차분함과 집중의 부작용을 떠올릴 수 있다. 착함이나 관용조차 그 이데올로기적 어둠을 지적하는 게 이미 상식이 되었듯이 말이다. 집중도, 인생의 그 모든 좋은 것과 마찬가지로, 늘 양가적이다. 순수하게 좋은 것과 순수하게 나쁜 것은 이미 인간 세상 속으로 진입하지 못한다. 악은 자주 매력적이며, 아름다움에 대한 비용은 때로 치명적이다. 대체로 집중도 진하고 빼어난 에너지이므로 그 음영(陰影)의 무서움을 짐작할 수 있다. "관찰은 자신의 구별을 그 관찰의 맹점(blinden Fleck)으로 이용"**하듯이, 집중은 집중했다는 바로 그 탓에 주변을 제대로 보지 못하게 한다. 집중도 일종의 묶는 행위이며, 이 묶기가 안내하는 절벽의 풍광은 아름답지만, 그 곁의 골짜기는 깊고 어둡다. 종교적 활동을 포함해서 집중 혹은 (이와 상사적 행태인) 애착이나 중독을 매개로 하여 이루어지는 제반 활동의 그늘진 곳(penumbra)은 이렇게 생성된다. 시선(spection)은, 까딱하면, 신중(circumspection)을 잃어버리게 되는 것이다.

---

* Helena Norbrerg-Hodge, *Ancient Future*, San Francisco: Sierra Club Books, 1991, p. 81.
** 게오르크 크네어·아민 낫세이, 『니클라스 루만으로의 초대』, 정성훈 옮김, 갈무리, 2008, 135쪽.

기독교적 전통에서도 심혼의 집중을 요구하는 의례나 영성 훈련들이 있다. 달변에 다언이었던 루터처럼 말이 많은 개신교의 경우 기도 행위조차 조금 시끄럽지만, 이 말씀의 종교에서도 고요한 집중의 형식은 중요하다. 그러나 집중의 부작용을 굳이 버르집어 말하자면, 대개 집중은 그 집중의 형식이 가져다준 '내용'에 의해서 오염되곤 한다. 역설이 아닐 수 없다. 그 일단을 잘라 말하면, '깨달음의 내용'에 껴묻히곤 하는 암둔한 신비주의와 같은 것들이다. 기껏 집중의 훈련을 차분히 거치는가 했더니, 어느새 지랄(知剌) 같은 내용을 들고나와서는 '들었다!'거나 '알았다!'거나 '깨쳤다!'고 떠들어대는 것이다. 실은 바로 여기에 참담한 비밀의 열쇠가 있다. 정좌, 묵송, QT, 명상, 호흡 훈련, 요가 혹은 경행(經行) 등의 다양한 종교적 집중법의 경우 스스로의 성취를 통해 자신의 전제를 허물어버릴 수도 있다는 사실은 잘 알려져 있지 않다. 비유하자면 이러한 역설은 오랜 종교적 전통과 그 탄탄한 제도가 낳아놓은 계층질서(hierarchy)에 구성적으로 개입하는 모순과 닮은 듯 보인다. 이 논의는 다른 곳에서 상세히 재론할 수 있을 법하니 여기서는 요지만 짧게 스친다. 예를 들어 이렇게 상상해본다. 가톨릭처럼 전통과 제도, 그리고 위계 구조가 녹록지 않은 세계 종교의 경우, 그 방대한 체계를 보증하는 진정성(authenticity)은, 과연 있기라도 하다면, 대체 어디에 어떻게 구현되어 있을까? 이들의 종교적 '교리[letter]'를 보증하는 신앙의 '알맹이[spirit]'는 교황이나 추기

경에 이르는 체계의 상부에 보석처럼 안치되어 있을까? 아니면 라틴어는커녕 외국어 한마디조차 주워섬길 수 없는 시골의 솔봉이와 무지렁이 신자들 사이에서, 그러니까 그 전체를 가늠할 수 없는 체계의 하부에서 면면이 맥동하고 있는 것인가?

앞서 말한 역설과 모순의 형식만을 예시하려는 취지에 국한시켜 보면, 이러한 종교적 체계에서 가장 확실한 것은 위계의 상층부가 표상하거나 제시하는 종교적 성취야말로 신앙의 진정성이라는 측면에서는 바로 그 성취의 빈 곳을 극명하게 드러낸다는 것이다. 이 종교의 경우에는 '부처를 만나면 부처를 죽이고 조사를 만나면 조사를 죽이는' 이른바 임제 식의 포즈를 취할 도리조차 없이 위계적이다. (내 논점을 풀어 말하면, 종교적 체계의 하층을 차지하는 민중이 바로 그 전통과 역사의 기층을 형성하긴 하지만, 그렇다고 해서 이들의 신앙세계 속에 실다운 진정성이 보증된다는 것도 아니라는 점에 유의해야 한다. 군중은, 언제나 어떤 식으로든, 세속의 외부가 아니라 그 일부일 뿐이다.) 차분한 집중의 여러 형식을 매개로 이룬 인류의 종교적 성취 속에는 바로 이런 식의 역설이 그 야누스의 얼굴을 내민다. 다시, 조금 다르게 비교하자면, 이는 일찍이 칸트가 이른바 '은총의 수단(Gnadenmittel)'과 같은 용어가 그 자체로 모순이자 자기기만이라고 비판한 것*을 연상시킨다. 전지전능하고 대자대비한 신과 부처를 떠들면서 은총을 수단의 틀 속에 묶어내려는 짓이 곧 자신의 발등을 찍는 짧은 간지(奸智)가 될 수 있듯이, 집중의 여러 형식을 통한 종교적 수행은 곧 그 수행에 수반되는 여러 경험적 성취에 빠지거나 그 보람의 성격과 위상을 착각함으로써 가능해진다는 역설을 마주해야 한다. 에고의 물이 쉼 없이 차오르는 방에 거처하면서, '그 방을 비워 흰빛을 지니는 일(虛室生白)'은 언제나 지난지사다.

하지만 이 지적과는 별개로, 나름의 보편성을 인정받고 널리 퍼져 있는 거대 종교들의 일상적 실천 속에 집중의 형식은 흔하고, 그 성취도 적지 않다. 유교처럼 "신에게 제사지낼 때에는 마치 신이 있는 듯 하고(祭神如神在)" "귀신은 다만 공경할 뿐 가까이하지 않는(敬而遠之)"(『논어』) 태도도 있고, '세속에 순응(die Anpassung an die Welt)'하기보다 '세계의 합리적 개조의 임무(die Aufgabe ihrer rationälen Umgestaltung)'**를 떠맡아 각자의 세속적 직업을 종교적으로 정당화하며 굳이 명상적, 신비적 일치를 지향하지 않는 개신교 종파들도 있긴 하다. 하지만 때때로 심혼의 집중을 요구하고 정신의 초월적 상승이나 일치를 말하며 탈세간주의적 지향을 윤리적으로 낮게 평가하는 종교적 실천도 많다. 이런 논의에서 특별히 '적멸(寂滅)의 종교'랄 수 있는 불교는 더 말할 것도 없다. "사실 열반은 생사를 초월해서 불생불멸한 법신(法身)을 체득한 경지를 뜻한다. 이러한 열

---

* 임마누엘 칸트, 『이성의 한계 안에서의 종교』, 신옥희 옮김, 이화여대출판부, 2001, 223쪽.
** 막스 베버, 『유교와 도교』, 이상률 옮김, 문예출판사, 1990, 341쪽.

반의 의미에서 본다면 죽음은 슬픔이 아니라 즐거움이다. 왜냐하면 생사의 속박에서 벗어난 해탈이요, 법신의 탄생이요, 적멸이기 때문이다. 부처님은 생멸이 없어진 자리에 적멸의 세계가 있고 그 적멸은 즐거움이 된다(生滅滅而 寂滅爲樂)고 했다."* 원시 불교와 부파 불교(部派佛敎)는 물론이거니와 중국을 거치면서 격의화된 선불교의 도도한 전통 속에는 선정(禪定)과 견성에 이르는 집중법의 원리 및 사례들로 빼곡하다.

앞서 소개한 독일어 낱말 '안데히티히(andächtig)'를 실마리 혹은 가리사니로 삼아 얘기를 조금 더 이어가보자. 인간이 헤아릴 수 없이 다양한 시행착오와 그 성찰적 재구성의 역사를 통해 키워낸 고유한 능력인 집중이라는 정신의 엔진 속에는 지성과 영성의 분기 및 융통이 복류하고 있다. 차분하고 지속적으로 집중할 수 있는 인간의 정신은 이 분기(分岐)를 통해 한편 '진화' 하지만, 동시에 인간의 앎은 예리한 전문화의 길을 가야 하는 대가로 인해 얇아진다. 전형적인 딜레마다. 예를 들면 수공예적 장인들이 기계적 대량생산 체제와 일시적이나마 대치했던 19세기적 상황 역시 그와 같은 (그러나 아직은 명료하게 드러나지 않은) 딜레마를 품고 있었고, 비근하게는 "한자를 버리고 한글 전용을 해야 한다는 이유를 내세워 한자어의 폐기도 주장하며, 우리 선인들이 한문으로 글을 쓰면서 한자 용어로 사상을 창조한

* 정휴,『적멸의 즐거움』, 우리출판사, 2000, 5~6쪽.

성과를 모두 버리겠다는 것은 민족 문화 창조의 값진 유산을 파괴하는 행위이므로 용납할 수가 없다"*는 반론도 우리의 정신 문화적 지평에 서린 딜레마의 일단을 잘 드러낸다. 주장이 미약할 뿐 아니라 일종의 '악한(devil's advocate)'을 자처한 듯 보이는 작가 복거일의 주장 역시 한국사회가 처한 딜레마의 한 고리를 보여준다. "영어 공용은 이런 독점적 언어 시장에 경쟁을 도입하는 것이다. 즉 의사소통에서 정부에 의해 강제된 표준인 조선어와 함께 국제적 표준인 영어가 통용되도록 해서, 소비자인 시민들이 그 둘 가운데 나은 것을 고를 수 있게 하는 것이다. 그렇게 소비자들에게 허여된 선택의 폭을 늘리는 자유화 조치는 언제나 소비자들의 복지를 늘린다."** 아무튼 대개의 진화 혹은 분기는 전문화를 향한 진보의 시늉이긴 하지만, 그 시늉 속에는 진보의 성취로 말미암을 핏자국과 향수가 바야흐로 떠오를 뿐 아니라, 퇴행적 통합*** 속에서만 충분히 발아할 수 있는 역설적 가능성이 숨어 있다.

'안데히티히'도 그 같은 사정을 알리는 작은 단초가 될 것이

---

* 조동일, 『우리 학문의 길』, 지식산업사, 1995, 52쪽.
** 복거일, 『영어를 공용어로 삼자』, 삼성경제연구소, 2003, 91쪽.
*** '퇴행(regression)'은 심리학적 혹은 정신분석적 개념으로, 이 글에서 자주 사용되는 퇴행(degeneracy)과는 구별된다. 전자는 일종의 '증상'이며, 자아의 초기 발달 단계로 회귀하고, 그 낮고 단순한 단계를 증상적으로 반복하는 것을 가리킨다. 장 라플랑슈·장 베르트랑 퐁탈리스, 『정신분석 사전』, 임진수 옮김, 열린책들, 2005, 479쪽. 이와 관련해서 흥미로운 현상은 별다른 퇴행조차 없이 증상을 드러내는 것인데, 특히 도착(perversion)이 이에 해당되며, 서번트 증후군 등의 병리적 천재 현상도 근친적인 것처럼 보인다.

다. 그 명사꼴 '안다히트(Andacht)'의 의미는 당연히 '집중/몰두' 외에 '믿음', 그리고 '기도(예식)'를 포괄한다. 아마 이 여러 의미가 퇴행해서 합류하는 어떤 복합체 속에는 미명(未明)의 으늑함 속에 마치 알[卵]처럼 오롯한 가능성으로 존재했던 인간 정신의 유아기가 들어 있을 것이다. 아무튼 다만 정신을 집중하는 행위로서 '기도(예식)'까지 상상해보는 것은 극히 흥미롭다. 내가 보기에 이 같은 뜻을 지닌 우리말로 가장 적확한 것은 바로 '경(敬)'이다. '안테히티히'가 유의(attentiveness)와 함께 경건(devoutness)이라는 의미를 품고 있듯이 우리 옛글 속의 경(敬)도 이 같은 중층적 내포를 갖고 있다. 우선 사전에 등재된 의미 중 일부를 소개하자면, '몸가짐이나 언행을 조심하고 삼가다' '예의가 바르다' 혹은 특히 '감사하는 예(禮)를 표하다' 등등이 논의의 관심권에 든다. 물론 그 기본이 되는 내포(內包)는 '마음을 한군데로 모으는 것'이다. 한군데로 모으되, 맹수가 그 먹이를 노리는 식이거나 혹은 쇠제비갈매기 수컷이 피라미 한 마리를 입에 물고 암컷의 관심을 끌기 위해 잠시 그 마음(?)을 모으는 식은 아니다. 누누이 말한 대로 '차분하고 지속적'이어야 한다. 성리학자들이 일컫는 이른바 '주일무적(主一無適)'이 당장 연상되는 이유도 여기에 있다. 혹은 선가(禪家)에서 흔히 말하는 성어처럼 고요하게 각성된 상태인 '성성적적(惺惺寂寂)'을 떠올려도 괜찮겠다.

　선인들이 공부의 들머리로 삼았던 『소학』에는 '경(敬)이 태만함을 이기는 자는 좋고, 태만함이 경을 이기는 자는 망한다(敬勝怠者吉怠勝敬者滅)'고 했다. 그러니 이쪽 세계에서 말한 경은 우선 태만한 게 아닐 듯싶다. '근근화완(謹勤和緩)'을 늘 지니고 지켜야 할 네 자(四字)로 말하지만, 이처럼 느림(緩)이 부지런함(勤)과 비각을 이루는 게 아니다. 가령 공사(公私) 분별에 대한 논의 중 현대 서양의 윤리학이나 정치철학에서 유래한 단견에 의해 유교사회가 일방적으로 매도당한 일이 있었듯이, 동아시아적 경, 적(寂) 혹은 빈 곳(虛)의 이미지는 '게으르고 닫힌(慢閉)' 인상으로 전유된 바가 없지 않다. '무위이무불위(無爲而無不爲)'가 표방하는 실천의 경지와는 달리 실없이 바쁘게 움직이고 조리 없이 언거번거하게 나대는 게 소인이다. 『유마경』의 유명한 정의에 따르면 좌선(坐禪)이란 '무심한 경지에서도 온갖 행위를 할 수 있는 것'인데, 여기서의 소인은 반좌선적인 존재인 셈이다. 소인이 게으르기만 하다면 그는 차라리 A급 소인이겠지만, 대체로 소인들은 바쁘고 이로써 '타인에게는 명랑함을, 자신에게는 지혜를(Aliis laetus, sibi sapiens)'이 아니라, 스스로는 더욱 자신의 버릇 속에 고착되고(下愚不移) 남에게는 날로 괴로움을 더한다. 『대학』에서 이른 대로, 소인은 틈만 나면 제멋대로 구는 행태에 못 하는 짓이 없다(小人閑居爲不善 無所不至). 그래서일까, '바보들은 늘 열정에 가득 차 있다(Fools are always full of passions)'고 하지 않던가. 혹은 괴테가 메피스토펠레스의 입을 빌려 말했듯이 "출구만 보이지 않으면 그만 세상이 끝장이라도 난 것처럼 구는"* 인간들인 것이다. 그러므로 소인들은 쉽게 '범람'하며, 조리를 따지고 앓속을 챙기면서 일에 집중하지 못한다. 『논어』에서 정확히 밝혔듯이 '소인은 궁하면 곧 퍼져 함부로 구는 것(小人窮斯濫矣)'이다.

하지만 공부를 통해 경을 익히고 체득한 사람이라면 그 바쁨이 광이불요(光而不耀)하듯, 대교약졸(大巧若拙)하듯, 대변약눌(代辯若訥)하듯 혹은 화광동진(和光同塵)하듯 할 것이며, 그 어떤 겸허하고 차분한 집중 속에 이루어질 것이다. '귀 먹은 중 마 캐듯 한다'는 속담은 어떤가? 세속의 분요와 변덕에 귀 먼 채 하염없이 마(麻)를 캐는 풍경이라면, 그것은 이미 세속에서 말하는 바쁨도 아니요 태만도 아닐 것이다. 다시 그것은 괴테(메피스토펠레스)가 말한 것처럼 언제 어디서나 "차분한 마음을 유지하는"(Goethe 1964, 123) 그런 사람이다. 순자(荀子)가 말한 선비와 군자 역시 선택한 삶의 원칙에 응해서 꾸준하고 차분하게 실천하는 사람이다. "법을 좋아하여 그대로 행하는 것이 선비다. 뜻을 독실히 하고 그것을 체득하는 것이 군자다(好法而行士也篤志而體君子也)."** 이 경은 기독교 전통에서 종교적 경건(敬虔, piety/Gottesfürchtigkeit)으로 알려져온 신과 신자 사이의 단독자적 진정성이 아니다. 유교적 경 개념은 기독교의 경건처럼 초

---

* Johann Wolfgang von Goethe, *Faust*, (tr). Bayard Taylor, New York : Washington Square Press, 1964, p. 123.
** 순자, 『순자』, 을유문화사, 2001, 64쪽.

월적 외부자의 시선 아래 그 진정성을 보증받을 필요가 없기 때문이다. 유교의 경우에는 경조차 예(禮)의 지극함으로 표현되어야 하지만, 기독교에서는 초월자의 자의(恣意)를 명중시키는 신자 개인의 내적 진정성으로 소급된다.

기독교에서 신을 떠난 개인의 자리는 그 사적 영욕과 무관하게 필경 아무것도 아니지만, 유교에서는 거꾸로 개인의 자리야말로 예(禮)가 경(敬)의 지극함을 이루는 최후의 보루다. 이러한 이치는 널리 알려진 선비의 태도인 '군자필신기독(君子必愼其獨)'(『대학』)에 그 고갱이가 담겨 있다. '혼자 있음에 삼간다(愼其獨)'는 것은 놀고먹는 양반들의 처세나 계급적 취향을 반영하는 태도만은 아니다. 대개 '옳음으로써 주변을 바르게 하고(義以方外)'와 켤레를 이루는, '조심해 삼감으로써 마음을 바르게 한다(敬以直內)'(『역경(易經)』)는 것은 나름대로 쉼 없는 노력을 요하는 노동이다. 이는 물질적 생산성과 타산성에 경도된 세상의 잣대로는 온전히 상대할 수 있는 가치들이 아니다. '인간만이 절망'이라는 하한선으로부터 '단번에 깨쳐도 즉시로 부처와 같아지는 것은 아닐(頓悟而卽也不同佛)' 수밖에 없는 상한선의 세속 속을 오락가락하며 공부하는 이들이라면 누구든 절감하겠지만, 안팎으로 스며든 오랜 버릇들을 매 순간의 근신과 집중으로 제어하고 범례(範例)와 공의(公義)를 좇는 일은 결코 만만하지 않다. 『근사록』에서도 『주역』의 경구와 마찬가지로 '경을 주로 하여 속을 곧게 하고 의를 지켜 밖을 반듯하게 한다(主敬以

直其內守義以方其外)'고 일렀지만, 이는 여타의 동물들과는 달리 놀랍게 차분해져서 장시간 집중이 가능해진 인류 중에서도 극히 일부만 감히 발을 디밀어본 경지일 것이다.

주의 깊어 전일(專一)해진 집중의 태도, 그리고 이에 터한 실천과 그 묘명(杳冥)한 경지까지를 조선의 성리학자들은 경이라는 용어 속에 모았다. 널리 알려진 대로 경의 실천은 대개 수렴(收斂)이나 함양(涵養) 혹은 성찰(省察) 등의 단계로 이루어진다. 수렴은 말 그대로 '거두어들여 정리하거나 갈무리해둔다'는 의미다. 그리고 사전에도 등재되어 있듯 이 의미를 사람에게 그대로 대입해서 '몸과 마음을 단속한다'는 뜻으로 확장시킨다. 성리학을 이데올로기로 삼았던 사회에서 그 기본은 『소학』의 공부를 통해 큰 줄기가 확립된다. 잘 아는 대로 『소학』의 취지는,

물 뿌리고 쓸며, 응하고 대답하며, 나아가고 물러서는 예절과, 어버이를 사랑하고 어른을 공경하며, 스승을 존대하고 벗을 친하게 하는 도리로써 하니, 이는 다 몸을 닦고 집을 정제하며, 나라를 다스리고 천하를 편안하게 하는 근본이 되는 것(以灑掃應對進退之節 愛親敬長隆師親友之道 皆所以爲修身齊家治國平天下之本)*에 있으므로, 삼가 몸과 마음을 거두어들여 가지런히 하는 공부의 요강(要

* 『소학』, 박정수 엮음, 청목사, 1994, 7쪽.

綱)이 아닐 수 없다. 이율곡의 『격몽요결(擊蒙要訣)』에서는 몸과 마음을 거두어 착실하게 하는 데에는 이른바 구용(九容)만 한 게 없다고 하는데, 발은 무겁게 두고(足容重), 손의 모습은 공손히 하고(手容恭), 눈매는 단정히 하고(目容端)…… 하는 식이다. 이어서 그는 말하기를 "이른바 경으로써 함양한다는 것은 다른 게 아니라 다만 고요함을 지켜 잡념이 생기지 않는 것이며 조용하되 조금도 혼매함에 빠지지 않는다는 것(所謂敬以涵養者亦非他術只是寂寂不起念處惺惺無少昏昧而已)"(『성학십도(聖學輯要)』)이다. 남명 조식의 상소문에 드러난 경 개념도 대동소이하지만, 왕을 상대로 던진 말이니 오늘의 우리가 그 무게와 준열함을 차마 느끼긴 어렵다.

그렇게 되도록 하는 공부는 반드시 경(敬)을 위주로 해야 되겠습니다. 이른바 '경'이란 늘 자기가 처해 있는 환경을 가지런하고 조용하게 하며 자기 마음을 늘 밝게 깨어 있게 하여 그 일념(一念)이 주인이 되어 만사를 제어함을 말합니다. 이른바 내심(內心)을 바르게 해서 행동 표현을 방정하게 한다는 것입니다. 공자가 이른바 경으로써 몸을 닦는다고 한 것이 이것입니다. 까닭에 '정신 수양(敬)'을 위주로 하지 않고는 마음을 보존할 수가 없고 마음이 보존되지 않으면 천하의 이치를 궁리해낼 수가 없으며 이치를 밝혀내지 않고서는 사물의 변화를 조절할 수가 없습니다.*

남명의 말에 이어 이 '칼을 찬 유학자'에 대한 후학의 평가 한 대목을 들어본다.

학문은 '일상적 행위의 습관'을 익히는 데서 출발한다. 이 생각은 기실 남명의 독창이 아니라 공자 이래의 유구한 전통이다. (…) 남명의 소학 공부는 준엄하기로 정평 나 있다. 앞에서도 말했듯이 흡사 건곤일척(乾坤一擲)의 결전을 앞둔 전투 전야 같다. 평생 칼과 소리 나는 방울을 차고 다닌 것도 그 긴장과 경계를 늦추지 않기 위한 것이라고 생각한다. 물 대접을 손으로 받친 채 온밤을 지새웠다는 기록도 있다. 제자 내암 정인홍(內庵 鄭仁弘)이 턱 밑에 칼을 꽂아놓고 수련한 것도 스승인 남명의 기풍을 그대로 이어받은 것이다.[**]

이처럼 무릇 공부는 몸과 마음을 아울러 일상생활의 경위(經緯)와 조리를 바로 세우는 데서 출발하므로, '소학'이 공부의 입구이면서 동시에 출구 없는 그 장도에서 나날이 준신(遵信)해야 할 거울이 된다. "얼굴빛을 정제하면 속마음도 반드시 공경스럽게 되거니와, 일찍 일어나 밤늦게 자고, 옷과 띠를 반드시 갖추어야 한다. 아침에 더 배우고 저녁에 익히며, 마음을 작게 하

---

[*] 다음의 글에서 재인용. 김충렬,『남명 조식의 학문과 선비정신』, 예문서원, 2008, 114쪽.
[**] 박병련 외,『남명 조식: 칼을 찬 유학자』, 청계, 2001, 56~57쪽.

며 공경할 것이니 이를 한결같이 하여 게을리하지 아니하면 이를 배우는 법이라고 말한다(顔色整齊中心必式夙興夜寐衣帶必飭朝益暮習小心翼翼一此不懈是爲學則)."(『소학』) 김굉필처럼 아예 '소학동자(小學童子)'로 자칭한 선비도 있지만, 당시의 사림은 소학으로 그 기본이 표현되는 경이라는 차분한 집중의 공부로써 생활양식의 전체를 아우르고 천지간의 세상사 전체를 도모했다. 널리 알려진 대로 수신(修身)에서 평천하(平天下)에 이르고, 박학(博學)은 곧 독행(篤行)과 이어지기 때문이다. 이런 뜻에서 김원행(金元行, 1702~1772)과 그의 제자인 홍대용(洪大容, 1731~1783)이 거쳤고, 김상용(金尙容, 1561~1637)과 김상헌(金尙憲, 1570~1652)을 배향한 곳으로 유명한 석실서원(石室書院)의 학규 중 한 대목은 잠시 음미할 만하다.

언제나 의관을 단정하게 하고, 속옷 같은 차림으로 혼자 편해서는 안 된다. 반드시 구용(九容)으로 몸을 다스리고, 엄한 스승을 대하고 앉은 듯이 몸을 지켜, 흐트러져서는 안 된다.(「석실서원학규」)*

인류가 예외적으로 차분해져서 지속적-중성적 집중의 능력**

---

* 김태준, 『홍대용』, 한길사, 1998, 70쪽.
** 인간의 지식은 이미 그 중성성을 잃어버리는 경우가 태반이다. 인간의 언어에 얹히고 숱한 세속적 관심들과 이데올로기에 말려들어가는 중에 지식은 인간의 지식, 인간을 위한 지식, 그리고 인간을 향한 지식으로 변모하게 마련이다. 거꾸로, 지식의 중성성 혹은 객관성을 떠드는 것은 사계의 물정도 모른 채 나대는 아마추어리즘쯤으로 타매되기도 한다. 그렇다고 해서 선악이나 미추의 분별을 다투는 프리즘으로만 만사를 헤아릴 수는 없다. 실은

을 얻은 이후에 이룩한 성취들은 그야말로 무수하지만, 동아시아권에서 이런저런 모습을 갖추며 계승되어온 '공부'의 실천은 인류의 정신문화에서 기념비적인 성취라고 할 만하다. 조선의 유교적 학풍 속에서 드러난 일단만 소개하더라도, 몸과 마음을 전일적으로 집중하는 태도는 어디서나 역력하다.

앎과 삶을 융통하려는 공부 길에 무대와 객석이 따로 없다는 믿음은 이처럼 안팎을 동시에 바르게 하려는 태도와 실천으로 이어진다. 물론 앎의 행위가 죄다 인간과 그 생활의 윤리적 실천에 묶여 있는 것은 아니다. 지식의 세계를 너무 인간주의적인 조망 속에 안치하려는 태도는 이미 수백 년간 비판을 받아왔고, '객관성'을 다만 신화로 취급하려는 급진주의나 신비주의는 대체로 그 신화보다 못한 축에 속한다. 그래도 의(義)로써 바깥을 단속하고 경으로써 그 속이 자라게 하는 이 동아시아적 공부의 요령에는, 지성과 인격과 삶의 양식을 동시에 문제시함으로써 '나의 길은 하나로 꿰뚫는(吾道一以貫之)'(공자) 이채로운 매력

중성성이라는 판단 보류(εποχη)의 여유와 관용이 없는 판단-정죄의 네트워크를 우리는 '광신(狂信)'이라 부르는 것이다. 인간의 행위에 겹치듯 걸쳐 있는 중성성과 윤리성의 지점들이 늘 명확한 것은 아니다. 예를 들어 달인들의 기량이나 그 성취를 감상하고 평가하는 시선 속에는 늘 불안한 동요가 있으며, 이 경우 도덕적-이데올로기적 피난처에 숨어 그 동요를 잠재우곤 한다. 물론 사태를 그 사태의 중성성에 박진해서 제대로 이해하기는 늘 어렵지만, 특히 사람의 솜씨나 그 성취에 대한 인식과 평가는 더욱 그러하다. "최후의 수단으로 바이젠의 손이 칼의 손잡이로 옮겨가려는 순간, 무사시의 손이 그의 손을 후려쳤다. 그가 놓친 칼을 집어든 무사시는 눈 깜짝할 사이에 바이젠을 두 동강으로 잘라버렸다. 칼날은 생나무를 쪼개는 도끼처럼 뇌에서 갈빗대까지 한 줄로 쭉 갈라놓았다. '아아!' 누군가 뒤에서 감탄하는 소리가 들렸다. '몸을 가르는 솜씨, 정말 일품입니다.'" 吉川英治, 『미야모토 무사시』, 이영진 평역, 큰방, 1989, 302쪽.

이 있다. 그러므로 이제는 사뭇 기이하게 여겨지겠지만, '선비에서 시작해 성인이 됨으로써 마친다(始乎爲士終乎爲聖人)'(『순자』)고 하듯이 이 공부는 군자를 넘어 성인을 지향하는데,* 이는 서양의 지적 전통과는 달리 도리(道理)와 물리(物理), 천(天)과 인(人), 성(聖)과 현(賢), 지(知)와 행(行)을 연속적으로 파악했던 동아시아의 유교적 전통에서 특징적이다. 그리고 이 공부의 알짬은 주일무적, 성성적적의 경(敬)으로 표상되는 차분한 집중의 길, 중국어로 말해 '취정회신(聚精會神)'의 길이다. 초월신과 차원이 다른 '아래'에 살고 있는 인간들은 기껏 그 신을 위한/향한 도구적 존재(Werkzeug)에 불과했지만, 유교적 인간상은 스스로 공부 길의 실천을 통해 현성(賢聖)으로 변해갈 수 있는 주체적 존재인 셈이다. 물론 유교적 사회관은 이미 그 자체로 과도한 가부장적 신분제에 묶여 있어 '주체'라는 표현에 깃든 함의에 주의할 필요가 있겠지만 말이다. 이렇게 보자면 지성과 영성 혹은 학문과 종교를 실천적으로 중개할 수 있는 예시로 성리학적 경 개념은 특히 매력적인 가능성을 지닌 듯 보인다. 물론 그 가능성의 역사적 실제 속에는 이미 청산된 이데올로기에 곁붙곤 하는 야박한 비난과 스캔들이 켜켜이 쌓여 있는 게 사실이다. 그러나 이 역사 속의 드물지만 빼어난 열매들은 단연

---

* 이율곡도 그의 유명한 「자경문(自警文)」의 서두에서 아래와 같이 당당히 밝혀놓은 바 있다. "먼저 모름지기 뜻을 크게 가지되 성인(聖人)을 준칙으로 삼는다. 털끝만큼이라도 성인에 미치지 못하면 내 일은 미치지 못한 것이다." 이이, 『율곡집』, 김태완 옮김, 한국고전번역원, 2013, 58쪽.

종교적 성인을 방불케 하는 학행과 인격의 이정(里程)을 이루곤
한다.

'경'이라는 동아시아의 전통적 공부법/수양법을 통해 정신
사의 새로운 결절을 이룬 집중의 현상은 이로써 지성과 영성의
유통과 분기(bifurcation)를 알리는 지점의 사례로서 특기할 만
하다. 기독교의 경건이 이러한 분기를 통해 영성으로 기울었다
면, 유교적 경은 역시 같은 종류의 분기를 거치되 좀더 현실적
인 지성으로 기울었다. 샤먼이나 상례(喪禮) 담당자와 같은 역
할에 치중했던 원유(原儒)의 제도나 에토스에서 탈피해 "유(儒)
의 밝은 부분은 취했어도 탁한 부분은 잘라버렸"(金荃園 1991,
42)다던 공자의 혁신이 이를 전형적으로 반영한다. 기독교나
이슬람교와 같은 초월적 일신교의 전통이 유지해온 명상법이
나 기도술이 차분한 집중의 전통을 독특하게 유지해오고, 이로
써 인간의 정신적 가능성의 심층을 계발하는 데 공헌했다는 사
실은 부정하기 어렵다. 그러나 일신교적 영성은 그 교리적 지남
(指南)이 완고한 탓에 지적 활성화의 요건인 자유로운 상호작용
을 짓누르는 경향이 있고, 정신의 지향을 나이브한 형태로 건
몰아가는 약점에 노출된다. 2000년의 기독교와 1500년의 이슬
람교 역사를 황당하고 잔인하게 수놓도록 한 반지성주의가 그
것이다. 비유하자면 우물을 파서 물을 얻는 데에도 무조건 깊
이 파는 게 능사는 아니다. 주변을 부단히 살펴 오염원을 잡아
놓은 때라야 일껏 얻은 그 깊이의 선물을 오롯이 누릴 수 있다.

대체로 이 탓에 종교적 성격의 집중은 공든 탑을 무너뜨리며 공든 우물을 오염시키고 만다. 요컨대 인간 정신의 보고(寶庫)를 앞에 두고도 그 노력과 정성에 비해 겉도는 행로가 자못 지루하다. 종교적 경건(religious piety)이 흔히 양날의 칼이 되거나 심지어 몽매주의의 베일로 타락하는 지점이 여기다. 이 점에서 '경'을 도드라지게 한 유교적 전통에 주목할 대목이 있어 보이지만, 그렇다고 건정건정 논의를 몰밀어갈 생각은 없다. 역사적으로, 그리고 좀더 포괄적으로 유교를 고려할 때에는 이 논의의 향방이나 주제가 적잖이 달라질 수도 있겠기 때문이다. 예를 들어 베버는 (물론 '경'이라는 좁은 주제에 국한되지 않고 유교 일반을 개신교와 비교하는 좀더 일반적인 개론의 수준이긴 하지만) 한참 다르게 보고 있다.

무조건적인 현세 긍정과 현세 적응(unbedingte Weltbejahung und Weltanpassung)이라고 하는 이 윤리의 내적 전제는 순수하게 주술적인 종교의식의 완전한 존속이었다. (⋯) 지도적인 지식인 계층, 즉 관리와 관직 후보자들은 주술적 전통의 유지와 특히 애니미즘적인 조상숭배의 유지를 관료제적 권위의 안전한 유지의 절대적 조건으로서 철두철미하게 지지했으며, 또한 구체적 종교의식에 의해 생기는 어떠한 동요도 억압했다.(베버 1990, 327~328)

이러한 거시적 차원의 비평과는 별개로 '경'이나 이와 관련되는 수신적 생활양식을 지속함으로써 차분한 집중의 갈래로 뻗어갈 인간 정신의 가능성을 숙고하는 것은 매우 중요하고도 흥미롭다. 유교적 세계와 가치에 접속한 학인들이 궁리하고 실천한 지경(持敬)의 태도 및 공부는 (비록 근대화, 서구화에 따른 이런저런 사정에 의해 그 역사적 성취와 전통이 거의 절맥되고 말았지만) '집중'이라는 정신적 현상에 체현된 인간의 복합적 가능성을 한껏 증거하는 성과를 내보인 바 있다. 목욕물과 함께 아이까지 내버린다고 하듯이, 유교주의적 폐해에 멍든 일로 인해 그 세계와 전통이 새기고 묵혀온 차분한 집중의 문화 및 인간적 가능성마저 외면해서는 곤란하다. (이와 관련해서 불교나 도가 영역에서도 괄목상대할 만한 전통과 서사를 품고 있다는 점이 지적되어야 할 텐데, 이는 이후 따로 논급할 사항이다.)

인간 종이 이룩한 정신문화적 성취의 징표는 주로 도구적, 그리고 (최상의 도구랄 수 있는) 언어적 존재라는 특성 속에서 탐색되고 예찬되어왔다. 마땅한 지적이 아닐 수 없다. 이는 인간이라는 동물의 존재론적 위상을 제고하게 만든 결정적 특징이며, 인간 종이 장구한 세월의 우여곡절 속에서 이룩한 의식의 상승과 상보적으로 병행해온 것이다. 이 공진화의 병진 현상과 이에 수반되는 안팎의 여러 진화론적 계기 중에서도 나는 여타 동물과 달리 놀랍게 차분해지면서 지속적으로/생산적으로 집중할 수 있게 된 인간 종의 기이한 능력에 주목한다. 외부를 접하고 처리하는 인간의 독특한 매체인, 지렛대에서 언어에 이르는 이 도구들은 거꾸로 인간의 차분한 집중 능력을 향상시키는 데에도 상보적 역할을 했다. 알다시피 먹이활동이나 교미활동은 생존을 위한 일차적 활동으로서 높은 지능이나 복잡한 절차 혹은 정교한 동작을 요구하지 않는다. 그러나 생존을 훌쩍 넘어서는 인간의 도구들은 거의 자연스레 복잡하고 정교해지기 마련이다.

> 작업을 복잡하게 꾸며가는 행위는 이러한 능력('새롭고 더 정교한 규칙을 만들어내는 능력')에서 비롯된다. 단조로운 도구인 메스는 17세기에 과학 분야에서 아주 복잡한 용도로 쓰였고, 15세기에 넓적한 일자형 드라이버도 여러 가지 용도에 쓰였다. 이 두 가지 도구는 모두 기초적인 도구로 쓰기 시작했던 것인데, 이걸로 복잡한 일을 할 수 있게 됐다.(세넷 2010, 434)

도구적 활동의 결과는 바로 그 도구가 복잡하고 정교해짐에 따라 인간 정신의 차분한 집중에도 되먹임된다. 널리 알려져 있듯 고고인류학이나 뇌과학의 일반적 관측에 의하면 인간의 뇌는 약 200만 년 전 단백질 섭취량의 증가 등으로 인해 두 배 정도 커졌는데, 이로 인한 가장 중요한 변화의 한 가지는 바로 정신적 집중의 능력이라고 한다.

여기에서 특히 관심을 끌 만한 점은, 이 집중 현상이 최상승의 지성과 영성이 융통되거나 분기하는 지점이라는 것이다. (물론 이것은 여전히 가설이며, 이 글 전체가 그 해명을 위해 차근히 접근해야 할 명제일 뿐이다. 게다가 이로써 그 적절한 용례를 되살려내려고 하는 '영혼'이라는 용어조차 아직은 췌언에 가까울 만치 혼란스러운 상태에 놓여 있을 뿐이다.) 그리고 이러한 융통과 분기의 사실은 유교적 공부론의 단면, 특히 '가지런하고 차분히 한가지에 집중하는(整齊嚴肅主一無適)' 경과 그 실천을 통해 동뜨게 예시될 수 있으리라고 본다. 사람의 종교 초월적 지향이나 영성적 감성을 특정한 체계와 그 교리 밖으로 해방시키고 일상인의 생활 속에 유통시키려는 노력은 언제나 있어왔지만, 과거 동아시아 지식인 계층에서 일상적으로 실천해오던 경 공부와 문화는 이러한 노력들의 성취와 가치를 저울질할 수 있는 매우 소중한 바로미터가 될 법하다.

물론 유교적 실천만이 아니라 인류의 지성적 활동 일반, 그리고 종교 수행적 실천 일반은 정신적 집중 및 이와 관련되는 태도와 다양하고 긴밀하게 접속한다. 종교 영역에서도 집중과 명상 행위가 쉽게 쏠리곤 하는 개인 수행이나 신비주의적 실천만이 그런 게 아니다. 가령 현대 개신교 신학상의 한 결절점이 되곤 했던 프리드리히 슐라이어마허의 '오롯한 예속감(schlechthinnige Abhängigkeitsgefühl)'이나 폴 틸리히의 '궁극적 관심(ultimate concern)' 등 자유주의 신학의 표준적 개념들이 일깨우는 감성이나 태도조차 인간에게 특유한 존재론적 집중 행위와 무관하지 않다는 점을 얼른 알아볼 수 있다. 이러한 사례는 쉼 없이 이어질 것이다. 화두(話頭)에 내밀려 마음의 길 없는 길을 순례하는 선승의 수행에서부터 수험 시간에 쫓기면서 방정식의 해답을 짜내는 학동의 계산에 이르기까지, 인간 종이 익힌 지속적인 차분함과 집중적인 몰입은 천경만색(千景萬色)의 표정과 모양으로 드러나며 그들의 성취 속에 고유한 무늬를 새긴다. 문설주를 놓고 갈라지며 먼 데 하늘 아래 다른 지평을 살피는 쌍영창(雙映窓)의 만남과 헤어짐처럼, 특별히 동아시아 사상속의 '경'에 배어든 일도이류(一途二流)의 정신사는 희유한 가경중 하나다.

9. 집중, 내용을 잃은 성취

집중은 의식에 관한 한 일종의 임계(臨界) 현상이다. 원칙상 내용적인 두께와 무관한 경계선적 체험이라는 말이다. 개인의 행위가 임계 상태에 이르러 행위는 그 주체적 선택성을 잃고 어느새 어떤 (익명의) '현상'이 된다. 이런 종류의 현상은 의식 주체에게서 나왔지만 되레 마치 어느 알 수 없는 곳에서 의식 주체에게로 찾아온 듯 여겨지거나 실제로 그렇게 보인다. 개인의 종교적 혹은 실존적 이력 속에서 드물게 나타나는 이런저런 성격의 '계시적 체험'도 이 같은 임계 현상으로 해석해야 할 것이다. 정신분석적 차원에서 증상이 행위의 외적 형식으로 잔존해 있는 것처럼 계시나 유사 계시적 현상도 의식 주체의 외적 형식이 되어 되돌아온다. 이런 현상 속의 집중은 표상 차원에서 탈락하고, 의식(意識)에서 출발했으되 어느새 의식의 외부가 되는 것이다. 그러므로 집중은 그 자체로 '의식이 아닌 의식'인 셈이다.

의식은 집중에 이르러 그 내용성을 완벽히 소거(消去)당한다. 화두(話頭)나 과녁의 경우처럼 애초 내용(성)은 의식의 초점화를 돕지만, 이윽고 오직 그 초점으로부터 해방되는 방식으로만 집중은 스스로의 가능성을 찾아나간다. 비유하자면, "주체는 세계에 속하지 않고 세계의 경계(Das Subjekt gehört nicht zur Welt, sondern es ist eine Grenze der Welt)"라는 비트겐슈타인의 유명한 명제*와 비슷한 형식으로, 집중은 의식에 속하지 않고 의식의 새로운 가능성을 알리는 전위적 경계인 것이다. 쉽게 고쳐 말하면 그것은 내용이 없는 의식이다. 내용이 없는 의식은 최소한 두 가지 가능성을 지닌다. 우선은 백치(白痴)와 같은 상태다. 이 백치는 안팎의 자극(input)에 합리적으로 응대할 수 있는 생각의 자료가 없거나 조정 불능으로 엉켜 있다. 나머지는 이른바 초의식(超意識, transcendental consciousness)인 셈으로, 의식의 불능 상태가 아니라 기존 의식을 넘어서(려)고 자신을 비워 새로운 가능성에 열려 있다고 할 수 있다. 초의식이든 무엇이든, '내용이 없는 의식'이란 개념은 스스로 이율배반적인 기미를 내비친다. 특히 후설 식 현상학의 기본 명제—'의식은 언제나 '무엇'에 관한 의식이다(Bewußtsein ist immer Bewußtsein von etwas)'—에 함축된 의식의 지향성에 대한 전제에 어긋난다. 의식의 현상은 원천적으로 무엇(내용)을 물고 있는 식으로 지속되기 때문이다. 이미 우리 시대의 학문적 전문성

---

* *Tractatus Logico-Philosophicus*, #5. 632.

은, 의식이란 그 내용이 없이 실체적으로 자립할 수 없으며, 내용을 담을 수 있는 무슨 상자와 같은 게 아니라 차라리 내용들의 역동적인 네트워크로 작동하고 있는 기능성(functionality)이라고 입을 모은다. 의식의 독립된 실체를 가정하는 데카르트식의 이원론은 현상학이나 미국 실용주의 등이 제출한 의사심리주의적 비판에서부터 진화생물학과 뇌과학 등의 극미사실주의적 해명에 이르기까지 이미 설 자리를 잃을 정도로 내몰렸기에, 지향성과 관계성에서 소외된 채로 자립하는 의식 주체(이 경우에는 '집중의 주체')의 가능성을 상정하는 듯한 이 글의 논지는 다소 위태로워 보인다. 하지만 새로운 시작이란, 그 차원이나 소재와 무관하게, 죄다 위태롭게 발을 내딛는 법! 그 모든 임계의(critical) 현상과 사건들은 새로운 기회를 잉태하는 위태로운(critical) 지경에 놓이는 법이기 때문이다. 그리고 이 글이 품은 취지도 집중의 현상이 이윽고 인류 정신사에서 얻게 된 바로 그 생산적 위태로움에 다름 아니다.

집중은 의식의 일종이면서도 어떻게 의식의 본질인 그 지향성에서 놓여날 수 있을까? 지향성을 의식의 구성적 본질로 상정하는 것은 이미 상식이고 따라서 이것도 적절히 존중되어야 하지만, 인간에 관한, 인문(人紋)에 관한 이치들 중 대체 무엇이 불변의 위치를 점한단 말인가? 이 불변의 환(幻)을 걷어내기 위해서라도 이 상식을 조금 더 실천적으로 번역할 필요가 있겠다. 가령 '일이 생김에 따라 마음도 드러나지만 일이 없어짐에 따라 마음도 텅 비게 되는(事來而心始顯事去而心隨空)' 경지*는 어떤 식으로 유지될 수 있을까? 애초 지향성은 인식론 차원에서 논의되던 개념이지만, 그 실천적 함의를 살피기 위해서라면 에고(ego)를 중심으로 펼쳐지는 심리학적 공간으로 이것을 옮겨 놓아도 좋다. 이 경우 의식의 지향성은 '에고적 지향성(egotistic intentionality)'으로 맥락화되는데, 이 새로운 지향성은 자신의 에고와 싸우고 비우느라 가없이 많은 시간과 훈련과 노동을 바친 동서고금의 수많은 학인 및 수행자들에게 익숙하다. 이 에고적 지향성은 지난날의 표현으로 고치자면 '인욕(人慾)', 즉 개개인의 사적인 욕심을 말한다. 타나토스(thanatos), 마조히즘, 부정적 치료반응(negative therapeutische Reaktion), 그리고 실패신경증(Misserfolgsneurose)까지 포함해서 인간은 아무튼 자기나름의 생존을 도모하는 존재이므로, 그는 어떤 경우에도 자신의 에고를 구하고자 애쓰기 마련이다. 그러므로 에고는 자기 욕심의 덩어리인 셈이다.** 지향적 대상이 없는 지향성이 없고 지

---

* '경지'라고 표현했지만, 현대 심리학이나 뇌과학 입장에서 보자면 별스레 경지-스러울 게 없다. '의식은 실체가 아니고 작용'(제임스)이라거나 '마음의 여러 적능과 작용의 바깥에 따로 그 마음의 주인을 상정할 필요가 없다'는 등의 지적은 이미 상식으로 내려앉았기 때문이다. 이것을 불교적인 어법으로 고쳐 말하자면, '사대는 본시 주인이 없고 오온도 본래 공이다(四大元無主五陰本來空)'(『전등록』)쯤이 될 듯하다. 당시로서는 꽤나 유물주의적 인식론을 갖추었던 순자마저도 "마음은 텅 빈 가운데에 자리잡고 오감을 통솔하므로 대저 이를 천군(天君)이라고 한다(心居中虛以治五官夫是之爲天君)"는 인상적인 문장을 남긴 바 있다. 아래의 글에서 재인용. 任繼愈, 『中國哲學史』, 전택원 옮김, 까치, 1990, 169쪽. 다행인지 불행인지는 몰라도, 자본제적 현대의 삶 속에서 남아 있는 천군이란 오직 '소비자'[顧客就是上帝] 정도의 위치로 떨어지고 말았다.
** 에고를 '(자기) 욕심의 덩어리'로 읽는 것은 성선/성악(性惡)의 논의에 직접 개입하

향성이 없는 의식이 없다고 전제한 현상학과 마찬가지로, 심리적 에고학(egology)도 욕심, 즉 심리적 지향성 없이는—어떤 이들은 이를 '좋아하고 미워하지 않으면'이라거나 '물아일여(物我一如)'라는 등 다소 낭만적으로 표현하기도 했지만—바로 그 에고가 존재할 수 없다. 하지만 흥미롭게도 집중의 현상만큼은 이처럼 '~이 없으면 ~도 없다'는 식의 변동관계가 성립되지 않는다. 집중은 집중 대상이 없을 경우 사라지는(불가능해지는) 게 아니라 거꾸로 그 고유한 형식성 속에서 지속되며, 때로는 이로써 자의식의 성격을 변화시키거나 그 차원을 격상시킨다. 당연한 물음은, 의식이 그 지향적 내용을 잃고도 순수 형식으로 지속될 수 있다면, 그때의 집중은 인간의 의식사에서 어떤 의미와 중요성을 지닐 수 있을까 하는 것이다.

의식은 바로 그 의식 내용에 조응하면서 명멸해가는 움직임

려는 취지가 아니다. 가령 잘 알려진 대로 "철학상, 교육학상으로 하나의 영구불변의 가치를 지닌 학설을 이룩했다"고 하는 맹자의 '성선설'도, 자이나교 식으로 말해서 '어떤 점에서 보면 스야트(sy_at)'의 태도로 읽을 뿐이다. 梁啓超,『中國古典入門』, 이계주 옮김, 삼성문화재단, 1974, 72쪽. 또 다른 예를 들어 찰스 테일러는 주체성(selfhood)과 도덕성(morality)이 뗄 수 없이 얽혀 있다고 하며, "나의 자기동일성은 프레임 혹은 지평을 제공하는 투기(投己)나 동일화에 의해 정의되는데, 나는 이 틀 속에서 좋거나 가치 있거나 마땅히 해야 할 것이거나 혹은 내가 승인하거나 반대하는 것들을 결정하려고 애쓴다"는 것이다. Charles Taylor, *Sources of the Self: The Making of the Modern Identity*, Cambridge, Massachusetts: Harvard University Press, 1989, p. 27. 에고와 주체(the self)를 가르는 심리학적 혹은 철학적 논의들은 복잡할 뿐 아니라 실속 있게 비교할 수 있을 만치 그 개념이나 이치가 일매지게 정리되어 있지도 않다. 아무튼 이 글은 인간을 본성적으로 채색해서 전제하는 신학적, 형이상학적 태도에 동의하지 않고, 주체(성)를 과도하게 에고와 변별함으로써 인간이 동물이었던 긴 내력을 잊어버리는 윤리적, 사회학적 분석과도 어느 정도 거리를 둔다.

이다.* 햇살 아래 놓인 바닷물처럼 인간의 마음은 번득거린다. 그 번득거림의 총체적 연관 없이는 아예 마음도 없다고 해야 할 만치 그 대상(내용)들의 요동은 본질적이다. 인간의 의식은, 그 마음은 차마 쉼 없는 것으로서 잠을 자면서도 꿈을 이루어 스스로를 번란스럽게 한다. 명상을 하거나 선좌(禪坐)한 채 마음을 모아본 사람이라면 누구나 알겠지만, 마음은 곧 잡된 염(念)들의 쉴 새 없는 운동성에 다름 아니다. 성성적적(惺惺寂寂)의 텅 비고 차분한 지속을 얻기란 그야말로 지난지사다. 마치 사람의 사회적 주체가 소통과 관계의 형식에 따라 구성되듯이, 개인의 마음 역시 이 잡념들이 물어다 나르는 끝없는 시소게임의 다이 너미즘이다. 그러므로 개인들의 일반적인 의식은 천변만화하는 내용성에 매몰된 상태라고 해도 과언이 아니다. 그래서 학생들의 공부는 잡념 속에서 근근이 이어지며, 또 '잡념을 끊으라'고 다그치는 선생들조차 실은 제 잡념 속에서 근근이 생각하며 살아가고 있는 것이다. 실로 의식은 일희일비하는 식의 잡념들을 먹고 살아간다고 해도 과언이 아니다. 하지만 우리가 드물긴 하나 뚜렷이 체험하듯이 짧거나 혹은 다소 길게 잡념이 사라지는

---

* 의식 혹은 마음의 생성을, 그 내용을 이루는 갖은 대상과 상호작용하는 긴 맥락 속에 두는 것은 이미 상식적이다. 그러므로 '의식은 의식 내용에 조응하는 움직임'이라는 말은 인식론의 차원에만 머물 수 없다. 요시다 겐코(吉田兼好, 1283?~1352?)의 유명한 에세이의 한 대목은 이러한 사정이 윤리적 차원에 물드는 것을 재치 있게 포착한다. "마음은 꼭 사물에 접촉하고야 생긴다. 그래서 절대로 좋지 못한 장난 같은 것을 해선 안 된다."『改訂 徒然草』, 今泉忠義 譯註, 角川書店, 平成12年, 第91段. 다음의 역문을 따름. 요시다 겐코, 『도연초』, 송숙경 옮김, 을유문화사, 2000, 136쪽.

경우가 없지 않으며, 이때의 '고요하고 빈' 마음은 그 자체로 새로운 기별의 가능성을 지녀 의식이 어느새 그 형태와 성격을 바꾼 듯한 느낌이 든다.

내용을 담지 않거나 혹은 최소한 무내용을 지향하면서 지속되는 순수하고 차분한 의식은 진화론적으로 무익하다. 물론 되돌아보면, 진화론적으로 무익한 활동을 벌이는 게 인간 종의 특기*인지라 그리 별스럽지 않지만, 과연 그 시작은 놀라운 일이었겠다. 인간이라는 동물의 이상함 혹은 위대함은 먹이활동이나 교미활동 등 생존의 일차적 필요에서 절연된 상태를 이드거니 만들어나간다는 것인데, 바로 이 이상하고 위대한 일탈의 내력을 살피자면 반드시 '집중'의 이야기를 풀어놓아야 한다. 의

---

* 이런 '특기' 중 하나가 '과잉'일 것이다. "조악하게 이해된 '유물사관'으로 사치 현상과 같은 미묘한 문제에 간섭하려고 하는 얼간이들에 대해서는 아예 아무 말도 하지 않겠다"고 하는 베르너 좀바르트(1863~1941)에 의하면, 500년 이상에 이르는 자본주의의 전 역사에서 사치 문화를 주도한 여성의 다대한 역할은 쉽게 간과된다. 베르너 좀바르트, 『사치와 자본주의』, 이상률 옮김, 문예출판사, 1997, 162쪽. 그의 주된 취지는 '사치의 시장 형성력(marktbildende Kraft)'을 밝히는 것으로서, "상품 거래를 대사업으로 발전시킨 것은 의심할 바 없이 사치 상품의 거래"였다고 주장한다.(좀바르트 1997, 202) 올리버 색스는 신경정신의학적인 맥락에서 '과잉(excesses)'을 사례별로 해명하는데, 그에 의하면 "이 (과잉의) 위험은 생명과 성장의 성격 그 자체 속에 뿌리박혀 있다. 성장은 과성장(over-growth)이 되고, 생명은 과도한 생명(hyper-life)이 되곤 한다." Oliver Sacks, *The Man Who Mistook His Wife for a Hat*, London: Picador, 1986, p. 93. 한편 "요컨대 인간은 의미를 향한 의지에 의해 동기를 얻는다"고 하지만, 역시 여기서도 과잉은 여지없이 드러난다. Viktor E. Frankle, *Psychotherapy and Existentialism*, New York: Simon & Schuster, 1967, p. 72. "인간의 능력에서 불평등 못지않게 강력한 설명력을 발휘하는 것이 바로 과잉 공급(oversupply) 문제인데, 불평등을 부각시키다보면 이 문제가 가려지는 측면도 있다. 한 예로 인지과학자 스티븐 핑커가 수행한 언어 프로그래밍 연구를 보면, 인류는 '너무 많은' 의미를 만들어내는 데 능숙하다. 즉 그에 따르면 말과 글로 대조적인 의미와 상충되는 의미를 주체하지 못할 정도로 만들어내는데, 문화가 이처럼 모든 사람의 넘쳐나는 능력을 좁혀주고 솎아주는 역할을 한다."(세넷 2010, 439~440)

식이 잡다한 대상(내용)에 대한 호오(好惡)에서 벗어나 활연(豁然), 공소, 차분해짐으로써 잃고 얻는 것을 낱낱이 가려내는 일은 어렵다. 대상들에 대한 관심이야말로 우리 일상을 교직하는 일이라. 잠시라도 이 관심을 지우는 것은, 그 장기적 소득이 무엇이든 간에 당장은 매우 위험하기도 하기 때문이다. 여기에서 우리는 그 모든 중요한 소득—사랑을 얻든 자동차라는 기계를 얻든—의 명암을 기억할 필요가 있다. 빨리 걸으면 밟힌 땅이 패고, 도구가 견고하고 예리하면 일꾼의 몸에 상처가 생긴다. 잠시도 쉬지 않고 교섭하던 내용을 통해 자기 존재를 유지하던 인간의 마음에서 그 내용을 덜어낼 때 스스로 위태로워진다는 점은 말할 나위 없이 자명하다. 그러나 모든 새 길(道)은 마치 그 너머가 보이지 않을 만치 좁고 위험해진 문(門)을 통해 열린다. 그러므로 의식이 집중의 훈련을 통해 지향적 내용을 잃게 되는 것은 새로운 가능성을 위한 일종의 정당한 '비용'으로 보는 게 낫다. 스피노자의 형이상학을 통으로 이해하는 한 가지 방식은 '공리(公理)가 자유'라는 것이듯이, 또한 한용운을 제법 비틀어 "자유를 모르는 것은 아니지만, 당신에게는 복종만 하고 싶어요⋯⋯'(「복종」)랄 게 아니라 '복종이 자유'라고 확실하게 체험하는 게 공부이듯이, 이곳의 논의에서도 상실과 빔(虛)으로 보이는 것이야말로 그 가능성이 미래로 뻗쳐나갈 놀라운 성취다. 단비구법(斷臂求法)은 보편적인 명제이며, 그 좁고 무서운 십자가가 한 세상을 열었고, 공자의 성인됨은 "생애는 좌절의 연속"(金奎煐 1991, 60)이라는 사실과 무관치 않다. 혹은 뒤에서 자세히 논의할 시몬 베유 식의 표현을 빌리면, '한순간 빈자리(le vide)를 견딤으로써 초자연의 양식을 받은 것'이라고 할까.

'하얀 것을 얻어내는 빈방(虛室生白)'(『예기』)의 비유처럼 집중은 잡념으로 가득 찬 자신의 터를 비우면서 새로운 길을 얻는다. 자신을 버리고 비움으로써 얻는 이치의 첫머리에 바로 인간의 마음이 움직이고 나아가는 메커니즘의 비밀이 있다는 사실은 몹시 흥미롭다. 이것은 결코 질러가는 것처럼 보이지 않는 질러가는 '좁은 길(蹊)'이며, 온몸으로 임계를 통과하는 일이다. 비워낸 방 속에 깃드는 흰 것은 무엇일까? 잡목으로 그득한 숲의 기대하지 않은 어느 한 모퉁이에 덩그러니 나타난 빈터(Lichtung)에 쏟아질 햇살은 무엇일까? 이 빈터 속의 햇살이야말로 어쩌면 마이스터 에크하르트가 '하나님'이라고 칭할 만했던 무엇이었을까?

아비체나라 불리는 철학자는 이렇게 말했습니다. '무심(Abges-chiedenheit)*에 이른 마음의 경지는 매우 높기 때문에 그것이 보는 것은 참되며, 그것이 바라는 것은 성취되며, 그것이 명령하는 것은 이루어진다.' 자유로운 마음이 진정으로 무심에 이를 때 하나님은 그 마음 안으로 들어오시지 않을 수 없다는 것, 또한 그 마음이

---

* 이 말의 자의(字意)는 '은거(隱居)' 혹은 '한적경(閑寂境)'이지만, 책의 역자가 '무심'으로 옮긴 것은 이를 수행자의 마음 상태에 적용시켜 얻은 개념으로 보인다.

우연적인 현상들(contingent forms) 없이도 잘 지낼 수 있다면 마침내 하나님 자신에 속한 모든 속성을 갖게 되리라는 것, 이런 것이 진리라고 여러분은 생각해도 좋습니다.*

---

* 마이스터 에크하르트, 『마이스터 에크하르트』, 레이몬드 B. 블레크니 엮음, 이민재 옮김, 다산글방, 1994, 153쪽.

집 중 과   영 혼

10. 집중 혹은 지성과 영성이
만나고 헤어지는 곳

　쉽게 말해서 '퇴행'은 분기하기 이전의 상태로 돌아가는 것이다. 분기하지 않으면, 즉 헤어지고 비워내지 않으면 앞으로 나아갈 수도 없기 때문이다. 예를 들어 민족주의에까지 이르는 부족적 사고는 전형적인 퇴행인데, 무엇보다 자아의 분기분열을 거부하는 형식이기 때문이다. 한목소리를 내면서 이웃과 타자를 적대시할 수 있도록 훈련되는 형식의 일종이다. 차마 퇴행 속의 달콤한 맛을 이해할 만도 하지 않은가? 혹은 일신교의 변신론적 해명이 죄다 퇴행적으로 흐르기 쉬운 이유도 마찬가지다. 논의의 귀결은 온통 신(神)이라는 수원으로 흘러들어갈 뿐이며, 그 과정에서 번져가는 어떤 물줄기도 수원과의 일방적 거래를 멈출 수가 없다. 이러한 환원주의가 종교적 퇴행을 지속시킨다. 여기서는 반동주의자(reactionary)와 진보주의자(progressive)의 구별조차 필경 희미해져버린다. 가령 도요토미 히데요시를 조선 출병에 나서게 한 일도 궁극적으로는 신의 섭리로 환원되며, 이순신이라는 영웅을 마련해서 조선의 국운을 되돌려 놓게 한 것도 신의 섭리이지만, 이 조선 민족의 태양이 (그) 신을 믿지 않았던 탓에 지옥에 가야 하는 것도 신의 섭리에 속할 뿐 아니라, 이런 역사신학적 연속극의 불합리에 궁극적으로 응답하는 것도 신의 자의(恣意)일 따름이다. 엄마 품처럼 달콤한 퇴행의 사례들은 바닷가의 모래알처럼 무수하지만, 그 형식은 간단하다. 분기의 불가역성을 인정하지 않으려는 태도, 바로 그것이 퇴행이다.

　나는 중학교에 들어가면서부터 차츰 말씨를 고치기 시작했다. 근사하게 재해석해보자면 실존주의의 언어적 실천이라고나 할까. 이 변화의 계기나 배경은 이제 그리 선명치 않지만, 나는 평생 나 자신의 부족을 절감하고 조금씩이나마 깜냥껏 고쳐온 위인이라 나로선 '나다운 짓'이라고 예사로 여기는데, 특히 1960년대 말 당시로서는 과연 별스러운 짓이어서 주위의 지목이 제법 따가웠다. 내 어머니는 나를 노골적으로 나무랐고, 나와 어울리던 친구들은 나를 백안시했다. 1960년대 말 부산에서 살아가던 열두 살 소년으로서는 유례가 드문 분기(分岐)에 나섰다고 해도 좋았고, 인생이라는 불화의 한마당 속으로 돌이킬 수 없이 고개를 디민 셈이었다. 돌이켜 생각해봐도 내게 이것은 '공동체적'으로 유용한 변화가 아니었으며, 당시의 옹색한 내 세계에서는 얻는 것보다 잃는 게 더 많았다. 그러나 내 선택 속에는 자기 정당화의 엔진을 돌리는 불가역성의 논리가 있었던 듯하다. 혹은 (서정주 식으로 말하자면) "······그런 (말은) 아직 몰랐으니까 그런 말을 써서 그런 건 아니지만(요)."* 나는 당시에 이미 엘리아스 카네티(1905~1994)의 '구제받은 혀(Die gerettete Zunge)'와 같이 생각하고 있었던 것일까?

가끔 언어에 대하여 논의가 되었다. 일곱 개나 여덟 개의 다른 나라 말들이 우리 도시에서는 사용되었으며 누구나 그 언어들을 조금씩은 이해했다. 불가리아에서 온 소녀들만 그들의 말을 사용했기에 그들은 바보 취급을 받았다. 누구나 자기가 구사할 줄 아는 언어의 수를 세었고, 외국어를 많이 말할 줄 안다는 것은 매우 중요했다. 또 그 언어를 앎으로써 자기들 스스로의 삶이나 다른 사람의 삶을 구원할 수도 있었다.**

아무튼 이후로도 이 훈련은 계속되었으며, 내가 선택한 이 언어적 불화의 상태 속에서 나와 내 상대들은 서로를 기우뚱하게 보았고, 나는 나대로 이 본격적인 불화의 혼란 속에서 깃대도 표지도 슬로건도 없이 우왕좌왕하곤 했다. 아직은, 그 누구도 내 실험을 달가워하지 않았다. 이윽고 나는 소년기를 마칠 무렵 편하게 부산 말을 구사할 수 없게 된 역전 현상에 빠졌다. 그리고 탄력인지 반발력인지, 진보인지 반동인지 알 수 없는 추진력

---

* 서정주, 「서리 오는 달밤 길」, 『국화 옆에서』, 이남호 선(選), 민음사, 1997, 109쪽.
** 엘리아스 카네티, 『구제된 혀』, 양혜숙 옮김, 심설당, 1982, 43쪽.

에 얹혀 마치 '나를 찾아가는 여행'의 주인공처럼 어딘가에 홀로 존재할 '나만의 말'을 추구하는 순례자의 심경이 되기도 했다. (비록 '자서전적 태도'에는 꼭 어딘가 반칙의 혐의가 흐르긴 하지만) 굳이 내게 철학자가 될 소지를 되짚어 찾을 수 있다면, 이미 다른 글에서 소개한바 학령기 이전에 사뭇 속 저리게 겪은 '존재/무의 체험'과 더불어 바로 이 언어에 대한 소외 혹은 메타화의 경험이라고 해도 좋을 것이다. 뻔한 것들로부터의 낯설게 되(하)기(Entfremdung)가 철학적 감성에 들어서는 가장 흔한 길이라면, 어쩌면 나도 가장 흔한 방식으로 철학자적 삶의 태도에 진입한 것이리라. 아무튼 남들이 죄다 문제없이 들어앉아 있던 부산 말에서 빠져나오느라 이상한 홍역을 치르던 사이, 텃세(territorilaity)나 세력권(繩張り) 혹은 '우리가 남이가!'의 커넥션에 의해 구성된 친구들은 하나둘 없어져버렸고, 나는 화가니 운동선수니 문학 소년이니 혹은 성직자니 하는 아마추어적 실험들을 거쳐 마침내 공부의 세계, 그리고 철학의 세계에 '돌이킬 수 없이' 안착하게 되었다.

이야기의 구성상 놓친 대목이 하나 있는데, 그것은 내가 부산 말을 내 마음대로 고치는 실험에 돌입할 무렵 학교 수업을 통해 처음 접하게 된 외국어(영어)와의 만남, 그리고 그로 인한 여파다. 내 인생 최고의 베스트셀러는 톨스토이의 『안나 카레니나』도 스피노자의 『에티카』도 아닌, 국민(초등)학교 4학년 무렵에 처음 읽은 『로빈슨 크루소』인데, 다 아는 대로 그 속에는 이

불멸의 단독자의 신세를 단번에 바꿔버리는 존재인 '프라이데이(Friday)'가 등장한다. 나는 부모가 물려준 가난과 내 나이에 지핀 고독 속에서 이 책을 읽고 읽고 또 읽었으며, 나이 들어서는 괜히 여러 외국어 번역본으로도 읽어봤다. 그런데 늘 이 프라이데이가 등장하는 대목부터는 외려 재미가 떨어지고 긴장이 숙지근해지곤 했다. 아무튼 나는 중학교 1학년에 들어 난생처음 영어를 배우다가 '프라이데이'라는 낯익은 이름이 다름 아닌 '금요일'이었다는 사실을 알아채곤 놀라 기겁했다. 실은 책속에서도 그 사정을 설명하는 문장이 있었다는 사실을 뒤늦게 알았지만, 생애 처음으로 익힌 이 영어 낱말이 몰아온 어떤 '실감'은 대단했다. 이런 식으로 시작된 외국어 학습의 세계가 이미 진행 중이던 한국어 속의 투쟁과 어떤 식으로 결합됐을까 하는 문제는 내 개인사에서 매우 흥미로운 주제이지만 여기서 간단히 정리할 도리가 없다. 아무튼 학령기 이전의 내가 일견 범상한 체험을 통해 존재와 무(無)에 '사건적'으로 접속되면서 지성과 영성이 합류하는 지점에 돌이킬 수 없이 노출되었다면, 중학생이 된 나는 아직은 그 중요성을 감득하지 못한 채로 한국어와 영어를 매개 삼아 '인간적인 너무나 인간적인' 자리인 언어성(Sprachlichkiet)의 숲을 배회하기 시작했던 것 같다.

내게 있어 외국어를 배운다는 일이 무엇이었는지 하는 문제는 다만 사적 관심의 노출이 아니다. 그것은 우리 시대 한반도를 살아가는 젊은 정신들이 겪게 되는 공부의 방식에서부터 자기 정체성이나 역사의식까지 탐색할 수 있는 단면도와 같다. (개체 발생적 차원에서는 이미 피아제가 그 발생학적 내력을 상세히 논구했지만) 언어의 생성이나 분기 혹은 그 변화의 계기와 추이는 인간의 내적 성숙 일반과 함께 그의 지적-영적 행로를 가늠케 한다. 이는 철학적 혹은 인문학적으로 평가하자면 예외적으로 '자의식적인 인간 종'이 바로 그 자의식에 가장 어울리는 도구(들)와 장시간 습합하는 과정을 통해 자신의 존재 성분을 어떻게 변화시켜가는가 하는 물음의 과정이기도 하다. 물론 훗날의 회고적 시선에 응결된 해석이겠지만, 한국어(부산 말)와의 이상하고도 지속적인 싸움에서 시작된 내 언어철학적 감수성의 변화는 이후 영어 학습과 이어지는 여러 외국어 습득 과정을 거치면서 일반화 혹은 전형화됐다. 새롭고 또 장황할 수 있는 논제이므로 여기서 어쭙잖게 끄집어낼 수는 없지만, 내가 체험하고 이해하는 인문학의 토대는 무엇보다 문자학(文字學)인데, 이에 따르면 그 알짬은 '(새로운) 말을 배우는 일'이다. 그러므로 이런 뜻에서 광의의 '문학적 감수성'은 지극히 중요할 수밖에 없으며, 내가 지론처럼 읊어온 '인문학은 문학'이라는 명제의 취지도 여기에 있다. 인문학적 실천이라면 지행합일(知行合一)의 윤리성을 내세우기 전, 이미 한국어 속담이든 당시(唐詩)든 새롭게 배우는 그 문자의 세계 속에서 체득하는 낯선 감성에 대한 응대 속에 있다.

인문학도로서의 인간이 즉자적 동물성에서 벗어나는 메타적 순간마다 피할 수 없이 접속하게 되는 인문(人紋)의 터는 곧 (낯선) 말이다. 이미 해석과 환각의 갑주를 두른 채 살 수밖에 없게 된 인간에게 있어 말(言語)은 인간이 머무를 수 있는 고유한 장소다. 마치 비단길의 둔황(敦煌)처럼 말이다.

둔황은 기원후 1세기부터, 어쩌면 그 이전부터, 역사상 가장 오래된 장거리 무역로의 하나인 실크로드로 나가는 관문이었다. 인도와 중앙아시아의 투르판 분지에서 온 낙타와 말로 꾸려진 캐러밴 행렬과, 당의 수도인 장안에서 오는 반대편 캐러밴 행렬이 모두 이곳 둔황에 머물렀다.[*]

하이데거는 형이상학의 근본이 되는 개념으로 세계, 유한성(Endlichkeit), 고독 등등을 예거했지만, 내게 있어서 그 어떤 학습보다 더 빠르게 다가온 철학의 근본 개념들은 존재, 무, 그리고 언어(성)와 같은 것이었으니, 아, 이 경험들은 차라리 의심하고 싶을 만치 교과서적이지 않은가?

이 짧은 일화의 요지는, 사투리든 외국어든 한 언어의 세계는 하나의 구조적으로 '완결'된(그러나 결코 '완벽'하지 않은) 방으로 기능한다는 것, 그 방이 복도로 이웃 방으로 마루로 마당으로 고샅으로 신작로로, 그리고 선창이나 국경으로 이어진다는 사

---

[*] 샐리 하비 리긴스, 『현장법사』, 신소연 외 옮김, 민음사, 2010, 247쪽.

실을 깨닫는 데에도 나름의 상당한 실존적 비용이 든다는 것이다. 그야말로 우연찮게 들어가 살게 된 자신의 집은 이처럼 스스로의 습관과 환상 속에서 그 세계를 완결짓는데, 공부, 특히 철학적 사유는 바로 이 세계의 미결(未決)을 실존적으로 알아채는 과정이다. 이 과정에서 인간성과 겹치거나 어긋나는 언어성의 체험은 매우 중요하다. 하나의 방 안에서 묵새기고 있으면서 그 내부 풍경이 '자연'이 되도록 익숙해지면 질수록 다른 방들의 존재는 잊혀가지만, 다양한 소통의 망을 통해 운행되는 인간의 갖은 말은 이러한 타성에 균열을 내고 다른 방과 다른 말과 다른 세계에 대한 비교적, 메타적 관심을 촉발시킨다.

내 어릴 적 사방에서 공기처럼 흐르던 부산 말과의 불화로부터 내 한국어의 프락시스(praxis)는 긴 도정을 시작했다. 내 실험과 실천을 꺼림칙하게 여겼던 그들의 시선과 기분을 얼마든지 이해할 만하다. 최소한 한동안은 나 자신도 스스로 역겨울 지경이었으니 말이다. 중고 녹음기를 구해서 처음 내 말을 듣게 된 날, 나는 마치 벌거벗은 채 우리 속에 전시된 동물처럼 온몸이 화끈거렸고, 메스꺼웠다. 열두 살 남짓의 나는 '우리가 남이가'의 부산 사람들 틈바구니에서 어떻게 그것을 계속할 수 있었던가? '분기의 불가역성' 덕인지 무엇이었는지, 나는 내가 한참 더 어릴 때 맛본 한계 상황적 실존의 체험처럼 언어성의 실존에 떠밀려 사뭇 돌이킬 수 없이 나아갈 수밖에 없었다. 이런 묘한 불화(필경 그 모든 말이 내겐 오직 외국어일 뿐이기에)는 계속될 터였다. 이것은 쉼 없는 분기와 퇴행 사이에서 내가 내 존재성을 언어성과 접맥하는 지극히 구체적인 한 사례가 된다. 나는 새 장난감을 손에 든 아이처럼 매일 한국어 어휘를 새로 익히며, 산책하듯 좋은 문장을 찾아 읽고, 심심찮게 낭독하면서 그 모든 말이 필경 외국어라면 반드시 찾아올 '소리'의 물질성을 거듭 만나며, 일상의 사소한 대화에서도 내가 만들어가는 한글의 밀도와 그 성조(聲調)에 지치지 않고 어색해한다. 그리고 여전히 이상한 내 모국어를 지난 수십 년간 익혀온 여러 외국어 사이에 놓고 가급적 공평하게 대하려고 애쓰는 것이다.

분기는 진화사와 역사에서 피할 수 없다. 인간사와 언어사의 교차로서만 그런 게 아니다. 자웅동체를 포기하고 암수로 나뉜 것이나 "속박을 지지하던 고귀한 귀족들의" 구세계로부터 "자유를 설교하던 저속한 평민들의"* 신대륙이 떨어져나간 것도 마찬가지였다. 그 모든 진지한 공부의 길에는 분기점이 있고, 그 지점들은 한결같이 '돌이킬 수 없음'(분기의 불가역성)의 궤적을 보인다. 앞서 잠시 예시한 언어적 분기 역시 학생과 그의 언어적 감성이 겹치면서 분기하는 현상에 다름 아니다. 분기에 분기를 보태면서 밖으로, 복잡성으로, 타자로, 세계로 나아가는 것은 천지간의 일들이 나아가는 모습이며, 이는 대체로 진화이고 진보이긴 하다. 하지만 누누이 말한 대로 모든 빛은 어둠을

---

* Alexis De Tocqueville, *Democracy in America*, Richard D. Heffner(ed.), New York: A Mentor Book, 1956, p. 34.

낳고, 진보는 비용을 지불해야 하며, 분기는 '가지 않은 길(the road not taken)'(로버트 프로스트)의 가능성을 잊어버린다. 퇴행이 살펴줄 미래는 바로 여기에서 움트는 것이다. 우리는 쉼 없이 분기하면서 성장하고 성숙하지만, 거꾸로, 결코 사라지지 않고 되돌아오는 퇴행의 벡터를 마주하면서 외려 그 성장과 성숙의 비밀을 깨닫하게 된다.

개인의 언어가 생성되고 변화하는 자리에서도 분기와 퇴행의 벡터가 작동하듯이, 인간 종이 수백만 년 동안 존재의 '의식화'를 가속시키며 주변과의 역동적인 상호작용을 통해 진화해온 그 놀라운 역사도 갖은 분기와 갖은 퇴행의 줄다리기로 가득하다. 물론 이 글의 관심은 그중에서도 집중의 현상이며, 인간 정신의 분기와 퇴행을 매개로 집중의 의미와 가능성을 되짚는 데 있다. 누구나의 경험에서처럼, 지속적이며 생산적인 집중은 결코 쉽지 않고 따라서 그만큼 적지 않은 비용을 요구하는 활동이다. 아득한 한때로부터 인류의 문명문화는 집중이라는 놀라운 정신의 힘을 통해 찬란하게 분기했지만, '상인(商人)의 명상'이라는 말처럼 때로는 복잡다단해진 사회생활에 집중이 그리 유리하지 않을 뿐 아니라 히키코모리(引き籠もり)나 이런저런 중독 현상에서처럼 집중의 병리적 부작용이 드러나기도 한다. 그럼에도 불구하고 시야를 인간 진화사의 넓은 지평 속으로 옮기는 순간, 일견 평범해 보이는 집중이라는 행위는 대단한 의미와 가치를 띤 인류사의 분기점으로 드러난다. 이곳은, 그 모든 분

기점이 그러하듯이, 창발적인 가능성의 묘맥(苗脈)들이 점점이 드러나기 시작하는 곳이면서 또 바로 그 가능성의 지르된 열매들이 언젠가 퇴행의 역사적 비용을 요구하면서 특이점을 환기시키는 곳이다.

집중이라는 인간의 고유한 능력을 밑절미 삼아 분기와 퇴행의 와류를 이룬 곳으로서 나는 지성과 영성의 '사이'를 본다. 당연히 이 사이는 정신적 분기와 퇴행의 합류점이다. 지성과 영성은 둘 다 집중의 능력에 힘입은 바가 크지만, 지성은 갈라 붙이는 분석력의 경향을 지니고 영성은 한데로 휘몰아가는 종합력의 특색을 갖는다. 주객을 나누고 감각의 갈래를 가르며 심지어 인공의 잣대로 계측할 수 있도록 배분해놓은 각종 분별지(分別知)와 달리, 특히 종교적 체험에 수반되곤 하는 앎은 흔히 일종의 통감각적 직관지로 나타난다. 실상 직관이니 영감이니 하는 경험에는 나누고 가르고 할 시간조차 없는 셈이다. 절의 금당에 이르는 문 가운데 맨 안쪽의 것이 불이문(不二門)이듯, 이른바 불이지(不二智)를 해탈도로 여기는 상징은 비록 불교적 용어로 각색되어 있긴 하나 인간의 정신이 자기 초월의 경지를 구하는 자리에서 흔히 보이는 형식이다. 불교의 삼(사)법인도 그 형식은 죄다 '하나'로 몰밀어가는 것이다. 색(色)과 공이 다르지 않고, 피안과 차안이 다르지 않으며, 성속이 다르지 않고, 일체가 연기무상(緣起無常)이라는 식의, 내 표현으로 고치면 일종의 '거대한 퇴행(grand degeneracy)'이다. 『노자』에서도 '도(道)가 하나(一)를 낳고, 둘과 셋이 되면서 만물을 낳는다(道生一一生二二生三三生萬物)'고 하지만, 송대 유학의 형이상학적 도식에서도 만물이 생성되는 음양오행적 채널은 '무극이태극(無極而太極)'이라는 하나의 거대한 퇴행적 형식을 취한다. 기독교의 성서 중 「창세기」에도 창조 직전에 "땅이 혼돈하고 공허하며 흑암이 깊음 위에 있고……"(1장 2절) 운운하거나 현대 과학이 거의 용인하고 있는 '빅뱅(Big Bang)' 이론의 이미지 역시 원형적 퇴행을 연상시킨다.

이 '퇴행'이라는 용어*의 용법에 불편해할 독자들이 있을 것이다. 실은 글의 취지를 제대로 이해하기 위해서라도 퇴행이라는 개념에 상식적으로 따라붙는 '퇴행적' 이해로부터 한발 물러날 필요가 있다. 사태에 대한 정확하면서도 총체적인 이해가 관건이라면 '진보적'이라거나 심지어 극단주의적 입장에 청소년처럼 쏠려서는 곤란하다. 마찬가지로 종교에 자주 곁붙는 통감각적 직관(지)이 특권적 인식론을 전제하거나 심지어 몽매주의

---

* 이 퇴행의 용법은 에델만의 설명에 얼마간 빚지고 있다. "기억은 가치 체계의 영향권 아래에서 재범주화하고, 궁극적 정확성을 희생하고 연상력(associative power)을 얻는다. 이런 연상적 조회를 해명하려는 또 다른 개념이 필요하다. 요컨대 선택당한 뇌 회로는 퇴행해야만(degenerate) 하는 것이다. 퇴행은 다른 구조들이 동일한 결과를 낳은 상황을 가리키는 말이다. 좋은 사례가 유전자 코드다. DNA 염기의 삼중 구조는 20개의 아미노산 중 하나를 특정하는데, 이 아미노산이 단백질을 형성한다. 그런데 네 종류의 화학적으로 구별되는 염기(鹽基)가 있기 때문에 64개의 삼중 구조의 조합이 가능하다. 그러나 아미노산은 단지 20개 종류밖에 없기 때문에 유전자 코드는 퇴행할 수밖에 없다." Gerald M. Edelman, *Second Nature: Brain Science and Human Nature*, New Haven: Yale University Press, 2006, pp. 32~33.

의 뒷배를 봐주었던 전력을 누구나 염려할 수밖에 없지만, 자연계에서 그 독성이 가장 강한 것으로 알려진 테트로도톡신을 품고 있는 복어조차 요리사를 훈련시켜 염려 없이 즐기고 있지 않은가. 가령 "가장 신뢰할 수 있는 도덕적 견해는 직관의 바깥에 터한 게 아니라 오히려 인간의 가장 강한 직관에 터를 두고 있는 것"(Taylor 1989, 75)이라는 식의 주장까지 나아가지 않더라도, 끝없이 경험되고 보고되는 인간의 직관력이나 영감을 마냥 백안시할 수는 없다. 우리가 인간을 좀더 넓고 깊게 이해하려면, 인간의 정신적 능력 중에서 문명문화적 분기의 채널링에 합류하지 못한 채 '과거의 것'으로 솎아 버려진 것들에 꾸준히 눈길을 주어야 한다. 잊힌 과거를 복원시킴으로써 인간의 현재와 미래를 합리적으로 해명하고 조망할 수 있도록 해준 게 어디 정신분석학이나 진화생물학에만 그치던가.

과거는 신발에 묻은 흙처럼 떨어내고 씻을 수 있는 게 아니다. 자빠진 걸음도 내 걸음이며 헤맨 길도 커리어(career)에 속한다. 더구나 수백만 년에 이르는 인간 정신사의 궤적은 기껏 수천 년의 문명사가 주조한 삶의 배치만으로 말끔히 청산할 수 있는 게 아니다. '억압된 것의 귀환(die Wiederkehr des Verdrängten)'이든 '능력을 넘어서는 가능성(capabilities over abilities)'이든, 지금-여기에 있는 게 전부가 아니다. 영성이든 넓은 의미의 직관이든, 굳이 '퇴행'이라는 용어를 써서 그 긍정적, 심지어 창발적 실마리에 접속하려는 뜻이 여기에 있다. 대개의 이분법이 그러하듯이, 그 분기는 말로써 분별되는 순간 사태의 실상보다 과장된다. 각 항은 추상적으로 고정되어 넘볼 수 없는 대치 국면으로 변한다. 앞서 말한 '지성과 영성의 사이'도 추상적 대치가 혼란스럽거나 격심한 곳이다. 부분을 골라낸 것이기에 베르그송에게 그리 공평하진 않겠지만, 이런 식의 혼란은 이 천재적 직관주의자에게서도 보인다.

우리는 순수하게 정태적인 것이 도덕에 있어서는 지성 이하의 것이고, 순수하게 역동적인 것은 초지성적인 것임을 알았다. 하나는 자연에 의해 의욕되었고, 다른 하나는 천재적인 인간이 가져온 것이다. 전자는 인간에게 있어서 동물의 본능에 대칭적으로 상응하는 습관들 전체와 그 특징을 이룬다. 그것은 지능보다 못하다. 후자는 동경이고 직관이며 정서이다.*

창발적인 가능성의 묘맥(苗脈)들이 점점이 드러나기 시작하는 곳이 한편 비참한 곳이기도 하다. 언제나 그중 일부만 선택되고 그 가능성의 전부를 영영 알 수 없는 나머지는 죄다 버려지기 때문이다. 그래서 버려진 것들, 가지 못한 길들, 억압된 조짐과 미립들, 물처럼 새고 바람처럼 흘러가버린 것들, 요컨대 제도와 관습으로 등재된 길로부터 벗어난 소로(小路)들은 애석

---

* 앙리 베르그송, 『도덕과 종교의 두 원천』, 송영진 옮김, 서광사, 1998, 75쪽.

하게도 그것들이 애초 선택되지 않았던 이유보다 더 중요한 이유들 속으로 숨어버린다. 하지만 서둘러 청산되거나 버려진 것들의 가능성은 언젠가 그 지르된 열매들과 함께 다시 나타나는데, 여기서 말하는 '퇴행의 역사적 비용'이란 이 열매들을 영접하는 방식을 가리키는 것이다. 인간은 언제나, 지나간 것들을 영접하는 방식을 통해 그 미래를 예비한다. 퇴행이란 잃어버린 것들을 되찾거나 헤어진 것들을 다시 만나려는 움직임이며, 섣불리 찢어진 것들의 가장자리에서 돋아올랐던 묘맥에 물을 주는 일이다. 로고스(logos)와 미토스(mythos)의 전통적 구분을 의문시하고 이를 어원론적으로 밝히려는 하이데거의 잘 알려진 논의*처럼, 긴 시선으로 분기의 자리들을 다시 살피고, 언어 속이든 조짐 속이든 소문 속이든 신화 속이든 그 자리들의 앞뒤와 안팎을 듣보는 일이다.

창의적 퇴행의 태도를 갖춰 집중의 현상에 조심스레 접근하는 것은 인간의 정신이 다양한 매체와 제도에 얹혀 분기하던 때 혹은 그 이전의 통합적 가능성을 밝혀준다. 통일과학(Einheitswissenschaft), 통섭(consilience), 사회학 중심의 학문 통합 혹은 불교식 화해(和諧)의 노력 등등이 근현대의 학문제도적 분기를 넘어서려는 몇몇 사례이며, 나름대로 매우 유익한 결과를 낳았음은 부정할 수 없다. 물론 이 글의 관심은 좀더 근원적

---

* Martin Heidegger, *Basic Writings*, San Francisco: Harpercollins, 1993, pp. 375~376.

으로 흐른다. 제도 학문이나 그 방법론을 토의하기 전, 모든 형식의 직관과 분석이 생성되는 의식의 독특한 자장(磁場)인 집중으로 되돌아가려는 것이다. 역시 단순화이긴 하지만, 나는 바로 이 지점을 일러 '지성과 영성이 만나는 곳'이라고 했다. 지성과 영성*이 서로 대놓고 대치하거나 어긋나거나 갈라지는 자리에서 집중이라는 기이한 실천을 이 둘 사이의 새로운 융통의 매개로서 읽어내려는 것이다.

영성과 지성의 퇴행적 융통이 품은 새로운 가능성을 궁구하는 방식은 여럿이겠으나, 그중 한 가지는 서양식 학문(Wissen-schaften)과는 성격이나 내력을 달리하는 동아시아적 '공부'의 세계를 탐색하고 비교하는 일이다. 유불선(儒彿仙)을 포함해서, 서양 식 인식론이나 문자적 계몽과는 다른 동아시아적 공부가 공통되게 집결하는 지점은, 혹은 고양-심화되는 형식은 여러 형식의 '집중'과 긴밀하게 관련되는 듯 보인다. 앞서 경(敬)의 이해와 실천을 통해 다소 해명하기도 했지만, 익히기(習)나 배(우)기(=몸에 스며들다)라는 말이 시사하듯이 동아시아적 공부는 몸과 마음을 나누어 부리는 데카르트 식 극장의 활동이 아니다. 몸이라는 인간적인 너무나 인간적인 '장소'를 (잠정적으로나

---

* '영성'이라는 말의 쓰임새는 대체로 매우 허술하고 더러 '공회전하는 엔진 같은 말'(비트겐슈타인)처럼 남용되기도 해서, 실은 로티 등의 지론처럼 진지한 논의에서라면 아예 사용하지 않는 게 나을지도 모른다는 점을 나 역시 인정한다. 이 글은 이 같은 약점을 품은 채 쓰이고 있으면서도, 특히 정신의 진화론에 입각한 전향적 관점 속에서 논의의 가리사니를 창발적으로 얻어내려는 일관된 취지를 지닌다.

마) 외면한 채 정신을 개념적-수리적으로 운용함으로써 이룩한 인간의 지적 성취들은 사실상 놀랍기 그지없다. 인간의 이기심이 이룩한 문명과 문화의 성취를 낭만적으로 폄하하는 것은 아무런 지혜가 아니다. 자본주의든 주객이원론(dualism)이든, 뜻있는 진보적 지식인들이 새로운 환경과 삶을 꾸리는 중에 질타한 대상들은 그토록 집요한 질타를 이끌어냈을 만치 중요했고 또 생산적이었다는 사실을 잊지 말아야 한다. 대개의 비판은 흥분 상태에 빠지기 쉽고, 경계를 단순화하며, 그 비판의 효과를 과장한다. 이 점에서는 대개 논쟁의 쌍방이 마찬가지이며, 하필 내가 속한 쪽의 비판이 공정하고 원숙하리라는 보장은 없다. 그러므로 몸과 생활양식 자체를 공부와 구성적으로 합체시킨 우리네 전통, 그래서 '배우는 게 익히는 것(學是習)'이고, 학과 술(術)이 이미 뫼비우스의 띠처럼 얽혀 있는 전통에 대해서도 평심하게 접근할 수 있어야 한다. 비판의 의의는 과장되지 말아야하며, 또 거개의 비판은 무슨 혁명의 물꼬를 트거나 대단한 혁신의 첨병이 아니기 때문이다.

이런 식의 공부는 인간의 의식 속에 잠복한 창의적 퇴행의 길을 일러준다. 유교 식의 공부 길도 겉으로는 현실적이며 윤리적인 차원에 머무는 듯하지만, '경'의 공부가 시사하듯이 이런 식의 퇴행적 융통은 종교적 영성과 지근거리에서 호흡한다. 지성과 영성의 융섭은 자발적 '퇴행'의 지점에서 발생한다는 게 내가설이다. 물론 모든 퇴행이 지성과 영성의 '융합 에너지'를 얻도록 도울 수 있는 것은 아니다. 재론할 필요도 없지만, 관견(管見)의 지성과 광신의 영성은 인류사 내내 활개를 쳤고, 그 둘의 행복한 교류는 지금도 아득한 실정이다. 여태껏 논의한 대로 지성과 영성을 따로 소환해서 저간의 따돌림을 반성하고 재혼을 설계하려는 게 아니다. 비유로 말하자면 아예 이혼한 적이 없다는 사실 혹은 최소한 이혼장을 접수하고서도 내내 동거해왔다는 사실에 대한 새로운 이해를 환기시키려는 것이며, 이를테면 그 핵심 증인으로 '집중'을 거론하는 셈이다. 응당 나아감으로써 새로 보이는 게 있겠지만, 물러섬으로써 외려 환해지는 것도 적지 않다. 물론 내가 말하는 퇴행의 방식은 진행/진보 이후에야 가능해지는 지경으로서, 이른바 '알면서 모른 체하기'와 같은, 맑은 정신의 자발적 퇴행을 뜻한다. '어린애와 같아지기'라거나, '알면서 모른 체하기'라거나, '무언지교(無言之敎)'라거나, 제2의 순박(the 2nd naiveté)이라거나, 덕치 이후에야 비로소 가능한 무위의 정치(爲政以德然後無爲)(정자〔程子〕), '무의식으로 사고하기'라거나, '몸으로 생각하기(somatic thinking)'라거나 혹은 그 무슨 이름으로 불리든 앞서 나간 걸음을 겸허하고 차분하게 되돌려 과거의 갈라진 곳들을 아우르는 통합적 가능성을 어루만지는 일이다. 그리고 이 기이한 퇴행의 능력 속에 인간 종의 비밀이 있다는 소식이 바로 이 글이 제시하려는 집중의 담론이다.

이 통합적 가능성의 지점은 특히 종교적 경험에서 자주 나오는 '근원적 감정(Urgefühl)'과 일부 겹칠 수 있지만, 섣불리 동일시하는 오류를 범해선 낭패다. 그만큼 이성의 세례를 받은 감성, 다언의 임계에서 생기는 눌언(訥言), 완벽히 알면서도 그 이면으로 스며들기, '멍한 상태' 속에서 의식과 무의식을 일치시켜보기 혹은 신과 인간의 공진화 같은 것은 단순히 '근원적'인 게 아니라, 이미 언질한 대로 자발적 퇴행을 통해서 근근이 얻는 미래적 성취이기 때문이다. 그럼에도 불구하고 이른바 '전적인 타자(das ganze Andere)'로서의 누멘적 경험에 대한 루돌프 오토(1869~1937)의 해설에는 흥미로운 접점이 있다. '누멘적 감정을 일깨우는 자극의 연쇄를 발견하는 과제'라는 구절은 단지 '수동적 사로잡힘(passive obsession)'의 경험을 넘어선다.

누멘적 감정도 윤리적 구속성의 감정과 마찬가지다. 전자도 후자와 같이 어떤 것으로부터도 전화될 수 없는 하나의 질적으로 자류적이고 근원적인 감정이다. 시간적인 의미에서가 아니라 원칙적인 의미에서 하나의 근원적 감정(Urgefühl)인 것이다. 그러나 하나의 감정이기에 동시에 다른 감정들과 많은 유사점을 지니고 있으며, 따라서 그들을 '자극'하고 유발시키기도 하고, 또한 그들에 의하여 유발되기도 한다. 이러한 누멘적 감정을 유발하는 요소와 자극들을 탐구하고 보여주는 것, 다시 말하면 누멘적 감정을 일깨우는 자극의 연쇄를 발견하는 것이야말로 종교의 진화 과정을 후생설적으로 혹은 기타 방법으로 재구성하는 것 대신 우리가 참으로 해야 할 과

제인 것이다.*

인간의 정신적 소인 혹은 능력 중에서 지성이나 영성이라는
개념으로 나뉘어 불려온 것은 편의적이며 더러 실용적 목적에
부합했지만 여전히 애매한 상태다. 이 애매성을 극복하려는 노
력들은 곧 이데올로기적 폭력에 노출되었고, 실용성보다 더 본
질적인 접근은 다시 애매성의 비용을 피할 수 없었으며, 편의(便
宜)로 묶는다고 인간의 정신까지 묶을 수 있는 것은 아니다. 아
무튼 지성과 영성이 만나고 헤어지는 길목에 대한 정보나 소문
은 무수하다. '경'과 같은 어떤 형식의 공부가 그런 곳이고, 종
교적 경험 일반이 하나같이 그러한 길목을 선점한 듯 오똑한 위
세를 누려왔으며, 꿈이나 무의식이나 갖은 조짐(前触れ)을 통
해 '잠시 내게 머물지만 아직은 아무것도 아닌 앎'의 사건들이
조심스레 그 곁에 놓일 수 있다. 나는 누누이 말한 대로 이 모
든 일이 집중이라는 인간 정신의 기묘한 형식과 내적으로 연루
되어 있다고 여긴다. 장구한 진화의 어느 순간을 거치며 놀랍도
록, 그래서 실제로 자기 자신의 민감에 놀라거나 시달릴 수밖에
없을 만치 '자의식적'인 존재가 된 인간은, 생명사에서 전무후
무한 이 정신의 부하를 집중을 통해, 집중과 함께 혹은 집중을
향해서 다스려오고 있다. 그가 종교적 존재인 것도, 만성적으로

---

* 루돌프 옷토, 『성스러움의 의미』, 길희성 옮김, 분도출판사, 1987, 101쪽.

'마음의 병'에 시달리고 있는 것도, 제 스스로 의식하지 못한 채 초월적 의식의 자리(영혼)를 희구하고 있는 것도, 자의식의 과잉 속에서 살아갈 수밖에 없는 인간적인 너무나 인간적인 현상이다.

여기서 곁가지를 스치는 바람 같은 언질 한 토막! 몸과 마음을 하나인 듯 융통시켜 이를 집중의 힘으로 고르게 유지해나가는 일에는 개인의 의지와 노력 외에도 응당 나침반이나 방향감각 같은 게 필요할 터이다. 그것을 일러 공부든 수련이든 명상이든 호흡법이든, 혹은 그 무어라 이름하든 말이다. 관련 고전이나 선학의 경험이나 최신 과학적 지식이나 도덕적 상식 등의 외적 규준과 함께 내가 거의 유일한 내적 규준으로 꼽는 것은 어떤 '균형감(sense of balancing)'이다. 나는 근 5년간 운동선수 생활을 한 적이 있어 신체적인 균형 감각이 무엇인지 직관적으로 안다. 그러나 '영혼'—아직은 허사(虛辭)이거나 잘 들리지 않는 웅성거림에 가까운 영혼—의 길로 움직이려는 차분한 집중의 마음이 사통팔달의 기대와 불안 속에서 의지할 수 있는 유일한 균형감은 신체만의 것이 아니다. 정신의 여정을 인도하는 이 균형감은 다분히 사적인 체험이며 따라서 글과 말로써 타인을 설득하기가 난감하지만 최소한 이 논의의 맥락에서는 당연히 제기될 반론의 위험을 무릅쓸 정도로 중요하다. 나은 설명은 차후를 기약하고 그저 소크라테스의 경우를 본떠, 이 균형 감각은 늘 내게 '틀렸다'고, 가던 걸음을 '중단하라'고 요구한다는 것 정도를 말할 수 있을 뿐이다.

어떠한 신적(神的)인 '다이모니온'적인 것이 내 몸에 생기는 것입니다. 이 일은 멜레토스도 그 고발 속에서 경멸하는 어조로 말하고 있었습니다. 그런데 나에게 이러한 일이 생기는 것은 어릴 적부터입니다. 즉 어떠한 소리가 나에게 들려와서 그때마다 내가 하려고 생각했던 일을 중지하도록 시키는 것인데 그 소리가 무엇인가를 하도록 나에게 권장한 일은 한 번도 없었습니다.*

내 자신의 오랜 경험이나 판단으로 보자면, (물론 소크라테스의 경우는 별개의 분석이 필요한 현상으로 여겨지지만) 이런 종류의 '균형감'은 이른바 '인지 불협화(cognitive dissonance)'의 현상들과 비교해서 살필 만하다.

리언 페스팅거가 주장하듯이, 인지적 불협화의 이 복잡한 경험들은 동물 행동으로부터 바로 추적할 수 있다. 이러한 행동은 '여기 혹은 이것(here or this)'에 집중할 수 있는 동물의 능력에 기인한다. 그리고 이에 수반되는 뇌 속 과정은 다른 뉴런 회로를 활성화시켜 집중력을 공고하게 한다. 사람들, 특히 장인들에게 있어서 이러한 동물적 사고는 어떤 재료와 어떤 실행이 중요해지거나 어떤 문제가

---

* 고트프리트 마르틴, 『소크라테스 평전』, 박갑성 옮김, 삼성문화미술재단, 1981, 66쪽.

말썽을 일으키는 구체적인 장소를 알려준다.*

---

* Richard Sennett, *The Craftsman*, New Haven: Yale University Press, 2008, p. 278.

1 장 집 중, 인 간 이 다

11-1. 집중이란 무엇인가(2)

당연한 지적이지만, 나는 종교의 기원이나 발상이 이 집중이라는 현상으로 환원될 수 있으리라 보는 것은 아니다. 종교의 기원에 대한 적지 않은 설명이 이미 상식화되어 있지만, 집중이라는 개념은 그런 식의 기원 설화에 이바지하지 않는다. 재개입(reentrance)과 되먹임(feedback)과 사후성(Nachträglichkeit)이 항상적인 사태를 이루는 인간됨과 그 문화제도적 변형 속에서 인과율적으로 설명할 수 있는 것은 늘 예외적 단순화일 뿐이다. 신이든 사람이든 혹은 '네가 지난여름에 한 일'이든, 사람들은 하나의 대상을 원인으로 지목하기를 좋아하지만, '인간의 삶이 개입해서 만든 자리들[人紋]'이란 대체로 그런 단선적 인과율에 의해 구성되거나 규정되지 않는다. 특히 사람의 일에는 객관적인 원인과 주관적인 동기가 얽히는 법이어서 여간 조심하지 않으면 관찰자나 탐구자의 시선조차 흐려진다. 종교 또한 마찬가지이며, 인류의 종교적 전통들 속에는 다양한 집중의 훈련과 기획들이 들어차 있지만, 종교를 개인의 정신 현상으로 환원해서 설명할 노릇은 아니다.

인간 종은 진화사의 어느 순간에 이르러 본능적 요구에 따라 움직이는 자극-반응의 메커니즘과 어느 정도 떨어져서 운신할 수 있게 되었다. 이들은 과도한 자의식을 지니게 되었고, 과거와 미래를 발명했으며, '딴짓'을 하게 되었고, 일없이 고독하거나 불안해했으며, 또 전술했듯이 시간적으로나 공간적으로 쾌락의 충족을 연기하거나 유예할 수 있는 마음의 거리를 얻게 되었다. 나는 앞서 이를 '차분/얌전해졌다'는 말로 싸잡았다. 논의의 초점은 차분하고 얌전해진 일이 개인들의 성격과 태도이기 이전에 일종의 생명사적 혹은 최소한 문명사적 사태로 봐야 한다는 것이다. 이 인간적 사태는 본능을 조절하거나 가공하거나 혹은 연기하면서 다양한 관심이 교직하는 공동체를 이루며 생활해야 했던 사실에서 여타 동물들의 얌전함과는 구별된다. 가령 어떤 개와 돌고래들도 얌전하고 심지어 사자나 악어조차 얌전해 보이는 때가 있지만, 이들은 본능을 '향해서' 얌전한 반면, 얌전한 인간들의 얌전함은 그 본능을 비틀고 변형시키거나 심지어 이탈 혹은 초월하기 위한 방향을 잡아나가는 중에도 여전하다. 집중의 문화와 제도가 움트고 개화하여 생명사의 전개에서 유례없는 성취가 이루어진 일이 이 소박하지만 중요한 사태와 깊이 관련된다고 여겨진다. 식탁 예절에서부터 판소리의 100일 독공(獨功)에 이르기까지, 선비들의 송습(誦習)에서부터 사제들의 명상에 이르기까지, 더 나아가 최소한 인간 종이 이룩한 고도의 문명문화 전체가 '집중의 태도와 제도'라고 할 수 있는 일련의 행위에 의해 단단하고 지속적인 뒷받침을 받아왔다는 점은 재론할 필요 없이 명백하다. 그리고 전술했듯이 특별히 종교적 실천의 기원과 행로에서 이 같은 집중의 실천과 성취는 도드라진다. 당연한 지적이지만, 그렇다고 해서 나 역시 종교적 제도와 실천이 '엉망인 세상'을 구원하리라고 기대하는 것은 아니다. "세상의 꼴이 엉망이라는 것은 부인할 수 없다. 그러나 역사를 돌아볼 때 기독교가 탈출구를 제공하리라 기대할 근거는 털끝만치도 없다."* 그렇지만 '바보와 악당이 존재하는 한 종교도 존재한다'(볼테르)는 투의 냉소를 현실적으로 말끔히 넘어서기가 어렵긴 해도, 고금동서의 인간들이 바보와 악당이 되어서라도 갖은 종교 현상과 제도에 집착해온 사실에는 조금 더 진지한 접근이 필요하다. 여기서 상론할 것은 아니지만, 사회적 개선에의 기대와 전망에 관한 한 천년왕국설이라거나 문화대혁명과 같이 종교적 유토피아 혹은 정치적 이데올로기에 터한 포괄적인 기획은 대체로 토끼 꼬리처럼 볼 게 없다. 차라리 "중생이 사는 곳이 곧 불국토(佛國土)"**에 동의하든 말든 "근대가 도래함으로써 상실된 유일한 확실성은 구원의 확실성"(아렌트 1996, 344)이라는 지적에는 유심히 살필 지점이 있다. 그래도 레이먼

---

* 버트런드 러셀, 『나는 왜 기독교인이 아닌가』, 송은경 옮김, 사회평론, 2003, 251쪽.
** 『유마경』의 한 구절로 다음 책에서 재인용. 법정, 『말과 침묵』, 샘터, 2010, 187쪽.

드 윌리엄스나 아도르노의 비전쯤이라면 두고두고 낭송할 만한 재미라도 있다.

그렇다면 다른 자세가 필요하다. 혁명가의 자세가 아닌, 그 조류를 뒤집을 수는 없지만 대안적인 비전이 살아 있게 만드는 반대자의 자세 말이다. (…) 사회의 운명은 정해졌거나, 어쨌거나 저주받았지만, 열정이나 아이러니를 통해서 개인 혹은 어떤 집단은 인간적인 소군락을 보존할 수 있다는 것이다.[*]

절망에 직면해 있는 철학이 아직도 책임져야 할 것이 있다면 그것은 오직 사물들을 구원의 관점에서 관찰하고 서술하려는 노력이 아닐까 한다. 인식이란 구원으로부터 지상에 비추어지는 빛 외에는 어떠한 빛도 가지고 있지 않다. (…) 그러한 메시아의 관점처럼 세상의 틈과 균열을 까발려 그 왜곡되고 낯설어진 모습을 들추어내는 관점이 만들어져야 하는 것이다. 어떤 자의나 폭력도 없이, 오직 전적으로 대상과의 교감으로부터만 나오는 그런 관점을 획득하는 것이 사유의 유일한 관심사이다.[**]

'메시아적 관점'이라는 이 낭만적 췌사를 용인한 것은 망명

---

[*] 레이먼드 윌리엄스, 『기나긴 혁명』, 성은애 옮김, 문학동네, 2007, 515쪽.
[**] 테오도르 아도르노, 『미니마 모랄리아: 상처받은 삶에서 나온 성찰』, 김유동 옮김, 길, 2005, 325쪽.

지식인이자 개인 철학자로서의 입장에 내 나름의 동정적 혜안을 얻어보려고 했기 때문이다. '제각기 제 나름으로 구원의 방식을 찾아야 할 것'(프로이트)이라는 표현을 좋아할 수 있듯이 말이다. 진리나 사랑 등속의 개념을 사용할 때에도 대략 '조만간 죽을 동물'*이라는 인간의 기본적 조건(동물의 꼬리와 죽음의 머리)에 의거하는 게 낫듯이, 구원이라는 말도 다음과 같이 거창하게 뻗어나가서는 곤란해 보인다. "진화적 영성은 진화에서 영감을 받았고 세상을 포용하며 미래지향적이다. 구원이라는 단어를 어떻게 정의하든, 그것은 구원을 얻을 수 있는 창조적이고 예측 가능한 영적 과정이다. 이 구원은 과거 조상들의 영혼에서 오는 것도 아니고, 천국에 갈 수 있다는 약속에 있는 것도 아니며, 내면적 평화의 초월적 상태를 통해 얻어지는 것도 아니다. 이 구원은 진화하는 우주 깊은 곳에 내포되어 있는 새롭게 드러나는 가능성을 전적으로 포용할 때만 얻을 수 있다."** 인류사를 찬찬히 살피더라도 혹은 주변의 인간들을 잠시만 떠올

---

* 김천택(金天澤, ?~?)의 시조 중에 "꿈같은 인세(人世)를 가지고 가엾이 살라 하느니"라는 구절이 있지만, 대개 '대문 밖이 저승'이라는 일상의 속언조차 귀에 들어오지 않도록 구조화된 삶이 현대인의 것이다. "세인(das Mann)의 말없는 훈령에 속해 있는 것은 '사람은 죽는다'는 '사실'에 대한 무관심이다. 이러한 냉정한 무관심은 가장 고유하며, 다른 것과 관계하지 않는 존재 가능성으로부터 현존재를 '소외'시킨다. 그런데 이들 유혹과 소외는 '퇴락(頹落)'이라고 불리는 존재 양식을 특징짓고 있는 것들이다. 죽음을 향하고 있는 일상적인 존재는 퇴락한 존재로서 '죽음으로부터의 부단한 도피'를 꾀한다." 마르틴 하이데거, 「현존재(現存在)의 가능한 전체 존재와 죽음을 향한 존재」, 정동호 외 편, 『죽음의 철학』, 청람, 1987, 165쪽.

** 카터 핍스, 『인간은 무엇이 되려 하는가』, 이진영 옮김, 김영사, 2016, 292쪽.

려봐도 '구원'에 그리 진지하고 극적(劇的)인 용례를 붙이기 어렵다는 사실은 잘 드러난다. 다만 각자의 개인사 속에서 꼭 그 개인사의 깊이만큼만 진지한 소용(所用)으로 방임해도 좋을 것이며, 그 사적 진지함 속에서라면 낭만적이든 시적이든 괘념치 않는 게 낫다.

영성이라는 애매한 개념과 종교적 실천이라는 광범위한 인간들의 활동이 차분한 집중의 형식을 통해 접속하는 지점은 다양하다. 이 다양성은 실상 '종교적'이라는 설정을 쉽게 넘어설 정도에 이른다. 접속의 관계도 투명하지 않고 그 인과성을 일매지게 요약할 수도 없다. 이런 불투명성을 목도하면서도 영성이니 종교성이니 하는 현상에 기대를 거는 것이, (비록 지성이 우리의 문제를 야기했다고 말할 수 있지만, 그래도) "더 많은 지성과 더 현명한 지성만이 좀더 행복한 세상을 만들어줄 수 있는 것"(러셀 2003, 252)이라는 주장을 뒤엎으려는 것은 아니다. 애매모호함이 인간의 어리석음과 작당해서 얻는 신비한 뉘앙스나 카리스마는 극력 경계해야 하며, 또한 대체로 애매모호함 자체가 미덕인 경우는 거의 없겠다. 그러나 말끔히 쓸어버려야 할 애매함도 있지만, 시간을 두어 참고 품어서 그 시간적 발효 속에 드러날 미래를 기대하는 것에는 아무 이상함이 없다. 외려 이런 애매함이야말로 그 매개적 밑절미가 넉넉할 수 있음을 압축한다. 그러므로 어쩌면 인류의 지성과 영성이 집중이라는 인간만의 고유한 행위 양식을 매개로 형성될 뿐 아니라 필경 분기한다는 가설은 바로 이 같은 애매함을 그 가설의 한계이자 조건으로 삼아야만 한다. (역사적으로는, 곧 짝패가 될 수밖에 없는 운명의 쌍둥이처럼) 장구한 기간 서로 불화하게 될 지성과 영성을 동시에 배태하고 배양하는 집중이라는 개념 역시 진화인류학적 상상에 속할 뿐이다. 그러므로 이 개념을 자본제적 삶의 여러 용례와 접속시키려는 유혹—이를테면 '집중하면 성공한다!'와 같은—은 때로 피할 수 없지만, 시대착오적 전유에 이르지 않도록 내내 조심할 필요가 있다.

속히 덧붙일 것은, 이 글에서 뜻하는 집중이란 (니체 식으로 표현하자면) 정신의 강도(強度)라기보다 오히려 '예리하고 섬세한 정신의 지속성'에 가깝다는 사실이다. 앞서 '경' 공부를 통한 예시가 있었지만, 지속성이 없는 집중은 경에 이를 수 없고, 나아가 경의 지속[持敬]이 없으면 윤리적 실천[居義]을 기할 수 없다. 이런 뜻에서 집중은 열중(熱中)과 변별되어야 한다. 동물들의 집중이라고 한다면, 이는 대체로 극히 짧은 시간 동안 지속되는, 본능의 충족을 위해 장착된 일종의 열중에 가깝다. 열중은 그 나름의 가치와 효용을 지니지만, 이 글이 영혼을 향한 도정에서 주제화한 집중과는 엄밀히 구별된다. 집중과 열중의 관계를 비유로써 건드려보자면 마치 기공(氣功)과 차력(借力)의 관계와 닮았다고나 할까. 가령 이 열중으로 말하자면, 다이앤 포시(Dian Fossey, 1932~1985)의 보고처럼 고릴라도 위협의 일종으로서 오래 응시하는 버릇을 지니고 있는데, 물론 이는 이 글의 취지에 부합하지 않는다. 돈으로 뛰고 인기로 사는 축구 선수도 집중하며, 임팔라를 노리는 치타도 집중하고, 실없이 다가서는 나를 보노라면 이웃집의 고양이도 영락없이 집중하며, 김구나 여운형 같은 민족의 지도자들을 암살했던 이들도 집중했을 것이다. 그러나 이런 유의 집중은 그 동안이 대체로 짧을 뿐 아니라 사욕(私慾)에 좌우된다. 그리고 주체와 대상의 관계가 무매개적일 정도로 직접적이며 그 지향적 목적이 대체로 본능적이거나 적대적인 점에서 '열중'으로 분류할 만하다.

당연한 말이지만 이 글이 추적하는 집중의 상태를 열중과 언제나 말끔히 구별할 수 있다고 주장하려는 것은 아니다. 그러나 대략 분류하자면, 본능의 충족을 추구하는 도구적 과정이거나 사익(私益)을 노리면서 폭력조차 불사하는 종류의 집중이라면 이는 열중에 가깝다고 해야 할 것이다. 최고의 철학적 에세이 가운데 하나로 꼽히는 아도르노의 『미니마 모랄리아(Minima Moralia)』에는 내 자신의 경험을 졸연히 불러오는 매력적인 문장이 숱한데, 특히 여기서의 논의와 관련해서라면 단연 「프랑스어로 말하기(On parle francais)」라는 제목의 단상을 꼽을 수 있다. 그 속에 이런 문장이 있다.

외국어로 포르노 책을 읽는 사람은 섹스와 언어가 얼마나 내밀하게 교차하는지 배우게 된다.(아도르노 2005, 71)(Wie innig Sexus und Sprache sich verschränken, lernt, wer in einer fremden

Sprache Pornographie liest.)

그는 이어서 "집이나 학교, 또는 문학적 경험 중 어느 누구도 가르쳐주지 않은 요상한 외설적 표현들을 직감적으로 이해할 수 있"(아도르노 2005, 71)다고 술회한다. 외국어의 숲을 매개로 독서는 (절적한 텍스트 속을 배회할 경우) 성적 흥분이 증가한다는 것은 넉넉히 짐작할 만하다. 성적 흥분은 그 자체로 별 내용이 없는 물질적 형식인 데다, 이 경우 외국어라는 매개 자체가 낯선 물질적 형식의 일종으로 가미되기 때문이다. (더구나 이미 프로이트가 정확히 지적했듯이, 성적 쾌락은 익숙한 반복에 질려하는 형식으로 자신의 비용을 요구한다.) "모르는 여자가 아름다워요"(『가을 편지』, 고은)라거나 '사랑에는 국경이 없다'(정확히 고치면, 사랑은 국경을 넘어설 정도로 낯선 물질을 찾게 마련이다) 등속의 말도 비슷한 지점을 친다. 하지만 이 경우의 집중은 이미 수상하다. 번역은 일종의 지속적인 집중을 요구하지만, 번역에 수반되는 물질적 마찰의 경험이 성적 쾌감에 동참하는 중에 이 번역의 집중은 어느새 빠알간 열중으로 변질되곤 하기 때문이다.

이 글에서 제시하는 집중의 대원칙은 이 행위가 대체로 식욕과 성욕 같은 생존 본능이나 여타의 사욕을 제어하는 쪽으로 흐른다는 것이다. 혹은 이를 어긋내거나 최소한 이를 배분적/승화적인 방식으로 연기(延期)하는 식이다. 물론 집중의 방식과 소재(매개)가 워낙 다양할 수 있기에 경우에 따라서는 본능의 대상을 향한 집중이나 파괴 성향의 집중도 가능하지만, 이는 자연스레 열중으로 변질되는 게 일반적이다. 그렇다고 해도 집중의 행위 자체가 나름의 지속적인 에너지를 필요로 하는 활동이기 때문에 삶의 기본적인 욕구를 금기시하는 태도에 장기간 얹힐 수는 없다. 지속적 집중의 생산성이 금욕주의적 태도를 엔진으로 삼을 수 없다는 사실은 경험과 상식선에서 뻔하다. 실상 인간 정신의 정화(精華)는 성욕과 식욕 같은 생존의 '조건'을 집중이라는 문화적 생활의 '한계'로서 전유하고, 이 사이의 위태로운 줄타기를 매우 생산적으로 해낼 수 있었다는 점에서 확인된다. 집중의 능력이 정신적 삶의 뼈대를 이루더라도, 그 정신적 삶도 삶의 일부이므로 세속의 잡된 현장으로부터 마냥 도피할 수는 없다. 조금 극적으로 표현하자면 '번뇌 속에서 피어나는 꽃'처럼 말이다. "번뇌는 도피하면 할수록 우리를 끈질기게 추적해온다. 그러나 대승불교는 말한다. 번뇌를 통해서만 우리는 깨달음에 도달할 수 있다고. 또한 '그대는 번뇌를 끊으려고 애쓰지 말라. 번뇌는 오히려 성취되어야 할 것이다'라고. 『유마경』은 '번뇌를 끊지 않고 열반에 든다(不斷煩惱而入涅槃)'고 선언한다. (⋯) 번뇌는 끊어버려야 할 것이 아니라 꽃피워야 하는 것이라고 생각했던 것이다. 깨달음이란 결국 번뇌 속에서 피어나는 꽃이 아니겠는가!"*

여기서는 잠시 승려의 글을 인용했지만, '번뇌를 끊지 않고 열반에 든다'는 정신으로 보더라도, 나는 "현세에 있어서의 인

1장 집중, 인간이다

간과 인간의 생(生)에 대한 집착"에 의해 "인도, 페르시아, 이스라엘의 사상과 구분되는 한 특징"을 지녀온 중국의 고전주의 사상으로부터 건질 게 적지 않으리라고 본다.** 대은(大隱)은 시은(市隱)이라고 하지 않던가. 경(敬)의 문화와 태도를 일구어낸 예학적 실천이나 적청화경(寂淸和敬)의 다도(茶道)가 금욕이 아닌 절욕에 터해 있는 것처럼, 집중의 문화 역시 금욕주의의 기단에 세운 건물이라면 현실적으로 사상누각이 될 가능성이 농후하다. 금욕도 정답이 아니지만, 잠정적·기술적으로 집중의 능력을 향상시키는 기법이나 약재도 악수(惡手)다. 집중의 현상을 논의할 때 본능 혹은 욕망과 맺는 관계를 살피는 것은 당연하다. 그 모든 인간의 행위가 그렇듯이 집중도 특정한 쾌락의 과정이나 보상이 어느 정도 유익할 수 있고, 정서적 흥분이 드물게나마 일시적인 도움이 되기도 한다. 그러나 이것들이 집중 행위에 접속하는 방식은 마치 술이나 약물처럼 역설적인 데가 있어, 필경 자가당착에 빠지기 쉽다.

'탐닉하다(patior)'가 곧 '수난을 겪다(patior)'로 바뀌듯이 집중이 아닌 열중은 스스로 자기 배리의 움직임을 보인다. 집중은 열중에 비해 이른바 '존재론적 겸허'를 갖춘 태도인데, 열중은 집중에 비하면 도구적이며 따라서 존재론적 탐색의 가치가 떨어진다. 그런 뜻에서 인간 정신의 고유한 가능성의 길에서 열

---

* ―指,『중관불교와 유식불교』, 세계사, 1992, 61쪽.
** 胡適,『胡適文選』, 민두기 편역, 삼성문화재단, 1972, 208쪽.

중의 행위들은 때로 하아얀 눈송이처럼 보기 좋으나, 어느새 그 정신의 진보를 막는 수렁을 이루곤 한다. 열중은 의식을 고립시켜 도구화하고, 인간의 존재론적 지평을 생략한 채 정신의 능력을 차력화한다. 다소 뜬금없는 사례 같지만, 도가의 양생법으로 전해오는 접이불루(接而不漏)의 소견은 이미 대중에게도 널리 알려진 허준(許浚, 1539~1615)의 『동의보감』에서도 반복되는데, 이런 식으로 인간의 갖은 능력을 도구화, 차력화, 명사화하려는 발상과 태도는 어렵잖게 찾아볼 수 있다. 이와 유사하게 남녀의 성적 합일을 통해 깨달음에 나아가려는 이른바 좌도(左道) 밀교적 수행도 그 정확한 실태는 알 수 없지만 각지*에서 더러 이어져왔을 것이다. 이는 아렌트의 말처럼 "타인과 고립하여 자신의 힘을 오직 자신의 존재에서만 구하는 '강한 사람'의 믿음"(아렌트 1996, 249)에 가깝고, "인간사의 영역에서 무엇을 '만들 수' 있다는 환상에 기인하는 단순한 미신이거나 아니면 다른 '재료'를 취급하듯이 인간도 그렇게 다룰 수 있다는 공상적인 희망과 연관되어 정치적이든 비정치적이든 간에 모든 행위를 의식적으로 포기하는 것"(아렌트 1996, 250)으로 볼 수도 있겠다.

이런 비판은 푸코가 이른바 '자기의 테크닉(techniques de soi)'으로 제시한 문제의식에 공감하면서도 넉넉히 수용할 수

---

* 밀교 일반의 역사적 전승관계에 대해서는 특히 다음 책을 참고할 것. 요리토미 모토히로·나카무라 료오 외, 『밀교의 역사와 문화』, 김무생 옮김, 민족사, 1989.

있는 대목이다. 그 모든 자기 개선과 성숙의 프로젝트 속에는 필시 모색의 불안과 성취의 불확실성에 반해서 그 기획의 실효를 보증받으려는 요소주의적이며 명사주의적일뿐더러 물화된 능력주의가 싹트기 마련이다. 지(知)를 지(智)로 발효시키지 못하는 패착이 그런 종류다. 지혜는 시간이라는 무상(無常)과 더불어서야 생성되기 때문이다. 집중을 도구화하려는 시도들은 늘 있어왔으므로 놀랄 일은 아니다. 하지만 인간의 경험은 물론이거니와 그 슬픔과 영혼마저 시장의 명세에 올리고 있는 자본제적 삶의 현장은 (이미 지젝 등이 지적한 바 있는) 서구의 새로운 키치-이데올로기인 '불교적 삶의 태도'를 프랜차이즈화하고 있고, 여기에 기식하는 다양한 집중(열중)의 상품들 또한 생겨나고 있다. 한편 특히 벤야민 이래 산책자(flâneur) 담론이 유행하면서, 자본제적 도시 속의 산책자들이 상품의 진열에 대해 유지하는 '차분한 거리감'을 강조하기도 한다. 그러나 벤야민 식의 신학-역사철학이 '패배한 자들의 사랑'의 형식을 취하고 있듯이, 이 산책자의 이미지도 그 아름다운 서술에 비하면 이름 없는 그림자처럼 희미해 보이긴 마찬가지다.

유한계급과 같은 특성으로 나타나는 그의 외양은 노동 분업에 대한 저항이다. 그것은 또한 부지런함에 대한 저항이다. 1840년경에 파사주에서 거북이처럼 느릿느릿 걷는 것은 재빨리 유행이 되었다. (…) 그의 평정심은 상품 생산의 속도에 대한 의식적 저항에 다름 아닐 것이다.*

집중을 열중과 매양 날카롭게 구별할 수는 없지만, 열중은 비교적 호흡이 짧다. 객관적으로 짧기도 하겠지만, 그 짧음이 성과주의적 채널링의 일환으로 에너지를 분절하기 때문이라는 사실이 더 중요한 지점이다. 그 재능을 눈꼽만치도 의심할 수 없을 모차르트와 볼테르가 이와 관련해서 흥미로운 시사점을 던진다고 하겠다.

그(모차르트)에게는 바보스럽다고 느껴질 만한 기벽(奇癖)이 있었다. 항상 몸을 움직이고 손을 놀리고 발을 동동 구르고 있었다.**

그(볼테르)는 머리가 비상했지만 집중력은 까치보다도 못해 하나에 집중하지를 못했다. 에밀리와 달리 볼테르는 사과에 대한 통찰을 토대로 뉴턴의 업적을 더 깊이 파고들 수가 없었다.***

역시 모호한 경계를 완전히 몰아내긴 어렵지만, 집중이 사욕을 비워내는 차분하고 지속적인 과정인 데 비해 열중은 차라리 이 사욕이 응집되는 지점에 가깝다. 하지만 그 기량과 대의

---

* 다음 책에서 재인용. 그램 질로크, 『발터 벤야민과 메트로폴리스』, 노명우 옮김, 효형출판, 2005, 307쪽.
** 스탕달, 『미완성의 〈레퀴엠〉: 모짜르트』, 창우문화사, 1982, 50쪽.
*** 데이비드 보더니스, 『마담 사이언티스트』, 최세인 옮김, 생각의나무, 2006, 108쪽.

에 의해 일개 자객의 칼로 집중을 이룰 수도 있겠고, 거꾸로 고 승의 선화(禪話)나 염불조차 들뜬 망념에 얹혀 있을 수도 있다. 이미지만으로 집중의 특징을 그려본다면, 고운 한지를 입힌 세 살 창호(窓戶)를 떠올려봐도 좋겠다. 특별히 세살과 한지가 어 울려 만들어내는 졸박한 생백(生白)의 미학도 좋겠다. 동살을 맞아 희뿌옇게 밝아오는 세살 창호 아래 이곳저곳에 모이는 조 광(照曠)이라면 더 좋다. '비우면 밝아진다'는 이치인 셈이지만, 당연히 시인 송재학의 말처럼 '자신의 글이 실린 문예지들을 버 리는 일'조차 쉽지 않고, 또 비운 곳이 항용 밝아지는 것도 아니 다. 혹은 다른 예를 들어 모시를 짤 때에는 통풍을 막아 습도를 유지할 수 있는 움집 같은 곳에서 작업한다고 하는데, 이는 모 시를 끊지 않고 길게 뺄 수 있는 조건이라고 하지만, 집중도 이 와 같은 '마음의 움집'이 필요해 보인다. 이 움집을 제대로 갖추 지 못한 채 이루어지는 집중은 열중으로 변질돼서, 마치 불꽃놀 이 중에 터져 달아나는 폭죽처럼 일시에 격앙하는 에너지의 분 출에 머물기 쉽다. 가령 술 한 말로 100편의 시를 썼다는 이백 이나 취음선생(醉吟先生)이라 불린 백거이(白居易, 772~846) 등 술을 통해 시(詩)라는 정신적 집중의 성취를 이룬 이들이 더러 있긴 하지만, 이 경우에는 먼저 시문이라는 글쓰기의 형식과 특 출한 재능의 생산성을 살필 일이다.

집중에 접근하는 또 하나의 방식은 분노나 원망 혹은 짜증 과 같은 감정과의 다소 특별한 관계에 주목하는 것이다. 자세한 논급은 차후를 기약하고 간단히 취지만을 얘기하면, 이런 감정들이 집중과 상극(相剋)을 이룬다는 점에서 그 관계가 특별하며, 따라서 '기거동정좌와(起居動靜坐臥)가 선(禪)'이라는 의미로 보면 집중의 생활에서 가장 비근하고 집요한 장애가 이 같은 감정들이다. 집중이라는 정신의 묘한 벡터에 견주어보면 분노는 늘 부정적이다. 그러나 세속의 잡다한 삶의 자리 속에서 명멸하는 분노의 자리와 그 성격이 늘 분명한 것은 아니다. 이를테면 '용서하되 잊지 않는다'거나 '나는 왜 작은 일에만 분개하는가?'라거나 일부 진보적인 학자들이 합창하고 있는 '분노의 정치화'*라거나 혹은 정신 치료의 실험적 맥락에서 조형해보는 '올바른 분노'** 등등 여러 제언의 현실적 위상은 그 취의나 기

---

* 분노를 짜증(Arger)과 예리하게 차별할수록 분노 속으로부터 정치적 특이성을 발견하기 쉬울 법하다. "반면 분노는 현재에 대해 총체적인 의문을 제기한다. 분노의 전제는 현재 속에서 중단하며 잠시 멈춰 선다는 것이다. 그 점에서 분노는 짜증과 구별된다. 오늘의 사회를 특징짓는 전반적인 산만함은 강렬하고 정력적인 분노가 일어날 여지를 없애버렸다. 분노는 어떤 상황을 중단시키고 새로운 상황이 시작되도록 만들 수 있는 능력이다." 한병철, 『피로사회』, 김태환 옮김, 문학과지성사, 2012, 50쪽. 그러나 알다시피 우리의 심리적 현실은 그렇게 일매지게 구획되어 있지 않다. 분노의 정치적 특이성이라는 게 있다면, 필시 그것은 사후에 정치적으로, 심지어 정치 이데올로기적으로 재구성되었을 가능성이 크다. 결과와 그 의미를 이데올로기적으로 호위하기 위해서 행위자의 심리마저 세탁할 필요는 없다. 이순신의 분노와 안중근의 분노를 이순신의 짜증과 안중근의 짜증으로부터 완벽히 방호할 필요도 없고, 그럴 가능성도 없어 보인다. 그러나 이런 상식적 심리학으로써 '분노의 정치학'이라는 명제를 논박하려는 게 아니다. 다만 인문학의 본령에서 발을 떼지 않으려는 노력의 연장선에서, '사람의 현실[人紋]'에 박진하는 감성을 다시 가다듬으려는 것이다.
** 주디스 허먼, 『트라우마』, 최현정 옮김, 플래닛, 2007, 315쪽. "애도 과정에서, 생존자는 가해자에게 똑같이 갚아줄 수 없다는 사실을 인식해야 한다. 안전한 환경에서 분노를 풀어낼 수 있다면 무력했던 분노는 점차 가장 강력하고 만족스러운 형태의 분노로 변화할 것이다. 올바른 분노. 이러한 전환으로 생존자는 가해자와 함께 남아야 하는 복수 환상으로부터 해방된다."

대만큼 명료하지 않다. 조르조 아감벤이 니체의 영겁회귀나 운명애(amor fati)와 대치시키는 장 아메리의 이른바 '원한의 윤리학'*도 그 기능과 효력이 제한받는 전략적 선택일 수밖에 없을 듯하다. 아는 대로 『노자』에 '잘 싸우는 자는 화를 내지 않는다(善戰者不怒)'는 구절이 있다. 싸움은 그 성격상 민활한 에너지를 필요로 한다. 더구나 대적하는 상황이라면 호전적 기운이 격발해야만 한다. 그러나 생사를 가르는 핏빛 싸움 중에도 화내지 말 것을 요구하는 일은 일견 모순적인 듯하지만, 외려 그것이 생사를 가를 만한 중요한 순간들이기에 그 요구는 더욱 긴절할지도 모른다. 화(怒)는 화(火)이므로, 기운들을 마르게 해서 움집 속의 모시를 끊고, 창호의 한지를 갈라지게 만들며, 노리는 눈과 그 분별력을 흐리게 만들 수 있기 때문이다. 스스로 "'원한'으로부터 해방되고 '원한'에 관한 모든 깨우침을 얻었다"**고 자부하는 니체만큼 이 문제를 간결하면서도 예리하게 분석하는 이는 드물다.

'원한 감정'의 영향보다 더욱 자신을 불살라버리는 것은 없다. 노여움, 병적인 예민성, 복수에 대한 강렬하지만 무력한 욕구, 복수에

---

* "나의 원한은 범죄가 범죄자에게 도덕적 현실이 되게 하기 위해, 그가 그의 잔인함의 진실과 대면하게 하기 위해 존재하는 것이다." Jean Améry, *At the Mind's Limits: Contemplations by a Sruvivor on Auschwitz and Its Realities* (tr). Sydney Rosenfeld (Bloomington: Indiana Unversity Press, 1980), p. 64. 다음 책에서 재인용. 조르조 아감벤, 『아우슈비츠의 남은 자들』, 정문영 옮김, 새물결, 2012, 151쪽.
** 프리드리히 니체, 『이 사람을 보라』, 김태현 옮김, 청하, 2000, 203쪽.

대한 갈망, 어떤 의미든 간에 독약의 제조. 이러한 것은 쇠약한 자에게는 더욱 불리한 작용을 할 뿐이다. 그러한 반응의 영향은 신경에너지의 급속한 소모, 유해한 분비의 병적인 증가를 초래하는 것까지 포함한다.(니체 2000, 204)

신립(申砬, 1546~1592)은 두만강 너머의 여진족을 상대해서 적지 않은 공적을 세운 장수이지만 임진왜란 초기에 충주 탄금대 전투에서 대패했다. 그는 무재(武才)가 있는 용장이었지만 이순신과 같은 지략을 갖추지 못했고, 이순신 못지않게 왜군을 미워했으나 이순신과 달리 성급했으며 선택한 한 가지 일에 요령 있게 집중하지 못했다.

입(砬)이 충주에 도착했을 때에는 충청도 내의 여러 군, 현에서 군사들이 속속 모여들어 8000여 명이나 되었다. 입이 조령을 지키려고 하다가 이일(李鎰, 1538~1601)이 패했다는 소식을 듣고 크게 기가 꺾여 충주로 돌아갔다. 또 이일, 변기(邊璣) 등을 불러 그들이 함께 충주에 도착했다. 신립이 천험(天險)한 조령을 버리고 지키지 않으며, 호령이 번거롭고 요란스러우니 보는 사람들이 그가 반드시 패할 것을 알았다. 신립과 친근한 군관 한 사람이 와서, 은밀히 적이 이미 조령을 넘어섰다고 보고하니 이때가 27일 초저녁이었다. 이 보고를 받자, 갑자기 입이 밖으로 뛰어나가니, 온 군중이 수런거렸다.*

1장 집중, 인간이다

요령 없이 성급하고 아량 없이 화를 잘 내기는 선조(宣祖, 1552~1608)도 순위에 든다고 할 것이다.

다만 문제점을 논하자면 (⋯) 착한 것을 받아들이는 도량이 아직 넓지 못하고, 쉽게 화를 내어서 남을 이기기 좋아하는 사사로운 마음을 아직 극복하지 못하셨습니다. (⋯) 전하께서는 평소 부인과 내관을 매우 엄격하게 대하여 사랑에 이끌리고 얽매이는 생각은 없지만, 한쪽을 두둔한다고 지적하는 사람이 있으면 번번이 언성을 높여 도리어 한쪽을 두둔하는 뜻을 보이십니다. 나랏일이 날로 퇴폐해지는 것을 보고 바로잡아 개혁하려는 뜻이 없지는 않지만, 관행을 그대로 굳게 지킨다고 비판하는 사람이 있으면 번번이 완강하게 거부하고 도리어 굳게 지키려는 뜻을 보이십니다. 대체로 이런 식으로 말씀하고 일 처리를 함은 비록 여러 신하가 임금의 마음을 알지 못하는 탓도 있지만 또한 전하께서 도량이 아직 넓지 못하고 사사로운 마음을 아직 극복하지 못하셨기 때문입니다.(이이 2013, 222~223)

집중을 '내용이 없는 형식'이라고 해도, 현실적으로 정서적 에너지로부터 완전히 분리된 집중의 행위가 그 자체로 옹글게 유지되기는 어렵다. 순정(純情)이나 단심(丹心)이 그러하듯이,

---

* 유성용, 『懲毖錄』, 남만성 옮김, 현암사, 1970, 79쪽.

특히 근현대인의 집중은, 프로이트나 도스토옙스키가 여실히 보여준바 언제나 중층-과잉결정(Überdeterminierung)된 상태로 유지된다. 비록 집중이 잡다한 심리적 내용을 초과하는 지향성을 품고 있지만, 그 내용과 함께 그 내용을 넘어서려는 긴장은 항상적이며 따라서 현실의 집중은 집중에 이르지 못한 집중들의 연쇄로 구성된다. 인간의 일에서 조절과 타협과 응변은 바로 그 일에 구성적이고, 현실적인 집중도 그런 처지를 면할 수 없다. 이성적인 판단이 인간의 일인 이상 감성의 피안에서 벌어지는 일도 없고, 대개 그 판단의 승패는 감성적인 것들의 분배와 조절에 터해 있는 것처럼, 집중도 마음 안팎의 갖은 현실적인 장애물들과의 적절한 거리두기를 통해서 근근이 이어질 뿐이다. 인간의 집중은 원리상 내용을 비우고 형식의 힘을 빌려 최량의 가능성을 향하지만, 이는 쉼 없이 위협받아, 스스로 기운을 잃고 소진되거나 외부 오염에 의해 변질되곤 한다. 물론 이 경우에 가장 중요한 변수는 감정을 조율하는 일이다. (그러나 감정을 '없앤다'는 안이한 표현에는 주저해야 하는데, 우리는 감정이 없는 집중이나 판단 등의 행위에 대해 아직 정확히 알지 못하기 때문이다.) '선전자불노(善戰者不怒)'가 전형적으로 보여주었듯이 집중과 감정의 관계는 대체로 역설적이다. 그러나 역설이 곧 역접(逆接)이 아닌 것은, 인간이 마음 안팎의 갖은 요인들을 응접하는 방식조차 더러 역설적이기 때문이다.

완벽하고 순전한 집중이 반사실적으로 전제된 이상일진대,

집중이든 열중이든 정서적 바라지가 필요할 것이다. 이 경우 정서의 관점에서 보자면 집중과 열중의 관계는 다만 양적 배분의 차이 같다. 그러므로 앞서 밝힌 대로 집중과 열중을 몇몇 특징별로 나눌 수 있지만, 그 차이를 극화시킬 필요는 없다. 『노자』 45장의 도저한 언설 속에는 극적으로 과장된 집중의 이치와 비견할 만한 표현이 적지 않다. 특히 '고요함이 뜨거움을 이긴다 (靜勝熱)'거나 '큰 충만은 텅 빈 듯하지만 아무리 써도 끝이 없다(大盈若沖其用不窮)'는 등의 문장은, 집중이라는 무내용적 메타의식의 가치와 함량에 대한 비유로도 손색없다. 그러나 비유는 현실이 아니다. 거꾸로, 성적 흥분에 깃든 열중의 상태나 적대적 노림수로 재바르게 빛나는 눈매와 같은 것은 욕망이 빚는 단막극에 불과하며 따라서 하학상달(下學上達)의 길목에서 적절한 디딤돌이 아니라고 할 수 있다. 그 에너지가 정정(靜情)에 이르지 못한 채 스스로를 배신하는 신열(身熱)에 먹혀버리기 때문이다. 그렇긴 해도 현실적인 집중이 결코 순정하지 못한 것처럼 현실적인 열중 역시 한가지로 묶어 낮출 수는 없다.

이번에는 때와 곳을 훌쩍 넘어 조선의 18세기 후반을 살다 간 북학파 실학자 이덕무의 공부 경험을 통해 아도르노와는 대조적인 이치 한 꼭지에 주목하고 이로써 집중의 행위에 조금 다르게 접근해보자.

유심한 말을 유심히 들음은 응접을 잘함이니 무심한 것과 같다(有

心言有心聽善於應接則無心也).*

　앞서 몇 차례 언급한 대로 집중은 내용이 없는 의식 혹은 특
정한 내용을 통해 바로 그 내용조차 지워나가는 의식, 그러므로
어쩌면 의식이 아닌 의식이라고 할 만한 일종의 메타의식을 가
리킨다. 이로써 의식은 그 기능적(특히 인식론적) 민감성의 배후
로 물러나와 인간 존재 그 자체와 수행적으로 관계하는 실존적
혹은 초월적 지향을 띠게 된다. 누차 지적했듯이 이러한 지향은
생식과 먹이활동을 중심으로 운신하는 동물적 생존의 차원에서
보자면 실로 엉뚱하고 실없는 현상이다. 현실적이 아니라 도식
적으로 이해하면, 일종의 초월적 메타의식을 향하게 마련인 집
중은 의식의 내용이 사라지는 형식을 띤다. 집중의 생산성을 이
해하기 어려운 이유도, 학습과 계몽의 전부를 대개 의식의 내용
을 수용하고 가공하는 일로 제한하는 일반적인 태도 탓이다. 하
지만 관점을 크게 바꾼 뉴턴이나 아인슈타인처럼, 입지나 패러
다임을 바꾸어 주객의 도식에 붙박인 의식의 지평을 어긋내거
나 넘어서는 공부의 가능성을 상상하지 못할 이유가 없다. 아무
튼 이러한 설명에 응해보자면 주체의 의식이 제아무리 명석판
명하게(clara et distincta) 기능하더라도 주체가 지향하는 대상
을 (내용적) 객체로서 의식하고 있는 이상 이 주체의 의식 상태

---

* 다음에서 재인용. 정민, 『한서 이불과 논어 병풍』, 열림원, 2000, 191쪽.

는 아직 집중*이 아닐 것이다. 선물이 그 위상을 고집하는 한 아직 선물이 아니라고 하듯이, 객체가 의식 앞에서 그 위상을 유지하는 한 그 의식은 아직 집중에 이르지 못한 상태다.

여기서 주객의 일치라는 생각이 떠오르는 것은 자연스럽다. 이는 간소하게 치고 지나갈 문제가 아니다. 20세기에 채 이르기도 전부터 주객이원론을 매도하는 게 지적 유행이었던 만큼 주객의 일치를 말하는 이런저런 주장과 담론들도 일종의 유행이 되었고, 또 그만큼 모호한 찬사와 실없는 동경의 대상이 되었다. 그렇긴 해도, 의식의 인식론적 구조의 해소나 변환이라는 주제는 종교 수행적 구제나 인문학적 성숙의 과정에서 알짬이 될 부분으로 알려져 있는데, 바로 여기에 집중의 행위가 깊이 개입하고 있는 것이다. 과연 집중은 주객의 일치라는 기이한 상태와 어떤 관계를 맺고 있는 것일까? 두어 달 된 일이다. 나는 동네의 어떤 강아지에게 틈틈이 먹이를 주곤 하는데, 그는 나를 보자마자 바로 '입맛'을 다신다. 혀를 내밀어 음식 먹는 시

---

* '집중'이라는 말로 지시되는 현상의 용례는 맥락에 따라 조금씩 달라질 수밖에 없다. 전술했듯이, 이 글이 가설적으로 제시한 그 주된 용례는 먼 과거의 인류가 어떤 반복된 생활의 계기를 통해 집단적으로 습득한 의식적 태도로서 가히 문명사적 의의를 지니는 일련의 정신적 변화를 가리킨다. 하지만 이후 인류의 정신문화적 가능성이 차차 정교하고 풍성하게 현시되는 가운데 '집중'의 행위는 다변화될 뿐 아니라 지성적, 영성적 숙성을 거치면서 심오한 실존적/초월적 지경에 이르기도 한다. 한편 '행위는 매개체에 내재한다'(레이먼드 윌리엄스)고 하듯이 집중 행위 역시 현대의 첨단 기술이나 그 제도적 매개체들에 의해 복잡다단하게 변주된다. 그러나 어떤 용례든지 인류의 역사와 더불어 진화해온 집중의 행로에는 나름의 일관된 형식적 흐름과 그 물매가 적절히 반영되어 있으리라고 본다. 진화가 이미 철회할 수 없는 정설로 천지간의 이치에 개입하고 있다면, 역동성과 자율성의 정도에서 유례가 없는 종류인 인간의 (자)의식이야말로 그 진화적 맥락의 최전위가 아닐 수 없다.

집중과 영혼

능을 하는 것이다. 그가 나를 어떻게 '인식'하고 있는지는 확실치 않지만 그는 나의 출현을 음식과 관련시키는 게 분명해 보인다. 그것도 꽤나 '직접적(!)'으로. 물론 그가 내 존재의 매개성을 투명하게 통과해서 학습된 상상 속의 먹이에 '직접' 개입하지는 않을 것이다. (최소한 내가 산책 중에 우연히 그를 만나 먹이를 줄 수 없었던 경우도 있었기 때문이다.) 하지만 강아지에게 먹이를 주자마자 이 직접성에 대한 추정은 묘하게 강화되곤 한다. 그는 먹이에 입을 대는 순간부터 '완전히' 내 존재를 의식하지 못하는 듯했기 때문이다. 그야말로 그가 먹는 모습은 '물아일여(物我一如)'라고 할 만한 집중이었다. 수행성(遂行性)의 맥락에서 연출되는 주객일치라고 해도 좋을 법했다. 이를 일러 물아일여라고 하든 주객일치라고 하든, 중요한 점은 이 글이 개나 고양이의 집중이 아니라 사람의 집중을 문제시한다는 것이다. 그러므로 지성과 영성의 융통을 설명할 때처럼 '자발적 퇴행'을 통한 일치를 떠올리더라도 이는 과거의 것이 아니라 미래의 것이라는 사정을 잊지 말아야 한다. 예의 강아지가 드러내는 (그러므로 인간으로서는 과거의 것일 수밖에 없는) 주객일치/물아일여의 흔적이 아니라 고도의 자의식을 경험한 인간이 집중이라는 마음의 형식을 통해 스스로의 가능성을 미래화하는 이야기인 것이다. 나는 이덕무의 글에서 이런 이야기의 흥미로운 사례를 읽어낼 수 있으리라고 본다.

'유심히 한 말을 유심히 들음(有心言有心聽)'은 집중에 이르는 상태 혹은 집중의 초기 상태로서 매우 적절해 보인다. '아는 것을 안다고 하고 모르는 것을 모른다고 하는 게 아는 것(知之爲知之 不知爲不知 是知也)'이라는 식으로, 집중의 기본은 있음과 없음을 있고 없음 그대로, 가만히 대하는 일이기 때문이다. 이는 주객이 이룬 대화적 상황 속에서 각자 성실하게 상대에 응하는 모습으로서 자못 교과서적인 풍경이랄 만도 하다. 이것만으로도 상식적 차원의 집중 행위를 연상할 수 있겠지만, 요령은 바로 그다음에서 펼쳐진다. '(이는) 응접을 잘함이니 무심한 것(善於應接則無心也)'이라는 말은, 앞 대목의 평심함에 비해 어떤 비약을 품고 있다. 동식물의 감각적 삶으로부터 유심(有心)으로의 변화가 과거의 비약이었다면, 이 유심함으로부터 다시 무심함으로서의 변화는 제2의 비약, 미래적 비약이라고 해도 좋을 것이다. 실상 유심에서 무심으로 넘어가는 식의 비약은 인류의 정신문화적 성취 속에서 매우 다양하게 발견되며 또 그만큼 다양하게 표현되고 있다. 집중이란 바로 이 유심과 무심을 잇는/가르는 임계 자리에서 가장 적실하게 드러날 것이며, 이덕무가 그의 공부 자리의 한쪽을 드러내 보인 이 문장은 이 임계점을 횡단하는 주체의 미묘한 템포를 담담히 표현한다. 이덕무의 체험과 그 표현은 최소한 내겐 흥미롭기 그지없는데, 이는 근대화의 타산적 셈평 속에서 한문과 봉건적 전통 속에 떠밀려 묻혀버린 우리 선조 학인들의 정신적 경지를 되비추어내는 경험의 일단이 아닐 수 없다. 의식적 응대의 임계점에서 찾아온 무심의 경지란 '의식의 내용이 사라지는 집중의 형식'과 맥을 같이한다. 무심이라는 비지향적 메타의식은 언제나 철저한 유심의 훈련을 거치는 데서 드문드문, 번듯번듯, 희끗희끗 모습을 드러내게 마련이다. 굳이 한마디를 덧붙이면, 이것이 '훈련'이 아니라 모종의 '선물'이나 타자적 은총과 같은 것이라고 해도 이로써 그 윤리적 함의가 두터워지는 것은 아니다.

더욱 흥미롭게도 이덕무는 이 같은 무심의 경지를 주객이 일치하는 일련의 경험을 통해 드러내 보인다.

> 내 마음은 한 가지 경계에 깃들어 형상과 접촉하여 만약 하는 바가 있게 되면, 갑자기 눈동자가 돌아가고 팔뚝이 움직이며 손가락이 덩달아 붓을 잡는다. (…) 마음은 눈을 잊고, 눈은 팔뚝을 잊고, 팔뚝은 종이를 잊고, 종이는 먹을 잊고, 먹은 벼루를 잊고, 벼루는 붓을 잊고, 붓은 종이를 잊게 되니, 이러한 때에는 팔뚝과 손가락을 마음과 눈이라고 불러도 괜찮고 먹과 벼루를 붓과 종이라고 불러도 괜찮을 것이다(吾心一寓境觸象若有所爲則忽眼爲之轉腕爲之運指隨以操. (…) 心忘眼眼忘腕腕忘紙紙忘墨墨忘硯硯忘筆筆忘紙當此之時呼腕指爲心眼可也呼筆指墨硯爲心眼腕指可也).(정민 2000, 148)

주객일치를 방불케 한 경험을 통해 펼쳐지는 집중의 진경을 이처럼 재미있게 묘사한 글도 찾아보기 어려울 것이다. 앞서 집중의 체험을 예시하는 많은 장르 중에서도 특히 유교적 공부 길에 색다른 관심을 표하기도 했지만, 이 글은 세속적 합리주의의 길에 정통한 유자 학인의 솜씨로 주객일치의 체험에서 흔히 빠지는 신비적 얼버무림이 없이 경쾌하다. 이덕무는 이어서 말한다.

고요히 마음을 거두고 맑게 눈을 안정시켜 (…) 잠깐 사이에 붓과 종이, 먹과 벼루, 마음과 눈, 팔뚝과 손가락은 서로를 도모하지 않고, 또 앞서 하던 일을 까맣게 잊게 된다(及其寂然心收湛然眼定. (…) 則俄然之間筆紙墨硯心眼腕指不相爲謀又忘前之周旋矣).(정민 2000, 148~149)

11-2. 집중이란 무엇인가(3)

전술했듯이 집중은 주일무적(主一無適)의 상태에 머물고자 한다. 프로이트와 도스토옙스키, 마르셀 프루스트와 제임스 조이스를 거친 현대인들의 심리를 들여다보노라면 무적의 평정심을 유지하는 것은 차마 '기적'이라 불릴 만도 하다. 실없는 상념과 변덕들이 사방에서 콩 볶듯이 날뛰는 판국이니 비록 잠시라도 하나로 일관할 수 있는 게 그 자체로 중요한 능력이자 미덕이다. 약속을 하고 이를 지키는 능력 속에서 인간됨을 보았듯이, 한 인간의 삶을 울창한 숲과 황량한 사막을 뚫고 마침내 하나로 이어진 '길'에 비유하는 게 때론 그 의미를 가장 명료하게 이해하는 방법인 것처럼, 생존을 위한 일차적 필요와 무관하게 자신의 행위와 정신을 첨예하게 몰밀어갈 수 있는 능력이야말로 인간됨의 중요한 조건이다. 이렇게 보면, 역설적이게도 '이데올로기적 일관성'마저 그 속에는 이미 위대한 행위의 조짐을 안고 있는 셈이다. 물론 이 '위대함'은, 독일 식 관료제에 대한 설명에서 잘 드

러나듯 양가적인데, 예를 들어 나치즘과 일본의 파시즘은 바로
이 위대함의 뒷면이 괴물이 되어 솟아오른 것이다.

관료의 명예는 무엇에 기초하고 있을까요? 그것은 상급 관청이—
그의 이의 제기에도 불구하고—그가 보기에 잘못된 명령을 고수
할 경우, 명령자의 책임 하에, 마치 이 명령이 그 자신의 신념과 일
치하는 듯이 양심적이고 정확하게 이 명령을 수행할 수 있는 능력
에 기초하고 있습니다. 관료의 이러한, 가장 지고한 의미에서의 도
덕적 자기통제와 자기부정 없이는 조직 전체가 붕괴하고 말 것입니
다.*

오해를 무릅쓰고 뒤집어 판단하자면, 무능한 자는 참으로 악
할 수조차 없으니, 중국이나 일본과 달리 한반도의 거주민들이
인류에 대한 대과(大過)를 저지름 없이 고만고만하게, 비교적
얌전하게 살아온 역사에 대한 총체적인 평가는 어떤 내역을 지
니게 될까?
   다른 예를 들어 "아들을 세상에 보냄이라는 메타포에, 그 사
건적 순수성에 자신의 전부를 일관되게 바치는 바울"**은 위대
해 보인다. 그는 연극적 위대함의 정수를 보인다. '연극적'이라

---

* 막스 베버, 『막스 베버 사상 선집(1)/ '탈주술화' 과정과 근대: 학문, 종교, 정치』, 전성
우 옮김, 나남출판, 2002, 308~309쪽.
** Alain Badiou, *Saint Paul: the Foundation of Universalism*, (tr). Ray Brassier,
Standford, California : Standford U. Press, 1993, p. 73.

는 한정사를 붙이는 게 내 용법에서는 아무런 폄하가 아니지만, 그가 체계적으로 구성해서 전 지구적으로 보급하는 데 기여한 기독교라는 종교의 숱한 역사적 패악을 감안하면 얼마간의 유보적 언급은 필시 바울조차 용인할 법하다. 인간의 역사에서 솟아오른 위대함들은 실로 아슬아슬한 것이어서, 대개 곁붙어 은폐되어 있는 다른 날〔刃〕의 시무룩한 묵인 아래 송찬될 뿐이다. 그러므로 바울의 위대함은 그가 헌신하고 교조적으로 번역해낸 환상의 역사적 현실성에 터해 있는 게 아니다. 오히려 그 환상을 현실로 번역하고 전유해낸 번역적, 연극적 일관성에 위대함이 있다. 잠시 얘기가 번지지만, 번역적, (그러므로 번역이라는 일의 숙명에 의해 떠밀려 들어서게 되는) '연극적' 일관성이라면, 현장(玄奘, 602~664)을 최고로 치지 않을 도리가 없다. "인류사의 기적이라고 해도 좋을 정도의 대천재"*이며, "유일한 맞수인 14세기의 모로코인 이븐바투타를 제외하면 세계사에서 가장 위대한 여행가"**인 현장의 일생은 역경(譯經)이라는 하나의 행위로 일관된다. "실제로 현장의 삶은 16년간의 구법행과 19년간의 역경활동으로 거의 비슷하게 양분되어 있다."(리긴스 2010, 283) 구법행이라고 하지만, 그의 일거수일투족은 죄다 불경의 번역을 향한 돌이킬 수 없는 지향(志向)이다. 번역을 위한 이동과 이동을 위한 번역의 삶이라니! 수많은 경전을 보유한 이 종

---

* 진순신, 『영웅의 역사(10)』, 솔출판사, 2000, 271쪽.
** 샐리 하비 리긴스, 『현장법사』, 신소연 외 옮김, 민음사, 2010, 302쪽.

교의 역사적 성패가 어떠하든, 그리고 그의 번역이 이바지한 불법의 전파가 인류 정신문화사에 어떠한 족적을 남겼든, 이 변덕과 방종의 시대에 투영된 그의 한결같은 삶은 차마 숭엄해 보인다. 조금 엉뚱하지만, 만약 개츠비라는 작중 인물을 위대하다고 평가한다면, 그 역시 자신의 치명적인 환상에 일관되게 헌신한다는 점으로부터 나름의 변명을 얻는다. 바울은 예수의 사건 속에서 은총을 보고 이를 진리의 보편성으로 연역했지만(Badiou 1993, 66), "그(개츠비)는 무가치한 존재(데이지)를 무모하게 사랑하고 그러면서도 의연하게 그 실패를 받아들인다는 점에서, 여전히 자신의 상상 속에 머문다는 점에서, 역설적으로 위대"*하다는 것이다. 아무튼 시대의 수상함이 변덕과 경박한 유행에 있을 때, 잔말쟁이와 흔들비쭉이들의 언행이 환호를 얻을 때, 일관성은 어느 순간 위대함의 조짐을 띤다. 이 위대함에 정치적 올바름(political correctness)의 각인이 없다는 사실은 불길하고, 가끔 이 불길(不吉)이 현실의 불길로 변하기도 하지만, 거기서 위대함의 어떤 싹을 읽는 것은 용납할 만하다. 미생(尾生)의 포주신(抱柱信)이 피워올린 일관성이든 정치적 채식주의자들의 일관성이든 이미 주일무적의 실패자로 낙인찍힌 현대인들의 머리 위에서는 잠시라도 위대하게 번쩍인다.

세속적 유자들의 경법(敬法)에서 탁월한 표본을 선보인 주일

---

* 김영하, 「표적이 빗나간 화살들이 끝내 명중한 곳에 대하여」, F. 스콧 피츠제럴드, 『위대한 개츠비』, 김영하 옮김, 문학동네, 2009, 237쪽.

무적의 행태는 각종 종교적 명상법에서도 다소간 변형을 거친 채 반복되는데, 소위 '위파사나 명상 수행법'에서도 초월적 뉘앙스가 강조될 뿐 비슷해 보인다. 이 수행법의 요체도 불문의 수행에 익숙한 눈앞에는 크게 새로울 게 없는데, 집중을 통해 선정(禪定)에 이르고,* 이로써 지혜를 얻어 도(道)와 과(果)를 거치며 열반에 이른다(조성래 2009, 25)는 것이다. 위파사나의 체험들을 낱낱이 검증할 수도, 그럴 필요도 없지만, 요점은 경(敬)이든 조심조식(調心調息)이든 경건(Andacht)이든 선정이든 대체로 주일무적의 상태를 위주로 삼는다는 것이다. '군자란 하나를 향해 묶는다(君子結於一也)'(순자)는 말과 그 형식에서 다를 바가 없다. 물론 여기서의 주일무적이란 그 대상이 천편일률적으로 고정되어 있는 게 아니라 매시매기(每時每機)에 응하면서도 정연(整然)한 마음의 관조를 유지하는 것을 가리킨다. 그리고 이 상태가 깊어가는 중에 유파나 전통에 따라 상이한 이름과 해명들이 제출되긴 하지만, 역시 요점은 일종의 불이(不二)의 단계에 이른다는 것이다. 불이의 체험을 특수하게 여길 필요도 없다. 닭다리를 물고 있는 강아지의 정서적 상태에서부터 범재신론(panentheism)에 이르기까지 주객의 도식이 내재적으로 와해, 해소되는 형식 일반을 넉넉히 지목한다.

집중은 매시매기에 응해 정연히 관조한다. 들떠 내지르는 마

---

* 조성래, 『마하시 사야도의 위빠사나 명상법』, 무량수, 2009, 7쪽.

음의 다발 같은 것은 없다. 기독교 신비주의 전통이나 하이데거 철학에서 말하는 '무의지의 초연한 내맡김(Gelassenheit des Nicht-Wollen)' 혹은 내 용어로 '수동적 긴장'과 같은 사태다. 화두를 이끄는 게 아니라 좇아가거나 혹은 '사태가 사라지면 마음도 따라 비는(事去而心隨空)' 주일무적의 상태를 넘나들다보면 자주 무심(無心)의 경지로 흘러들기도 한다. 이는 대상을 지향의 내용으로 속박함으로써 주객의 도식적 구조에 빠지는 마음의 일반적 상태를 벗어나는 체험이다. 불이의 상태로만 치자면 대체로 일신교적 종교 체험에서 흔한 망아적 상태(ecstacy)와 비교할 만하다. 그러나 탈에고적 일원(一元)의 형식에서는 일치하되 그 정서적 배분의 방식은 매우 다르다. 일신교적 신비 체험은 무심이니 선정이니 하는 정적적(靜寂的) 이미지와 달리 격렬한 황홀경(rapture)의 상태 속에 자아를 징발하는 강력한 외부적 영향이 자주 지적된다.* 이것은 집중의 노력과 함께 스스로 성취한 공력이나 수행적 성숙 속에 자리잡는 주객일여(主客一如) 혹은 무심의 체험과는 거리가 있다. 자아는 애써 이룩한 평정 속에서 그 자아의 중심성(egocentricity)을 녹여내는 게 아니라, 루돌프 오토의 표현처럼 '무섭고 매혹적인 신비(myste-rium tremendum fascinans)'의 타자 앞에서 사뭇 폭력적으로 무(無)의 나락 속에 굴러떨어지고 마는 것이다.** 이는 '전혀 다른

---

* Evelyn Underhill, *Mysticism*, New York: E.P. Dutton, 1961, p. 243.
** 루돌프 옷토, 『성스러움의 의미』, 길희성 옮김, 분도출판사, 1987, 54쪽.

집 중 과 영 혼

것(das Ganz andere)'(오토 1987, 67)과의 만남으로서, 대체로 타력주의적 일신교 전통에서 자주 발견되며, 수행과 공부의 자율성을 강조하는 문화 속에서는 (전무하지는 않더라도) 낯선 풍경이다. 불교나 도교 혹은 여타 동아시적 수행-수련 과정 속에서 흔히 묘사되는 정적주의와 이어지는 깨침의 이미지와는 자못 다르다.

그런가 하면 갑자기 저돌적인 충격과 경련을 일으키면서 영혼으로부터 폭발해 나오기도 하며 때로는 이상한 흥분과 도취, 환희와 황홀경으로 이끌기도 한다. 미친 듯한 악마적 형태로 나타나기도 하며 으스스할 정도의 소름과 전율로 하락하기도 한다.(오토 1987, 48)

그런데 이 모든 과정에서는 이미 전술한 대로 일종의 퇴행이 개입한다. '퇴행'은 분기하기 이전의 상태로 돌아간다는 점에서 불이의 체험을 함축한다. 다만 일신교적 신비 체험 속의 불이를 향한 퇴행은 '자발적'이라기보다는 타율적이다. 물론 퇴행이라면 금세 퇴화(退化)의 부정적 느낌에 사로잡히겠지만, 이 경우의 퇴행은 분기나 차별로 말미암아 잊거나 잃어버린 가능성의 재전유를 향한다는 점에서 세심히 분별되어야 한다. 또한 형언할 수 없는 타자의 폭력적인 개입에 의한 망아적 퇴행이 아니라 (전술했듯이) '자발적 퇴행'이 주된 관심사다. 이 형식의 퇴행은 '어린이와 같아지기'라는 점에서는 기독교의 복음과 맥을 공유하지만, 이 어린이가 사춘기 이전의 것이 아니라 노인 이후의 것이라는 뜻에서는 차라리 노장(老莊)의 이미지를 방불케 한다. 앞서 내가 '알면서 모른 체하기'라거나 '제2의 순박' 등의 개념을 덧붙인 이유다. 이 불이의 퇴행이 작동하는 순간순간에는 '초연한 내맡김'이라는 표현처럼 주/객, 능동/수동 혹은 생각하기/생각나기의 구별이 애매해진다.

예를 들어 생각'나기'의 뜻도 어린이의 경우와 마찬가지로 양가적이다. 우리는 생각'나는' 대로 말하지 않도록 교육받는다. 충동에 따라 움직이지 않도록 훈육받는 것의 연장이며, 이런 과정을 통해 사회화된다. 생각'하기'는 '나기'의 자동사적(自動詞的) 분위기와 달리 타율적인 규제와 엄밀한 학습을 요구하는 듯하다. 예를 들어 '생각하는 백성이라야 산다!'(함석헌)고 했을 때의 생각이란 물론 '나는' 생각이 아니라 '하는' 생각을 가리킨다. 어법과 상식과 공인된 이데올로기들을 따라서 생각하는 것은 한 사회의 교양인으로 행세하기 위한 기초적인 조건들이다. 그런데 사람의 생각이 지닌 흥미로운 점이면서 동시에 인문학적 지혜의 풍경에 자주 등장하는 것은, 이 생각하기의 타동사적 규율/코드가 완전히 새로운 형식의 '생각나기'—비유적으로 말해 어린이의 것이 아니라 노인 이후의 것—에 의해서 부단히 간섭받는 현상이다. 그간 반복해서 지적한 대로, 생각하기 이전의 생각나기가 아니라 생각하기 이후의 생각나기라는 그 형식만은 자못 뻔하다. 내가 궁극적으로는 집중이라는 인간의 독특한 행위 양식과 관련시키려는 다양한 정신문화적 성취와 새로운 가능성에는 죄다 주체(행위자) 없이 생각'나는' 생각의 출현이 있다.

지나가는 투로 '인문학적 지혜의 풍경'이라고 했지만, 예를 들어 한비자가 언급한 '협지(挾智)'라는 개념 혹은 그 실천도 전형적이다. 생각하기를 오히려 죽임으로써 생각나기를 활성화하는 것이고, 알면서 모른 체하기이며, 근본적으로는 자발적 퇴행의 매개를 빌려 앎의 새로운 활로를 모색하는 것이다. 흔히 인문학적 행위의 알짬으로서 때론 오용되기도 하는 '성찰(reflection)'은 이런 뜻의 지혜가 생성되기 위해 필요한 가장 기초적인 단계일 것이다. 집중이 애초 집착했던 대상-내용으로부터 벗어나는 과정으로 설명될 수 있다면, 성찰도 외계의 대상-내용에 대한 일희일비로부터 잠시 물러나 주체라는 형식 자체를 문제시한다는 점에서는 '집중'의 성격을 지닌다. 그러므로 집중과 성찰과 지혜라는, 다른 위상을 갖춘 이 세 가지 마음의 상태는 모두 '성급히 나아가는 짓을 그침으로써 오히려 새로 얻는다'는 데서 서로 나누는 바가 있어 보인다.

아는 것을 모르는 체하고 물으면 알지 못하던 일까지 알게 된다. 한 가지 일을 깊이 알게 되면 숨겨져 있던 많은 일이 다 밝혀진다(挾

智而問則不知者至深智一物衆隱改變). *

매사 알거냥하면서 도청도설(道聽塗說)하는 짓이 지식정보 사회의 미덕이자 요령으로 치부되긴 하고, 또 이로써 실제 짧고 겉으로 흐르는 이익들을 얻기도 하지만, 이는 인간 정신의 정화 랄 수 있는 '집중-성찰-지혜'의 흐름에서 보자면 알량한 일화들 일 것이다. 지식(知)과 지혜(智)의 차이는, 공부하는 인간이라 면 누구나 느끼는 일모도원(日暮途遠)의 한계 속의 바로 그 나날 (日)이기 때문이다.

나는 오래전부터 '알면서 모른 체하기'**라는 개념을 지속적 으로 사용해왔다. 이것도 인간의 정신적 능력을 통합적으로 탐 색하거나, 지식이 삶의 실존적 개입 없이 유통되는 정보처럼 편 린화하지 않도록 하고 지혜로 깊어지게 한다거나 혹은 인간의 도서관에 등재된 앎의 체계 너머에서 배회하고 있을 타자를 유 혹해 들이기 위한 것***이다. 필경은 전술한바 '자발적 퇴행'의

---

* 한비자, 『한비자』, 남만성 역주, 현암사, 1976, 239쪽.
** 이 낱말은 내 글 속에 산발적으로 등장하는데, 그 용례를 묶어 정리한 곳이 있다. 김영 민, 『공부론』, 샘터, 2010, 233~235쪽.
*** '체계와 타자'의 관계에 대한 다양하며 때로는 역설적이거나 도발적인 해석들이 현 대 학문세계를 독특하게 활성화시켰다. 나 역시 등재된 앎의 체계 바깥을 탐문하는 과정에 서 '잠시, 내게 속한 앎'이라거나 '아직 아무것도 아닌 것'이라는 등속의 개념망(網)을 던지 면서 도서관 체계의 바깥을 배돌고 있을 타자적 앎들을 유혹해 들이고자 했다. 이미 아는 것에 전략적으로 등을 돌리고, 아직 모르는 것들을 향해 전술적으로 손짓해보는 것은 인간 의 정신문화적 성취 속에서는 아무 새로운 것이 아니다. 이런 형식을 갖춘 사례들을 들자 면 한량없을 것이다. 그런데 이런 뜻에서 특별한 흥미를 불러일으키는 노작이 있어 주목을 끈다. 정치적, 법적 체계의 내부에 안치되고 제례(祭禮)에 등재된 방식으로 숭앙되거나 애

깊은 생산성을 향해 이 세상에서 찾기 어려운 진지함으로 손짓하기 위한 것이라고 할까? 이런 식의 생산적 '퇴행'을 시사하는 개념이나 사례는 무수하며, 이미 그 일부를 소개한 바 있다. 반복해서 강조하지만 이런 식의 퇴행은 퇴보가 아니다. 이는 오히려 종(種)이든 개인이든 그 정신의 진화 과정에서 흔히 나타나는 패턴의 일부로서, 아주 범속하게 표현하자면 '개구리가 움츠리는 것은 멀리 뛰자는 뜻'이라는 이치에서 그리 멀지도 않다. 널리 알려진 대로 니체(『차라투스트라는 이렇게 말했다』)가 흥미롭게 제시한 인간 정신의 발달 단계에서는 낙타와 사자를 거친 이후 '어린아이'의 단계가 등장하는데, 이런 유의 퇴행도 정신의 발달사에서 반복되는 전형적인 형식으로서 역시 '제2의 소박'에 해당된다고 할 것이다. 특히 폴 리쾨르가 종교적-영성적 차원의 발달사를 이 개념을 통해 고전적으로 정리한 바 있다.[*] 그에 의하면 첫 번째 소박은 자신의 종교와 그 교리에 계몽 이전의 경험적 차원에서 순응하는 자세를 가리킨다. 보통의 단계다. 이는 칸트가 명쾌하게 해명한 대로 '자초한 정신의 예속 상

도되는 망자들('조상')과 달리, 이 체계 바깥에서 떠돌고 있는 '유령(ghosts)'을 인류학적으로 주제화하고, 이 유령들 및 이와 관련된 타자적 앓음들을 치유적이며 조화로운 공동체를 위한 재구성의 미래로 불러들이는 것이다. "이 책의 주요 목적 중 하나는, 유령이 비록 조상이나 여타 사회적으로 존중받는 영적 존재에 비해 이데올로기적으로 주변적인 위상을 가질 수도 있지만, 유령은 사회적 삶의 질서에 구성적인 성격을 가지며 유령에 대한 관념들이 보다 광범위한 도덕적, 정치적 쟁점을 이해하는 데 시사적이라는 사실을 논증하는 데 있다." 권헌익, 『베트남 전쟁의 유령들』, 박충환 외 옮김, 산지니, 2016, 18쪽.

[*] Paul Ricoeur, *The Symbolism of Evil*, Boston: Beacon Press, 1967, pp. 349~350.

태로부터 벗어나 타인의 지도 없이 스스로 자신의 비판적 이성을 사용해보려는 태도'를 가리킨다.

그다음은 계몽주의적 세례를 거치는 과정인데 리쾨르는 이를 당연하게도 '비판적 거리'를 얻는 단계로 본다. 이것만으로도 보통 이상의 단계다. 잠시 '보통 이상'이라는 평가에 주목할 필요가 있다. 아카데미아의 안팎만을 살피면 포스트모더니즘마저 식상해져버릴 정도로 지식의 유통이 손쉬운 좁은 땅이긴 해도, 우리가 섞여들어 살고 있는 일상 속의 장삼이사를 따져보면 그 풍경은 때로 아찔하다. 그 속에는 16세기나 17세기의 정신도 적지 않고, 심지어는 주술의 코쿤 속에서 유아처럼 용을 쓰고 있는 고대인조차 어렵잖게 찾아볼 수 있다. 휴대전화를 놀리거나 재테크를 하는 고대인들 말이다. 비판적 거리로 표상되는 합리주의의 사막을 지나면 우리는 다시 제2의 소박 속으로 되불려 들어가면서 좀더 자율적이며 책임 있는 신앙의 실천을 회복할 수 있게 된다는 것이다. 이게 '새로운/격상된 보통'의 단계가 된다. 여기서 그 세세한 설명은 우리 관심거리가 아니며 이 글의 취지를 위해서는 단계의 말미에 역설적으로 이루어지는 생산적인 퇴행의 형식에만 주목하면 될 일이다. 인간은 지난 수십만 혹은 수백만 년 동안 자신의 신체가 따라잡을 수 없을 만치 빠른 속도로 진화해온 가운데 과연 무엇을 놓쳤던 걸까? 혹은, 혹자들의 주장처럼 인간 종이 한때 자신과 침팬지 사이의 자리에서 동반 진화하고 있던 사람과(hominidae)의 다른 종들을 박

멸시켰다 하더라도 여전히 경탄할 만한 정신적 진화의 '특권성'
(!)을 보유하고 있는 우리 인간의 미래는 이런 퇴행의 지혜로부
터 어떤 방향성과 윤리를 얻어갈 수 있을까? 이런 문제의식을
이마에 얹고서 상술한 삼분법적 도식화의 유익을 뜯어볼 노릇
이다.

인간의 정신을 이야기한다면, 이미 인간 존재 자체에 각인되
었을 법한 언어성(Sprachlichkeit)의 지평을 감히 생략할 수는
없으니, 대화에서도 비슷한 유형의 단계를 설정해볼 수 있다.
우선 기본적으로 말이 서툰 사람이 있다. 입*이 작은 혀짤배기
인 탓일 수 있고, 언어적/대화적 훈련이 부족한 탓일 수도 있으
며, 언어 감각이나 대화적 가치 등에 대한 메타적 성찰 자체가
전무한 경우도 있으리라고 본다. 그다음으로는 말이 많아지고,

---

* 허튼소리라고 여길 수도 있겠지만, 나는 입 모양과 크기가 그 사람의 말본새에 꽤나 '결
정적'이라고 여긴다. 물론 후성규칙들(epigenetic principles)이 더러 유전자적 속성과 길
항하듯이 이 결정성은 이후의 학습이나 외부적 영향과 긴밀하게 버성기기도, 공진화하기
도 할 것이다. 어쨌든 나는 일반 언중 사이에서 이 관련성에 대한 감각이 대체로 무디다는
사실에 거듭거듭 의아함을 느껴왔다. 내가 즐겨 무늬(紋)라고 부르는 생김새/꼴은 인간과
세속의 이치를 파악하는 가장 기초적이며 확실한 초석이고, 속에 있는 것은 필시 겉에 드
러나는 법(成於中形於外)이다. 여기서 상설하긴 주저되는 논의지만, 나는 이 겉과 속의 관
련성을 이른바 '패턴지(知)'라는 개념틀을 통해 궁리해보기도 했다.(김영민, 『손가락으로,
손가락에서』, 민음사, 1998) 예를 들어 나는 과거 경상도와 전라도에 장기간 체류한 경험
을 이용해서 양쪽 주민들의 입 모양을 비교하고, 그 차이에 상응하는 말본새의 유형을 대
략 살펴본 적이 있는데, (이렇게만 정리해버리면 '실없는' 소리라고들 하겠지만) 이로써
얻는 직관이 결코 허탄하지 않았다. 조금 곁길로 새는 이야기이지만, 간디는 "사람의 열정
은 구강의 쾌락을 구하는 것과 공존한다"고 했는데, 그의 관심이 집약된 맥락을 보면 일리
있는 지적이긴 하나, 나라면 '사람의 열정은 발화의 쾌락을 구하는 것과 공존한다'라고 고
쳐서 말하고 싶다. M. K. Gandhi, *An Autobiography or the Story of My Experiment
with Truth*, India: Navajivan Trust, 2001, p. 267. 인용문 속의 '공존한다(co-existent)'
는 문맥상 '비례한다'로 읽어도 무방할 듯하다.

덧없이 언탐(言耽)이 생기는 지경이다. 그리고 실제 변재(辯才)가 생겨 남 앞에 설 만한 위인이 되기도 하고, 이에서 지나쳐 언거번거해지거나 자주 야스락거리기도 한다. 『역경』에서 말한바 '성급한 사람의 말 많음(躁人之辭多)'이라고나 할까. 노무현씨를 매우 좋아한 내 후배 중 한 사람은 문재인씨를 두고 '대체 그렇게 말을 못 할 수도 있을까?'라며 자못 안타까워했는데, 눌변이 어리석음을 반영하는 것도 아닐뿐더러 유마거사(維摩居師)의 경우처럼 눌변/달변만의 잣대로 점잖고 지혜로운 자를 가릴 수 있는 것도 아니다.

문수사리는 이렇게 부처님께 아뢰었다. '부처님이시여, 그 사람은 말을 건네기가 매우 어렵습니다. 실상의 이치를 깊이 통달하여 법문을 잘 연설하며, 변재가 막힘이 없습니다. 지혜 또한 걸림이 없으며, 온갖 보살의 법식을 모두 알아 여러 부처님의 비밀한 법문에 두루 통달했습니다.'(유마힐소설경 1991, 73)

마지막으로는 다시 다언삭궁(多言數窮)(노자)*의 이치를 깨쳐

---

* '다언삭궁'의 경험은 매우 일상적이다. 말보다 실천에 빨라야 한다거나 제대로 알면 오히려 말을 아끼게 된다거나 발설하려는 찰나 이미 진리는 양자(量子)처럼 눈치(!)를 채고 내뺀다거나 하는 식의 오래된 경계들에는 인문학적 성숙을 위해 깊이 새겨볼 만한 이치가 있다. 서양에서 인간의 존재와 언어(성)를 깊이 연루시키는 것이나, 동양에서 다변은 물론이거니와 말 자체의 한계에 유달리 집착해온 것도, 이 언어라는 '영혼의 도구'를 다룸에 있어 바로 그 도구성과 정신성 사이에서 우왕좌왕할 수밖에 없는 난경을 잘 보여준다. 다언삭궁의 경우를 예시하는 매우 흥미로운 일화 하나를 소개한다. 1632년 프랑스의 루뎅 지

그 언변과 응대의 태도가 일변하는 단계가 된다. 감정의 늪으로부터 대화를 살려내고 슬금하게 입을 놀려 더불어 실답고 풍성한 이치들을 살피며 챙겨낼 줄 아는 사람이 된다. 남편을 놓고 하는 말이라 과장된 면이 있을지 모르지만, 헬렌 니어링이 추켜세우는 그녀의 남편(스콧 니어링)도 (어쩌면) 그런 사람이었을 법하다. "현명하고 경험이 풍부하며, 친절하고 말이 없는 편인 그는 그러나 질문을 받으면 충분히 자기 의견을 말하는 사람."* 하지만 내 경험으로는, 평소 말이 없는 편이었다가 질문이나 필요에 응해 충분히 자기 의견을 개진할 수 있는 사람을 만나본 일이 별로 없다. 달변은 대체로 성가실 만치 다변인 경우가 대

역에 흑사병이 창궐해서 1만4000명의 주민 중 거의 4000명이 죽는다. 병이 잦아들 무렵 현지의 수녀원에서 유령의 출현이 보고되고 여러 명의 수녀에게 마귀들림(possession) 증상이 나타난다. 수사가 진행되고 우여곡절 끝에 지역의 사제인 위르뱅 그랑디에가 이 상서롭지 못한 사건의 범인(?)으로 기소당하고, 1634년 8월 18일 산 채로 화형당한다. 이 사건의 전말을 다룬 아래 책 한 대목에는 '말의 힘'이라는 제목의 다소 특이한 해명이 있다. 이 대목을 거칠게 압축하자면, 학식이 높고 뛰어난 설교가-달변가였던 그랑디에 신부의 몰락은 다름 아닌 그의 화려한 달변에 있었다. "그랑디에의 말을 듣는 것은 경이로운 경험이었다. (…) 그래서 교구의 많은 여신도가 이 주임 신부에게 반하는데, 이들은 자신들이 말하는 만큼 정숙한 편은 아니었다. 그랑디에는 화술로 여인들의 마음에 불을 지른다. (…) 그랑디에는 말과 함께 있다. 그는 말을 즐기고 말과 함께 있으면 마음이 편하다. (…) 그는 작은 사회의 언어를 교란시키고도 별탈 없이 지낼 수 있다는 것에 우쭐해한다. 하지만 이 사회는 내적 갈등이나 연애 감정이 제도에 스며들 때 어떤 파국이 생길 수 있는지 냉정히 인식하고 있으므로 자신의 의례와 위계와 체면을 지키기 위해서는 얼마든지 잔인해질 수 있다. 요컨대 신부가 비난을 받는 것은 실제 행동보다는 말 때문이며, 어떤 일을 저질렀다는 사실 자체보다는 자기 행동을 거만하게 떠벌리기 때문이다. 토론회와 언쟁에서의 성공이 바로 몰락의 원인이다. 그에게 박수갈채를 보내는 여론도 없지는 않았다. 연극에 박수가 없을 수 없다. 그렇다보니 이들은 그랑디에가 사형수로 출연하는 연극에도 갈채를 보낼 것이다." 미셸 드 세르토, 『루됭의 마귀들림: 근대 초 악마 사건과 타자의 형상들』, 이충민 옮김, 문학동네, 2013, 97~99쪽.
* 헬렌 니어링, 『아름다운 삶, 사랑 그리고 마무리』, 이석태 옮김, 보리, 1997, 103쪽.

부분이고, 눌변은 또 상대나 상황의 요구에 제대로 응하지 못하는 게 대부분이었다.

그런가 하면 이런 식의 삼분법으로 널리 유통되는 말 중에는 빅토르 위고의 말이라고 알려졌지만 조금씩 변주되곤 하는 것으로서, 고향에 대한 세 가지 상이한 태도가 있다. (아래의 것도 내 마음대로 이를 변주한 것일 뿐이다.) 여기에 따르면 병아리 같은 초보자는 자신의 고향(만)이 아름답다고 여긴다. 세상의 지혜는 '병아리에게 이름을 지어주지 말라'고 하지만, 이 경우에는 제멋대로 이름을 얻어 가진 병아리가 제 고향에 대한 초기 증상적 정서를 내보이는 셈이다. 약간 품위 있게 표현하자면 향수(Heimweh)가 장소감의 원형으로 작동하는 단계랄 수 있다. 그는 통속적 낭만주의의 원형을 이루어 멀리 가면 갈수록 감상적이 된다. 그다음 단계에서 그는 즐겁게 고향을 떠나며 언제 어디서든 일종의 코즈모폴리턴(cosmopolitan)으로 자족한다. 그는 일본의 속담처럼 '내일은 내일의 바람이 분다(明日は明日の風が吹く)'는 삶과 세계의 미지성에 기꺼이 몸을 맡기는 타입이다. 그는 국경이 없는 바람으로 인해 꽤 강인한 정신을 소유하게 된다. 김승희 시인의 오래된 표현에 의하면 순정보다 정신의 질긴 힘을 체득했다고나 할까. 이 단계에 이른 사람의 정서는 먼 곳을 향한 동경(Fernweh)이다. 그리고 그 먼 곳곳은 모두 그의 고향이 된다. 그러나 제3의 단계에 이르면 그는 다시 하나의 장소로 되돌아온다. 그가 선택한 장소는 고향과 타향이라는

구분을 버리면서 얻게 된 곳이다. 이윽고 그는 집착하지도 않고 방랑하지도 않은 채 사랑하게 된 셈이다.

아무튼 내가 드러내려는 것은 집중이라는 정신의 터널을 통과하는 과정에서 이윽고 가능해질 수도 있을 자발적 퇴행과 이에 수반되는 어떤 새로운 생산성/가능성이다. 앞서 나는 이 퇴행이 불이의 체험을 함축한다고 했으며, 이와 관련된 두어 가지 사례를 분석적으로 제시하기도 했다. 그리고 그 전에 지성과 영성 간의 불이적 융통을 이 모든 논의의 배경을 이루는 가설로 제시한 바 있다. 불이 혹은 불이의 지혜라는 말은 색공일체(色空一體)의 불교적 직관이나 '무위무불위(無爲無不爲)' 식의 노장류 담론에서부터 고금동서의 학인과 수행자들을 거치며 끊임없이 경험되고 제기돼온 것으로서, 인간의 삶이 세상과 겹치는 독특한 이치의 형식이다. 심지어 현대 철학의 단골 메뉴로 등재된 반(反)데카르트주의와 그 갖은 변형도 불이의 오리엔테이션을 간접적으로나마 드러내는 데 이바지했다. 그런가 하면 순혈주의 종교인과 과학자 양쪽으로부터 불편한 사시(斜視)를 받는데도 불구하고 현대의 과학과 동서양의 (준)종교적 전통을 결합시키려는 이런저런 시도들도 불이의 현대적 판본이랄 만한 것으로서, 이미 동양의 종교와 사상에 충분히 노출된 서양의 지식인들에게 적잖이 어필하고 있는 듯 보인다. 예를 들면 한국에서도 베스트셀러였던 프리초프 카프라의 책에도 '근본적 일체(basic oneness)'를 말하는 문장이 적지 않다.

동양적 세계관의 특징 혹은 그 본질은 만물의 일체감 혹은 상호 연관성에 대한 의식이다. 이는 하나의 근본적 일체가 현현한 것으로서의 세계와 그 모든 현상에 대한 경험이다. (…) 우주의 근본적 일체는 다만 신비 체험에서 중심을 이루는 특징이 아니다. 이는 동시에 현대 물리학이 밝혀낸 가장 중요한 계시 중 하나다.*

켄 윌버는 그에 관한 일반적인 인상에 비해 얼마간 소심하게 접근한다. 그러나 그가 하이젠베르크, 슈뢰딩거, 아인슈타인, 파울리 그리고 아서 에딩턴 등 일급 과학자들을 줄 세워 논의하고 회통시킨 끝에 깜냥껏 요약한 바도 불이의 오리엔테이션을 향한다.

요약해본다면, 이런 이유로 이 책의 모든 물리학자는 동일한 결론에 도달했다. 즉, 우리가 빈대떡(존재 영역)을 어떤 방법으로 자르든 현대 물리학과 신비주의의 발견 사이에는, 그 둘이 실재의 다른 측면을 다루고 있다는 동어반복 외에는 공통점이 없다. (…) 내 판단에 의하면, 이 책의 물리학자들은 물리학과 신비주의 영역 간에는 공통점이 없다고 생각했음에도 불구하고—실제로 바로 이 사실 때문에—이 책의 90퍼센트에 달하는 내용은 존재의 양극단, 즉 과학과 종교 사이의 대화를 통해 얻어진 생각과 의견들이다. 나는 그

---

* Fritjof Capra, *The Tao of Physics*, New York : Bantam Books, 1984, pp. 116~117.

런 대화가 있어야 한다고 믿는다. 나의 의도는 물리학이 신비주의 세계관과 조화를 이룰 수 있음을 밝히는 것이었다. 입증하거나 확증하는 것이 아니라, 단지 모순이 없음을 밝히는 것이었다. 그 의도는 중요한 성공을 거두었다고 나는 생각한다.[*]

한편, 논의의 흐름을 세세하게 고려한다 해도 이상하리만치 성급하고 낭만적으로 내닫거나 곁길로 새는 결론도 더러 있다.

그러므로 이 새로운 과학 이야기 속에서는, 우주의 기원과 우주의 구조, 그리고 우주의 아름다움 이 전체가 '신이 존재한다'는 한 가지 결론으로 나아간다.[**]

그런가 하면 폴 데이비스의 경우 인간중심주의(anthropic principle)의 혐의가 짙긴 하지만 그의 태도와 해석은 대체로 신중해 보이고, 현대 과학의 배경 아래 불이적 영감에 호소하는 신비주의를 언급하는 자리에서도 카프라나 윌버처럼 세계관 혹은 실재의 차원을 건드리기보다는 방법론으로 논의를 제한한다.

대부분의 과학자는 신비주의에 대해 깊은 불신을 가지고 있다. 그

---

[*] 켄 윌버 편저, 『현대물리학과 신비주의』, 박병철 외 옮김, 고려원미디어, 1990, 39쪽.
[**] Robert M. Augros, G. N. Stanciu, *The New Story of Science*, New York : Bantam Books, 1984, p. 82.

1 장 집중, 인간이다

215

것은 그다지 놀라운 일이 아니다. 신비주의적 사고는 이성적 사고의 반대편에 위치하기 때문이다. 또한 신비주의는 비술(祕術), 초자연, 그 밖의 주변적 믿음과 혼동되는 경향이 있다. 그러나 실제로 아인슈타인, 파울리, 슈뢰딩거, 하이젠베르크, 에딩턴, 진스 같은 저명한 과학자들을 포함해 상당수의 뛰어난 사상가들은 이 신비주의를 받아들였다. 나는 가능하다면 끝까지 과학적 방법을 추구해야 한다고 믿는다. (…) 다만 우리가 묻고 싶어하는 '왜'('어떻게'가 아니라)라는 질문에 대해 적절한 답을 줄 수 없을 것 같다는 뜻이다. (…) 좀더 중요한 사실은 신비주의자들이 단 한 차례의 경험으로 '궁극적인 실재'를 파악할 수 있다고 주장하는 점이다.* 논리과

---

* 본문의 논의에서 다소 벗어나는 이야기이지만, 제 나름대로 궁극적 실재나 지혜에 이르게 된 독특한 경험 혹은 사건을 처리하는 방법에 따라 그게 종교적 '고백'의 수준에 머물지, 아니면 인문학적 '담론'이 될지가 결정된다. '유일회적'이라는 신비한 혹은 이상한 체험들은 대체로 비상식적이거나 심지어 '황당한' 주장을 뒷받침하는 데 동원된다는 점에서 흥미롭다. (예를 들면, 짝사랑한 여자가 아무래도 호의적인 반응을 보이지 않아 고민 중인 상황에서, 어느 날 기도 중에 하나님이 나타나 '그 여자가 네 여자다'라고 알려주었다는 어떤 30대의 젊은이가 있었다. 물론 지옥에 다녀왔다거나 외계인에게 세뇌당했다고 하면서 제 나름의 주장을 내놓은 이도 적지 않다.) 이상한 경험이 무책임하게 황당한 주장으로 이어지는 것을 막을 수는 없지만 최소한 곁에서 휩쓸리지 않으려면, 인간세계에서 벌어지는 일들의 인과(因果)에 대한 최소한의 이해가 필요하다. 우선 상식을 깨는 황당한 주장을 펼칠 때에는 상식적-합리적 주장에 대한 근거보다 훨씬 더 설득력 있고 풍부한 근거를 제시해야 한다는 단순한 사실을 기억해야 한다. '우리 엄마 예뻐!'라는 정도의 주장을 위해서는 그리 복잡한 근거가 필요치 않다. 하지만 '우리 엄마는 전생에 황진이었어!'라는 주장으로 타인을 설득하려면 필시 훨씬 더 자세하고 복잡하며 풍부한 근거를 마련해야 할 것이다. 주장이 특별할수록 그 근거가 야무져야 하는 것은 말할 나위가 없다. 또 한 가지 중요한 점은, 이상하거나 신비한 개인의 체험을 근거로 적극적인 주장(특히 '일반적'인 주장)을 펼치려들지 않는 게 스스로 망신을 피하고 남에게는 피해를 주지 않는 일이다. 개인의 유일회적이며 기이한 체험을 바탕으로 내놓은 제 나름의 주장이 다름 아닌 '고백'이며, 고백은 마치 생고기처럼 바로 먹을 수 없다. 여기에서의 지혜가 있다면, 이런 체험이나 고백을 '담론' 생성에 이바지하도록 다르게 채널링하는 데 있다. 누구든 제 경험이 중요해 보인다. 특

학적 탐구 방법이 오래고도 힘든 연역적 순서를 거쳐야 하는 것과
는 무척 대조적이다. (…) 아인슈타인은 자연의 조화와 질서에 대
한 자신의 감상을 '우주적 종교의 느낌'이라고 표현했다. 브라이언
조지프슨이나 데이비드 봄과 같은 저명한 물리학자를 포함해서 일
부 과학자는 조용한 명상법으로 얻을 수 있는 신비적 통찰력이 과
학 이론의 수립에 유용한 지침으로 사용될 수 있다고 믿었다.[*]

'둘이 아님(不二)'은 정교한 개념이 아니므로 과용될 우려가
있다. 더구나 과학과 종교처럼 전통적으로 비각을 이루거나 길
항해왔던 영역을 잇는 일은 오용, 악용될 수도 있을 것이다. 위
태로운 샛길의 딜레마다. '한 사람을 죽이는 것은 전체 인류를
죽이는 일'이라는 격언 앞에서 주저할 수도 있겠지만 '한 사람
을 살리는 것은 전체 인류를 살리는 일'이라는 격언 앞에서 고
무될 수도 있다. '좁은 문을 여는 공부'의 길은 이처럼 언제나
정신의 삶/죽음을 건너가는 일이었다. 싸잡아 말할 수는 없지

히 그 경험이 기이할수록 특권화되기 쉽고 또 거기서 이런저런 이야기와 주장을 이끌어내
기 쉽다. 인문학적 지혜라면, 우선 이 특권화를 포기하고 그 경험으로부터 이런저런 이야
기와 주장을 끌어내려는 유혹에 굴복하지 않아야 한다는 것이다. 대신 자신의 체험을 마치
쓰레기통에 넣는 기분으로, 인문의 이치가 모이는 삶의 패턴을 이해하기 위한 배려에서,
그저 많은 비슷한 데이터 중 하나로만 배치해야 한다. 인문학적 탐구도 예외의 변칙에 마
땅히 주목해야 한다. 그러나 괴력난신(怪力亂神)에 휘둘리지 말라는 공자의 말처럼, 사람
의 일이라면 매력적인 예외나 기이한 변칙조차 바로 그 인문(人紋)에 구성적일 뿐이라고
담담하게 여겨야 한다.

[*] 폴 데이비스, 『현대물리학이 탐색하는 신의 마음』, 과학세대 옮김, 한뜻, 1994,
309~310쪽.

만, 불이의 공부 길도 그러할 것이다. 절에 가면 불이문(不二門)이라는 통로가 있는데, 이 불이가 바로 그 불이다.

불이문은 일주문(一柱門)에서 가장 먼 쪽, 다시 말하면 중심 법당에 가장 가까운 곳에 서 있는 문이다. 이 위치는 일상의 평범한 생활 공간에서부터 가장 멀리 떨어져 있는 곳이자 부처님과 가장 가까운 곳에 해당된다. 불이(不二)는 '둘이 아니다'라는 뜻으로 직역되지만 '둘은 둘이 아니라 하나'라고 하는 보다 깊은 뜻을 내포하고 있다.*

불법승(佛法僧)의 가장 내밀한 자리로 들어가는 문턱에서 '불이'를 다분히 상징적으로 요구하는 셈이다. 그중에서도 공즉시색색즉시공(空卽是色色卽是空)의 이치는 가장 널리 알려져 있는데, 그 외에도 세간과 출세간이나 삶과 죽음의 일체, 번뇌와 열반의 일체(不斷煩惱 而入涅槃)(『금강경』), 호오(好惡)와 봉별(逢別)이 다르지 않다는 것 등등 일체의 분별지에서 벗어나 그 본질의 한몸됨을 깨닫도록 한다는 취지의 깨침 및 담론은 고금동서의 지혜들이 입 모아 말하는 바다. 당연한 지적이지만, 일체지와 직관지 속에서만 지혜를 읽어내려는 집착이 아니다. 분석(개념)이 없는 직관, 유심이 없는 무심, 모세혈관이 없는 심장

---

* 허균, 『사찰 100美 100選』, 불교신문사, 2007, 29쪽.

혹은 청춘을 모르는 노년에게 무슨 지혜를 기대할 수 있을까? 나무의 재질과 수량만을 따져서는 숲의 가치를 알 수 없고 제 앞뒤를 새길 만한 여유와 지평을 갖지 못한 채로는 인생을 조망할 수 없는 것과 마찬가지로, 안이한 종합과 낭만적인 직관만으로는 과학혁명과 계몽주의와 산업혁명을 거치면서 일껏 일구어낸 정신의 자산을 낭비하고야 말 것이다.

그러므로 이런저런 형식과 계기를 통해 이르는 이 불이지(不二智)는 둘(2)로 표상되는 분석의 노동을 안이하게 초과하려는 게 아니다. 사물과 생명의 진화사가 담고 있는 길고 어려운 노동의 자취처럼 정신의 진화도 마치 개미들의 노동으로 공룡을 옮기려는 우공이산(愚公移山)의 역정에 다름 아니기 때문이다. 분석 이후의 사태인 직관적 불이지는 누차 말한 대로 일종의 '퇴행'과 관련되는 듯 보인다. 이 퇴행은, 이미 '퇴보'가 아니라고 했지만, 죽은 고기가 물살에 떠밀려 하류로 내려가는 식이 아니다. 이 퇴행은 최선의 진보 이후에 가능해지는 여유로운 지평의 선물과 같다. 이를 '자아의 자발적-초월적 퇴행'이라고 했지만, 앞서 예시한 정신의 3단계 중 마지막에 해당될 것이다. 집중이나 정관(靜觀)이 원칙상 성욕이나 식욕 같은 본능과 버성기는 가운데 의식의 새로운 차원을 열어내듯이, 이런 유의 퇴행도 단순한 퇴패나 저락과는 관련이 없다. 의식은 그 성격상 다이내믹하고, 마치 불이 (어딘가에) '붙어'야만 살아가는 것처럼 의식도 쉼 없이 이어지는 지향적 관계 속에서만 기능한다. 인류의 정신문화적 발달사가 넉넉히 증거하듯이 인류의 집단의식은 분기에 분기를, 상호작용에 상호작용을, 매개에 매개를 더하면서 날로 복잡다단해진다. 물론 이 '복잡'함은 갖은 학습과 제도 및 매체의 도움을 받아 제 나름의 갈래들을 통해 장려한 '복합(複合)'을 이룬다. 이런 식의 흐름은 의식의 자연스러운 진행일 것이며, 마치 '풍경이 기원을 은폐하'듯이 인류의 문명문화적 발달과 더불어 마치 실핏줄처럼 더욱 화려하고 정교하게 분기를 거듭한다.

그러나 분기하면서도 선택되지 않은 다른 길의 가능성에 공정할 수 있다면, 실핏줄의 흐름을 타고 미래를 향해 나아가면서도 심장의 지나간 고동을 듣고 응할 수 있다면, 분석이 종합을 비판하고 업그레이드된 종합은 다시 새로운 분석틀을 제시할 수 있다면, 나아가면서도 늘 되돌아볼 수 있다면! 이런 바람을 인간의 삶이 과거청산주의적 직선이 아니라 나선(螺線)을 이루며 진행된다는, 그리 드물지 않은 비유 속에 대입해 볼 수 있다. 물론 이 경우의 나선이란 퇴보가 아닌 퇴행의 다른 이름이다. 몸을 기울이고 시선을 바꾸는 중에, 지나간 것들을 새로운 각도로 되새기면서 스치고 지나가는 일. 사르트르의 표현처럼 "매번 같은 지점을 지나면서도 그 (경험의) 통합과 복잡성이 달라진다"*는 식으로 말이다. 마치 현상학적 시간의식이 과거와 미래

---

* Jean-Paul Sartre, *Search for a Method*, (tr), Hazel E. Barnes, New York : Vintage Book, 1966, p. 106.

의 경험을 역동적으로 통합시켜가듯이, 인간의 지혜도 경험의 나선상에서 과거와 미래의 역동적 교호를 통해 매 순간 새로운 통합을 이루어간다. 그리고 이런 식의 "통합은 우리의 행위(경험)가 지닌 다차원적 통합성을 드러낸다."(Sartre 1966, 111)

수년 전 타계한 법정(法頂)은 어느 강론 중에 '반야(般若)를 무이지(無二智), 무차별지라고 하는 것은 지혜와 자비가 하나임을 말하는 것'이라고 했다. 갈라진 것들을 통합하려는 노력 가운데 지혜와 자비의 일치만큼 인간사를 아름답게 하는 것도 없을 듯하다. 마찬가지로 사람들은 지행(知行)의 일치를 추구하고, 의(義)와 경(敬)을 함께 갖추려 하며, 우리 아이들이 똑똑하면서도 착하기를 바라고 혹은 러셀의 경우처럼 지식의 추구(the search for knowledge)와 인류의 고통에 대한 견딜 수 없는 동정심(the unbearable pity for the suffering of mankind)을 삶의 주된 동력으로 유지해가기도 한다. 특히 지혜와 자비를 한군데에 묶으려는 시도는 지성과 영성을 집중의 퇴행적 체험을 통해 융통시켜보려는 이 책의 시도를 향해 반가운 울림을 준다.

미국의 노인병 신경심리학자인 비비언 클레이턴은 '지혜(wisdom)'의 성분을 셋으로 나누어 설명하는데, 첫째는 인식적 차원(cognitive dimension), 다음은 성찰적(reflective) 차원, 그리고 마지막은 타인과 공명하면서 그들을 도울 수 있는 동정적(compassionate) 차원이다.* 인식이 성찰의 내용이 되고, 성찰이 동정의 기반이 된다. 인정망각(Anerkennungsvergessenheit)

을 물화(Verdinglichung)와 등치시켜 비판하는 악셀 호네트 역시 인간의 인지적 태도에 선행하거나 이와 구성적으로 결부된 '인정' 개념에 방점을 찍는데, 헤겔, 하이데거, 비트겐슈타인, 루카치, 듀이 등과 같은 선학들의 이론을 차용해서 자신의 논지를 모아낸다. "요약하자면 언어 이해는 타자에 대한 인정이라는 비인지적 전제에 결부되어 있다."[**] 그가 말하는 인정이나 공감은 정서적-심리학적 호오의 차원이 아니다.

그것이 의미하는 바는 단지 우리가 타자를 비록 순간적으로 몹시 싫어하고 미워하더라도 인정의 태도에서 그의 가치를 시인해야 한다는, 우리의 감성에까지 영향을 미치는 실존적인 사실이다.(호네트 2006, 61)

잠바티스타 비코와 함께 역사주의적 이해의 선구자로 잘 알려진 요한 고트프리트 헤르더(1744~1803)도 인식론적 평가나 비판 이전에 무엇보다 감정이입 과정이 필수적이라면서, "진정한 해석자라면 원래의 대상에 침투하기 위해, 즉 원래의 대상으로 스스로를 몰입시키기 위해 노력해야 한다"[***]고 주장한다. 이 인용들을 한가지 이치로 일매지게 꿸 수 있을 것이라는 말은

---

[*]   Phyllis Korkki, 'The Science of Older and Wiser', *New York Times*, Mar. 12, 2014.
[**] 악셀 호네트, 『물화. 인정 이론적 탐구』, 강병호 옮김, 나남출판, 2006, 60쪽.
[***] 이사야 벌린, 『비코와 헤르더』, 이종흡·강성호 옮김, 민음사, 1997, 375쪽.

아니다. 그러나 생명이 의식을 생성하고 그 의식이 집중 행위를 매개로 고차원적 분화를 계속하면서 변성(變成)하고 성취하는 장구한 과정에서, 그 전체를 통합적, 메타적으로 조망하려는 노력은 인간의 가능성을 깊고 적실히 이해하는 데 극히 중요하며, 이 경우 불이라는 개념은 유용한 잣대가 된다.

객관성에 치중하는 과학적 지식은 엄정한 반면, 인간 존재에 얹히는 시간의 무게로부터 소외되어 있다. 물론 이때 소외란 무슨 결점을 일컫는 게 아니다. 하지만 인문학적이거나 종교적인 성격의 지(知)식은 사람과 세월을 매개로 익어가면서 지(智)혜에 이르곤 한다. '정밀하고 익은 것이 다 갖추어진 이후에 비로소 사물의 골자를 꿰뚫어볼 수 있다(精而熟俱至然後可以透見骨子)'(『화담집(花潭集)』)고 한 이치도 여기서 멀지 않다. 그리고 이 과정에는 자연히 화용적(話用的) 실천이나 수행적(遂行的) 차원이 수반되기 마련이다. 실천의 시간이 선사하는 것이 '성숙'이고 성숙한 대응이 지혜일진대, 어긋내지 못한 채 어긋나고 돕지 못한 채 애착하는 인간들의 세속 속에서 지혜로운 실천의 경력은 응당 동정이나 자비의 정서를 불러올 법하다. 배려나 간여나 동정의 정서로부터 독립한 채 표백처리된 인식-지식의 문화나 제도는 그리 오래된 게 아니다. 지금도 매사 공사(公私)의 분별적 실천에 애를 먹는 이유가 여기에 있다. 아이러니(irony)가 여전히 사적인 문제로 남아 있다면,* 어쩌면 초자아의 법적 외양을 갖춘 비평마저 사적 호오의 늪에 그 젖줄을 잇대고 있는

지 알 수 없는 노릇이다. 사사롭고 자잘한 일상의 판단과 선택을 겪고 치르노라면 누구라도 인식(cognition)과 감정(emotion)의 혼란스러운 사통을 느끼지 않을 수 없다. 인식은 '지식'으로 표백처리된 이후에야 비로소 그 지식의 모태인 몸과 정서를 굽어보는 시늉에 나설 수 있다. 인간의 마음속을 버르집어 굳이 어느 한쪽의 흐름을 이상적으로 체계화한 것은 인류 정신사에 비추면 극히 최근의 일이다. 과학혁명이라는 지식의 체계화는 400여 년의 최근세사일 뿐이며, 인간의 세속에 드러난 이치들을 '사회과학'이라는 이름으로 제도권 내에서 체계적으로 다루게 된 것은 불과 백수십 년 전의 일에 불과하다.

우리의 먼 선조들이 떼지어 돌도끼를 휘두르고 사냥하면서 동원한 노하우에서부터 실험실에 앉아 첨단 기기를 작동시키면서 어렵사리 알아내는 첨단 과학자들의 전문 지식에 이르기까지, 인간이 간여한 앎은 (정도의 차이에도 불구하고) 죄다 몸과 정서의 바다에서 건져올린 것으로서 그 바다의 자취를 품고 있다. 인간이 알아내는 이치는 주체인 인간의 흔적을 품고 있고, 몸이었으며 지금도 몸이고 이후에도 몸일 인간의 '몸'과 관련되어 있다.

감정의 자극과 안내가 없다면 합리적 사고는 느려지고 붕괴한다.

---

* 리처드 로티, 『우연성, 아이러니, 연대성』, 김동식외 옮김, 민음사, 1996, 169쪽.

집 중 과   영 혼

합리적 마음은 비이성적 마음 위에 떠다니지 않는다. 그것은 순수 이성이 아니다. 수학에서는 순수 정리들이 있지만 그 정리들을 발견하는 것은 순수한 사고가 아니다.(윌슨 2008, 210)

　여기서 늦기 전에 잠시 건드려야 할 문제는 인간의 앎과 관련된 정서적 개입의 방향성에 대한 것이다. 가령 법정에게서 지혜는 왜 응보(應報)나 정의(正義)가 아니라 하필 자비와 쿨레를 이루는가? 클레이턴의 지혜는 왜 중성적 무심이 아니라 동정심을 그 조건으로 전제하고, 호네트의 인지는 왜 초연함(Gelassenheit)이 아니라 인정에 터하는가? 헤르더의 이해는 왜 객관적 소격 대신 감정이입을 요구하는가? 왜 하버마스는 하이데거의 존재론을 비판하면서, "비본래적인 것과의 결별이라는 자신의 구상에서 도덕적 핵심을 박탈해버"렸고 "어떠한 실체도 없는 결단성에 대한 공허한 호소는 나중에 '존재'의 도래의 공허함으로 모습을 드러내게"* 된다고 음성을 높이게 되었는가? 이런 식의 조건과 요구의 성격은 어떠한 것이며, 인간됨(being-human)과 어떻게 관련되는가? 이는 학습과 제도의 효과에 따른 윤리적 선택인가 혹은 성선설(性善說)적 자연일 뿐인가? 왜 슬기는 남을 돕게 하고, 성숙은 관후(寬厚)를 불러오며, 왜 인간의 지혜는 자신을 희생하는 보살행에 나서게 하는가?

* 위르겐 하버마스, 『아, 유럽』, 윤형식 옮김, 나남, 2011, 72쪽.

혹시 우리는 여전히 인간학에 대한 관심이 낮고 그 감성이 일천했기에 지혜를 빙자해서 자비나 사랑으로 내몰려가는 것일까? 우리는 인문(人紋)에 대한 정확한 관찰과 냉철한 분석에 게으른 채로 인문학적 이데올로기들에 애착했던 것일까?

정치에 관심이 있었기에 우리가 도쿄에서 '정치와 문학'의 관계를 논의했던 것이 아니라 정치에 대한 관심이 낮았기 때문에 '정치와 문학' 대신 '정치적 이데올로기와 문학'의 관계를 논했던 것이다. '정치적 이데올로기'를 '정치'라는 단어로 부른 것은 수사법상의 나쁜 습관에 불과했다는 것을, 영국에서 지내는 동안 나는 끊임없이 생각했다.*

지혜와 함께 자비와 동정심을, 인식과 함께 인정이나 감정이 입을 구하는 태도는 인간학적 이데올로기를 인간학이라 부르는 오류를 반복하고 있는 것일까? 인간이 인간이 되는 역사와 이데올로기의 역사는 얼마나 깊이 겹칠까? 예를 들어 언어 학습을 내면화된 언어 지식(linguistic competence)이 분화(differentiation)하는 과정으로 여겨, '특정한 성장 단계'의 하나로 배치하려는 촘스키의 생성문법(generative grammar)처럼, 종교나 이데올로기도 인간 존재에 있어 일종의 생성문법적으로 구성되

---

* 가토 슈이치, 『양의 노래』, 이목 옮김, 글항아리, 2015, 419쪽.

어 있을까? 진화의 전 포괄적 흐름 속에는 이미 후성적(epigen-etic)이거나 문화적 갈래가 엄연하듯이, 이데올로기와 인간 정신의 관계는 경제적(마르크스), 역사사회적(루카치/그람시), 심리적(프로이트) 혹은 구조적(알튀세르) 코드들을 통해 합체화(合體化)의 경로를 밟아온 것만은 부인할 수 없다. 인간의 자아를 그 증상으로부터 말끔히 분리할 수 없을 만치 합체화되었다는 점만 참고하더라도, 미토콘드리아의 극적 사례 이후 쉼 없이 지속되어온 합체화의 위력을 이해할 수 있다. 삶과 죽음의 한계 상황에 봉착했을 때 여느 짐승처럼 미련이나 변명 없이 순명하는 대신 신불(神佛)에 집착하는 그 보편적 성향처럼, 발정과 교미와 생식으로 자연스러운 생명의 몫을 다하는 대신 '사랑'이라는 환상에 치명적으로 중독된 것처럼 말이다.

선(the good)을 지침 삼아 인간의 서사적 오리엔테이션을 설명하는 찰스 테일러의 경우, 그의 논의는 앞서 말한 합체의 진화론적 시각과는 아무 관련이 없고, 자기이해의 영적 서사성이니 선을 향한 정향이니 하는 핵심적 개념들도 그 위상이 모호하다. 그래도 이 대목에 대한 테일러의 논의는 대체로 합리적이라고 여겨지지만, 인간에 대한 성선설적 해석은 역시 그 이데올로기적 위상이나 성격이 분명치 않다. 그러나 성선설이니 서사적 주체성이니 하는 개념은 인간 세상을 이해하는 데 매우 효과적인 이론적 틀거리인데, 대체로 이들은 원인이 아니라 결과로 보인다.

만일 우리가 자아를 중성적이라고 여긴다면 우리가 자아를 어떻게 평가하는가 하는 것은 궁극적으로 자의적인 물음이라고 해도 괜찮을 것이다. (…) (그러나) 인간은 중성적이거나 정확한 대상들이 아니다. 그들은 단지 어떤 물음들의 공간 속에서만 존재한다. (…) 성장하고 변해가는 존재로서의 나는 내 자신의 성숙과 퇴보, 극복과 패퇴의 역사를 통해서만 나 자신을 알 수 있다는 것이다. 그러므로 나의 자기이해는 필히 시간적인 깊이와 영적인 서사를 갖는다. (…) 우리는 선을 향해 정향(定向)하지 않을 수 없고, 그래서 여기에 기초해 우리 위치를 규정하고 우리 삶의 방향을 결정하지 않을 수 없기 때문에 우리는 우리 삶을 불가피하게 서사적 형식 속에서 이해하고, 이 삶을 하나의 모색(a quest)으로 여겨야 한다.*

인식과 판단의 문제에 개입하는 정서적 변침은 동정에서부터 선의지(善意志)에 이르기까지, 애착에서부터 인정투쟁에 이르기까지 다양하다. 그러나 이런 개입의 정당성은 차치하더라도 그 형식과 정도에 대한 정밀한 각론이 여전히 아쉬운 실정이다. 예를 들어, 이 글이 관심을 갖는 학(學)과 술(術) 사이의 상호 개입, 그 어울림과 버성김을 따지는 경우에도 마찬가지다. 이 둘 사이의 오래된 불통과 오해의 역사를 잡으려는 움직임은 그 상호 개입의 형식과 정도에 대한 면밀한 연구가 우선되어야 하지

---

* Charles Taylor, *Sources of the self: The Making of the Modern Identity*, Cambridge, Massachusetts: Harvard University Press, 1989, pp. 50~52.

만, 개인의 신고(辛苦)와 사회적 스캔들의 위협을 무릅쓴 채 움직이려는 이는 극소수였고, 또 움직이는 자는 대체로 면밀하지 않았다. 그러므로 '지혜와 자비가 하나'라거나 '인간의 삶은 선을 지향하지 않을 수 없다'는 등의 명제를 증명하는 것은 필경 '인간이란 무엇인가'라는 문제에 버금가는 정도의 어려움에 봉착할 것이다. 그렇긴 해도 지혜와 자비를 나누고 진(眞)/선(善)과 이성/감성 혹은 정신과 몸을 갈라놓았던 오랜 이론과 관행들은 예리하며 전방위적인 비판에 노출되어왔다. 마찬가지로 "객관주의와 상대주의 사이에 중간 영역이 존재한다는 생각은 주로 지난 수십 년 동안 토머스 쿤, 로버트 퍼트넘, 리처드 로티, 리처드 번스타인, H. 브라운 등의 철학자에 의해 제기되었다."* 지혜와 자비 혹은 인지적인 것과 감정적인 것의 융통으로 대표되는 불이의 체험은 매우 애매해서 합리적 논의의 장 속으로 끌어들이기조차 어려운 경우가 잦고, 여기서 예시한 몇몇 탈이원론적 제안도 그 함의와 범위가 제각각이어서 일매지게 줄 세워 글의 취지 속으로 밀몰기가 어렵다. 하지만 이런 애매함과 어려움에도 불구하고 인간의 정신적 행보가 거쳐온 기나긴 과정을 지성과 영성의 분기 및 재통합으로 대별하려는 총론적 시도에서 탈이원론적 혹은 불이적 체험들을 일람하는 것은 매우 유익해 보인다.

---

* M. 존슨, 『마음 속의 몸』, 노양진 옮김, 철학과현실사, 1987, 347쪽.

12. 집중이란 무엇인가(4):
불이(不二)

집중도 그 종류와 사례가 많아서 한결같이 평할 수는 없다. 기능주의적으로 축소해서 이해하고, 그 결과를 사회적 입신과 출세를 위해 응용하려는 시도조차 도드라지고 있는 현실이다. 하지만 어떤 집중은 당대적 정신의 분기 이전으로 되-'나아'간다. 초월(transcendence)이라고 칭할 수 있는 것은 시간적 개념이 아니므로 나아감과 되돌아감의 구별이 그리 석연치 않다. 이 글에서 써온 '(창의적) 퇴행'이라는 개념 역시 시간적인 게 아니라 역능의 통합이라는 방향성을 가리킨다. 불이든, 퇴행적 합일이든, 초월이든, 오도(悟道)든, 열반이든 무위지도(無爲之道)든 엑스터시든 혹은 니콜라이 베르댜예프(1874~1948)의 '인격(personality)'*이든, 거기에 특징적으로 드러나는 지향성은 시간적 계기가 아니라 인간 존재의 가능성을 지목한다.

물리학적으로 말해도 시공간 개념이 꽤나 이상하듯이, 초월적 경험과 이에 수반되는 앎의 종류 및 형식이 대개의 지식이

집중과 영혼

230

안착해 있는 현실적 시공간을 훌쩍 넘어서서 움직인다는 것은 별스러울 게 없다. 나는 뒤에서 이러한 성격의 앎을 '잠시 내게 속한 앎'이라거나 '아직 아무것도 아닌 것들'이라는 표현으로 싸잡아 논의할 것이다. 뇌 속의 모든 게 뉴런적 가소성(可塑性)으로 연결되어 있듯이 혹은 존재의 기본 형식이 양자적 상호 연관성(quantum-interconnectedness)이라고 하듯이, 인간 정신의 임계점이랄 만한 집중 현상이 개시하는 지평 속의 자발적/초월적 퇴행은 지성과 영성이 분기하는 밑절미로 안내한다. 그리고 이미 단편적으로 언급했듯이, 이런 사례와 체험은 실로 무수하다. 집중을 통한 초월이나 자발적 퇴행에 의한 불이의 체험 등은 이미 언급했듯이 그리 명석한 개념이 아니다. 그 내포도 단단하게 모아지지 않고 그 외연도 저녁 이내(嵐)처럼 흐릿하다. 게다가 (특히 향정신성 약물 효과에서 전형적이긴 하지만) 어떤 초월의 상태는 종교적-수행적 집중과는 다른 내력을 지닌 듯이 보인다.

탐험가인 데이비드 리빙스턴은 길을 걷다가 사자의 습격을 받아 엉덩방아를 찧었는데, 그러자 사자는 어깨를 발로 누르면서 그를 부

---

* "그러나 인격으로서의 사람은 세상의 자식이 아니다. 그의 기원은 다르다. 바로 이 사실이 그를 수수께끼로 만든다. 인격은 이 세상을 돌파(突破)하고 침입한다. 인격은 세계 속에서 새로운 것의 출현이다. 인격은 자연이 아니며, 자연의 객관적 위계에 속하지 않고 그것에 부속되는 것이 아니다." Nikolai Berdyaev, *Slavery and Freedom*, R. M. French (tr)., New York: Charles Scribner's Sons, 1944, p. 21.

수기 시작했다. 그는 '고통이나 두려움이 없는 꿈꾸는 듯한 기분'이었는데, 그가 계속해서 움직이지 않고 그대로 누워 있자 사자는 잠시 동안 그를 놓아주었고 그는 정신을 차리고 도망쳐 나왔다. 리빙스턴이 느낀 마음의 초월 상태는 알프스 산에서 추락한 사람들이 겪은 아득한 느낌과 동일한 것으로 보이는데, 다시 한번 어떤 상황에서 몸은 긴급사태에 대비하려는 의도로 죽어가는 단계의 몇몇 부분을 재현할 수 있다는 것을 보여준다.*

그런가 하면 초월 현상 중 일부는 미침〔狂〕의 현상과 어금지금해 보이기도 한다. 그리고 이 미침의 여러 사례는 비상한 재능과 연루된다. 다른 기회에 상론할 논제이지만, 이와 관련해서 성인(聖人)과 달인(達人)의 관계를 마치 서로 통하는 문이 너무 좁거나 잘 보이지 않긴 해도 바로 옆방에 거주하는 이웃으로 배치하려는 내 입론을 상기할 필요가 있다. 미침이 지성과 영성, 달인과 성인, 지혜와 자비 혹은 진과 선(善) 사이에서 오락가락하는 일이 잦은 것도, 이것이 집중을 통한 창의적 퇴행의 체험을 방불케 한다는 점을 나타낸다. 성 프란시스나 김시습이나 모차르트 등을 대표적으로 거론할 수 있으며, 이 같은 사례는 셀 수 없을 지경으로 널려 있다. 특정한 전문 분야의 빼어난 사례가 아니더라도, 어떤 식이든, 또 어떤 내력에 의해서든 동뜨게

---

* 라이얼 왓슨, 『로미오의 실수』, 박문재 옮김, 인간사, 1992, 102쪽.

집중할 수 있는 이들이라면 그 집중의 결과/성과와 관련된 이들의 행태 역시 더러 괴상한 모습을 띨 수도 있겠다. 내가 초등학교에 다니던 때, 부산의 보수동 헌책방 골목 일대에는 우리가 '시계 아저씨'라 불렀던 중년의 걸인이 종종 출몰했다. 당시만 해도 행짜를 부리는 상이군인들이나 유랑하는 걸인의 모습이 별스러운 게 아니었는데, 유독 그는 우리 꼬마들을 달고 다녔다. 우선 그는 여느 걸인들과는 달리 깨끔한 편이었고, 주변과 어울리지 않을 만치 키가 컸으며 사시랑이처럼 마른 체구였다. 그는 내내 곁붙어다니면서 산망스럽게 구는 우리의 존재를 그리 개의치 않았다. 그러나 무엇보다 어린 우리를 열광시킨 점은, 그가 언제나 뒷걸음으로만 걸어다닌다는 것이었다. 게다가 땅의 일에 관심이 없는 듯 시선을 자주 하늘로 던지는 그의 버릇 역시 우리의 궁금증을 더했다. 이상하고 수상하다가, 이윽고 기이하게 보였으며, 트레이드마크가 된 그의 뒷걸음질을 흉내내며 따라다녔던 분별없는 우리의 동심에도 어느새 그에게는 남에게 없는 그 '무엇'이 있다는 낌새가 찾아왔던 듯하다. 우선은 그의 뒷걸음질 자체가 우리의 관심을 끌었지만, 그는 어딘가 모자란 듯 헤픈 듯 선량해 보였고 아이들의 혜살에 대응하지 않는 그의 무관심이 역시 반동적인 관심을 불러일으켰다. 그러나 관심의 백미는 '시계 아저씨'의 바로 그 시계였다. 아니, 시계란 시계는 죄다 귀중품에 속하던 때였으므로 그에게 시계가 있을 리 없었다. 그렇지만 그에게는 신통하게도 언제든 시간(각)을 정확히 가늠하는 재주가 있었는데, 주변 행인들의 시선을 무심히 넘기며 말없이 뒷걸음질만 치던 중에도 우리가 장난삼아 시간을 물어보면 대번에 알려주곤 했다. 그의 시보(時報)는 정확했고, 그의 명성에 금이 가는 일은 없었다. 우리는 그게 신기해서 시계 아저씨를 만날 때마다 일없이 시간을 물었고, 그때마다 아저씨는 묵언퇴보(黙言退步)의 삼매를 깨고 오차 없이 시간을 일러주었다.

지금의 인간으로서는 아무 장치 없이 시각을 정확히 알아맞히는 게 대단해 보이기도 한다. 그러나 생명체가 장기간 적응해서 거주하고 있는 지구 생태계의 '리듬'으로 시간을 풀어서 이해하고 보면, 생명체로서 시간을 모르는 게 외려 이상한 노릇이며, 인간이 시간으로부터 소외된 채 시계나 휴대전화 등에 의존하고 있는 것은 문명화(文明禍)의 일반적 형식일 뿐이다. 다소 길지만, 이 시간이라는 지구 생태계의 리듬에 얹혀 살아가는 이치의 일단을 소개한다.

이는 조수의 영향을 받는 생물이 바다 근처의 실험실로 옮겨진 경우에도 마찬가지다. 편의를 위해 대부분의 해양 실험 시설은 해안가에 위치한다. 하지만 지칠 줄 모르고 자연의 리듬을 연구해온 한 연구자가 바다로부터 1000마일 떨어진 일리노이 주 에반스톤에 거주하면서 작업을 한 것은 과학 그 자체를 위해선 다행스러운 일이었다. 프랑크 브라운이라는 이 연구자는 1954년에 굴을 대상으로 연구를 시작했다. 그는 굴이 조수간만의 리듬에 반응한다는 사실을 알아냈는데, 그에 따르면 굴은 만조 시에는 먹이활동을 위해 껍질을 열고 간조에는 손상과 건조를 막기 위해 껍질을 닫는다는 것이다. 해안가에 위치한 실험실의 수조 속에서도 굴은 이 엄격한 리듬을 이어나갔다. 그래서 브라운은 좀더 자세한 조사를 위해 그중 몇 개를 일리노이에 있는 그의 집으로 가져갔다. 에반스톤은 미시간 호의 호변(湖邊)에 위치한 시카고 교외에 있는 도시다. 그런데 여기에서조차 굴은 그 고향인 코네티컷 주 롱아일랜드 사운드에서의 조수 리듬을 계속 기억했다. 처음 2주 동안은 아무 문제가 없었다. 그러나 15일째 되던 날 브라운은 굴이 반응하는 리듬이 다소 흐트러졌다는 사실을 눈치챘다. 굴은 더 이상 고향 바다의 조수 리듬에 화응(和應)하지 않았고, 따라서 실험에 이상이 생긴 것처럼 보였다. 하지만 놀라운 사실은 이 연체동물들은 전부 똑같이 리듬을 바꾸었으며 서로서로 박자를 맞추고 있다는 것이었다. 브라운은 과거의 리듬과 지금의 리듬 간의 차이를 계측했는데, 굴이 에반스톤에서 가능한 만조 시간—물론 이 도시가 해발 580피트의 그레이트 레이크 호안에 위치해 있지 않고 해안가에 위치했을 경우를 가정한 만조의 시간—에 껍질을 연다는 점을 발견했다. 이 굴들은 어떤 식으로든 자신들이 1000마일이나 서쪽으로 옮겨졌다는 사실을 깨달았으며, 조수간만의 시간표를 계산할 수 있었고, 그 편차를 수정해 자신들의 생체 반응에 적용할 수 있었던 것이다.(Watson 1974, 35~36)

굴과 시계 아저씨의 처지는 많이 다르지만, 이들이 태양계 속의 지구 생태계에 붙박인 채 그 리듬에 의지하고 살아간다는 점은 다른 모든 지구 공동체의 구성원들과 대동소이하다. 앞서 말한 대로, 인간은 지구 생태계라는 자연을 극복-조작-재구성해 온 문명화의 역사 속에서 그 놀라운 성취의 대가로 어떤 소질과 능력을 잃어버렸다. 빛을 초청하면 어둠이 그 종자(從子)로 따라오는 법이니 어쩔 수 없다. "사람들은 문명화 과정에서 자신들에게 '동물성'을 느끼게 할 수 있는 것은 모두 제거하려 했"(엘리아스 2007, 266)지만, 이 시계 아저씨는 굴에서 돌고래에 이르는 다른 생명체들이 여전히 활용하는 능력의 일부를 어렵사리 이어갔던 셈이다. 그리고 나는 그의 능력도 제 나름의 어떤 집중의 형식이 생산성을 얻게 된 하나의 흥미로운 사례라고 여긴다.

앞서 미침과 천재성의 발현을 창의적 퇴행을 통한 불이적 통합과 연관시켰는데, 이 집중의 노동이 펼치는 '새로운 과거'의 지평에는 병리/정상의 근현대적 구분 자체를 무효화하는 점이 있다. 물론 이 책의 주된 관심은 '집중에 대한 철학적 인류학' 혹은 '집중의 인문학'이랄 만한 것으로서, 인간이 집중이라는 특이하고 놀라운 정신적 활동과 더불어 어떻게 변해왔고, 또 어떻게 변할 수 있는가 하는 의문을 인문학적으로 더듬는다. 지성과 영성의 분기라거나 집중을 통한 생산적 퇴행을 논의하는 중에 이미 시사했지만, 이러한 물음은 곧잘 '새로운 과거'라고 부를 만한 제3의 (초월적) 지평으로 인도하는 경향성을 보인다. 인간의 정신과 문화도 집중의 다양한 노동에 의해 쉼 없이 영향을 받아왔지만, 집중 그 자체도 정신문화적 되먹임에 의해 변화해간다. 과거의 집중은 진화인류학상의 한 임계점이었고, 인간의 정신적 진화의 한 특이점이었을 것이다. 하지만 종교와 수행을 포함하는 넓은 의미의 '공부'가 담고 있는 집중은 (역시 앞서 지적했듯이) 과거와 미래라는 '시간적' 계기의 성격을 넘어서고, (아무래도 모호한 말인) '초월적' 차원을 품어낸다. 나는 이 차원을 '새로운 과거'라는 표현으로 차별화하는 게 편리하다고 본다. 우선 '낡은 과거'가 있다. 이제는 별 쓰임새가 없고 심지어 청산 대상으로 전락하기도 하며, 기껏해야 역사의 기억이나 참고쯤으로 배치된다. 그리고 '새로운 미래'가 있다. 그러나 미래의 힘과 매력이 대개 '아직~아니(noch~nich)'의 형식 위에 별 실속도 없이 얹혀 있듯이, 미래가 표상하는 새로움에는 대체로 그 표상의 매력만 한 내용이 없다. 우발성이니 창발성(emergence)이니 하는 말은 이 표상의 특이점을 가정함으로써 매력을 극대화하지만, 언젠가는 그 매력의 환상조차 '메시아 대망(ϖαρουσία)'의 경우처럼 '낡은 과거' 속에 이름도 없이 묻히곤 한다. 하지만 아무리 현실적으로 실속이 없(었)다고 해도 그것은 아직 오지 않았기에 새로울 권리를 지닌다. 그러나 그 새로움조차 대부분 시비(是非)로 끝나버리고 말 일차원적 성격이라는 사실도 기억해야 한다. 앞서 말한 '새로운 과거'는 실은 새롭지 않고 '시간적 계기'에 속하는 차원도 아니라는 점에서 '낡은 과거' (1)와 '새로운 미래'(2)를 동시에 지양하는 '3'의 성격을 지닌다. (이 '새로운 과거'의 경험은 진화인류학상의 정신적 임계점이었던 집중 현상과 그 속알을 나누어 갖는데, 다음 장에서 이를 '3'이라는 개념으로 특칭해서 접근해볼 것이다.)

초월적 합일의 가능성을 현시하는 이 '새로운 과거'의 현상도 표현 방식은 여러 가지다.

지나치게 민활해진 혹은 불안하거나 변덕스러워진 인간의 마음은 제 몸을 과거의 것으로 소외시킨 채 자립하면서 때론 외곬으로 치달아 병리적으로 흐른다. 그런가 하면 드물게는 집중과 같은 생산적 퇴행을 통해 이 오래된 몸과 잠정적인 일체성을 회복하면서 '과거를 새롭게 하고' 동시에 '현재를 역사화'한다. 사람은 누구나 제 삶과 제 관심과 제 나이에 묶인 채 겨우 '사회적 존재'로 살아가지만, 사람의 가치와 가능성은 '사회'의 지평에 묶여 있는 게 아니라는 점을 깨쳐야 한다. 집중 혹은 영혼의 의미가 그러하며, '새로운 과거'라는 초월적 지평이 그러하다. 비록 이 논의의 구성에 사회과학적 정밀성이 부족하고 차용되는 개념들에 학술적 엄밀함이 떨어지더라도, 집중이나 영혼과 같은 개념을 매개로 인간의 정신사와 그 미래를 탐색하려는 노력이라면, 이른바 '무시받은 선구자(neglected precursor)'의 자리만으로도 적지 않은 위안이 될 테다.

실제로는 가장 유명하고 명백히 결정적인 현대적 발명품의 경우에도, '갑이 을을 발명했다'는 식의 적나라한 주장의 뒤안길에는 무시받은 선구자들의 존재가 숨어 있다.(Diamond 1997, 234)

또 다른 흥미로운 사례는 이따금씩 보고되는 공감각(synaesthesia)이 아닐까 한다. 이것 역시 과거와 현재(미래), 분기와 퇴행적 통합이 교호하는 형식을 갖추고 있다는 점에서 집중 현상이 밝히는 원형성을 보인다. 알렉산드르 루리야(1902~1977)가 보고한 '모든 것을 기억하는 남자' S의 기억력은 감각의 분기 이전으로 퇴행해 있는 듯한데, 그 바탕은 공감각이다.

다만 여기서 한 가지는 명확하다. 바로 S는 성인이 되어서도 여전히 산만한 공감각적 반응을 지니고 있었다는 점인데, 신경학자들에 따르면 오로지 가장 원초적이고 '원시적'인 종류의 감각을 지닌 성인의 경우에만 성립하는 것이다.*

루리야는 이 남자가 보유한 놀라운 기억 능력이 "각각의 시각적인 그리고 특히 청각적인 자극들이 만들어내는 공감각적 구성 요소"(루리야 2007, 43)를 바탕으로 한다고 진단한다. 공감각은 원시적 상태의 미분화된 감성으로서 응당 과거의 것이지

---

* 알렉산드르 R. 루리야, 『모든 것을 기억하는 남자』, 박중서 옮김, 갈라파고스, 2007, 111쪽.

만, 뉴턴과 다윈과 프로이트와 아인슈타인 이후에도 여전히 기능하는 종류의 것이라면 이는 병적-증상적 퇴행이든 집중에 의한 창의적 퇴행이든 간에 인간의 인지-인식 가능성에 대한 한 단서로 참고할 점이 있다. 앞서 소개했듯이 소수의 맹인이 훈련을 통해 얻게 된 반향정위(反響定位, echolocation)의 능력은 집중에 의한 창의적 퇴행의 형식 중 하나인 셈인데, 공감각의 내력에 비해 매우 능동적인 성격을 지닌 점이 대조적이고, 따라서 공감각과 반향정위를 비교해서 살펴보는 것도 집중과 관련된 퇴행적 통합의 경험을 이해하는 데 도움이 될 법하다.

병증-증상적 퇴행에서 특정한 생산성이 빛을 발하는 경우는 드물다. 당연히 모든 증상이 생산적일 리 없으며, 생산적이기는커녕 거기에 쌓여 있는 병적 억압의 무게는 대체로 그 모든 사회적 생산성을 뒤엎을 정도다. 잘 알려진 대로 증상의 형성(Symptombildung)은 억압된 것이 회귀하는 방식이다. 억압을 뚫고 올라오려는 것, 부정(Verleugnung)을 무릅쓰고 진실을 대면하려는 것이기에 그 회귀에 굴절 혹은 회절(回折)이 생기지 않을 도리가 없다. 라캉 식으로 말하면 이런 굴절 혹은 타협적 변형과는 무관하게 저 순수한 너머에 따로 존재하는 증상 같은 것은 없다.

그러므로 회귀는 거칠게 비유하자면 예수의 부활과 같은 게 아니라, 내가 살고 있는 밀양 영남루 아래쪽 아랑각(阿娘閣) 전설의 슬픈 주인공 아랑의 귀신과 닮았다. 그 회귀 방식이 괴이하고 비절(悲絶)하기조차 한 이유는, 억압을 뚫고 되돌아와야만 할 '피치 못할' 사정이 있는데, 이것은 차라리 억압 자체보다 더 많은 에너지를 들이기 때문이다. 프로이트의 유명한 해설에 의하면 '집(Heim)이 아닌 것(unheimlich)', 즉 으스스하며 유령이 나올 만치 낯설고 끔찍한 곳에는 (유령의 원한에서 전형적으로 예시되듯이) 귀향(혹은 원상복귀)의 소망(Heimwehr)*이 맺혀 있다. 프로이트는 '아닌(un)'을 억압의 징표로 읽었지만, 내가 보기에 이 접두어는 억압 그 자체라기보다 억압된 것이 회귀하는 (왜곡된) 방식, 즉 증상에 가깝다. 왜냐하면 집(Heim)을 회복하려는 비원(悲願)의 회귀는 곧 '귀신스러운(unheimlich)' 모습으로 드러나곤 하는데, 후자의 '아닌(un)'은 전자를 억압한 게 아니라 전자를 회복하는 과정에서 어쩔 수 없이 겪게 되는 증상적 변형이기 때문이다. 평자들은 '무(無, 침묵된 억압)보다는 유(有, 증상)'라고 안이하게 말하지만, (역시 비유로 말하자면) 나타나지 않는 것에 비해 나체로—물론 이것조차 이미/언제나 '적나라

---

* 유령 담론은 본문에서 밝힌바, 바로 유령-현상의 '끔찍스러움(unheimlich)'이 담론에 얹힌 의지의 지향을 구성적으로 증명한다. 그 지향은 집(Heim)에 제대로 깃들지 못한 무장소성의 설움과 외로움을 반영한다. 일본의 대지진(2011)과 원전 피해 이후 후쿠시마 쪽은 '유령이(조차) 없는 마을'이라고 표상되기도 하는데, 이는 유령 담론과 관련해서 시사하는 바가 적지 않다. "별로 알려지지 않은 이야기이지만, 이번 대지진이 일어난 뒤 후쿠시마에서는 미야기나 이와테 현에 돈 것과 같은 유령 이야기가 거의 보고되지 않았다. 유령 이야기가 떠도는 건, 피난 갔지만 고향으로 돌아오고 싶어하는 사람이 많다는 걸 의미하는 게 아닐까. (…) 그렇다면 '돌아갈 수 없음을 안다'는 후쿠시마 원전 주변 주민들 사이에 유령 이야기가 없다는 것은 그들이 마음속 고향을 꿈꿀 권리조차 잃고 생활을 지탱하는 끈이나 역사에서 단절된 위태로운 상황에 놓여 있음을 암시한다." 이소마에 준이치, 『죽은 자들의 웅성임』, 장윤선 옮김, 글항아리, 2016, 163쪽.

한 나체'는 아니지만—나타나는 게 결코 쉬운 일은 아니다. (남
자는 여자의 나체를 원하는 게 아니며, 사람은 진실을 원하는 게 아니
다.) 곁가지가 다소 길어지는데, 아랑-귀신은 "깊은 원한을 지
니고(抱幽寃)"* 있어 피치 못해 적나라한 귀신(증상)이 되어 나
타났으니, 이는 일종의 '증강된 실재(augmented reality)'랄 수
있는 예수-신의 부활/재림과는 차원을 달리한다. 예수 식의 부
활은, 이른바 공자가 그의 제자 안회(顔回)를 두고 말한바 '원망
을 옮기지 않는(不遷怒)' 경지**의 이상화된 모습일 것이며, 삶

---

* 徐有英, 『錦溪筆談』, 宋淨民 외 옮김, 명문당, 1985, 267쪽. 동양의 귀신이든 서양의 유
령이든 그 비밀은 원한(grievance)의 인문적 메커니즘이다. 이 원한의 정서가 특별히 중
요한 이유도 이 문제와 관련되어 있다. 하지만 눈에서 비늘이 떨어져나가듯 그 속내를 말
끔하게 볼 도리는 없다. 다른 곳에서 논급했지만, 그 중요성의 한쪽은 공부와 수행 길에서
반드시 만나게 되고 또 뚫어내야 할 과제라는 사실에 놓인다. (이 개념에 관한 니체의 간
헐적인 언급은 비록 그 논의의 방향이 약간 다르긴 해도 역시 중요한 참조가 될 만하다.)
또 다른 중요성은 전술했듯 사자(死者)를 이해하고 그 성격과 위상을 해명해보려는 인류
학적-종교적 노력에서 찾아볼 수 있다. 권헌익은 후자의 문제에 관해서 매우 유익한 인류
학적-사회학적 통찰을 제공하는데, 베트남 전쟁 당시 민간인 학살 피해자들의 망령에 대
한 유족들의 관심과 전통적인 민간 제의(祭儀)를 '원한으로부터의 해방(liberation from
grievance)'이라는 과정으로 규정하는 것에 주목할 필요가 있다. Heonik Kwon, *After
the Massacre: Commemoration and Consolatin in Ha My and My Lai*, Berkeley:
University of California Press, 2006, p. 80.
** 이리저리 생각을 펼쳐봐도 이 '원망을 옮기지 않는 경지'보다 더 중요하고 값진 공부
의 성취를 달리 상상하기 어렵다. 적어도 타인에게 호의를 베풀고 복을 빌어주는 정도의
마음보로서는 감히 손을 내밀어보는 것 자체가 민망한 성취일 것이다. 그래서일까, 공자와
는 사뭇 다르게 사유하고 운신했던 노자는 '큰 분노를 누그러뜨려도 필경 원망의 자투리가
남는다(和大怨必有餘怨)'는 정신분석적인 관측을 남기기도 했다. 돌려 말하자면, 카레니
나의 남편 카레닌의 말처럼 "당신을 미워하는 사람들을 사랑할 순 있지만 당신이 미워하는
사람을 스스로 사랑할 수는 없기"(Tolstoy 2008, 394) 때문이다. 예를 들어 기독교 성서에
기록된 바를 좇아 말하자면, 예수의 진정한 성취는 죽은 자를 살리거나 물 위를 걸어다닌
게 아니라 십자가 상에서 드러낸 그 불천원(不遷怨)의 실천이다. 그리고 그의 이름을 내세
워 2000년을 유세(誘說)해온 기독교의 가장 큰 죄악은 곧 천노천원(遷怒遷怨)이다.

의 경위처럼 얽혀 있는 어긋남과 원망을 아득히 넘어서서 마침 내 '증상이 없는 보편성의 나라'에 도달한 환상을 현시하는 것 이다. 원망과 불만을 넘어서려는 기획과 노력은 특히 종교적 구 원이나 인문학적 성숙이라는 과제에서 필수 불가결한 과정이며 따로 상세히 논의할 만한 주제이기에 여기서는 스치고 지나갈 뿐이다. 전후 베트남 사회에 출몰하는 유령 현상에 대한 권헌익 의 흥미로운 사회인류학적 보고에서도, 유령이 '성숙-구원'의 과정을 밟아가는 데 있어 가장 중요한 것은 바로 이 '원망으로 부터의 해방(liberation from grievance)'이다. "베트남인들은 유 령의 변환을 지아이 오안(giải oan), '불만으로부터의 해방'*이 라고 표현한다."(권헌익 2016, 260) 이는 무엇보다도 사람이 증 상적인 존재라는 사실을 드러내며, 자아는 그 증상들이 중층적 으로 압축된 벽돌로 세워진 무상한 구조물임을 나타낸다.

증상은 마치 일종의 대증요법처럼 보인다. 대증(對症)은 쏟아 지는 물살을 양손으로 움켜잡은 듯한, 안타깝지만 어쩔 수 없는 절충이며 미봉이다. 하지만 분출해서 회귀하려는 그 물은 대증 적 방식으로 통할 수 없는 깊이를 지닌다. 이 깊이 때문에 병 증과 천재가 겹쳐 보이기도 하는데, 한편 이는 착시이기도 하지 만, 깊은(먼) 곳으로부터 돌아오면서 겪는 변형의 형식이라는 점에서는 닮았다. 우리가 일상의 인간관계에서 겪고 보는 증상

---

* 이 베트남어(giải oan, 지아이 오안)의 의미는 '억울한 죄로부터 해방되다' '억울함을 풀다' 혹은 '허물을 벗다' 등이다.

들은 성가시고 실없이 반복적이며 대체로 비생산적이다. 그러나 거꾸로, 천재들에게서 도드라지게 나타나는 과도한 생산성은 대체로 증상적이다.* 가령 제대로 이해받지 못한 채 극단적 시비가 분분한 추사체(秋史體)는 서예의 전 역사를 한 몸에 품고 있는 생산성이자 그 재능이 당대의 세상으로 모습을 드러내는 과정이 만드는 특이한 스타일인데, 그 형식은 역시 매우 '증상적'이다. 증상이라는 현상을 조금 다르게 표현하자면, 과거와 현재의 접촉/마찰/절충이라는 점에서 법고(法古)와 창신(創新) 사이에서 그 어긋남과 어울림을 겪어내는 요개(撓改)의 움직임일 것이다. (여기서는 '법고창신'을 박지원류의 공부론으로 협애하게 이해할 필요가 없고, 정신적 존재인 인간이 겪어가는 장구한 진화의 변증법으로 넉넉하게 살려두어야 한다.) 그리고 때론 이 어긋남과 어울림은 겹치거나 스치기도 할 것이며, 때론 어느 한쪽으로 쏠려 그 증상 속의 내밀한 갈등을 은폐하기도 할 것이다. 이러한 설명의 도식에 천재와 병증을 얹어보면, 천재는 법고창신이

---

* 증상이 아닌 천재는 서구에서는 대체로 낭만적-종교적 형상을 띠곤 한다. 마치 키르케고르의 '신을 마주한 단독자(coram deo)' 개념처럼 독특하고 반복할 수 없이 주어진 내적 관계(자리)를 상정한다. 마찬가지로 그 재능에서 신성의 단서를 보거나 노골적으로 신학적 범주를 할당하기도 한다. "모차르트에 대한 현상을 어떻게 설명할 수 있을까? 모차르트가 그렇게 특별한 이유는 무엇일까? 신비적인 것만큼 또한 매력적인 이 인물의 특별한 성격을 파악하고자 한다면 아마도 신앙적인 범주들 또한 필요하지 않을까?" 한스 큉, 『모짜르트, 음악과 신앙의 만남』, 주도홍 옮김, 이레서원, 2000, 37쪽. 만약 이런 종교적 색채를 덜어내고, 그리스적 형이상학의 몸체에 동아시아적 수행자의 아우라를 얹어놓으면 어느새 하이데거 식의 유현함이 드러난다. "드물지만 은총이 사유에게 넉넉하게 허락되는 곳에서 사유의 말함은 마치 아무것도 말해지지 않은 것처럼 그렇게 존재한다." 마르틴 하이데거, 『사유의 경험으로부터』, 신상희 옮김, 길, 2012, 202쪽.

라는 인간 존재의 증상적 통로를 '생산적'으로 통과하는 일이지만, 정신적 병증은 그처럼 통과하지 못한 채 어느 한켠에 비생산적으로 울혈된 것이다. 그러나 다시 지적하건대, 어울림과 어긋남, 통과와 울체(鬱滯) 혹은 천재와 병증을 가르는 선이 한결같이 명료하진 않다.

조금 번져나가는 인상을 주겠지만, 생산-불모의 비유 대신 명-암(明-暗)이나 객관성-수행성(遂行性) 혹은 의식-무의식 등속의 개념쌍으로 논의를 반복해보면 학(學)과 술(術)의 전통적 이분법에 대해서도 조금 다르게 이해할 입지를 얻게 된다. 남아프리카의 동물행동학자 겸 인류학자인 라이얼 왓슨 (1939~2008)의 학문적 관심은 생명체의 전 영역을 아우르고 고대와 첨단의 미래를 회통시키며 마이크로 세계와 매크로 우주계를 병치시킬 뿐 아니라 꿈과 현실, 마술과 사이버계를 한 문장에 녹여내는 파우스트적인 지성인데, 학-술의 구분에 대한 관습적 태도를 넘어서려는 노력의 매우 흥미로운 사례로 보인다. 그 스스로 "훌륭한 과학은 모두 결론을 두루뭉술하게 내리고 한계를 모호하게 해놓는다"*고 주장한다. 그의 과학이 쌓아올린 건물** 속에는 어두운 회랑(回廊)이 많고 인적이 드문 지하

---

* 라이얼 왓슨, 『초자연: 우주와 물질』, 박문재 옮김, 인간사랑, 1992, 10쪽.
** 내가 읽은 그의 책은 『초자연(Supernature)』(1972), 『로미오 실수(The Romeo Error)』(1974), 『생명조류(Lifetide: a biology of unconscious)』(1979), 『하늘의 숨결 (Heaven's Breath: A Natural History of the Wind)』(1984), 『초자연을 넘어(Beyond Supernature: A New Natural History of the Supernatural)』(1986), 『용들의 꿈(Dreams of Dragons: Essays on the Edge of Natural History)』(1987), 『사물의 본성(The

실조차 이곳저곳에 잠복해 있다. 그의 책들 속에는 자욱길이 잦고 실없어 보이는 에움길도 많아 표준적 제도 학문 길을 걸어온 이들이라면 선뜻 그를 수용하는 게 쉽지 않을 수도 있다. 개인적으로 오래전부터 그에게 매료되어 있던 나는 미국에서 철학으로 학위를 받은 뒤 다시 그에게 찾아가 동물행동학을 공부하려는 계획을 꽤 오랫동안 품기도 했다. 고금과 동서를 누비면서 얻어온 그의 자료에는 사물과 정신, 몸과 마음, 유령과 인간, 무의식과 의식, 감성과 이성, 그리고 주술과 첨단 과학을 잇고, 문명화된 인간이 감각적 분기를 겪기 이전의 상태를 엿보게 하는 관찰이 적지 않다. 그에 의하면 "이제 우리는 자연과 고전적 오감(五感)은 진정한 초자연의 마술의 극히 적은 부분에 불과하다는 것을 깨닫기 시작"(왓슨 1992, 197)하고 있다는 것이다. 과거(법고)와 현재(창신) 사이를 잇든 무의식과 의식 사이를 잇든 몸과 정신 사이를 잇든, 앞서 언급했듯이 이들은 모두 '새로운 과거'의 생성이라는 쪽으로 움직인다. 그리고 이 움직임을 정신의 기능적 차원으로 번역해놓으면, 이는 의식적 분기 현상으로부터 생산적으로 퇴행하는 집중의 체험과 관련된다. 따라서 이는 무의식의 그림자가 드리워진 영역 중 일부가 극진화(極盡化)하는 의식적 노력에 의해 새롭게 그 가능성을 현시하는 것처럼 보

Nature of Things: The Secret Life of Inanimate Objects)』(1990), 『어두운 본성(Dark Nature: A Natural History of Evil)』(1995), 『야콥슨 기관(Jacobson's Organ: And the Remarkable Nature of Smell)』(2000) 등이다.

인다. 참고할 만한 또 다른 사례로서, 벤야민이 말하는 '변증법적 이미지(dialektisches Bild)'는 상처 입은 자들의 과거를 망각한 채 이어져온 몰역사적 역사의 소망상(Wunschbild)을 벼락처럼 깨뜨리고 나타나는 역사의 파국적 순간, "인식 가능성의 지금(Jetztzeit) 속에서 번쩍이는 이미지"*다. 이런 뜻에서 그것은 잊힌 과거 혹은 바스라진 과거사의 파편들이 사건적 현재의 조망 아래 새로운 얼굴로 자신을 드러내는 순간인 셈이다. 이 글에서 주목하는 집중이라는 현상의 열매에는 그런 순간이 잦다. 이 이른바 '사건적 현재'의 힘으로 과거를 새롭게 호출하고 가능성을 총체화한다는 점에서는, 집중 속의 창의적 퇴행으로 가능해지는 '새로운 과거'의 체험과 비교할 만하다.

학-술의 내적 연계를 궁리하는 일은 여기서 마무리하기에 너무 큰 그림이며, 변증법적 이미지라는 역사철학적 현재성을 상상하는 것은 적잖이 미묘한 문제다. 그러나 객관적으로 계측 가능한 인간 능력의 제고를 통해서 이 문제에 접근해보는 것은 이론적으로 위험해 보이지만 그만큼 흥미롭기도 하다. 이는 집중의 어떤 극점에서 생성되는 이런저런 초월적 현상의 내면을 좀더 평이하게 엿볼 수 있는 창구 역할이 되기도 한다. 데이비드 블레인(1973~)은 2008년 4월 30일, 물속에서 17.25분 동안 숨을 참아 여태껏 깨지지 않고 있는 월드 기네스 기록을 세웠

---

* Walter Benjamin, 'Zentralpark', *Charles Baudelaire*, (tr). J. Lacoste, Paris: Payot, 1982, p. 240.

다. 다음의 인용문은 그가 이 기록을 세운 뒤 자신의 경험에 관해 스스로 밝힌 내용의 일부인데, 비록 정교한 말은 아니나 그러한 기록을 가능케 한 상태를 이해하는 데에는 어려움이 없을 것이다.

(숨을 참으면서) 내가 생각했던 것은 (…) 대략 나 자신을 나로부터 없애려고 했다는 것이다. 나는 모든 것을 없애버리려고 했다. (…) 그래서 내가 생각했던 것은 (…) 내가 대양의 심연 속으로 거의 빨려 들어가는 것을 상상하는 것이었다. (…) 나는 아무 생각이 없었다. 나는 모든 것을 비워냈고 완벽하게 평정한 상태를 유지했으며, 이렇게 하는 중에 심장 박동 수를 낮추기 시작했다. 그사이 심장 박동 수와 시간이 변하자, 꽤나 긴 시간인 16분처럼 느껴지지 않았고, 마치 모든 게 한순간 속으로 압축된 듯이 느껴졌다.*

이 인용문에서 '나 자신을 나로부터 없애려고 했다'는 말은 전형성을 띠고 있으며, 집중에 대한 저간의 논의에서 반복되는 기본적인 형식을 다시 확인해준다. 에고의 성취도, 그리고 에고

---

* https://www.youtube.com/watch?v=olKlc4Bv6CA/ "What I do think about, is to try to remove myself from me pretty much. I've gotta try to get rid of everything… so what I do think about is… I imagine getting sucked into the abyss of the ocean almost and… I don't have any thought. I empty everything out and become perfectly still and by doing so I think I start to get the heart rate down and when the heart rate… and time changes during that. I doesn't feel like 16 minutes which is a good length of time… feels more like one moment compressed…"

와의 싸움도 2에 속하며, 우리가 속한 세속의 일상적 모습일 뿐이다. 붕어빵 장수의 솜씨로부터 노벨상 수상자의 지식에 이르기까지, 장녹수의 기지로부터 최순실의 욕망에 이르기까지 죄다 이 '에고'가 주인공으로 등장하는 드라마들에 속한다. 물론 평범한 사람들에게서도 에고와의 싸움은 끊이지 않는다. 운이 좋거나 집중의 비밀을 체득한 극소수는 법열이나 엑스터시의 순간, 혹은 '변증법적 지금(Jetztzeit)'의 카이로스를 틈타며 에고의 막(膜)을 뚫고 솟아올라 초월적 지평을 찰나이나마 맛보는 행운을 누린다. 절대다수의 사람들은 자신의 에고를 근근이 달래며 타협과 절충의 흐릿한 세상을 살아간다.

비록 그 최고의 기량에 이르는 마지막 순간까지도 에고의 결심과 요량에 의지할 수밖에 없는 것은 사실이다. 수다만으로 민주주의가 설 수 없고 냉소와 딴죽만으로 지성을 증명할 수 없으며 아이러니만으로 대안적 공동체가 유지될 수 없듯이, 무의식으로 소통할 수 없고 무위(無爲)로 다스릴 수 없으며 무아(無我)의 상태로 아내나 남편이 될 수는 없을 것이기 때문이다. 하지만 비록 좁은 길이고 짧은 체험이긴 해도 최고의 기량 속에서 잠시나마 번득이는 빛은 대체로 에고를 극복했거나 망아(忘我)에 이른 것처럼 보이며, 그 과정은 집중과 구성적으로 관련된다. 물론 망아의 지경이 반드시 훈련의 재(才)나 수행의 덕(德)에 터하지는 않는다. 음식이나 약물을 통해서 망아에 이르기도 하고 춤이나 심지어 성행위 등에 수반되기도 하며 걸작 예술품이나 숭고한 대상을 접하는 체험에 이어지기도 한다. 또 먼 옛날 나 자신이 경험한 적도 있는바, 음악을 접하는 과정에서, 심지어 청소하는 와중에도 '망아적 희열(ecstatic bliss)'이나 깨침이 찾아든다. 특별히 지성과 영성의 융통이라는 관점 아래 집중과 망아의 체험을 잇는 사례로는 소크라테스가 특별한 관심을 끈다.

소크라테스에게 있어서 로고스가 가지고 있던 이러한 뜻과 아테네인들에게 대단히 주목을 끌게 했을 하나의 특색이 밀접하게 엉켜 있다. 그것은 어떠한 장소이거나 어떠한 시간이거나 심사숙고에 깊이 잠길 수 있다는 소크라테스의 특이한 성질이 그것이다.*

그런가 하면 (해석학적 순환에 빠질 위험이 있는 표현이지만) 망아의 체험이 일정한 형식 없이 일상성에 틈틈이 스며든다고 주장할 수도 있는데, 이는 대체로 미학적 체험의 일종으로 개인의 소질과 개성적 표현에 의존하는 바가 커서 남들 앞에 떠벌릴 만한 것은 아니다.

망아의 경지는 적어도 예외적인 상태가 아니라 일상생활에서 지극히 흔하디흔한 것에 지나지 않는다. 가끔 엄습해오는 도취 상태에

---

* G. 마르틴, 『소크라테스 評傳』, 박갑성 옮김, 삼성미술문화재단, 1980, 83쪽.

서, 나는 그저 나를 망각할 것이 아니라 무언가에 나 자신—과 그 외의 모든 것—을 잊게 만드는 것이고, 더욱이 그 상태에 있는 한 그런 상태가 지속되기를 바란다. 나는 그때 감정에서 수동적이었고, 가치의 지향에서 능동적이었다.(가토 2015, 394)

신은 무엇보다 에고가 아닌 것이다. 그러므로 신과 에고는 어떤 장소를 놓고 경합한다. 물론 '경합'이라는 용어가 지질해 보이긴 해도, 에고가 들어찬 자리는 신(들)이 즐기는 자리가 아니다. 에고가 수문장을 자처하고 있는 곳이라면 성찰도 지혜도 깨침도 비껴 선다. 자신의 부끄러움을 모르는 자들의 부끄러움은 일없이 남들을 부끄럽게 한다. 인류의 스승이 된 현자와 성자들도 한결같이 '타인(이웃)을 제 몸처럼!'이라는 명제 아래 에고의 너머를 윤리적 섬광처럼 제시한다. 예수의 말이 그 전형을 이루었고, 그보다 4세기를 앞선 묵자(墨子, 기원전 479년경~기원전 381년경)도 "남을 사랑하기를 제 몸과 같이 하(라)(愛人若愛其身)"*는 겸애(兼愛)의 담론을 남긴 바 있다. 무릇 공부와 수행은 죄다 에고와의 싸움이라는 관문을 거친다. 양명학에서 말하는바 '진기즉무기(眞己則無己)'를 향한 도정이다. 에고에 관한 한 소학과 대학이 따로 없고 승당과 입실이 따로 없으며 아이와 노인이 따로 없으니, 넘어지는 자리도 에고가 있는 자리이고 일어서는 자리도 역시 에고가 있던 자리다. 포기하지 않는 사랑의 병자와 같은 에고를 방치하면 집중도 없고 초월(성)도 없으며,

따라서 타자(3)의 소식도 없어진다.

에고는 좋아하고 싫어하는 아수라 속에서 너(2)를 상대하며 살아간다. 나와 너는 각자의 에고로써 경합하며 견고한 공멸의 구조를 이룬다. 내가 너를 미워하더라도 그것은 에고이며, 네가 나를 좋아하더라도 그것은 에고에 지나지 않는다. 에고중심적 교환이 특징적인 상상계 속에서의 자기인식(me-connaissance) 은 곧 오인(méconnaissance)이라고 했듯이, 필경 생각은 에고 의 자기-생각으로 되먹임될 뿐이다. 나는 공부론의 기본 전제 로서 '생각은 공부가 아니'라고 줄기차게 말해왔는데, 마찬가지 로 생각은 곧 에고의 혈류인 셈으로, 마치 제아무리 복잡다기한 혈류라도 자기정합적일 수밖에 없듯이 생각으로 구성된 에고 는 결코 타자에게 손을 내밀 수 없다. "생각하고 있는 인간은 자 기가 생각하는 바에 빠져 있다. 알고 있는 주체는 알려진 객체 속에서 스스로를 상실한다."** 이는 레비나스가 정식화한 대로 '이성의 유아론적 구조'로까지 이어진다.

이성은 모든 것을 자신의 보편성 안에 포괄하면서 그 자체로 고독 안에 머물러 있다. 유아론(唯我論)은 착오도 아니고 궤변도 아니

---

* 墨子,『墨子』, 김학주 역해, 명문당, 1977, 158쪽.
** Alexander Kojéve, *Introduction to the Reading of Hegel: Lectures on The Phenomenology of Spirit*, Ithaca: Cornell University Press, 1980, p. 3. 다음 글에서 재인용. 마단 시럽,『알기 쉬운 자끄 라깡』, 김해수 옮김, 백의, 1996, 60쪽.

집중과 영혼

252

다. 이성 자체가 유아론적 구조를 갖추고 있다.*

생각이 공부가 아니라는 지적은 바로 이 유아론적 구조의 내적 정합성을 챙기는 것만으로는 더 나은 인간도 더 나은 삶도 기약할 수 없다는 염려다. 이런 인식론적 염려의 종교적 번안이 키르케고르가 말한 '절망'처럼 들린다.

자기 죄에 관해 절망하는 것은 죄가 그 자신에게 있어 일관된 것으로 되었거나, 또는 일관된 것으로 되고자 하는 표현인 것이다. 이 죄는 선(善)과는 결코 관련성을 가지려 하지 않으며, 우연한 경우에라도 타인의 얘기에 귀 기울이게 되는 그런 약한 마음을 가져서는 안 된다고 생각한다. 아니, 이 죄는 오로지 자기 자신의 목소리에만 귀 기울이고, 오로지 자기 자신에게만 관련되며, 오로지 자기 자신 속에만 숨어 있으려고 한다.**

인간의 실존적 절망에 대한 이런 식의 종교적 비평에다 그 병적 증례들을 덧붙이면, 이 반(反)공부, 반(反)수행의 논의는 한 사이클을 다하는 듯하다. 아마도 이 문제에 대한 가장 일반적인 표현은 역시 칸트에게서 찾을 수 있을 법하다.

---

* 엠마누엘 레비나스, 『시간과 타자』, 강영안 옮김, 문예출판사, 1996, 68쪽.
** 키에르케고르, 『불안의 개념』, 이명성 옮김, 홍신문화사, 1996, 271쪽.

신성한 역사가 우리에게 전하는 바대로 믿고, 그것을 (내적이든 외적이든 간에) 고백하는 것 자체를 통해서 우리가 신(神)의 마음에 들 수 있다고 생각하는 것은 위험한 종교 망상인 것이다.(칸트 2001, 196~197)

한편 구체적이며 극단적인 사례로는 프로이트나 카네티가 분석한 바 있는 유명한 다니엘 슈레버 판사(1842~1911)의 이야기를 거론할 만하다.

편집광은 자신에 대해 만족하며, 실패에 동요될 리가 없기 때문에 양자 가운데서 더 인상적이라고 생각할 수도 있다. 세상의 여론은 그에게는 아무런 효력도 지니지 못한다. 그의 망상만이 인류 전체에 대항하고 있는 것이다. 슈레버는 이렇게 말한다. '일어나는 모든 일은 나와의 관계 속에서 일어난다. 나는 신을 위한 인간 그 자체가 아니면 유일한 인간이 되었다. 다시 말해 나는, 그를 중심으로 모든 일이 일어나고, 일어나는 모든 일은 그와 관련되며, 또 그의 입장에서 보더라도 모든 일을 자기에게 관련시키지 않으면 안 되는 그런 유일무이한 인간이 되었다'.*

여기서 재론하지 않겠지만, 내가 다른 글들에서 집요할 정도

---

* 엘리아스 카네티, 『군중과 권력』, 반성완 옮김, 한길사, 1985, 535쪽.

로 '호의'나 '호감'을 분석하고 비평하면서 신뢰에 터한 동무관
계를 조형하고자 했던 이유가 지금도 드러난다. 무위의 삶이나
무아의 주체가 어렵듯이 3에 머물러 살아가는 것도 거의 불가
능하다. 그러나 새로운 삶을 위해서는 어쨌든 꾸준히 3으로 이
동('산책')해야 하기 때문이다. 앞서 니체의 어린이와 예수의 어
린이를 언급했지만, 이 어린이는 얇은 문자적 계몽이나 정보화
의 평면으로부터는 이미 은폐된 존재이며, 따라서 어떤 사건적
체험 속에서 드러날 미래적 존재라고 해야 할 듯하다. 그런 점
에서 1(아이)과 2(어른) 사이를 오락가락하는 사고와 태도로는
그 존재에 접근할 수 없다. 이는 투박하게 가르자면 3의 형식
인 셈인데, 세월의 외형일 뿐인 크로노스(κρόνος)가 아니라 카
이로스(καιρός)적 사건의 결과물이다. 말하자면 이 아이는 (앞
서 사용한 어법을 따르자면) '과거의 새로운 얼굴'이다. 메시아주
의나 사건의 철학 등이 입고 있는 이론적 외양은 매력적이지만,
미래가 낯선 얼굴을 띠고 다가온다고 믿기보다 과거가 그 깊이
속에서 새로워진다고 믿는 게 더 현실적이다. 그러므로 타자(3)
의 불연속성을 신화적으로 과장하는 것은 현실적이지도 않거니
와 필경 자가당착에 빠지기 쉽다는 점을 잊지 말아야 한다. 그
래도 3은 3이니, 1과 2가 맺고 있는 늪과 같은 사통을 초과하는
지평에 닿는 일은 실로 '은총'에 비길 만치 지난하긴 하다. 만
일 이 어린이가 3의 형상이 아니라 1이라면 그것은 천국을 엿보
게 하는 변증법적 이미지라기보다는 마치 '민중'이니 '인민'이

니 시민이니 하는 또 다른 세속의 일부에 불과할 것이다. '덕을 깊이 품은 것은 어린아이와 같다(含德之厚比於赤子)'(노자)고 한 게 대략 이런 이치다. 깊은 과거를 물고 있는 이 새로운 얼굴은 홍보하듯이 지속되지도 않고 안이하게 순치되지도 않는다. 이는 상식적 역사의 연속성을 뚫고 올라오는 사건적 경험으로서, 마치 한용운 시인이 읊었던 "지루한 장마 끝에 서풍에 몰려가는 무서운 검은 구름의 터진 틈으로, 언뜻언뜻 보이는 푸른 하늘은 누구의 얼굴"('알 수 없어요')이라고 할 때의 그 얼굴과도 닮았다. 사건성에 접근하는 인간의 노력에 선물처럼 다가와서 뇌성처럼 번쩍이며 자신을 보이는 얼굴은 응당 안타깝게도 짧은 체험일 수밖에 없다. 찰나처럼 짧다는 것, 나체처럼 부끄럽다는 것이야말로 진리의 표징이니, 진리는 개인의 건강이나 이익에 이바지하는 게 아니라 인류의 과거를 미래적으로 비추어낼 뿐이기 때문이다. 그것은 담박 깨쳐 얻는 부처가 아니라, 견성에도 불구하고 '업장(業障)이 차마 깊은(多生習氣深)'(지눌) 나머지 그 부처의 이미지마저 순간으로 스치는 인연의 한 꼬투리와도 같다.

2장

—

공부,
혹은 1에서 0으로,
2에서 3으로

—

13. 집중의 공부, 혹은
1에서 0으로, 2에서 3으로

집중이 공부나 수행과 관련된다는 것은 누구나의 경험일 것이다. 집중의 중요한 측면 하나가 기량의 심화 혹은 극대화와 관련되고, 이런 체험의 연장선에서 극아(克我)나 망아에 이른다는 사실은 다만 암기나 학습이 아닌 공부론의 내밀한 경지를 열어준다. 공부가 깊어지고 그 임계점에 접근하는 경험이 반복되면서, (비록 여전히 드물긴 하지만) 자아의 군은 습기(習氣)와 고집 어린 관성을 넘어가는 일에 관해서는 더러 언급했고, 또 갖가지 형식의 사례가 부지기수로 널려 있다. 공부든 수행이든 혹은 그 어떤 행위든 출발점에 선 것은 자아다. 자아라는 게 바로 제 생각과 기분에 의해 볼품없이 요개(搖改)하곤 해도, 공부의 들머리와 과정에서 나름의 역할을 한다. 그러나 절차탁마(切磋琢磨)에 성취가 있어 그 기량이 이른바 불이(不二)의 분기점을 스치면 공부의 주체는 탈자아화하는 경향을 보인다. 물론 여러 차례 전술했듯이 불이의 체험 자체가 희귀하며, 마찬가지로 세속적 자아를 초월하는 주체의 지속도 희귀한* 경우가 아닐 수 없다. 따라서 이를 새로운 주체를 낳는 '사건적' 계기라고 할 수도 있겠다. 그러나 이 사건의 위상과 성격은 애매하고, 특히 동아시아적 사유의 전통 아래에서는 사뭇 낯설어진다. 이 주체를 바디우처럼, '충실성(fidélité)'의 윤리학적 맥락에서 이를 세속적 상황을 단절하고 사건에 따른 초과(excès)**에 집착하는 움직임으로 설명할 수도 있겠다. 그러나 그 형식적 유사성에도 불구하고 인간됨의 실제와 깊이, 수행적으로 관련되는 공부─행위는 윤리학 코드 속에 고르게 배열될 수 없다. "진리란 사건에 매달린, 기존 지식들에는 환원 불가능한, 그리고 단지 이 사건에 충실한 행동에 의해서만 규정되는 무한한 생산성"(바디우 1995, 102)이라는 표현도─역시 그 형식적 유사성에 유의할 필요가 있긴 하지만─서구의 일신교적 신학이 흘려놓은 정신적 특권을 답습하는 듯 보여, 공부라는 난제에 적실하고 인간적으로 접근하려는 이 글의 취지에 부합하지 않는다. 게다가 이 같은 윤리학적 충실성을 '이데올로기적 충실성'─"우리가 할 수 있는

---

* 이런 식의 희귀함은 곧 성취의 희귀함으로 이어지기도 한다. 예를 들어 추사의 불계공졸(不計工拙)의 태도도 절차탁마의 희귀한 정신적 경지를 엿보게 한다. 글씨가 기괴(奇怪)하다는 주변의 평에 대한 추사의 해명은 다시 그 불이의 성취로 되먹혀든다. "요구해온 서체는 본시 처음부터 일정한 법칙이 없고 붓이 팔목을 따라 변하여 괴(怪)와 기(奇)가 섞여 나와서 이것이 금체(今體)인지 고체(古體)인지 나 역시 알지 못하며 보는 사람들이 비웃건 꾸지람을 하건 그것은 그들에게 달린 것이외다. 해명해서 조롱을 면할 수도 없거니와 괴(怪)하지 않으면 글씨가 되지 않는 걸 어떡하나요." 다음에서 재인용. 유홍준, 『김정희』, 학고재, 2009, 339쪽.

** 알랭 바디우, 『철학을 위한 선언』, 이종영 옮김, 백의, 1995, 101쪽.

2장 공부, 혹은 1에서 0으로, 2에서 3으로

한, 한 방향으로 계속해서 똑바로 걸어가고 있다는 사실, 설령 더할 나위 없이 의심스러운 견해일지라도 한번 마음먹은 이상 따르고 있다는 사실"*—과 변별하는 데 실패했기 때문에 생긴 우스꽝스럽고 참혹한 일화들은 여름날 낙동강의 녹조처럼 널리고 널려 있다. 아무튼 공부의 어떤 성취에 따르는 탈자아적 주체의 구성을 '사건적'이라고 해도, 아무래도 이 사건성이라는 용어가 과장되거나 오용되지 않을 도리는 없어 보인다. 논의의 결이 다소 다르긴 해도, 소비자본주의의 세태 속에서 타자성조차 소비주의의 일종으로 전락한다는 주장**을 여기에 곁들여둘 만하다.

한편 주체라는 용어의 위상이나 그 용례가 의심받아온 역사도 이미 짧지 않다. 이 글의 주된 관심사 중 하나이기도 한데, 앎의 주체는 서양 근대 인식론의 주체론처럼 매끈하게 처리하고 배열할 수 있는 문제가 아니다. 더구나, 차후에 자세히 논급할 텐데, 여러 직관, 기미(幾微), 예조(豫兆), 미립, 예지몽, 텔레파시 혹은 다른 형태의 앎으로 사람의 의식에 잠시라도 깃드는 현상들에 관한 인간적인—너무나—인간적인 이야기라면 더욱 그렇다. 데카르트적 주체(Cartesian subject)나 칸트의 선험적 통각

---

* 슬라보예 지젝, 『이데올로기라는 숭고한 대상』, 이수련 옮김, 인간사랑, 2002, 151쪽.
** "오늘날의 이질성은 아무런 면역 반응도 일으키지 않는 차이로 대체되었다. (…) 면역학적 차원에서 차이란 같은 것(das Gleiche)이나 마찬가지다. 차이에는 말하자면 격렬한 면역 반응을 촉발하는 가시가 빠져 있다. 타자성 역시 날카로움을 잃고 상투적인 소비주의로 전락한다."(한병철 2012, 13)

(transzendentale Apperzeption)이 풍기는 대추씨 같은 이미지와 달리 인식과 행위에 간여하는 우리의 주체는 대체로 가(假)건물과 같아서 그 내용물이나 주변 여건에 의해 끊임없이 흔들리며 변화해간다. 헤겔의 고전적 정식화나 발레리의 멋진 표현처럼 인간의 의식은 간단없는 운동일 뿐이다.

> 인간의 특징은 의식이다. 그리고 의식의 특징은 탈진(脫盡)에 이르도록 쉼 없는 운동의 과정이다.[*]

내가 오래전부터 사용해온 용어 중 하나로 '내 것이 아닌 자신감'이라는 말이 있다. 자신감(自信感)이라는 게 말 그대로 나 자신에 터한 감정이니 일견 형용모순일 듯하지만, 바로 이 모순의 자리에 틈을 얻어 예상치 못한 기별을 알리는 게 인간의 정신이라는 기묘한 매체다. 나 자신의 경우도 이 용어의 기원은 확실치 않지만, 이 용어를 구상하거나 떠올리고 강화하게 만든 경험의 상당 부분은 대학 안팎에서 행한 강의/강연과 관련된다. 강의 중 문답이 이루어지는 일이야 당연하다. '사물이 오면 제대로 응했(物來而順應)'고 "누가 무엇을 묻든지 묻는 그 말에 따라 예사로 대답을 해주었"[**]던 물계자(勿稽子)나 "자기에게 접

---

* Paul Valéry, *Selected Writings of Paul Valéry*, New York: New Directions Books, 1964, p. 92.
** 김정설, 『風流精神』, 영남대학교출판부, 2009, 89쪽.

2장 공부, 혹은 1에서 0으로, 2에서 3으로

261

근(대화)하는 사람들을 처음 왔을 때보다는 더 좋은 인간으로
만들어 돌려보냈"*다고 하는 소크라테스를 각별히 기억하고 있
는 나는 특히 '응(應)해서 말하기'를 내 강의의 모토로 삼을 만
치 강의 중의 문답을 유달리 즐기는 편이다. 공부란 오직 절문
(切問)에 응하는 그 기민하고 적실한 소통적 관심을 통해서만
진지해지기 때문이다.** 이러한 과정을 통해서 내가 차츰 확인/
확신하게 된 것은 대화나 질문 현장에 응해서 말하거나 답하는
나 자신의 주체가 계산하고 의도하는 내 표면적 의식에 의해서
만 구성/규정되지 않는다는, 일견 너무나 뻔한 사실이었다. 과
장처럼 들리겠지만, 나는 질문을 경청하고 답변을 고심하는 숱
한 과정을 통해 내가 예측하거나 통제할 수 없는 묘명(杳冥)하
고 기발한 생산성의 와류에 내던져진 기분에 휩싸인 게 한두 번
이 아니다. 물론 이 같은 경험은, 누구나 어느 만큼은 심리학자
인 지금, 이런저런 무의식 담론에 의해 쉽게 해명될 수 있겠다.
하지만 구체적인 내 화용(話用)을 통해 스스로 이를 체득할 수
있었던 것은 결코 사소한 소득이 아니었다. 자연과학의 독백적
설명에 비해 정신과학이 이른바 '대화적 구조(Dialogstruktur)'

---

* 크세노폰, 『소크라테스의 회상』, 최혁순 옮김, 범우사, 1986, 38쪽.
** 물론 소통 가능성(communicability)에 그 기본을 두는 게 마땅하고 마땅하다. 그럼
에도 불구하고 '가는 곳마다 공부가 아닌 곳이 없다(無往而非工夫)'는 정신 속에서, 연암
박지원의 말처럼 '말똥 속에나 기왓장에도 도(道)가 있다'거나 "내겐 문(門)을 여닫는 행
위에 도덕적 의미가 있음을 역설한 스승이 있었다"는 식의 주장에도 차분히 귀를 기울여
야 한다. 리 호이나키, 『正義의 길로 비틀거리며 가다』, 김종철 옮김, 녹색평론사, 2007,
178쪽.

집 중 과   영 혼

를 갖는다고 하지만, 내게 이 구조는 마치 대화적 응대를 통해 새롭게 드러나는 미로나 바닥의 깊이를 알 수 없는 늪과 같았다. 그리고 어느새 어떤 신앙처럼 내게 들붙게 된 '내 것이 아닌 자신감'은 바로 이 미로-늪의 생산성이라고도 할 만한 것이었다.

이 생산성의 형식은 의외로 다음과 같이 매우 간결하게 정리된다. 1. 누군가 내게 질문을 하는데, 이 질문에 응하는 나는 당장 답할 수 없다는 사실을 느끼지만 다가오는 그 물음의 요구에 나 자신의 정신을 통으로 대면케 하면서도, 한편 뜸을 들이는 게 낫다는 '직감'에 사로잡힌다. 2. 마치 드립 커피를 만들 때 향미를 높이기 위해 처음에 뜸을 들이듯이, 나는 질문에 나 자신을 온전히 노출시키면서 내 (무)의식 전체가 그 질문에 응할 수 있도록 긴절하게 기다린다. 뜨거운 물이 커피 가루 전체에 골고루 스미듯이 그 질문은 내 '영혼' 전부를 적시며 대화자로서의 내 기량을 재촉한다. 뜨거운 물이 커피 가루 곳곳을 스미면서 만남과 습합의 기능적 가능성을 찬찬히 드러내는 것과 같다. (하지만 우리 마음의 경우 커피 가루에 비하면 그 '한 길 마음속'은 얼마나 알기 어려운가!) 이를테면 내 주체(를 넘어선 주체)가 그 질문에 공명하면서 내(주체를 넘어선 주체)가 가장 적절한 응답을 구하도록 나 자신조차 계획하거나 계측할 수 없을 정도로 '활성화'되는 것이다. 3. 어느새 아무래도 알 수 없는 과정을 통해, 마치 꿈속에서 찾아오는 알 수 없는 이미지들처럼, 나는 애초에 준비하거나 상상하지 못한 방식과 어휘 속에 빠져들면서 그 질문에 답할 수 있게 된다. 당연히 이는 별스럽게 신통한 체험은 아니며, 동서고금의 학인과 수행자들이 무수히 변주된 형식으로 증언하고 있는 현상일 뿐이다. 한스 게오르크 가다머의 어투를 빌리자면 '대화의 사건성'이라고 할까. 나는 이런 경험을 적잖이 반복하면서 '응해서 말하기'의 실천에 어떤 '믿음' 혹은 자신감을 갖게 되었다. 하지만 엄밀히 말하자면 그것은 의식하는 나 자신에게만 할당할 자신감이 아니기에 부득불 '내 것이 아닌 자신감'이라는 이상한 용어에 이르게 된 셈이다.

가다머도 하이데거적 언어관을 계승하면서 대화 당사자들이 대화를 의도적으로 통제할 수 있는 게 아니라 차라리 '대화 속에 빠져든다고 하는 편이 옳다'고 주장한다. 그에 의하면 대화는 이전까지 감춰져 있던 무엇이 예상 밖으로 드러나는 '사건적인 것'이다.

> 대화의 진리에서 드러나는 것은 로고스이며, 이것은 나의 것도 당신의 것도 아니다. 이는 토론에 참여한 사람들 각자의 주관적 견해를 뛰어넘어 있으며, 심지어 그것에 대해서는 토론을 주도하는 사람도 여전히 알지 못한다.*

참, '내가 누구인지 알 수 있는 사람은 누구인지' 몰라도, 어쩌

---

* Hans-Georg Gadamer, *Wahrheit und Methode* (4th ed.), Tübingen : J.C.B. Mohr, 1975, p. 350.

면 그 답을 내 '밖'에서 구할 노릇도 아니라는 사실은 적실하면서도 의미심장해 보인다. 앞서 말한 '내 것이 아닌 자신감'은 필경 나를 은근히 신뢰하면서, 내게 말을 걸어 해답이나 지혜를 구하는 이들과 깊이 교감하는 가운데 얻는 산물-선물일 것이다.

그러므로 '듣기'와 '(응해서) 말하기'는 언제나 우리 생각보다 깊은 무엇이 될 운명을 띠고 있다. 하이데거가 즐겨 사용하는 개념인 '말을 걸어오기(Zuspruch)'도 매우 흥미로운 관련성을 보인다. 조용히 살피면 살필수록, (이미 바흐친이 오래전에 잘 밝혀놓았듯이) 그 모든 좋은 말은 이미 걸려온 말에 대한 응답의 모습을 띠고 있다. 강의도, 시(詩)도, 그리고 기도조차 그러하다.

알프스 산맥이 숲 너머 석양의 황혼 속으로 저물어갈 때, 들길이 물결치는 언덕 너머로 넘실넘실 굽어 넘어가는 저 머나먼 곳에서 종달새가 어느 여름날 아침 높이 솟아오를 때, 어머니의 고향 마을이 있는 저편으로부터 동풍이 불어올 때, 나무꾼이 저녁 무렵에 한 다발의 무거운 장작더미를 화로(der Herd)로 힘겹게 끌어오고 있을 때, 곡물을 실은 마차가 들길을 따라 집을 향해 흔들거리며 다가올 때, 어린아이들이 초원의 풀밭에서 갓 피어난 앵초꽃을 따고 있을 때, 온종일 안개가 우중충하고 무겁게 전답 위를 뒤덮고 있을 때, 그럴 때면 언제나 그리고 도처에서 들길 주위에는 동일한 것이 건네는 소리(Zupruch)가 들려온다.(하이데거 2012, 197)

'말건넴(Zuspruch)'은 상대를 격려할 목적으로 건네는 위로의 말(하기)이라는 뜻이지만, 하이데거와 가다머의 경우 이해 사건(Verstehen-Geschehen)이 존재론적 함의를 갖듯이 이 말의 뜻도 존재론적으로 전유해서 이해할 필요가 있다. 말을 걸고 이에 응하는 일이 일어나는 자리는 다만 친절이나 호의, 문법이나 예법, 사교나 거래 차원에 머물지 않는다. 가다머에 의하면 인간의 역사적 삶의 기본 특성은 상호 이해(Verständigung)이기 때문이다. '존재'가 구체적으로 무엇을 의미하든, 이해 과정은 다만 심리적 교감에 머무는 게 아니라 존재론적 사건의 수행적 일부가 된다. 잘 알려진 대로 인간을 말과 의식의 주체로 등극시킨 서양 근대 철학은 하이데거에 이르러 그 심리적 표상주의를 가장 철저하게 의심받는다. 미국 드라마 〈하우스 오브 카드〉(2013~)에서 명배우 케빈 스페이시가 연기하는 주인공 언더우드의 대사 중 "신앙심이 없는 것은 (외려) 신(It's God who has no faith in us)"이라는 말이 있다. 혹은 "라캉에 따르면 신조차 실재에 속해 있다. '신은 한 가지만 빼놓고 모든 걸 갖췄다. 그 한 가지란 그가 존재하지 않는다는 것이다'"(지젝 2002, 276)라는 영리하기 짝이 없는 지젝의 말을 떠올려도 좋다. 이런 식의 역전은 지식과 윤리의 토대주의(foundationalism)로부터 해방되거나 일탈해온 현대 사상에서 낯설지 않다. 하이데거의 언어관도 마찬가지다.

어느 때 어떻게 말하든 인간은 이미 언어에 귀 기울임으로써만 말한다. (…) 본래 말하는 것은 언어이지, 인간이 아니다. 인간은 그때마다 언어에 상응해 응답하는 한에서만 비로소 말한다.(하이데거 2012, 197)

인간이 신을 의식하는 게 아니라 신이 인간이라는 매체를 통해 어느새 자기 인식의 사건에 이른다고 하는 것처럼, 인간이 주체적으로 언어를 말하는 게 아니라 언어가 인간이라는 매체를 통해 어느새 스스로를 드러내는 자기현시(epiphany) 사건에 이르게 된다. 대니얼 데닛이 줄곧 반증하고자 했던 '말은 못 해도 생각은 한다'는 명제*와는 달리, 인간의 발화는 오직 언어성(Sprachlichkeit)의 선험적 장(場)에 얹혀 가능해진다. 그리고 이렇게 관계하는 언어의 지평은 곧 존재론적 함의를 갖는다. 다시, 앞서 말한 '내 것이 아닌 자신감'을 하이데거 식으로 풀어보

---

* "이 모든 사실은 생각(우리의 생각)이 말 이후에 등장했고, 말은 비밀 유지 능력이 나타난 이후에 등장했으며, 비밀 유지 능력은 다시 행동 환경이 복잡하게 무르익은 다음에 등장했다는 점을 암시한다. 이런 일련의 과정을 거치지 않은 어떤 종 안에서 사고가 나타났다면 우리는 놀라움을 금치 못할 것이다."(데닛 1996, 186) 이 문제에 관한 한 데닛과 제럴드 에델만은 서로 다른 주장을 펴고 있다. "그러므로 생각은 언어 없이도 생길 수 있다. 생각은 가장 초기 형식에서는 은유적인 형식이거나 혹은 언어학자 조지 레이코프나 철학자 마크 존슨이 '이미지 도식(image schemata)'이라고 부른 것에 의존한다. 이러한 은유적 활동은 뇌 속에 있는 퇴행적 회로의 연상 능력에 의해 강하게 뒷받침된다. 물론 언어 획득과 함께 이러한 힘들은 엄청나게 증가하게 된다."(Edelman 2006, 153) 나는 이 둘 사이의 이견이 그 표현상의 차이에 비해 그렇게 심하지 않으리라고 여긴다. 다소 성글게 평하자면, 거시적-일반적으로는 데닛의 주장에 손을 들어줄 수 있지만 미시적-특수적으로는 에델만의 주장에 귀를 기울일 필요가 있어 보인다.

자면, 그것은 "우리를 낱말 가운데로 이끄는 보이지 않는 인도의 손길(Geleit)을 (…) 신뢰하게 (되)"(하이데거 2012, 58)*는 것과 매우 유사해 보인다.

앎의 길은 인간이나 차량만이 다니는 바둑판 같은 대로가 아니다. 아침 안개나 저녁의 이내(嵐氣)처럼 존재의 미로 이곳저곳에서 피어오르는 인식과 이해, 낌새와 전조의 소식은 사방에 널려 있다. 이는 그 자체로 인간에 대한 이해를 넓힐 뿐만 아니라 '공부를 한다'는 것의 의미를 새롭게 되새기도록 한다. 앞서 공부의 절차탁마가 성취를 얻어 정신적 분기점에 근접하게 되면 '탈자아화'하는 경향을 보인다고 했듯이, 공부는 내가 하더라도 그 공부의 경험은 (매우 드물게나마) 돌이킬 수 없는 사건성을 얻고 나를 '나 이상의 나'가 발생하는 지점으로 이끈다. 이 '지점'의 장소성 혹은 특이성은 셀 수 없이 많은 종류와 사례 속에서 드러난다. 그러나 학(學)과 술(術)이, 객관성과 주관성이, 역사와 예조(豫兆)가, 추론과 직관이 난마처럼 얽혀 있는 이 지점은 창신을 기약하는 풍성한 생산성에도 불구하고 낭만적 억측이나 신비화(mystifications)의 위험도 적지 않다. 아무튼 이러한 인간 존재론과 언어론은 당연히 나름의 공부론에 접속하겠고, 흥미롭게도 이로써 동아시아인들이 장구한 세월 동안 밝히

---

* 이 문장에 대한 하이데거 자신의 주석은 다음과 같다. "우리를 낱말 가운데로 이끄는 '인도의 손길'이란 언어의 말건넴(Anspruch) 혹은 존재의 말 걸어옴(Zuspruch)을 가리킨다."(하이데거 2012, 58)

고 익혀온 공부와 수련의 방식을 새로운 조망 속에 놓는다.*

스승과 제자 사이의 문답 형식을 취하며 해설되고 있는 '초연(Gelassenheit)'이라는 개념은 '집중과 3의 공부'라는 이 글의 주제에 접근하는 데 적절해 보인다. 우선 하이데거는 초연함을 회역(會域, Gegnet)과 관련시킨다. 회역이란 '환히 트인 터(freie Weite)'(하이데거 2012, 70), '머무는 넓은 터(die verweilende Weite)'(하이데거 2012, 71) 등으로 정의된다. '작은 창으로써 오히려 방이 더 밝아진다(小窓多明)'고 하듯이, 세속을 향한 욕심과 거기에 얹힌 자아를 줄임으로써 오히려 마음이 트인다. 다시, 이 "회역과의 관계는 기다림"(하이데거 2012, 83)이고 "그리고 기다림이란 회역의 열린 장 속으로 들어가 그것과 관계한다(in die Gegnet sich einlassen)"(하이데거 2012, 83)는 뜻이라고 설명하고 있다. 여기서 벌써 드러나듯이 초연함(Gelassenheit)은 회역으로부터 나오는데, "왜냐하면 초연함은 인간이 회역

---

* 공부론의 맥락에서 인용되는 하이데거의 사유에서도 그런 낌새를 알아챌 수 있지만, 라이프니츠 이후 서구 사상사 이곳저곳에서 중국 혹은 동아시아의 그림자를 읽어내기는 그리 어렵지 않아 보인다. 근대화-서구화의 일방성에 길들여진 시각과 시야에서는 응당 저항이 생기겠으나, 이미 이천 수백 년 전에 만개한 제자백가(諸子百家) 중 어느 한구석만을 숙독해도 그 사상의 인문주의적 포괄성이나 깊이, 그리고 근현대 서구 사상사와의 '보완적 적합성'을 확인할 수 있다. 물론 주겸지(朱謙之, 1899~1972)와 같은 신중화주의적 태도에 전적으로 동의하긴 어렵지만, 중국이나 동아시아 고전에 노출된 서구 사상가와 지식인이 적지 않고, 또 그 내면적 습합(習合) 과정을 '영향의 불안(anxiety of influences)'(해럴드 블룸) 속에서 은폐한 이도 적지 않을 것이다. "18세기 유럽은 이른바 철학의 시대였지만, 이것은 종교문화에 대한 지양(止揚)으로 등장한 것이었으며, 사실상 중국 철학 문화의 이식이었다." 주겸지,『중국이 만든 유럽의 근대』, 전홍석 옮김, 청계, 2003, 221쪽. "18세기 유럽의 철학 시대는 사실 중국 철학의 영향, 특히 송유 이학(理學)의 영향임을 간파할 수 있다."(주겸지 2003, 399)

자체에 이끌린 채 회역에 내맡겨져 초연히 머무르는 가운데 존립하는 것이기 때문"(하이데거 2012, 85)이다. 더 이상의 설명이 없어도 이는 단박 선정적(禪定的) 집중을 떠올린다. 이미 허실생백(虛室生白)을 설명했지만, 변덕과 눈치 보기로 가득한 마음보를 비워야 그 마음은 안팎으로 미만한 빛을 키워낼 수 있다. 다시 말해서 심리의 촉으로써 화두를 들볶는 게 아니라 화두에 몸을 맡긴 채 너울너울 움직이는 것, 동중정정중동(動中靜靜中動)의 기민한 수동성을 연상시킨다. 그것은 표상함이 아닌 사유의 본질에 가까이 이끌려 들어오게(eingelassen) 된 상태(하이데거 2012, 73)라고 하는데, 달리, 얼추 말해보자면 이성으로 닦달하는 게 아니라 사물들이 고요히 머무르는 존재의 빈터(Lichtung)를 찾아가는 것이며, 또 '그 속에서 얻는 명경(內明者敬)'(조식)의 상태와도 같은 것이다.

초연함은 회역으로부터 오고, 그 회역과의 관계는 기다림을 통해 이루어지지만 이 기다림(Warten)은 적극적인 고대함(Erwarten)이 아니다.(하이데거 2012, 74) 고대함은 의식을 기민하고 재바르게 만들어 표상(Vorstellung)의 틀 속에 가둔다. 좀 더 근본적으로는, 언어의 말 걸기(Zuspruch)에 화응(和應)하는 대신 자의적 의욕으로써 말을 포획하거나 닦달하기에 이른다. "고대한다는 것은 표상하는 행위와 이런 행위에 의해 표상된 것에 곧잘 얽매이기 때문"(하이데거 2012, 74)이다. 모리스 블랑쇼 등이 말하는 '그(le Il /le On)'의 출현도 그렇지만 나중에 자세

히 논급하게 될 시몬 베유의 경우에도 '본질적 진리'의 등장에
는 이성적 추론이나 닦달 혹은 지적 고문이 아니라 '기다림'이
요체다. (다시, 우리는 이 '기다림의 진리론'이 예외적 서술이고 따라
서 과장으로 흐르기 쉽다는 점을 잊지 말아야 하며, 그럼에도 불구하
고 이 예외성이 오히려 진리의 본질적 성격을 짚어준다는 점도 기억
해야 한다.)

우리는 그것을 스스로 찾아 나섬으로써 얻을 수 있는 게 아니라 기
다려야 한다. 사람은 자신의 힘으로써 그것을 발견할 수 없다. 만약
그가 짐짓 찾아 나선다면 그는 결국 그 허위를 알아챌 수 없는 사이
비를 얻게 될 것이다.[*]

이런 기다림은 말을 찾아 더듬거리는 시인들의 특징적인 움
직임과 그 기미 속에서 재확인된다.

나는 전체를 보는 동시에 아무것도 보지 못한다. (…) 그러므로 나
는 여러 층의 생각을 갖게 된다. 결과에 대한 이런 생각들, 실행에
대한 저런 생각들. 그리고 무엇보다도 불확실한 것에 대한 생각. 끝
으로 나 자신의 기다림에 대한 생각을 갖는다. (…) 이렇듯 시작(詩
作) 중에 있는 시인은 기다림이다. (…) 우리는 뜻밖의 말을 기다린

---

* Simone Weil, *Waiting for God*, (tr). Emma Craufurd, New York : Harper & Row
Publisher, 1951, p. 112.

2장 공부, 혹은 1에서 0으로, 2에서 3으로

다. 예측할 수는 없지만 기다려온 말들.*

　　물론 발레리만 3의 시작(詩作)을 말하는 것은 아니다. 무릇 시인은 야밤의 겨울 산중에서 반딧불이를 찾아 나서는 심정으로 말의 숲을 헤매고 있을 것이니, 시작의 주체가 외려 자신(1)이 아니라는 사정은 그리 대단한 깨침이 아니다.

　　시는 나를 통과해 쓰이는 거예요. 생각이 뻗어나가도록 가만히 두세요. 시를 통해 이전의 관념에서 벗어나는 순간, 이전의 '나'는 사라져요. 한 편의 시를 쓸 때마다 내가 잘 죽어야 해요.**

　　'나를 통과해서 쓰인다'는 생각은 이외에도 여러 작가가 언급한 바 있다. 특별히 이 이치를 '신화 쓰기'의 경험을 통해 비교적 소상히 밝힌 레비스트로스의 글은 매우 흥미롭다.

　　불행히도 저는 책을 마무리 짓는 순간 제가 쓴 내용을 잊어버립니다. (…) 그럼에도 불구하고 저는 책을 쓴다는 느낌이 들지 않는 데에는 또한 뭔가 심오한 의미가 숨어 있다고 봅니다. 때때로 저는 책

---

* 이것은 발레리의 말인데, 다음 책에서 재인용했다. 미셸 콜로, 『현대시의 지평구조』, 정선아 옮김, 문학과지성사, 2003, 204쪽. 이 '기다림'의 저쪽을 일러 베르그송의 표현처럼 '침투(pénétration)'라고 불러도 좋을 법하다. "진정한 신비가는 단순하게 그를 침투해 들어오는 흐름에만 마음을 연다."(베르그송 1998, 110)
** 이성복, 『무한화서: 2002~2015 이성복 시론』, 문학과지성사, 2015, 119쪽.

이 저를 통해 쓰인다는 느낌을 받습니다. 일단 그런 책들이 저를 통과해버리고 나면, 저는 텅 빈 듯한 느낌에 사로잡히죠. 아무것도 남아 있는 것이 없는 듯이 말입니다. 여러분은 신화란 자신도 모르게 자기한테 들어온 생각이라고 제가 썼던 것을 기억하고 계실 겁니다. (…) 저는 한 번도 제 개인의 정체성을 깨달았던 적이 없습니다. 지금도 마찬가지입니다. 제 자신이 무언가가 진행되고 있는 장소라는 느낌이 듭니다. 그렇기 때문에 '나'라든지 '나를'과 같은 것은 없습니다. 우리 각자는 사건이 일어나는 일종의 교차로입니다.[*]

비유하자면 이는 명상이나 선정의 경우에 특유한, 그리고 '내 것이 아닌 자신감'—이를 다시 베르그송의 말로 고치면 "그들은 (…) 그들(신비가들)의 마음속에서 그들보다는 더 훌륭한 어떤 것"(베르그송 1998, 110)이다—이라는 내 개인의 경험에서도 여실하게 확인되는 '수동적 활성'에 이르는 길일 것이다. 선가의 수행승들 사이에서 예부터 알려져온 '성적등지(惺寂等持)'라는 상태가 이를 방불케 하는데, 고요하고 적막한 대로 여전히 숯불처럼 깨어 있는 동시태(同時態)를 가리킨다. 집중이든 선정이든 혹은 모종의 초월적 의식이든, 지평의 이월을 낳는 경험은 대략 이 같은 불이(不二) 혹은 '모순적 일치(coincidentia oppositorum)'라는 좁은 길을 통하게 마련이다. 하이데거는 표상에 빠

* 레비스트로스, 『신화와 의미』, 임옥희 옮김, 이끌리오, 2000, 15~16쪽.

2장 공부, 혹은 1에서 0으로, 2에서 3으로

지는 의도적인 고대함의 오류를 살피는 중에 일견 당연하게도 혹은 묘하게 퇴계 이황의 '뜻함이 없이 생각함(無意而思)'*이라는 개념을 연상시키면서, '의욕하지 않기(das Nicht-Wollen)'를 말한다.

우리는 처음에 언급한 '의욕하지-않음'이라는 방식의 의욕을 통해서 그것(모든 종류의 의지로부터 완전히 벗어나 초연히 머물러 있는 상태)에 가까이 다가가게 될 것입니다.(하이데거 2012, 56)**

이렇게 보면 "이러한 무의욕을 철저히 관통해나감으로써 (…) 우리는 사유의 탐구되는 본질 속으로 들어가 그것과 관계할(sich-einlassen) 수 있거나 적어도 그런 것을 맞이할 채비를 할 수 있다는 것"(하이데거 2002, 57) 따위의 표현은 그의 선생이었던 후설은 물론이거니와 당대의 서구 사상계에서는 매우

---

* 李滉, 『退溪 選集』, 윤사순 옮김, 현암사, 1993, 120쪽. "뜻함이 없이 생각함은 대현 이하의 사람으로서 별안간 뛰어넘어 이를 수 있는 일이 아닙니다(無意而思又非大賢以下所可躐至)."
** 노자류의 무위지위(無爲之爲)의 반논리를 연상시키는 이 같은 표현들은 하이데거의 존재신학적 배경과 더불어 특히 그의 후기철학적 길굴오아(佶屈聱牙)를 이루는 요인이다. 앞서 언질했지만, 이미 인류의 정신문화적 자산이 된 고대 중국의 전통 사상들이 일급의 서구 지식인들의 사유나 저작과 습합한다는 것은 매우 자연스럽다. 더구나 하이데거처럼 매사 과거의 전적(典籍)을 까부르고 주무르면서 자신의 사상을 일구어내는 학인이라면 이는 맥없는 추정이 아닐 듯하다. 단지 그의 천재는 인용을 정치화할 정도로 충분히 '여우'의 것일 뿐이다. 한나 아렌트, 「여우 하이데거」, 『이해의 에세이 1930~1954』, 홍원표 외 옮김, 텍스트, 2012, 562~563쪽. 한편, 나는 오래전부터 '(하아얀) 의욕'이라는 개념어를 만들어 그 인문학적 함의에 천착했지만, 하이데거가 다소 부정적으로 사용한 '의욕'과는 관련이 없다. 자세한 내용은 내 책 『공부론』을 참고할 것. 김영민(2010), 238~240쪽.

낯설다. 더 나아가, 그리스/로마와 기독교를 어떻게 잇고 맞춤하더라도 쉽사리 구성될 수 있는 게 아니다. 이 부분과 관련해서 제출된 가장 신랄한 비판은 아도르노의 것이겠지만, 안타깝게도 이 반성하지 않는 나치*의 비상한 철학적 재능은 단지 역사적, 사회학적 분석으로써 해소해버릴 수 있는 정도가 아니다. '글로써 사람을 다 알 수 있는 게 아니(不以辭盡人)'지만, 마찬가지로 '그 사람의 행적만으로 그 글의 뿌리가 드러나는 것도 아니(不以人盡辭)'다. 그래서 비판의 예봉이 그의 존재론의 깊이로까지 내려가는 것은 당연해 보인다.

놀라울 정도로 구매력이 높은 선불교와 같은 예술산업적 세계관들의 저속한 이국취미를 근거로 오늘날의 복고 철학들을 조명할 수 있다. 그러한 이국취미를 근거로 오늘날의 복고 철학들은 주체들 속에 간직된 역사로 인해 취할 수 없는 어떤 사상적 입장을 가장한다. (…) 주체를 염두에 두지 않은 채 우주 속으로 달아나버리는 교의들은 존재철학과 더불어, 자신과 자신의 현실적 속박에 대한 주

---

* '애도'나 '관용'의 경우와 마찬가지로 '반성'도 정치적으로 미끄러지기 쉬운 제스처다. 가령 이 문제에 대한 지젝의 판단은 아래와 같다. "받아들이기 어려운 진실은, 하이데거의 '위대함'은 나치에 참여했음에도 불구하고가 아니라 바로 '그 때문'이라는 점, 그 참여가 하이데거의 위대함을 구성하는 핵심이라는 점이다. 이러한 이행이 없는 하이데거를 상상해보라. 제2차 세계대전 이후 수많은 동료가 그에게 기대한 것, 즉 자신의 나치 참여를 공개적으로 부인하고 변명하는 하이데거를 상상해보라. 이것은 얼마간 그의 통찰의 급진성을 말소시키지 않겠는가?" 슬라보예 지젝, 『잃어버린 대의를 옹호하며』, 박정수 옮김, 그린비, 2010, 182~183쪽.

체의 극히 미미한 자각보다 더 쉽사리 세계의 경직된 상황 및 그 속의 성공 기회들과 결합될 수 있는 것이다.*

귀를 기울이면 새롭게 들리는 게 있다. 이는, '귀를 기울인다'는 수행적 태도가 만드는 정신의 물매에 겸허하고 긴절하게 응하는 이야기다. 그리고 응접에서 생기는 이치와 그 갈래들에 관한 이야기다. 문을 열면 어느새 바람이 되어 들어온다. 마음을 비우면** 신이 찾아오듯이, 귀를 열면 소리가 들려온다. 물론 신이 찾아오는 게 쉽지 않듯이 소리가 들려오는 것도 마냥 맹하거나 멍한 상태에서 이루어지는 게 아니다. 강신, 강령술에서 정신의 결계와 다짐이 없는 영매가 일차원적 접신의 동화에 노출되듯이, 교양과 계몽의 정신적 노동이 결여된 채 낭만적으로 뻗어나가는 자아의 모험은 자기 메아리의 자장 속을 허우적대거나 기껏 대타자의 코드 하나를 대변할 뿐이다. 1에서 바로 3으로 가는 길은 없다. 툇마루에만 나와 앉아도, 언덕 하나를 넘어

---

* 테오도르 아도르노, 『부정변증법』, 홍승용 옮김, 한길사, 2003, 132쪽.

** 주변적인 얘기지만, 강령제(降靈祭)의 경우 신을 위해 마음을 비우는 일은 매우 위험할 수 있고, 이 위험은 그 실천을 공부론으로 옮겨놓더라도 비슷하게 반복된다. 그러므로 역시 아래 인용문의 '결계(結界)'라는 용어를 공부론적 실천의 맥락으로 번역해봄 직한데, 내가 오래전부터 줄곧 사용해온 용어로는 (글과 말과 희망을 뒷받침하는) '생활양식'쯤이 될 것이다. "직업적 영매라도 마음을 비우는 작업을 했기 때문에 정신 상태가 정리되지 않으면 내려오는 영에 씌이고 만다. 그래서 타자의 목소리를 듣는 무녀는 자신을 비우면서도 비워진 마음으로 신령과 교섭하고 그 목소리를 듣는 사람에게 번역하기 위해 강한 마음을 유지해야 한다. (…) 무녀는 오다이지(オタイジ)라는 부적과 염주를 지니고 자신이 신령과 동화되지 않게 결계(結界)를 친다."(이소마에 준이치 2016, 203) '결계'란 불도(佛道)의 수행에서 장애를 없애기 위해 의식주를 제한하는 행위를 말한다.

도 풍경은 달라지지만, 그 풍경이 결국 자아의 표상 공간 속으로 되먹임될지 혹은 그 작은 이동이 기연(機緣)을 이루어 깨침의 기별로 이어질지는 다만 우연이 아니라 저간의 정신적 노동과도 깊이 관련된다. 귀 기울임은 인식의 욕망 이전에 이미 작동하는 관계와 태도의 변혁을 말한다. 귀를 기울임으로써 열리는 작은/좁은 문과 그 기묘한 생산성은 동서고금의 학인들이 길게 주목한 부분이지만, 하이데거가 내놓은 개념이나 해설은 그 자체로 매력적이고, 앞서 지적했듯이 동아시아의 정신문화적 전통과 접속할 수 있다는 점에서 흥미롭다. '기울인다'는 말은 '차분하다(落ち着く)'처럼 자세를 낮추어 살핀다는 뜻으로, 곧 '집중한다'는 말이다. 재론할 필요 없이, 이 집중의 태도는 당연히 특정한 실용적 목적에 이바지하기도 하지만, 이 글의 논의상 더 근본적인 점은 집중 그 자체의 수행성이 인간의 정신적 상태나 성격을 변화시킬 수 있으며, 또 이 변화한 자리에는 인간의 주관적 의식이 가늠하거나 통할할 수 없는 기별이 생기기도 한다는 데 있다. '언어가 말한다(die Sprache spricht)'라는 문장으로 대변될 수 있는 하이데거 식의 언설도 이러한 기별에 대한 제 나름의 정식화다.

서양의 정신문화적 전통을 잇고 있으면서도 당대의 여러 학문적 성과에 정통했고 또한 제 나름의 철학함(das Philosophie-ren)에 투철했던 사람의 문장(blazon)과도 같은 명제다. 여기서 우리는 인간 주체가 아니라 언어가 말한다는 명제에 응하는 공부의 길을 상상해볼 수 있겠다. 나는 이것을 '집중'과 '3'이라는 두 개념을 상관시킴으로써 엮어낼 수 있으리라 여기는데, 당연히 이 공부 길은 사계의 생무지나 초짜가 흉내낼 수 있는 노릇이 아니지만, 바로 그 생무지나 초짜의 공부 길조차 변혁시킬 수 있는 지남(指南)이 될 만하다. 하이데거가 제시한 말건넴의 형이상학은 이런 공부 길의 전형성을 담고 있어 주목할 만하다. 자아의 포집망(捕集網)을 찢거나 초과하는 기별/부름이 생성되기 위한 조건이 초연함(Gelassenheit)과 기다림인 것은, 집중이라는 정신의 변성(變成)이 3이라는 소식의 조건이 된다는 것과 얼추 일치한다. "만약 기다림이 초연한 기다림이라면 (…) 바로 거기로부터(woher) 우리는 거기로 오라고 부름을 받고 있지요."(하이데거 2002, 115) '집중과 3의 공부'는 정신의 어느 고원기묘(高遠奇妙)한 경지를 가리키는 게 아니다. 만약 그렇다면 이 논의를 일러 '공부론'이라고 하기에도 민망할 테다. 이런 공부가 이른바 하학상달(下學上達)일 수 있음을 보이는 풍경은 그 누구라도 겪지 않을 수 없는 일상적 대화 속에 가득하기 때문이다. 공부, 특히 인문학 공부는 말, 그것도 혼잣말이 아니라 더불어 하는 말에 대한 진지한 관심이고, 또 이 관심이 이미 대화적 관계 속에 내재한 수행적 어긋남에 민감하게 응하면서 자기 자신을 변화시키는 과정이기에, 지근지처의 낮은 공부란 다름 아닌 듣기-말하기*의 지속적인 갱신이며, 집중과 3도 이 갱신의 행위와 겹친다. 내가 오래전부터 인문학적 실천과 성취의 중요한 지표로서 '여자와 남자가 함께 말하기'라거나 '여자의 말을 배우기'라는 등속의 의제를 제기하고 이를 공동체의 구체적 여건 속에 대입해보려 애쓴 것도 이런 문제의식과 관련된다. '대화의 사건성'(가다머)이라는 하이데거적 명제 역시 대화라는 하학(下學)과 사건성이라는 상달(上達)을 말의 일상 속에서 압축한 것일 뿐이다. 거칠게나마 형식적으로 정리하면, 대화의 당사자는 1(나)과 2(너)이지만, 이 평범한 대화적 관계 속에서 1의 깜냥과 2의 기대로 환원되거나 고갈되지 않는 정신의 가능성이 3이다. 나(1)와 너(2) 사이의 교환에 생길 수밖에 없는 간극에서 번개처럼 피어나는 원형적인 생산성인 셈이다.

하이데거의 글에서 이미 그 기미를 읽을 수 있듯이, '그(3)'가 역사적으로 표상해온 가장 흔한 대상은 신이다. 인간의 지식과 지혜의 원천을 무소부지(無所不知)의 자존하는 주체인 신에게 돌리는 것은 일신교적 남성 신을 향한 상상력과 잘 어울린다. 이러한 상상력의 세계 속에서 이스라엘 민족의 신은 번제를 올리던 아브라함에게, 잠자고 있던 사무엘에게, 제 삿된 열정에 빠져 천하를 횡행하던 바울에게 '말건넴'의 기적을 행하고, 그들의 삶에 새로운 경계를 제시한다. 서구의 사상사로부터 신의 말

---

* '듣기-말하기'의 중요성은 대체로 은폐되어 있고 또 그 중요성을 되살리는 언어적 실천을 표나게 내세우기가 어렵다. 그래서 사람들은 평소의 여러 대화적 경험에 짓눌려 그 사건성이나 인문학적 가능성에 눈을 뜨지 못한다. 게다가 '소인들의 학문은 귀로 들어갔다가 입에서 나오는 것(小人之學入乎耳出乎口)'(순자)이라는 식의 나름대로 유용한 경구들이 곡해, 남용되면서 사태가 더 악화되기도 한다.

2장 공부, 혹은 1에서 0으로, 2에서 3으로

건넘이라는 초월적 매개가 사라지는 것과 인식론 및 심리학이라는 인간의 내면에 관한 분과학문이 전문성을 띠게 되는 것은 겹친다. 성서에 대한 역사내재적 비판의 길을 개척한 스피노자(1632~1677)는 이성의 길과 종교(신학)의 길을 구분, 후자의 몫을 복종과 경건으로 제한하고 정확한 진리의 문제는 이성의 몫으로 돌린다.* 데이비드 흄(1711~1776)은 자연주의적 윤리관과 종교관의 입장에서, 전통적-일신교적 종교가 활개치는 곳에서는 '정상적인 마음의 틀이 탈구(脫臼)하고 극심한 혼란에 빠진다'고 주장한다.** 역사적 계몽주의에서도 계몽의 힘이 증가할수록 그 힘이 행사되는 대상으로부터의 소외***가 있을 수밖에 없었고, 심지어 "계몽이 실증주의—즉 실제 일어난 사실의 신화—로 넘어가며, 마지막에는 지성이 정신의 적대자와 같아지는 현상을 도처에서 확인할 수 있"(아도르노 1994, 10)었지만, 종교적 도그마나 신비주의적 체험을 앎의 원천으로 강요했던 구습

---

* "이성의 영역은 이미 말했듯이 진리와 지혜다. 그리고 신학의 영역은 경건과 복종이다. 이성의 힘은 인간이 아무런 이해도 없이 단순한 복종을 통해서 축복받을 수 있다는 사실까지 알려주지는 않는다. 신학은 다른 아무것도 알려주지 않으며, 복종 이외에는 아무런 명령도 내리지 않는다. 또한 신학은 이성에 적대할 능력도 의지도 없다. 신학은 복종에 필요한 만큼 신앙의 교리를 규정하고, 이성으로 하여금 정확한 진리를 결정하도록 맡긴다. 왜냐하면 이성이야말로 마음의 빛이며, 이성 없이는 모든 것이 꿈과 환상일 뿐이기 때문이다." Benedict de Spinoza, *A Theologico-Political Treatise / A Political Treatise*, (tr). R.H.M. Elwes, New York : Dover Publications, Inc., 1951, pp. 194~195.
** David Hume, *Dialogue Concerning Natural Religion*, New York : The Bobbs-Merrill Company, Inc., 1947, p. 23.
*** T.W. 아도르노·M. 호르크하이머, 『계몽의 변증법』, 김유동 옮김, 문학과지성사, 1994, 30쪽.

으로부터 벗어난 일은 명백한 지적 성취이며, 쌀뜨물에 생쌀 몇 알이 섞여나가는 비용에도 불구하고 정당한 정신사적 순리라고 여겨진다. (이 '소중한' 몇 알의 생쌀에 대해서는 다른 기회에 자세히 논의하도록 한다.) 그러나 어리석고 잔학하기조차 했던 종교와 신학적 유산을 청산하려는 계몽주의적, 시민사회적 노력과는 별개로, 인간의 앎에는 완전히 무시할 수 없는 영성적-초월적 지평이 인간의 무늬에 얽혀 있다. 이 지평이 갖는 의미나 가치, 특히 '집중과 3의 공부'라는 이 글의 관심사와의 관련성은 인문학의 미래를 위해 매우 중요한 지점이지만, 여태 애석할 만치 모호하고 절망적일 만치 위태롭게 보인다. 그러나 미래(未來)에 속한 앎들은 죄다 '온 것 같은(如來)' 데에 이미 그 희망이 있을까.

여기서 논의를 급전 혹은 급락(急落)시켜, 신을 지향하거나 종교를 매개 삼은 논의는 다음으로 돌리고, 우선 그 누구나의 글쓰기를 통한 3과 집중의 문제를 역시 공부론의 맥락에서 잠시 조명해보자. (글을 쓰는 자야말로 스스로 신이 아님을, 성인이 아님을 바로 그 글쓰기로써 가장 분명하게 증명하기 때문이다.) 뇌를 빼고 인간의 신체 중 지성적-영성적 계발에 가장 긴밀하게 간여하는 부분은 아무래도 얼굴과 손이다. 얼굴을 '얼(정신)의 골(구멍)'이라고 풀이하는 이들이 있듯이, 사람 얼굴에 체현된 풍부한 표현성(expressiveness)은 생물계에서 유례가 없을 정도다. 그 표현성을 살피며 감탄하노라면, 영혼을 얼굴이라는 장소의 터주신(genius loci)으로 여기는 이들의 생각이 마냥 허탄하지만은 않다.

우리 세계는 얼굴이라고 하는 이타성(利他性)의 중심들이 존재하고 있다는 사실에 의해서 주어지는 것이다. 바라볼 얼굴, 존중할 얼굴, 어루만질 얼굴들이 존재하기에 우리 세계도 존재한다.*

하지만 '노동하는 존재(homo laborans)'로서의 인간에 더 집중하자면, 손에 비해 얼굴은 실질적이라기보다는 '상징적'이다. 상징이 인류의 문명과 정신문화에 미친 다대한 영향을 고려하자면 그 역할을 결코 폄훼할 수 없지만, 얼굴에는 역시 '얼굴마담'의 노릇이 적지 않기 때문이다. 그렇긴 해도 뇌과학의 성과에 의해 손과 얼굴(눈) 사이의 뉴런적 연관성이 익히 알려진 것은 아무튼 다행스러운 일이다.

손이 쉬고 있을 때는 얼굴도 쉬고 있으며, 마음이 활발하면 손도 활발하다. 손이 열중하고 있는 것은 얼굴에도 나타나는, 손 그 자체가 일종의 생각의 거울이다.**

얼굴과 손은 공히 인간 현상의 놀라운 정교함을 알리는 시금석과 같은 부위이며, '일'에 관한 한 사람의 손이 지닌 재능

---

* 움베르토 에코, 『무엇을 믿을 것인가』, 이세욱 옮김, 열린책들, 2003, 60쪽.
** 존 네이피어, 『손의 신비』, 이민아 옮김, 지호, 1999, 17쪽.

(dexterity)은 마치 종교적인 감회를 불러일으킬 정도다. 뉴턴은 특히 사람의 엄지에서 신의 섭리(?)를 느낀다는 취지의 말을 남겼는데, 그가 낮 시간의 천재적 계산을 통해 공전의 물리학적 성과를 이룬 데 만족하지 않고 밤 시간을 이용해서 성서 연구, 연금술, 그리고 오컬트 등의 연구에 진력했다는 사실을 떠올리면, 이는 매우 적절한 표현이 아닐 수 없다. 존 네이피어도 '엄지는 신의 축복'이라고 쓰고 있다.

> 사람의 손에서 가장 중요한 움직임은 서로 다른 손가락을 맞붙일 수 있다는 것이다. (…) 엄지가 없는 손은 진화 달력으로 볼 때, 엄지가 따로 움직이지 못하고 그저 나머지 손가락과 다를 바 없었던 6000만 년 전으로 되돌아가야 한다. 영장류와 뚜렷한 구분이 없던 종으로부터 사람으로까지 진화하는 데 '엄지와 나머지 손가락의 맞붙임 구조'가 행한 역할의 중요성은 아무리 강조해도 모자란다. 엄지는 자연선택의 과정을 통해서 직립 자세와 두 발 걷기, 도구를 사용하고 만드는 능력을 발달시켜왔으며, 의문의 여지가 없는 피드백을 통해서 두뇌 크기를 키우는 데에도 분명히 기여했다.(네이피어 1999, 81)

이른바 엄지를 이용한 '핀셋 집기 능력(prehensility)'의 독특성에 대한 지적은 흔하다.

핀셋 집기는 고도의 섬세한 감각과 정밀 운동 능력을 요하는 것으로 눈과 손의 협동 작업을 통해 정확하고 섬세한 조절을 할 수 있게 된 것은 종족을 보존하는 데 커다란 진화적 이점을 주었다.*

엄지를 이용한 핀셋 집기 능력이 뇌와 교호하는 활동은 적지 않겠지만, 그중에서도 정화(精華)라고 할 만한 게 인간의 글쓰기—펜이든 자판 치기든—일 듯하다. 글쓰기야말로 얼굴-손-뇌의 연쇄적 관련성이 노골적인 데다 인간의 언어기호의 복잡 정밀함은 실로 놀라울 정도이므로, 인간의 글쓰기가 갖추게 된 집중과 이로 인한 실팍한 내면 풍경은 공부론의 영역에서 늘 주목을 끈다. 동기창(董其昌, 1555~1636)은 '천 리 길을 걷고 만 권의 책을 흉중에 갈무리하지 않으면 기운 높은 그림을 얻지 못한다'고 했다는데, 집중의 절차탁마를 통해 3의 지평을 얻고자 하는 노력에서는 글쓰기도 이와 유사한 결기가 필요하다. 하지만 글쓰기의 수행성(performativity)에 메타적-실존적 시선을 얹어 행위 자체를 공부의 매개이자 표현으로 구성해내는 일은 서구 사상사에서 그리 흔해 보이지 않는다. 예를 들어 조지 오웰이 유명하게 만든 글쓰기의 네 가지 동기(순전한 이기심, 미학적 열정, 역사적 충동, 그리고 정치적 목적)**도 나름대로 유용한 갈래가 되겠지만, (동아시아 사상사의 배경 아래) 평생 꾸준히 글쓰기

---

* 마틴 바인만, 『손이 지배하는 세상』, 박규호 옮김, 해바라기, 2002, 301쪽.
** 조지 오웰, 『나는 왜 쓰는가』, 이한중 옮김, 한겨레출판, 2011, 293~294쪽.

를 실천해온 사람들이 보기에 이러한 분류는 마치 그물에 든 물고기의 종류가 난바다에 잠겨 노는 물고기의 전부라고 여기는 짓처럼 안이할 뿐 아니라, 낚시로 한 마리의 물고기를 찾아가는 경험에는 종종 결코 데이터화될 수 없는 '자기와의 만남'이 도사리고 있다는 사실을 놓친다.

글쓰기의 목적이나 실마리나 형식은 실로 다종다양하고, 특히 신매체에 조응해서 그 쾌락의 방식*도 바뀌고 있다. 그러나 이 글의 관심사에서 보자면 나와 너 사이를 심리적으로 오락가락하거나 그 사이의 합의나 개량만으로 마무리하는 게 아니라 '그(3)'를 문제시하는 글쓰기가 관건이다. 레비나스는 '비인칭적 말하기와 부재의 현전'이라는 글에서 카프카의 글쓰기를 논급하는 중에 다음과 같이 말한다.

글을 쓴다는 것, 그것은 사물들을 말들로부터 벗어나게 하며 존재에게 메아리를 울리는 근원적인 언어로 되돌아가는 것일 게다. (…) 카프카는 '그'가 '나'를 대체했을 때에야 진정으로 글을 쓰기 시작했다. 왜냐하면 '작가는 아무도 말하지 않는 어느 한 언어에 속하기 때문이다'.**

---

* 나는 한때 이 문제를 제법 길게 다룬 적이 있는데, 부족하나마 내 글쓰기의 이력을 탐문하는 데 참조점이 될 것이다. 김영민, 『손가락으로, 손가락에서』, 민음사, 1998.
** 에마누엘 레비나스, 『모리스 블랑쇼에 대하여』, 박규현 옮김, 동문선, 2003, 18쪽.

2장 공부, 혹은 1에서 0으로, 2에서 3으로

이어서 그는 블랑쇼에 대해 평하면서 다시 글쓰기와 나(1)의 소멸을 관련시킨다.

글을 쓴다는 것은 죽는 것이다. 블랑쇼에게 있어서 죽음은 인간의 궁극적인 가능성으로서의 비장함, 즉 불가능성의 가능성을 가리키는 것이 아니라 '나(je)'라는 주체가 그 앞에서 자신의 자기성(ipséité)을 잃어버리게 되는 것으로, 포착할 수 없는 것의 끊임없는 되풀이됨을 가리킨다.(레비나스 2003, 20)

다시, 여기서도 에고와의 투쟁이 전면화된다. 진시황도 제 목숨의 길이에 줄곧 불안해했듯이, 싸워서 천하를 얻어도 제 에고를 제대로 갈망하지 못하는 게 인간이기 때문이다. 그러므로 공부에 무슨 형식이 있을 수 있다면 그것은 곧 자아의 형식과 창의적으로 길항하는 길일 것이며, 이처럼 인간의 자아가 문제의 중심에 놓이면 모든 공부는 '인문학적'일 수 있다. 글쓰기가 에고의 죽음을 거쳐 생기는 지경을 바라보고자 한다면, 우선은 "칠십 평생에 벼루 10개를 밑창 냈고 붓 일천 자루를 몽당붓으로 만들었다"(유홍준 2009, 341)는 식의 절차탁마의 과정이 무엇보다 중요하다. 글(말)의 초심자들이라면 누구나 쉽게 빠져드는 글쓰기(말하기)의 낭만주의 혹은 일차적 실용주의로부터 벗어나 글의 새로운 활로를 개척하기 위한 첫 번째 조건이 (안중근 식으로) '하루라도 글을 안 쓰면 입속에 가시가 돋는다[nulla dies sine linea]'는 생활양식일 것이기 때문이다. 아무리 새롭고 맛있는 음식을 많이 먹어도 배가 터지지는 않듯이 중요한 것은 글쓰기의 분량이 아니다. 오히려 글쓰기라는 수행성을 매개로 가능해지는 에고에 대한 자기관계성이 문제다. 물론 이 수행성에서도 기본적인 형식은 집중이다. 그리고 이를 통해 비록 드물긴 하지만 에고의 전 포괄적인 뱃가죽에도 균열이 생기는 흥미로운 체험이 가능한데, 블랑쇼 등이 다소 현학적으로 묘사하는 '3의 비인칭 문학적 공간'도 에고와의 창의적인 불화*라는 공부의 형식을 글쓰기의 공간 속으로 번역해 들인 것으로 볼 수 있다. 나도 이미 여러 글에서 '비인칭적 글쓰기의 공간'이 개현되는 것을 나 자신의 글쓰기 체험을 통해 밝히곤 했다. 이런 체험은 인간의 고양된 정신적 가능성이 집중이라는 형식을 통해, 그리고 글쓰기라는 행위의 갈래를 통해 드러난 것이다. 아무튼 선불교적 체험이 하이데거류의 존재론/언어론과 묘한 상사관계를 보이는 게 아무 이상한 일이 아니듯, 블랑쇼의 글쓰기 철학이 '그(3)'가 드러나는 비인칭의 문학적 공간을 추적하는 중에 언어의 사건성에 근접하는 것 역시 전혀 별스럽지 않아 보인다.

---

* '에고와의 불화'라는 테마는 철학적으로는 내성주의(內省主義)와의 불화를 통해 첨예화된다. 내성주의(introspectionism)에 대한 일차적 비판은 다분히 상식적이며, '에고중심주의(egocentrism)'라는 다소 애매한 용어의 문제의식과 겹친다. 무엇보다도 '타인들의 다양한 관점과 의견에 의해 공유된 현실'을 잃게 될 것이기 때문이다. "다른 사람들과 공유된 현실 없이는 진리는 모든 의미를 잃는다. 내성과 그 혼성물은 허위를 낳게 된다." 아렌트의 글이며 다음에서 재인용. Richard Wolin, *Heidegger's Children*, Princeton: Princeton University Press, 2001, p. 67. '세계'라는 개념을 내세워 '내적 인간'을 해체하

인간의 정신과 관련된 근대의 근본적 형식은 표상주의, 다시 말해 "상(像)으로서의 세계를 정복하는 것(die Eroberung der Welt als Bild)"이며, "상은 이제 표상하면서(vorstellenden) 산출하는 행위의 총체적 상"*이 된다. 이 같은 에고중심적인 표상관에 붙박인 상태에서 볼 때, '말이 말한다'거나 '그(3)가 말한다'는 식의 표현은 별스럽고 기괴하기까지 하다. 하지만 일종의 증상이자 정신적 자기 미봉책인 에고의 성격과 그 명암을 분석해내는 순간, 말의 주체를 에고가 독점한다는 것이 오히려 더 별스럽게 느껴진다. '인간의 경우에는 섹스마저 늘 섹스 이상(meta-sexual)'이라고 했지만, 인간의 말이 지닌 정신사적 가치와 의미를 새긴다면 말이 기호의 교환 이상이라거나 말이 에고의 의도를 비껴가고 그 깜냥을 초과한다는 생각은 결코 별스럽지 않다. 그런 뜻에서 말은 존재론적 함의를 품고 종교-신학적 지향을 내비친다고, 조심스럽게 속삭일 만하다. 아득하고 까마득한 어느 젊은 때, 나는 난생처음 실연에 허우적대던 며칠

_____

려는 시도는 아렌트나 메를로퐁티나 사르트르 등 전쟁과 정치적 변혁의 시기였던 20세기 전반을 박진감 있게 살았던 지식인들의 공통된 관심사였다. 진리나 의미의 기원을 내성에 돌리려는 안이한 시도에 대한 또 다른 비판의 흐름은 역사적-발생계보학적 추적인데, 이는 가령 신(神)이라는 최종적인 장막을 걷어보려는 일반적이며 불경한 호기심과 맥을 같이한다. "정신분석이라는 고백의 기술이 심층 의식을 실재화한 것처럼, 고백이라는 행위에 앞서 고백이라는 제도가 존재하는 것이다. '정신'이란 선험적으로 존재하는 것이 아니다. 이 또한 고백이라는 제도에 의해 만들어진 것이다. '정신'이라는 기원은 항상 그 물질적인 기원을 망각시킨다." 가라타니 고진, 『일본 근대문학의 기원』, 박유하 옮김, 민음사, 1993, 106쪽.

* 마르틴 하이데거, 『세계상의 시대』, 최상욱 옮김, 서광사, 1995, 53쪽.

을 식음도 전폐한 채 오직 '시 쓰기'만으로 버틴 적이 있다. 나는 식초 먹은 버섯처럼 골방의 바닥에 붙어 있었다. 생활의 의욕마저 말라붙어버렸고, 불길하고 조급한 상상이 난마처럼 머릿속을 채우고 있었다. 그런데 어느 순간 '시(詩)를 써야 한다'는 생각이 마치 한 줄기 '계시'처럼 찾아왔다. 이후 꼬박 이틀간 나는 아무것도 하지 않고 자다 깨다를 반복하면서 오직 글[詩]만 썼다. 그 이상한 글쓰기 행위에 얹혀 근근이 정신을 윤전시키던 내게 가장 분명했던 느낌은 글(쓰기)에 수반된 '구원의 맛(redemptive flavor)'이었다. 그리고 실연에 수반된 고통 못지않게 절절했던 깨침은, 이 맛과 더불어 상존했던 글쓰기의 (내밀한) 쾌락이었다. 보부아르는 "평생 동안 하루 여덟 시간 내지 열 시간씩 글을 쓴 남자(사르트르)"*의 "육체적 존재를 잃는 것뿐 아니라 그의 말을 잃는 것도 똑같이 두려워했다."(베어 1991, 614) 하지만 이와 마찬가지로 보부아르는, '글쓰기는 죽음'(블랑쇼/레비나스)이기 이전에 인간이 피할 수 없는 사실(죽음)을 지워내는, 선택할 수 있는 사실이라는 점을 말한다.

보부아르는 자자(보부아르의 소싯적 친구)와 어머니의 죽음을 받아들였듯이 사르트르의 죽음을 받아들일 수 있으려면 글을 써야 한다는 것을 본능적으로 알고 있었다.(베어 1991, 688)

---

* 데어드르 베어, 『시몬 드 보부아르』, 김석희 옮김, 웅진문화, 1991, 648쪽.

2장 공부, 혹은 1에서 0으로, 2에서 3으로

말과 글은 곧 사람이다. 또한 사람의 기원이자 그 정예(精銳)를 이룬다. 하지만 다소 과장하자면 에고는 사람이라는 존재의 표면에 드러난 증상의 미봉적 복합체에 불과하다. '집중과 3의 공부'라는 상상력이나 그 실천이 가능한 이유도 이런 '얼굴마담' 같은 증상이 자기 존재의 역사 그 자체로부터 알게 모르게, 이래저래 소외되어 있기 때문이다. 사람의 말은 사람의 에고를 어긋내고, 초과하며, 때론 어리둥절하게 만든다. 내가 던진 부메랑은 반드시 내게 돌아오는 부메랑과 일치하지 않는다. 언제나 똑같이 돌아온다면 그것은 이미 부메랑으로서의 기능을 잃은 것이다.

이 간극과 빗나감과 경탄 속에서 사람들은 말하기와 글쓰기를 되새겨보게 되고, 에고는 그 말과 글의 은폐된 가능성에 뒤늦게 직면하게 된다. 간단히 정리할 수 있는 이치는 아니지만, 아렌트가 말하는 '말의 계시성' 역시 이러한 중층적 규정에 대한 또 다른 해설 방식일 것이다.

어쨌든 말을 수반하지 않는 행위는 계시적 성격을 상실할 뿐만 아니라 자신의 주체도 상실한다. 따라서 행위하는 인간이 아니라 일을 수행하는 로봇은 인간이 여전히 이해하지 못할 무엇을 하게 될 것이다. 말 없는 행위는 행위하는 주체가 없기 때문에 더 이상 행위가 아니다. 행위자는 그가 동시에 말의 화자일 경우에만 행위자일 수 있다. 그가 시작하는 행위는 말에 의해 인간에게 이해된다.(아

렌트 1996, 239)

　이미 언어의 실존주의적, 존재론적 혹은 종교신화적 의의를
점점이 짚어왔지만, 언어 소통의 의의를 좁게, 다소 보수적으로
해석하더라도 전통적 의미론(semantics)이나 인식론의 틀 속에
온전히 잡아둘 수는 없다. 언어 교환이 의미를 갖는 것은 표상
(주의)적 대상화만의 결과가 아니다. 이 사실은 전문가가 아니
라도 언어를 부리고 나누는 일에 섬세한 이들이라면 자신들의
일상적 화용(話用)에서 매번 절감할 만하다. 낱말이 의미를 얻
거나 대화가 이해나 합의에 이르게 되는 일은 훨씬 복잡하고 광
범위한 개입에 얽혀 있어, 대상화(Gegenständlichung)나 대응
(Übereinstimmung)의 논리만으로 설명할 수 없다. 특히 실험에
대한 실험자의 능동적 혹은 무의식적 참여를 밝힌 현대 과학의
여러 성취처럼 '수행적 차원(performative dimensions)'의 개입
을 밝힌 20세기 철학의 성과는 이미 상식이 되었다. 가령 미국
의 실용주의(pragmatism)도 이러한 현대 철학적 갈래의 중요한
성취로 인정된다.* 널리 알려진 대로 이 문제에 관한 리처드 로
티의 판본은 아래와 같다.

　내가 보기에 현대 철학은 둘로 대별할 수 있다. 그 하나는 표상주의

---

* 이 같은 성취의 내막과 그 갈래를 살핀 책 중에서 괜찮게 쓰인 한 권을 소개한다.
Richard J. Bernstein, *The Pragmatic Turn*, Cambridge, MA : Polity, 2010.

2장　공부, 혹은 1에서 0으로, 2에서 3으로

자들로서 인간이 마땅히 파악해야 할 비인간적 실재의 본질적 속성
이 있다는 것을 믿는 이들이며 다른 쪽은 반표상주의자들이다. 나
는 이 문제에 관한 한 F. C. S. 실러의 판단이 옳다고 여기는데, 그
에 따르면 '실용주의는 실은 인간주의를 인식론에 적용한 것(the
application of Humanism to the theory of knowledge)에 불과
하다'. 내 생각에 실러의 논지는, 인간은 오직 서로에게만 책임을
지고 있기 때문에 응당 표상주의나 실재론 따위는 버려야 한다는
것이다.*

요점은 인간을 가능하면 그 역사적 총체성에서 파악하려고
애써야 한다는 데 있다. '인식론'이니 '의미론'이니 한다 해서
사람의 인식이나 낱말의 의미만을 눈깔사탕처럼 말끔히 포장한
채로 전시하거나 배송할 수는 없는 법이다.

의미나 가치의 생성에 수행적 차원이 곳곳에 스미고 저며 있
다는 사실은 당연히 공부의 성격이나 방향에 깊은 함의를 지
닌다. 이를 곰곰이 새겨보면 '지행일치'라는 경구를 따로 외치
는 것 자체가 스스로 부끄러울 정도다. 지행(알고 있는 대로 행한
다)보다 앞서는 것은 차라리 행지(行知)라고 해야 할 것이며, 앎
[知]은 그 전체가 수행에 의해 구성된다. 지식의 수행성 혹은 앎
의 인간주의를 깨닫고 내내 실천해온 영역은, 역시 인문학의 밑

---

* Richard Rorty, *Philosophical Papers*, vol. 4 : 'Philosophy as Cultural Politics',
Cambridge : Cambridge U. Press, 2007, p. 134.

절미가 되는 문학일 수밖에 없었다. 어쩌면 문학 혹은 문학스러운 것들은 철학이니 과학이니 하는 근엄한 인상의 신사들이 감히 내뱉지 못하는 말과 글을 (똥 흘리는 아기들과 침 흘리는 노인들 사이에서) 쉼 없이 흘리면서 인간의 앎과 그 의미를 내내 드러내고 있었던 것인지 모른다. 모든 좋은 문학은 그 글쓰기의 의도를 벗어나 빛살처럼 사방으로 튄다. 논리나 추론보다 빠르고, 인정이나 공감보다 빠른 곳곳에서부터 독자들은 인간 및 삶의 진실과 마주친다. 앞서 말한 진리와 의미 생성의 수행적 재구성의 경우도 문학스러운 표현들은 논문처럼 쥐어짜내지 않아도 오히려 생생하게 그 취지를 그려낸다.

그러나 지성은, 비록 간접적으로나마 의미의 선험성을 바라본다. 의미란 현실에서는 얻을 수 없지만, 의미의 부재를 느끼고 그 의미를 그리워하게 될 때 반짝 나타난다.[*]

그런가 하면 '인간성과 언어성'이라는 고도의 철학적, 인문학적 주제에 대한 토론의 실팍한 열매를 뜻하지 않은 곳에서 얻는 경우도 적지 않다.

그러니 내가 당황할 수밖에 없었고, 나는 그녀에게 꽃이란 남자가

---

[*] 클라우디오 마그리스, 『다뉴브』, 이승수 옮김, 문학동네, 2015, 352쪽.

2장 공부, 혹은 1에서 0으로, 2에서 3으로

여자에게 주는 것이지 여자가 남자에게 주는 것이 아니라고 말하면
서 거절했다. 그러나 이 말을 들은 그녀는 금방이라도 울음을 터뜨
릴 것 같아 나는 얼른 꽃이 참 아름답다고 말하면서 꽃다발을 받았
다. 나에게는 선택의 여지가 없었다. 이때부터 우리가 만날 때에는
언제나 꽃이 나를 기다리고 있었으며, 나는 마침내 이에 익숙하게
되었다. 나는 이 선물의 자발성에 무력해져버리고 말았으며, 이런
식의 선물 행위에 대해 루치에가 굉장히 집착하고 있다는 것을 알
게 되었다. 이는 아마 그녀가 늘 화술의 부족으로 시달림을 받아왔
으며, 이에 따라 꽃 속에서 일종의 언어 형태를 발견했기 때문인지
도 모를 일이었다.[*]

혹은 자기 인식의 내적 구성이나 그 추이에 대해 10년을 고
민하더라도, 남편의 불륜과 사랑의 고민에 빠져 자신의 자리를
잃어가는 여자의 한마디처럼 절절한 진실을 얻기는 어려울 것
이다.

그런데 별안간 나 자신도 남편도 우리가 어떤 사람인지를 알 수 없
게 된 것이다.[**]

인생이 필경 인생일 뿐이므로 숱하게 반복되는 어긋남의 이

---

[*] 밀란 쿤데라, 『농담』, 권재일 옮김, 벽호, 1993, 106쪽.
[**] 시몬느 드 보봐르, 『위기의 여자』, 손장순 옮김, 문예출판사, 1984, 120쪽.

집 중 과   영 혼

치를 알리는 자의 토로는 자못 감동적이기조차 하다.

하지만 자네들이 이렇게 보다시피, 나는 그때 거기서 커츠의 뒤를 따라가지 않았어. 나는 죽지 않았던 거야. 나는 살아남아서 그 악몽을 끝까지 꾸었고 다시 한번 커츠에 대한 신의를 지켜야 했네. 그건 운명이었어. 나의 운명이었단 말일세. 인생이라는 건 우스운 것, 어떤 부질없는 목적을 위해 무자비한 논리를 불가사의하게 배열해놓은 게 인생이라구. 우리가 인생에서 희망할 수 있는 최선의 것은 우리 자아에 대한 약간의 앎이지. 그런데 그 앎은 너무 늦게 찾아와서 결국은 지울 수 없는 회한(悔恨)이나 거두어들이게 되는 거야. 나는 죽음을 상대로 씨름을 해왔네.*

그리고 아, 카프카의 인문학으로부터 배운 것이란 도대체 일일이 리스트에 올려 배열할 수 없을 지경이 아니었던가?

사실 아버지는 명예 회복이란 꿈에도 생각지 않고 단지 용서를 빌려고만 생각했어요. 그러나 용서를 받기 위해서는 먼저 죄를 확정하지 않으면 안 되었는데, 그 죄는 관청에서 부인되고 말았어요.**

진리가 생성되고 재구성되는 과정을 이데올로기나 권력의 문

---

* 조셉 콘라드, 『암흑의 핵심』, 이상옥 옮김, 민음사, 2003, 158~159쪽.
** 프란츠 카프카, 『城』, 김덕수 옮김, 홍신문화사, 1996, 255쪽.

제와 겹쳐 보는 유행이 길게 이어지고 있지만, 인간의 적나라하고 소소한 일상 속의 진리와 의미는 온통 갖은 인간적 수행성의 함수(函數)처럼 보인다. 그러므로 진리론과 의미론이라는 우리를 만들어 진리와 의미를 전유하려는 논리적, 과학주의적 태도가 삶의 실제를 온전히 반영하지는 못한다. 죽은 이들조차 끊임없이 돌아와서 웅성거리곤 하듯이, 인간들의 진실과 의미는 학문적 테두리의 외곽에서 쉬지 않고 번득거리며, 문학이라는 언제나 새롭고 언제나 늙은 손길을 기다리고 있다. 다른 한편 진리-의미-가치의 생성에 수행적 차원이 이미/언제나 구성적으로 개입하고 있다는 사실 속에도 여러 스펙트럼이 있으며, 또 이것 때문에 때로는 공부하는 이들이 방향타를 놓치거나 변침(變針)에 실패하기도 한다. 예를 들어 어떤 종류의 수행성이나 환경은 인간적 진리나 의미를 압도하기도 하고, 또 다른 경우에 전자는 후자의 프레임에 떠밀려 그 작은 음성과 시늉을 잃어버리기도 한다. 예를 들어 아우슈비츠의 극한 상황에서라면 의미는 통례적인 객관성을 유지하지 못한 채 삶의 의지에 포박되고 생존을 향한 처절한 애원 속에서 재해석, 재구성될 수밖에 없을 것이다. 그래서 "대부분의 사람에게 있어서 의미에의 의지는 신념이 아니라 사실"(프랭클 1987, 148)이며, 존재의 이유와 의미는 "우리 자신이 만들어내는 것이 아니라 발견해야 될 것"(프랭클 1987, 149)이다. 화학자인 프리모 레비 역시 빅터 프랭클의 말을 반복한다. "삶의 의미에 대한 믿음은 인간의 모든 힘줄 속에

뿌리박혀 있다. 이것이 인간 본질이 지닌 속성이다."(레비 2011,
106) 그 역시 '삶의 의미'를 본질주의적이거나 실체론적으로 강
조·격상시키고 있지만, 이들처럼 생사의 기로에 붙잡힌 사람들
은 '살고 싶다'-'살아야 한다'-'살 수 있다'-'삶에는 뜻이 있다'
등등의 상이한 명제들이 명료하게 분별될 만치 안정된 심리 상
태라고 보기 어렵다.

　앞서 언급했듯이 의미나 진리가 일종의 '수행적(遂行的) 재
구성'과 더불어 변화한다는 생각은 현대 철학의 화용론적 지향
과 더불어 널리 퍼져 있다. 그리고 그 문학적 예시를 통해 엿볼
수 있듯이 이는 우리 생활의 갖은 계기와 곡절 속에서도 어렵지
않게 확인할 수 있다. 인간의 온갖 수행(遂行)이 저 너머에 좌정
하고 있는 하나의 진리를 찾아간다기보다 외려 갖은 진리가 역
시 갖은 인간의 수행에 의해 동시다발적으로 (재)구성되고 (재)
해석된다는 사정은, 역시 전술했듯이 당연히 인간의 공부와 수
행에 깊은 함의를 지닌다. 쉽게 비유하자면, 흔히 '필요는 발명
의 어머니(Necessity is the mother of invention)'라고 하지만
역사적인 실제에 따르면 "오히려 그보다는 종종 발명이 필요
의 어머니"(Diamond 1997, 232)였던 것처럼 말이다. 동어반복
으로 들리겠지만, 이 함의의 실효를 널리 확인할 수 있는 영역
이 곧 수행(修行)이나 수련 과정이다. 그리고 '집중과 3의 공부'
라는 주제는 특히 이 영역에서 약방의 감초처럼 등장한다. 그
중에서도 선화(禪話)에 자주 등장하는 기연(機緣)에 대한 묘사

는 이 주제와 관련해 매우 유익한 참조처가 된다. '기연'이란 어떤 기회로 말미암은 인연으로서 불교적 깨달음을 불러오는 계기를 말한다. 중국인들의 선화라는 게 극적 과장이 심해 자구대로 믿긴 어렵지만, 그 패턴에 드러난 공통점을 두루 살피면 '집중'이라는 기다림의 과정이 '3'이라는 만남으로써 극적으로 완결되는 드라마를 확인할 수 있다. 기왓장이 깨지는 소리, 닭 울음소리, 해골바가지 속의 물, 불씨, 촉루(燭淚), 할(喝) 혹은 강에 뜬 달과 같은 일견 소소한 물건이나 움직임이나 소리가 기연을 이루어 수행자로 하여금 '돌이킬 수 없는' 자리로 옮겨가게 한 일화는 많다. 지리산 원통암(圓通庵)에서 출가한 서산대사(1520~1604)는 일대의 여러 사찰과 암자에서 수행하던 중 구례 쪽의 어느 마을을 지나다가 낮닭이 우는 소리를 듣고 문득 깨달음을 얻었다고 한다. 이 '문득-깨달음'을 돈오(頓悟)로 번역해놓으면 이미 그것으로 실없는 논쟁의 장에 빠지기도 하겠으나, 우리는 이 몰록깨침 이전에 마음의 지층을 이루고 있을 집중의 현실을 기억해야 한다. 흔히 깨달음의 디딤돌이 되곤 했던 이 기연은 인간이 인식에 이르는 방식에 대한 중요한 통찰 한 가지를 제공한다. 니체가 '소심한 인식론'이라고 불렀던 것은 결국 인식의 실제가 아니었던 것이다. 이를 앞선 논의와 접속시켜보면, 깨달음이든 이해든 인간의 앎은 그 안팎의 물적, 인간적 계기와 수행적으로 맺어져서 넓은 의미의 실천 그 자체를 이룬다는 것이다.

선화에 스민 전설적 뉘앙스 탓에 기연도 덩달아 특별한 무엇인 듯 여겨지지만, 앎과 성숙의 진경(進境)으로 내모는 계기들은 잡다하고 비근하며 자질구레한 것이 많다. 하지만 그렇다고 해서 그 중요성(significance)이 간과되어서는 안 된다. 내가 종종 청소라는 별스럽지 않은 행위를 공부의 맥락에서 예시했던 이유도 이런 이치와 관련해서 내 개인의 체험이 분명했기 때문이다. 불교 식의 기연이든 그 어떤 공부의 계기이든 공부가 정녕 쓸모 있으려면 그것은 대개 '(다시) 돌이킬 수 없음(irreversibility)'을 체험하게 하는 기회가 된다. 반복하지만, 이런 체험의 기회는 일상에 널려 있는데, 하필 어떤 기회가 인간의 지성과 영성을 틔우는 것에는 그 나름의 긴 분석과 통찰 없이는 이해할 수 없는 중요성이 숨어 있다. 논의의 맥락은 다소 다르지만, 비코의 형이상학에는 이런 이치를 비스듬히 밝혀주는 흥미로운 표현이 있다.

적절한 호기(好機)는 단 한 점에서 오지만 우연한 기회는 사면팔방에 굴러다니고 있다. 진리는 적중하지 않으면 만날 수 없으나 허위는 어디서든 만나게 된다. 실제 진리는 분할되지 않는 반면 소신(所信)은 당파를 만든다.*

---

* 잠바티스타 비코, 『이탈리아인 태고의 지혜』, 이원두 옮김, 동문선, 1996, 63쪽.

『순자』를 보면 '멀리 옮겨가서 다시 처음으로 돌아가지 않는 것이 곧 변화한 것(長遷而不反其初則化矣)'이라는 말이 있는데, 돌이킬 수 없도록 그 삶을 바꾸는 적절한 호기에 대한 압축적 표현이 아닐 수 없다. 이런 전기(轉機)는 갖가지 모양으로 드러나고 또한 갖가지 소재에 얹히거나 매개를 통하기도 한다. 이를테면 어떤 사람이나 어떤 사건이나 어떤 책을 만나는 것은 가장 흔한 패턴을 이룬다. 예를 들어 성질 급한 무골(武骨)이었던 자로(子路, 기원전 543~기원전 480)가 공자를 만난 일, 젊은 루터의 발 앞에 벼락이 떨어진 일 혹은 어린 파스칼이 유클리드의 『기하학 원론』을 읽게 된 일 등은 모두 나름대로 '돌이킬 수 없음'을 나타내는 분기점이 되었다. 물론 당사자들이 이 분기점에서 꼭 나은 선택을 하는 것도 아니며, 그 계기만으로 공부에 따르는 여러 표징을 분명히 드러내는 것도 아닐뿐더러 더욱이 '집중과 3'이라는 이치와 늘 부드럽게 접속하는 것도 아니다.

수행과 수련 혹은 공부 일반이 불러오는(=만나는) 3의 지평은 인간의 수행적 이력이 지펴 있는 계기에서 꽃핀다. 이는 인간의 공부만으로 장담할 수 있는 약속도 아니며, 그렇다고 해서 공부와 집중을 생략한 채 하늘바라기의 운수에 맡길 수는 더더구나 없는 이치다. 이 3의 계기는 일방적으로 봉변(逢變)을 당하는 것도 아니지만, 그렇다고 해서 주체의 재능과 의도 아래 이루어지는 능변(能辯)도 아니다. 사태를 보는 관점이나 관심에 따라 능변적 측면만을 강조하기도 하고, 때로는 봉변적 계기만을 살피기도 한다. 사람과 세상의 이치가 늘 그러하듯이 이 둘 사이를 교란시킬 여러 종류의 클리나멘도 적지 않다. 마치 일부 좌파가 이론의 실핏줄을 낱낱이 가르면서 신경질적으로 변해가듯이, 일부 (탁월한) 이론가들은 이 매혹적인 타자적 사건성을 과장하거나 신비화하려는 유혹에 빠지곤 한다. 테리 이글턴의 지적을 빌리면, 이 사건성의 개념은 통속화와 신비화 사이에서 우왕좌왕할 수밖에 없는데,* 이로써 사건의 성격이나 의미는 개입된 사람의 입장이나 관심에 의해 쉽사리 재구성될 위험에 놓인다. 아무튼 이 유혹에는 이유가 있어 보인다. "'그'는 우리가 이야기 할 때 일어나는 밝혀지지 않은 사건"**이라는 문장이 전형적인 데, 신비화의 유혹은 대체로 이 '그'나 타자적 사건성의 '내용' 을 자의로 혹은 이데올로기적으로 상상하는 데 있다. 종교 초월 적 체험이나 타자적 사건이나 혹은 깨달음의 기연 등 '3'의 계 열에 속하는 현상을 이해할 때 특히 주의할 대목이 바로 '내용 중심주의'다. 가장 흔한 사례로 '아무래도, 어떻든, 필경은, 어 떤 식이든 내게 더 많은 관심을 보일 수밖에 없을 신(神)'과 같

---

* "우리가 가지고 있는 이 모든 것에는 어떤 타자성이 있다는 것이 당연할지도 모르며, 바로 이 순간에도 그 타자성이 우리의 피부를 스치고 지나가거나 우리의 손가락 끝에서 떠다니고 있을지도 모른다. 그러나 우리는 무기력하게도 그것의 이름을 지을 수 없는데, 왜냐하면 이름을 짓는다는 것은 이미 그것의 타자성을 지워버리는 것이기 때문이다. 우리가 이해할 수 있었던 모든 것은 우리가 이해했다는 바로 그 이유로 인해 우리 자신의 타락한 논리와 연루되어서 우리를 구원해줄 수 없게 될 것이지만, 반면에 진정으로 색다른 것 혹은 전복적인 것은 우리가 지니고 있는 재현의 틀에서 완전히 벗어나 칸트의 신비스러운 실체(Noumenon)만큼이나 근거 없이 여겨질 것이다."(이글턴 2002, 28~29)

** Maurice Blanchot, *L'Espace Littéraire*, Gallimard, 1951, p. 389.

은 종교적 상상력을 들 수 있다. 체계와 구조를 문제시할 수 없는 약자의 처지에서 유일하게 남은 내용적 상상력은 당연히 타인을 향한 폭력으로 이어진다.

비르케나우 화장터 굴뚝에서는 열흘 전부터 연기가 나고 있다. 포즈난 게토에서 수송되어온 엄청난 수의 유대인들의 자리를 마련해야 하는 게 틀림없다. 젊은이들끼리는 노인들이 선발될 거라고 말한다. 건강한 사람들끼리는 병든 사람만 선발될 거라고 말한다. 전문가들은 제외될 것이다. 독일 유대인도 제외될 것이다. 낮은 번호들도 제외될 것이다. 너는 선발될 것이고 나는 제외될 것이다.(레비 2011, 193)

내용주의에 대한 비판적 시각은 당장 '매클루언의 살코기'를 떠올리게 한다.

미디어의 '내용'이란 실제로는 정신의 집을 지키는 개의 주의를 끌기 위해 강도가 손에 들고 있는, 피가 뚝뚝 떨어지는 살코기와 같은 것이다. 하나의 미디어에는 다른 미디어가 '내용'으로 주어짐으로써 그 효과를 높이고 그것은 강력해진다.*

공부가 제대로 사람을 키우려면 그 내용과 형식의 조화가 필요하다는 것에 재론의 여지는 없다. 그러나 사람의 시선은 개처

집 중 과 영 혼

302

럼 '살코기(내용)'에 쏠리게 마련이므로 공부의 실천에 관한 한 항상 실천의 '형식'에 대한 메타적 시선을 잃지 않는 게 중요하다. 예컨대 이데올로기적 존재인 인간이긴 해도 그 이데올로기의 형식과 방향을 맹신하는 순간 그의 충실성이나 일관성은 다만 영혼의 타락을 증거할 뿐이다. 마찬가지로 인간이 종교적 존재(homo religiosus)라고 해도 그 종교적 형식을 바깥에서 조망하는 비교적-메타적 시선을 잃는 순간 우리의 신심은 이미 광신자의 길목을 배회하고 있는 셈이다. '집중과 3'을 공부론과 접맥하는 경우도 마찬가지다. 이미 다른 글에서 집중을 일러 '내용을 잃은 성취'라고 정의하기도 했지만, 특히 3이야말로 오직 자아(1)의 형식만을 일러주기 때문이다. 수(數)에 내용이 없는 것처럼, 3은 나(1), 너(2), 그리고 그(3) 사이의 관계(성)에 대한 추상적 기호일 뿐이며, 내용에 대해서는 애써 침묵하는 편이 낫다. 물론 3이라는 타자적 사건성을 체험한 학인과 수행자와 종교인들은 온갖 잡스럽고 휘황스러운 자신만의 경험 '내용'을 말하고 싶어한다. 천국의 정원(庭園)에 박힌 빛나는 다이아몬드를 봤다느니…… 하면서 말이다. 그러나 집중과 3의 공부는 그 구체적인 '내용'에 대해서 책임 있는 발언을 할 수가 없다. 그리고 이 침묵은 무능력이 아니라 차라리 3에 대한 예의라고 하는 편이 낫겠다. 내 오랜 경험상, 공부가 차 들어가는 학생은 태도와

---

* 마샬 맥루한, 『미디어의 이해』, 박정규 옮김, 커뮤니케이션북스, 2001, 39쪽.

표정의 형식에서, 화법에서, 그리고 생활양식에서 어느새 변화가 생기듯이, 이 공부에 관한 한 차분히, 그리고 겸허하게 경험의 형식에 주목하면서 지며리 밀어붙이는 수밖에 없다.

내용을 안다고 믿는 자는 오만해지고, 이로써 소중한 직관의 계기를 놓친다. 반복해서 지적하는데, 내용성은 흔히 눈을 미혹하게 하는 법이니 그 색(色)에 빠지지 않도록 정신을 차리고 있어야 한다. '부지지망(不知知妄)', 즉 모르는 것을 안다고 믿어 망령됨을 자초하는 짓은 주로 특정한 내용에 쏠리는 탓이다. 색즉시공(色即是空)의 이치가 다 여기에 있을 법하다. '3에 대한 예의'라고, 조금 이상한 표현을 쓴 이유도 거기에 있다. 이 이상한 표현에 이어 역시 조금 이상한 사례를 하나 들어보자. 일본의 어느 프로 마사지사가 들려주는 얘기다.

> 자기가 손님 몸에 있는 문제를 고칠 수 있다고 생각하고 노력하는 마사지사는 대개 일찍 죽어요. 그런 식으로 손님의 병을 고칠 수 있을지는 몰라도, 그는 머지않아 자기 힘을 다 쓰고 죽는 거지요. 진짜 달인은 자신이 손님을 고치는 게 아니라 자기와 손님을 둘러싸고 있는 큰 존재의 힘을 빌려, 그걸 손님 몸에 흘려넣어요. 우리 마사지사는 그 힘을 나타내기 위한 도구에 지나지 않아요.(이소마에 2016, 115~116)

물론 이 마사지사의 말은 다소 거칠고, 하려고야 들면 낭만적

신비화의 혐의조차 긁어낼 수 있겠지만, 인간에게 이로운 효험-
인식의 형식에 가만히 주목할 뿐, 그 계기의 '내용'—인용문의
경우에는 '힘'—에 대해서는 섣부른 추정을 하지 않아야 한다.

부처가 꽃을 드니 그의 고제(高弟)가 가만히 웃었다고 한다.
이는 그가 그 '뜻'을 깨단했기 때문이라고 알려져 있다. 이를 일
러 이심전심(以心傳心)이라고도 하지만, 그 뜻은 둘 사이에 오갈
수 있는 무슨 '내용'이 아니었을 것이다. 내용은 소문 속에 자잘
하게 부풀고, 사후적으로 구성되는 이야기로 말미암아 오히려
역사적 진실이 침몰하고 만다. 철학책도 많고 종교 경전도 많지
만, 그 가장 중요한 가르침이나 이치들을 살피고 비교해보면 알
짬은 대개 내용보다는 '방법(형식)'적이라는 것이다. 만학의 제
왕이자 '보편학(scientia universalis)'의 이념을 내세웠던 철학
의 '내용'들이 시대와 지역, 유파와 개인에 따라 얼마나 변화해
왔는지는 모든 철학도에게 이미 상식이다. 그러나 혼란과 혼동
의 와중에도 인간과 인생의 지혜를 구하는 이들에게 변함없는
매력을 제공할 수 있었던 데에는 철학적 탐색과 시선이 지닌 방
법론적 '낯설게 하기의 효과(Entfremdungseffekt)'가 있었다. 말
많고 탈 많은 종교계도 혹세무민의 이설과 참학한 폭력의 역사
에도 불구하고 '자비-인(仁)-사랑'의 교설과 실천은 여전한 카
리스마의 진원지가 되고 있는데, 이 역시 결국 나와 너와 그(초
월적 타자) 사이의 관계 '형식'을 가리키고 있는 것이다. 그래서
나로서는 부처와 가섭 사이를 오간 게 '메시지(내용)'가 아니라

고 여긴다. 두 사제의 마음은 차라리 삶과 세상을 바라보는 시선(미디어의 형식)에서 묘하게 겹쳤을 뿐일 것이다. 사물을 보고 대하는 새로운 '방법'에 응해서 시각과 그 시각이 열어주는 세계를 따르는 제자가 되는 것은 무엇보다 삶의 형식(Lebensform)과 관련되는 문제다. 마찬가지로 동서고금에 명멸했던 진리의 제자들이 열광했던 것도 이런저런 내용성 있는 지식이나 정보라기보다 삶과 죽음에 대한 다른 방향성을 제시한 방법적 변침(變針)이었기 때문이다.

당연히 반론의 사례도 있겠다. 그간 몰랐던 지식의 '내용' 하나가 중요한 전기를 마련할 수도 있겠기 때문이다. 나도 '내 것이 아닌 자신감'이라는 개념을 해설하는 중에 3의 체험이 내용적인 보충에 이바지하는 취지의 설명을 한 바 있다. 과학사의 뒤안길을 살펴도 관련되는 일화들이 더러 있고, 물론 종교적 체험의 역사 속에서도 적지 않은 사례를 엿볼 수 있다. 아래 인용문은 오직 구법여행과 역경(譯經)으로 일관하는 삶을 살았던 현장(玄奘)이 귀국한 후 당 태종의 후원 아래 산스크리트어로 된 불경들을 한역(漢譯)하는 과정에서 "만약 내용에 미심쩍은 구절이 있거나 잘못된 글자가 있을 때는 마치 누군가가 직접 나타나 명쾌히 가르쳐주는 것처럼 어려움을 해소할 수 있었"(리긴스 2010, 275)던 일을 회고하고 있다.

이는 마치 구름을 걷어내고 해를 보는 듯 명확한 느낌이었다. 그래서 스스로에게 말했다. 어찌 나 현장처럼 천박한 마음을 가진 이가 이러한 깨달음의 단계와 통하겠는가? 이는 수많은 부처님과 보살께서 몰래 도와주는 것일 뿐이리라.(리긴스 2010, 275)

당연히 사람들은 타자(3)와의 사건적 만남에 의해 얻은 이런 저런 형식과 내용의 앎을 그들의 에피스테메(épistémè)나 이데올로기적 얼개를 통해 표상할 수밖에 없다. 승려들은 부처를 들먹이게 되고, 크리스천들은 구름을 타고 있는 예수를 만날 수밖에 없으며, 무속인들은 자신들의 세계에서 활약하는 신령들과 접촉할 수밖에 없는, 인간-현상의 기저(基底)를 이루는 메커니즘과 논리가 작동하고 있을 테다. 그리고 이들은 자신들의 체험속에서 본 '내용'에 관해서 때로는 상충되는 보고를 하곤 한다.

이 상충되는 보고 탓에 종교적, 이데올로기적, 심지어 인식론적 갈등은 그치지 않는다. 문화상대주의도 종교다원주의도 사회적 톨레랑스에 머물 뿐이지 그 갈등의 이치에 정면으로 대들지는 못하고 있는 형편이다. 이러한 갈등을 해소하는 데 이바지함으로써 인문학적 시야 속에 품을 수 있는 보편적 공부론을 구성할 수 있으려면, 다시 강조하건대 '내용주의'의 함정을 경계해야 한다. 게임의 상략을 묻지 않은 채 게임에 몰두하고, 종교의 내력을 이해하지 못한 채 제 소원풀이에 열심이며, 사회구성체의 성격과 제도를 살피지도 않고 제 한 몸의 편익만을 구하는게 내용주의이며, 제 개인의 체험에 붙박여 그 관견(管見)만으로 천하를 가름하려는 게 내용주의다. 3의 체험과 거기에 주의하는 공부도 마찬가지다. 그러므로 예수니 부처니 지옥이니 극락이니 '이'것(this-ness)이니 '저'것이니 하는 수많은 내용의 스크린을 걷어내거나 하다못해 잠시라도 판단중지(εποχη)한 뒤, 갖은 '내용'을 담은 채 이루어지는 그 체험의 '형식'에 주목하노라면 깊은 이해와 새로운 화해의 길이 열릴 수 있을 것이다. 미당 서정주가 '하늘 아래 제일로 밝던 머리'라고 추도했던 범부(凡父) 김정설(金鼎卨, 1897~1966)은 물계자의 입을 빌려 거문고를 타고 칼을 쓰는 이치를 설명한다. 이 설명 중에 '얼'을 등장시키면서 특히 이것을 '둘이 아닌 그 무엇'이라고 간결히 정리하는 대목이 있는데, 이는 전술한바 '불이(不二)의 지혜'를 다시 한번 확인시킬 뿐 아니라 내용에 휘둘리지 않고 형식적 추이에 유의하는 3의 공부를 거듭 예시해준다.

검술이나 음악이나 그 밖에 무엇이나 열 가지고 백 가지고 간에 그것이 틀린 것이 아니라 꼭 바른 도리이기만 하면 반드시 둘이 있을 수 없는 것이다. 이를테면 거문고를 탈 때 만약 손으로 타는 것이라면 아무 손이라도 같은 거문고 소리를 낼 것이다. 그러나 거문고 소리는 누구든지 다 같지 않다. 같은 손으로 타는 거문고련만 사람 사람에 따라 다 다른 것은 마침내 손이 타는 것이 아니라 손 말고 다른 그 무엇이 타는 까닭이다. 또 칼을 손이나 눈으로 쓴다는 것도 될 말이 아니다. 손으로 쓸 것 같으면 아무 손이나 칼을 쓸 수 있고 눈으로 쓰는 것이라면 그것 또한 그럴 수 있을 텐데, 다 같은 손과 다 같은 눈으로써 칼을 쓸 수 있는 사람도 있고 쓰지 못하는 사람도 있는 것은 역시 칼을 손이나 눈으로 쓰는 것이 아니기 때문이다. 즉 손이나 눈 말고 다른 그 무엇이 있는 것이니, 그것은 칼을 쓰거나 거문고를 타거나 둘이 아닌 그 무엇, 쉽게 말하자면 그것을 사람의 '얼'이라고 해두자. 천 가지 만 가지 도리가 다 이 얼에서 생겨나는 것이니 이 얼을 떼어놓고 이것이니 저것이니 하는 것은 소 그림자를 붙들어다가 밭을 갈려고 하는 거나 마찬가지로 허망한 소견이다.[*]

인간다운 행위 일체와 그 성취는 대체로 집중이라는 인간 정신의 밀도와 깊이를 밑절미로 삼는다. 그중에서도 수행이나 공부는 극히 이채로운 집중의 형식을 이루어낸 곳이다. 그리고 누차 말한 대로, 이러한 집중의 실천은 드물게나마 3이라는 정신적 진화의 정화를 어렵사리 보여준다. 실로 스피노자의 유명한 말처럼, '하지만 모든 빼어난 것은 찾기 어려운 만큼 얻기도 힘들다(Sed omnia praeclara tam difficilia quam rara sunt)'. 이 글에서 3으로 표상되는 인간 정신적 진화의 탁절한 계기는 그 '내용'적인 차이와 다양성에도 불구하고 우선 주객의 관계(1과 2)와 관련되는 어떤 외부적, 초월적, 사건적 '형식'으로 이해하면

---

[*]　김정설, 『風流情神』, 영남대학교출판부, 2009, 89~90쪽.

서 조심스럽게 접근할 필요가 있다. 전술한 김정설의 '얼'에 관한 해명은 충분치 않은 채로 여전히 집중과 영혼의 관계를 추적하는 도정에서 매우 유익한 시사점을 준다. 다른 예를 들자면, 거문고와 칼에 이어 활의 달인에 대한 이야기에서 터져나온 '그(3)'는 이야기의 구성조차 인상적인 게, 마치 맞춤한 듯 전형적이다. 오이겐 헤리겔(1884~1955)의 사례인데, 그는 신학에서 철학으로 전공을 바꾼 다음 이른바 신칸트학파의 종장들인 빌헬름 빈델반트와 하인리히 리케르트에게 배워 학위를 받은 뒤 1923년까지 하이델베르크 대학의 교수로 근무했다. 그러다가 당시 동맹국이었던 일본의 도호쿠 제국대학의 초청을 받아 약 5년간 일본에서 강의하고 생활했는데, 귀국 후 일본 체류 중에 배웠던 궁술의 체험을 근거로 『궁도 속의 선(*Zen in der Kunst des Bogenschießens*)』(1948)이라는 책을 써서 남겼다. 모든 공부와 수련에 다 그런 면이 있지만 그 역시 특히 낯선 문화와 풍토 속에서 각고의 시간을 거치면서도 좀체 활쏘기의 진경을 얻지 못해 애를 먹곤 했다고 한다. 공부로써 기량이나 생활의 변화를 도모해본 학인이라면 알게 될 과정이지만, 이처럼 자의(自意)가 어긋나는 일은 도무지 피할 수 없다. 임제의현(臨濟義玄 ?~867)의 시구처럼 "도를 닦는다고 하면 (외려) 닦이지 않는 법(若人修道道不行)"*이다. 그래도 짐작건대 그는 두 개의 화살을 한꺼번에 쥐고 사선(射線)에 오를 만치 성급하지는 않았을 법하다.** 아무튼 그러던 중 5년째를 넘기던 어느 날의 한순간, 여느 때처럼 연습 중이던 헤리겔이 '무심히' 활시위를 놓자마자 그의 스승인 명인 아와 겐조(阿波研造, 1880~1939)는 제자 앞에서 무릎을 꿇곤 이렇게 외친다.

'그'가 쏘았습니다.***

스승과 제자의 사이에, 공부하는 제자(1)가 스승(2)을 상대로 자신의 기량을 시험하면서 진경을 구하는 자리에, 엉뚱하게도 한순간 '그(3)'가 나타나 나(1)를, 아니 나와 너의 관계를 대체해버렸다고 해야 할 것이다. 나(1)는 마침내 나와 싸워 이겼고, 이로써 내 마음(我心)은 한순간이나마 무심(無心)의 자리에 이를 수 있었던 셈이다. 신은 가난하고 빈 마음속에 머물기를 즐긴다고 하듯이, 무심을 얻은 궁수의 몸에 그(3)가 자연스레 드러났다고 해도 좋겠다. 아는 대로 무심의 활(無心之射)에 대한 이야기가 『장자』에 쓰여 있다. 『장자』 외편에 열자(列子)가 백혼무인(伯昏无人)이 있는 곳에 가서 활솜씨를 자랑하는 대목이 있

* 石鼎 엮음, 『내가 애송하는 禪偈』, 불일출판사, 1992, 86쪽. 선계의 나머지는 아래와 같다. "萬般邪境競頭生 智劍出來無一物 明頭未現暗頭明."
** "어떤 사람이 활 쏘는 연습을 하면서 두 개의 화살을 손에 쥐고 과녁을 향했다. 그것을 보고 그 스승이 이르기를, '활쏘기를 배우기 시작하는 사람으로서 두 개의 화살을 가져서는 안 된다. 다음 화살을 믿고 처음 쏘는 화살은 대단치 않게 생각하는 마음이 생긴다. 활을 쏠 때마다, 이것 하나밖에 없으니, 꼭 적중시켜야지 하고 마음먹고 쏘아야 한다'라고 가르쳤다."(요시다 겐코 2000, 83)
*** 오이겐 헤리겔, 『마음을 쏘다, 활』, 정창호 옮김, 걷는책, 2012, 120쪽.

다. 활시위를 당긴 상태에서 팔꿈치에 물이 가득 찬 잔을 올려 놓은 채로 활을 쏘았는데, 화살이 연이어 날아가는 것이 마치 꼬리에 꼬리를 문 듯 하나의 긴 직선으로 이어졌다. 이에 백혼 무인은 열자를 백 길 벼랑 끝에 세우고 활을 쏘게 했지만 열자 는 두려움에 질려 다리를 떨며 활을 쏠 수가 없었다. 그러자 백 혼무인은 이렇게 말했다.

이것은 활쏘기를 의식한 솜씨이지 쏜다는 의식조차 떠난 무심의 활 이 아니다(是射之射非不射之射也).

블랑쇼 식으로 표현하자면 '그는 우리가 더불어 연습할 때 일 어나는 밝혀지지 않은 사건'과 같은 존재인 셈이다. 물론 이 연 습은 당연히 임계점에 이르도록 정성을 다한 것이니, 귀한 손님 의 자리가 예사의 준비로 마련되는 게 아니다. 실제로 준비의 노동만으로 사건의 도래를 보장할 수도 없다. 칸트가 '은총의 수단(Gnadenmittel)'*으로 삼는 심리적 노동을 망상이라고 비

---

* 칸트의 지적처럼 '기도하기(das beten)'야말로 도구주의적 망상으로 전락할 수 있는 가장 일반적인 삶의 양식이다. (물론 그것은 대개의 경우 '삶'에도 이르지 못하지만.) 프리 모 레비가 들려주는 '쿤의 기도'는 그 전형적인 형식을 잘 드러낸다. "그때 나는 3층에 있 는 내 침대에서 쿤 노인이 머리에 모자를 쓰고 상체를 거칠게 흔들며 큰 소리로 기도하는 모습을 본다. (…) 쿤은 자신이 선발되지 않은 것을 신께 감사하고 있다. 쿤은 생각이 없는 사람이다. 그는 옆 침대의 그리스인, 스무 살 먹은 베포가 내일모레 가스실로 가게 되었다 는 걸 모른단 말인가? 베포 자신이 그것을 알고 아무 말도 없이 침대에 누워 아무 생각도 하지 않은 채 작은 전등만 뚫어지게 바라보고 있는 게 보이지 않는단 말인가? 다음 선발 때 는 자기 차례가 올 것임을 모른단 말인가? 그 어떤 위로의 기도로도, 그 어떤 용서로도, 죄

판했던 것처럼(칸트 2001, 226), 1의 준비와 3의 도래를 인과적으로 결합하려는 상상은 망상에서 그리 멀지 않다. 그렇긴 해도 '준비'의 노동 자체를 폄훼할 필요는 없다. 박하게 말해서 사과가 쉴 없이 떨어진다고 뉴턴이 생기리라거나 욕조에 물을 끝없이 채운다고 아르키메데스가 생길 일은 없겠지만, 이들 천재가 사과의 낙하와 물의 상승에 빚진 일은 사실일 수도 있으니 말이다. 비록 근대의 과학적 마인드를 갖진 못했어도, '군자는 사물의 유용성을 잘 이용한다(君子善假於物)'고 하지 않던가. 그러므로 "행여나 깨달음을 얻기 위해서 수행을 한다고 생각하지는 말라"*는 식의 조언이 우려하는 바는 나름 일리가 있지만, 그 일리는 실천적 지혜의 절반을 채울 뿐이다. 이 조언을 타자성의 이치를 강조하려는 뜻으로 새겨도 과장의 혐의를 벗기 어렵고, 인간됨의 한계를 적시하려는 취지로 읽어도 얼마간 사사롭게 들리기 때문이다. 하지만 이어지는 문장과 더불어 넉넉히 살피면 거슬림이 없고, '공부의 자리에서 등장하는 3의 체험'이라는 논지와도 꽤 잘 어울린다.

도대체 깨달음이란 무엇인가? 누가 깨닫는다고 했는가? 깨닫겠다고 하는 그 사람이 문제다. 깨달으려고 해서 깨달음에 이른 사람은

<hr>

인들의 그 어떤 속죄로도, 간단히 말해 인간의 능력 안에 있는 그 무엇으로도 절대 씻을 수 없는 혐오스러운 일이 오늘 벌어졌다는 것을 쿤은 모른단 말인가? 내가 신이라면 쿤의 시도를 땅에 내동댕이쳤을 것이다."(레비 2011, 198~199)
* 법정, 『새들이 떠나간 숲은 적막하다』, 샘터, 2010, 83쪽.

아무도 없다. 깨달음은, 굳이 말하자면 보름달처럼 떠오르는 것이고 꽃향기처럼 풍겨오는 것. 그러니 깨닫기 위해서 정진한다는 말은 옳지 않다.(법정 2010, 83)

다른 자리에서 상설되기도 하겠지만, 이 타자(3)라는 결코 명료하지 않은 (비존재의) 존재를 이미 설정된 이론에 유리하도록 몰아가면서 해석하는 이론적 유행에 편승해서는 안 된다. 이 3의 계기들을 꼭 진리의 빛이나 구원의 음성인 양 몰밀어붙이는 것은 일방적이고 일면적이다. '(아무튼) 나를 더 사랑하는 신'이라는 종교적 콤플렉스를 또다시 여기에 전염시켜서는 곤란하다. 마찬가지로 '필경 나와 동일자에 불과한 좋은 타자'*라는 낭만적 동일시도 경계해야 한다. 타자는 때로 병적 증상으로 뒷덜미를 잡기도 하고 심지어 악마적 집요함으로 미래를 차폐시키기도 하기 때문이다. 다시 말해서 3의 계기는 근본적으로 정신적 진화의 형성물이며,** 따라서 '선(善)의 형이상학/신학'

---

* 알랭 바디우, 『윤리학』, 이종영 옮김, 동문선, 2001, 33쪽.
** '3의 계기'에 선(善)을 향한 지향이 본질적으로 내재해 있는가 하는 물음은 극히 중요하지만, 이미 긴 세월 도덕과 종교의 틀거리에 둘러싸여 살아온 인간들로서는 있는 그대로의 현실을 향해 담담하게 접근하기가 거의 불가능해 보인다. 특히 수행과 공부의 행로에서 실천된 집중의 결정(結晶)처럼 이해되는 3의 체험은 더더욱 인간주의적 선입견의 채색에서 자유롭지 못한 실정이다. 이 문제는 주요한 철학적, 인문학적 과제이지만, 여기서는 따로 상설할 여유가 없다. 다만, 예를 들어 사회적 정의를 추구하건 사익을 탐하건 상관없이 그 에너지의 유사함을 입증하는 정신분석적 진단 혹은 종교적 신비 체험과 성애(性愛) 사이의 유사성에 대한 여러 보고는 성선(性善)이나 인간의 도덕성에 대한 상식들을 조심스럽게 재고해보기를 요청한다. "더 나아가 바로 이 두 영역(즉 형제애와 성애 영역)이 가진 특정한 심리학적 친화성 관계가 이 긴장을 더욱더 강화시킨다. 최고도의 에로틱은 숭고한

을 구축하려는 인간적 호의에도 불구하고 인간의 도덕적 잣대에 맞춤하게 구성되어 있는 게 아니라고 봐야 한다. 타자적 지평을 극단화하거나 신비화하는 오류에 빠지는 것은 이미 그것 자체가 가장 비이데올로기적 어휘를 동원한 이데올로기일지도 모른다. 그러므로 '레비나스적 의미에서의 유대교적 윤리'의 경우처럼 '타자를 향한 직접적 열림'으로써 '반성적 주체를 축출'(바디우 2001, 28)한다는 식의 생각은 아무래도 과장스럽다. 유행처럼 손쉽게 '타자(성)'라고 말해도, 마치 에고와 무의식 사이의 변별의 경우와 같이 그 '단계별 다양성(gradational spectrum)'을 내재적으로 이해할 필요가 있기 때문이다.

천재성은 이 공부론의 맥락에서 언급되는 사건적 타자성(3)의 체험과 마땅히 변별되어야겠지만, 유비적으로나마 앞의 취지를 예증할 수 있을 법하다. '천재(天才)'라는 말 그대로 흔히 천재적 영감을 '질적 타자성(qualitative otherness)'으로 원격화하려는 낭만적 태도가 흔하다. 이는 비단 천재에 대한 지적만은 아닌데, 대체로 낭만주의적 태도는 이 같은 낭만적 도약을 그 낭만성의 요령처럼 다소 천연덕스럽게 붙들고 있다. 혹자들은 이러한 해석을 적극적으로 거부하며 "개인의 능력에 양적인 차

신앙심의 특정한 승화된 형태들과 심리학적으로, 그리고 생리학적으로 서로 대체 가능한 관계에 있기 때문이다. 성적인 것을 우선 그것이 가진 비합리성 때문에 거부하고 그래서 성애를 철저히 적대적 힘으로 인식하는 합리적-적극적 금욕주의와는 대조적으로 신비적인 신성 체험과 성애는 서로 대체될 수 있을 만큼 특별한 관계를 가지고 있다."(베버 2002, 259~260)

이가 워낙 커서 질적으로 달라 보이는 사람"*쯤으로 이해하기도 한다. 천부적 천재의 전형으로서 별 이견이 없는 모차르트의 경우도, "볼프강은 어떤 기적이며 신이 잘츠부르크에 태어나도록 만들었다"**는 괴테의 경탄이 있는가 하면, "아마데우스 신화 때문이 아니라 (…) 그만큼 열심히 훈련했기 때문에 어린 시절부터 남다른 천재로 보였던 것"(셔머 2005, 372)이라는 좀더 절제된 산문적인 평가도 물론 가능할 것이기 때문이다. 음악이나 수학 혹은 시작(詩作)과는 별개로, 수행 일반이나 인문학적 실천이 이루어내는 성숙과 성취는 어떤 식의 낭만적 도약의 결과물이 아니다. 이 경우에는 이른바 돈오(頓悟)조차 가없는 세월동안 그 나름의 형식으로 축적된 집중의 실행에 의해 터져나오는 꽃봉오리와 같다.

　타자적 체험을 진리의 도래나 구원의 기별처럼 도드라지게 압축하거나 '낭만화'하는 게 그런 경험의 다양성과 단계적 추이를 제대로 반영하지 못하게 한다는 점은 앞서의 지적과 같다. '타자는 병적 증상으로 뒷덜미를 잡기도' 한다고 했지만, 여기서 타자적 3의 현현(顯現)에 지펴 있을 수 있는 불상불길(不祥不吉)의 기운을 잠시 떠올려봐도 좋을 법하다. 비록 그(3)의 원형을 인류의 종교신화적 전통 속에 편만한 신적(神的)인 무엇으로 표상할 수 있겠지만, 동시에 이 무엇이 병적(病的)인 무엇일 수

---

* 마이클 셔머, 『과학의 변경지대』, 김희봉 옮김, 사이언스북스, 2005, 350쪽.
** 한스 큉, 『모짜르트, 음악과 신앙의 만남』, 주도홍 옮김, 이레서원, 2000, 40쪽.

도 있다는 점이 주목을 끈다. (고래로 수행과 공부의 실천에서 스승의 가치와 동학의 의미는 이렇게 확인된다.) 가령 무당이나 박수가 될 사람이 걸린다는 신병(神病)은 이 신적인 것과 병적인 것의 매개적 합체로서 접신(接神)적 현상의 전형적인 형식을 재확인시킨다.

올리버 색스는 부족(deficit)이나 기능부전(malfunction)과 관련되는 대개의 병증과 달리 소수의 증상은 과잉(excess)과 과다(superabundance)의 현상으로 드러난다는 사실에 주목한다. 앞에서 불상(不祥)한 3의 현현을 말했지만, 그도 임상 경험을 통해 '위험할 정도로 건강함(dangerous wellness)' '병적인 밝음(morbid brilliance)' 혹은 '현혹적인 희열(deceptive euphoria)'(Sacks 1986, 95) 등의 초기 증상을 보이는 몇몇 병증을 확인한다. 예를 들면 "기억력 이상 증진(hypermnesias)이나 인식 이상 증진(hypergnosias)을 보이는 환자들의 경우 기억과 인식이 태생적으로 활발하고 생성적(generative)이며, 또 항상 그럴 뿐 아니라 태생적 혹은 잠재적으로 괴물스러울 정도"(Sacks 1986, 93)가 되는 증상 등을 들 수 있다. 이 글의 논의와 관련해서는 매우 흥미로운 지적일 텐데, 색스는 이런 과잉 증상 중 하나(Tourette's syndrome, 뚜렛 장애)를 설명하는 중에 "그것(It)과 나(I) 사이의 싸움"(Sacks 1986, 98)이라는 표현을 쓴다. 만약 이 불상한 싸움에서 자아가 완전히 내밀려 그야말로 불쌍한 상태에 빠지면 이는 이른바 '귀신들림(possession)'의 현상과 '형식'적으로 유사한 꼴을 보이는 데 이르게 된다. 비유하자면 호흡법이나 기공술(氣功術) 등에서 말해온 '주화입마(走火入魔)'와 닮은 상태다.*
물론 아래에서 소개하는 뚜렛 증후군 환자도 기본적인 형식은
귀신들림이나 법열(ecstacy)과 닮았다고 할 수 있는데, 누누이
얘기했듯이 결국 이 모든 현상은 에고(1)가 너(2)와 타자(3)에
대해 어떤 관계를 맺는가 하는 문제에 다름 아니기 때문이다.

과잉으로 인한 장애의 경우에는 어떤 공모 현상이 생긴다. 이 공모
를 매개로 자아는 점점 더 그 병 자체와 동조(同調)할 뿐 아니라 동
일시된다. 그 결과 자아는 그 자신의 모든 독립성을 잃고 마침내 그
병의 결과물이 되어버리는 것 같다. 환자 W. T. 레이는 이러한 공
포를 '내 존재는 틱(tics)으로 구성되어 있으며, 그 밖에는 아무것
도 없다'는 말로 표현한 바 있다.(Sacks 1985, 95)

이런 종류의 그것(it)은 지각(perception)으로 통합되기 이전
의 원형적 감각, 그리고 행위(action)를 형성하기 이전의 반사

---

* 나는 기독교 신앙에 깊이 빠진 나머지 열네댓 살에 이르러 한동안 밤낮없이 혼자 산으로 기도를 다니곤 했다. 나이 들어 이 시기를 되돌아볼 때마다, 스승도 동학도 없이 기괴한 수행을 일삼는 일의 위기를 사후적으로 절감하곤 하는데, 당시 주변에서 드물지 않았던 사건 사고를 떠올릴수록 그 영성 과잉의 시기를 대과 없이 넘긴 것에 감사의 염(念)을 품곤 한다. 『채근담』에 '속된 것을 끊고 깨끗함을 구하는 이는 깨끗해지기보다 오히려 과격해진다(絶俗求淸者不爲淸而爲激)'는 격언이 있다. 무릇 공부와 수행은 사람살이의 비루함과 던적스러움을 슬금하게 뚫고 나가는 게 요령인 듯하다. 혹 사정과 사연이 있어 적청(寂淸)의 자리를 고집하더라도 앞서 말한 것처럼 스승의 경험과 동학의 비평을 꾸준히 참고해야 한다.

(reflex)에 가까운 것으로서 '대뇌 피질 하부의 맹목적인 힘' 혹은 "정력(go)이나 충동(drive)을 다스리는 뇌의 원시적 부분들의 교란 현상"(Sacks 1985, 101)으로 해석되기도 한다.

당연히 우리네 전통이나 민간 속설에서도 이러한 '그'를 상정하곤 했다. 진인사대천명(盡人事待天命)이라거나 '지성이면 감천(感天)'이라는 속언은 인간들이 어울려 만들어가는 1과 2의 마당 속으로 천(天)이라는 3의 등장 및 개입을 말하고 희망한다. 그래서 하나-님은 불이의 지혜가 맺히는 3의 자리로서, 1과 2의 인간들이 살아가는 세속의 외밀성(extimité)을 구성한다. 너와 내가 어울려 음식을 먹을 때에도 '고수레'의 마음을 품고, 더불어 살아가는 자리자리마다 장소의 신(genius loci)을 섬기며, 너와 내가 어울려 대화할 때에도 제3의 존재가 임석(臨席)하는 듯이 말과 말 사이를 살피고, 제사할 때에는 그가 있는 듯(祭而在)이 정성스럽고, 공부할 때에도 그 알량한 자기(1)의 의식주체만을 의지하진 않는다. 김시습과 더불어 조선 최고의 천재로 꼽히는 율곡(栗谷) 이이는 서경덕을 일러 "경덕은 깊이 생각하고 멀리 나아가서 자득한 묘미가 많이 있으니, 문자와 언어의 학문이 아닙니다"*라고 했다. 그가 스승도 없이 방외의 자리에서 고적하게 자적(自適)한 탓으로 "그의 글이 꼭 성현의 뜻과 합치한다고는 생각하지 않"(서경덕 1992, 308)을 수도 있겠지만,

---

* 아래의 책에서 인용. 서경덕, 『花潭集』, 김학주 외 옮김, 세계사, 1992, 308쪽.

스스로 난경을 뚫고 고생하며 자득한 덕인지 "생각을 깊고 멀리 하여 곳곳에 교묘하고 실제적인 문자의 학문을 터득"(서경덕 1992, 286)했다고 평한다. 이러한 화담 역시 공부의 묘명한 경지를 언급하는데, 특히 그는 바깥의 귀신 혹은 자신의 마음속에서 그(3)를 찾는다.

> 옛사람이 말하기를, '생각하고 생각하면 귀신도 통할 수 있다'라 했는데 귀신이 통하지 못했다면 마음에 스스로 통하게 된 것이다.(서경덕 1992, 290)

동물적 본능에 휘둘리지 않고 마음을 평정히 한 채 지속적으로 한가지 일에 집중한다면 당연히 많은 결실을 맺을 수 있을 것이다. 수능 시험이나 공무원 시험에 합격할 수도 있고, 특정한 솜씨(craftsmanship)를 얻어 자신과 이웃을 도울 수 있는 것은 말할 필요도 없으며, 이미 인간 정신의 본질적 속성처럼 약동하고 있는 초월성을 다양하게 활성화시킬 수도 있다. 집중의 훈련을 통해 자신의 몸과 마음을 하나에 묶는 생활양식을 꾸준하고 차분히 일구어간다면 어느새 그 내력의 무게를 담은 몸과 정신의 경지가 생길 것이다. 이로써 어떤 사람들은 종의 기원이나 상대성 이론에 상도하기도 하겠고, 또 다른 사람들은 예수나 부처를 닮은 아우라를 풍기게 될 법도 하다. 이처럼 인간의 정신은 지성과 영성의 전문적 분기 혹은 퇴행적-창의적 합일을 거치면서 갖은 발전과 성숙을 이룬다. 이 과정에서 정도의 차이는 있겠지만, 노력하는 그 인간은 자신의 내적 속성인 초월성을 제 나름대로 전유하면서 신령스러움마저 드러내곤 한다. "장인적 능력들이 스탠퍼드-비네 지능 검사(Stanford-Binet Intelligence Tests)에 나타나지 않는 것"(Sennett 2008, 283)처럼, 초월성이 니 신령스러움이니 하는 개념도 그 자체로 애매하기도 하거니와 이 같은 자본제적 세속 속에서는 제대로 포착되기조차 어렵다. 그래서 우리 시대의 공부는 지능의 활용으로 내몰려가면서 물화(物化)된 채 세속의 여러 자본을 바쁘게 쫓고 있다. 그러나 덕(德)의 달인인 성인이나 재(才)의 달인인 장인은 모두 제 영역에서 신령스러움의 경지를 다투는 이들이다. 차후에 설명할 텐데, 성인의 덕에는 신령스러움이 현재화(顯在化)했지만 장인의 재주에는 아직 잠재적이라는 차이가 있을 뿐이다. 우리나라에서도 한때 〈생활의 달인〉이라는 TV 프로그램이 인기리에 방영된 적이 있는데, 동서고금을 막론하고 사람들에게 '차분한 집중의 능력'이 남아 있는 한 달인 혹은 성인의 출현은 거의 필연적이라 여겨진다. 내가 이 글을 통해 강조하려는 것 중 하나는, '차분하고 지속적인 집중의 능력'에 관한 한 달인과 성인은 상동관계를 이룬다는 점, 그리고/그러므로 둘 사이의 관계에 대한 일반적인 선입견과 달리 이 두 가지 형식의 빼어난 인간은 비록 (아직은) 부분적이지만 호환 가능성을 어느 정도 나누고 있다는 점이다.*

2장 공부, 혹은 1에서 0으로, 2에서 3으로

재덕(才德)의 달인들은 공부론의 방향과 그 성격을 가늠하게 한다는 점에서도 중요한 잣대이지만, 이들이 생겨나는 문화, 대접받는 제도, 그리고 공동체 속에서 수행하는 역할 등에 의해 한 사회의 모양과 품질이 결정되기도 한다는 점에서도 특별한 관심을 끈다. 매사 '쏠림 사회'(강준만)인 데다 '사촌이 논을 사면 배가 아프'고, 게다가 '모난 돌이 정 맞'기 쉬워, 항용 난 사람들이 그에 걸맞은 대접을 받기 어려운 이 좁은 조선 땅이라면, 이 문제에 대한 좀더 진지하고 실천적인 탐색이 긴요해 보인다.

　　일본에서는 아주 평범한 사람들도 이러한 달인의 경지에 이르기 위해 노력한다.**

앞서 언급했듯이 달인이 없는 사회는 없다. 상달(上達)은 어떤 식이든 자기 초월(self-transcendence)에 이르는 인간 정신의 정화이기 때문이다. 그중에서도 이웃 나라 일본사회의 특징은 이 달인들이 어느 산골짜기나 고도(孤島)에 점처럼 박혀 있는 게 아니라 일상생활에 깊이 뿌리 내리고 자리를 잡아 다대한 사회적 역할을 하고 있다는 점이다. 나는 이 사실을 조금 에

---

* 하지만 예를 들어 벌이나 비버(beaver)는 건축의 '달인'이 아닌데, 달인이란 원칙상 차분한 집중의 능력에 근거해서, 무엇보다 '본능의 저편'으로 나아가버린 존재이기 때문이다.
** 루스 베네딕트, 『국화와 칼』, 허준 옮김, 카푸치노문고, 2006, 183쪽.

둘러 그들의 '손님(お客さま)' 개념을 통해 엿보기도 했다. 이른바 '쇼쿠닌콘조(職人根性)'의 맞은편에는 '손님은 하나님(お客様は神様)'이라는 이상화된 상도덕이 자리한다. 나는 짧게나마 일본사회를 둘러보면서 일본은 무엇보다 '손님을 위한 나라'라는 인상을 진하게 받았고, 거꾸로 이와 비교하자면 한국사회에서는 '손님'이라는 게 없다는 사실을 새삼 절감했다. 손님이란 사적 기분의 변덕과 태도의 진폭(震幅)에 의해 포착될 수 없는 '객관적'인 존재다. 이것은 상행위의 객관성에 얹혀 있기에 가능해지는 일이며, 상인은 이 객관성에 동의하고 적극적으로 개입하는 것이다. 이 적극성은 일방적일 수 없고, 손님의 객관적 요구에 역시 객관적으로 응대하는 방식을 고민하는 중에 점진적으로 개선된다. 독신으로 살면서 수십 년간 외식을 해왔던 내가 겪은 한국에서의 손님-체험에 견주어, 왜국(倭國)의 상인들이 내게 보여준 태도는 대체로 매우 별스러웠고 자못 황송할 지경이었다. 내가 일본에 체류한 기간은 몇 차례를 통틀어 겨우 2개월 남짓인데, 가령 이런 식이었다. 당시 내가 머물던 호텔은 우리 쪽에서 보자면 흔한 모텔 수준에 지나지 않았고, 하룻밤에 약 5만 원에 불과한 곳이었다. 오후 1시경 외출을 준비하고 있자니 인터폰으로 연락이 왔는데, 자신을 청소원으로 소개한 여인이 '언제 실내 청소를 하면 좋을지'를 문의해왔다. 나는 시간을 일러준 뒤 외출했고, 오후 내내 산책으로 소일하다가 저녁을 먹은 다음 오후 7시경 호텔로 돌아왔다. 당연히 실내는 깨끗이

정돈되어 있었다. 그중에 문득 내 눈을 끄는 게 하나 있었다. 차탁 위에는 찻잔이 있었고 그 속에는 아침에 내가 마시다 만 녹차가 3분의 1 정도 남아 있었다. 찻잔은 먼지가 들어가지 않도록 위생종이로 감싸져 있었고, 그 앞에는 손바닥 반만 한 메모지가 한 장 놓여 있었다. 손으로 쓴 메모의 내용은 이랬다.

손님, 객실의 실내 청소는 다 끝냈고, 침대 시트와 타월도 교체해 놓았습니다. 하지만 녹차가 조금 남아 있는 찻잔은 손님의 의중을 알 길이 없어 위생종이로 싸서 남겨두었으니, 양해하시기를 바랍니다.

나는 아! 하고, 흘러나오는 탄성을 주체할 수 없었다. 이런 유의 감동에 목말랐던 것을 그제야 비로소 깨달았던 것일까. 나는 본 적도 없는 청소부의 작은 서비스가 내 가슴에 남긴 아득한 파문을 살아서는 잊지 못할 듯하다.

손님에 대한 철학은 곧 주인(상인)의 자기 정체성을 드러낸다. 예를 들어 손님을 한울님처럼 모신다던 최시형(崔時亨, 1827~1898)이라면 그는 이미 이로써 자기 이해의 깊이를 나타내고 있지 않던가? 어떤 직인이나 상인이 자신이 갖춘 기량이나 만들어 준비한 상품에 대한 자긍과 애정이 있을 정도라면, 응당 그는 그것이 그 가치에 걸맞게 이해되거나 소비되기를 원하지 않겠는가? 돈벌이에만 혈안이 되어 모조 명품을 덤핑하는 상인이라면 그에게 무슨 자기정체적 자긍심이 있을 것이며, 그에게 붙는 손님으로부터 돈 외에 또 무슨 영혼을 요구할 것인가? 여기에 악순환이 있고, 그렇기에 이를 돌이켜 선순환적 문화를 일구어내는 일은 어느 한 사람 한 사람만의 문제로 환원되지 않는다. 가령 종로에서 이유 없이 뺨을 맞은 사람은 어떻게 반응할까? 물론 지나가는 고양이라도 없으면 한강 백사장에라도 나가서 무심히 흘러가는 강물을 향해 짐짓 눈꼬리라도 올려 흘길 법하다. 모텔급의 숙소에서 이름 모를 청소부의 성의에 감읍할 뻔한 사람은 어떻게 반응할까?

이런 문제와 관련해 일본 드라마나 방송 등에서 새겨듣게 되는 말 중 하나가 '구애(拘礙)받다' '작은 일에 트집을 잡다'라는 뜻 정도로 옮길 수 있는 '고다와루(拘泥る)'다. 이것은 쇼쿠닌(職人)의 장인정신에서처럼 자신이 하는 일이나 만드는 물건이 손님과 소비자들의 인정을 받을 수 있도록 사소한 부분에 이르기까지 세세히 트집을 잡을 만치 정성을 다한다는 정신을 함축하고 있다. 매사에 빨리빨리, 대충대충 해 넘기고 물량주의, 성과주의, 그리고 속도주의에서 발군의 실력을 발휘하고 있는 우리네 입장에서 보면 필시 답답하게 여겨질 법도 하다. 이와 관련하여 여행자로서의 내 눈에 비친 일본은 '보존과 관리'의 나라였고, 이 시선에 의해 사후적으로 되돌아보게 된 우리나라의 이미지는 '해체와 신축'의 나라처럼 보인다. 이 문제에 대한 경험적 사례들을 열거하자면 차마 끝이 없지만, 비근한 예로 '화장

실' 하나만 짚어보자. 저쪽에서의 경험으로는 우선 두 가지 풍경이 떠오른다. 일본 여행 중 늘 몇 시간은 인근 대학에 들러 책을 읽곤 했는데, 수백 수천 명의 학생이 붐비는 대학의 구내 화장실이 언제든 5성급 호텔의 화장실 이상으로 정결하게 유지되는 것에 감탄하곤 했다. 물론 우리나라에 이만한 시설과 설비가 없는 것은 아니다. 내가 살고 있는 이곳 밀양의 역사(驛舍)를 위시해서 멀쩡해 보이는 화장실을 허물고 최고급 외장으로 개축하는 곳이 적지 않긴 해도, 정작 문제는 관리와 보존이다. 앞서 '쏠림'을 얘기했지만, 우리의 근현대 사회사 전체가 '청산과 쏠림의 역사'라고 해도 과언이 아닐 듯하다. 그리고 해체와 신축이란 바로 이 청산과 쏠림의 건축적 갈래에 다름 아닌 것이다. (청산과 쏠림 현상은 우리의 현대 학문사에도 고스란히 이어지고 있으며, 나도 미력이나마 1990년 이후 '우리 인문학의 식민성'을 타깃으로 삼아 이 문제를 적극적으로 의제화한 바 있다.) 또 하나의 풍경은 일부 지하철역과 기차역에서 볼 수 있었던 낡은 화장실인데, 그곳에는 당연히 수세식이긴 하지만 (양변기가 아닌) 쪼그리고 앉아 일을 보는 변기가 있었고, 세면대의 수도꼭지는 내 소싯적 초등학교 운동장에서 보던 바로 그것이었다. 이상한 표현이 되겠지만, 나는 이 낡은 화장실에서 오히려 정겨운(?) 향수를 느끼곤 했는데, 무엇보다 인상적이었던 것은 역시 '나름대로의 최선이 엿보였던' 관리 상태였다.

일본과 우리를 비교할 때 정치경제적 배경사를 시야에서 빠

집중과 영혼

트린다면 비교 자체가 도착된 물화에 빠질 위험이 있겠지만, '청산과 쏠림'/'보존과 관리'라는 개념쌍만으로도 비평적 성찰의 기회를 얻을 수 있다. 「라쇼몽(羅生門)」(1915)으로 유명한 아쿠타가와 류노스케(柳川隆之介, 1892~1927)는 이런 식의 대비를 '파괴'와 '변조(變造)'라는 개념으로 고쳐 말하고 있다.

'오늘도 사무라이가 두엇 한꺼번에 귀의했습니다.' '그야 몇 명이라도 귀의하겠지요. 그저 귀의했다는 것뿐이라면 이 나라 주민의 대부분도 싯다르타의 가르침에 귀의했습니다. 그러나 우리의 힘이라는 것은 파괴하는 힘이 아닙니다. 변조하는 힘(造り替える力)입니다.'*

나는 '파괴하는 힘'이 20세기의 한반도를 횡행한 사실을 안다. 일제 식민지에 의한 말살과 왜곡, 전쟁에 의한 파괴, 거기에다가 압축-급속-졸부의 근대화와 자본주의화에 의한 전통의 청산이 해일처럼 이어졌다. 누구도 100년 전의 생활세계를 상상할 수 없게 되었고, 집 안팎을 샅샅이 뒤져도 50년 이상 보존된 물건을 찾기 어려워졌다. 우리로서는 차마 믿기조차 어렵겠지만, 가토 슈이치(加藤周一)는 가마쿠라 시대(鎌倉時代, 1192~1333) 이후 지금의 일본에 이르기까지 파괴와 청산이 없

---

* 柳川隆之介, '神神の微笑', 11. 다음 책의 부록에 실려 있음. 柄谷行人, 『日本情神分析』, 文藝春秋, 2002.

였던 그들의 사정 한켠을 들려준다.

그러나 노트르담 사원과 중세 양식이 파리 전체 경관에서 실로 그 정도로 결정적인 요소일 거라고는, 그 도시를 내 눈으로 직접 목격할 때까지 전혀 상상도 하지 못했다. 건축뿐만이 아니었다. 드디어 나는 중세 이래로 프랑스 문화가 면면이 이어져 오늘에 도달한 사정은, 일본 문화가 가마쿠라 시대 이후 오늘날까지 미치고 있는 그것과 닮았다는 생각에 이르렀다. 그것은 두 문화가 봉건제도와 유사하다는 그런 뜻이 아니다. 헤이안 시대의 귀족이 무엇을 아름답다고 느꼈으며 무엇을 추하다고 느꼈는가? 그들의 심정을 헤아리기 위해서는 단순히 상상력만으로는 부족하며 학문적 지식의 힘을 빌리지 않으면 안 된다. 『겐지모노가타리』의 주인공들이 횡적(橫笛)으로 어떤 선율을 빚어내고 있었는지 우리는 모른다. 헤이안 시대의 귀족 문화와 우리 사이에는 단절이 있다. 하지만 똑같은 종류의 단절은 가마쿠라 시대 이후에는 없었다. 노〔能〕 무대 위에 울려 퍼지는 피리 소리는 오늘날 울리고 있듯이 무로마치 시대 사람들도 느끼고 있었을 것이다. 우리는 그들의 감정을 상상할 수 있다. 그것은 문화가 연속해서 오늘날까지 미치고 있기 때문이다.(슈이치 2015, 348~349)

UC 버클리 대학의 수학과 교수인 내 독일인 매제는 강연이나 학술회의 등으로 전 세계 주요 도시들을 두루 편력했다는데,

그의 국제적-비교적 시각에 비친 한국의 도시들은 죄다 아파트 일색이라고 했다. 언젠가 그저 인사치레 삼아 '한국의 첫인상이 어땠어?'라고 물었더니, '온통 아파트뿐인 게 놀라웠어'라며 꽤 정색을 했다. 해방 이후 우리 땅에 도대체 '청산과 쏠림'이 없는 곳이 없지만, 세계 최고라는 휴대전화 열풍과 더불어 과연 아파트 신축만큼 이 현상을 극명하게 보여주는 게 있을까 싶다. 나같이 시골살이를 하는 사람의 눈에도 뜯고 짓고 부수고 올리고 하는 꼴들이 어딘지 비정상으로 보인다. 아쿠타가와 류노스케가 일본의 힘을 일러 '파괴하지 않고 변조하는 힘'이라고 표현한바, 변조/가공하기 위해서라도 우선 수리하고 보존하는 기법이나 관습이 확립되어 있어야 하며, 이른바 법고능변(法古能變)의 토대를 닦아놓아야 한다. 그리고 일시의 유행을 쫓아가느라고 옛것을 섣불리 청산하거나 파괴하려는 '새것 콤플렉스'가 닭장에 풀린 인플루엔자처럼 번지지 않도록 견제하는 문화적 다양성과 두께가 정착되어 있어야 할 것이다. 이 글을 쓰고 있는 오늘은 2016년 12월 16일(목)인데, 불현듯 되돌아보면 두어 달 전부터 방송에 출연하는 이들이 갑자기 '워딩(wording)'이라는 말을 쓰기 시작하는 듯하더니, 어느새 이 말을 쓰지 않으면 제 생각을 제대로 전달할 수 없을 것처럼 합창하는 게 차마 우스꽝스럽다. 또 하나의 '쏠림'이며, 또 하나의 신축이다. 역시 오늘 일본의 뉴스 포털(TBS)을 보는 중에 아래와 같은 뉴스(?)를 접하게 되었다.

2장 공부, 혹은 1에서 0으로, 2에서 3으로

일본을 방문하는 외국인 여행자의 증가에 대응하기 위해서 경찰청은 도로 표시의 새 디자인 안(案)을 발표했다. 일시정지를 표시하는 '서시오(止まれ)'의 아래쪽에 '스톱(STOP)', 서행(徐行) 아래에 '슬로우(SLOW)'라고 영어로 병기하기로 했다.

아, 어쩌면 원수의 나라 일본은 귀엽고 기특하지 않은가? 이 세계화 시대에 경제대국이자 관광대국인 나라에서 2016년 12월에야 그간 일본어로만 표기되었던 교통 표식 입간판에 영어로 '스톱'을 병기하기로 한 이들의 대담한(!) 결정은?

전술한 것처럼 재덕(才德)의 달인들, 그리고 이들에 대한 관심이나 대접은 그 사회의 성격이나 인문주의적 가치 매김(Wertung)의 실제를 잘 보여준다. 그리고 루스 베네딕트의 말처럼 일본사회에서는 평범한 사람들조차 제 나름의 전통과 관심 속에서 각자 달인이 되고자 차분한 집중의 훈련을 통해 절차탁마한다고 할 때, 이것 역시 조금 넓혀 보자면 이미 논급한 대로 청산-신축-쏠림이 아니라 보존-변조-관리의 정신과 태도의 일부가 아닐 수 없다.*

에드윈 라이샤워는 이를 약간 비틀어 '차용(借用)-변형-동화

---

* 아쿠타가와 류노스케나 다음에 인용할 라이샤워 등이 말하는 '변조'의 정신은 나중에 다시 언급하게 될 '번역'의 정신과 일맥상통한다. "근대화란 곧 서구화였고 급격한 '문명화 과정'이었다. 그 과정은 모델의 수용과 자기 것으로의 변용이 동시에 진행되는 넓은 의미의 번역이라 할 수 있다." 마루야마 마사오·가토 슈이치, 『번역과 일본의 근대』, 임성모 옮김, 이산, 2003, 221~222쪽.

(同化)'라는 개념들로써 재서술하고 있는데, 내용상으로는 대동소이해 보인다.

세계 문명의 발전은 1할의 독창성과 9할의 차용으로부터 이루어져 있다고 해도 좋겠지만, 사실상 1퍼센트의 독창성과 99퍼센트의 차용으로 이루어져 있다고 하는 편이 더 정확할 수 있습니다. 그런데 일본은 고립되어 있었기 때문에 같은 크기의 다른 나라에 비해 훨씬 더 많은 고유의 문화를 창조해냈다고 말할 수 있습니다. 그러나 일본의 역사에 관해서 독특한 관심이 끌리는 것은 다음과 같은 사항입니다. 즉 외부로부터 기술이나 제도나 문화를 차용하여 그것들을 동화하고 변형하며, 마침내는 그것들에 입각하여 새로운 독자적인 제도나 문화적인 특질을 만들어내는 과정이 일본사 속에 참으로 선명하게 인정된다고 하는 것입니다.[*]

조금 곁길을 터서 참고할 만한 지적 하나를 소개해보자. 박학다식했을 뿐 아니라, 스스로 "내가 깨달은 명언이나 지극한 세상 이치를 이야기할 곳이 없는 것"[**]을 한탄할 만치 공부가 깊었던 다산 정약용은 당시 일본 학계를 고평하면서 특별히 오규 소라이(荻生徂徠, 1666~1728)를 언급하고 있다. 덧붙여 이미 다

---

[*] E.O. 라이샤워, 『일본 근대화론』, 이광섭 옮김, 소화, 1997, 24~25쪽.
[**] 정약용, 『유배지에서 보낸 편지』, 박석무 편역, 창작과비평사, 1991, 101쪽.

른 실학자들이 비평해왔듯이* 과거제도의 폐단을 지적하면서, 바로 이 대목을 일본과 비교하고 있다. 물론 이 비평은 비교적 널리, 그리고 속히 신분 상승이 가능한 관리 선발 시험제가 없으며, 봉건적 신분제에 묶여 자신에게 주어진 사회적 역할 속에서 최선의 기능을 갈고닦을 수밖에 없는 일본의 직인사회적 성격과 관련된다.

일본에서는 요즈음 명유(名儒)가 배출되고 있다는데, 물부쌍백(物部雙栢)이 바로 그런 사람으로, 호를 조래(徂徠)라 하고 해동부자(海東夫子)라 일컬으며 제자들을 많이 거느리고 있다. 지난번 수신사(修信使)가 오는 편에 소본(篠本)과 염문(廉文) 세 편을 얻어왔는데, 글이 모두 정예(精銳)하더라. 대개 일본이라는 나라는 원래 백제에서 책을 얻어다 보았는데 처음에는 매우 몽매했다. 그 후 중국의 절강 지방과 직접 교역을 트면서 좋은 책을 모조리 구입해갔다. 책도 책이려니와 과거를 보아 관리를 뽑는 그런 잘못된 제도**

---

* 대표적인 것이 박제가의 『북학의北學議』(1778)에 수록된 '과거론(科擧論)'이다. 그 일부를 소개한다. "아아, 당당한 선비를 뽑는 것이 도리어 제비뽑는 재수만도 못하니, 사람을 뽑는다는 방법은 과연 믿을 수 없다. 이와 같은 중에 또 문벌(門閥)이다 당파다 하여, 그 연고로 덕을 보기도 하고 잘못되기도 한다. 그런즉, 사람을 임용하는 길은 저 과거를 주관하는 자의 농간에 달렸고 선비들의 실력에 있는 것이 아니다. 지금 우리나라에서는 과거를 보여서, 합격권 안에만 있으면 그 사람이 쓸모없는 사람임을 분명히 알면서도 뽑는바, 시체(時體) 글을 공부한 사람 따위가 여기에 해당된다. 또 합격권 밖이라면 그 사람이 쓸 만한 사람이라는 것을 분명히 알건마는 등용하지 않는바, 학식이 넓고 기예(技藝) 있는 사람이 여기에 해당된다." 朴齊家, 『北學議』, 이익성 옮김, 한길사, 1992, 120~121쪽.

** 과거제에 대한 다산의 본격적인 비판은 '오학론(五學論)'에 나타난다. "이 세상을 주관하면서 천하를 거느려서 광대놀음하는 재주는 과거(科擧)하는 학문이다. (…) 많은 창생

가 없어서 제대로 학문을 할 수 있었기 때문에 지금 와서는 그 학문
이 우리나라를 능가하게 되었으니 부끄럽기 짝이 없는 일이다.(정
약용 1991, 93)

여기서 다산이 언급한 모노노베(物部雙栢)는 일본 에도 시대
에 국학(國學)의 부활을 주장한 유학자 오규 소라이의 본명이
다. 실학의 태두로 꼽히는 성호 이익(星湖 李瀷, 1681~1763)보다
불과 열 살쯤 연상이다. 다산의 편지글이 흥미로운 이유는, 그
가 명유(오규 소라이 등)의 등장과 과거제도의 폐단을 언급하면
서 일본에 비겨 당시의 조선을 비판하는 지점이 전술한 취지를
밝히는 데 참고가 되겠기 때문이다. 잘 알려진 설명인데, 일본
의 장인정신과 기업정신을 언급하면서 과거제 등을 통한 신분
상승이 없었던 데다 봉건제와 결부된 '기리(義理)' 등이 결부된
사정을 꼽기도 한다.* 앞서 인용한 박제가의 '과거론'과 대동소

(蒼生)이 세상에 살고 있으면서 바보처럼 느리고 어리석다. 그중에 문사(文史)를 공부하여
정사(政事)를 지도할 만한 자는 천 명이나 백 명 중에 한 사람 정도인데, 지금 천하의 총명
하고 슬기 있는 자를 모아놓고 한결같이 모두 과거라는 절구에다 던져넣고 찧고 두드려대
서, 오직 깨어지고 문드러지지 않을까 두려워하니, 어찌 슬프지 않으리요." 丁若鏞, 『丁若
鏞』, 이익성 편역, 한길사, 1992, 63쪽.

* "또, 당시 봉건 영주 이외의 계급은 정치권력으로부터 뚜렷하게 제외되고 있었으므로,
신분의 영달을 꾀하려는 이른바 신분 지향적인 윤리관보다 목표 지향적인 윤리관의 발달
이 조장된 것이라고 생각됩니다. 이 목표 지향적인 윤리관과 봉건제도에 의하여 배양된,
강한 의무감과 책임감이 함께하여, 진취적 기상이 풍부한 활동력과 기업정신을 낳은 것으
로 생각되거니와, 이것이 근대 유럽과 일본의 큰 특징을 이루고 있는 것입니다."(라이샤워
1997, 34) 라이샤워의 평가에 따르면 19세기적 근대화 과정에서 중국과 일본이 갈라지는
지점도 바로 여기에 있다. "관료로서 권력을 차지할 것을 피하고 다른 형태로 공헌하려고
했던 이러한 인물은 19세기의 중국사에서는 대단히 드물었던 일이라고 하여도 좋을 것입

이한 내용의 비판이 두 세대 전에 쓰인 성호의 『곽우록(藿憂錄)』
에도 나타나 있는데, 그중 한 대목은 특히 이 참고점의 알짬이
랄 만하다.

> 대개 국가에서 문예로만 선비를 뽑는 것은 벌써 본무(本務)를 잃은
> 것이다. (…) 지금 세대는 대개 300년이나 같은 법으로 하니 어찌
> 흠이 없겠는가. 그렇게 된 것은 귀한 집 자제가 오로지 시체 글만
> 익혀서 과거 보기에 편케 여기고, 변경되는 것을 좋아하지 않는 연
> 고이다.*

문예로만 선비를 뽑는 게 국가의 본무를 잃은 것이라는 지적
은 그 함의가 수백 년에 걸치게 되며, 우리 민족사의 뿌리 깊은
그늘을 건드리는 것이다. 이것은 비록 그 정도나 논의의 정치함
에서는 오규 소라이에 미치지 못할지라도 당시 주자학 일변도
의 학풍을 견제하면서 실학적 자득(自得)을 주장했던 성호의 개
혁 사상**의 중요한 일단을 압축하고 있다. 그러나 과거제 비판
에 관한 의제만 하더라도 이미 정암 조광조(趙光祖, 1482~1519)
의 선구적인 지적이 있었던 데다, 성호가 거듭 비판한 것을 박

니다."(라이샤워 1997, 63)

* 李瀷, 『藿憂錄』, 이익성 옮김, 한길사, 1992, 100, 103쪽.

** "대저 개혁한다는 것은 하나같이 허물어뜨려서 다 경장(更張)하는 것을 말하는 것이
아니다. 다만, 개정하지 않을 수 없는 것만을 변통(變通)하고 조금 새롭게 하여, 끝판 형
세가 수습할 수도 없는 데에 이르지 않도록 하는 것인데, 군자는 무엇을 꺼려서 하지 않는
가."(李瀷 1992, 22)

제가 등이 반복해서 외쳤고, 마침내 다산에 이르기까지 한탄하고 있건만* 별무소득이었던 사실을 안타깝게 기억해보면, 우리가 여기서 일본 식의 실용주의에 새삼 주목하면서 거꾸로 (다산의 글을 빌미삼아) 오규 소라이까지 들먹이게 되는 그 역사적 추급(推及)을 이해하게 된다. 성호의 말처럼 '천하의 용렬한 자들이 과장(科場)에 몰려 혹 밟혀서 죽고 칼날에 상하는 일이 있을'(李瀷 1992, 100) 정도의 '쏠림'이 있음에도 불구하고 여전히 "우리나라에는 놀면서 먹는 자가 너무 많"(李瀷 1992, 31)고, 필경은 '끝판 형세가 수습할 수도 없는 데에' 이르고 만 것이다.

귀양살이 중이던 다산이 부러운 눈으로 언급한 오규 소라이도, 흔히 중근세 지식인들이 당대의 지배적 학풍—스콜라 철학이든 주자학이든 상관없이—을 극복하고자 할 때 '우회'의 목적

---

* 한편 다산은 자신의 제자들을 위해 첨부한 글('爲茶山諸生贈言')에서 "제군들은 우선 과거를 통한 벼슬살이에 마음을 두고, 그 이외의 것을 사모하는 마음을 먹지 말도록 하라"고 충고하기도 한다.(정약용 1991, 255~256) 그러나 맥락과 관계의 형편을 살피면 이 충고는 과거제도에 대한 그의 일반론을 훼절시킬 정도는 아니다. 그런가 하면 홍대용이 수학한 바 있는 석실서원(石室書院)의 학규에는 "서원 안에서 성인의 책이나 성리(性理)의 설이 아닌 책을 읽어서는 안 되며(역사책은 허용한다), 만약 과거 공부로 나아가고자 하는 자는 다른 서원으로 가야 한다"(김태준 1998, 71)는 내칙이 있다. 주자학(朱子學)은 조선조 유교 관료제의 이데올로기였지만, 주자조차 (훗날에는 제자들의 처지와 고민에 타협하기도 했지만) 과거제에 비판적이었다. "앞에서 기술한 것처럼 주자는 틈이 있을 때마다 과거 공부가 인간성을 해친다고 공격했다. 그의 진짜 적은 선학(禪學)이나 육학(陸學)이 아니라 오히려 이 과거 공부였다고 할 수 있다." 미우라 쿠니오, 『인간 주자』, 김영식 외 옮김, 창작과비평사, 1996, 211쪽. 물론 이 과거제의 폐해를 조금 더 구조적으로 파헤쳐볼 수도 있다. "아무런 권위가 없던 왕들은 양반 관료와 양반 각성(各姓)들의 지지를 받기 위하여, 또 그들의 정치적 욕구를 만족시키기 위하여 정식의 과거보다 비정식 과거를 더 자주 실시하여야 했다. 왕자가 탄생하거나 왕후의 병이 나아도 과거를 보여, 과거는 신성한 시험이 아니고 일종의 투기 사업이 되었다. 나중에는 이것이 양반 계급의 산업(産業)이 되었다." 黃玹, 『朱子行狀』, 강호석 옮김, 을유문화사, 1975, 15쪽.

으로 경유할 수밖에 없었던 고학(古學)에 의지했다. 소라이의 경우 그 방법론을 고분지가쿠(古文辭學)라 부른다. 정치적으로나 문화적으로 조선처럼 소중화의 이상에 집착할 필요가 없던 이 일본의 명유는 동시대 조선의 성호에 비해 훨씬 더 과격하게 주자학을 내친다. 유교의 경세론으로부터 특히 주자학적으로 변용된 형이상학과 윤리학을 제거할 경우 남는 것은 당연히 좀더 현실주의적인 정치학이다. 평자들이 그의 경세론을 마키아벨리의 탈도덕주의*에 비기는 이유다. 마루야마 마사오(丸山眞男)는 이런 특징을 일러 "한마디로 다름 아닌 정치적 사유의 우위"(마루야마 1995, 188)라고 정리한다.** 이런 판단을 예증할 수 있는 논의는 많지만, 여기서는 차후 다른 곳에서 토의될 주제('성인과 달인')를 염두에 두어 가볍게 건드려본다. 반형이상학적이며 경험주의적 지향을 지녔던 다산***이 긍정적으로 평가한 오규

---

* "그러므로 사람들의 군주(君主)된 이는 설령 도리에서 벗어나 사람들의 비웃음을 살 만한 일이라 하더라도 백성을 편안하게 할 수 있는 일이라면 그 어떤 것이라도 기꺼이 하겠다는 생각을 가져야 한다." 오규 소라이의 『政談』에 수록된 글인데 아래 책에서 재인용. 마루야마 마사오, 『日本 政治 思想史 硏究』, 김석근 옮김, 통나무, 1995, 197쪽.

** "소라이가쿠에 있어서 정치적 사유의 도학(道學)적 제약이 이 정도로까지 배제되어 있는 이상, 근세 유럽에 있어서 과학으로서의 정치학을 수립한 영예를 『군주론』의 저자가 안고 있는 것처럼, 일본의 도쿠가와 봉건제 하에 있어서 '정치의 발견(discovery of politics)'을 소라이가쿠에 돌린다 하더라도 부당한 것은 아닐 것이다."(마루야마 1995, 198)

*** 한형조는 이와 관련해서 나름의 정치한 논의를 통해 다산의 성취를 특필하고 있다. "정약용은 주희의 체계가 유학의 정통적 발상 위에 서 있지 않다고 판단했다. 그리하여 한당유학(漢唐儒學)의 지리멸렬과 송대 신유학의 별립적 착종(別立的 錯綜)으로 '덤불쑥 우거져 묻혀버린 공맹(洙泗)의 옛 길'을 회복하겠다는 철학적 책무를 어깨에 걸고 주희에 필적하는 방대한 경학을 새로이 구축해나갔다. 조선 유학의 난맥의 문제 앞에서 마이너한 수정을 통해 스스로를 적응해나가는 것을 거부하고, 주희의 패러다임 자체를 정면으로 비판

소라이에 의하면 '길(道)은 오직 인간의 규범'일 뿐이며 '하늘의 길(天道)이라는 것은 유추한 것'에 불과했다.(마루야마 1995, 192) 그에게 있어 천도란 추상적이거나 형이상학적 실재가 아니라 인간 중의 인간인 성인(聖人)의 길을 가리키는 것이며, "성인의 길 내지 선왕의 길의 본질은 무엇보다 나라를 다스리고 천하를 평온하게 한다는 정치성(政治性)에 있다."(마루야마 1995, 195) 각기 제 영역에서 최선을 다해 달인의 경지에 이르기 위해 노력한다는 일본 식 실용주의가 여기서도 역력하다.

성인의 길이라는 것도 오로지 자신의 몸과 마음을 다스리기만 하면 되며 또 자신의 몸과 마음만 잘 다스린다면 천하국가도 자연히 다스려진다는 주장은 불교와 도가(道家)에서 내놓은 아무것도 모르는 단순한 주장들이다. (…) 설령 아무리 마음을 다스리고 몸을 닦아서 흠 하나 없는 옥처럼 수행이 이루어진다 하더라도, 그가 이 세상의 일들에 대해서 관심을 가지려는 생각이 없고 또 실제로 국가를 다스리는 길을 알지 못한다면, 아무런 도움도 되지 못할 것이다.[*]

한편, 성인조차 정치적 실용성의 맥락에서 이해하는 소라이

하며 나름의 체계를 정통적 방식에 의해 재구축한 거대한 도전은 조선 유학사, 아니 동아시아 지성사에서 거의 유일한 예외적 성취다." 한형조, 『주희에서 정약용으로, 조선유학의 철학적 패러다임 연구』, 세계사, 1996, 180~181쪽.
[*] 『徂徠先生學則』에서 나온 문장으로 아래에서 재인용. 마루야마 1995, 196.

의 일본적 실용주의를 언어적 타자성과 관련해서 재평가하는 것은 그 맥락을 밝힐 뿐 아니라 새로운 논의의 물꼬를 트는 기여가 될 듯하다. 소라이가 난학(蘭學)이 수입되던 시대를 배경으로 네덜란드어를 접근성 있는 하나의 외국어로서 의식하기 시작한 것은 18세기 초엽이다.(마루야마/가토 2003, 36) 이 타자의식은 거꾸로 자의식을 예민하게 분화시키는데,* 말하자면 '외국어를 모르는 사람은 모국어조차 알 수 없다'(괴테)는 식의 자기비평적 메타의식이 성립되는 것이다. 그래서 "소라이가 일본어를 수많은 언어 중 하나라고 생각하기 시작했다"(마루야마/가토 2003, 37)면 그것은 '일종의 의식혁명'이 된다.

소라이의 시대는 에도 시대를 통틀어 최고의 지식인들이 다른 문화의 존재를 의식한 시대였고, 그 시대의 번역 문제에 관해 가장 날카롭게 표현한 사람이 바로 소라이인 셈이지요.(가토 슈이치) 메이지 초기에 관해서도 마찬가지로 말할 수 있는 것은, 결국 다른 문화의 이질성을 자각하고 그것을 완벽하게 인식하려는 욕구가 강해

---

* 『번역과 일본의 근대』가 제시하고 있는 논지의 중요한 한 축은 자의식(자기 정체성)의 분화와 근대성을 번역의 문제를 매개삼아 해명하려는 것이다. 이 책의 옮긴이는 그 배경을 아래와 같이 압축해놓고 있다. "중국어를 외국어로 의식한 오규 소라이나 이른바 가라고코로(漢心)를 배척한 모토오리 노리나가가 등장하고, 『해체신서(解體新書)』로 상징되는 난학이 급격히 발달한 18세기의 지적 상황은 그 시기가 '일본'의 정체성에 대한 자각을 요청했으며, 따라서 번역을 요구하고 있었음을 말해준다. 번역은 단지 외국의 개념과 사상을 수용하는 지적 행위가 아니라 그 과정에서 이루어지는 타자와의 대화를 통해 자기 정체성을 자각하는 문화적 실천이기 때문이다."(마루야마/가토 2003, 221)

질 때에 비교적 독창적인 사상이 나온다는 겁니다.(마루야마/가토
2003, 40~41)*

이질성에 대한 체감이나 그 의의에는, 당연히, 한자 문화권
에 속한 조선과 에도의 지식인들이 중국의 고전들을 원문대로
이해하고 쓸 수 있었던 배경이 있었다. 현재까지 전해지고 있는
연행록(燕行錄)이 100종 이상이라고 하는데, 연행 사신들은 당
대 최고의 지식인들로서 한적(漢籍)에 능통했을 뿐 아니라 필담
(筆談)으로 중국인들과 비교적 자유롭게 소통했다. "지필을 얻
어 글로 서로 수작하는 것"**이 가능했던 것이다. 심지어 한문
의 달인이었던 연암은 연행 중에 필담의 기회를 적극 활용했을

---

* 이질성(타자성)과 독창성 사이의 관계는 피아제가 말하는 '동화(assimilation)와 조절
(accomodation)'의 메커니즘처럼 인간의 재능과 기량이 높아져가는 과정 혹은 공부론 일
반의 추이를 밝혀준다. 타자성에 대한 노출이 어느 정도 진행되어 이 새로운 경험이 주체
의 선택적 조율과 비교적 편하게 접속하게 되면서 기량의 향상이 눈에 띄게 된다. 그러므
로 '향상'(독창성)을 위해서는 우선 '노출' 혹은 타자성에 대한 솔직하고 지속적인 대면 과
정이 필수적이다. 비유하자면 이것은 초석(礎石)을 놓고 기둥을 올리는 일이나 기둥머리
(柱頭)에 살미와 첨차를 교차시키고 장여와 도리를 차곡차곡 엮어 올리는 일처럼, 그 앞일
에 꼼꼼함이 있어야만 뒷일이 수월해지는 법이다. 요컨대 남과 그 세상을 알아야 내 속이
그윽해지는 것이다. 이를 일종의 '촉매 과정(catalytic process)'으로 바꾸어 설명할 수도
있을 법한데, 특히 기술사에는 이런 식의 사례가 적지 않다. "기술이 자기 스스로를 촉매화
하는 경향을 갖는 이유는, 기술적 개선(改善)이 이전의 좀더 단순한 문제들을 숙달한 경험
에 의존하기 때문이다. 예를 들면, 석기 시대의 농부들은 직접 철광성을 다루거나 제철(製
鐵)할 수가 없었다. 왜냐하면 이를 위해서는 고온의 용광로가 필요했기 때문이다. 동(銅)
이나 금처럼 열을 가하지 않고 다듬어서 모양을 낼 수 있을 정도로 부드러운 금속을 자연
상태로 다루어본 수천 년간의 경험을 통해 철광 야금의 기술은 차츰 생겨났다."(Diamond
1997, 248)
** 홍대용, 『산해관 잠긴 문을 한 손으로 밀치도다: 홍대용의 북경 여행기 〈을병연행록
〉』, 김태준, 박성준 옮김, 돌베개, 2001, 184쪽.

뿐 아니라 필담의 경험 자체를 소재 삼아 자신의 글재주와 해학적 기질을 한껏 드러내곤 했다.

『열하일기』 중의 필담들이 여느 연행록의 경우와는 달리 비상한 흥미를 자아내는 이유 중 하나도 바로 이러한 해학적 수법 때문이다. 『열하일기』에서 연암은 필담의 내용을 단순히 소개하는 데 그치지 않고 그 구체적인 진행 상황을 사실적으로 묘사함으로써 생생한 현장감을 불러일으키고 있을 뿐 아니라, 나아가 적재적소에 해학담을 삽입하여 진지한 논의에 따르는 긴장된 분위기를 쇄신하는 효과를 거두고 있다.[*]

이런 필담의 삽화를 비평적으로 뒤집어보자면, 일껏 외국에 들어가서 외국어를 듣는, 당시로서는 쉽지 않은 경험에 노출된 상황에서도 그 이질성-타자성은 문자화된 계몽과 필담의 능력에 의해 내재화-동일화되고 만다. 한자를 매개로 한 '이해'와 소통의 (동아시아적) 토대(langue)에 의지한 채로 낯설게 다가오는 음성의 실천(parole)을 정면으로 응시하지 못하고 있는 셈이다. 가령 우리는 '有朋自遠方來 不亦樂乎'를 '요어펑, 쯔위엔팡 라이 부이러후'가 아니라 '유붕이 자원방래하니 불역낙호아'로 읽어 이해하고, 일본인도 '도모아리엔보우요리키타루마타타노

---

[*] 김명호, 『熱河日記 硏究』, 창작과비평사, 1990, 200쪽.

시카라즈야(ともありえんぼうよりきたるまたたのしからずや)'라고 읽고서 알아듣는다. 그러나 외국어의 세계는 무엇보다도 소리의 세계이며, 마찬가지로 타자성의 세계는 ('이해'에 앞서는) 물질적인 세계다. 얼마간 상징적인 표현이 되겠지만, 이 물질적 세계에 대한 탈보편주의적 접근이야말로 앞서 말한 일본 식 실용주의를 향한 물매가 생기는 고비다. 형이상학적 이해가 아니라 손재주(ambidexterity)와 실물이 만나는 기능(know-how)의 세계라고 해도 좋을 것이다.* 일본이 한편으로는 온갖 귀신의 천지이면서도 초월적 일신론이 발을 붙일 수 없는 이유도 이런 식의 반보편주의적이며 구체적인 실물 우선성과 관련시킬 수 있겠다. 가라타니 고진은 무사도도 유교와의 관련성에서 이와 유사하게 설명한다.

도쿠가와 바쿠후는 이런 불안정을 피하기 위해 중앙집권적 체제를

---

* "한국의 정서는 형이상학적 지향성을 갖는 것이고 일본의 정서는 형이하학적 지향성을 갖는 것이라 할 수 있다. (…) 일본인의 정서는 인간의 마음보다는 육체적인 요소를 강조하고 육체적인 요소를 중심으로 서로 남남이 됨으로써 구별의식이 강화된다. 이러한 정서에서는 육체를 중심으로 하는 구체적인 '자기'가 강조되고 이로 말미암아 물질적 가치가 강조된다." 이기동, 『이또오진사이: 일본사상의 대변자』, 성균관대학교출판부, 2000, 12~13쪽. 가라타니 고진은 '에도 주석학과 현재'라는 강의록에서 진사이의 탈주자학적 지향성을 역시 '타자성의 발견'이라는 관점 혹은 비선적(非禪的) 입장으로 정리하고 있다. "진사이라는 사람은, 중국의 주자도 그렇지만, 원래는 선(禪)을 했던 사람이고, 주자와 똑같이 맨 처음은 심(心)에서 출발하고 있습니다. 즉 저마다 인간의 내적 상태로부터 출발했습니다. 거기서부터 깨달음에 이른다, 득도한 상태에 도달한다는 사고인데, 그것이 바로 선(禪)입니다. 그런데 그런 내적 상태는 존재하지 않는다, 우리는 타자와의 관계에 놓여 있고, 그리고 이 타자는 결코 자기와 동일하지 않다고 진사이는 생각했던 것입니다." 가라타니 고진, 『언어와 비극』, 조영일 옮김, 도서출판 b, 2004, 157쪽.

만들려고 했습니다. 그 경우 중요했던 것이 유교입니다. 그리고 중국풍의 윤리로 사무라이를 의미지으려고 했습니다. 하지만 그것이 사무라이를 관료로 만드는 것으로서 본래의 사무라이적 존재 방식과 합치되지 않았다는 것은 명백합니다. 사무라이는 주인과의 구체적이고 개인적 충성 관념으로는 만족할 수 없었던 존재였던 것입니다. '무사도'라는 관념은 그런 유교에 대한 반발로서 성립한 것입니다.*

전술했듯이 소라이의 탈주자학적 실물 우위성은 언어적 타자성에 대한 관심으로 드러나는데, 중국의 고전조차 마치 네덜란드어를 대하듯이 외재화시켜 그 물질성을 추궁한다. 타자적 감성에 기반한 메타적 자기 성찰이 주체성의 구성에서 빠뜨릴 수 없는 조건인 것은, 무릇 주체(성)는 타자들의 세계를 통한 반조적(返照的) 재구성의 과정이기 때문이다. 이런 점에서 외래의 사상과 종교에 대한 일본인의 태도, 그리고 아시아권에서 유일하게 내생적 근대화를 이루었다고 하는 역사적 사실은 흥미롭다. 나 개인적으로는 엔도 슈사쿠(遠藤周作, 1923~1996)의 작품들을 통해 자주 접한 바 있는 '일본인 됨의 지역성(locality)과 기독교인 됨의 보편성(universality)' 사이의 정신적 요철(凹凸)도 동일한 정신의 종교적 표현으로 여겨진다. 여기서 잠시 건드

---

* 가라타니 고진, 『문자와 국가』, 조영일 옮김, 도서출판 b, 2011, 153쪽.

리는 주자학에 대한 소라이의 태도도 대동소이한 이치*의 반영
으로서, 결국은 '일본적'**인 것으로 보인다.

내가 오규 소라이를 탁월하다고 생각한 것은 바로 이런 점입니다.
중국과 오랜 관계를 맺고 있어서, 적어도 일본의 지식계급은 한문
(漢文)을 읽고 쓸 줄 알았고 중국 고전을 완전히 자기 교양으로 삼
았다고 보아야 할 겁니다. 그런데 거기에 대해서 소라이는 '우리
가 읽고 있는 『논어』 『맹자』라는 것은 외국어로 쓰여 있다. 우리는
옛날부터 번역해서 읽고 있을 뿐이다'라고 폭탄선언을 합니다. 이
선언은 마치 콜럼버스의 달걀 같은 거지요.(마루야마/가토 2003,
31)

근대성은 워낙 번역적 근대성이다. 이 번역적 근대의 전위는

---

* 이 문제의식을 압축해놓은 듯한 매우 특징적인 예화 하나를 소개한다. "그뿐 아니라 그
(荻生徂徠)가 에도 서쪽으로 이사를 해놓고는, 이제는 성인(聖人)의 나라 중국에 좀 가까
워졌다 하며 자랑했다고 한다. 그러나 그가 일본 정신과 그 주체성을 잃은 일은 없었다.
(…) 어디까지나 일본인 됨이 앞서고 학자 됨은 2차적이었다. (…) 이처럼 일본 사람들은
주자학이나 유교를 배우는 것은 주자나 공자나 맹자가 되기 전에 일본 사람이 되는 것이
문제였다."(黃榦 1983, 5~6)
** 여담이지만, '일본인론'을 다룬 저작들이 일본 안팎에서 셀 수 없이 많은 데 비해 제대
로 된 '한국인론'을 찾아보기 어렵다는 사실은 의외로 중요한 정신사적, 철학적 문제를 비
추고 있다고 생각된다. 불교에 누벼지고, 유교에 휘몰리고, 기독교에 쏠린 데다가, 중국에
빠지고 일본에 먹히고 미국에 되잡힌 탓일까? 그 외래 사상과 문명의 와류 속에 휩쓸려 제
정신으로 제 숨 한번 제대로 뱉어보지 못한 탓이었을까? "이 땅에 사는 사람들은 한 번도
우리 자신을 주체로 정립한 적이 없었"기 때문일까? 김상봉, 『서로 주체성의 이념』, 도서
출판 길, 2007, 240쪽. 무엇에 그리 바빠 제 자신의 자화상조차 그려보지도 못한 채 토끼
처럼 내달리고 있는 것일까?

민족어의 근대성이라고 할 수 있다. "독일어만이 아니다. 근대의 내셔널한 언어는 전부 번역을 통해서 형성된 것이다."* 동남아시아의 경우 '번역성'에 '식민지성'을 더해서 총체적으로 고려해야겠지만, 식민지 경험 없이 서구의 기술문명을 따라잡은 일본의 근대성도 번역적이다. 실제로 메이지 유신 이후 19세기 중후반의 일본에는 '번역의 홍수'**라고 할 만한 사태가 있었다. 이 번역의 감성은 앞서 말한 대로 언어를 음성(parole) 혹은 아예 물질적 소리로 느끼고 그 차이에 반응하는 데서 출발한다. 마루야마 마사오와 가토 슈이치가 이끄는 논의에 따르면 이러한 감성은 일본의 근대지향성과 맞물려 있는 것으로 보인다. 또 이것은 앞서 지적한바 '일본식 실용주의'와도 겹치는 특성으로서, 그들의 장인정신(モノづくり)에 녹아들어가 있을 법하다. 가라타니 고진도 오규 소라이를 언급하는 중에 비슷한 지적을 하고 있다.

그러나 이런 음성지향이 국학자에 의해 시작된 것이 아니라는 것에 주의해주셨으면 합니다. 그것을 시작한 것은 유학자 오규 소라이입

---

* 가라타니 고진, 『근대문학의 종언』, 조영일 옮김, 도서출판 b, 2006, 22쪽.
** "야노 후미오(矢野文雄)가 번역서를 어떻게 읽을 것인가 하는 『역서독법(譯書讀法)』이란 책을 씁니다. 1883년(메이지 16)에 호치샤(報知社)라는 출판사에서 나왔는데, 구판 『메이지 문화전집(明治文化全集)』의 '외국문화 편'에 수록되어 있습니다. 이 책은 정말 재미납니다. 밝혀두기(誌文)에 '이즈음 역서 출판이 성황을 이루어 그 권수가 몇만에 이르니 한우충동(汗牛充棟)이 무색할 지경이다'라고 쓰여 있지요. 번역의 홍수였던 겁니다. 온통 번역의 홍수에 빠져 있었죠."(마루야마/가토 2003, 57)

니다. 그는 일본식 한문, 즉 한자와 가나 혼용에 대한 비판을 시작했습니다. 그의 동기는 국학자와 완전히 달라, '정확한 한문'을 쓰기 위해서였습니다. 그러기 위해서 그는 중국어를 음성부터 배워야 한다고 주장했습니다. 한문을 번역하면, 기묘한 음독 문장이 아니라 구어로 의역해야 한다고 말하고 있습니다. 요컨대 그는 한어(漢語)든 일본어든 언어는 음성이라는 시점을 제출한 것입니다. (…) 오규 소라이가 언어를 음성으로 보려고 했다는 것은 말하자면 신체, 감정*이라는 것을 중시한다는 말입니다. 이것은 유럽과 어떤 의미에서 평행하고 있는 것으로서 근대적 사고방식입니다.(고진 2011, 141)

매우 흥미롭게도 '중국어를 음성부터 배워야 한다'는 주장은 박제가(朴齊家, 1750~1815)에게서도 고스란히 발견된다. 글자는 하학이고 소리는 상달(上達)(字者下學而聲者上達)**이라는 원칙 아래 전개되는 관련 논의는 우선 언어(중국어)를 시니피앙

---

* 근대적 개인주의의 등장과 형성에서 개인의 신체와 감정에 대한 관심의 증가는 널리 인정, 보고되는 특징이다. 반 뒬멘(Richard van Dülmen)도 '개인의 몸을 연구한다'(132)와 '개인의 마음을 연구한다'(144)는 표제 아래 이러한 특징을 서술하고 있다. 리하르트 반 뒬멘, 『개인의 발견』, 최윤영 옮김, 현실문화연구, 2004. 이어서 뒬멘은 이러한 변화의 징표적 현상으로서 자서전 쓰기의 파급을 들고 있다. "자서전은 18세기 말에는 가장 비중 있는 문학 장르에 속하게 되었다. (…) 자기 자신, 부모, 유년 시절, 학교, 그리고 각각에 해당되는 감정과 느낌들을 다루어본 작가들은 자신에 대한 믿음과 자의식을 얻을 수 있었다. 이렇게 대개는 책상 앞에서, 책을 쓰면서 일어난 자기 해명의 과정은 부모나 출신 도시 그리고 교회의 전통에서 해방시켜주었다."(반 뒬멘 2004, 167)
** 박제가, 『궁핍한 날의 벗』, 안대희 옮김, 태학사, 2003, 83쪽.

(signifiant)으로 보려고 한다는 점에서 근대적이며, 적지 않은 면에서 전술한 소라이의 논점과 겹치기도 한다.

글자가 소리로부터 멀어지는 것은 물고기가 물을 벗어나고, 아들이 어머니를 떠나는 것에 비유할 수 있다(夫字之離聲 猶魚之離水 而子之離母也)(박제가 2003, 82)고까지 요령 있게 설명한 것은 매우 인상적이다. 물론 이와는 달리, '물고기가 물을 벗어나지 못하고 아들이 어머니를 떠나지 못하'는 탓에 생긴 문제점도 쉽게 지적할 수 있다. 예를 들어 진순신은 중국 전한(前漢) 무제(武帝) 치하의 이름난 장수였던 이릉(李陵, ?~기원전 74)의 행전 말미에 이 점을 평이하게 서술해놓고 있다.

흉노(匈奴)에게는 문자가 없었다. 따라서 흉노인 이릉과 자손에 대한 흉노 측의 기록은 남아 있지 않다.(진순신 10권 2000, 194)

소라이와 마찬가지로 박제가도 이러한 문제의식이 한어(漢語)를 번역하는 과정에서 생성되었음을 시사하는 문장을 남겼는데, 이 역시 조선과 일본 등 중국의 한적(漢籍) 고전을 공유하던 동아시아 지식인들이 정신문화적 자의식과 정체성을 공고히 하던 시점에서 대면할 수밖에 없었던 공통의 과제였던 것이다.

그러나 붓을 들어 그 내용을 한문으로 번역하고 나면 말이 비슷하지 않은 것은 아니나 껄껄하고 따분하여 진실한 감정을 느낄 수가 없다. 왜냐하면 소리와 글자가 서로 다른 길을 가고 있기 때문이다. 소리와 글자가 서로 다른 길을 가고 있어서 고금의 문장이 서로 상대가 되지 않는다는 사실을 이를 통해서 엿볼 수가 있을 것이다.(박제가 2003, 82)

박제가는 "한어는 문자의 근본"(朴齊家 1992, 93)이라는 원칙을 제시함으로써 동아시아적 사유의 둥지를 분명히 한다. (21세기에도 여전히 세계 굴지의 유교국가인 한국이니, 17~19세기 진보적 유학자들의 사상을 너무 도드라지게 표상할 필요는 없을 것이다.) 그러나 곧이어 '언어라는 커다란 껍풀을 벗어날 수 없기에 생기는 간격'(朴齊家 1992, 93)을 지적하는 대목에 이르러서는 소라이 등의 일본 지식인들이 느꼈던 언어적 타자성에 대한 감각을 드러낸다. 이 감각은 '통역(譯)'이라는 글에서 더 확장되는데, 당시에도 여전히 막강했던 유가 이데올로기의 흡인력이 적었더라면 언어문화적 상대주의로까지 연결됨 직한 주장으로 이어진다. 그는 당시의 통역관이 나라 전체에 겨우 10여 명에 불과한 점을 걱정하면서, "만약 일조에 큰일이 일어나도 손을 소매 속에 찌르고 통역관의 입을 쳐다보기만"(朴齊家 1992, 96) 할 수는 없으니, "사대부로서 여기에 생각이 미친다면 특히 한어만 익힐 것이 아니고, 만주어, 몽골어, 일본 말을 고루 익혀야 할 것"(朴齊家 1992, 96)이라고 했다. 그러나 박제가의 언어적 감성과 북학자로서의 진보성은, 바다 건너에 떨어져 살면서 과거제라는 정신적, 중앙집권적 회집(會集)의 장치로부터 면제되었던 소라이나 이토 진사이(伊藤仁齋, 1603~1867) 등과는 달리 조선의 중화주의에 되먹히는 아이러니를 보인다.

우리나라는 지역적으로 중국과 가깝고, 성음(聲音)이 대략 같으니, 온 나라 사람이 본국 말을 버린다 해도 불가할 것이 없다. 그러한 뒤에라야 오랑캐라는 말을 면할 것이며, 동쪽 수천 리 땅이 스스로 하나의 주(周), 한(漢), 당(唐), 송(宋)의 풍속으로 될 것이니 어찌 크게 쾌한 일이 아닌가?(朴齊家 1992, 93)[*]

공부론의 맥락 속에서 일본의 장인정신이나 실용주의를 더듬던 중 다산이 인용한 소라이를 빌미로 제법 곁길이 길어졌다. 그래도, 언어적 근대성의 논의와 관련해서 마지막으로 언급할 만한 이슈가 하나 더 남아 있다. 국민국가의 형성과 민족어의 구성–정착이 겹쳤던 이런저런 역사적 과정은 근대성과 언어적 감성 사이의 관계에 대해서도 중요한 시사점을 준다. 중세적

---

[*] 박제가 등이 속한 북학파의 종장(宗匠) 격이었던 홍대용도 자신의 연행 중에 필담으로 비슷한 의견을 제출한 바 있다. "조선은 대명(大明) 때부터 오로지 중국 문물을 숭상하여 의관 또한 옛 제도를 지켰는데, 다만 어법(語法)이 오히려 동이(東夷)의 풍속을 면치 못하니 매우 부끄럽습니다." 이에 대해 상대 중국인(孫有義)이 응대한 말이 오히려 관후하고 적절하다. "귀국의 준수하고 아담한 인물과 순후한 풍속이 중화와 다름이 없으니, 어법의 다름에 무슨 해로움이 있겠습니까? 비록 중국으로 일러도 동서남북이 각각 어음(語音)이 다르되, 조정의 선비를 취하고 사람을 씀에 또한 이로 인연하여 층등(層等)이 없답니다." (홍대용 2008, 447)

보편주의, 즉 유럽의 가톨릭주의와 동아시아의 중화주의로부터 벗어나는 다양한 갈래 속에는 거칠게나마 '언어적 근대성'이라 불릴 만한 일련의 현상들이 등장한다. 전술했듯이, 이 현상은 박제가나 소라이 등이 내보인 언어적 감성의 사례에서처럼 다분히 '음성중심주의적'*인 데가 있다. 이 흐름을 타고 '국어(國語)'가 제도화되기 시작하며, 그 과정의 요체가 언문일치(言文一致)라는 점은 잘 알려져 있다. 우리의 경우도 갑오개혁(1894, 고종 31)으로 '국한문 혼용체'의 문장체를 제도화한 바 있다. 그리고 일제의 강점 아래 국민국가가 국권을 잃고 병합됨에 따라 민족어의 위기를 겪었으며, 해방 이후에는 차츰 한글 전용체로 옮겨간다. 그리고 국어의 제도화 속에서 당연히 표준말 정책**이

---

* 이것은 데리다 등이 서구 형이상학의 기원을 탐색하는 중에 애용한 용어인 '음성중심주의(phonocentrism)'와는 다르다. 가라타니 고진은 그 차이를 이렇게 정리하고 있다. "음성중심주의적 사고는 근대의 네이션 형성에서 불가결한 것이다. 서양의 음성중심주의를 플라톤까지 올라가 보는 데리다의 관점에 내가 비판적이었던 이유는, '가까운 기원'을 은폐한다고 생각했기 때문이다. 그러나 그 후 내가 깨달은 것은, 고대에도 하나의 국가가 제국으로부터 자립하려고 할 때 자신의 문자언어를 가진다는, 그리고 그때 음성중심주의적인 생각이 취해진다는 점이다." 가라타니 고진, 『일본정신의 기원』, 송태욱 옮김, 이매진, 2003, 22쪽.
** '표준말 정책'은 당연히 하나의 국어를 지향하면서 지역의 방언들을 통합, 동일화하는 제도 권력의 실천을 말한다. 그러나 외국어와 방언 간의 차이를 상대화시키는 논의에 기댄다면, 이는 두 언어가 권력관계에 들어갈 때 발생하는 물매에 관한 일반적인 지적이 된다. 이렇게 보자면 톨스토이의 『안나 카레니나』의 배경을 이루고 있는 러시아 귀족사회에서 '표준말'의 지위를 누리고 있는 것은 프랑스어다. 소설 전체에 걸쳐 정확한 발음으로 구사되는 프랑스어는 귀족의 자격과 품위를 보증하는 화룡점정의 증표가 된다. 왜냐하면 "모든 것은 파리에서 오기"(Tolstoy 2008, 617) 때문이다. 이에 비해 독일어는 (독일 낭만주의자들의 해묵은 자화자찬과는 썩 다르게) 최하의 위치에 놓인다. "운 나쁘게도 프랑스의 발음이 신통치 못한 사람은 당장 혐오감을 불러일으킨다. (…) 그는 특히 법학부를 경멸했는데 왜냐하면 그곳의 모든 교수가 독일인이었기 때문이었다."(Tolstoy 2008, 25) 당시 일반적 교양으로 널리 교습되던 영어는 물론이거니와 모국어인 러시아어조차 프랑스어가 누

제정된다. 이와 관련해서 매우 흥미로운 대목이 일본의 표준말 정책의 일환으로 강요된 '여자 말(女ごとば)'이다.

우선 이념, 즉 언어 이데올로기라고 하는 것은 '실제로 사용되고 있는 말'이 아니고 '추상적인 개념'이다. 즉 여자 말이라는 것은 '여성이 실제로 사용하고 있는 말'이 아니라 '여자 말에 관한 규범과 지식'이라는 것이다. 또 체계라고 하는 것은, 언어 이데올로기가 다른 언어 이데올로기와의 관계 속에서 비로소 그 가치매김이 결정된다는 것이다. 여자 말과 그 가치는 그 외의 언어 이데올로기, 말하자면 남자 말, 국어, 표준어, 그리고 경어(敬語) 등등과의 관계 속에서 결정된다.*

린 '국제 표준어'의 위광에 한참 미치지 못했다. 레이먼드 윌리엄스도 '계급 지표'의 맥락에서 이를 설명한 바 있다. "계급이란 한 지리적 공동체 내의 집단으로서 그 자체가 하나의 공동체는 아니다. 어떤 극단적인 경우에 계급은 그것이 속해 있는 공동체와 스스로를 지나치게 구분한 나머지 아예 실제 다른 언어를 사용하기도 한다. 가령 산스크리트처럼 다양한 위계적 언어들 가운데 하나를 사용하거나, 19세기의 러시아처럼 문화적 우월성의 표지라고 생각되는 외국어인 프랑스어를 사용하기도 한다."(윌리엄스 2007, 327) 프란츠 파농이 '흑인과 언어'라는 글에서 날카롭게 지적한 것도 크게 다르지 않다. "앙틸레스에 사는 흑인들은 불어 구사능력에 따라 백인화의 정도를 평가받는다는 사실 말이다. 불어를 얼마나 잘 구사하느냐에 따라 인간 됨됨이가 가늠된다는 것이다. 물론 나는 이것이 존재를 대하는 인간의 다양한 태도 중 하나라는 사실을 잘 안다. 언어를 지니고 있는 인간은 그 언어가 현상하고 내포하는 세계를 궁극적으로 소유하게 된다. 이러한 인식을 통해서 우리가 도달하게 되는 소박한 진실은 '언어를 정복하게 되면 형언 불가능한 힘을 선사받게 된다'는 점이다. 폴 발레리는 이 사실을 잘 알고 있었다. 그가 언어를 '몸속에서 길을 잃은 신'에 비유했던 것도 그 때문이다." 프란츠 파농, 『검은 피부, 하얀 가면』, 이석호 옮김, 인간사랑, 1998, 24~25쪽.

* 中村挑子, 女ごとばと日本語, 岩波新書, 2012, 18쪽. 이와 더불어 여자 말의 문제를 근대적 언문일치가 체현하고 있는 일원론적 부권화의 맥락 속에 배치할 수도 있다. "언문일치 운동도 절충(折衷)적인 상태를 일원화하려는 움직임의 일환으로서 볼 수 있습니다. 그 것은 원래 '한자의 폐지'에서 시작하고 있는 것이지만, 실은 여성 문자로서의 에크리튀르

민족어의 형성 과정은 나름의 '해방적' 실천이었고, 이는 화자 개인들의 '음성적 실천(parole)'과 그 언어적 감성을 실핏줄처럼 잇고 있었다. 그러나 마치 동원(動員) 국면을 넘기고 권력의 분배에 나서게 된 혁명가들이 이윽고 퇴행적인 구차함을 드러내듯이,* 국민국가의 시스템 속에 포획된 민족어는 그 화행(話行)에서 다시 새로운 규제를 내면화할 수밖에 없었다. 하나의 표준어가 여러 방언의 무덤 위에 건축된 빌딩인 것처럼, 일본어의 여자 말도 남자 말의 주변을 조심스럽게 돌도록 배치된 이데올로기적 구성물인 것이다. 이런 식의 자아-타자의 변증법은 언어의 경우만이 아니라 근대적 민족국가가 형성되는 전체 과정에서 고스란히 반복된다. 가령 근대 "일본인이 '일본인'이라는 자기 표상을 획득하려면 어떤 배제와 선별의 실천이 필요했"**는데, 이 "자기 표상을 위해 발견한 '타자'가 다름 아닌 아

를 삭제해버렸습니다."(고진 2011, 167) 언어 이데올로기의 역학 속에서 '여자 말'의 위상과 성격을 분석하는 것은 곧 언어와 젠더의 문제를 건드리지 않을 수 없게 된다. 이 문제와 관련해서는 뤼스 이리가라이의 비평이 인상적이다. "문법상의 성(性)과 관련된 언어 법식의 변화 없이 성의 해방은 결코 이루어질 수 없다는 것을 분명히 해야 한다. 주체의 해방은 성차별에 예속되거나 차이를 무효화하는—마법에 의해서만 가능한 일이라 하더라도—규칙들에서 벗어난 언어를 요구한다." 뤼스 이리가라이, 『나, 너, 우리: 차이의 문화를 위하여』, 박정오 옮김, 동문선, 1996, 14쪽. "그러므로 문제는 우리 문명이 여전히 성을 병적인 것 혹은 하나의 결합으로, 또는 동물성의 잔재로 생각하는지 아니면 성에 문화적이고 인간적인 지위를 부여할 만큼 성숙한지 그 여부를 아는 것이다. 이러한 변화는 언어와 모든 교환 수단의 성별화된 차원이 발전됨으로써만 가능하다."(이리가라이 2006, 38)
* 이 퇴행적 구차함은 다음과 같이 표현되기도 한다. "윌리엄 두이커에 따르면 이러한 현상은 국가의 정치적 리더십이, 전쟁 중에 국가적 투쟁을 위해 모든 역량을 '동원'하던 태도로부터 전쟁이 끝난 이후 봉건적, 식민주의적, 그리고 부르주아적 잔재에 대한 이데올로기적 투쟁으로 그 초점이 옮겨진 것과 관련된다."(Kwon 2006, 107)
** 李孝德, 『표상공간의 근대』, 박성관 옮김, 소명출판, 2002, 309쪽.

이누와 류큐인이라는 존재였다"(李孝德 2002, 310~311)는 지적은 전형적이다. 결국 이들은 "'개화'하고 있는 '일본인'을 자기 정립〔措定〕시키는 역할을 강요당한 것"(李孝德 2002, 314)이다.

나는 1990년대 후반의 언젠가 강연차 제주도에 간 적이 있다. 그 섬은 그때가 처음이었다. 강연을 마치고 저녁까지 먹은 뒤 잠시 숙소에서 쉬다가, 저녁 바람이 좋은 듯해서 산책에 나섰다. 한참을 배회하다가 어느새 기분 좋게 길을 잃었고, 숙소를 찾을 요량으로 골목 어귀의 어느 조그마한 슈퍼에 들어가서 말을 붙여봤다. 70대로 보이는 노파였는데, 도무지 그분의 말을 알아들을 수가 없었다. 옥신각신, 어리둥절, 나는 약 5분 정도, 한국에 속한 땅에서, 한국어 같긴 한데 한국어는 아닌 말을 유창하게 구사하는 그 할머니와 멋쩍게 헤어지고 말았다. 외국어와 사투리 사이에 질적 차이를 아예 인정하지 않으려는 학인들도 있지만, 당시 내 귀에 잡힌 제주도 방언은 대한민국 표준어 체계의 외부가 아니라 차라리 (여전히) 대한민국의 외부라고 해도 좋을 성싶었다. 이상하게 들리겠지만, 나는 이 에피소드 이후에 3만 명이 토끼몰이 당하듯 죽임을 당한 4.3 사건을 내 나름대로, 조금 다르게 보게 되었다.

잘 아는 대로 제2차 세계대전 이후 미소가 주도하던 냉전 체제가 공고해지던 1950~1960년대, 소련과 중공의 발아래 놓인 한반도와 인도차이나 반도는 미국의 제국적 세계 경영 차원에서 결코 양보할 수 없는 전략적 지역이었다. 어떤 무리수를 두더라도 자신의 세력권에 편입시켜야만 할 국제 반공주의 전선의 첨병이었던 것이다. 그들에게 있어서는 한반도든 베트남이든 그들 민족의 독립과 자존, 그리고 통일이라는 지상의 과제는 부차적이거나 별무관심이었다. 1954년 5월 호찌민의 지도 아래의 베트민이 디엔비엔푸 전투에서 극적으로 승리한 후 곧 이어진 제네바 회담에서 관련 9개국의 협상으로 남북 베트남의 통일을 위한 총선거(1956년 7월)를 결의했지만, 미국은 이 결의를 자의로 내파(內破)시키고 베트남 민족의 운명을 자국의 냉전 전략을 위한 도구로 전락시킨다. 남베트남에 친미반공 정권*을 세워 "분단 영구화 작업을 진행하기 시작한 것"**이다. 이승만의 대통령 취임으로 한반도 남쪽에서 친미반공 정권이 들어선 것은 1948년 7월인데, 당시는 이미 (앞서 말한 대로 "대한민국 표준어 체계의 외부가 아니라 차라리 대한민국의 외부라고 해도 좋을 성싶었"던 방언의 자리인) 제주도에서 수많은 민중이 그 정권의 타자로 배제되어 학살되던 와중이었다. "아이누와 류큐인이 처음부터 '일본'이라는 통일체에 동화, 즉 소화 흡수되지 않으면 안 될 존재로서 발견된 '타자'"(李孝德 2002, 315)였던 것처럼, 4.3

---

* 미국에 의해 이 정권의 수반으로 발탁된 자가 응오딘지엠(1901~1963)인데, 그는 1920년대부터 프랑스 식민 정권의 관료로 근무했으며, 태평양 전쟁 중의 일본 치하에서는 수상이 되고자 일본군 당국과 협상에 나서기도 한 인물이었다. 1963년 11월 쿠데타 군에 의해 처형될 때까지 비밀경찰주의의 폭압과 족벌주의의 타락으로 일관한 탓에 당시의 미국 정부도 포기한 이 독재자는 '베트남의 이승만'으로 불렸다. 李泳禧, 『베트남 전쟁: 30년 베트남 전쟁의 전개와 종결』, 두레, 1985, 26쪽.
** 이삼성, 『20세기의 문명과 야만』, 한길사, 1998, 173쪽.

당시의 제주도민들은 냉전 이데올로기의 제상(祭床)을 위한 '초석적 폭력(violence fondamentale)'*의 대상이었을 뿐만 아니라, 말이 제대로 통하지 않아 일상적 소통의 자리조차 공유하기 어려운 '인류학적 타자'이기도 했던 것이다.

이젠 이미 길어진 곁길을 접고 공부론의 자리로 되돌아가자. 앞서 집중과 '3의 공부'를 예시하던 중 일본의 장인정신이나 실용주의적 태도를 다양하게 설명하고자 했고, 직업의 윤리 속에 일상적으로 체화된 상달(上達)의 노력과 그 패턴을 지적했다. 과거제와 같은 신분 상승의 루트가 애초부터 폐색된 채 자신의 위치와 자리에 만족하며 주어진 재능에 차분하고도 열심히 집중하는 길은 필경 내재적인 선택으로 이어지며 심화되기도 했겠지만 우선 외적인 강제에 의해 몰밀려간 것이었다. 이와 관련된 논의에서 일본통인 김용운 교수의 설명은 이미 상식적인 지적이 되었다.

그러나 모든 자가 만족하는 사회는 예나 지금이나 존재하지 않는다. 이 사상('천하제일의 사상')을 적극적으로 정착시키기 위해 강력한 무력이 발동했다. 하나의 계급 속에 들어갈 수 없는 자들은 그야말로 인정사정없이 물리적으로 깎아낸 것이다. 오다 노부나가(織田信長, 1534~1582)는 일향 농민반란[一向一揆]에 대한 탄압

---

* 르네 지라르, 『폭력과 성스러움』, 김진식·박무호 옮김, 민음사, 1997, 142~143쪽.

으로 2만 명이나 죽었고 히에이 산의 승도(僧徒) 8000을 전부 죽였다. 자기 분야에서 천하제일이 되려 하지 않고 눈을 밖으로 돌리는 자는 죽음의 길밖에 없다는 것을 보여준 것이다.*

'덴카이치(天下一)'가 되기 위해서는 먼저 그 천하의 범위가 철저하게, 때로는 처절하게 규정되어야만 했던 것이다. 내가 항용 '오직 틀과 함께(mit) 틀을 넘어(über) 간다'거나 '선생은 틀을 제시하고 학생은 그 틀을 깬다' 등의 표어로 공부하는 자의 재능과 품성의 변화를 설명하려고 한 이유도 이와 크게 다르지 않다. 무릇 그 모든 달인의 세계는 정해진 원칙을 견결하게 지키며 앞뒤를 넘보거나 변덕을 부리지 않고 지속적으로 제 자리에 집중하는 길에서 열리는 법이기 때문이다. 정유재란 때 일본에 잡혀가서 갖은 고초를 겪고 귀국한 강항(姜沆, 1567~1618)이 쓴 『간양록(看羊錄)』에도 조선의 선비가 직접 목도한 대로 이런 풍습을 아래와 같이 전하고 있다.

왜놈 풍습에 놈들은 어떠한 재주, 어떠한 물건이라도 반드시 천하제일을 내세웁니다. 천하제일이라는 명수(名手)의 손을 거쳐 나온 것이면 제아무리 추악하고 하찮은 물건이라도 천금을 아끼지 않고 덤벼듭니다. 그러나 제아무리 교묘한 물건이라도 명수의 손을 거치

---

* 김용운, 『일본인과 한국인의 의식구조』, 한길사, 1992, 61쪽.

2장 공부, 혹은 1에서 0으로, 2에서 3으로

지 않은 것이면 물건 수에 넣지도 않습니다. 정원수를 묶는다, 벽을 칠한다, 지붕을 인다는 따위도 그렇거니와 심지어 패를 찬다, 도장을 찍는다는 따위에 이르기까지 천하제일을 자랑하려는 풍습이 있습니다.[*]

그 사례가 될 만한 것 중 하나로서 병장기를 중시하는 무인 사회의 단면이 소개되기도 한다. 이는 해체와 신축에 재빠르고, 매사에 새것으로 몰밀려가거나 소수의 유행에 쏠리기 좋아하는 우리네 풍조를 겹쳐 읽을 만하다.

병법에 '병기가 잘 들지 않는다면 병졸들을 거저 적에게 내주는 셈이야!'란 말이 있는데, 신이 왜놈들 틈바구니에서 끼어 3년간이나 실지로 본 바에 의하면 그들은 군기 창검을 정비하는 데 전력을 쏟고 있습니다. 1000년 묵은 칼이 아니면 칼로 치지도 않고, 600~700년 된 것은 그저 '쓸 만하다' 하고 근년에 새로 지어 만든 것은 '그걸 무엇에 쓴담!' 하고 돌아보지도 않습니다. 왜놈들은 새 칼을 쓰지도 않는데, 하물며 우리나라에서 새로 만들었다는 것이겠습니까? 병졸들을 거저 적에게 내주는 셈이 된다는 것을 조금도 괴상히 여길 것이 없습니다.(강항 2005, 71)

---

[*] 강항, 『간양록』, 이을호 옮김, 서해문집, 2005, 171쪽.

나중에 '남을 보지 않는다'는 태도를 집중과 관련해서 따로 논의하겠지만, 두리번거리지 않고 제 일에 몰두해서 제 나름의 성취를 얻고자 애쓰는 생활양식이나 문화는 이 이웃 원수의 나라로부터 본받을 만한 점이다. 흔히 '열심히'로 옮기는 '잇쇼켄메이(一生懸命)'도 '일생 동안 목숨을 건다'는 뜻인데, 역시 '덴카이치'의 사상에 터를 박고 있는 태도다. 일본에 가면 라면집에 들러보라는 말을 듣곤 했기에, 언젠가 교토 시내를 한량없이 산책하던 끝에 어느 라면집에 들어가게 되었다. 특히 젊은이들로 구성된 종업원들의 활기약동하는 환대가 인상적이었고, 메뉴에 놓은 라면의 종류가 많은 게 인상적이었으며, 주문을 하자마자 면(麵)의 속성(부드럽거나 질김), 양, 그리고 맛(맵거나 짬) 등을 각기 서너 가지로 구분해서 손님의 취향을 일일이 묻는 것도 인상적이었고, 싱싱한 대파를 송송 일매지게 썰어 공작이라도 한 듯이 예쁘게 담아놓은 것도 인상적이었다. 하지만 그날 내게 가장 인상적이었던 것은 라면을 먹던 중 흘깃 주변을 둘러보다가 눈에 잡힌 액자 속 글씨였다. 일견 가훈(家訓)으로 보임직한 서예풍 글씨였다. 사언절구(四言絶句)의 꼴을 하고 있었고, 익히 알고 있는 '잇쇼켄메이'가 먼저 눈에 띄었다. 흥미가 일어, 식사를 마친 뒤 굳이 다가가서 메모지에 옮겨 적었는데, 그 첫째 구(句)가 '한순간에 목숨을 건다(一瞬懸命)', 셋째 구가 '한 장소에서 목숨을 건다(一所懸命)'였다. 그리고 마지막 구가 '잇쇼켄메이(一笑賢命)'로, 주인에게 물어보니 '일생 웃으면서 현명하

게 살아간다(一生笑って賢く生きる)'는 뜻이라는데, 그렇게 믿을 도리밖에.

앞서 여러 차례 나는 지성에 더해 '영성'이라는 애매한 말을 켤레처럼 사용하곤 했다. 단지 애매할 뿐 아니라 적지 않은 이들이 이미 사어(死語)인 듯 취급하는 말을 선뜻 들먹이곤 했다. 마찬가지로 인간 정신의 진화사를 더듬거나 혹은 전망하면서 이성과 의식이니 성찰과 추론이니 혹은 직관과 무의식이니 하는 관행화된 어법에만 붙박이지 않았다. '초월성'이니 '귀신'이니 하는 표현을 마다하지 않으면서 아직은 불안정하고 심지어 위험하기까지 한 영역으로 생각과 상상의 촉수를 내뻗었다. 치죄할 때에는 100명의 죄인을 놓치더라도 무고한 한 사람을 상하게 하지 않아야 하지만, 이치를 찾아 생각을 펼칠 때에는 일진(一塵)의 기미를 향해서 일신(一身)을 바칠 듯한 시늉을 부리기도 했다. 이미 말했던 대로 이것은 학(學)과 술(術) 혹은 지식과 기미(機微)의 관계를 틔우고 인문의 이치(人紋)를 새롭게 그려보려는 노력과 맥을 같이한다. 학술적인 맥락이든 종교적인 맥락이든 혹은 성인의 이치든 달인의 이치든, 공부하는 사람이 닿는 상달의 자리에는 일종의 '신령스러움' 혹은 영험함이 돈는다고 말할 때에도 그 취지는 비슷하다. 영성이니 영험(靈驗)이니 신령스러움이니 하는 표현들은 애매하고 엉성하며 심지어 몽매주의적이기까지 한 게 사실이다. 그러나 사실이, 알려진 사실이, 심지어 알려져서 공인되고 등재된 사실이 실재의 전모는 아니라고 하는 점에서부터, 그 어떤 다른 생물체도 생성시키지 못한 정신세계의 주인공인 인간에 대한 탐색은 '거듭' 시작되어야 하는 것이다.

달인/성인으로 가는 '기량의 자리에 신령스러움이 감돈다'는 말은 그 실천에 참여하는 사람의 읽기에 따라 함의가 달라질 것이다. 읽기는 참여하기에 따라 달라지는 법이고, 또 참여하기조차 읽기에 의해 재구성되기도 한다. 과거의 경험이 지금의 읽기를 규제하기도 하고, 스스로 설정해놓은 '삶의 기획'에 의해 현재와 과거의 의미가 변모하기도 한다. 상달의 정성에 영묘(靈妙)함의 기운이 움튼다는 말을 단지 메타포로 읽든 실제로 체감하든 필자인 나로서는 어떻게 해볼 도리가 없지만, 이것 역시 이치상으로는 지성과 영성이 융통하는 적절한 사례가될 것이다. 애초에는 기능만으로 접근하더라도 기량이 높아지고 정성이 쌓이면서 그 기(器)에도 기운(氣運)이 어리게 되는 법이다. 나는 줄곧 정신의 차분한 집중 속에서 인간됨의 밑절미와 그 비밀을 읽어내려고 해왔지만, 기량이 쌓이고 정성이 보태지는 자리가 바로 그 비밀이 꽃피는 곳이다. 이와 관련해서 특히 주목해야 할 대목은 이런 식으로 꽃피는 곳이 특히 자신이 스스로 가장 정직할 수 있는 신독(愼獨)의 자리라는 점이다. 높아지는 기량에 앞서 말한 영묘함의 기운이 덧입혀지는 계기는 그 기량을 향한 정성 때문에 에고가 슬며시 사라지는 데서 생기는데, 내가 말하는 '신독'—이 개념에 대한 문헌학적 논란은 별개로 하고―이 바로 이것이다.

필자는 일본을 방문하는 동안 사원 전문의 미야(宮) 목수와 텔레비전 프로듀서의 대담을 본 일이 있다. '옛날의 사원 건축을 수리 해체하는 일이 많다고 들었는데, 그 일을 통해서 가장 깊이 느낀 것은 무엇입니까?' '그것은 사람의 눈에 보이지 않는 곳을 정성껏 공을 들였다는 일입니다. 나는 그것을 볼 때마다 옛 명인의 기질을 알 수 있는 것 같아 숙연해집니다.'(김용운 1992, 73)

과연 남이 보지 못하는 곳에서 차분하고 견결하게 이루어지는 집중과 정성이야말로 달(達)과 성(聖)으로 가는 좁은 길이다. 그것이 '좁다'고 함은 스스로에게 정직한 혼자만의 공간 속에서 에고와 싸워 이겨야 하는 난사이기 때문이며, 그래도 그게 '길'일 수 있음은 여러 틀로써 상달을 이루어 본을 보여준 적지 않은 수의 선배 학인이 이미 나름의 전통을 이루고 있기 때문이다. 집중과 정성을 매개로 기량과 장소 혹은 심지어 물건 속에 신령(스러움)이 깃든다는 생각은 당연히 '미신적'으로 평가된다. 비록 후한 평가를 내린다 해도 은유적인 표현쯤으로 여기고 말 것이다. 나 역시 우선, 그리고 대체로 '미신적'이라고 해두는 편이 일반적인 폐해를 줄이는 화법이라고 생각한다. 하지만 나는 이런 평가가 꼭 최종적이라고 판단하지도 않고, 인간과 그 삶에 관한 앎이라면 그것은 바로 그 인간의 총체적 삶의 함수일 수밖에 없으므로 좀더 개방적이며 역동적인 시선으로 바라볼 필요가 있다고 본다. 어쨌든 사람의 기량이나 솜씨를 상품 교환의 맥락에서만 이해하고 평가하는 세상에서 제대로 먹힐 주장도 아니지만, 사계의 달인들이 자신의 체험담 속에 공통으로 흘리고 있는 '설명의 방식'은 허투루 흘려보낼 게 아니다. (비록 그 모든 '설명은 내력을 죽인다'는 경고를 인정한다고 해도 말이다.)

이와 관련해서 흥미롭게 떠올리게 되는 문장들은 리 호이나키의 것이다. 나는 한때 인문공동체의 구성과 실천*을 고민하는 중에 '장소화'라는 테마에 깊이 빠진 적이 있는데, 이것도 별도의 논의가 필요한 주제이지만, '달인/성인의 자리나 그 실천에 감도는 신령스러움'이라는 개념과 흥미롭게 겹치는 대목이 있어 호이나키의 생각을 매개로 잠시 소개하고자 한다. 현대인의 실존을 두고 '고향 상실(Heimatlosigkeit)' 혹은 '집 없음(home-lessness)' 등으로 표상하고 그 정황을 압축하는 것은 이미 낡은 관행이 되었다. 이런 정황은 다만 실존적, 정신적인 것이 아니라, 종교학적-인류학적인 변모이면서 동시에 일상적-사회학적인 현상이기도 하다. 굳이 엘리아데의 고전적 명제가 아니더라도, 신성한 경험이나 신성한 장소가 세속화되었다는 사실**은 자본제적 삶의 도시가 갖추고 있는 평면적 풍경으로 매 순간 확

---

* 김영민, 『비평의 숲과 동무공동체』, 한겨레출판, 2011.
** Mircea Eliade, *The Sacred and Profane*, New York: Harcourt, Brace and World, 1959, p. 24.

인된다. 그러나 이는 베버 식의 '세계의 탈주술화(Entzauberung der Welt)'와 간단히 등치시킬 수 있는 게 아니다. 중세와 근대, 미신과 계몽 혹은 종교와 세속이라는 틀만으로는 다 다룰 수 없는 새로운 문제의식이 여기에 비스듬히 들어서기 때문이라고 할까. 에드워드 렐프는 '무장소성(placelessness)'을 "의미 있는 장소를 가지지 못한 환경과 장소가 가진 의미를 인정하지 않는 잠재적인 태도"*라고 정의한다. 이 무장소화는 기술을 매개로 이루어지는 공간적 효율화이며 "획일적이고 독창성이 없고 타자지향적(인) 키치 스타일의 장소"(렐프 2005, 291)를 양산한다. 그래서 "우리가 알고 있던 장소들은 우리 멋대로 지도에 표시한 작은 공간에나 속할 뿐"(프루스트, 재인용. 렐프 2005, 292)이다. 다시 여기서도 근대화의 양날, 그 변증법적 겨끔내기가 드러난다. 산신령이 터를 잡고 있고 도깨비들이 출몰하며 귀신들이 대청마루 위에까지 올라오던 그때, "조선에는 사실상 두 바퀴짜리 짐마차(牛車)나 그 밖에 바퀴 달린 다른 어떤 교통 수단도 없(고) 대부분의 길은 짐 나르는 짐승마저 다닐 수가 없"**던 그때의 '장소'들은 어느새 사통팔달의 미끈한 공간들로 바뀌었다. 그러나 공간들의 일차적 평면성이 없애버린 것은 기능적 불편과 비효율만이 아니었다. 그렇다고 해서 "세계는 장소의 혼으로 가득 차 있으며, 장소에 대한 유대는 물리적인 것이라기보다 정

---

* E. 렐프, 『장소와 장소상실』, 김덕현 외 옮김, 논형, 2005, 290쪽.
** 제임스 게일, 『코리언 스케치』, 장문평 옮김, 현암사, 1977, 66쪽.

신적이"(렌프 2005, 149)라는 데까지 진자의 추를 강하게 밀어 붙일 필요는 없다. 장소(place)와 공간(space)은 어느 한쪽이 다른 한쪽을 압살하거나 폐제할 수 있는 게 아니기 때문이다. 세상 전체가 장소화될 수도 없으며, 마찬가지로 세상 전체를 공간화할 수도 없다.

장소감은 거주자 혹은 사용자가 단지 그곳을 기능적으로 점유하는 것만으로는 생기지 않는다. 장소는 사람의 앎과 관심과 집중과 헌신(commitment)을 먹고, 머금고 있는 존재이기 때문이다. '어디에 가든 공부가 아닌 게 없다(無往而非工夫)'는 옛말은 이런 식으로 또 한 번 예증된다. '모든 게 공부'라거나 '어디에서든 공부'라는 말은 곧 위기지학(爲己之學)에 대한 색다른 해설에 불과하다. 이는 또한 자신과의 싸움을 가리키는데, 만일 자신이 문제의 초점이라면 그 자신이 접하고 응하는 만사가 죄다 문제일 수밖에 없다.* 공부가 일상이 되고 일상이 공부가 되는 자리에 서면, 바로 거기에서 '안다'는 평범한 말이 품고 있는 비상한 함의가 살짝 빛을 발한다. 가없이 긴 세월을 통해 '안다'는 행위가 인간의 정신사에 안착하고 그 내면을 구성하게 된 내력이나 성격은 가령 '아는 사람(知り合い)'이나 '친지(acquain-

---

* "무사시(宮本武藏)는 항상 자신의 몸에 대해서 세심한 주의를 기울이고 있었다. 그렇게 주의를 하고 있었는데도 불구하고 혼잡한 나루미 부두에서 못이 박혀 있는 화물 상자의 판자를 밟아버리고 말았다. (…) '이것이야말로 불가항력의 적이로군.' 무사시는 못에 대해서도 승패를 생각하는 것이었다. 비록 한 개의 못이라고 할지라도 무사로서 방심하여 실수를 한 것을 수치로 생각했다. (…) 다니는 곳곳마다의 물과 숲, 심지어는 무심히 서 있는 나무 한 그루에서까지 그는 검의 진리를 찾으려고 했다."(吉川英治 1989, 177)

tance)'라는 비근한 낱말에서부터 짐작케 하는 바가 있다. 나가
이 가후도 "나는 그저 목적 없이 느릿느릿 걸으며 쓰고 싶은 것
을 마음껏 쓰겠다"*고 했지만, 나 역시 내 모든 글이 산책에서
나왔다고 신소리를 할 만치 산책을 즐겨왔다. 그러면서 산책 중
의 행로에 있는 다리들, 특히 차가 들고날 수 없는 작고 낡은 다
리를 한둘 정해놓고 늘 독애(篤愛)의 마음을 부려보곤 한다. 물
론 공간적인 맥락으로 보자면 다리라는 것은 이편에서 저편으
로 옮겨가는 데 편리하도록 만든 인공의 시설물일 뿐이다. 그러
나 이곳에 개입하고 참여하는 사람의 앎과 관심과 정서적 집중
의 행위와 이력은 그 시설물을 장소화하며, 그곳에 놓인 이런저
런 물건들의 물화(Verdinglichung)를 막는다. 무릇 집중은 허적
지경(虛寂之境)을 낳아놓곤 하지만, 이 정신의 정화가 본질적으
로 뿌리치는 것은 언제나 물화이기 때문이다. 비록 내 애착이
돌다리를 춤추게 하지는 못하겠지만, 그 돌다리는 내 관심과 애
착을 먹고/머금고 나날이 자라고 있는 것이다.

예를 들어 '엄마'라는 존재의 가장 중요한 가치와 특성은 ('전
통적'으로) 일종의 장소화에서 드러난다. 엄마도 기능이고 일종
의 위상이자 관계이며 특히 생물학적 기원의 지점임에는 틀림

---

* 나가이 가후, 『게다를 신고 어슬렁어슬렁』, 정수윤 옮김, 정은문고, 2015, 20쪽. 이어지
는 문장도 더불어 옮길 만하다. "집에 앉아 집사람 히스테리 부리는 얼굴을 보며 세상만사
덧없음을 느끼고, 신문사 잡지사 기자들 습격을 받아 모처럼 청소해둔 화로를 꽁초의 섬으
로 만드느니, 차라리 여유 있을 때 집을 나서 산책이나 하는 것이 낫다. 걷자. 걸어보자. 그
런 생각으로 나는 터덜터덜 어슬렁어슬렁 느릿느릿 돌아다니며 걷는다."

없다. 그러나 개인의 생활정서(Lebensstimmung) 차원에서 보자면 엄마는, 이른바 '자궁 회귀'나 귀소(歸巢) 본능을 포함해 일종의 원형적인 장소에의 흡인이며, 또 그 최초의 장소적 쾌락을 상기시키고 복원시키는 안전한 입구다. 멜라니 클라인이 유아 심리학에서 창의적으로 해석해낸 '엄마의 가슴'도, 비록 클라인의 논의 속에서는 명시적으로 주제화된 적이 없지만 역시 '장소화'의 관점에서 재구성될 만하다. "아이가 어린 시기에 엄마의 가슴과 젖에 애착을 갖는 것은 이후에 있을 모든 사랑의 관계에서 토대가 된다."(Klein/Riviere 1964, 90) (아, 그러나 엄마의 종류는 얼마나 많은가!)* 그런가 하면 '고향'이라는 곳도 마

---

* 장소화가 공간주의와 대치한다는 점은 이미 지적한 바와 같다. 그리고 이 경우 공간주의는 기능주의적 대상화로 드러난다. 사실 모성에 대한 통속적 이해는 엄마를 '장소(화)'로 접하고 기억하는 일의 '자연스러움'에 기댄다. 그러나 장소로서의 모성 속에서 이데올로기적 고주(高柱)나 단청(丹靑)을 읽어내는 일에 어려움을 느낄 필요는 없다. 에고의 운동을 위해서 피붙이조차 기능적 대상으로 운용하는 기술은 엄마에게도 예외가 아니다. "우리가 잘 알고 있는 것처럼, 어떤 엄마들은 자기 자신의 욕망, 즉 자신의 소유욕(possessiveness)과 자식들이 자기에게 의지하게 함으로써 얻는 만족감을 충족시키기 위해 자녀와의 관계를 악용한다. 이런 여성들은 자녀들이 자기에게 매달려 있기를 원한다. 또한 이들은 자신들의 자녀가 성숙하거나 그 나름의 고유한 개별성을 얻는 것을 싫어한다." Melanie Klein/Joan Riviere, *Love, Hate and Reparation*, New York: W.W. Norton & Company, 1964, p. 77~78. 이런 경우에서 읽어낼 수 있듯이 모성을 자연화하는 것은, 장소(화)가 어떠한 지속적인 관심과 노력, 심지어는 어느 정도의 조건과 자질을 필요로 한다는 사실을 놓친다. 가령 할머니의 손이나 어머니의 가슴은 손이나 가슴이라는 객관적 위치와 기능을 가리키는 게 아니다. 그 손과 가슴이 장소(화)가 되려면 할머니도 지속적으로 어떤 할머니였어야만 하며, 어머니도 변덕 없이 어떻게 행동했어야만 하는 것이다. "스스로 자긍심이 있는 부모는 자녀들을 통제할 필요를 느끼지 않는다. 그러나 '독을 품은 부모들(toxic parents)'은 자기 자신의 삶에 대한 깊은 불만과 버려짐에 대한 공포감에 젖어 행동한다. 자녀들이 독립하는 것은 그들에게는 마치 수족을 잃는 것과 같다. 자녀들이 성장함에 따라 자녀들을 의존적이게끔 만드는 장치는 부모들에게 점점 더 중요해진다. 이 독을 품은 부모들이 자신들의 자녀가 스스로를 아이처럼 느끼게 만드는 동안은

찬가지다. 추억(nostalgia)이 언제나 환상적인 기미를 품고 있는 것처럼, 고향은 공간 속의 객관적인 지점이라기보다는 '장소'이며, 그 장소는 거기에 투여한 정념에 의해 이미 관념화되고 낭만화된다. '그때 그대와 함께 걷고 정담(情談)을 나누었던 그 골목길'과 같은 장면은 오직 장소화의 맥락 속에서만 인간의 기억*과 함께 잠시 영원하다. 도시 산책의 달인이었던 나가이 가후의 표현을 빌리면, 그것은 기하학이 아니라 무늬와 같은 것이리라.

도쿄 지도 가운데 정밀성과 정확성으로 치자면 육지측량부에서 만든 지도를 뛰어넘는 것은 없으리라. 하지만 이런 지도는 들여다본다 한들 아무런 감흥도 생기지 않고 풍경이 어떠한지조차 상상할 수가 없다. 토지의 높낮이를 표시하는 지네 다리 같은 부호와 몇만

계속 통제권을 쥐고 있을 수 있다." Susan Forward, *Toxic Parents*, New York : Bantam Books, 1989, pp. 70~71.

* 여기서 '장소화의 맥락 속에서 잠시 영원한 기억'이 특칭된 듯 읽힐 수도 있겠다. 그러나 중요한 사실은, 인간의 기억은 대체로 '장소'를 따른다는 것이다. 돌려 말하면, 우리의 일상 경험을 통해 늘 확인하곤 하지만 장소(화)를 이루지 못한 것은 기억을 안착시키는 데 애를 먹는다. 더 나아가서, 장소(화) 없이 관념적으로 생성된 기억은 흔히 자기기만적(self-deceiving)으로 흐르곤 한다. 이렇게 보자면 장소(화)는 기억에 일종의 신체를 부여하는 것과 같다. 예를 들어 유령이 회귀하고자 애쓰는 집(das Heim)도 기억이 머무는 장소다. "간단히 말해 유령은 일종의 존재론적 난민으로서 에른스트 블로흐가 말하는 다스 운하임리히(das Unheimlich), 즉 집으로부터 뿌리 뽑힌 자의 지위에 가까운데, 이들에게 집은 자신의 기억이 머무는 장소일 수 있다."(권헌익 2016, 45) 이런 취지의 문장은 그의 책 곳곳에서 찾아볼 수 있다. "그(묘지 관리인)의 주장에 따르면, 인간은 비록 물리적으로 떨어져 있다고 해도 태어난 곳의 정신으로부터 분리될 수 없다는 것을 느끼는데, 이는 죽은 자들의 경우도 마찬가지다. 죽은 자들도 비록 그 육체는 다른 곳으로 옮겨졌다고 하더라도 죽은 곳에 대한 지속적인 애착을 지닌다."(Kwon 2006, 86)

분의 일 어쩌고 하는 척도만 내세우다보니, 오히려 순간순간 재치 있게 대응하는 자유를 잃어버려 보는 이로 하여금 그저 번잡하다는 생각만 들게 한다. 에도 지도로 말할 것 같으면 다소 부정확하긴 하지만, 우에노와 같이 벚꽃이 피는 곳에는 자유롭게 벚꽃을, 야나기 하라처럼 버드나무가 있는 곳에는 버드나무 실가지를, 멀리 닛코나 쓰쿠바의 산들을 조망할 수 있는 아스카 산에는 구름 저편에 산을 그려넣었다. (…) 도쿄 지도가 기하학이라면, 에도 지도는 무늬와 같다 할 수 있겠다.(가후 2015, 37~38)

장소화는 과거를 향한 추억의 환상만을 지피는 게 아니다. 그것은 기이하게도 미래를 향한다. 장소를 만지고 보살피고 가꾸고 집중하고 애착하면, 한편 그곳은 그 정념들을 모아 추억의 저수지를 이루기도 하지만, 동시에 인간의 앎이 매개가 되어 장소와 정신이 어울리는 중에 어떤 초월성의 기미가 피어나기도 한다. 예를 들어 노거수(老巨樹) 신앙에서 그 전형적인 이치를 읽을 수 있지만, 영험과 초월성이 안팎으로 맺고 있는 쌍생아적 관계도 장소화의 효과, 다시 말해 인간의 정신이 그 삶의 자리 어느 한켠에서 '어둡게-오래-갈무리함으로써'* 이윽고 발효시킨 특이성이다. 비록 사물이긴 하되 그것이 사람들의 오랜 정성과 차분한 관심을 만나서 스스로 길어올린 사물 이상의 것이 바로 장소감인 것이다. 호이나키는 '땅의 영기(Genius Loci)'라는 개념으로 장소감 속에서 결합되는 인간의 정신(앎)과 거기에 응하는 땅의 (초)인문적 관계를 말한다.

모든 인간의 삶터에는 그 땅을 보호하는 영적 기운이 있다. 우리가
한 장소의 독특한 힘과 아름다움을 체험하기 위해서 티베트나 혹은
다른 이른바 이국적인 지방으로 여행할 필요는 없다. 시인들은 진
리를 말해왔다. 한 장소를 안다는 것은 그 땅의 영기(靈氣)에 사로
잡혀 거기에서 두려움과 공경심, 겸손과 감사의 마음으로 산다는
것을 뜻한다.(호이나키 2007, 94)

물론 이런 식의 말은 강하고, 강하기에 직관적이며 심지어
미신적인 냄새를 풍기기도 한다. 그러나 인문학적 맥리(脈理)
란, 그리고 이 글이 추적하고 있는 이치란, 어차피 젊은 처녀의
투명하고 맑은 피부가 아니라 늙은 짐승처럼 이가 죄다 빠진
노파의 주름지고 각질 가득한 피부를 더듬는 일이다. 아득한
언젠가 써먹은 비유를 다시 동원하자면, 인문학적 탐색은 일발
명중의 스나이퍼를 자처하지 않으며 때론 중공군이 '휘둘렀다'
던 그 따발총의 두루뭉술한 궤적을 흉내 낼 수밖에 없다. 호이

* 이 표현은―니체나 오스카 와일드 혹은 발레리 등이 멋지게 언급한 적 있듯이, 인문학
적으로 흥미로운 '표현'은 인식론적으로 까다로운 '진리'에 주눅 들지 말아야 하는데―주
자의 스승 유자휘가 그의 자(字)를 지어주면서 축하하는 뜻으로 남긴 다음의 말에서 얻었
다. "나무는 뿌리를 어둡게 하여 봄의 광채를 갈무리하며 사람은 그 몸을 어둡게 하여 신명
(神明)을 살찌운다."(구니오 1996, 197) 왜 진리에 주눅 들지 말아야 하는지, 잠시 니체의
표현으로 군이 첨언하면 '진리는 더 이상 젊은 처녀가 아니라 앞니가 죄다 빠진 늙은 짐승
이기' 때문이다.

나키가 시인을 들먹였으니, 이 대목에서 금세 연상되는 시인의 한 문장을 떠올려본다. 호이나키의 인용문으로부터 흔히 방외자의 글에서 풍기는 저항적 강성을 읽을 수 있다면 이 시인의 글은 필경 유사한 이치의 지점을 훑으면서도 톤이 낮아 공감의 폭이 넓어진다.

어느 특정한 고장에 들어가서 그곳에 대한 겸허하고 진지한 개입을 해내지 못한다면 그런 사람은 어디에 가건 그곳이 끊임없이 만들어내는 진실로부터 소외될 수밖에 없다.*

호이나키의 말처럼 어떤 장소의 진실을 안다는 것은 그 장소의 영혼에까지 이르도록 인간의 정신사를 길고 깊게 뻗어 보는 것이다. 그리고 그 접속의 자리를 공감적으로 상상하며, 거기서 두려움과 공경심과 겸손과 감사의 마음을 지닌 채 각자 삶의 양식을 조율하는 것이라면, 역시 고은의 매서운 지적처럼 "이런 곳을 한 여행자와 같은 심경으로 바라본다는 태도는 제주도에 대한 가장 어리석은 일"(고은 1976, 12)이며, 따라서 "제주도의 단기 여행자들은 (…) 그곳의 파노라마만을 보고 오는 건달

---

* 고은, 『제주도, 그 전체상의 발견』, 일지사, 1976, 9쪽. 시인이 1970년대에 3년 동안 제주도에서 살던 중 제주의 역사와 문화의 '전체상'에 접근하고자 썼던 책의 서문에 나와 있는 이 말은 (내 개인적으로는) 그의 어떤 작품 속의 어떤 성취보다 더 생생하게 그의 문학적/비평적 안목을 증명해주는 것이었다.

2장 공부, 혹은 1에서 0으로, 2에서 3으로

에 지나지 않는"(고은 1976, 67)다.[*] 인문학적 이치의 근본은 안팎이, 서로가, 앞뒤가 통하고 서로 영향을 주고받아서 필경 둘(2)이 아니라는 데까지 이르는 것이다. 그러므로 어떤 사람이 한 장소의 진실에 눈뜬다는 것은 곧 자신의 정신적 진실을 향해 반조(返照)하는 경험에 다름 아니다. 이런 점을 살피노라면, 내가 인간 정신사의 정화로 꼽아 주제화한 '집중'과 '영혼'은 이미 누차례 언급했듯이 정신과 그 주변과의 창의적 상호작용 및 응하기, 그리고 반조와 어울려 진행된다. 참으로 인간의 자의식은 이미 그 자체로 성찰반조적 메타의식이므로, 차분하고 지속적이며 겸허하고 정성어린 접촉과 앎은 (물과 나무 혹은 새와 개와는 달리) "기운도 있고 생명도 있고 지각도 있고 의로움도 있기에 천하에서 가장 존귀한 존재(人有氣有生有知亦且有義故最爲天下貴也)"(순자 2001, 240)인 인간 속에서 '영혼스러운' 것을 생성시킨다.

나는 이러한 접촉—흙과 그 밖의 것과의—을 통한 유대관계의 형성은 그것이 진정한 것이 되면 될수록 그만큼 초월적인 성격을 띤다는 것을 이해했다. 즉, 그것은 구체적으로 살아 있는 감각적인 체

---

[*] 서영채는 이광수의 (금강산) 여행 경험을 논의하는 자리에서 숭고미와 관광의 시선을 대비시키는데, 고은이 말한바 '파노라마만을 보고 오는 건달'이란 '관광의 시선이 획득할 수 있는 최소치'일 것이다. "숭고의 영역을 적당한 수준에서 우회하는 것은, 이광수뿐 아니라 근대의 보통 사람들이 자연이라는 타자와의 만남 속에서 선택할 수밖에 없는 유일한 옵션이며, 관광의 시선이 획득할 수 있는 최대치다." 서영채, 『아첨의 영웅주의: 최남선과 이광수』, 소명출판, 2012, 188쪽.

험에 뿌리를 둔 것이며, 거기에 '우주적' 정당성이 있었다.(호이나
키 2007, 82)

다시 말하지만 호이나키의 말은 직관적, 방외자적 호언(豪言)
으로 들리기도 한다. 그러나 이런 말은 인간의 가능한 미래와
관련해서 다소 넉넉하게 읽어낼 필요가 있다. 대체로 신령스럽
거나 영험하거나 종교신비적인 현상들은 정신의 미래적 가능성
이 인간의 현재적 의식, 특히 그 의식의 지속적이며 차분한 집
중을 통해 이드거니 결실한 데로 되돌아 들어오기 때문이다.
   호이나키의 강성 발언이 시사하는 장소화와 초월성 사이의
관련은 여러 함의를 갖는다. 우선 초월성에 대한 탈세간적, 제
도 종교적, 관념적 혹은 반인간적 선입견으로부터 어느 정도 풀
려나올 필요가 있다. 장소화에서 인간적 개입의 본질적 가치를
제대로 인식한다면 다양한 초월성의 경험에서도 상달에 이르기
위한 인간적 개입과 노력의 본질적 중요성을 재확인할 수 있다.
예를 들어 '귀신같은 솜씨'란 다만 기능의 극점만을 가리키지
않는다. 달인의 자리—손이든 그 연장이든 혹은 솜씨든—는 오
랜 집중과 정성을 통해 열어젖힌 지경에 '귀신스러운 것'의 징
표가 내려앉아 얹힌 것이기 때문이다. 기도나 명상이나 군무(群
舞) 등 이미 종교적 전통 속에 뿌리내린 여러 제도적 실천을 통
해 '귀신스러운/영험한' 징표를 얻게 되는 것은 새삼 말할 필요
조차 없다. 그러나 종교라는 표찰과 제도 바깥에서 이루어진 각

양각종의 달인과 학인들의 실천 속에서도 '귀신이 내려앉는다'는 표현은 결코 낯설지 않다. 하지만 '귀신이 내려앉는다'는 식의 표현을 하자마자 독자들은 순간 모조리 호사가로 변해버린 나머지, '귀신'이라는 저쪽에만 주목해서 눈을 희번덕일 뿐 이쪽의 내려앉은 자리에는 관심이 없을 것이다. 그러나 가만히 생각해보라. 그 무슨 처녀 귀신이 토성의 어느 한켠을 배회하고 있을 것이며, 그 무슨 동자 귀신이 금성의 뒤편을 소요하고 있을 것인가? 그 무슨 유령이 사람 없는 빈 사막에 저 홀로 바장이고 있을 것이며, 또 그 무슨 유령이 사람 없는 심해에 저 홀로 유영하고 있을 것인가? 사람이 살고 애쓰고 죽은 자리가 아니라면 귀신도 별무관심이다. 그렇다. 귀신은 사람으로 말미암은 존재이며 사람을 향한 존재이고 그리고 사람에 관한 존재인 것이다. 가령 언젠가 지구상의 사람이 멸종하는 날이 온다면 이윽고 귀신들도 그 역사의 그림자를 감출 것이다. 귀신에게는 무엇보다 사람이라는 무대가 필요하기 때문이다.

'집중의 공부'를 예시하려는 노력에서 일본의 장인정신, 장소화의 이치, 그리고 귀신론의 소략한 한 자락까지 놀려보았다. 무엇보다 이 과정에서 '도(道)가 없는 곳이 없다(無往而非道)'는 정신 아래 일상성을 강조했다. 어떻게 보면 이런 여러 설명은 이미 '집중'이라는 '인간적인 너무나 인간적인' 행위 속에 잉태되어 있던 것이며, 인간의 정신들이 주변 여건과 창의적으로 소통하는 중에 또 언젠가 어디선가 반드시 반복될 것들이다.

예시의 마지막으로, 공부하는 이들에게는 산책과 더불어 가장 오래된 반려인 차(茶)를 잠시 떠올려본다. 다도(茶道) 혹은 다선(茶禪)이라는 과람한 이름의 전통적 실천 속에서도 이 문제를 더듬어갈 가리사니를 잡을 수 있겠기 때문이다. 널리 알려진 초의(艸衣, 1786~1866)의 「다신전(茶神傳)」은 제목에서부터 차(茶)라는 물건에 신(神)이 지펴 있는 꼴이다.

그 속에 현미함은 묘하여 말하기 어려우니, 참되고 묘한 맛은 물과 차가 잘 어우러져야 하네. 물과 차가 잘 어우러져도 중정(中正)을 잃을까 두려워, 중정은 차신(茶神)의 건전(健全), 수성(水性)의 아우름에 있네(中有玄微妙難顯 眞精莫教體神分 體神雖全 猶恐過中正 中正不過健靈倂).*

차를 오래 마시면서 맛을 완미(玩味)하고 그 흥취와 기운에 얹혀본 사람이라면 신령(神靈)까지 주워섬기는 이 짧은 글귀에 낱낱이 동의하지 않더라도 어느새 고개를 주억거리면서 미소를 흘리는 기분 정도는 생겨날 듯하다. 이능화(李能和)도 난초를 은일(隱逸)에 비기고 차를 현성(賢聖)에 비겨 그 선미(禪味)를 말한 적**이 있듯이, "다경(茶境)은 선경(禪境)이며 도경(道境)임"***

---

* 초의, 『艸衣茶禪集』, 통광 역주, 불광출판사, 1996, 127~128쪽.
** 李能和, 『朝鮮佛教通史』 下編, 新文館, 1918, 459쪽.
*** 정영선, 『다도철학』, 너럭바위, 1996, 159쪽. 이것은 필자가 자하 신위(紫霞 申緯, 1769~1845)의 다시 한 편을 소개한 뒤 덧붙인 말인데, 그 시는 다음과 같다. '車音入滑泥

을 떠드는 것은 '어디든 도가 아닌 게 없다'는 학인의 시선과 태도에 따라서는 그리 실없는 훤화(喧譁)만은 아닐 것이다.

장소화를 토의한 자리에서 여러 차례 얘기했지만, 묘미는 만남의 방식 속에서 발효하는 법이며, 불로초나 현자의 돌(philosopher's stone)과 같은 특수한 객체 속에 무슨 비밀이 있는 것이 아니다. 그러므로 요령은 차의 중(中)을 얻는 데 있다기보다 시중(時中)이고, 중의 정확성이 아니라 차와 다인(茶人)이 어울려서 얻는 화(和)에 있다. 초의는 차와 더불어 '사람'을 말한다.

차를 마시는 것은 객이 적은 것이 귀하다. 객이 많으면 시끄럽고 시끄러우면 아취(雅趣)가 떨어진다. 혼자 마시면 신(神)이 내려오고, 둘이 마시면 승경(勝景)이며, 서넛이 어울려 마시면 취미를 쫓는 것이고, 대여섯이 마시면 데면데면한 정도에 지나지 않으며, 일고여덟이 마시면 그저 베풀고 과시하는 짓이다.(飲茶以客少爲貴客衆則喧喧則雅趣乏矣獨啜曰神二客曰勝三四曰趣五六曰泛七八曰施)(초의 1996, 66~67)*

'혼자 마시면 신(獨啜曰神)'이라는 말은 짧지만, 차라는 물건에 어울리는 사람의 움직임을 밝히는 데에서는 정곡을 찌른 듯

爲海 茶味回甛垂是禪(수레 소리가 부드러워지니 진흙은 바다와 같고, 차맛이 달콤하게 감돌아 졸린 듯하니 곧 禪이로구나).'
* 이것은 내가 임의로 번역한 것이며 책 속의 역문과는 얼마간의 편차가 있다.

하다. 차라는 장소는 작고 적고 은미하고 으늑한 곳일진대, (귀)신도 그런 곳 속의 조짐을 통해 스스로를 알리기 때문이다. 다선일여(茶禪一如)라는 어울림이 품은 신령스러움은 형식적으로 보자면 하나(1)와 하나의 미니멀리즘에 터한다. 다탁 위에 김 오르는 찐빵이나 라면냄비를 놓을 수도 없고, 농담과 희언으로 왁자지껄한 재담꾼들을 앉힐 수도 없다. 추강 남효온(秋江 南孝溫, 1454~1492)이 읊은 시구처럼 "(차를 마시니) 많은 근심이 차츰 가라앉고 빈방이 밝아온다(百慮漸齋虛室明)"*는 식으로, 이미 빈방이므로 비로소 밝아오는 이치다. (따로 논의해야 할 매우 흥미로운 주제이지만, 방을 사람의 마음에 비겨 공부의 소식을 알리는 전래의 은유법은 매우 적절해서, '빈방'이니 '빈터'니 하는 말은 현대의 서구 심리학과 정신분석학이 개발한 그 어떤 개념에도 뒤지지 않는다.) 그러므로 차를 마시는 '사람'의 정성과 삶의 기량이 오히려 음차(飮茶)의 알짬을 이룬다. 차의 산지를 따지고, 물의 종류를 묻고, 다기(茶器)의 장인을 소개하기 전에 마땅히 물어야 할 (그러나 결코 발설되지 않을) 물음은, 차를 마시고자 하는 너는 누구인가, 하는 것이다. 찻잔에 손을 대는 이 사람은 누구인가? 그는 그간 어떻게 살았으며, 특히 일기일회(一期一會)의 갖은 인연들에 어떻게 답해왔는가? '주변 물건들에 어떻게 응해왔으며 다가드는 일들을 어떻게 분별하고 처리했(物至而應事起而辨)

---

* 김상현, 『한국의 茶詩』, 민족사, 1997, 98쪽.

는가'? 그의 일거수일투족에 스며들어 있는 인생은 어떤 이력과 무게로 드러나고 있는가? 이를 김용운이 소개한 목수의 말로 고치면, '차를 마시는 자리에서는 당장 보이지 않는 그의 생활 곳곳에는 과연 어떤 집중과 정성이 축적되어 있는가? 가토 슈이치는 센노 리큐(千利休, 1522~1591)를 끌어와 일본의 다실(茶室)을 논하는 글에서 일본 다실의 전통을 조직하는 미적 관심은 "완전히 혁명적이며 전통 파괴적인 가치관을 향한 전념(commitment)을 중심으로 삼는 관심"*이라고 말한다. '커미트먼트(commitment)'는 집중이 몸을 얻고 나름의 생활 방식에 얹혀서 지속되는 일을 말한다.

사람의 정성이나 선행이 쌓여 있는 곳을 지정할 수 없듯이 혹은 영혼의 위상학을 종이 위에 제시할 수 없듯이, 신령은 차 속에 있지 않으며 차를 마시는 사람이 달고 다니는 것도 아니다. 그래서 '귀신은 언제 어디에 내려오는가?'라는 물음은 이미 그 자체로 계발적이다. 물론 이 계발(啓發)은 주체(사람)와 객체(차) 사이에서 융통하는, 아직은 충분히 알려지지 않은 사물과 관계의 이치에 터해 있다. 예를 들어 다른 곳에서 논의될 텐데 장인(匠人)과 성인(聖人)을 한데 묶으려는 위태로운 시도는 바로 이런 계발, 이런 융통의 가능성에 의지한다. 왜냐하면 장인이든 성인이든, '차와 나 사이에 신(3)이 드러나게 산다'는 형식

---

* 가토 슈이치, 『일본문화의 시간과 공간』, 박인순 옮김, 작은이야기, 2010, 182쪽.

집중과 영혼

376

에서만큼은 한없이 닮아 있기 때문이다. 기량과 정성에서 신이 내려오는 지경에 이르는 것은 곧 공부를 통해 얻는 불퇴전(不退轉)의 '돌이킬 수 없는 자리(上達不侵)'를 얻는 것이다.

집중의 가치와 중요성이 한량없음에도 불구하고 집중 그 자체가 무엇을 보증하지는 않는다. 어떤 득세한 에고가 '보증'할 수 있는 집중이라면, 그것은 이 글이 한결같이 관심을 갖는 그 집중과는 아무 상관이 없겠기 때문이다. 호의가 행복을 기약하지 않고 민심이 민주를 기약하지 못하는 것처럼, 집중이라는 인간 정신의 기초적 특이점은 마치 아직 차체(車體)와 운전자를 마련하거나 고려하지도 않은 상태의 엔진과도 같아서, 현실성은 오직 그 잠재성에 대한 접근 방식에 달려 있을 뿐이다. 무엇보다 집중이 불러오는 인간의 새로운 자리는 늘 오래된 미래의 무엇이 살며시, 운명보다 빠르게 간여한다는 점에서 우리 공부하는 학인들에게 '존재론적 겸허'를 요청한다. 그래도 이미 우리에게 알려진 여러 저작과 관련되는 수많은 경험은 인간됨이 가져올 최량의 가능성들이 인류가 오래된 과거로부터 탐색하고 가꾸어온 집중의 태도와 깊이 연루되어 있다는 사실을 일러준다. 정녕 인간다운 무늬(人紋)가 지구상에 내려앉게 된 시작은 인간의 정신이 차분하고 지속적인 집중의 행위를 내재화하면서인데, 바로 이 행위의 알짜가 공부와 수행이고 또 그 실천 속에서 극대화된다는 사실이 시사하는 바가 크다. 만약 '공부하는 삶'에 뜻이 있으려면, 내 판단에는 바로 여기서 그 뜻을 찾아내야 한다고 본다.

인류사의 어느 아득한 순간에 인류는 집중을 통해 찬찬히 동물들로부터 거리를 두기 시작했다. 도구의 사용도 이물(異物)을 몸의 연장으로 잇는 지속적이고 정교한 실천이며, 이 역시 집중의 자식에 다름 아니었다. 인간들 사이의 협력은 더욱 그랬다. 몸의 연장으로서 도구를 이용하는 일이 집중의 행위라는 텃밭을 필요로 했다면, 남의 몸(들)을 내 몸의 연장으로 결속하는 일에서라면 더 말할 필요도 없었을 것이다. 도구와 협력이 그랬던 것처럼, 사람됨의 이치를 구성적으로, 아니 (심지어) 존재론적으로 내재화시킨 언어는 인간에게 베풀어진 최량의 도구로서, 그 '집중의 인문학'적 가치는 한량이 없다. 이 '한량없음(用無盡)'의 씨앗도 필경은 집중이라는 행위이며, 이를 매개로 인문학은 신학과 이어지고, 사람의 미래는 신의 현재와 뫼비우스의 띠처럼 엮여 있다. 천길의 뫼비우스 절벽 끝에 한 발을 내밀고, 중(中)의 기량을 생활 속의 화(和)로 베풀고 있는 이들이 성인이며, (또 그 스스로 자기 자신의 정체를 아직은 깨닫지 못하고 있는) 달인들이다. 이처럼 인간 정신의 밑절미인 집중의 현상으로부터 달인과 성인에 이르는 기나긴 과정은 역시 인간만이 갈고닦아온 공부/수행이라는 기이한 존재론적 실천과 깊이 겹친다. 그러므로 공부는 인간의 존재를—그 미래적 가능성까지 포함해서—이해함에 있어 거의 '선험적인' 지위를 누린다. 인간에게 있어서 공부는 단순히 기능주의적 실천이나 도구적 매개가 아니다. 인간의 정신사에서 집중의 행위가 차지하는 가치와 가능성을 숙찰할 수 있다면, 공부는 차라리 인간의 '존재 양식(Seinsweise)'이라고 해야 할 것이다. 나는 이 공부라는 존재 양식의 특이성을 '3'이라는 개념으로써 해명하고자 했는데, 이는 결국 인간 존재의 특이성을 '집중'이라는 개념으로 해명하려는 좀더 일반적인 궁리와 동근원적이다.

14. 시몬 베유, 집중과 영성

집중과 영혼을 관련시키는 논의에서 시몬 베유(1909~1943) 만큼 함축성 있고 유익한 직관을 제공하는 인물도 드물다. 그녀 의 절친인 시몬 페트르망의 보고에 이런 문장이 있다.

그를 알고 나서 시몬 베유는 선량한 마음씨는 사고력이나 지성과 불가분의 관계가 있다는 것을 깨닫게 되었다.*

일견 이 깨달음은 우리의 일상적 경험과 쉽게 어긋나는 듯 이 보인다. 지성이나 합리적 추론의 능력이 사람을 대하고 물 건을 다루는 일에서 역사적, 구조적으로 왜곡된 채널로 몰밀려 간다는 비근한 경험은 인간의 정신적 능력 그 자체에 대한 소급

---

* 시몬느 뻬트르망,『시몬느 베이유, 불꽃의 여자』, 강경화 옮김, 까치, 1978, 144쪽. 이 인용문 속의 '그'는 그녀가 우연히 알게 된 가게 주인으로서 따로 기명화할 필요가 없어 보 인다.

적 비판으로까지 내달리게 만든다. 이와 관련해서는 연쇄 살인범들의 지능 혹은 성직자와 교사와 의사와 관리들의 지질한 사욕 혹은 약빠른 인간들의 뒷모습만을 떠올릴 필요가 없다. 나처럼 '인간만이 절망'이라고 속삭이는 사람이 아니더라도, 세속의 진상은 어긋남*이고, 앎과 삶이 어긋나는 지점과 방식은 그야말로 천태만상이기 때문이다. 그리고 이런 상식적인 경험은 지성과 영성이 동복(同腹)의 형제라는 이 글의 가설을 의문시한다. 그러나 이미 여러 차례 밝혔듯이 이 가설은 현재의 정신적-도덕적 상태에 대한 사회학적 보고에 터하지 않는다. 이 글은 무엇보다 사람의 무늬와 관련해서 '오래된 미래'라는 가능성을 탐색하려는 시도이기 때문이다. 한 가지 첨언해야 할 것은, 지성과 도덕성을 선험적으로 결연시키는 것은 착시 혹은 인과의 도착에 따른 가상(Schein)이라는 점이다. 앞서 말했듯 지성과 영성이 일종의 '창의적 퇴행'의 결합을 이룬다고 해도, 그 결합은 이미 0이나 3의 자리를 범람하며, 1과 2들의 사회적 도덕성에 의해 '제한'당하지—흔히 그렇게 '채색'되긴 하지만—않는다.

베유는 인간의 정신적 집중(attention)이라는 현상을 매우 과감하고 유의미하게 해석한다. 서술도 워낙 직관적이다. 게다가 기독교의 신비주의적 지평을 오락가락해 분석적으로 평가하기가 쉽지 않다. 마찬가지로 그녀의 글은 체계적으로 구성되어 있

---

* 김영민, 『세속의 어긋남과 어긋냄의 인문학』, 글항아리, 2011.

지 않을뿐더러 곧잘 아포리즘의 형식으로 번져가기 때문에 그 생각의 단편들을 철학 사상사의 얼개 속에 기술적으로 접속시키기도 어렵다. 그럼에도 불구하고 그녀의 과감한 생각은 우리의 논의와 관련해서 매우 유의미한 시사점을 던진다. 특히 집중을 지성과 영성의 접점에서 바라보게 하는 직관적 글쓰기의 매력은 여느 학인의 글에서는 찾아보기 어렵다.

베유가 다름 아닌 '지성'을 배양하는 일반적 방식으로서 주의를 기울여 바라보기를 드는 게* 우선 흥미롭다. '모든 프랑스인은 어쨌든 데카르트주의자'라던 윌리엄 배럿의 안경을 끼고 보자면 이 주장 혹은 직관은 그저 범상해 보인다. 잘 알려져 있다시피, 데카르트가 정의한 직관은 '오직 이성의 빛에서 생기는 순수하고 주의 깊은 정신의 의심할 수 없는 인식'이기 때문이다. 그러나 곧 밝혀지겠지만, 베유가 말하는 '주의 깊은 정신'은 인식론만의 것이 아니다. 집중이라는 인간 정신의 특이성과 그 문화가 인식론의 지향만을 갖는 게 아니라는 것은 베유의 경험과 글 속에서 흥미롭게 반복된다. 이는 지성과 영성이 집중 행위의 매개를 통해 퇴행(degeneracy)과 분기(bifurcation)의 과정을 거듭하면서 서로 겹친다는 애초의 가설을 뒷받침한다.

한편, 베유는 비유와 상징 등을 이해할 때에도 해석에 급급하지 말고 빛이 솟아오를 때까지 주시할 것(베유 2008, 200)을 주

* 시몬 베유, 『중력과 은총』, 윤진 옮김, 이제이북스, 2008, 200쪽.

문한다. 자아의 개입을 삼갈 것, 가만히 집중할 것, 기다릴 것, 빛의 흔적에 유의할 것 등등은 이미 이 글의 논의에서 낯익은 풍경이며, 이로써 그녀의 정신적 실천이 닿아 있는 지경을 엿볼 수 있다. 이 주문을 조금 다르게 이해해보면, 이는 현상학 등에 의해 변형된 플라톤주의의 흔적[*]처럼 보이기도 한다. 바로 그 아래에서 "자리를 옮겨가면서 주시하면 실재가 나타난다"(베유 2008, 200)고 말할 때에는 그 흔적에 대한 심증이 더 굳어진다. 이는 묘하게 벤야민 식의 이념론(Ideenlehre)을 연상시킨다. 특히 집중과 기다림을 통한 실재의 출현을 선한 의도와 대조한다거나, 여기에 더해 '호의(好意)는 지옥으로 가는 길'이라는 (이미 유명해진) 인용을 강조한 대목은 더욱 그러하다.(Weil 1951, 110) 여기에 겹쳐 읽을 만한 벤야민의 생각은 아래와 같다.

진리 자체가 지향성으로 나타난다는 것은 가당치도 않을뿐더러 그 '주어져 있음'으로서의 진리는 모든 종류의 지향성으로부터도 벗어나 있다. 진리는 어떤 관계에도, 특히 지향성의 관계에는, 결코 진입하지 않는다. 개념의 지향성 속에서 규정된 대상으로서의 인식의 대상은 진리가 아니다. 진리는 이념들로 이루어진 무지향적인 존재다. 이에 따르면 진리에 합당한 태도는 인식 행위에서의 의도가 아니다. '진리 속으로 들어가 사라짐'이다. 진리는 지향성의 죽

---

* John Hellman, *Simon Weil: an Introduction to her Thought*, Philadelphia : Fortress Press, 1982, p. 103.

2장 공부, 혹은 1에서 0으로, 2에서 3으로

음이다.*

데카르트 이후 근대 서구의 인식론적 초점이 이념(ἰδέα)으로부터 지각(percéptĭo)으로 옮아갔다는 사실은 철학사의 상식이다. 이념의 보편성에서 해방된 개인의 심리 속으로부터 지식의 출처와 내력을 밝히게 된 것이다. 주의 깊은 수동적 집중을 말하는 베유, 그리고 에고론적 지향성의 죽음을 말하는 벤야민은 이런 점에서는 일견 반동적으로 보인다. (하지만 '반동'이 무슨 대수인가? 공부란 한편 기껏 알고 난 뒤에 다시 몰라야 하는 일이며, 퇴행 속에서 만고의 창의성을 찾는 게 아니던가.) 물론 플라톤주의를 떠올리게 하는 곳도 여기다. 인식을 개인의 심리적 메커니즘으로 '분기'시켜 이해하려는 근대적 태도를 다시 꺾어 '퇴행'시키되 플라톤주의로 귀소하지는 않는 것이니, 여기서도 분기와 퇴행의 변증법을 엿볼 수 있다. 이것을 메타적으로 관련시키면 이 책을 읽는 내내 새겨둘 점이 금세 따라온다. 즉, 집중을 자아의 의지와 태도로 환원시키는 안이하고 상식적이며 도구주의적인 이해에 저항해야 한다는 것이다. 가령 '선비에서 시작해서 성인으로 끝낸다(始乎爲士而終乎爲聖人)'고 했을 때의 성인이 자아(ego)와 어긋내는 거리처럼, 비록 집중을 시작하고 결심하는 곳은 개개인 자아의 자리일 수밖에 없지만 그 오래된 미래의 가능

---

* 발터 벤야민, 『독일 비애극의 원천』, 조만영 옮김, 새물결, 2008, 23~24쪽.

성을 현시하기 시작할 때의 집중은 이미 자아의 것이 아니기 때문이다.

지성을 배양하는 일반적인 방식으로 주의가 주목되었듯이, 교육과 관련해서도 주의(력)의 중요성은 몇 차례 더 강조(베유 2008, 199)된다. 이 대목에 이르면 일견 유교의 경(敬) 사상과 거칠게나마 얼룩덜룩 겹쳐 보이기도 하는데, 베유에 의하면 인간의 행위를 통해 진, 선, 미의 순수한 가치를 만들어내기 위해서는 무엇보다 주의력이 필수적이다. 그리고 한 걸음 더 나아가 단언하는 바에 의하면 "주의력을 훈련시켜서 (이러한 가치를 지닌) 행동이 가능하게끔 준비시키는 것이 교육의 유일한 목적"(베유 2008, 199)이다. 이 대목의 논의에서도 지성과 영성이 합류하는 상상이 엿보인다. 이 합류의 방식은 그녀의 독특한 교육관을 통해 피력되는데, 그녀의 급진적인 '집중 교육론'은 제법 흥미롭기에 다소 길지만 그대로 인용한다.

오늘날의 사람들이 잘 모르고 있지만, 집중의 능력을 계발하는 것은 공부의 진정한 대상이며 거의 유일한 관심사다. 대부분의 학교 학습은 그 나름대로의 본질적인 관심을 갖고 있지만 이러한 관심은 부차적이다. 집중의 힘을 불러일으키는 모든 과제는 똑같은 이유에서, 그리고 거의 똑같은 정도로 흥미롭다. 신을 사랑하는 학동과 학생들은 결코, '나로서는 수학이 좋다'거나 '나는 프랑스어가 좋다'거나 '나는 그리스어가 좋다'는 식으로 말하지 말아야 한다. 학생들은 이 모든 과목을 좋아하게끔 배울 수 있어야 한다. 왜냐하면 이 모든 과목은 집중의 능력을 계발시키며, 그리고 이 집중이 신으로 향해질 경우 이는 곧 기도의 실체가 되기 때문이다.(Weil 1951, 106)

그러나 집중을 현장의 학교 교육과 바로 연결시키는 것은 오해를 사기 쉬운 데가 있어 주의를 요한다. 앞서 "오래된 미래의 가능성을 현시하기 시작할 때의 집중은 이미 자아의 것이 아니"라고 했지만, 교실 제도 속의 학생들로 하여금 강제하는 종류의 집중은 기능주의적 자기계발류에 머물러, 필경 자아(ego)를 강화시키려는 역설적인 형태를 취할 수도 있기 때문이다. 이 글이 제시하거나 유도하는 취지에 의하면 집중은 에고를 넘어서거나 에고를 비움으로써 스스로 길을 열고 밝히는 실천이므로 에고의 기능적 강화 및 교육제도적 적응과는 엄격히 구별해야 한다. 어느 정도 논의상의 변침이 필요하겠지만 이 구별을 방증할 만한 좋은 사례가 이른바 '자아심리학(Ich Psychologie)'*에 대한 라캉의 비판일 것이다. 이는 라캉이 '국제정신분석학연합(IPA)'에서 축출당한 중요한 이유라고도 알려져 있는데(사

* "에고심리학자들이 주장하는 바는, 에고는 그 내부에 갈등을 초월하고 또 자율적인 것으로 여겨질 수 있는 '갈등 없는 에고 영역(conflict-free ego sphere)'으로 원숙하게 발달해갈 요소들을 담고 있다는 것이다. 에고심리학자들은 에고가 본능적 충동과 이드의 힘을 중화시키는, 그리고 이것들을 길들여서 적응 작용을 도모하는 데 사용하는 방식에 초점을 맞춘다. 에고심리학자에 따르면 정신분석의 목적은 에고를 강화시키는 것이다." 마단 사럽, 『알기 쉬운 자끄 라깡』, 김해수 옮김, 백의, 1996, 71쪽.

럽 1996, 71) 비판의 핵심은 '분석'과 '적응'을 날카롭게 대비시키는 그의 일관된 방법론에 터하고 있다. 에고의 현실적 적응에 의해 얻게 되는 측면이 오히려 에고의 이면을 분석함으로써 드러나게 하는 차원을 가린다는 것이다. 이 글에서 특히 공부론과 관련하여 토의해온 집중의 실천도 원칙적으로 에고의 강화와는 무관하며, 오히려 에고 너머를 향한 트임을 지향하고 있다.

이런 점에서, 즉 집중이 가리키는 0과 3의 차원을 거의 완전히 망실한 세속적 체계 속의 교육은 아직 '공부'에 이르지 못한다. '집중의 능력을 계발하는 것이 공부의 유일한 관심'이라는 베유의 주장은 급진적인 과장이라고 하더라도, 인간의 정신적 가능성의 임계점이자 특이점을 시야에서 지운 채 세속적 실용주의의 가치와 전망만으로 판을 짜는 것은 단견이자 또한 이 시대의 불행이다. 교육은 1과 2 사이의 매끄러운 실용(實用)에 터해도 뻔뻔하게 굴러가지만, 공부는 찬(實) 듯 비웠(虛)고 대용(大用)인 듯 무용(無用)이며 언제나 0을 지향하면서 3을 향해 열려 있다. (물론 내 지론에 의하면, 공부는 필경 지성과 더불어 영성과 융통하는 법이고, 달인과 더불어 성인의 영역을 향해 열려 있는 법이다.) 이미 벤야민의 글을 통해 언급했지만 이 3은 개인의 의식적 지향성(Intentionalität)에 의해 제 마음대로 획득되지 않는다. 그리고 하이데거가 언질했듯이 고집스러운 기대(Anwartung)조차 허용치 않는 가만한 기다림 속에서야 그 소식을 상상해볼 수 있는 어떤 무엇(들)이다. 거친 자본주의 사회에서 단단한 에고

의 자신감으로 살아가려는 이들에게는 '집중의 교육' 혹은 '몰입의 학습' 따위로 포장된 기능주의적 장치가 나름 유용할 것이다. 개인의 생존과 입신이 지상의 과제가 되는 세속을 살아가는 데 있어 그 '세속(世間さま)'을 섬기며 에고에 각종 도구와 무기를 장착하게 되는 노력을 손쉽게 타매하려는 게 아니다.

집중과 관련된 베유의 생각에는 시사적이며 영감 어린 부분이 적지 않다. 특히 이를 악(惡)의 문제에 맞세우는 대목은, 지성과 영성 사이에서 인간의 정신이 분기와 퇴행의 와류를 이루는 것을 그녀의 강단 있는 직관으로써 잘 드러낸다. 또한 이 대목에서의 서술은 신비주의자의 일종인 그 자신의 체험이 녹아 있는 듯 단단하고 직설적이다.

순수는 더러움을 응시하며 바라보는 힘이다.(베유 2008, 204)

이 말의 함의 중 하나는 당연히 '순수는 더러움을 피하는 게 아니'라는 데 있다. 순수는 특정한 상태/사태라기보다 운동/생활 방식에 더 가까운 셈이다. 그러나 이 논의에서 여전히 중요한 매듭을 이루고 있는 곳은 악(惡)의 위상이다. 악은 악마적 타자의 흔적인가, 아니면 지질하고 허접한 인간들의 자화상일 뿐인가? 악에도 말하자면 "흘깃 엿본 진실의 끔찍한 얼굴(the appalling face of a glimpsed truth)"*이 찍혀 있는가, 아니면 곰팡이들의 모방적 행진일 뿐인가? 만약 악과 추(醜)에 어둠의 본질

적 진실이 있어 '그 심연을 바라보는 것만으로 미쳐버린다'면,
마치 개인의 호의가 어긋난 체계 속에서 무력할 수밖에 없듯이
개인의 응시와 집중은 미구에 아침 이슬처럼 말라버릴지도 모
른다. 그러나 악과 더러움이 우리 일상 속의 진애(塵埃)와 박테
리아처럼 조금씩, 차츰차츰 기생하며 번져갈 뿐인 성질의 것이
라면, 개인이 자신의 일상 속에서 생활화한 응시와 집중은 필시
다른 힘을 얻을 수도 있겠다. 아렌트가 존경해 마지않던 스승
야스퍼스는 그녀와의 편지글(1946년 10월 25일자)에서 정확히,
그리고 처음으로 이 악의 문제를 지적한다.

나는 죄의 문제(die Schuldfrage)에 대한 자네(아렌트)의 다른 두
가지 중요한 언급과는 생각이 조금 다르네. 자네는 나치가 한 짓이
단지 '범죄'라고만 이해될 수 없다는 이유로 모든 범죄적 죄책(罪
責)을 넘어서는 죄책은 어떤 일말의 '위대함', 즉 악마적 위대함을
띠기 때문이라고 했네만, 나는 이 견해에 대해선 조금 불편하네. 나
로서는 히틀러나 그 추종자들 속의 '악마적' 요소에 대한 이야기와
마찬가지로 나치에 대해서 그런 식의 표현을 쓰는 것은 적절치 않
아 보이네. 내가 보기에 우리는 이런 짓들을 그 완벽한 진부함(total
banality), 그러니까 그 평범한 사소함 속에서 읽어야 할걸세. 왜냐
하면 바로 이것이야말로 그들의 악행을 특징짓는 요소이기 때문이

---

* Joseph Conrad, *Heart of Darkness*, New York: W.W. Norton & Company, 1963,
p. 72.

지. 박테리아는 한 나라를 절단 낼 수 있는 전염병을 퍼뜨리기도 하지. 그러나 그것들은 여전히 박테리아일 뿐이야.*

널리 알려진 대로 아렌트가 작성한 아이히만 재판 보고기의 부제는 '악의 평범성에 대한 보고(A Report on the Banality of Evil)'인데, 이 용어의 기원은 필시 야스퍼스의 편지글로 소급될 것이다. 그리고 이 편지에서 엿볼 수 있듯이 애초 아렌트의 생각은 악의 진부함이라기보다는 악의 숭고함으로 기울었으리라는 점도 유추해볼 수 있다. 아렌트 자신도 보고 말미에서 바로 이 용어를 반복한다. "재판의 마지막 순간에 아이히만은 인간의 장구한 악행사가 우리에게 준 교훈을 요약하고 있는 듯 보였다. 이 가공할, 필설로 형용하기 어려운, 악의 진부함이라는 교훈을."**

악은 도저한 깊이를 바탕으로 한 어떤 숭고함을 지니고 있을까? 악의 타자적 실체(substance)가 있어, 속으로부터 양심을 부수고 밖으로부터는 선의를 오염시키는 지치지 않는 마성이 약동하고 있는 것일까? 그 깊이 속에 좌정하고 있는 악의 실체는 인간의 주관적 심사와 행위의 아득한 너머에서 까맣게 웃고 있을까? 난도질해서 죽이고(凌遲刑), 살갗을 벗겨 죽이고(剝皮

---

* Hannah Arendt/Karl Jaspers, *Correspondence 1926~1969*, New York: Harcourt Brace & Company, 1985, p. 62.
** Hannah Arendt, *Eichmann in Jerusalem: A Report on the Banality of Evil*, New York: Penguin Books, 1994, p. 252.

刑), 통째로 구워 죽이고(炮烙刑), 가마솥에 넣어 삶아 죽이고(烹煮刑), 내장을 꺼내 죽이고(抽腸刑) 했던 짓들* 속에서는 어떤 깊이와 숭엄을 찾아야 하는가? "일본군은 아버지에게 딸을 강간하도록, 오빠가 여동생을 강간하도록, 아들이 어머니를 강간하도록 협박"**한 짓들 속에도 어떤 깊이와 숭고함의 흔적을 찾아낼 수 있을까? 영웅(!) 항우(項羽)가 20만 명의 포로를 생매장해 죽인 짓이나 진(秦)의 백기(白起)가 항복한 조나라의 군사 40만을 구덩이에 생매장한 것이나 제주도 주민 10명 중 한 사람이 학살당한 4.3 사건 등이 드러낸 사악함의 배후에는 대체 무슨 깊이와 숭고함이 있을까?

배유는 '유혹'이라는, 실은 매우 적절한 소재를 택해 이 논의를 구체화하고, 이로써 악의 실체에 대한 나름의 실천적인 접근을 꾀한다. 유혹의 여건을 개인의 집중과 관련시키는 순간 어쩌면 논의의 방향과 성격은 어느 정도 결정된 것이나 다름없다. 유혹 앞에 '흔들린다'는 표현을 흔히 쓰듯이 유혹은 무엇보다 집중을 방해하는 요인이기 때문이다. 석가모니나 젊은 예수를 위시한 고금의 수행자들이 이룩한 정혜(定慧)의 승당(昇堂)에는 늘 갖은 유혹의 존재들이 도사렸다. 가만히 보면 모든 공부론이나 수행법은 이런저런 집중의 방식을 채택하고 있으며, 그 과정에서 어쩔 수 없이 만나는 장애와 유혹은 죄다 이 집중을 타

---

* 왕용쿠안, 『혹형, 피와 전율의 중국사』, 김장호 옮김, 마니아북스, 1999.
** 아이리스 장, 『난징 대학살』, 김은령 옮김, 끌리오, 1999, 114쪽.

깃 삼아 공략한다. 이른바 '작심삼일'이란 대체로 집중의 초심(初心)이 유혹의 초대에 자신의 영혼을 팔아넘긴 꼴을 말한다. 베유는 이 문제에 대해 나름의 해법을 제시한다. 그녀에 따르면 섣불리 저항하느라 한정된 에너지를 탕진하는 게 우선 문제다. 왜냐하면 '저항'의 방식 자체에 이미 '투항'이 싹트고 있기 때문이다. 예를 들어 유혹에 폭력적으로 저항한다면 자가당착적인 결과에 이르기 쉬운데, 실은 유혹이 초대하고자 하는 내실(內室)은 최대치의 심리적 엔트로피로 어지러운 곳, 즉 일종의 폭력적인 상태이기 때문이다. 그러므로 천관녀의 집으로 향하는 애꿎은 애마(愛馬)를 죽인 일은 잘해야 차선(次善)이다. 비록 이 선택이 실질적인 효과를 내긴 했지만, 김유신은 자신의 몸은 살려둔 채 일종의 대리전으로써 스스로의 마음을 구제하려고 했던 것이다. 아무튼 유혹을 다스리는 방식은 집중의 기량을 길게 유지하려는 요령을 얻는 게 요체지, 성급하게 힘을 쓰며 대항하려는 짓은 별 알속도 없이 일을 더 키울 위험이 있다는 점에 유의해야 한다. 그래서 베유는, 마치 해결(solution)이 아니라 해소(dissolution)를 권하는 철학적 지혜처럼 적극적인 저항보다는 일종의 어긋내기를 통한 자정(自靜)을 권한다. "꼼짝하지 않고 주의를 기울이고 있으면 이번에는 유혹이 소모되어버리고 그러고 나면 더욱 격상된 에너지를 획득하게 된다."(베유 2008, 84)

'유혹이 소모된다'는 발상에 유의해보자. 관건이 집중의 유지

에 있다면 유혹에 대한 대응도 일종의 동중정(動中靜)의 전술이
어야겠기 때문이다. 본문에 그 인과가 분명히 드러나지 않지만,
유혹에 대해 이를테면 정면승부를 피한 채 그 에너지가 스스로
소모되도록 우회하면서 어긋내는 방식의 배경에는, 그녀가 '영
혼과 시간의 관계'라고 이름 붙이는 '집중의 테크닉'이 있다. 우
리가 일상에서 겪는 갖은 형식의 유혹은 대체로 시간, 즉 틈과
기회의 문제로 드러나며, 그것도 매우 짧은 시간, 그리고 바로
그 시간에 얽힌 욕망의 자리를 틈타기 마련이기 때문이다. 그
러므로 유혹의 자리인 바로 그 시간의 틈을 거꾸로 이용하는 게
요령이 된다. 가톨릭의 수사나 선사(禪師)의 어법으로 말하자면
악마는 늘 '순간'에 틈입하고, 우리는 '찰나'에 지옥으로 떨어진
다. 베유는 여기서도 이 시간을 건너가는 테크닉으로서 다시 집
중을 강조한다. 이 테크닉은 성격상 세세히 분별되어 토의되지
않지만, 앞서 '자정(自靜)'이라고 했듯이 집중은 그 행위 중에
스스로 에너지를 얻어 유혹을 내부에서부터 해소하고자 한다.
논의는 더 이어져, 이 테크닉으로서의 집중은 사태가 여의치 않
고 인간적인 약점과 한계로 인해 바야흐로 패배를 예상할 때조
차 중요한 자기보중(自己保重)의 길이 된다. "본래의 수준에서
노력하다가 지쳐버리면 타락하게 된다. 차라리 한계를 받아들
이고 그 괴로움을 음미하면서 조용히 바라보는 게 낫다."(베유
2008, 164)

 '조용히 바라본다'는 것은 이미 그 자체로 중요한 성취다. 특

히 유혹의 위기를 맞아 이루어지는 가만한 응시는 유혹 자체를 파쇄하고 위기를 새로운 도약의 밑거름으로 전환시키는 힘을 지닌다. 물론 시선과 응시는 때로 갈등과 소외의 자리를 만들어 내기도 한다. "타자는 자신의 시선을 통해 나를 바라보면서 나의 세계를 훔쳐가고 동시에 나에게 객체성을 부여하는 존재다. 그러므로 타자는 항상 나와 투쟁의 관계에 있을 수밖에 없는 처지에 놓여 있다."[*] 그러나 베유가 유혹과 관련해서 언급하는 응시는 이웃을 타자화하는 눈과 시선의 문제와는 구별되어야 한다. 공부와 수행의 눈은 특정한 대상을 포착하기보다는 자기 자신의 에고를 깨고 비우고 넘어서려는 공력의 총체적 집중을 뜻하기 때문이다. 그렇다고 그것이 물외망기(物外忘機)와 같은 종류는 아니다. 물론 격물법(格物法)과도 변별되어야 할 것이다. 예를 들어 화담 서경덕(徐敬德, 1489~1546)의 공부론은 기송지학(記誦之學)보다 격물(格物)로 유명한데, 이는 사물 하나하나의 이치에 파고들기 위한 꾸준한 집중의 태도가 요령이다.

한반도의 야사에서 유명한 유혹자인 황진이(1506?~1567?)도 그 전술을 구사함에 있어 필시 '시간의 틈'을 이용했을 듯하다. 화담 선생의 시조로 알려진 것 중 '마음이 어린 후(後)이니 하난 일이 다 어리다./ 만중운산(萬重雲山)에 어내 님 오리마난/ 지난 님 부난 바람에 행여 건가 하노라'라는 게 있는데, 이 시조를

---

* 변광배, 『장 폴 사르트르: 시선과 타자』, 살림, 2006, 43쪽.

집중과 영혼

394

그 사건에 대입시키자면 '지는 잎 부는 바람에 행여 그이인가' 하는 마음의 틈 혹은 시간의 틈을 포착하려고 나름 애썼을 것이다. 하지만 전하는 바에 따르면, 국색(國色)이랄 만하고 명기의 자질을 고루 갖춘 데다 자신을 마다한 남자를 접한 적이 없었던 도도한 황진이이건만 그만 이 남자에 이르러 실패하고 말았다. 그리고 이 사건의 세세한 전말은 사람이라면 눈이 없어 알 수가 없고 귀신이라면 입이 없어 말해주지는 못한다. 다만 인간의 일이란 게 워낙 설명되지 않고 그 이유를 꼬집어 내세울 수 없긴 하지만, 실마리 한 터럭 정도를 아래와 같은 문장에서 건질 수 있을 것이다.

그렇다면 어떻게 공부를 하면 생각도 없고 허물도 없는 지경에 멈출 수가 있겠습니까? 그것은 '공경함을 지니고, 이치를 보는 것'이 방법입니다. '공경함'이란 하나를 위주로 하여 딴 곳으로 가지 않는 것을 말합니다. 한 물건을 접하게 되면 접한 곳에 멈추고, 한 일에 대처하게 되면 대처하는 일에 멈추어 다른 여유가 없는 것입니다.(화담집 1992, 249)

'한 물건을 접하게 되면 접한 곳에 멈추고, 한 일에 대처하게 되면 대처하는 일에 멈추어 다른 여유가 없는 것'이라는 말은 내게는 금세 유영모(柳永模, 1890~1981)의 '하루살기' 혹은 최시형의 '한울님이 오셨다', 혹은 다도(茶道)에서 유래하는 일기

일회(一期一會) 등의 생활양식이나 대인접물(待人接物)의 방식을 상기시킨다. 요컨대 '공지(恭止)'가 요령인 셈이다. 곧 공경함을 유지한 채 한곳에 머물러 있을 수 있으면, 바로 거기가 집중이 실천되는 곳이요, 유혹과 허물을 피하는 곳이며, 또한 공부와 수행이 이루어지는 곳이다.

다소 엉뚱해 보일지 모르지만 화담의 이 말을 베유의 낭송(朗誦) 체험과 대조해보면 그 계발성이나 암시성(suggestibility)이 특별히 도드라지는 것을 알 수 있다. 베유의 영성은 넓게 봐서 '기독교적'인 낌새가 짙긴 하나 종교에 대해 특별히 전통 제도적으로 접근하지는 않았다. 심지어 주기도문을 (하필이면) 그리스어로 암송하기 전까지는 단 한 차례도 신을 향해서 기도의 형식으로 말해본 적이 없다고 한다. 그녀가 교회에 적을 두지 않은 것을 해명할 때에는 마치 보살행(菩薩行)의 한 구절을 읽는 듯 흥미롭다. 그러다가 베유는 낭송 그 자체의 아름다움에 의해 영성으로 인도되는 경험을 한다.

이 그리스어 텍스트*의 무한한 달콤함은 며칠간 나를 사로잡아 나는 이 기도문을 끊임없이 말하게 되었다. 일주일 후 나는 포도 수확

---

* 하필 '접신' 체험에 이르게 한 그 낭송의 텍스트가 그리스어로 쓰였다는 사실의 배경은 다음과 같은 문장들이 압축해주고 있다. "그녀(베유)는 기독교의 정신이 구약성서보다도 그리스 정신에 더 근접해 있다고 언명했으며, (…) 기독교의 신비는 신약 속에서보다 그리스 철학자와 시인들에 의해 더 잘 표현되어왔다고 생각했다." Simone Pétrement, *Simone Weil*, (tr). Raymond Rosenthal, New York : Schocken Books, 1976, p. 479.

을 시작했다. 나는 매일 일하기 전 주기도문을 낭송했고, 종종 포도원에서도 낭송하곤 했다. 이후 나는 매일 아침 습관처럼 이 기도문을 '완벽한 집중 속에' 낭송했다. 만약 낭송 중에 집중력이 떨어지거나 잠시라도 흐려지면 다시 성공할 때까지 '완벽하게 순수한 집중'으로써 이를 반복했다. (…) 이 행위의 효과는 비상했고 매번 나를 놀라게 했다. 왜냐하면 매일 경험하면서도 이 행위는 늘 내 기대를 상회하기 때문이다.(Weil 1951, 71~72)

잠시 끼어들자면, 나는 베유가 선구적으로 체험한 이 낭송의 인문적 혹은 영성적 가능성에 대해 꽤나 오래전부터 관심을 가져왔다. 조금 돌려 말하자면, 다분히 직관적인 추측이긴 해도, 나로서는 인간의 정신적 내면 혹은 영혼이라는 특이점에 접근할 수 있는 가장 쉽고 안전한 방식이 바로 낭송이라고 여겨진다. 낭송에 대한 인문학적, 수행적 접근은 아직 미지의 영역이지만 인간의 속살을 만져볼 수 있는 독특한 기회를 제공할 것이다. 나는 과거 수년간 이런 희미하지만 얼마간 가슴 벅찬 이미지를 그리면서 '낭영회(郞靈會)'라는 독서 모임을 이끈 적이 있다. 열 명 남짓한 후학과 독자들이 격주로 만나 미리 정해진 책을 '낭송'하면서 이런저런 공부 방식을 시험했다. 그 요령은 각자/더불어 다양하게 낭송을 실천하면서 그 인문학적 가능성을 궁리하는 데 있었다. 오래된 미래의 가능성을 전향적으로 되살려내는 게 집중에 대한 기초적 관심이라면, 낭송의 공부 역시 이제는 잊힌 인문적 가능성으로서 그 미래를 조금씩 드러낼 수 있으리라는 믿음에 터했다.

이런 유의 종교적 경험에 노출된 적이 없거나 기질상 이질적으로 느끼는 독자들에게는 낯설거나 거부감이 들겠지만, 베유는 이와 같은 집중적 낭송 혹은 낭송적 집중의 체험에 이어서 그리스도의 임재를 말한다. 그리고 그녀가 이런 얘기까지 해야겠다고 결심한 이유를 밝혀 그 고백의 진정성을 더한다. (물론 결붙여 말하자면 고백을 '이유'로 뒷받침하기는 어렵다. 이런 문제에 관한 내 오래된 지론으로는, 이유보다는 원인을 제출하는 게 낫고, 원인보다는 생활양식의 이력 속에서 침묵하는 게 낫다. 파스칼이 자신의 신비 체험을 갈무리한 극적인 방식과는 다르지만, 아래 인용문에서 밝힌 것처럼 베유에게는 입을 열어 이 경험을 공유해야겠다는 그 나름의 내적 필연성이 생긴 듯하다.)

가끔 이런 낭송 중이나 다른 때에 그리스도가 몸소 나와 함께 계신다. 그러나 그의 임재는 그가 나를 맨 처음으로 사로잡았을 때보다 무한히 더 실재적이며 감동적이고 더 명료하다. 내가 이 세상을 떠나고 있지 않았다면 나는 결코 이런 경험을 독자들에게 말하지 못했을 것이다. 나는 내 죽음이 임박했을지도 모른다는 생각 때문에 이 경험을 나 자신만의 비밀로 감춰둘 권리가 없다고 믿게 되었다.(Weil 1951, 72)

물론 종교 체험 일반이나 (귀)신론에 관한 내 평소 지론을 고집하자면 베유의 체험을 그녀의 서술이나 이유대로 좇아 읽을 필요는 없다. '신에게 사로잡힘' 혹은 신들림 현상은 인류의 역사와 같이 길고 잡박한 내력을 안고 있으며, 또 (논의의 맥락이 다소 달라지는 지적이긴 해도) "유령은 사회적 삶의 질서에 구성적인 성격을 가지"(권헌익 2016, 18)고 있다고 한다면, 종교적-신비적 체험을 그 체험에 종속된 주체의 주관적 지향성이나 해석을 좇아 이해할 필연성은 당연히 적어진다. 이미 여러 차례 지적했듯이, 개인차를 고려하더라도 무릇 '고백'은 죄다 수상한 발화의 방식이다. 니체는 "자기 관찰이 절망적으로 불가능하다는 것"을 증언해주는 것으로서 "인간이 도덕적 행위의 본질에 대해 말하는 방식"*을 들고 있는데, 이것은 종교적 성격의 자기 고백을 비평할 때 특히 유효하다. 어떤 체험을 문화제도적으로 구획하고 공적 등재를 위해 재단하는 것을 완전히 피할 수는 없지만, 이런 식의 구획과 등재가 왜곡하고 숨기는 자리에 비평적으로 민감하지 못하다면 이는 인문(人紋)을 살필 준비조차 되지 못한 셈이다. (귀)신을 접하는 현상은 (유추하건대) 지구상에 전개된 셀 수 없이 많은 생명 현상 중에서도 인간 존재에게 특유해 보인다. 권헌익의 표현을 빌리면, 뱀장어나 악어나 고라니의 경우에는 (귀)신의 존재가 그들의 생활의 질서에 (필시!) '구

---

* 프리드리히 니체, 『즐거운 학문: 메시나에서의 전원시: 유고(1881년 봄~1882년 여름)』, 안성찬·홍사현 옮김, 책세상, 2005, 303쪽.

성적'일 리는 없어 보이기 때문이다. 한편 이것은 '자의식의 과잉'이라는 인류의 진화사가 당도한 임계점에서 개화한 여러 풍경 중 하나다. 지구상에서 인간 존재를 열외로 취급할 때면 흔히 명료한 자의식 현상을 첫손에 꼽는다. 마찬가지로 샤르댕과 같은 이는 성찰성(reflectiveness)을 인간 정신의 진화사에서 돌이킬 수 없는 지점으로 특기한다. 우리가 매일의 일상에서 무심히 흘려버리는 이 분명한 자의식은 실은 생각하면 할수록 놀라운 현상이 아닐 수 없다. 가령 제대로 놀라지 못하는 우리의 일반적인 무능력은 대개는 반(反)계보학적, 풍경 중심적, 사회적('분석'에 이르지 못하는) '적응' 탓이다. 하지만 자의식에 이르는 이 놀라운 진보의 다른 쪽에는 마치 빛과 그림자의 관계처럼 자연히 들붙게 된 병리가 있다. 자기 존재에 대한 과도하게 첨예한 의식은 곧 그 존재를 의식과 어긋나게 만들며, 나아가 불구적인 소외 상태를 영구화시킨다. 외로움이나 권태, 불안이나 그리움을 포함해서 갖은 신경정신적 병리 현상들은 죄다 인간 정신이 장구한 변화를 거쳐 이룩한 성찰적 자의식의 무게에 짓눌린 탓이며, 그 밝음에 눈먼 탓이고, 그 세세묘묘(細細妙妙)한 분포에 지친 탓이다. 그러므로 이 경이롭고 무서운 자의식의 선물과 부담에 맞서 인간이 종교적 혹은 환상적으로 대처하거나 적응해가는 것은 너무나 당연하다.

이렇게, 신비주의적 현상들이라고 해도, 조금 넉넉히 바라볼 필요가 있다. 겁(劫)의 세월 속에서 변화하는 모든 존재는 우리의 안이하고 교과서적인 상상을 넘어선다. 그리고 어느 천문학자의 말처럼 천지와 우주는 그냥 이상한 게 아니라 정말 이상한 곳일 수 있다. 고금과 동서에 꾸준히 보고되거나 이야기되고 있는 (귀)신의 현상도 겹의 세월 속에서, 그리고 정말 이상해질 수 있는 우주의 흐름을 배경으로 넉넉히 이해해야 한다. 이렇게 조금 비스듬하게 풀이해보자면, 베유가 그리스도를 만났다고 술회하는 것도, (역시 개인사의 그 실존적 흔적과 아우라는 영영 기록 너머에 묻히겠지만) 고백이 타자를 드러낼 때 처하는 일반적인 딜레마로부터 완전히 자유로웠다고 말하긴 어려울 것이다. 자기화는 차마 집요하고, 귀신의 현상처럼 환상도 인간의 현상에 구성적인 데가 있기 때문이다. 적지 않은 사람은 과학적으로 검증하거나 실험적으로 재현하기 어려운 대상들을 만났다고 주장한다. '주장'까지 나아가지 않더라도 사적으로 속삭이거나 고백하는 이는 더 많다. 그 모든 종교의 신도들은 각자 섬기고 선전하는 신불과 신명을 제멋대로 만난다. 여호와를 만나고 예수를 만나고 알라를 만나고 부처를 만나고 장군신을 만나고 돌아가신 어머니를 만나고 한 장소에서 여러 사람이 같은 모습의 유령을 만난다. 문제는 이러한 고백들에 '진정성(anthenticity)이 있는가 없는가' 하는 데 있지 않다. 개인의 고백을 살려내는 것은 진정성의 유무가 아니다. 오히려 과도한 진정성은 사실을 소외시키는 정서의 누수(漏水)라고 여기는 편이 낫다. 그러므로 관건은 그 진정성을 객관적 정황에 접맥시키려는 태도이며, 해석학적 감수성을 지니고 타자들의 기별에 접근할 수 있는 메타 비평적 능력이다.

개인의 고백을 통해서 극화(劇化)되는 종교 체험은 강렬하게 인상적이며 때로는 숭엄하기까지 해서 비평적 터치가 쉽지 않다. 하지만 종교도 이미 아무런 성역(聖域)이 아니며, 심지어 이를 성역(性域) 혹은 '성차역(性差域)'으로 옮겨서 보려는 시도조차 새롭지 않다. 카트린 클레망은 줄리아 크리스테바와의 대화 중에, 여성들의 신들림 현상이 그 여성 개인의 기질이나 육체적 감응성보다 사회적 출신 성분에 더 많이 의존한다고 주장한다.[*]

이렇게 전격적으로 성스러움에 접근하는 능력은 소수 집단이라거나 혹은 경제적으로 착취당하는 계층이라는 사실과 밀접한 연관이 있다는 것이 내 생각입니다. 어느 순간에 '그것'이 튀어나오고, 또 교육이라는 자기 통제가 없는 덕분에 이 분출은 성스러움이 되는 것입니다.(크리스테바 2002, 21)

물론 이 분석 내용은 그 조건이 다른 탓으로 곧바로 배유에게 적용되기에는 무리가 있어 보인다. 사회적으로 억압받고 소외된 이들과 일체시하는 태도(페트르망 1978, 161)라거나 병약하고 동정심으로 가득한 과민한 성격이 실마리의 일부가 되긴 하

---

[*] 줄리아 크리스테바·카트린 클레망, 『여성과 성스러움』, 임미경 옮김, 문학동네, 2002, 19쪽.

겠다. 그러나 베유는 우선 당대 최고의 지성인이었고 집안의 이력상 사회적 하층민에 속하지 않았으며 개인적으로도 딱히 여성만의 질고와 수탈에 노출된 적이 없다. 아무튼 종교 체험에 대한 인류학적, 사회학적, 젠더적 혹은 정신분석적 접근은 매우 유효해서, 이 같은 콘텍스트를 방치한 채 텍스트를 액면 그대로 믿는 것은, 분석해야 할 현상을 마치 자연의 일부로 전제하는 오류를 범하는 데 이른다. 이 문제를 보충하거나 혹은 이와 비교할 수 있는 현상이 프랑스 루됭에서 벌어진 일련의 마귀들림 사건(1632~1640)과 그 재판 기록을 분석한 미셸 드 세르토의 명저『루됭의 마귀들림: 근대 초 악마 사건과 타자의 형상들』*이다. 세르토의 해석에 의하면, 마치 악마들조차 인간 세상의 사회적 위계나 지위에 따라 점유할 희생자를 선택하는 듯 보인다.

여인들(마귀들인 수녀들)은 각기 특정한 '집안'에 속한다. 물론 이집안들은 계급적 위계에 따라 평가된다. 반면 이들의 신체에게 '거주지'들은 타락 천사들에게 속하는데, 이 악마들의 위계는 여전히 여인들의 출생 신분을 따르고 있다. 집안과 거주지 사이에서, 사회 계층의 높이와 악마 동굴의 깊이 사이에서 이 명단은 몇 가지 '비례관계'를 제안하는데, 이때 신체는 이 비례들이 드러나는 그림이

---

* Michel de Certeau, *La Possession de Loudun*, Gallimard, 1973.

된다. 원장 수녀, 리슐리외의 친척, 후작의 딸 등에게는 더 많은 마귀가, 더 높은 등급의 마귀가 달라붙는다. 마귀들은 소유자(possesseur, 빙의의 주체)인 동시에 재산이고 의존의 표식인 동시에 높은 신분의 표식인 것이다.[*]

그런가 하면 시몬 페트르망의 전기에는 (안타깝게도!) 베유의 병력을 통해 사안에 접근해 들어갈 수 있는 가리사니가 주어져 있어 주목을 끈다.

1938년만큼 시몬이 두통에 시달린 적도 없었다. 그래서 그해 말쯤에 시몬은 혹시 뇌종양이 아닌가 염려되어 클로비 뱅상이라는 외과 의사에게 진단을 받으러 갔었다. (⋯) 12월경 시몬의 고통은 극도에 달했다. 매우 고통스러운 때에는 조지 허버트의 〈사랑〉[**]을 암송하곤 했다. 정신을 '집중'하여 그 시가 지닌 평화로운 분위기에

---

[*] 미셸 드 세르토, 『루됭의 마귀들림: 근대 초 악마 사건과 타자의 형상들』, 이충민 옮김, 문학동네, 2013, 164~165쪽.
[**] 페트르망의 책 속에 번역되어 있는 조지 허버트의 시는 아래와 같다. "사랑은 말한다 받아들이라고/ 그러나 내 영혼은 의심과 죄에 싸여 뒷걸음친다/ 하지만 눈치 빠른 사람은/ 내가 들어가려다가 물러서는 것을 보고/ 다가와서 상냥하게 물었다/ 무엇이 부족해 못 들어오느냐고/ 저는 여기에 들어갈 만한 손님이 못 됩니다/ 하고 대답하자, 사랑은 말했다/ 그대가 바로 그 손님이 되리라/ 나는 인정머리 없는 배은망덕한 자일까? 아 사랑이여/ 나는 당신을 바라볼 수도 없다/ 사랑은 내 손을 잡고 웃음을 띠며 말한다/ 나 말고 누가 그대의 눈을 만들었을까?/ 그렇습니다 하나님 저는 눈을 망쳐버렸습니다/ 수치스러워 저는 어디로든 가야겠습니다 절 버려두십시오/ 사랑은 말했다 누가 그 멍에를 졌는지 모르느냐고?/ 사랑이여 그렇다면 제가 몸을 바치겠습니다/ 자, 앉아서 내 살을 먹어라, 사랑은 말했다/ 나는 앉아서 그리고 먹었다."

깊이 빠져 암송했던 것이다. 이렇게 반복하여 암송하노라면 마치 기도를 하고 있는 것과 같은 효과가 생겼다. 시몬은 이 시를 읽는 동안 언젠가 한번은 그리스도가 임재하는 것을 분명히 보았다고 말했다.(페트르망 1978, 201~202)

낭송의 경험이 영성적 체험으로 옮겨붙는 데에는 아무래도 낭송이라는 행위와 집중 사이의 근친성이 어느 정도 역할을 할 것이다. 그러나 앞서 인용했듯이, 베유에게 있어서 영성적인 체험으로 이끄는 매체나 자극은 특별히 종교적인 것에 국한되지 않는다. 성인상(像)이나 십자종루(十字鐘樓)만이 아니라 아침 이슬이나 저녁놀 역시 영성의 길을 보일 수 있고, 성서나 찬송가만이 아니라 수학책이나 물리학 텍스트 역시 영성의 매체가 될 수 있다. 요점은 '집중'의 질(質)에 있지, 사물의 종류가 결정적인 것은 아니다. 순수한 집중이 이루어지는 곳이라면 무엇을 향한/통한 집중이든 그것은 오염과 악을 꺾고 신을 향해 비상하는 기도가 된다. 그러므로 베유에게 있어 집중은 인간의 노력 중에서 최고의 것(Weil 1951, 111)이랄 수 있다. 물론 나로서는 '최고의 것'이라기보다는 인간 정신의 어떤 특이점이나 임계 현상으로 보는 게 더 적절하다고 여겨진다. (여기서도 자기 관찰과 도덕적 선입견이 사통하는 계기를 경계하는 니체의 통찰이 되새김된다.)

그러나 그 모든 집중이 미덕이며 곧장 선(善)을 지향한다고 믿기는 어렵다. 이 글이 선택적으로 탐색하고 있는 집중이라는 기능 혹은 실천은 지구의 생명사에서 오직 인간 종만이 이루어낸 정신의 독특한 매체다. 이 매체는 인간의 문명과 문화를 일구어내는 데 결정적으로 이바지해왔을 뿐 아니라 지금도 그 진화적 도정을 어김없이 계속하고 있다. 이미 SF 영화들 속에서 현실화되고 있으며 또 일부 미래학자들이 예측하는 '트랜스 휴먼(trans-human)의 꿈'—유전자 조작과 디자인을 통해 원하는 형질들로 구성된 이른바 '유전자 귀족'층이 생겨날 수도 있고, 이로써 생체 권력을 향한 경쟁은 비근한 상상을 초월하게 될 것이며, 줄기세포, 나노, 바이오, 생체공학, 로봇공학 등등의 공조 연구로 인해 불멸에 근접하는 새로운 인류가 생성될 것이라는 전망—처럼, 인간의 변화는 종의 멸절 이전까지는 언제나처럼 이어질 것이고, 더불어 인간 정신의 미래적 추이도 (최소한 인문학적으로는) 초미의 관심사가 아닐 수 없으며, 이 과정에서 집중은 그 중요한 조준점이 될 것이다. 또한 '신의 문제 (Gottesfrage)'까지도 오직 이런 총체적 변화의 맥락 속에서 이 정신/집중의 진화사를 길게 살필 때라야 제대로 파악되고 이해될 것이다.

말할 것도 없이 나는 집중이라는 인간 정신의 특이점을 (후설의 표현처럼) '경이 중의 경이'라고 여긴다. 그러나 집중의 실천이 현실적으로는 다양한 매체와 접속되거나 그 자체가 매체적으로 응용되기도 한다는 점에 유의하기만 해도, 집중 그 자체가 곧 미덕이나 선의를 지향한다고 자신할 수는 없다. 이는 기도(祈禱)의 경우에서 극명히 드러난다. '기도 그 자체'와 같은 것은 인간의 세속에서는 없음에도 불구하고 '악은 선을 이기지 못하며, 기도는 산도 움직인다!'는 정언명법적 태도를 품은 채 제자신만의 '사적 언어(private Sprache)'(비트겐슈타인) 속에서 기도의 가치와 효험을 힘주어 말한다. 기도 역시 일종의 행위이므로 삶의 맥락에 놓이고 어떤 매체와 더불어 운용되기 때문에 그 가치와 의미를 한결같이 전제할 수는 없다. 집중도 마찬가지다. 서둘러 말하자면 악인도 집중—물론 대개는 '열중'에 가깝지만—하며, 집중의 제도와 실천이 뻔뻔스럽고 사악한 목적에 동원되기도 한다. 더구나 매체가 전달하는 메시지는 변주되며 확장되거나 왜곡되고, 때로는 그 매체가 가진 애초의 취지를 배반하기도 한다. 이 경우에 특히 관심을 끄는 것은 무술과 무기를 통한 집중의 행태들이다. 그중에서도 특히 활(弓)이 대표적이지만 대개의 무기는 그 성격상 집중이 불가결한 매체다. 세계 최강의 한국 양궁 선수단이 훈련 중에 명상 등의 방식으로 집중의 훈련을 해왔다는 사실은 널리 알려져 있다.

흔히 범하는 착시 중 하나는 매체와 주체, 도구와 행위자 혹은 몸과 의식을 지나치게 분리하는 데서 생긴다. 이는 집중의 경우도 마찬가지다. 특히 휴대전화처럼 접근성이 좋고 마약같이 효력이 강한 매체와 결부된 사건-사고로 인해 윤리적 책임의 문제가 불거질 때 혼동이 야기되는데, 매체와 도구와 몸을 도외시한 채 주체와 행위자와 의식만을 문제시하는 것은, 비록 어쩔 수 없는 면이 있긴 해도 사안의 알맹이를 놓치는 단견이 아닐 수 없다. 매체와 주체가 버성기게 되면 매체는 그 가치를 잃고 주체로부터 떨어져나간다. 하지만 매체의 효용이 좋아질수록 주체와 뗄 수 없이 엮인다. 이처럼 얽혀서 형성된 매체적 주체이자 주체적 매체의 다이너미즘을 읽어내지 않고 사안을 의식과 의도 중심적으로 몰아가는 것은 책임의 소재를 가리는 데에도 적절치 않을뿐더러 문제의 재발을 방지하는 데에도 무능하다. 예를 들어 (객관적인 통계에 따른 지적은 아니지만) 중국이나 한국에 비해 일본의 신문 사회면에서 드러나는 살인 사건 중 대다수는 날붙이, 특히 칼(刃物)로 저질러진다. 미국에서는 총기가 살인의 지배적인 매체(도구)이듯이 일본에서는 칼이 그런 위치에 있는 것처럼 보인다. 이런 점에서는 여전히 카우보이의 나라와 사무라이의 나라라고 해야 할까. 이 경우에 우리는 (총의 경우와는 조금 다른 의미에서) 칼이 '잘못 쓰였다'고들 말한다. 주변에 놓인 총칼이 무고한 사람을 죽이는 데 쓰일 수도 있으리라는 예측은 가능하지만, 실제로 그렇게 쓰인 총과 칼이 '잘못 쓰였다'는 데에 우리는 쉽게 동의할 수 있다. 그러나 단순히 기능적인 도움을 주는 도구든 혹은 인간의 자기표현성을 구현시키는 매체든 애초의 기능과 목적이 사회 형태나 인간관계의 변천과 더불어 바뀌기도 하고, 심지어 어떤 도구나 매체들은 아직 그 가능성이 충분히 알려져 있지 않기도 하다. 스마트폰에 이르는 전기통신 기기의 발달사를 일별해도 이 도구/매체가 인간에 곁붙어 이루어내는 풍경은 어느 정해진 매뉴얼 속에 연역적으로 고정되어 있지 않다. 그러므로 "당신이 타인에게 가위를 건네줄 때 당신은 그가 현명한 행동에 더 빠르고 안전하게 이를 수 있는 가능성을 높인다"(데닛 1996, 150)는 지적조차 항상 옳은 것은 아니다. 혹시라도 어떤 기이한 여건 속에서 가위가 흉기로 둔갑하는 일이 잦아진다면 이미 사안은 그 범인만을 탓하는 게 능사가 아닐 것이기 때문이다.

집중이라는 실천 혹은 매체도 그런 양면성을 지닌다는 점에서는 비슷하다. 최소한 '집중이 능사'는 아닌 셈이다. 무릇 인간을 포함한 진화사의 장구한 흐름 속에 놓인 생명체 일반의 존재와 그 행태에 선과 악을 본질적, 구성적으로 규정하는 것은 자연과 문화 사이를 혼동하는 짓이다. 인간들이 어울려 살아가면서 구성한 각종 가치관이 그 모든 논의의 전제가 될 수밖에 없는 실정이라면 집중이라는 활동 역시 이모저모로 그 같은 가치의 체계 속으로 미끄러지거나 스며들게 되고, 이로써 집중 역시 윤리적 선택으로부터 자유로울 수 없다. 인간의 활동이나 실천은 그 의지와 열정의 강도, 뚝심이나 끈기 혹은 협력과 상조(相助)로써만 그 가치를 다하지 않는다. "사랑은 영혼의 상태가 아니라 방향"(Weil 1951, 135)이라고 하듯이, 집중은 무엇보다 같은 정신적 에너지의 밑절미가 되기에 특히 그 방향에 의해 가치와 의미가 달라진다는 점을 잊지 말아야 한다.

죽 쒀서 개 주어선 안 되고, 공들여 오른 산이 엉뚱한 산이어서는 곤란하며, 호의가 지옥으로 안내하는 길라잡이 노릇을 해서는 파국이다. 마찬가지로 전념해서 일군 재능과 성취가 폭력과 죽임의 매체로 전락하는 것도 비극이다. 재능은 그 자체로 번개나 자동차에 가까워서, 놀라운 에너지와 교통의 매개가 되기도 하지만 다른 한편 사람을 즉사시키기도 한다. 스티븐 스필버그의 영화 〈라이언 일병 구하기〉(1998)에는 페퍼가 연기하는 저격병이 등장하는데, 그는 독일군과 대적하는 전투 중에 종루에 자리를 잡고 혁혁한 전과를 거둔다. 그 와중에 특히 눈길을 끄는 것은 그가 독일군 병사 한 명 한 명을 겨냥, 사살하는 가운데 줄곧 성경 구절을 낭송하는 대목이다. 세계를 휩쓰는 한국의 양궁 선수들이 훈련의 일환으로 '마음 빼기 명상'을 한다고 하며, 심지어 군 특수부대에 속한 스나이퍼도 (사람을 잘 죽이기 위해!) '훈련 명상(sniper's meditation)'을 한다고 알려져 있다. 이 영화에서도 집중의 힘은, 그리고 (성경) 낭송의 힘은 살인으로 이어진다. 그리고 그의 종교적 이데올로기는 한 발 한 발의 총성과 더불어, 피를 흘리면서 쓰러지는 나치 병사 한 명 한 명의 죽음과 더불어 강화되어간다. 근년에 출시된 〈블루 카프라이스〉(알렉산드르 무어스, 2013)와 〈아메리칸 스나이퍼〉(클린트 이스트우드, 2014)도 일종의 집중으로써만 가능해지는 저격 살인의 문제를 밀도 있게 다루는데, 비록 '집중'이 영화상의 주된 관심거리는 아니지만 이 글의 논의 속에 곱다시 배치될 수 있을 듯하다. 요컨대 집중은 집중하는 사람의 능력을 높여 우선 그 기능(how)을 향상시킬 뿐이다. 그러나 '자신을 아는 자는 밝다(自知者明)'고 하듯이 집중하는 사람이 그 기능으로 무엇(what)을 하고 있으며 이로써 그는 누구(who)가 되는가 하는 등속의 성찰적 문제를 놓치게 함으로써 외려 암둔해질 수 있다.

그러므로 집중하는 사람이 집중을 통해 무엇을 지향하는지, 그의 집중이 얹힌 생활양식은 어떤 가치와 의미를 추구하는지, 그리고 그의 집중이 이웃과 세상을 어떻게 대접하는지 등속의 문제가 다시 '문제'가 된다. 이런 뜻에서 집중은 문제의 해결이라기보다는 가장 중요한 문제의 발굴에 가깝다. 그러므로 집중은 정신의 영도라는 무중력의 공간 속에서 얻는 어떤 '본질'로 이해하기보다는 구체적인 여건과 매체의 조건에 얹혀 점진적으로 개량되는 극히 인간적인 과정으로 봐야 할 것이다. 우선 집중이라는 행위는, 베유가 '완전히 순수한 집중'을 요구했던 것처럼 그 강도(intensity)가 중요하다. 공중에 있다고 해도 추락은 이미 비상이 아니듯, 엄벙덤벙, 데면데면하다면 이미 그것은 집중이 아니기 때문이다. 시장주의의 상혼(商魂)이 인문적 집중과 버성길 수밖에 없는 이 변덕과 자의의 시대에 제 나름의 형식과 강밀도를 지닌 집중의 생활을 유지하는 일은 어렵고 또 그만큼 중요한 생활정치의 노력일 것이다. 집중이 템플스테이(temple stay) 식의 이벤트가 아니라 '생활'정치가 되려면 그 강밀도가 꾸준히 지속되도록 개인의 생활 습관과 접속하는 여러 지점—

몸의 지점들, 시공간의 지점들, 매체의 지점들, 관계의 지점들, 그리고 희망의 지점—을 꾸준히 유지하는 게 필요하다.

특히 집중의 윤리와 관련해서는, 집중의 강도 및 지속성과 함께 집중의 실천이 지향하는 방향이 결정적으로 중요하다. 방향을 놓친 채 강도와 지속성만을 고집하는 것은, 가령 윌리엄스가 그의 책 『기나긴 혁명』에서 마치 계급투쟁 문제를 지속적인 대화의 과정 속으로 해소해버리고자 한다고 비판했던 이들의 문제의식을 연상케 한다. 혹은 사랑의 관계를 놓고 예시해봐도 이해가 빠를 것이다. 이 글이 염두에 두고 논의해온 집중, 즉 지성과 영성의 내적 내력을 이루는 집중은 전술했듯이 기본적으로 정욕이나 에고이즘을 초과하는 실천이기에, 실은 범속한 사랑을 통해 그 속성을 예시하는 게 적절치 않을 수도 있지만, 요점은 강도-지속성-방향이라는 관계에 국한될 뿐이다. 다 아는 대로 사랑의 시작은 '반하는' 혹은 '그리워하는' 경험을 통해 그 전형성을 보인다. 사실 강밀도의 측면에서 보자면 (불행하게도!) 바로 이때가 정점을 친다. '모르는 여자(이기에)가 아름다운'(고은) 때, 무지가 욕망의 엔진이 되는 때, 쉬 잡을 수 없기에 더 안타까운 때의 환상적 강밀도다. 그러나 이 경험적 강밀도는 그 농도가 시늉하고 있는 진정성에 비해 별스레 증명할 수 있는 게 없다. '사랑'에 얹혀 있는 그 두터운 낭만주의와 도덕성, 이데올로기와 종교신학적 세례에도 불구하고 결국 인간의 사랑은 동물의 발정(發情)을 향한 '비환원적 소급'을 통해 설명되기 때문이다.

아렌트가 사랑의 무세계성(worldlessness)을 말한 것처럼 이 사적 경험의 밀도는 시각과 의견의 다양성에 기초한 공통 세계를 배제하고 '늘 오해로 귀착되는 직관'(르네 지라르) 속에 자족한다. 혼인은 이 관계의 지속성을 유지하려는 제도이지만, 무릇 모든 강도(強度)는 제도(制度)만으로 잡아둘 수 없으며 모래 속을 빠져 달아나는 지렁이처럼 사랑의 강도는 제 자신의 안전한 프레임을 벗어난다. '그래서 그들은 혼인했고 이후 행복하게 살았다'는 상습적 이데올로기는 강밀도와 지속성을 맞바꾼 상혼의 내러티브다. 그러나 어떤 행운과 슬기를 통해 애초에 누린 사랑의 강도를 혼인이라는 틀거리 속에서도 일정 정도 유지하고 있는 어느 행복한 커플을 상상해보자. 신수(神秀, 606~706)의 제자인 도수(道樹)가 만행 중에 괴물을 대적하면서 "그의 요술이 아무리 신출귀몰한 것일지라도 언젠가는 끝장나기 마련이지만, 내가 듣지 않고 보지 않는 것에는 한이 없다"*고 했다지만, 가령 바깥세상이 뭐라고 하든 둘만의 관계 속에서 행복을 지속하려는 커플을 상정해본다면, 이제 남은 것은 이들이 어떤 방향을 향해 함께 걸어가면서 그 사랑을 지며리 일구어나가는가 하는 문제다. 앞서 지적했듯이 이 연인이 사랑을 통해 무엇을 지향하는지, 그들의 사랑이 얹힌 생활양식은 어떤 가치와 의미를 추구하

---

* 吳經熊, 『禪의 황금시대』, 류시화 옮김, 경서원, 1986, 273쪽.

는지, 그리고 그들의 사랑이 이웃과 세상을 어떻게 대접하는지 하는 문제가 남는 것이다. 이들이 서로를 바라보면서 이루어낸 사랑의 심리적 강도와 제도적 지속성은 이제 그 바깥을 내다보면서 무엇을 할 수 있을 것인가?『안나 카레니나』의 주연 중 한 명이며 흔히들 톨스토이를 대변한다고 해석되는 레빈은 자신이 염원했던 여인 키티와 혼인한 후 바로 이와 같은 문제의식에 사로잡힌다. "그(레빈)는 바로 그녀(키티)에게 사랑을 받는 게 행복이라고 얼마나 자주 스스로에게 말했던가! 하지만 이제 그녀가 마치 인생 속의 다른 모든 좋은 것을 무색케 할 정도로 사랑에 빠진 여성처럼 그를 사랑하게 되자, 그는 자신이 모스크바로부터 그녀를 쫓아왔을 때보다 행복으로부터 훨씬 더 멀어져 있었다."* 혼인과 가족관계를 넘어 평생 '인생 속의 다른 모든 좋은 것'을 나름대로 추구했던 톨스토이의 인생관과 가치관이 단적으로 압축되어 있는 듯한 이 문장은, 다른 한편, 강도-지속성-방향의 삼각관계에서 '방향'이라는 항목이 어떤 식으로 도드라질 수 있는지를 절묘하게 보여주기도 한다.

재삼 정리하자면 강도는 주일무적(主—無滴)하는 집중의 기본으로서 인간이 이룬 갖은 성취의 바탕이 된다. 강도는 집중이라는 기이한 인간적, 인문학적 실천이 출발하는 곳이다. 그러나 아직 차원조차 형성하지 못하는 점으로는 현실에 제대로 간여

---

* Leo Tolstoy, *Anna Karenina*, (tr). Louise & Aylmer Maude, Oxford: Oxford U. Press, 2008, p. 358.

할 수가 없다. 집중이 인간적인 성격을 갖게 되는 것은 이 점을 차원을 형성하는 선(線)으로 이어가는 꾸준한 실천의 능력 속에서다. 인간은 무엇보다 정신과 태도로써 집중할 수 있는 생물체이며, 그것도 지속적이며 생산적인 방식으로 그렇게 할 수 있다. 집중에 지속성이 따르지 않으면 생활의 양식으로 안정화되지 못한다. 그리고 생활의 양식이 아니라면 아직 그 누구의 것도 못 된다. 지속성은 진정한 실력의 증표가 된다. 더러 언질한 바 있듯이, 공자나 소크라테스나 물계자나 혹은 다른 어떤 빼어난 선생이라도 공통되는 특징은 여건과 대상을 막론하고 느닷없이 다가오는 질문과 문제에 대해 '한결같이' 적절히 응(應)하고 또한 적절히 답(答)한다는 데 있다. 지속성은 갖은 솜씨와 재량의 진정한 바탕이며, 달인의 조건이자 성인의 표식이 되기도 한다.

강도와 지속성에 이은 마지막 잣대는 방향이다. 집중의 방향을 사회윤리적으로 헤아리고 규정해놓지 못하면 사적으로는 사마(邪魔)가 타거나 하며 대외적으로는 위험해진다. 앞서 말한 대로 일껏 노력한 보람이 무색해지는 것이다. 리쾨르 식으로 고쳐 말하자면, 집중 행위 중에 강도가 부족하거나 지속성이 떨어진다면 그것은 그저 흠(欠)이 생긴 정도라고 할 것이다. 그러나 방향을 놓친 것은 흠결과는 질적으로 다른 '죄'가 된다.* 예를 들어 우리가 학창 시절 경험했듯이 무단결석은 지각이나 복장 불량, 심지어 흡연과는 다르다. 비유해서 말하자면 지각이나

복장 불량 등은 필경 장 보드리야르 등이 말한 '피로(fatique)'
와 같은 수동적 거부에 불과하지만, 무단결석은 사르트르의 표
현처럼 능동적 삶의 선택(choix de vie active)에 가깝다. 최소한
내가 중고생이었을 때의 무단결석이란 다른 세상으로의 '초월
(transcendence)'이라 이름 붙일 성싶은 행위였지, 단순한 실수
나 흠결이 아니었던 것이다. 아마 내가 고2 때였을 것이다. 한
참 수업 중이었는데 일순 복도 쪽이 시끄러워졌다. 흘깃 살폈
더니 한 학생이 빠른 걸음으로 지나가고, 이어 어느 선생이 욕
을 해대면서 그를 쫓아 뛰어 나갔다. 당일로 속보처럼 퍼진 소
문에 의하면, 그 학생은 수업 중의 무슨 불찰로 선생에게 한 차
례 뺨을 맞은 뒤 대뜸 교탁을 발로 차버린 뒤 교실을 뛰쳐나와
버렸고, 이 '전대미문'의 사건에 뱃성이 솟은 선생이 악을 쓰며
그를 쫓아갔지만 놓쳤으며 이후 연락이 두절되었다는 것이다.
우리 모두는 이 사건에 경악하면서 동시에 어떤 '경외감'에 휩
싸였다. 때리면 북처럼 맞을 뿐 피할 엄두조차 낼 수 없었던 시
절, 그는 다만 도망쳤다는 사실만으로 영웅적 행위의 주인공이
되었고 '학생이라는 신세'에 환기공(換氣孔)을 낭만적으로** 뚫
어놓았다. 그래서 지각이나 복장 불량에는 변명, 그러니까 단지

---

* 폴 리쾨르, 『악의 상징』, 양명수 옮김, 문학과지성사, 1999, 82쪽.
** 조지 미드에 의하면 낭만주의적 주체는 현실에 대한 환멸, 불만, 항의 속에서 과거
로 '망명'하는데, 이로써 상실된 주체들을 건져내고 동일시해서 자신의 아이덴티티를 재
생한다. George Herbert Mead, *Movements of Thought in the 19th Century* (Vol. 2),
Chicago: U. of Chicago Press, 1972, pp. 60~71.

'빠져나갈 말(Aus-rede)'이 곁붙을 뿐이지만, 무단결석에는 나의 '이야기(story)'가 생기면서 바로 그 이야기가 사태의 뒷배를 봐주게 되며 언젠가는 '영웅 서사'의 일종이 될 것이다. 가출이 출가가 되는 순간에는 제 깜냥껏 세계상(Weltbild)을 지니게 된 어떤 녀석이 자신의 서사(narrative)를 꾸민다.

곁길의 논의를 조금 더 이어가자면, 리쾨르가 말한 '흠'은 아렌트 식으로 고쳐 표현해보면 제작(Herstellen)상의 문제에 불과하다. 흥미롭게도 리쾨르는 죄의 개념을 '(끊어진) 관계'(리쾨르 1999, 82)라는 메타포로 설명하는데, 이를 아렌트의 개념 세계 속으로 옮겨내면, (당연히 아렌트의 정치철학에서 '죄'라는 개념은 설 곳이 없지만) 노동(Arbeiten)이나 제작이 아니라 인간과 인간들 사이에서만 가능한 행위(Handeln)의 차원이 된다. 행위 지향성이나 관계 양상을 무시한다든가 적절히 고려하지 않은 채 개체의 내적 성분이나 기량으로 환원된 그 모든 성취는 물화(物化)에 이르기 쉽다. 예를 들어 100미터를 10초에 달리는 사람의 기량은 어떤 삶의 양식을 지향하며 어떤 사회적 관계 양상과 접속하고 있는가? 그의 순간 빠르기 혹은 10여 초나 그 이상의 시간 동안 지속되는 동작의 빠르기가 그의 삶의 지향과 의미망에서 차지하는 가치는 무엇일까? 집중의 힘으로써 살인을 하고, 이념과 교조(敎條)에 대한 일관된 충실성으로써 자폭과 순교를 감당하는 사람들의 능력은 대체 어떤 보편적 윤리에 의해 가치와 정당성을 얻는가? 마찬가지로 이미 물화된 기능의 달인으로 변한 채 이웃과 윤리와 역사에 대한 무감각, 무관심, 무소통으로 일관하는 초인(超人)이라면? 요컨대 집중 그 자체의 강도나 지속성을 챙기는 것으로 만족해서는 윤리적, 인간관계적 차원을 놓쳐, 필경 사적 열정이나 이데올로기적 일관성의 희생물이 되기 쉽다.

종교적 상징의 난처함을 무릅쓰면서 리쾨르의 죄 개념을 따온 이유도 집중이라는 놀라운 에너지의 세계를 지도화(mapping)하는 데 도움을 얻기 위함이다. 아렌트의 말을 원용해서 논지를 이어가자면, 집중의 에너지를 다루면서 그 강도나 지속성만을 챙겨 생산성을 높이려는 짓은, 타인과 세상을 마치 임의로 주물 가능한 재료인 듯 여기면서 진정한 '관계'를 외면한 채 혼자 힘으로 자신의 세상을 제작하려는 욕심이자 환상인 것이다.(아렌트 1996, 249~250) 아이히만처럼 때로 수도원에 틀어박혀 명상에 집중해도, 수험생들처럼 책장과 책장 사이의 소리만 들릴 정도로 집중해도, 심지어 달마처럼 면벽(面壁)의 화신이 되었더라도 그 집중이 사회적 현상인 것은 명백하다. 현상학적 직관(Anschauungen)조차 이미 시간의 구성적 질서에 얹혀 있다거나 '타자의 흔적(trace de l'autre)에 볼모로 잡혀 있다거나 혹은 모든 이해는 해석(Alles Verstehen ist Auslegung)'이라는 현대 철학의 상식이 일러주는 것도, 맥락과 관계에서 동떨어진 인간의 진리는 어떤 망각의 효과이며, 따라서 그 증상은 일종의 물화라는 사실이다. 마찬가지로 "사람은 자기 혼자서 주체가 될 수 없으며 오직 대화 상대들과의 관계 속에서만 주체가 된다."(Taylor 1989, 36) 그 모든 순수는 역사를 망각한 효과이며, 아울러 모든 독립은 이웃을 놓친 채 스스로를 소외시킨 효과다. 리쾨르의 죄 관념을 이런 식으로 고쳐 그의 논점을 따라 평가하자면 그것은 곧 신 망각(Gottesvergeßenheit)이자 관계 망각(Teilnahmevergeßenheit)에 다름 아니다. "죄의 관념이 생기는 것은 하나님 앞이라는 범주"(리쾨르 1999, 60)에 있기 때문에, 그것은 어떤 원형적 가치를 향한 지향성과 방향 망각(Richtungsvergeßenheit)에서 연원한다. 베유는 집중의 가치를 너무 직관적으로 강조한 탓에 잘못된 방향 선택이나 대상 선택까지 집중의 부족으로 돌림으로써 이른바 '선결 문제 요구의 오류(petitio principii)'를 범하는 인상이 짙다. 그래도 그녀의 글 자체가 전반적으로 직관적, 영성적이므로 이를 분석적으로 해체하는 게 다소 무의미해 보인다. 예를 들어 그녀에 의하면 우리를 '상상의 신'에게 다가가게 하는 것, 즉 우상숭배라는 잘못된 방향의 선택은 "초자연적인 주의력이 없거나 주의력이 발휘되길 기다리는 인내심이 없기 때문"(베유 2008, 104)이다. 그러나 주의력이나 집중 자체가 워낙 해명을 요구하는 애매한 개념이기에 이를 근거삼아 우상숭배라는 의존적 대상 선택의 현상을 설명할 도리는 없어 보인다.

그 모든 집중도 기능주의적 타산에 먹혀 있고, 기분과 변덕과 피로의 시대에 삶의 양식에 뿌리내린 일관성을 찾기도 어렵다.

게다가 방향 망각 혹은 상실은 현대인의 일반적 상황인 듯 자주 언급된다. 물론 심지어 아프리카 대륙을 빠져나오던 200만 년 전의 호모 에렉투스에게도 혹은 이양선(異樣船)의 출몰과 더불어 척화(斥和)와 개화의 기로에서 번민하던 19세기 말의 우리 조상들에게도 그 같은 정위(定位)의 혼란은 있었겠지만 말이다. 아무튼 그간 인류의 방향타가 되어왔던 것들의 기능이 어느새 부실해졌거나 열대야 속의 부채처럼 궁색해졌거나 혹은 아예 고장나버렸다는 진단은 드물지 않다. 거대 종교들은 꽤 정당하게 불신을 받고 있고, 전통의 잣대는 다소 성급하게 청산되었으며, 도덕과 문화는 하루가 달라지는 격류 속에 휩쓸리며 상대화되었다. 정치는 소스타인 베블런이 멋지게 정리하듯 불량배들의 소굴처럼 치부되고, 종교는 볼테르의 오래된 지론처럼 '바보와 악한들이 있는 한' 계속될 것이라는 악담을 듣고 있다. 예를 들어 혼인이라는 일상의 지도리(樞)는 이미 동서양을 막론하고 생활의 형식과 방향을 규제하는 힘을 잃어가는 중이지만, 혼인 이후의 결연(alliance)에 대한 보편적인 합의는 인류의 미래에 대한 불확실성에 얹혀 마찬가지로 불확실할 뿐이다.

앞서 방향 망각을 말했지만, '망각'이라고 하면 하이데거의 유명한 존재 망각(Seinsvergeßenheit)에 관한 메시지도 이와 관련해 새겨둘 만하다. 비록 그의 무책임한 정치적 오리엔테이션과 메시지 자체의 모호함 탓에 시종 해석의 아전인수를 무릅써야 하지만, 현대적 자아가 인식론적 오만에 빠져 존재의 고유함과 낯섦(das Eigene und Befremdliche des Seins)(하이데거 1995, 72)을 망각했다는 지적은 근대의 인간중심주의에 대한 가장 발본적 비판으로 기억될 것이다. 신의 죽음에 이은 존재의 망각은 서구의 정신문명적 지남(指南)이 단순히 변침(變針)의 문제에 그칠 것이 아님을 말해준다. 일상을 되찾고, 타자에 대한 감수성을 되찾고, 역사 속에 휩쓸려간 유령들의 음성을 되찾고, 프락시스(praxis)를 되찾고, 잃어버린 꿈을 되찾고, 정적(靜寂)과 빔(Lichtung)을 되찾고 (…) 그 외에도 되찾을 품목들이 요란한 가운데, 존재자들의 그늘 아래 잃어버린 '존재(성)'를 되찾으려는 그의 철학적 기획이 돋보이지 않을 리 없다. 망각의 고리를 이어가자면, '인정 망각(Anerkennungsvergeßenheit)'에 대한 논의 역시 인간 정신의 에너지가 방향을 잃은 탓에 물화되는 현상을 가리킨다. 아도르노 이후 호네트에 이르기까지 물화의 버릇은 '상품 교환의 사회적 일반화'[*]와 연동되어 있지만, 이 버릇의 범위와 깊이는 이미 예상을 넘어선다. 사회적 상호작용의 직물을 교환(commerce)으로 재편하려는 것은 (아렌트의 멋진 말처럼) "말을 통한 인격의 현시와 행위를 통한 새로운 시작의 출발"(아렌트 1996, 245)을 깡그리 무시하는 태도다. 마찬가지로 호네트의 경우에도 인간과 인간 사이의 대화적 소통은 "타자에 대한 인정(Anerkennung)이라는 비인지적 전제에 결부"(호네트

---

[*] 악셀 호네트, 『물화: 인정 이론적 탐구』, 강병호 옮김, 나남출판, 2006, 40쪽.

2장 공부, 혹은 1에서 0으로, 2에서 3으로

2006, 60)되어 있으며, 상대로부터 소외된 인식론적 객관주의는 어떤 망각 혹은 방향 상실의 증상일 수 있는 것이다.

'죄는 오도된 방향성의 문제'(리쾨르)라거나, '우리 인생을 의미 있게 조망하고 우리 자신의 정체성을 갖기 위해서는 그 인생을 서사(narrative)로서 이해하는 가운데 선에 대한 방향성(orientation to the good)이 필요하다'(Taylor 1989, 47)거나, "주의를 기울이며 가능한 한 선(善)을 응시하면 역시 에너지의 화체(transsubstantiation)가 일어나 우리는 그 선을 실행할 수 있다"(Weil 1951, 84)는 말처럼, 무릇 좋은 에너지들은 그 강도나 지속성과 더불어 일정한 방향성에 대한 성찰 혹은 사회윤리적 지남을 요구한다. 죄는 방향의 상실, 관계의 단절, 그리고 그 와중에서 가능해지는 '사람을 사로잡는 힘에 대한 체험'(리쾨르 1999, 79) 등을 특징으로 한다. 방향도 없이 관계도 맺지 못한 채 '자동화된 에너지'에 스스로 사로잡힌 모습은, '죄'라는 무시무시하고 오해가 잦은 이름을 동원하지 않더라도 현 사회의 갖은 병리 현상을 밝히는 데 꽤 유용해 보인다. 전술했듯이 '자동화된 에너지(automatized energy)'는, '타인을 마치 재료인 듯 여기면서 진정한 관계를 외면한 채 혼자 힘으로 자신의 세상을 제작해내려는 욕심이자 환상'(아렌트 1996, 250)을 불러일으킨다. 이는 간단히, 인간에게 요구되는 가장 기본적인 윤리인 '타자에 대한 미안함', 즉 존재론적 겸허를 망각해버린 것에 다름 아니다. '타자의 얼굴 속에 드러나는 무한(L'infini se révèle dans le visage d'autrui)'(레비나스)이든 '그 얼굴 속의 불안(the pre-cariousness on the face)'(버틀러)이든 사람이라면 때때로, 무시로 다른 사람의 얼굴의 궁졸(窮拙)함이, 그에 대한 미안함이 잔잔히 전해오지 않겠는가? (그다지 분석적이지 못한 내 지론에 따르면 세상에는 두 종류의 인간이 있는데, '타자에 대해 늘 미안해하는 성분'이 있는가 하면, 거꾸로 '내게 미안해할 것을 완악하게 요구하는 성분'이 있다.) 이는 '능동적 상호성(positive reciprocity)'을 잊어버린 채 따로 나를 위한 세상을 만들어낼 수 있으리라는 강자의 망상에 이른다. 그 누구의 인정이나 대화나 협력이나 호혜적 실천도 필요 없이 멋있게 독존하려는 '초인'의 탄생! 이런 식의 환상 혹은 망상에 있어 가장 적절한 사례는 '나 홀로 독공(獨工)'에 만족한 채 하산하는 도인들이거나 혹은 성공한 혁명의 주체들일 것이다. 볼셰비키든 자코뱅파든 혹은 전두환의 '국가보위입법회의'든 수중에 든 권력을 일거에 휘둘러 단시간에 '사람들로 이루어진 사회'를 일거에 '개조'하려는 행태 속에는 자동화된 에너지가 빗발친다. 사람들과 그들이 공들여 만들어가는 세상에 대한 기본적 미안함이 생길 여유도 세심함도 보이지 않는다. 시계나 컴퓨터라면 몰라도, 연가시나 해오라기만 하더라도 임의로 개조할 수 없거니와 불안과 희망 속에서 나날이 흔들리는 사람들이라면 더 말할 나위도 없다. 장자의 말처럼 '이치를 깨달은 자라면 요령에 밝아야 하는 법(達於理者必明於權)'이거늘, 사람의 무늬에 대한 요령 없이 사람을 이끌 수는 없다. 이는 그 혁명의 역사적 정당성과도 무관한 일이며, 그저 사회의 구성과 그 중층적 복합성을 감안하거나 배려하지 못하는 망각이고 무능력인 셈이다. 아렌트는 이미 토크빌을 발전적으로 계승하는 취지에서 여러 차례 '혁명으로써 사회세계를 개조하려는 실책'을 비판한 바 있다.

여기서 되돌아와 기억해야 할 대목은, 비록 집중의 힘이 선(善)의 방향을 얻었다고 하더라도, 그 사회적 실행의 지평에 들어서는 순간 안이한 낙관과는 무관하다는 점이다. 베유가 유지하려는 고집스러운 종교적 급진성의 경우에는, 놀랍게도 집중의 강도와 지속성과 방향성까지도 사회적 선을 보장하지 못한다. 급진주의자인 그는 여전히 '빈자리'를 유지해야 하는데, "죄는 곧 빈자리를 채우려는 시도"(베유 2008, 45)이기 때문이다. 또한 "신에게 애원하는 것은 신의 가치를 자기 영혼 속에 받아들이려는 시도(이고) (…) 우리가 집착하고 있는 가치들을 집요하게 생각하는 것과 전혀 다르며, 내 안에 빈자리를 만드는 것"(베유 2008, 47)이기 때문이다. 물론 이것은 불가능의 가능성이다.

인간은 오직 섬광처럼 짧은 순간에 이 세상의 법칙들을 벗어날 수 있다. 정지(停止)의 순간, 정관(靜觀)의 순간, 순수 직관의 순간, 영혼이 텅 비는 순간, 정신의 빈자리를 받아들이는 순간, 바로 이 순간들에 인간은 초자연적인 것을 얻을 수 있다.(베유 2008, 26)

집중의 어떤 성취로 인해 가능해지는 무내용의 초월성에 대한 보고나 고백은 셀 수 없이 많다. 또한 이 탈각(脫殼)과 빈방〔虛室〕의 체험은 단번에 세속의 도덕을 초과한다. 이로써 기존의 생활양식으로는 감히 넘볼 수 없는 새로운 윤리의 가능성을 시험한다. 초자연적인 것 혹은 선한 것을 자아의 부정에 의해 이루어지는 세속 속의 '빈곳'과 같은 어떤 것으로 표상하는 표현은 적지 않다. 그의 노회하고 심오한 스승이 일견 노장(老莊) 사상을 흉내 내고 있는 것처럼 아렌트 역시 불교 사상의 한 꼭지를 정확히 연상시키는 문장으로 같은 취지를 피력한 바 있다. 더불어 다나베 하지메(田邊元, 1885~1962)의 문장을 병독할 만하다.

어쨌든 선(善)을 사랑하는 자는 결코 고독한 삶을 영위할 수 없다. 그러나 타인과 함께하고 타인을 위하는 그의 삶은 본질적으로 누구도 목격하지 말아야 하며 무엇보다 그 자신도 알지 못해야 한다. 그는 고독한 것이 아니라 혼자여야 한다. 타인과 함께 살 때도 그는 그들로부터 숨어야 하며 자신이 하는 것을 스스로 몰라야 한다. 반면에 선한 행위는 결코 누구와도 동행할 수 없다. 선한 행위는 행해진 순간 잊혀야 한다. 왜냐하면 모든 기억은 선한 행위의 '선한' 성질을 파괴시키기 때문이다. (…) 선한 일은 즉시 망각되어야 하기 때문에 세계의 부분이 결코 될 수 없다. 선한 일은 왔다가 가며 어떤 흔적도 남기지 않는다. 선한 일은 결코 세계에 속하지 않는

다.(아렌트 1996, 130)

절대는 어디까지나 절대 매개이며, 자력(自力)의 부정에 의하지 않고는 작용할 수 없기 때문이다. 절대 타력은 자신에게 타자가 되는 자력을 매개로서 요구하고, 자력과 관계함으로써만 실현된다. 그러한 전환 매개가 다름 아닌 참회다.*

---

* 다나베 하지메, 『참회도(懺悔道)의 철학: 정토진종과 타력철학의 길』, 김승철 옮김, 동연, 2016, 421쪽.

15. 집중과 내용

'선한 일은 세계에 속하지 않는다'(아렌트)거나 '자력의 부정에 의해서만 절대 매개(참회)가 가능해진다'는 등속의 말처럼 집중의 극점, 그 이상형(Idealtypus)도 세계에 속하지 않는다. 이는 집중의 어려움에 대한 과장된 수식이 아니라 집중이라는 현상은 그 자체로 번번망망(繁繁忙忙)한 의식을 내파(內破)하기 때문이다. '선행은 세계에 속하지 않는다'거나 '선물은 세계에 속하지 않는다'(데리다)고 할 때, 이 선행과 선물의 조건은 망각*이지만, 집중의 조건을 그저 망각이라고 얼버무릴 수는 없다. 집중이 깊어지면 자연히 사념이 소실되지만, 이를 망각이라는 심리적 현상으로 단순히 처리하기는 어렵다. 하이데거의 초연함(Gelassenheit)이나 빈터(Lichtung), 베유의 빈자리(le vide) 혹은 허실생백(虛室生白)의 체험 등등 어느 것이나 기다림의 대

---

* Jacque Derrida, *Given Time : 1. Counterfeit Money*, (tr). Peggy Gamut, Chicago : the U. of Chicago Press, 1992, pp. 17~18.

상, 아니 거의 그 대상이 없는 기다림을 함축하고 있다. 그것은 단지 어떤 대상(내용)을 망각하는 게 아니다.

'이치가 드러나도 사념이 침노한다(理現念猶侵)'고 하듯이 마음으로부터 잡념을 없애는 것은 지난지사다. 마치 시냅스의 가소성과 연결성처럼 인간의 마음은 자기복제와 범람의 귀재이기 때문이다. 화두를 들거나 기도를 하거나 이런저런 명상법을 실천해본 이들이라면 '내 마음을 나도 몰라!'라고 탄식할 수밖에 없었던 경험이 잦을 것이다.

배유가 집중에 얼마간 비상식적인 가치와 효능을 부여하는 이유를 거꾸로 이런 고민과 절망 속에서 찾을 만하다. 배유는 이런 문제의식을 이미 야무지게 정리해놓았다. "집중은 생각을 중지하는 데 있는데, 이로써 텅 비어 무심한 상태에 이르지만, (동시에) 곧 다른 대상들이 침투할 수 있게 된다."(배유 2008, 111) 사람의 의식은 갖은 대상에 의해 오염되어 있다. '오염'이라고 했지만, 대상의 존재는 이미 그 자체로 의식의 조건이며, 주객의 역동적 관계 속에서 의식이 유지되기 때문에 오히려 그 오염이 정상이다. 후설의 이론처럼 의식은 '지향적 대상(intentionale Gegenstände)'과 공생할 수밖에 없다. 초월(ex-istence)이라고 하든 지향성(Intentionlität)이라고 부르든 의식은 외부 없이 자존할 수 있는 실체가 아니라는 뜻이다. 현대의 신경생리학이나 뇌과학자들이 뇌 생리의 기능적 다이너미즘과 그 향상성 외에 이 전체를 주재하는 초월적 자아라는 게 없다고 하듯이, 실은 이 같은 지향적 대상들이 쉼 없이 간여해서 역동적으로 구성하는 네트워크 이외에 외따로 존재하는 주인-의식이란 없는 것이다. 그래서 제임스는 이미 한 세기 전에 '의식은 존재하지 않고 기능할 뿐'이라는 선견을 남긴 바 있다. 그런 점에서라면 '자아의 공성(空性)'이란 낡았으면서도 그 얼마나 적절한 지적인가. 그러므로 온갖 사상이 깃드는 의식 자체야말로 불교의 연기적(緣起的) 공사상(空思想)의 가장 적절한 예시가 된다.

의식의 성립 자체가 지향적 대상(과)의 역동적 교섭과 맞물려 있는 현상이라면 집중은 의식의 일종이라고 해야 할까, 그렇지 않을까? 살아 있는 폐들이 산소와 교섭하듯이 집중도 의식 일반처럼 지향적 대상과의 쉼 없는 교섭에 의탁하고 있을까? 당연히 집중의 처음은 스스로 뜻을 세워 마음을 모으는 일이므로 의식이 없으면 집중도 없을 테다. 전술했듯이, 인간 종의 인간 됨은 지속적인 차분해짐과 더불어 의식이 집중화 경향을 보이게 된 역사적 경험에 터하기 때문이다. 그래서 애초 '사람은 (차분해져서) 집중하는 존재'라는 명제를 이 글의 대전제로 내세우긴 했지만, 특히 우리 시대 개인들의 세목을 살피자면 제대로 된 집중의 삶을 실천하지 못한 채 일생을 마감하는 이가 부지기수일 것이다. 더구나 도시의 삶은 '이유 없는 피로'*에 절어 깨끗하고 지속적인 에너지를 생산적으로 염출하기가 어렵다. 게다가 자본주의적 삶은 변명과 변덕의 테크놀로지로 번득이기에 '혼자서 하는 일이 깊어지면 신이 내려온다'는 식의 도저한 집중을 찾아보기는 정녕 어렵다. 그러나 성공적인 집중의 경험들은 죄다 의식의 역설(성)을 알린다.

의식의 역설성에 대한 관심은, 지향적 대상과의 관계를 끊고 독존(獨存)이라는 불가능의 상태에 들어간 의식을 탐구하려는 것이다. 앞서 말한 대로 의식은 그 자체로 지향적 대상과의 역동적 관계를 매개로 작동하기 때문에 이러한 움직임은 이미 역설적이다. 의식은 지구 생명계에서 유례를 찾아볼 수 없을 만치 복잡하고 정교해지면서 인간이 외계와 교섭하는 본질적 매체가 되었다. 그 '본질성'을 놓고 때론 육체 및 언어가 의식과 경합을 벌이기도 하지만, 어쨌든 차분하고 지속적으로 주목할 수 있는 기능의 매체인 의식은 아직은 인간 종만의 유일무이한 보편 매체임에 틀림없다. 의식이 매체인 한, 그 의식은 자신의 임계점에서 한계와 본질의 단면을 드러낸다. 가령 임계온도(critical temperature)에서는 기체상과 액체상, 그리고 고체상의 상(相)의 전이(轉移) 현상이 나타난다. '역설적'으로 이 전이 현상은 물질성의 본질을 밝히는 단서가 되기도 하는데, 집중 현상을 통해 상상해보는 의식의 역설성도 마찬가지다. 이를테면 성공적인 집중은 의식의 '외부'(임계)를 드러내면서 의식의 역설적 생산성을 증명하는 것이다. 우리 시대 매체론의 논의 지평에서 고전적 지위를 획득한 마셜 매클루언(1911~1980)의 『미디어의 이

---

* 장 보드리야르, 『소비의 사회』, 이상률 옮김, 문예출판사, 1991, 282쪽.

해』(1964)를 보면 이와 관련해서 매우 흥미로운 사례가 소개, 해설되어 있다.

비행기가 음속(音速)을 돌파하기 직전에 음파가 비행기의 날개 위에 시각적으로 포착된다. 소리가 끝나는 바로 그때 소리가 갑자기 보이게 된다는 이 사실은, 기존 형태가 도달할 수 있는 정점(頂点)에 다다른 바로 그때, 새로운 대립된 형태가 나타난다는, 존재의 커다란 특질이 밝혀지는 순간을 가리키고 있다.(매클루언 2001, 30)

음(音)은 속도의 차원을 타고 임계점을 드러내지만, 의식은 흔히 집중의 차원을 타면서 임계점을 드러낸다. 이로써 스스로의 본질과 때로 놀라운 생산성을 증명하는 일이 가능해진다. 물론 집중의 차원만 그런 게 아니라, 경우에 따라서는 거꾸로 '부스대기(man of distraction)'도 그런 임계점을 보일 수 있다. 다시 정리하자면, 인간 종에게 특유한 집중이라는 정신 현상은 거미줄에 걸린 나비처럼 욕망의 현실에 얹혀 버둥거리는 일상적 의식을 내파하며, 이로써 의식의 오래된 미래의 가능성을 단적으로 드러낼 수 있다. 그리고 차후에 상세히 재론하겠지만, 아주 상식적으로 말하자면 이는 대개 달인과 성인의 자리에 근접하는 효과를 방불케 한다.

의식의 집중이 드물게나마 드러내는 독존(獨存)이라는 불가능의 외현(外現)은 의식의 속성상 당연히 역설적이다. 대체로 독존은 죽음의 그늘을 드리우고 있거나, 아니면 드물게는 비상한 삶이라는 두 가지 양상으로 미끄러진다. 물론 대개의 경우 독존은 죽음이거나 병적이다. (내 스스로 오랜 독신이었고, 또 더러 독신에 관한 글을 발표하기도 했지만 내가 평생 살펴본 바에 의하면, 독신의 삶들은 '대체로' 그리 건강하지 못했다. 그러나 부디 '건강이라는 이데올로기적 지표'에 관한 비판적 논점으로 자신의 재능을 과용하지 마시기를!) 물론 의식의 경우도 이 독존의 두 양상을 고스란히 드러낸다. 다음에 소개하는 일화는 전자의 사례가 될 만한 것으로서 독특하다.

오토 랭크는 『분신(le Double)』에 관한 시론에서 1913년 런던에서 재판이 있었던 한 사건을 이야기한다. 정부(情婦)에게 배신당한 한 영국 귀족이 그녀를 일주일 동안 벽이 온통 거울로 덮인 방에 가둔다. 자신을 바라보며 반성하고 그리하여 스스로의 결점을 고치도록 하기 위해서였다. 여인은 자신의 시선과 대면하는 괴로움을 참지 못하고 결국 미쳐버린다. 죄의식과 혐오감으로 돌아버린 것이다.*

책의 필자는 그녀의 광기를 '죄의식'으로 환원하고 있지만, 나는 이를 '독존의 죽음'이랄 만한 현상으로 짐작한다. 아니, 독

---

* 사빈 멜쉬오르, 『거울의 역사』, 윤진 옮김, 에코리브르, 2001, 244쪽.

존은 그 자체가 이미 죽음의 형식인 것이, 삶이란 상호 관계적 네트워크의 역동적이며 한시적인 점등(點燈)이기 때문이다. 의식 일반이 외부의 지향적 대상들과 쉼 없는 교섭을 통해 자신의 역동적 네트워크를 혈류처럼 유지하듯이, 무릇 타아는 자아의 조건이며 사람은 자기 아닌 것과의 관계를 통해서만 자신의 삶을 건강하게, 의미 있게 유지할 수 있다. 구금된 채 자신밖에 볼 수 없었던 어느 불행한 여인의 심리를 세세히 추체험하기는 어렵지만, 필시 그녀의 병증은 자아 자체를 성립시킬 수 있는 외재적 조건의 상실과 관련될 듯하다. 자아의 무화(無化)와 더불어 구원의 가능성이 생긴다고들 하듯이, 타아의 무화 속에서 죽음은 깃든다.

여기서 여담으로 이와 관련될 만한 내 자신의 경험을 잠시 소개한다. 아마 이것은 '증상'이라는 말에 얼맞은 행태일 듯싶은데, 내 나름대로 길게 분석할 수는 있지만 고칠 수는 없는 것이기도 하다. 나도 하루에 두어 차례 거울을 보긴 한다. 하지만 이 경우 조건은 분명한 의도가 앞선다는 것이며, 조금 과장하자면 (무슨 끔찍한 경험의 입구에 들어서는 것처럼) 얼마간 마음의 준비가 선행돼야 한다. 그러나 참으로 '거울사회'라고 할 수 있는 우리의 도시 속에서 살아가다보면, 의도 없이, 그리고 마음의 준비 없이 거울(같은 것들)에 나 자신의 몸이 덧없이 비춰지는 때가 있다. 이때마다 나는 필경 남들이 이해하기 어려운 꺼림칙한 경험을 한다. 내 모습이 내 의도를 벗어나 거울(과 같은 것)에 비춰질 때마다 마치 내 '영혼'이 불에 덴 것 같은 기이한 상처의 감각을 느끼곤 하는 것이다. 이것은 참으로 이해하기가 쉽지 않을 것이며, (니체의 표현처럼) '공들여 배워야 할 타인의 고통'과 같이 매우 사적인 성격을 지닌다. 나는 오랫동안 내 주변의 지인이나 후학들에게 이 얘기를 해봤지만, 깊은 공감이나 이해를 표한 사람은 한 명도 없었으니, 내 행태는 다분히 증상적인 것일 수밖에 없으리라. 하지만 증상이, 진실이 힘들게 숨 쉬고 있는 장소라고 여겨보자. 이 글을 쓰고 있는 지금(2015년 가을), 내가 세 들어 살고 있는 집 현관은 한쪽이 신발장이고 맞은편이 불행히도 전면 거울이다. 나는 현관을 드나들 때마다 늘 신발장 쪽으로 몸을 완전히 돌려 거울로는 잠시의 틈도 주지 않으려고 애쓴다. 나 스스로 이를 우습게 여기면서도 이 마음의 편벽은 어찌할 수 없는데, 모쪼록 다만 이 증상의 분석이 인류의 내력에 대한 이해에, 특히 집중적 존재인 인간의 정신적 삶에 대한 이해에 일말의 실마리를 던질 수 있기만 바랄 뿐이다.

사족으로 한마디를 덧댄다. 며칠 전(2015년 12월 3일) 어느 곳에서 내 차례를 기다리다가 탁자 위에 굴러다니는 책에 더뻑 손이 갔다. 『생활풍수 인테리어』라는 팸플릿류의 소책자였는데, 나도 이사를 앞두고 입주할 집의 내부를 수개월째 손수 손보던 처지라 관심이 촉발되었던가보다. 책을 펴자 눈에 잡힌 '거실'편의 첫 꼭지가 마침 이런 제목을 달고 있었다. '너무 큰 거울은 사람의 기운을 빼앗는다'(!) 거름 속에서도 금화가 나온다고,

나는 짜장 '도랑 치고 가재 잡고' '배 먹고 이 닦은' 느낌을 금치 못했다.

거실에 거울을 설치하는 것은 무조건 좋지 않다. 특히 거실의 모습을 모두 비추는 큰 거울은 가족 간의 화합을 방해하므로 무조건 떼어내야 한다. 큰 거울은 사람의 기운을 뺏는다. 그래도 거울이 꼭 필요한 경우라면 화분이나 그림을 이용해 거울의 절반 정도는 가려주도록 한다.[*]

풍수에 대한 여러 논란과는 무관하게 나는 이 글이 (특히 내 경험에 비추어) 극히 흥미롭게 생각되었다. 내 오랜 증상적 반응에 대해 지인들과 학술적 담론이 들려줄 게 별로 없었던 반면, 늘 사시(斜視) 아래에서 수상하게 취급되었던 풍수적 이치의 한 자락이 마치 심금을 치는 그리운 기별처럼 다가왔던 것이다. '현관' 편에서도 비슷한 글이 있어 내친김에 오해를 무릅쓰고 덧붙인다.

현관에 들어섰을 때 정면으로 마주 보는 곳에 거울이 있으면 좋지 않다는 것은 이제 웬만한 사람들은 다 아는 상식이다. 아닌 게 아니라 정면에 있는 거울은 들어오는 행운을 돌려보내므로 절대적으로

---

[*] 강정주, 『생활풍수 인테리어』, 미래출판기획, 2011, 42쪽.

피해야 한다. (…) 집 안에 거울을 지나치게 많이 두면 초조, 두통, 불면, 신경쇠약에 시달릴 수 있으므로 세심한 주의가 필요하다.(강영주 2013, 34)

독존의 두 번째 양상으로 '비상한 삶'을 들 수 있겠는데, 당연히 이 비상함의 일부는 병증과 구별되지 않는다. 이것을 의식 차원으로 치환시킨다면 소수의 인간이 성취한 집중의 삶에 비견할 수 있다. 나는 꽤 긴 시간 동안 이런 삶의 모델들을 찾고 읽고 살펴왔다. 그중 하나로, 비록 전설적인 배경을 깐 데다 문장의 뜻조차 정밀하지 않지만, 티베트의 성자 밀라레빠(1052~1135)가 남긴 송문(頌文)의 일부야말로 이같이 비상한 삶에 든 의식 상태를 적절히 표현한다고 여기게 되었다.

원컨대 평온한 무의식 속으로/ 빠지지 말며/ 초의식의 꽃이/ 내 안에서 피어나게 하소서.[*]

물론 이런 유의 짧고 느슨하고 애매한 표현만으로는 이 논의에 실익을 안겨주기 어렵겠다. 그렇긴 해도, 나는 정신분석이나 종교적 문헌 혹은 문학작품 속에서 이만큼 마음에 쏙 드는 글귀를 얻지 못했다. 독자들이 이 문장을 대하고 뜨악해할 것은 당

---

[*] 롭상라롱파, 『티벳 불교의 성자, 밀라레빠』, 이경숙 옮김, 불일출판사, 1988, 116쪽.

연하겠지만, 이 느낌은 내 독서와 경험의 맥락 속에서 직관적인 종합을 얻은 끝에 생긴 것으로 이해해주길 바랄 뿐이다. 독존의 비상한 삶으로 손쉽게 떠올릴 수 있는 사례가 마르셀 프루스트다. 프루스트는 양친을 여윈 1905년 이후 남은 생애 전체를 은둔자로 지내면서 소설 쓰기에 골몰했다. 그가 글을 쓰던 파리 아파트의 벽은 방음을 위해 코르크 처리를 했고 햇빛은 완벽히 차단되었으며 그는 그곳을 거의 벗어난 적이 없다고 한다.

앞서 말한 대로 집중 행위는 독존과 유사한 벡터를 지니고 있으므로, 이것도 죽음이나 비상한 삶으로 대별되어 드러난다. 성공적인 집중, 다시 말해 달인과 성인의 자리들이 예시한 집중의 실천은 그 자체로 의식의 임계점에 올라 이로써 의식의 오래된 미래의 가능성을 단적으로 드러낸다. 이와 대조적으로 죽음 혹은 병증에 이르는 집중의 형식은 아마도 마비(痲痺)가 일반적일 것이다. 매체론적으로 보자면, 마비는 신체가 하나의 매체에만 지속적으로 노출당하는 경우에 해당된다. 내 지기 중 한 사람인 A는 전형적인 가납사니(windbag)인데, 워낙 달변에 말수도 많아 웬만한 사람이라면 더불어 대화하기가 쉽지 않은 타입이다. 언젠가 그의 친구가 내게 전해준 말에 의하면, 그 친구가 무슨 계기로 A와 더불어 장시간 함께 있게 되었는데 네댓 시간이 지난 다음부터는 A의 말이 잘 들리지 않고 마치 환청처럼 '왱왱 왱왱' 하는 기계음만 다가오더라는 것이었다. 놀랍게도 이게 전부가 아니며, 이튿날에도 하루 종일 환청처럼 A의 음성으로 '짐작'되는 진동의 물결이 그의 귀 주변을 떠나지 않았단다. 이것 역시 감각이 집중된 탓에 생긴 일종의 마비다. 매클루언이 "오늘날처럼 우리의 중추신경이 확장되며 노출되고 있는 이상 우리는 그것을 마비시키지 않고서는 죽고 말 것"(매클루언 2001, 80)이라고도 했지만, 그 친구의 청력이 마비되어버린 일은 스스로를 보호하기 위한 전환장애적 증상인 셈이다. 내가 어릴 적에는 술 먹고 길에서 자다가 입이 돌아가버린 안면마비 환자들을 더러 볼 수 있었는데, 굳이 몰아붙이자면 이것 역시 신체가 추위라는 하나의 '매체'에 장시간 노출된 탓에 생긴 마비 현상일 것이다. 장시간 거울에 자아가 노출된 여인이 그 자아를 잃어버리고, 장시간 같은 음성에 노출된 사람의 청력이 쇠퇴하며, 장시간 추위에 노출된 피부가 마비에 이르고, 장시간 휴대전화라는 매체에 붙들려 살아가는 사람에게 어떤 종류의 정신적 마비가 생길 것은 뻔한 노릇이다. 이런 점에서는 중독도 마비와 비슷하게 취급할 수 있겠다. 이 현상은 당연히 시선과 소리와 추위에만 해당되지 않는다. 사람의 '생각'도 어휘도 이데올로기도 마찬가지다.

그러나 비상한 삶으로 나아가는 집중의 형식은 불인(不仁)하지 않고 인(仁)하다. 경우에 따라 정신의 쏠림은 과도하게 하나에 치우쳐 특정한 대상이나 소재를 과용*함으로써 집중의 ('해

---

* 과용(過用)의 현상은 현대사회에 만연한 중요한 사안이므로 주목을 요한다. 조금 다른 경우이긴 하지만, 이 문제는 심지어 학술 영역에도 널리 퍼져 있고 '담론의 남용'이라는 형

방'이라는) 장점을 살리지 못한 채 중독과 비슷한 겸제(鉗制)의 상태에 빠진다. 그런데 바로 이 인(仁)하다는 말 속에 집중의 역설성 혹은 집중의 탈세계성이 새겨져 있다. '인하다'는 것은 생이불유(生而不有)하듯 부드럽게 옮겨가는 처신이며 이윽고 '오른손이 한 선행을 왼손이 모르게 하는' 것인데, 이는 응당 불가능한 행위다. 그것은 의식의 바다에서 올라온 집중이 바로 그 의식을 초월하는 지경의 불가능성을 잠시의 무지개처럼 내보이는 형식이다. 막스 베버의 이념형이 시사하듯이, 이상 혹은 불가능성은 우리의 일상이 이미 전제하고 있지만 숨긴 영역에 반조적(返照的)으로 접근하려는 뜻이 있다. 집중은 애초에 의식이 기생하는 잡다한 지향적 내용들에 의탁한 채로 그 에너지를 얻어 시작되지만, 물 위로 뛰어오르는 돌고래의 비상처럼 어느새 깊어진 집중의 힘은 그 자체로 의식을 내파(內破)하고 자신의 다른 가능성을 뇌성벽력처럼 혹은 먹구름 속의 한 점 하양처럼 드러낸다.

무릇 내용이 시공간을 거치면서 형식이 생겨나지만, 그 형식에 견결하게 충실한 끝에 현달(賢達)해지는 찰나 그는 어느새 그 내용과 형식을 동시에 벗어나 자유로운 영혼의 차원을 맛볼 수도 있다. 사람의 정성(精誠)이란 게 꼭 그렇다. 가령 '철든다'

태로 마치 전염병처럼, 매력적인 유행처럼 학인들의 사유와 글쓰기를 지배하고 있다. '하고 싶은 것은 다 해보고 해낸 것은 다 판다'는 과용과 남용의 시대에 인문학적 감성과 전망을 잣대 삼아 적절한 '실학(實學)'의 이념을 고민해볼 만하다.

는 말을 중국어로는 '동사(憧事, dǒngshì)'라고 한다. 말할 필요도 없이 인간의 정신[憧]과 세상의 일(事) 사이의 관계에서 벌어지는 어떤 사태를 일깨운다. 일본어로 '철든다'의 '철'은 (매우 흥미롭게도) '물심(物心, ものごころ)'인데, 이것도 인간의 마음과 세상이 서로 어울려 이루어내는 어떤 지경을 말하는 데에는 아무 차이가 없다. 그런가 하면 우리말의 '철든다'에서 '철'은 계절이라는 뜻이므로, 다소 에둘러 표현하는 묘미를 보인다고 할까. 아무튼 이런 어의적 사례들에서 볼 수 있듯이, 사람의 마음이 정성을 들여 세상을 살아가노라면 반드시 묘리(妙理)가 생겨, '몸이 맑아지면 그 뜻은 신과 같아진다(淸明在躬氣志如神)'는 옛말이 허탄하지 않음을 알 수 있다. 무엇인가를 한마음으로 지키고 보살펴 지며리 정성을 바치면 이윽고 그곳에 신[神機]이 내려오는 일이 꼭 이와 같다. 물론 그 신기가 몸을 타고 내려오면 달인을 이루고, 정신(인격)을 타게 되면 성인을 이루게 되는 경우가 일반적이다. 하지만 차후에 논의하게 될 것처럼, 이 둘의 차원은 자주 겹치며, 내 지론에 의하면 이 두 영역을 융통할 수 있는 방식에 대한 인문학적 탐색은 일견 공부의 정점을 치는 묘미가 있다. 재론할 것도 없이 몸과 마음이 갈라진 것은 생명사에서 그리 오래된 사태가 아니며 둘은 여전히 깊이 연루되어 있는데, 다만 의식 중심적 생활이 지나치게 강화된 탓에 마치 선조의 덕을 후손이 망각하듯 하고 있을 뿐이다.

어떤 성공적인, 그리고 운 좋은 집중은 내용이 사라진 형식의 일종이다. 잠시도 그 지향적 내용이 없이는 존립할 수 없는 인간의 의식이 도달 가능한 최고의 성취다. 내용이 없는 의식은 그 자체로 이미 역설이므로, 이 경우의 의식은 당연히 (애초의 차원을 잃고) 어떤 '초월성'을 띨 수밖에 없다. 그럼에도 불구하고 초월성이 작동하는 방식은 여전히 분명하지 않다. 종교와 민간 설화 등의 영역에서 전해진 수많은 사례가 그 방식의 일반화된 갈래들을 전해주긴 하지만, 초월성이 품은 역설성은 길 뿐아니라 분석적인 접근을 거부한다. 비유하자면, 마치 신(神)을 만나 커피를 마시면서 긴 시간 잡담할 수 없는 것처럼 말이다. 바로 이런 탓/덕에 집중은 원칙적인 불가능성을 가리킨다. '좁은 문'이라는 종교적 은유가 천국의 문이라는 불가능을 가리키듯이, 집중이라는 인간 의식의 보편적 가능성은 내용을 떠남으로써만 가능해지는 성격 탓에 곧 불가능성이 된다. 이 불가능성은 여러 형태의 초월성(transcendentality)으로 그 찰나의 얼굴을 나타내지만, 사과의 속처럼 쉽게 상하며, 해설이 길어질수록 더욱 궁색해 보이는 법이다. 계율이 수행자의 충동과 근기를 드러내고, 글체와 말본이 학생의 기량과 덕성을 드러내며, 약속이 사람의 재능과 국량을 드러내듯이, 집중은 사람의 의식을 통해 그의 존재를 드러내는 형식이 된다.

3장

—

일본
혹은 어떤 차분함에 대하여

—

16-1. 차분한 물건들 혹은
인간의 책임

빼곡히 들어찼지만, 하나하나 정갈하게 다듬어진 가게들은
이른바 '천하제일주의(天下第一主義)'의 내력을 품은 자생적 근
대화의 한 극점을 보인다. 단정하게 배치된 장인의 물건들은 정
교한 만큼 '차분하게' '제자리에 내려와 그 자리에 착실하게 붙
어 있다(落ち着く)." 사람이 사는 장소가 차분해 보일 때에는 그
곳에 사는 사람들을 살펴봐야 한다. 마찬가지로 사람이 사는 장
소가 왠지 모르게 '들떠' 있는 느낌이라면 다시 그곳의 주민들
을 유심히 살펴봐야 한다. 다른 기회에 좀더 자세히 해명해보겠
지만, 장소를 지배하는 존재의 책임은 실로 한량없는데, 가령
어떤 장소를 인간이라는 생명체가 지배한다면 그의 책임은 제
자손이나 가축이나 축대(築臺)에서 끝나지 않는다. 고라니나 길
고양이는 물론이고 길섶의 야생화나 뒷산의 샘물 혹은 공기, 심
지어 그 마을을 적시는 밤하늘 별빛까지도 다 그의 책임 아래
있는 것이다.

어째서 일본인들의 눈은 외부보다도 내부로 향하는 경우가 더 많은 것일까? 어째서 도쿠가와 시대에 세키몬신가쿠(石門心學)가 유행했던 것일까? 어째서 두 차례의 세계대전 사이에 사소설(私小說)이 문단을 지배했던 것일까?[*]

이런 물음을 던질 필요조차 없다. 그들의 차분한 물건들이 그 이유를 품고 있다. 마찬가지로 누구든 '이해를 방해하는 비판적 무장(武裝)'[**]을 벗고 다가서기만 한다면 그 답은 널려 있다. 그 차분한 물건들의 기능은 윤리학을 넘어서고 곧 미학을 범람한다. 아, 기능에서 동떨어진 뻔뻔한 미학이 난무하고 있는 것인가, 아니면 그 모든 미학은 기능의 극점에서 저절로 생기는 자탄(自歎) 혹은 자탄(自嘆)일 뿐인가? 상가에서 잠시 벗어난 자리에 이어지는 주택들도 녹색 이끼처럼 차분하다. 이것은 내가 1980년대 말 미국의 소읍들에서 발견했던 '역사의 종말'스러운 분위기를 묘하게 스쳐가지만, 일본의 이끼는 미국의 잔디가 아니다. 영국과 미국의 잔디가 깎아도 깎아도 기를 쓰고 자신을 벌려 타인들을 향하고 있는 반면, 이곳의 이끼는 세상의 모든 것을 속으로 넣고 품어 이로써 잔디보다 어두워진 기색으로 차분하고 단단하게 땅을 고집하고 있다. 그 사이에, 상품들과 주

---

[*] 가토 슈이치, 『일본문화의 시간과 공간』, 박인순 옮김, 작은이야기, 2010, 212쪽.
[**] Bryan Magee, *Confessions of a Philosopher*, New York: The Modern Library, 1999, p. 399.

택들의 곁에는 길을 묻는 누구에게나 친절한 일본인들의 치밀
어 올라가는 음조의 하이(はい)와 매끄러운 물매를 타고 흐르는
아리가토고자이마스(ありがとうございます)가 있다.

16-2. 장인, 그 정성의 이력이
신(神)을 불러낸 자리

물건들이 기술적으로 완벽해져가면 인간들은 어떻게 되는 것일까? 이 물건들이 기계화될 뿐만 아니라 이것들이 만들어지는 과정 일체도 기계화된다면 인간들에게서 사라지는 것은 무엇일까? 기계화 혹은 자동화가 노동의 절감(節減)일진대 이 절감된 노동 속에서 더불어 사라지는 것이 있을까? 노동이 절감되어야 할 사회적 여건이나 개인적 이유가 있고 이는 마땅히 존중되어야겠지만, (늘어나는 여유 시간이 인간의 창의성이나 성숙에 이바지하지 못하듯이) 혹시 그 노동의 절감이 '인간의 절감'으로 이어지는 계기가 되는 것은 아닐까?

인간의 노동은 원래, 이미 과잉이다. 비록 그 결과물이 같다고 해도 물건을 만들어내는 인간의 노동은 자동화된 기계의 '제작'과는 그 종류가 다르다. 호네트의 표현처럼 '근원적-참여적 관점'이 중립화된 채 나타나는 물화의 과정으로 환원될 수 없는 것이다. 이런 의미에서 그 노동은 늘 '메타적'이며, 노동은 노동 자체를 실존적으로 초과하는 잉여의 부분을 갖는다. 좋든 싫든, 이는 어쩔 수 없는 인간됨의 조건일 뿐이다. 불편하고 헛되고 괴상해도 할 수 없으니, 인간이 자신의 의미를 만들고 가치를 구성해가는 방식은 비용-편익의 계선을 쫓아 일률적으로 규정되지 않는다. 이를테면 '채를 나누어서 짓고 불편하게 살자'(이일훈)는 것은 건축의 기법만이 아니라 인간이라는 존재가 꾸려가려는 삶의 양식이 편리함과 일차적인 유용함만을 추구하지 않는다는 사실에 대한 한 방증일 것이다.

인간의 노동이 과잉으로 흐르면 우리는 이를 대체로 낭비라 부른다. 당연한 지적이다. 하지만 어떤 종류의 낭비는 '정성(精誠)'이라고 하는데, 정성은 흥미롭게도 주체와 객체를 동시에 변화시키는 힘을 갖는다. 한 대상을 향해 과잉 투여된 노동은 노동의 관계와 대상을 질적으로 변화시키기도 하는 것이다. 가령 '줄수록 양양'이라고 하지만 사랑이 과하면 키우는 아이든 사귀는 애인이든 부작용이 생기는 법이며, 또 적절한 시기에 듬뿍 받은 사랑의 에너지는 한 사람의 전 생애를 관용적이며 이타적으로 기울게 돕기도 한다. 정성을 담은 노동이 익어가는 과정도 이와 같다. 집중의 비밀을 담은 정성은 노동의 세월이 품은 음덕으로써 사람의 경우든 사물이든 더러 양질(量質), 물심(物心), 그리고 인귀(人鬼)의 구분을 넘어서게 하는 비상한 진경(進境)을 보이기도 한다. 요지는, 물건들이 기계적으로 완벽해져서 기능성 이외의 모든 흔적과 아우라가 소실될 경우 바로 이와 같은 성격의 진경이 막힌다는 것이다.

가령 망자의 어떤 유품(遺品)에 어린 기운이 있다면, 그것은 한때 이러한 진경을 활성화시킬 수 있었던 사람, 그 사람이 활성화시켰던 사물 속의 흔적, 그리고 그 사람의 정성과 사물의 흔적이 서로 어울려 만들어낸 극묘(極妙)한 진화의 선단(先端)일 것이다. 이런저런 계기에 '장소감'이라는 용어를 자주 사용했지만, 이것 역시 그 장소와 관련된 노동(렐프 2005, 102)에 개입하는 사람들이 경험하는 "행위와 의도의 중심"(렐프 2005, 102)을 가리킨다. 물심(物心)을 질적으로 갈라놓았던 의식 중심적, 객관주의적, 근대 학술적 입장과 태도들이 다방면에서 의심을 받거나 반박당해온 것은 이제 상식이 되었다. 물심 사이의 유기적 관련성에 관한 사례나 분석은 셀 수 없이 많고, 이를 통으로 뒷받침하려는 이론도 적지 않아 데카르트 식의 이분법은 이미 낡은 어휘이자 철 지난 유행이 되었다. 나는 특히 지속적이며 정성 어린 노동을 통해서 이 둘 사이의 관계가 바뀔 수 있다는 점에 주목하고 있지만, 여기서 '노동'이라는 말은 넓게 사용되고 있으며 그만큼 애매할 수밖에 없다.

의식 중심주의를 뚫거나 에둘러 나아가려는 이들의 행보를 운명처럼 들씌우는 혐의는 증상적이다. 그래서 학(學)과 술(術)의 경계를 통섭하려 했던 카를 융이나 라이얼 왓슨 등등의 이론과 사례들에는 지나치게 직관적이거나 더러 엽기적인 구석조차 있다. 하지만 매사 좁은 문을 열어 진경을 얻고자 하는 노력의 길에는 추종을 불허하는 급진성이 있고, 거기에는 기괴한 풍경마저 생기는 법이다. 가령 이런 식이다.

그것을 '생체 플라즈마' '아우라' '생명장' 그 어느 것으로 부르든지 우리가 미치는 영향력의 범위는 피부에서 끝나지 않는다는 결론을 피하기가 어렵게 되어가고 있다. 전통적으로 힘이라고 하면 우리 신체를 연상시키지만 우리는 그 이상의 힘을 만들어내며 통제하고 있다. 당신이 이런 사실을 받아들일 수 있다면, 염력은 더이상 이질적으로 느껴지지 않을 것이다. 마음이 우리 신체 근육들을 통제하고 지도한다는 사실을 의심하는 사람은 없다. 그런데 이미 그 속에 염력의 요소가 들어 있는 것이다. 아무도 눈으로 본 적이 없는 '마음'과 같은 것은 근육 에너지를 움직이고 있다. 또한 마음은 유형의 물체들을 움직이는 정신 에너지를 창출하면서 실재하지 않는 것과 실재하는 것 사이의 간격을 뛰어넘는다.(왓슨 1992, 239~240)

장인의 정성이 밴 노동 속에는 물심이원론을 희롱하거나 넘어서는 진동과 겹침이 흔하다. 일본인들에게 흔히 보이는 '정형화의 경향'이나 매뉴얼 사회(manual-society)를 향한 제도적 관심도 "형(型)에 들어가서 형으로 나온다"*는 장인 정신의 전통

---

* 미나미 히로시, 『일본적 자아』, 서정완 옮김, 소화, 2015, 190쪽.

과 관련된다. 누구든 어디든 제 이력과 깜냥만큼 행복해하거나 불평할 수밖에 없듯이, 작금의 일본사회도 이 장인 정신을 포함한 전통의 몰락을 화제로 삼고 있다. 하지만 적지 않은 일본 드라마에서만 해도, 어느 정도 도덕이나 상식을 넘어선 자리를 얻어 스스로를 규율하며 자신의 솜씨(腕前)를 닦아가는 장인의 캐릭터가 등장하곤 한다. 이 글의 논지를 다소 적극적으로 해석하자면, 장인이란 그 정성의 이력이 신을 불러낸 '장소'를 가리킨다. 일본의 장인들을 두고 하는 말 중에는 (자신의 솜씨를 통해 자신이 만드는 물건에) '귀신이 내려오도록' 정(精)과 숙(熟)을 다해 자신의 물건을 만든다고 하는 것이 있다. 세상의 물건이 만들어지는 방식에 따라 두 가지 다른 종류의 완벽함을 상정할 수 있을 것이다. 앞서 말한 기술적, 기능적 완벽함은 귀신들을 물건으로부터 추방하는 데에 그 요령이 있다. 이른바 '세계의 탈주술화(Entzauberung der Welt)'로부터 완벽한 물화에 이르는 매끄럽고도 일방적인 소외의 과정이다. 반면 일본 장인의 전통적인 솜씨에 깃든 완벽은 귀신들이 물건을 탐하는 매력과 기운을 얻고, 또 그 솜씨를 매개로 귀신들이 결코 그것(곳)에서 떨어지려고 하지 않는다.

16-3. 좋은 시민과 나쁜 국민

이들은 마치 연극 속에 있는 것처럼 예의 바르다. 고백의 본질을 불가능으로 전제한 뒤 "살에까지 파고들어간 가면(假面), 살집이 된 가면만이 고백하는 게 가능하다"*던 미시마 유키오의 말처럼. 연극 속의 예의는 어느새 고백처럼 투명해져갈지도 모른다. 내가 본 일본인들은 대체로, 비교적 남의 사적 공간을 배려하며, 실없이 타인에게 시선을 꽂지 않았다. (이 '시선'의 차이는 매우 중요하지만 특히 한국인들 사이에서는 제대로 이해되지 않고 있는데, 다른 기회에 상세히 논의하겠다.) '왜놈들은 속을 알 수가 없어!'라고들 하지만, '겉볼안'이라, 겉이 제대로 조직화되면 속을 알아야 할 필요는 차츰 줄어든다. 관계의 합리성을 위해 상대의 진심(ほんき)이 필요한 사회가 더 나은 사회일까?

사념이 밀물처럼 돋아 기분을 쫓아 쏠려다니는 짓은 공부 일

---

* 福田恆存, '仮面の告白について', 三島由紀夫, 『仮面の告白』, 新潮社, 2010, 272쪽.

반에 별 도움이 되지 못한다. 이른바 깨침의 공부를 위해서도 이런 식의 심리적 변덕은 쥐약일 뿐이다. 경우에 따라서는, 매일매시의 기분과 사념에 일희일비하면서 상대를 대하는 태도는 미친놈에게 자동소총을 쥐여주는 것만큼이나 불안전한 짓이다. 『예기』에 '예로써 백성의 마음을 절제시킨다(禮節民心)'고 했듯이, 예의라는 제도는 기본적으로 기분과 사념을 따라 도는 얕은 마음의 자리를 봉쇄해서 그 정해진 길들을 유지하려는 장치다. 마음은 '마음대로' 움직이는 법이므로, 이 마음을 제어하지 못하면 문화도 없고 공화로운 사회도 없으며 마찬가지로 공부의 실천도 있을 수 없다. 상품의 매뉴얼이 고장을 예방하고 정상적인 운용을 돕듯이 사람들 사이의 관계를 규제하는 예의는 마음의 노고와 피폐를 예방하고 관계의 실제가 매끄럽게 이루어지도록 돕는다.

편의점에서도 식당에서도 혹은 여관에서도 이들은 실없는 마음이 돈을 자리를 봉쇄하듯이 빠르고 정확한 예사(禮辭)를 구사한다. 어떤 것이든 나름의 이유가 있으며, 어떤 경우에든 정해진 어법이 있다. 매사에 정해진 매뉴얼대로 운신하면서 굳이 자아(ego)를 줏뿔나게 내세우지 않아도 떳떳하다. 매뉴얼(manuals)은 사람들로 하여금 마음의 바깥으로 나와서 사회적 필요에 응해 기동적(mobile)이도록 돕는다. 운신이나 언행의 매뉴얼이 만들어낸 작은 사건(?) 하나를 소개해볼까 한다. 언젠가 일본에서 기차를 처음 이용하던 날, 나는 여태 집찰(集札)하는 제도가 있으리라고는 예상도 하지 못한 채 기차에서 내리자마자 바로 인근의 쓰레기통 속에 차표를 버렸다. 그러고는 200미터 정도를 유유히 걸어서 역사 밖으로 나가려던 찰나, 집찰기가 은색으로 번쩍이며 내 앞에 버티고 선 것을 보았다. 황급히 종종걸음으로 그 쓰레기통을 향해 되돌아갔다. 하지만 그 짧은 사이, 내 기차표를 던져넣은 쓰레기는 이미 수거되어 없었고 새 비닐이 통 속에 끼워져 있었다. 하릴없이 집찰구 쪽으로 걸음을 돌리려다가 혹시나 하는 생각으로 마침 인근에 있던 역무원에게 사정을 얘기했다. 그는 나를 데리고 플랫폼 한쪽에 설치된 청소공구실로 들어갔다. 실내 창가에는 작은 책상이 하나 있었는데, 바로 그 위에 내가 버린 기차표가 은색 집찰기보다 더 하얗게 빛나고 있었다.

하지만 매뉴얼에 따른 기동성이 양가적 가치를 띠는 점에 유의해야 한다. 왜냐하면 기동성은 곧 동원 가능성(mobilizability)으로 이어지기 때문이다. 여기서 놀라운 것은 이 둘 사이를 오르내리는 전환 가능성이다. 이면(flip-side)은 늘 보이지 않지만 그 거리는 결국 손가락으로 툭 치는 것(flip)에 불과하기 때문이다. 자의(恣意)의 꼼수나 횡포를 제어하고 사회적 필요에 순응하는 게 매뉴얼에 터한 기동성이라면 이는 '좋은 시민'을 기르고 유지하는 데 어느 정도 도움이 될 것이다. 그러나 이 기동성이 일사불란한 국가적 요구나 선동과 폭력의 도구로 전환될 때에는 '나쁜 국민'을 낳는 데로 몰밀려갈 수도 있다. 예의 바르고 친절한 시민들, 그리고 떼거리로 몰려다니면서 폭력적 이데올로기에 공명하는 국민 사이의 거리는 멀어 보이지만 그 역사는 그리 멀리 있지 않다.

16-4. 예의 혹은 연극적 외설성

예의는 연극적이다. 그 힘은 연극적 일관성으로부터 추출된다. 그러나 가면이 역설적으로 고백의 매체인 것처럼 연극적 예의는 본심을 찔러든다. 허허, 본심이라니! 하면서 예의가 고소(苦笑)를 보일 듯하다. 가면과 고백을 서로 대치시키고 예절과 본심을 가르는 진지한 형이상학 혹은 윤리학은 바로 그 진지함 탓에 자중지란에 빠진다. 다시 말할 것도 없다. 어떤, 연극적 삶은 인간이 도달할 수 있는 최선의 것이다.

내 첫인상에 잡힌 일본인들은(여기서도 '사람마다 다르다'는 따위의 지나치게 옳은 말은 결코 하지 않도록 하자) '마치 연극 속에 있는 것처럼 예의 바른'* 사람들이다. 그러나 극성(theatricity)은

---

* 이러한 특색을 '수치심 사회'라는 개념을 통해 설명하면서 서양의 '죄책감 사회'와 대비시키기도 한다. "흔히 수치심 사회와 죄책감 사회를 구분한다. 그 구분의 중심축은 구성원들이 사회 규범을 내면화하여 규범을 어겼을 때 죄책감을 느끼는 사회와, 모든 것이 외면화되어서 구성원들의 주된 동기가 수치를 당하지 않기 위해 외적 제재를 피하고 다른 사람들 눈에 자신의 명예와 체통을 유지하는 데 있는 사회를 나눈 것이다. (…) 이상적인 수치심 사회에서 살아가는 사람들은 자존심을 갖지 않으며 오직 다른 사람의 눈에 비친 명예의

빈 형식이며, 무릇 빈 것을 빈 채로 유지하기가 쌓거나 쟁여서 무엇을 만들어내기보다 훨씬 어려운 법이다. 극성이라는 빈 형식도 마치 텅 빈 집중의 행위처럼 내용과 방향에 의해서 애초의 형식이 오염될 수도 있다. 극중의 배우는 내용적 진지함에 빠져 그 극성을 잃어버릴 수 있고, 예의는 욕심이라는 마음의 내용에 자주 흔들리며, 집중은 역시 끊이지 않는 사념의 구멍 속으로 빠져 달아난다. 그러나 집중이 지니는 '이상형'적 태세에 대해 이미 언급했음에도 불구하고 현실적으로 말하자면 연기와 예의와 집중의 진실은 좀더 '절충적'으로 갈무리될 필요가 있다. 절충은 타협적 조작이 아니라 이미 우리 삶과 세상 속에 기입되어 있는 존재의 구성에 이른다. 이상주의자들에게, '자립'하려는 이들에게, 이는 무서운 사실일 것이다. 빼어난 시인 허만하의 말과는 달리 수직으로 혼자 설 수 있는 것은 없다. "시는 시만으로 직립해야 한다. 하늘의 높이에서 얼어 있는 햇살의 폭포같이 수직으로 혼자서 서야 한다."* 대체로 이들—연기와 예의와 집중—은 자신의 형식만으로 직립하지 못한 채 어느새 내용과 공모(共謀)하기 때문이다. 여기서 '민주주의는 텅 빈 채 불완전하기에 그 속에 반(反)민주주의적 내용을 채울 필요가 있다'는 지젝의 주장을 잠시 떠올려봐도 좋을 듯하다. 그러면 이들의 친절과 예의와 연극은 대체 무엇과 공모관계를 맺고 있을까? 자살

식만 갖는다."(마갈릿 2008, 146~147)
* 허만하, 『낙타는 십리 밖 물냄새를 맡는다』, 솔, 2000, 38쪽.

조차 의식(儀式) 속으로 물화시킨 할복(腹切り)일까, 난징 대학살과 같이 타자의 땅에서 벌어진 '화려한 휴가'일까, 혹은 세계 최고라고들 하는 성 산업일까? 라캉을 해설해놓은 지젝의 말과 같이 "법의 외설성은 바로 법의 형식 그 자체"(지젝 2002, 146)라면, 내용을 사상(捨象)하려고 애쓰는 연극적 예의의 외설성은 바로 예의 그 자체의 형식성을 뒤집어쓰고 있는 것일까.

연극적 공중(公衆)의 진리가 드러나는 끔찍한 쾌락의 지점은 물론 그 연극의 외밀(外密)한 지점(L'extimité)이다. 나는 이 지점이 예의 '동원 가능성'이라는 형식을 통해 바깥으로 뻗어간다고 여긴다. 그런 점에서는, 앞서 말한 할복이나 난징 대학살이나 성 산업 등은 죄다 예의 바르고 친절하며 연극적 성실성을 체화한 일본인들의 (끔찍한) 쾌락이 드러나는 곳이다. 혹은 최소한 그 무내용의 극성이 밖으로 터지면서 내용적 타락을 이루는 곳이다. 개인적 친절이 집단적-비도덕적 동원성과 연루되기 위해 필요한 제3의 매개가 있을까? 대개의 경우 개인의 성실이 집단의 잔인함으로 번역될 수 없도록 막는 제도와 문화가 설치되어 있는 법이다. 개인의 선의와 성실이 주변 여건과 연동해서 요동할 때조차 그 번역(변질)은 개별적, 일탈적, 간헐적으로 표현될 뿐이다. 그러나 일본은 이 점에서 조금 별스러워 보인다. 마치 "북한에서 이상적인 사랑의 관계는 (지도자 동지가 그 사이에 끼는) 삼각관계"*라고 하듯이, 동원 가능성의 맥락을 좇아 현시하는 이들의 끔찍한 쾌락도 이와 같은 삼각관계의 효과였을

까? 이들 친절하고 성실한 일본인에게 있어 그 삼각관계의 돌쩌귀 혹은 윤리적 번역기는 만세일계(萬世一系)의 천황으로부터 이타다키마스(いただきます)의 의례에 이르는 국-가족사(國-家族史)의 내력이었을까?

---

* 권헌익·정병호, 『극장국가 북한』, 창비, 2013, 135쪽.

3 장 일 본 혹 은 어 떤 차 분 함 에 대 하 여

16-5. 외부자는 관측을 오용한다

채 한 뼘(?)도 되지 않을 곳을 단정하게 나누어 차도, 자전차 길, 그리고 인도를 그려놓았다. 건널목의 폭이 정확히 2.5미터 인 곳에서 행인들은 상대의 시선을 피해 성실하고 차분하게 서 있다. 서울에서 보던 백인들과 달리 이곳의 백인들은 다소 생급스럽긴 해도 제 나름대로 그 성실함과 차분함을 흉내 낸다. (아시아 각지를 여행하는 백인들의 언행을 여행지별로 비교, 분석한다면 몹시 흥미롭고 계발적인 시사를 얻을 수 있을 것이다.) 그러곤 여기저기에 횡단보도와 신호등을 연극의 소품처럼 붙여놓았다. 어느 한 지점의 고사텐(交差点)에 모여든 일본인들의 풍경은, 신중한 연극일 뿐 아니라 일견 괴기스러운 장난처럼 보인다. 물론 이 관측은 외부자인 내가 누리는 영도(零度)를 오용한 것이다. 그러나 그것은 '알기 위해 믿는다(Credo, ut intelligam)'(안셀무스)는 식의 (자기) 수행적 진실에 이르는 유일한 방식이기도 하다.

16-6. 자전거를 타는 나라(1)

특히 대학 캠퍼스 주변에는 죄다 자전거(自転車)를 타고 다니는 이들로 넘쳐난다. 개중에는 치마를 입은 여학생도 적지 않다. 자전거 앞뒤로 아이 둘을 태운 채 내달리는 주부들은 흔히 볼 수 있는 모습이다. 인간의 마을이 어느새 이룩한 '평화의 표정'은 여럿이고 마을마다 다르지만, 이 같은 자전거의 풍경은 이 150만의 국제적인 대도시에서 쉽게 접할 수 있는 평화의 표정이다. 한국의 일부 대학생처럼 자동차나 오토바이를 이용하는 이들은 눈에 잘 띄지 않는다. 모든 게 이른바 '축소지향적'으로 제도화된 이곳. 도로가 좁은 데다 일방통행이 많고, 게다가 그 좁은 길을 다시 나눠서 사람과 자동차와 자전거용으로 구획시켜놓았지만, 자전거를 타는 이들은 거침없이 다닌다. 처음에 나는, 한국에서는 상상할 수 없을 만치 많은 자전거와 그 속도에 정신이 팔린 나머지, 자전거들이 어디에선가 쏜살같이 달려와서 나를 들이받지나 않을까 하는 기우에 잠시잠깐씩 빠지곤 했다. 그러나 이들은 죄다 자전거를 드다루는 솜씨가 보통이 아니었고, (일본인스럽게도) '좁은' 곳을 누비며 빠르고 '정확'하게 운전하는 데에 대단히 익숙해 보였다. 청소하는 일본인들이 일본이라는 세상과 단단하고 차분하게 연결되어 있는 것처럼, 이들의 자전거 문화 역시 일본적 세상의 여러 특징을 공유하고 있다.

16-6-1. 자전거를 타는 나라(2)

교토의 황궁[御所]은 내가 거의 매일 산책에 나서던 곳이다. 장엄한 고송(古松)이 많고 안정(安靜)한 곳으로, 대도시의 한복판이면서도 사뭇 으늑하다. 한국인의 역사의식 속에서 불구대천의 원수로 여기던 그 원수(怨讐)의 원수(元首)의 원수(園樹)를 독애한다는 게 께름칙하긴 했어도, 이국이어(異國異語)의 생활이 주는 긴장에서 벗어나 말없는 자연과 벗하며 심신을 추스르고 청처짐해진 감각을 마무르는 데에 맞춤한 곳이었다. 내가 체험한 일본에 대한 대체적인 인상은 '대충 훑어보면 닮았지만 살펴보면 영 다르다'는 것인데, 여기서도 그런 게 더러 있었다. 명색이 황궁이라는데 자전거를 타는 사람들, 특히 개를 데리고 산책하는 이가 많은 게 한국인인 나로서는 조금 이상했다. 그 와중에 내게 대단히 흥미롭게 다가든 풍경이 하나 있었는데, 그것은 황궁 속 이곳저곳에 길게 뻗어 있던 자전거 길이었다.

'자전거 길'이라고 했지만, 한국에서라면 어디서나 흔히 접하는 포도(鋪道)와 같은 것도 아니었고, 심지어 구별선조차 아예 없었다. 다만 그 순간에도 그곳으로 자전거가 다니고 있고, 오직 그간의 형적(形迹)만으로 그곳이 자전거 길임을 알려줄 뿐이었다. 신축과 포장의 왕국에서 온 나로서는 우선 그 흔한 이명박 식의 자전거 길조차 따로 마련해놓지 않았던 것부터가 의아해 보였다. 그 길은 수없이 잦은 자전거의 통행으로 하아얗게 패여 있었는데, 그게 '길'의 전부였다. 그게 길의 명분이자 실질이었다. 그리고 놀랍게도, 그 길의 폭은 30센티미터 정도에 불과했다. 그러니까, 어느 정도의 운전 실력과, 특히 그 장소의 공기 속을 누비고 있는 준칙(準則)을 향한 일본 식 (무)의식이 없다면 좀처럼 운용되지 않을 정도로 좁은 길이었다. 물론 황궁이 좁은 게 아니다. 동서 약 250미터, 남북 약 450미터에 이르는 꽤나 큰 규모의 영지이므로, 그처럼 좁은 자전거 길을 고집할 수 있는 이유는 결코 범상치 않아 보인다. 실제로 철없는 몇몇 외국인 관광객을 제외하면, 모든 자전거는 경계선도 관리자도 없이 자연스레 만들어진 그 30센티미터의 폭을 야무지게 지키면서 제 갈 길을 간다.

16-7. 윤치호의 자리

5월 27~28일에 발틱 함대가 완전히 괴멸되었다. 얼마나 영광스러운 전투였나. 조선 사람으로서 일본의 승리를 반길 이유가 없다. 그러나 황인종의 일원으로서 나는 일본의 위대한 승리가 자랑스럽다. 허풍선이 미국인, 거만한 영국인, 허영심 강한 프랑스인도 이제부터는 황인종은 어떤 위대한 일도 하지 못한다는 말을 감히 할 수 없을 것이다. (『윤치호 일기』 1905년 6월 2일)

일본을 바라보는 내 시선의 자리는 어디일까? 공정하게 바라보려는 학인의 시선이 외려 놓치게 되는 지점은 어디일까? 학인의 시선은 역사적 피해자의 시선과 어떻게 겹치며, 또 어떻게 갈라져야 하는 것일까? 개인들로 이루어진 마을이나 사회, 그리고 체계적으로 운영되는 제도와 정책의 꾸러미를 어떻게 배치해야만 그 전체 상에 대한 공평한 시야가 확보되는 것일까? 이웃이기에 회절되거나 심지어 훼절(毁折)되는 시각의 편의성은 어떻게 극복될 수 있을까?

17-1. '소우지(掃除)'하는 일본(1)

청결을 좋아하는 데에는 원시신도(原始神道)라고 하는 게 있습니다. 원시신도라는 것은 깨끗이 하는 것 이외에는 다른 흥미가 없습니다. '깨끗이 해서 신을 섬기는 것'(淸めて神さまを祀る).[*]

한 사회의 진실에 이르는 길은 다양할 수밖에 없다. 거기서도 환원주의는 유혹적이다. 물론 환원적인 설명과 이해를 마냥 내팽개칠 수도 없을뿐더러 학술적 접근 자체가 워낙 다양하고 복잡한 현상을 일매지게 재단(裁斷)하려는 노력이기는 하다. 하지만 견제되지 못한 환원주의는 자신의 몸과 생활에 얹힌 시각과 시야를 자연으로 착각하며 살도록, 혹은 제 몸의 일부로 여겨 게으르도록 진화한 우리가 쉽게 빠져드는 사이비-지름길이 되고 만다. 우리는, 완벽한 시각을 지닌, 그래서 아예 시각이라

---

[*] 司馬遼太郎 (外), 『日韓 理解への道』, 中央公論社, 1987, 75쪽.

는 현상이 없는 신이 아니기 때문이다. "모든 관찰은 자신의 구별을 그 관찰의 맹점(blinden Fleck)으로 이용"하고 "관찰에 있어서 그 관찰이 사용하는 구별을 관찰하는 것은 불가능"*하기 때문이다. 단지 일본만이 아니라 타자를 살피려는 이야기는 모짝 이런 종류의 오류(자기 관찰의 불가능)에 유의해야 할 것이다. 자기 자신이 빠져드는 오류를 외려 선용함으로써 쓸모 있는 앎에 이르는 긴장의 방식은 이른바 '생활의 달인'이 필히 습득해야 할 '조건-한계의 변증법'이지만, 실은 바로 이것이야말로 구도(求道)에 근접하는 길이니 오히려 지난지사가 아닐 수 없다.

이 글의 소재는 청소다. 주변에서 (오)토쿠이(お得意), 이카(烏賊), 도쓰게키(突擊) 등과 같은 일본어를 흔히 들을 수 있었던 내 어릴 적, 청소 대신 '소지'라고 발음하던 어른들을 여태도 잘 기억하지만, 그러니까 청소보다는 소우지(そうじ)라고 해야 할 것이다. 내가 단도직입해서 보고 알게 된 일본인들은 소우지 혹은 청소하는 민족이다. '억울하므로 사람이다'라는 정도의 보편성을 얻을 정도는 아니지만, 나는 내 나름의 묘한 직관 속에서 이들을 '청소하므로 일본인이다'라는 설명의 틀 속에 넣음직하다고 여겼다. '청소하는 민족'! 이는 참 하염없이 우스운 규정이긴 하다. 세탁 문제 탓에 '백의를 입은 민족'을 불운하다고

---

* 게오르그 크네어·아민 낫세이, 『니클라스 루만으로의 초대』, 정성훈 옮김, 갈무리, 2008, 135쪽.

여긴 에밀 부르다레*에 따르면 "조선의 동네를 돌아다니려면 그 불결함을 감수해야 한다는 사실을 잊지 말"(부르다레 2009, 253)아야 할 정도였다. 그래도 21세기의 한반도는 표층 근대화와 공중위생과의 관계에 대한 표준적 사례처럼 놀랄 만치 깨끗해졌다. 중화주의의 국가자본주의적 변형을 겪으면서 곳곳이 휘황하게 변하고 있는 중국 역시 '느리고 더럽다'는 이미지를 차츰 벗어버리고 있다. 그러나 키 작은 일본인들이 꼬치꼬치 감당하고 있는 '소우지(掃除)'는 그런 종류와 성격이 아닌 듯하다.

청소는 생활의 필요에서가 아니라도 종교나 수행적 실천의 주변에서 늘 행해진 활동이다. 이로써 공부의 자리를 정결히 하고, 깊이와 미학을 더하는 것은 물론이며 이른바 '장소화'를 이루는 일등공신이 되곤 한다. 그래도 그 자체를 종교라고 할 수는 없었다. 그러나 일본사회를 엿보노라면 청소 혹은 정리정돈하는 활동 일반이 종교를 대신할 길이 없는지를 묻는 게 생경하거나 턱없이 느껴지지 않는다. 사실 종교의 기능이 분화하거나 혹은 급속히 탈색되어가고 있는 시점에서 종교의 대체재(代替財)들이 등장하는 것은 매우 자연스럽기도 하다. 사람들과 그들의 여건이 나날이 바뀌어가는데도, 내남없이 '하늘에 계신 아버지'나 '나무관세음보살'만을 읊조리고 있을 턱이 없기 때문이다. 종교를 연역적으로 상상하는 오래된 전통이 여전

---

* 에밀 부르다레, 『대한제국 최후의 숨결』, 정진국 옮김, 글항아리, 2009, 34쪽.

하지만, 무릇 종교란 인간의 생활과 그 수요에 응답할 수밖에 없는 것이다.

일찍이 니체가 압축해서 읽어낸 대로 현대인들 앞에는 그 오 래된 남신(男神)이 살해당한 후에 '건강의 여신'이 화려하게 등 극했다. 그것이 '궁극적 관심(the ultimate concern)'(틸리히)이 든 '남모르게 혼자서 하는 일'(화이트헤드)이든 우리 시대의 건 강보신주의에 대체종교적 지위를 부여한다고 해서 하등 불경할 노릇은 아니다. 어차피 치병(治病)의 역할은 워낙 오랫동안 주 술사와 사제들의 몫이기도 했다. 그런가 하면 우리가 통상 예술 가들의 일반적 행태를 통해서도 짐작할 수 있듯이 (헤겔의 지적 처럼) 종교의 그늘에서 자립한 채 자유의 영역에 이르러 어느새 스스로의 종말마저 재촉하고 있는 예술 역시 진작 이 같은 대체 재가 되었다.

예술은 이제 점점 더 의식적으로 자신의 독자적 가치를 인식하고 이 독자적 가치의 코스모스를 형성해간다. 또한 예술은 현세 내적 구원—이것이 어떻게 해석되든 상관없이—의 기능을 수임한다. 즉 일상으로부터의 구원 그리고 무엇보다도 이론적 그리고 실천적 합리주의의 점점 증대하는 압박으로부터의 구원이라는 기능. 그러 나 이러한 자기주장과 함께 예술은 이제 구원 종교에 대한 직접적 경쟁관계에 들어서게 되는 것이다.(베버 2002, 251)

'건강의 여신'이 대표적인 사례겠지만, 사실 전통적 구원 종교와 실질적인 경쟁관계에 들어간 사회적 실천이나 개인적 취미는 일일이 헤아릴 수 없을 정도다. '그저 왔다가 가버리는 애인(배우자) 대신 확실하게 연결된 내 아기에 대한 사랑'*이든 휴대전화 중독이든 애완동물을 의인화하는 데 이르는 각종 애착이든, 중요한 변화는 피안으로부터 차(此)안으로 차(差)분히 내려앉고 먼 미래로부터 나의 지금으로 옮겨오는 데 있다.

청소를 건강 챙기기나 예술활동과 바로 비길 수는 없다. 물론 청소가 공중위생에 이바지하는 데다 그 방식에 따라서는 예술적 터치를 읽어낼 수도 있겠지만, 아직 이런 식의 설명을 합리화하는 이론조차 보이지 않는다. 이 틈에 몇 가지 풍경이 단박 떠오른다. 나는 몇 차례 짧게 일본에 체류하면서 관광용으로 이름난 곳은 죄다 피하고 오직 이 '구원(仇怨)의 자손들'이 살아가는 일상사를 엿보기 위해 애썼다. 첫 여행의 첫날이 채 지나지 않아서 나는 한국에서 한국인으로 살아가면서 지근의 이웃 나라 일본을 제대로 이해하기가 쉽지 않으리라는 직감과 자주 맞닥뜨릴 수밖에 없었다. '저 집이 원수**의 집'이라는 손가락질이

---

* 울리히 벡·엘리자베트 벡-게른샤임, 『사랑은 지독한 그러나 너무나 정상적인 혼란』, 강수영 외 옮김, 새물결, 2002, 141쪽.
** 가령 개인적으로 관심권에 든 한 가지 사례로서, 한반도에 산재한 이름난 고찰 중 과거 왜인들이 훼상시키지 않은 게 도대체 없다. "임진왜란은 특히 우리 민족의 역사와 문화를 무참하게 파괴시켰다. 그 구체적 내용이나 범위는 우리의 상상을 초월할 만큼 어마어마하다. 무엇보다도 엄청난 인명 피해를 가져왔으며, 당대인의 삶 자체를 완전히 황폐화시켰다. 게다가 이때 불타 없어진 유구한 전통의 문화재들만 하더라도, 그 수를 헤아리기가 어

그 집의 내면에 대해 제대로 이야기해주지 않는다는 사실은 어쩌면 상식에 불과하겠지만, 그 상식에 접근하는 길은 의외로 불투명하거나 심지어 체계적으로 가려져 있다. 일본을 다닌 지 불과 며칠 지나지 않아 내 머릿속은 한국과 너무나 닮은, 그러나 너무나 다른 일본의 여러 면모로 빼곡해졌고 그중에서도 내게 지속적인 관심의 대상으로 떠올라 일본의 내면과 생리를 풀어내는 데 주요한/주효한 화두가 된 게 바로 일본인들의 청소하는 모습이었다. 청소하지 않는 민족은 없고 정리하지 않는 사회는 없다. 그리고 청소라는 게 그리 복잡한 절차나 실천 혹은 해석을 요하는 활동이 아니므로 어느 쪽이든 대차가 없다고 해야 할 것이다.

그러던 어느 날 공원을 거닐다가 네댓 명의 아주머니가 길 가장자리를 청소하고 있는 것을 보게 되었다. 어쩌면 심상한 장면에 불과했다. 그러나 나는 이 평범한 모습 속에서 불현듯 비상한 '발견'을 느꼈고, 마치 그 모습은 일본의 정신을 압축해놓은 듯 몹시 의미심장하게 다가들었다. 당연히 평심하게 바라볼 만한 일상의 모습에 불과했기에, 그 발견의 '내용'에 별스러울 것은 없었을 터이다. 하지만 언제든, 가장 중요한 차이는 같은 소재와 도구라도 어떤 사람의 운용 아래 어울려 만들어내는 남다른 기운일 것이다. 오타쿠(お宅)와 마니아(mania)의 차이

려울 만큼 많다." 박영주, 『송강 정철 평전』, 중앙 M&B, 1999, 333쪽.

를 일러 '제 나름의 철학과 해석'이라고도 하지만, 당연히 매뉴얼을 따르긴 해도 각자 청소의 오랜 실천 속에서 나름의 방식과 기준과 미학을 체득함으로써 배어나온 기운이라고 할까. 다시 '내용'을 짚어내는 것은 오히려 오해의 소지를 남기긴 해도, 우선 복장만으로도 자신의 일에 최적화된 모습을 읽을 수 있었다. (일본인의 '복장'에 대한 집착은 이미 유명한데, 여기서는 청소를 사례로 삼고 있지만 그들의 복장결벽증은 노동 일반에 대한 일본인의 태도를 잘 보여주는 지표와 같다.) 챙이 긴 모자에서부터 각반이 붙은 신발에 이르기까지 복장이라는 사물은 마치 공교하게 협력하듯 조화로운 '지시연관(Verweisungszusammenhang)'을 이루며 청소 작업을 향하고 있었다. 그중에서도 가장 인상적이었던 것은 한쪽 무릎을 땅에 붙인 채* 마치 땅에 흘린 바늘이라도 주우려는 듯한 태도와 동작이 나타내던 그 차분한 집중이었다. 이 점에서 청소부들 모두가 한결같았다. 나는 한동안 땅에 붙박인 듯 그곳에 서서 그들이 청소하는 모습을 유심히 살폈는데, 나로서는 이런 식으로 청소하는 모습을 내 평생 처음 대하는 것이었다. 미나미 히로시(南博)의 말처럼 이것 역시 "일본인의 연

---

* 이와 관련해서 비교할 만한 인상적인 장면이 있다. 영상으로 본 것이긴 하지만, 범죄 현장에 투입된 수사관들의 행태에서도 청소하는 행위와 매우 유사한 모습이나 움직임을 읽을 수 있다는 점이다. 내게 뚜렷이 남은 기억은 일본과 미국의 차이로서, 일본의 것은 주로 뉴스 동영상 속에서 간간이 확인한 것이고 미국의 경우는 아쉽지만 주로 드라마나 영화 속에 나타난 장면이다. 특히 그중에서도 사건과 관련성이 있는 실외를 살피는 수사관들의 자세는 크게 흥미로웠는데, 그들은 한결같이 무릎을 꿇은 채 기어다니고 있었던 것!

구욕 및 완전주의와 결합해서 생활의 모든 면에 나타"*나는 현상일까? 어찌 작은 차이가 만드는 큰 변화를 상상하지 않을 수 있겠는가?

집중이라는 행위가 낮은 곳으로, 작은 것으로, 그리고 숨은 곳으로, 정교하고 섬세하게 이루어지는 일련의 지속성이라면 청소는 전형적이다. 그뿐 아니라 청소하고 정돈하는 일은 비록 하찮고 심지어 비루하게 여겨지지만, 이는 그 모든 생활 내용의 길과 테두리를 짓고 생활의 형식을 빛나게 한다. 청소는 개인 위생이나 주변 청결의 문제만으로서도 문명사적 의의가 적지 않지만, 더러 장소화 노동의 기본을 이루는 이 수행(遂行)은 수행(修行)에 근접하는 자기 성찰력을 품고 있기도 하다.

내가 주변에 언급하거나 글로 쓰기도 한 일인데, 이와 관련해서 금세 떠오르는 개인적 일화가 하나 있다. 다 알겠지만, 최소한 내가 군복무를 하던 시절이라면 졸병에게 맡겨진 가장 중요한 임무는 사격 훈련이나 격투기 훈련 혹은 적후방침투 훈련 따위가 아니라 내무반 청소와 정리 정돈이었다. 최소한 하루 대여섯 번 이상은 바닥을 쓸고 침상을 닦고 주변 정리를 해야 했다. 되돌아보면 당시 국방력의 실체는 청소력이 아니었을까 하

---

* 미나미 히로시, 『일본적 자아』, 서정완 옮김, 소화, 2015, 198쪽. 히로시는 이를 정형화(定型化)의 맥락에서 풀고 있다. "즉 보기가 되는 형을 익히기 위해서 습득 방법을 연구하는 연구욕과 그 연구에 의해서 주어진 형대로 행동할 수 있도록 노력하는 완전주의가 작용하는 것이다. 연구욕은 일본인의 근면이라는, 외국인이 드는 하나의 심리적인 특징을 뒷받침하는 경향이다."(히로시 2015, 199)

집중과 영혼

는 공상까지 하게 된다. 그렇게 지내던 어느 가을날, 입대한 지 4~5개월쯤 지난 고참(?) 이등병 시절이었다. 막 점심 식사가 끝난 후 나는 바닥을 쓸고 닦은 뒤 물을 뿌린 다음, 다시 기름칠한 봉걸레로 내무반의 침상을 닦던 중이었다. 무슨 생각을 하고 있었는지, 지금은 아무 기억이 없다. 그냥 열심히 침상을 닦고 있었을 뿐이다. 그런데 이상하게도 (필시 동료 졸병이 여럿 있었을 텐데도) 그 순간 내무반 실내에는 나 혼자뿐이었다. 그대로 그냥 계속 열심히 침상을 닦았다. 어느새 이곳이 군대이고 나는 졸병이라는 사실은 잊힌 채 이상하리만치 고요한 정적이 침상 주변을 지배하고 있었다. 가을의 노란 볕이 창문을 뚫고 침상 위로 쏟아져 흐르고 있었다. 그래도 나는 의도 없이(sans intention), 열심히 침상을 닦았다. 바로 그때였다. 내 봉걸레가 훑은 침상 자리에 떨어진 가을볕이 눈부시게 내 눈을 때렸다. 나는 주춤했고, 한순간 하얀 빈 것(Lichtung)을 볼 수 있었다. 그것이, 내가 맨 처음 본 내 마음이었다.

일본인들이 이곳저곳에서 '소우지'를 하는 모습을 보고 있자면, 타자를, 이웃을 배운다는 게 무엇인지를 새삼 되돌아보게 된다. 선생-되기도 결코 쉬운 노릇이 아니지만, 학생-되기도 알고 보면 만만한 일이 아니다. (물론 이 둘은 서로 깊이 연루되어 있다.) 소우지가 섬세하고도 자신 있게 향하는 바로 그곳, 그 낮은 곳으로부터, 졸부주의적 급속 근대화에 물든 한국사회의 현재와 미래를 위해 필요한 어떤 배움의 씨앗 같은 것을 얻어낼 수 있으리라는 직관이 선다. 그것은 다만 '깨진 유리창 이론(bro-ken window theory)' 같은 사회학적 테마에 대한 또 하나의 사례 수집이 아니다. 사람의 생활 방식, 그리고 그 방식을 규제하면서 이끌어가는 공유된 관심의 결에 대한 새로운 감수성이라고나 할까? 나는 이런 감수성과 결 속에서 어떤 미묘한 종교적 씨앗을 읽는다. 불교가 수입되면 나라 전체가 부처에게 쏠리고, 유교가 수입되면 나라 전체가 소중화주의에 쏠리며, 기독교가 수입되면 인구 절반이 예수에 쏠리는 한반도와는 달리, 이 섬나라의 종교생활은 어쩌면 진작부터 '포스트모던적'(!)이었던 것일까. 어떤 점에서 일상의 생활일 수밖에 없는 종교를, 한 사회의 일상을 조형하는 가장 낮고 소박한 행위 방식을 통해 느슨하지만 한결같은 공동체적 통합을 이룰 뿐 아니라 문화적 습관을 통해 여기에 동참하는 한 사람 한 사람의 정신을 고양하는 집단적 행위라고 정의해본다면, 내게 일본인의 '소우지' 혹은 소우지 같은 행위들 속에는 바로 그 같은 가능성이 희미하지만 분명하게 빛나고 있다고 여겨진다.

17-2. '소우지'하는 일본(2)

아쿠타가와 류노스케의 말처럼 '일본의 힘은 파괴하는 게 아니라 변조하는 것'이라면, 바로 그 힘의 가장 기초적인 현시로서 나는 '소우지'를 들고자 한다. 정리 정돈하고, 수리하고, 청소하고, 관리하고, 변형시키는 일은 대체로 동일한 코드 혹은 카테고리에 속한다. 내 판단에는 이런 일들이 삶의 기본이 되는 종류가 아닐까 한다. 열역학 제2법칙이 시사하듯이 삶의 내용은 그 전체가 어질러지고, 어수선해지고, 마모되고, 흙먼지가 쌓이고, 고장 나고, 틈과 주름이 쉼 없이 생겨나는 과정에 다름 아니기 때문이다. 다른 여러 자료가 동원되어야 제대로 풀려갈 논의겠지만, 일본이 유다른 장수 국가인 이유도 이런 코드와 종류의 노동에 노련해왔기 때문이라고 여길 만하다. 이는 일본을 겉보기에 근면주의(勤勉主義)를 체득한 개미 집단처럼 여기게 만든다. 무엇이든 꼼꼼히 돌보고, 수리하거나 변조해서 (재)활용하는, 끊임없는 관리의 섬세한 손길이 생활의 테두리를 마무르는 태도의 기본은 바로 소우지에 있었던 게 아닐까. (그리고 소우지의 내면을 채우고 있는 것은 역시 '차분한 집중의 문화'가 아닐까.) 경제대국 일본의 CO_2 배출량이 세계 6위에 머물러 있는 것은 에너지 효율이 세계 1위이기 때문이라고 하는데, 이들의 생활 전반을 아우르며 마무르고 있는 절약과 효율의 문화 속에도 소우지의 정신이 연면할 것이다.

17-3. '소우지'하는 일본(3)

무섭게 청소를 한다. 한국인의 모습은 아니며, 중국인의 모습도 절대로 아니다. 어디에서나 언제나, 누가 보든 말든, 참말 '불가사의하게(不思議に)' 청소를 해댄다. 그러나 물론 그 행위 자체에는 아무 무서운 것이 없다. 사실 만만하고 고만고만한 일상이 어느새 무서워지는 것은 오직 '일관성' 때문이다. 인간이 짜놓은 일상은 근원적으로 무상하기 때문이며, 특별히 우리 시대의 유행은 변덕이기 때문이고, 오늘의 주인공인 소비자들은 모짝 변덕꾼이기 때문이다. 청소하는 이들은 차라리 노예의 표정에 이르도록 소박하다. 주변에서, 같은 장소에서, 같은 시간대에, 같은 형식으로 '무심하게(何氣に)' 소우지를 하고 있다. 무심하므로 기능은 '이성이 도구성과 일치하도록' 제자리를 찾는다. 그러나 이 일치에 대한 흔한 비평적 분석은 우리 시대의 입김처럼 가볍다. 오히려 무심하므로, (노인들을 공경해'버리는' 한국과는 달리) 휴지를 줍고 바닥을 쓰는 노인들에 대한 감상적

접근이 없고 따라서 기능은 제자리를 찾아간다.

17-4. '소우지'하는 일본(4)

　미국인들은 청소하기에 좋은 몸이 아닌 듯 보였다. 내가 한때 천착한 개념이자 실천인 '몸이 좋은 사람'이란 일상의 감성에서 부터 공부〔上達〕에 이르는 과정을 가장 안전하고 일관되게 뒷받침하는 제1의 매체다. 그들의 몸은 육식동물처럼 (그러므로 쓸데없이) 과대하고, 따라서 꿇어앉아 땅을 살필 만치 섬세하고 참을성 있는 동작에 적합해 보이지 않는다. 이들은 대개 도구의존적으로 건정건정 움직인다. 다른 한편 그들 특유의 개인주의적 성향이 시도 때도 없이 기능의 너머로 행세한다. 미국인들이 청소하기에 좋은 몸이 아니라면, 한국인들은 청소하기에 좋은 마음을 지니고 있지 않은 듯 보인다. 사람이 향유하는 풍경이 내면을 경유해서 이루어진 것이라면, 청소라는 지향도 사람의 내면을 경유한 끝에서야 비로소 생겨난다.

　자기 외부에 있는 규범이나 현실의 대상, 결국 환경의 존재와 기능을 관찰하고 재현하며 이해하기보다는 보다 강하게 자기 내부에 존재하는 감정이나 의사 표현을 향하는 경향, 이 경향을 지금 설령 일종의 주관주의라고 부른다면, 그 주관주의야말로 일본 문화가 품고 있는 근본적인 원리 중 하나이며, 이는 예술가의 시선을 외부 세계가 아니라 자기 내부로 향하게 한다.(가토 2010, 212)

18-1. 닮았다면 웃지요(1)

여행자처럼 건정건정 스쳐가며 보는 일본은 한국과 무척 닮아 있다. 20여 년 전 내가 도쿄에 잠시 체류했을 때의 일본에 대해 나는 그런 얄팍한 인상기를 주변에 흘리곤 했다. 그 인상의 중요한 조건은 영어라는 언어였다. 당시의 나는 일본어가 아니라 영어를 사용했고, 노오란 껍질을 붙인 하아얀 바나나처럼 위에서 내려오고 있었다.

실은, 니체와 푸코처럼 계보학적으로 거슬러 올라가는 노동은 그 닮음의 사실을 역설적으로 드러낸다. 그러나 이제 와서 내가, '일본은 한국과는 완전히 다른 사회'라고 고쳐 말하려고 할 때, 이 과장은 일본이라는 이웃을 '왜(倭)스럽게' 봐야만 했던 우리의 시각에 대해 '아이러니스트의 거리를 두려는 일(keeping the 1000-year-foe at an ironist's arm)'일 것이다. 참, 왜놈들은 조선 놈들과는 완전히 다르다. 나는 이 사실을 일본어로 쓰인 책을 읽고 영어로 말할 때에는 전혀 이해할 수 없었지

만, 일본어를 말하며 일본의 뒷골목을 걸어다니게 되면서야 비
로소 절감했다.

18-2. 닮았다면 웃지요(2)

일본인은 한국인과 놀랍도록 닮았다. 외모로만 치자면, '왜
(倭)'라는 전가의 보도만 숨긴다면, 서로 겹쳐 우수리가 남지 않
을 정도다. 동조론(同祖論) 따위를 떠들 것도 없이, 거리와 식당
에서 스치는 그들의 체형과 표정과 동작은 그냥 같은 족속으로
보인다. 이 1000년의 원수들이 이토록 닮았다는 사실은 내겐
'두 길의 사유를 내는(cutting both ways)' 계기처럼 여겨진다.
이 움직일 수 없는 육체적인 닮음은, 그리고 이 사실에 대한 고
의적인 ('왜스러움'으로 대변되는) 왜곡은 두 나라 사이의 관계에
어떤 역사적인 변침(變針)으로 작용했을까를 물어야만 한다.

과거 한국인 중 몇몇은 나를 미국인으로 착각해서 내 속의 타
자(성)를 단번에 절감케 한 적도 있건만, 이제 이들은 나를 일본
의 일부로 믿어 의심치 않는 눈치다. 물론 내 일본어가 첫 끗발
을 놓치고 흐지부지해지기 전까지 말이다. 정작 놀라운 것은 닮
았다는 사실 자체가 아니라, 이토록 닮은 외모를 지닌 두 인간

이 그토록 다르게 살아갈 수 있는가 혹은 이토록 서로를 증오하거나 폄시할 수 있는가 하는 데 있다. 일본인과 한국인은 놀랍도록 닮았지만, 정작 내게 놀라운 사실은 바로 그 닮음의 풍경이 살짝 숨기고 있는 역사 구조적 형적(形迹)들이다. 차라리 닮았으므로 그 차이와 상처의 깊이는 환상적으로 왜곡되어 보이는가?

첫눈에, 이들은 한국인에 비해 남녀 모두 평균 3~4센티미터는 작아 보인다. 앞서 말한 '차분한 일본인'의 인상은 이 왜소한 이미지에다 예의 바른 언행, 적은 말수, 그리고 '일본인 특유의 시선 공포'*까지 말하게 만드는 태도 등등에 얹혀 있을 법하다. 2014년의 풍경이 이럴진대, 먼 옛날 우리 조상들이 서남 해안의 천지사방을 헤집고 다니며 노략질했던 이들의 몸뚱어리를 어떤 정념에 얹어 봤을지 자못 궁금해지곤 한다. 세계 최고의 위생 장수국에서 만나는 소인배(?)는 무척 흥미롭다. 심지어 대학 캠퍼스를 돌아다녀도 고작 176센티미터에 불과한 나를 내려다보는 남학생은 극히 적다. 변덕스러운 유행의 첨단이라면 늘 대학생들 사이를 둘러봐야 하는 한국에 비해 일본의 대학생들은 비교적 수수해 보인다. 내 경험이 짧고 객관적인 통계치를 호출한 게 아니긴 하지만, 남녀를 불문하고 한눈에 아담한 사이

---

* "외적 자아(外的自我)로의 경사는 타자중심주의의 경향을 낳는다. 이것은 대인관계에 있어서 사양과 겸손이라는 경향으로 나타난다. 위에서 언급한 일본인 특유의 시선 공포 혹은 그에 준하는 대인 공포는 이와 같은 경향이 극단적으로 나타난 경우라 할 수 있다."(히로시 2015, 16)

즈가 많다. 이들 일본인을 고양이에 비유한다면 한국인은 상갓집 강아지와 닮은 듯하고, 급기야 중국인은 장터에 풀어놓은 곰처럼 느껴진다.

한 예로, 버스나 지하철 내에서 화장이 관례상 금지되어 있다는(한국이라면 짜장 반체제 혁명이라도 일어나게 만들 소지가 있을) 사실에서 엿볼 수 있듯이 이들의 외모에는 어쩐지 촌스러운 구석이 짙다. 아이들은 대비가 심해 더욱 인상적이다. 2014년 현재 내가 살고 있는 곳은 불과 인구 4만 정도의 군청 소재지인 청도인데, 여고생은 물론이거니와 다수의 여중생까지 화장기 선명한 얼굴에 도시의 화려한 매스컴을 지향하는 표정과 입심을 보인다. 내가 얼마간 체재한 곳은 인구 150만 명에 이르는 세계 최고의 관광도시 교토였지만, 그런 모습은 거의 볼 수가 없었다. (또, 또, 예외적 개인들을 들먹이려는 안이한 정답주의를 밀쳐내고 말하면) 아이들은 작고 비교적 온순해 보이며, 특히 ('제복'의 나라인 이곳) 학생들이 교복을 입은 채 오가는 것을 보노라면 영락없이 우리의 1970~1980년대를 연상시킨다. 그들 역시 자기 원칙 속에 견결하고 그 관습 속에 고집스럽겠지만, 언행과 표정과 움직임에는 관광객을 위시한 외부인들을 불안케 하거나 겁박하는 구석이 전혀 없다. 이들이 세계 최고의 경제기술 대국이면서도 자신의 문화 전통을 나날의 일상 속에 살아 있게 만들어 올 수 있었던 것처럼, 현재 속에 과거를 여태 지니고 있고, 분망 속에 고요를 유지하며, 상냥하면서도 거리감을 잃지 않는다. 물론 이러한 연상 속에도, 바로 이 같은 연상의 감상적 자의성을 근저에서 뒤흔드는 구조제도적 차이들이 일렁거려야 마땅하다.

비만이 국가적 문제가 된 미국 등과 비교해서는 말할 것도 없고, 한국과 비교해도 비만한 이들은 현저하게 적어 보인다. 이와 관련해서는 우선 소식(小食) 문화나 '소우지'로 대변되는 청결 문화가 제도적, 구조적으로 정착되어 있는 것에 눈을 돌릴 만하다. 물론 나로서는 이런 문화나 제도를 관류하고 있는 차분한 집중과 연구의 정신에 더 관심이 간다. 한국처럼 죄다 크고 많고 높은 것으로만 앞세우는 졸부(nouveau riche) 사회에서는 성에 차지 않을 정도로 모든 게 작고 적으며 묘(妙)하고 요(妖)하다. 재래시장 같은 곳에서 팔던 갖은 장아찌 반찬들은 그 무수한 종류에서도 혀를 내둘렀지만, 가령 '자갈치 아지매'스러운 활수(滑手)에 익숙한 나 같은 사람에게는, 새들의 모이로만 붙여볼 정도의 작은 사이즈에다 앙증맞기 짝이 없는 포장들은 더욱 기가 막혔다.

식당의 크기도 작고, 문도 작고, 테이블도 작고, 텔레비전은 없고, 음식의 양도 적으며, 한국 기준으로 보자면 '반찬' 같은 것은 거의 없는 정도다. 아무튼 도로도 좁고, 집도 작고, 그 문도 따라서 작고, 상호(商號)를 붙인 간판도 작고, 내남없이 대형차를 선호하는 한국인들과 비교했을 때는 눈에 띄게 차도 작고, 욕조는 사도세자가 갇혀 죽은 뒤주의 절반도 되지 않아 다리를 뻗을 수도 없다. 그러나 여기서도 그저 작은 것을 열거하는 데서 그친다면, 우리는 학봉 김성일(鶴峯 金誠一, 1538~1593)의 경우처럼 다시 한번 왜스러움의 '풍경' 속에 갇히는 꼴이 되고 말 것이다.

아니, 쉽게 '닮았다'고 한다면 우리는 세세하고 단단한 마음으로 웃어야만 한다.

18-3. 닮았다면 웃지요(3)

일본인은 한국인과 닮았다고 하고, 한국인보다 키가 작다고 하고, 나쁘(빴)다고 한다. 그러나 우리가 학인이라면, 우선 그 닮지 않았음을 세세하게 회복해야 하고, 키가 작다기보다 '차분하다'고 해야 하며, 나쁘(빴)다기보다 앞섰다고 해야 한다.

18-4. 닮았다면 웃지요(4)

건정건정 훑어보면 어떤 거리들은 한국과 매우 흡사해 보인다. 그러나 한 집 한 집에 눈을 머물러두거나 운 좋게 '참여 관찰'을 하게 된다면, 참 다르다. (이는 내가 처음 미국사회를 접할 때 그 표면은 매우 다르게 보였지만, 결국 닮았다는 결론을 지어야만 했던 것과 정반대다.) 일본의 골목길이나 가게나 집 주변이나 정원 혹은 그 내부는 차분하고 정갈하며 작고 미학적이다. 어디에나 사람들의 지속적이며 알뜰한 노동이 일구어낸 '장소'들이 빼곡하다. 졸부들이 갖지 못한 게, 무엇보다 '장소(감)'라는 사실을 이처럼 극명하게 드러낼 도리는 없어 보인다.

18-5. 닮았다면 웃지요(5)

　한국은 미국을 따라잡을 수 없을 듯 보였다. 무슨 기술력이나 무슨 빌딩이나 무슨 스포츠 종목이 아니라, 삶의 총체적 모습들이 섞여 조성된 '사회'라는 지점을 주목한다면 말이다. 내가 옛날 몇 년간 미국에 살다 돌아오면서 느낀 것은 '따라잡을 수 없는 것을 따라잡아야 진정 따라잡는 것인데, 바로 그것이야말로 따라잡을 수 없는 것이므로 영영 따라잡을 수 없다'는 자기목적성(autotélism)의 진실이었다. 나는 뉴욕이나 파리를 따라잡을 수 있는 (내가 상상할 수 있는 거의) 유일한 길을 교토에서 보았다. 그러나 한국은 유일하게 일본을 깔보는 나라이고, 북한은 유일하게 미국을 '불바다'로 만들겠노라고 엄포를 놓는 나라다. 참, 장한 나라들이다.

18-6. 닮았다면 웃지요(6)

　미국을 따라잡고 일본을 따라잡고 또 어디어디를 따라잡자는 얘기는 자본주의적 망탈리테(mentalité)가 만드는 소설이다. 소득 수준이나 세계 최고의 무엇무엇 등을 부추기는 환원주의적 수사는 생활의 알갱이들을 걸러버린 채 지표만으로 승부하려는 투기적, 졸부주의적 태도의 전형이다. 성을 높인다고 만리장성을 따라잡을 수 있는 게 아니고, 짧고 굵은 돈을 쏟아부어 관광객들이 쏠리게 만든다고 해서 '축제'가 생기는 게 아니며, 어느 호텔에서 5만 원짜리 우동을 만들어낸다고 해서 일본의 우동-문화를 따라잡을 수 있는 게 아니다. 한국의 태권도 선수들이 국제 시합에서 해마다 밀린다고 해서 남들이 우리의 태권도-문화를 따라잡을 수 있는 게 아니다. 마치 기질적 혹은 정신적으로 '표절'을 할 수 없는 사람이 있는 것처럼, 다른 시공간을 꿰뚫어 얻은, 닮을 수 없는 것들도 있는 것이다.

19-1. 남을 보지 않는다(1)

삶의 형식(Lebensweise)을 짜는 갖은 태도는 그 사회의 인생관(Lebensauffassung)까지 알리는 단서가 될 수밖에 없다. 작고 사소하지만 일상적으로 반복되는 태도나 습관을 통해 그 사회의 성분과 미래를 캐낼 수 있을 것이다. 일본사회를 조금 지긋이 접하게 되면서, 책과 소문을 통해서만 얼맞겠지 여기며 짜놓은 내 머릿속 일본의 정체가 조금씩 바뀌거나 조금 더 견고해지기 시작했다. '시선사회(視線社會)'라는 개념도 이 같은 변용을 겪은 대표적인 것이었다.

일본의 행인들은 다른 행인을 보지 않는다.* 대도시의 공간 속에서 남을 보고 의식하지 않을 도리가 없으니, 우선 '보지 않

---

* 그간 일본에 관해 적지 않은 지식과 정보를 훑어오면서 (물론 과문한 탓도 있겠지만) 이상하게도 교토에 체류하기 전까지 이런 말을 들어본 적이 없다. 그뿐 아니라 결국은 내 나름의 일본론을 구상하게 된 계기를 얻게 한 경험이었지만, 내가 보고 읽어낸 일본은 수많은 관광객과 여행자, 심지어 몇몇 일본인이 전해준 내용과도 사뭇 달랐다. 이미 얹힌 선입견의 그늘이나 개인의 선호를 좇아 시야가 트이고 관심이 붙는 것은 누구에게나 당연하겠지만, 내가 주목하고 해독하려 했던 일본의 내면은 내게도 무척 낯설었다.

는다'는 말을 잘 새겨야겠다. 공공의 장소이므로 시선은 비교적 자유롭다 하더라도, 내 경험에 따르면 한국과 일본의 체험은 전혀 다르다. 특히 한국에서라면 행인이나 인근의 타인들을 제 맘껏 쳐다보고, 지긋이 보고, 노려보고, 째려보고, 싱긋거리면서 보고, 구경거리처럼 보고, 느물거리면서 보고, 되돌아 뒷모습까지 챙겨 본다. 그러나 일본의 거리에서 행인들이 시선을 처리하는 방식은 사뭇 다르다. 나는 애초 이 경험의 차이가 자못 놀라워서 실증을 위해 수없이 실험(?)해봤는데, 한국이나 중국과는 다르게 서로의 시선을 조심하는 모습은 변함없었다. '시선사회'라는 문화와 태도의 심리학적, 정신분석적 해석이 어떠하든, 나는 난생처음으로 시선을 둘러싼 서구의 그럴싸한 이론들 바깥에서, 인간의 시선에 대해 근본적으로 새로운 접근을 할 기회를 얻게 되었다. 한 문장으로 압축해보자면, 그것은 '사람은 일없이 타인을 바라(쳐다)볼 수 있는가?'라는, 어쩌면 한국인들이 영영 이해하지 못할 종류의 물음이었다.

그것은 내겐 사소하지만 매우 의미 있는 발견이었다. 그리고 일본에 대한 큰 원망과 경원의 감정 속에서 놓치고 있던 작고 미세한 그들의 성취에 대한 또 하나의 자각이었다. 이 사소한 차이에 대한 성찰은 어쩌면 새로운 삶의 태도를 조형하는 실마리가 될 만한 것이었다. '수치감의 사회'(루스 베니딕트)라는 개념처럼 '내면의 양심이나 종교 초월적 명령보다 남의 시선을 강하게 의식하면서 자신의 행위를 규제하는 사회'가 외려 타인을 잘 보지 않는다는 것은 다분히 역설적이다. 이 문제를 한국사회에 대입시켜본다면 그 역설성은 더욱 구체화된다. 이미 한국인의 참견벽(參見癖)은 유명하며, 우리 스스로 그 점을 인정한다. 참견하다가 닮고, 한곳으로 쏠려버리거나 급기야 싸움에 휘말리곤 하는 태도는 굳이 재론할 필요조차 없는 우리 모두의 자화상이다. 더구나 행인들이 서로를 구경하는 일은 이곳 한국에서는 대단히 자연스러운(?) 일이다. 서로서로 우리 각자의 몸이 이미 타인의 관람용으로 등록된 형편이다. 조금만 더 민감한 관심을 지닌 채 자신의 경험을 버르집어보면 흥미로울 수도, 뜨악할 수도, 불편할 수도, 심지어 기괴할 수도 있을 에피소드가 그득그득할 테다. 마치 일없어도 참견하는 미디어가 일상을 구성해내듯이, 이 같은 구경과 참견의 관습이 현실을 구성해가기도 한다. 그래서 한국인들의 시선은 뭐, 어디, 무엇이라도, 구경할 만한 게 없는지 내남의 사적 영역을 구분하지 못한 채 찾아다니고, 남들과 다르거나 낯설어 보이는 것들에 칼 같은 시선을 꽂는다.

19-2. 남을 보지 않는다(2)

　일본을 '시선사회'라고 하지만, 역설적으로 이 말은 남들에게 보내는 시선을 최대한 자제하는 사회, 서로의 시선을 조심하는 사회라는 뜻으로 읽어야 한다. 그리고 바로 이러한 종류의 조심 속에서, 다시 '차분한 사회'의 오의(奧義)를 읽어낼 수 있다. 거꾸로 생떼 쓰듯이, 행짜를 부리듯 나번득이면서 남들을, 남의 사생활을 엿보고 간섭하려는 사회라면 그것은 반(反)시선사회일 것이다. 타인의 시선과 몸, 그 인격과 영혼에 대해 영영 닿을 수 없는 아득한 염려와 배려가 종적도 없이 사라져버린 사회일 것이다. 다른 수많은 나라에 비하자면 한국이 어느 정도 살 만한 곳이라는 기초적 사실을 기억하더라도, 말할 것도 없이 한국은 더할 나위 없는 반시선사회로 보인다.

　(반)시선사회라는 개념은, 마치 부챗살처럼 사방으로 연결 고리를 얻으면서 한 사회의 구석구석을 비춰볼 수 있는 매우 유용한 틀이다. 그러나 그중에서도 가장 요긴한 점은, 자신의 시선

을 스스로 관리하는 능력을 통해 한 사회의 공공성(Öffentlich-keit)이 구성되는 방식을 살필 수 있다는 것이다. 다른 곳에서 조금 자세히 논구하겠지만, 한국과 일본은 그 사회의 공적 제도와 절차에 대한 태도에서 심한 차이를 보인다. 물론 이것은 한국의 제도적 근대화가 일본이나 미국과 다른 역사적 기원 및 굴곡을 갖는다는 사실과 깊이 관련된다. 어쨌든 한국의 공적 시스템 일반이 대중적인 불신의 대상이 되어온 사실의 배경에는 우선 20세기 한국 정치사가 빼곡히 들어차 있다. 하지만 이와 관련해서 삶의 실질을 구성하는 더 낮은 자리에 주목한다면 곧 '시선'의 문제가 떠오른다. 물론 대학물을 먹었다 치면 누구나가 입에 붙이고 다니는 그 '시선권력' 같은 것 말고 말이다.

19-3. 남을 보지 않는다(3)

나는 실험 삼아 행인들 혹은 자전거를 타고 지나가는 일본인들을 슬쩍슬쩍 쳐다보곤 했다. 아무도 내게 시선을 되받아오지 않았다. 열에 아홉은 갈 길만을 향한 채로 무심히 지나갔다. 그것도 시선을 약간 앞으로 숙인 채 말이다. 열에 하나도 '표 나게' 시선을 부리는 일은 없었다. 아니, 되받아오는 시선 이전에 그들이 내게 먼저 시선을 꽂는 일은 없었다. 주변과 상대를 의식하지 않을 수 없는 경우야 비일비재하겠지만, 그들의 시선은 비교적 절제되어 있었고 또 그만큼 조심스러웠다. 그 절제와 조심의 벡터를 타고 시선이 속으로 옥아들면 곧 그것은 성찰이 되고, 차분한 집중이 되고, 또 영혼의 젖줄이 될지도 모를 일이다.

그래도 드물게 마주보는 사람이 있잖아, 라는 정답은 사회학적으로 오답이다. (정답을 내는 데 아무리 조심해도 지나치지 않을 인문학에서야 더욱 그러하다.) 언제나, 인간들의 길과 그 무늬를 찾는 공부 속에서는 우수리, 에누리 없는 정답은 외려 의심하는 게 좋다. 그러므로 그들은 '아무도' 내 시선을 되받지 않았다고 당당하게 말할 수 있다. 도대체 그들은 나를, 일없이, 쳐다보지 않았다. 내게 이 사소한 사실은 참으로 놀라운 느낌, 그리고 중요한 분석의 가리사니를 제공해주었다. 내가 '스미마셍'을 앞세우면서 접근하기 전까지, 이들 일본인은 마치 내가 없다는 듯이, 자신들의 주어진 기능에 성실하게 임할 뿐이었다. 그들의 사회적 연극에 정성이 배어들어 그 진심의 앞뒤를 가늠할 수 없을 지경에 이르기까지.

19-4. 남을 보지 않는다(4)

그들—물론 이 '그들'은 사회학적 개념이다—은 주로 앞만 보며 걷는다. 일본에서 15년 가까이 교수생활을 하고 있는 지우인 김 교수의 표현에 따르면, 그들의 표준적인 걷기 자세는 '약간 고개를 아래로 숙인 채 앞만 보고 걷는 것'이다.

나는 불현듯 이게 일본인들의 삶의 자세를 드러내는 상징이거나 지표가 될 수 있으리라고 생각했다. 신분 상승이 불가능한 철저한 상명하복의 중세를 거쳐 천하제일주의 장인들의 현대적 후예들이 곳곳에 포진한 지금에 이르기까지, 그리고 '덴노헤이카 반자이(天皇陛下萬歲)'를 외치면서 아시아 전역에서 자타살육의 지옥을 만들거나 회사의 운명을 제 목숨과 연동시켜 자살하는 이들에 이르기까지, 이들의 삶의 자세는 바로 이 걷기의 자세가 함축하고 있는 '기능적 집중'으로부터 키워진 것이 아닐까.

19-5. 남을 보지 않는다(5)

치마를 입은 채로 자전거를 탄다는 소문은 주로 중국에 관한 것이었다. 나는 이상하리만치 과문한 채로, 일본도 그러리라고는 상상도 하지 못했다. 내가 일본어를 배워 책을 읽기 시작한 이래 수십 년의 세월이 흘렀지만, 나는 여전히 '유관순'이나 '이봉창'의 시선으로 일본을 보고 있었던 것일까. (물론 그사이 대한민국은 유관순과 이봉창을 때려잡은 세력의 후예들이 연면하게, 튼튼하게 권력의 미로를 이루어가고 있었다.)

세계 최고의 성매매 국가이면서도 기이하게 몸을 꼬고 사리는 한국은 바로 그런 이유에서 치마와 자전거를 연결시키지 못했던 것일까? 별 이유 없이 거대한 포식자로 살아가고 있는 미국인은 치마든 무엇이든 아예 자전거를 깔아뭉갤 가능성이 있다고 착각했기 때문일까? 그러나 중국인이라면, 대륙적인 대범함에다 또 사회주의적 평등을 거쳤으니 어쩌고저쩌고 하면서 내 마음대로 생각한 탓이었을까?

길거리에서 자전거를 타고 달리는 일본인의 비율은 한국인 자전거 이용자에 비해 족히 5~10배는 되어 보였다. 일본인이 자전거를 타고 달리는 모습은 어디서나 언제나 볼 수 있었다. 할머니도, 앞뒤로 아이들을 태운 주부도, 정장을 한 직장인도, 분홍색 짧은 치마를 입은 여대생도 쌩쌩 내 곁을 자유롭게 흘러다니고 있었다. 특히 적지 않은 젊은 여자 혹은 여대생들이 치마를 입고 타는데, 이런 풍경에 결코 익숙하지 못한 나 같은 한국인은 살짝 제멋에 겨워 어색해하곤 했다. 그러나 앞서 말했듯이, 이 경우에도 일본인의 표준적인 보행 태도처럼 승차자와 보행자들은 우선 자신들의 '기능'에 일차적으로 충실하며, 좀처럼 그 기능 이외의 부분으로 미끄러지지 않는다.

이와 대조적으로 한국에서 흔히 접하는 기능인들—우체부, 구청 직원, 편의점 점원, 전자제품 AS 수리공, 경찰관, 공공 기관의 청소부, 역무원, 택시 기사 등등—은 맡은 기능의 외부로 자주 미끄러진다. 이 '미끄러짐'은 이미 기능 이전의 소소한 곳으로부터 시작된다. 그들의 옷매무새는 가지런하게 그 기능적 구심을 향하고 있지 않다. 그들의 동작과 움직임은 언제 어디서라도 주어진 책임의 바깥으로 이동할 수 있도록 움씰거린다. 그들의 표정은 기능을 위해 최대한 효과적으로 동원될 수 있도록 겸허하게 절제되어 있지 않다. 그들은 질투에 빠진 애인처럼 이곳저곳에 눈동자를 던진다. 구경하고 노려보며 훔쳐보고 심지어 간섭한다. 구청 직원들은 부동산 업자 영감처럼 걷는다. 편의점 점원들은 '애인의 전화를 받고 있으니 잠시만 기다리라'고 말한다. AS 수리공들은 끗발 없는 건달처럼 말한다. 경찰관들은 팔자걸음을 걷는다. 청소부들은 바닥으로부터 소외당한다. 역무원들은 여태 억울한 관리의 표정을 짓고 다닌다. 택시 기사들은 죄다 불과 한 시간 전이 의심스럽다. 언제나 제 생각이, 기분이, 변덕이 맡겨진 기능을 앞서기 때문이다.

전체적으로 촘촘하게 배치, 조절된 사회적 네트워크 속에서 각자의 '역할'에 충실할 것이 일본인으로서 요구되는 가장 중요한 일이라면, 그 기능적 충실함을 뒷받침하는 소학적(小學的) 기본은 응당 시선의 배치일 것이다. 무술이 다리의 자리〔步法〕를 중요시하고 기공(氣功)이 배〔丹田〕를 중시하듯이, 그 모든 정성과 연단(練鍛)은 눈〔視線〕의 배치를 기본으로 삼을 수밖에 없다. 눈이 몸의 지표이며 마음의 창(窓)이라는 점은 전문가와 장인의 세계에서 시선의 배치가 갖는 중요성을 새삼스레 일깨운다. 태도가 수선스럽고 움직임이 산망스러우며 말이 언거번거하고 시선이 희번덕거려서는 성인(聖人)은 물론이거니와 달인의 문턱에도 이르기가 쉽지 않을 것이다.

19-6. 남을 보지 않는다(6)

　내성의 정화보다 제도를 말하던 가라타니 고진의 제도좌파적 태도는 일견 상식적인 발언이었다. 개인 주체의 의도나 변덕스러운 지향성에 대한 비판과 냉소의 유행에 얹혀 있던 그 누구라도 할 법한 이야기였다. 나는 일본의 마을과 거리를 쏘다니면서야 그 말의 밑절미가 된 실질을 감지하게 되었다. 어떤 마을의 공기 속에 증오와 원망이 휘돌고 있다면 당연히 그곳은 좋은 장소가 아니다. 어떤 마을 속에 출렁거리는 기분과 잔망스러운 질시가 흘러다니고 있다면 그 역시 바람직한 풍경이 되지 못한다. 아무튼 어떤 마을 속에 사람의 마음이 적나라하게 드러난 채로 들떠 있다면 필시 그곳의 정신문화적 위상은 대단치 않을 듯하다. 마음의 함량은 고백으로 증명할 수 없고 마음을 마음으로써 다스리기가 지난하니, 오히려 긴 세월 주민들의 정성과 기량이 빚어놓은 문화제도적 구체성을 통해서만 우회적으로 그 실(實)함을 알아볼 수 있다. 일찍이 "소라이는 마음(心)으로 마음을 다스리는 것은 미친 사람이 스스로 그 미친 것을 고치는 것이라 해서 주자학의 '본연의 성' 이론을 비웃고 있다."(마루야마 1995, 379)

가령 모든 경기—수영이든 바둑이든 혹은 택견이든—는 '성찰력(reflectiveness)'을, 의도를, 혹은 결심 등을 보지도 묻지도 않는다. 이긴 선수는 이긴 대로 진 선수는 진 대로 오직 시합이 끝나고 나서야 주절거리면서 사후적으로 재구성된 변명을 통해 어떤 성찰의 흔적을 드러낼 뿐이다. 경기 앞뒤에서 발설되는 성찰적 고백 혹은 고백류의 성찰은 그 선수의 실력이 (아직) 아니다. 그것은 '원칙적'으로 경기와 무관하며, 연습이 경기가 되고 일반인이 선수가 되는 과정은 오히려 바로 그런 것과 절연하는 방식 속에 있다. 통상적으로 말해도, 아마추어와 프로의 차이는 바로 그 방식이 야무진가 하는 데서 결정날 것이다. 한 걸음 더 나아가서 보자면, 좋은 선수일수록 오히려 내성이나 의도조차 자신의 연기와 기량 속에 '합체'시킬 수 있어야 한다. 마치 일본인들의 화도(華道)나 검도(劍道)가, '기량이 마음과 하나 될 때(腕が心と一つになった時)' 이루어지는 것처럼 말이다.

이런 종류의 합체는 어떤 '연극성(theatricity)'을 통해 가장 효과적으로 예시할 수 있다. 나는 '연극적 실천'이라는 개념을 오랫동안 궁리하고 조금씩 실천해왔는데, 이 개념이 뻗어나가서 얻은 이치 중 중요한 한 가지는 바로 '가장 좋은 삶은 연극(적)'이라는 발견(?)이었다. 연기나 연극에 대한 통속적 이해로는 이 발견에 접근하기 어렵다. 현실과 연극을 날카롭게 가르고, 둘 사이에 위계적 차별을 두는 단선적, 상식적 시각으로는 '연극성이라는 최상의 현실성'을 이해할 수 없다. 거기에는 우리 삶의 '진정성'이라는, 이미 그 자체로 쉽게 오해를 유발시키는 착시가 있기 때문이다. 이 말에는, 이미 그 개념 자체가 삶을 이분화해서 연기와 실제를 차별화하고, 삶에 대한 연극적 이해가 열어줄 진경(進境)을 가로막는 장애물이 들어 있다. 진정성 (authenticity)이라는 개념을 흔히 내성적으로 이해하는 경향이 있지만, 이는 오히려 현실에 대해 도착적으로 원인을 설정하는 착시다. 경기든 교통질서든 에티켓이든, 혹은 크게는 우리 삶이든 그 행위 묶음의 요체는 수행성(performativeness)이며, 이는 그 질(質)과 가치를 평가할 때 어느 마음속 외진 곳에 좌정할 진정성 따위에 최종심급을 둘 수 없다는 말이다. 말을 요령 있게 깎고 제대로 다듬지 않으면 우리가 살아갈 현실 자체가 그 빚을 갚게 되는데, 이 경우도 마찬가지다.

물론 연극은, 무대 위에서 벌어지는 것들을 '보고'자 한다. 그러나 삶이 제 규율과 지혜 속에서 연극적으로 완벽해져간다면, 역설적으로 그 같은 삶에는 바깥을 두리번거리면서 눈치를 살펴 '볼' 것이 없어진다. 진정성이라는 사이비 개념에 취해 착시에 빠지면, 마치 겉모습(建前)과 다르다고 가정된 일본인의 속마음(本音)을 애써 추량하듯이 곧 우리는 호기심에 부대끼면서 눈을 이리저리 돌리게 된다. 공적으로 합의된 세계의 관계와 제도와 문화와 풍경을 정의롭고 아름답게 꾸며가려는 대신, 제 마음대로 가설한 진정성의 건물을 헤집고 다니면서 그 이면의 이것저것을 추쇄(推刷)하려는 폭력에 물꼬를 튼다.

물론 '남을 보지 않는' 일본인들의 행태는 당장 통용되는 여러 개념으로도 해명할 수 있다. 그러나 이 글의 취지는, 그런 이념이 상정하는 사람들의 공동체를 안타깝게 상상해보는 데 있다. 이는 철학과 인문학이라는 활동의 빌미 아래 사람의 공동체를 찾고 구상하고 조형해온 지난 수십 년간의 개인적 이력 속에서 그 상상의 열쇠를 찾을 일이다. 물론 '남을 보지 않는' 일본인들의 현실적 행태는 나름의 조건과 콤플렉스 속에서 조형된 모습이며, 반드시 긍정적으로만 채색될 일은 아니다. 하지만 건정건정 인사를 건네고 지나가는 사회 혹은 서로 구경하고 째려보면서 지나가는 사회와 사뭇 다르게 구성된 이 사회의 꼴이 어떤 틀에, 어떤 삶의 태도와 양식에 근거하고 있는지를 묻는 일은 다만 지역학적 관심에 머물지 않는다.

내남없이 '이면'을 무심하게 대하고, 공적으로 약속한 관계와 그 표현에서 최선의 정성을 다하는 사회는 어떤 것일까? 보는 이는 보이는 곳의 이면을 일관되게 모른 체하고, 시선의 대상이 된 이는 자신의 이면 중 상당 부분이 이미 삶의 연극적 실천 속으로 소화되어버린 관계에 기초한 사회는 어떤 것일까? 도덕이나 법률적인 차원뿐 아니라 문화나 삶의 양식에서도 남을 볼 생심(用心)이 생기지 않게 된 사회의 모습은 어떠할까? 나는 일본이라는 이웃 나라가, 다른 어느 나라보다 그 삶의 제반 형식에서 연극적으로 정형화해왔다고 판단한다. 그리고 이 연극성은, 마치 노(能)의 경우처럼 비록 이면에 숨길 비밀이 있다고 해도 "비밀로 함으로써 큰 효과를 가져오기 때문"*에 일본이 그 영욕의 역사를 거치면서 이룩한 기묘하면서도 고도한 성취라고 여겨도 좋을 법하다. (물론 그 연극적 정형화의 성격 속에는 한 체계이자 사회로서의 일본이 지닌 장점과 불길한 기운을 동시에 안고 있다.)

---

* 김학현 편, 『能: 노오의 古典 "風姿花傳"』, 열화당, 1991, 68쪽.

20-1. 동원 가능성(1)

일본 속을 살아본 체험은 내겐 몹시 유익한 것이었다. 물론 그 유익함은 백지 위에 찍힌 우연이 아니다. 그런 뜻에서는 '사건(événement)' 같은 것은 없다. 경험적 우연 속에서는 아무것도 보이지 않고, 따라서 아무것도 거둘 수 없기 때문이다. 보이는 것은 늘 '눈'(같은 것)을 통할 수밖에 없는 것이다. 추상적으로 요약하자면, 그 최고의 수확은 근대화의 현실과 가능성에 대한 새로운 사례 분석이었다. 이렇게 돌이켜보면, 눈앞에 놓인 일본사회를 애써 밀쳐내고 파리나 뉴욕에 코를 박고 있었던 것은 반응형성적(reaction-formative) 단견처럼 여겨진다.

우선 근대화를 구미 식 자유주의 및 산업주의와 등치시켜온 구습에서 벗어나, 좌우 이데올로기적 분별을 넘어선 자리에서 펼쳐진 일종의 '토착형 근대화'의 길을 손에 잡을 듯이 건질 수 있었던 것, 바로 이것이야말로 이번 경험의 알짬이요 요지였다. 우리가 알고 있던 것은 무능한 왕조의 과거 및 해방과 소비의 미국 식 미래였을 뿐이고, 그사이 일본이라는 제3의 세계는 '원수(怨讐)'라는 팻말을 붙인 채 버텨 선 거대한 장벽 너머에서 우리가 영영 떨쳐내기 어려웠던 원망의 이미지 속에 박제되어 있었다.

거꾸로, 피해자는 가해자를 이해할 수 있을까? 왕조의 과거와 구미 식 현대 사이를 오락가락하면서 일제 식민지 경험에 대한 표리부동한 역사 서술과 태도를 지닌 권력자들이 지배하는 땅은 바로 그 지배의 이데올로기를 이탈하거나 초극하는 이웃 섬나라의 역사적 운동성과 지역성을 이해할 수 있었을까? 이미 16세기 말에 우리가 어버이로 섬기던 '천하의 중심' 명나라를 정벌하려고 했던 섬나라를, 조선인들에게는 경외의 대상이기만 했던 미국을 선제 공격하고 아시아 전역을 복속시켰던 그 섬나라를 우리는 제대로 이해하고 있는 것일까? 불과 수십 년의 획책과 실행으로 한반도 전체를 집어삼킨 섬나라를 우리는 대체 얼마나 이해해왔던 것일까? 탈아입구(脫亞入歐)라는 우스꽝스럽도록 모질고 엉뚱한 길로 내달려간 일본의 성취와 패악과 그 현재에 대한 이해를 우리의 미래적 삶을 위한 경계(警戒)와 지남 속에 적실하게 새겨넣고 있는 것일까? 그토록 예의 바르고 상냥하며 왜소한 이들이 무뇌의 개떼처럼, 벌떼처럼 일시에 '동원'되어 군국주의의 지평을 가득 메운 사건들은 어떻게 이해해야 할까?

3장 일본 혹은 어떤 차분함에 대하여

20-2. 동원 가능성(2)

교착하면서도 날카롭게 갈라서는 한일 간의 역사적 갈등을
빼면, 이 단아하고 침착하게 정리 배치된 사회의 기율성과 그
위로 아지랑이처럼 드러나는 동원 가능성(mobilizability)이야
말로 내가 느꼈던 가장 중요한, 그리고 거의 유일한 불길함이었
다. 한반도에는 왜 이런 종류의 불길함이 없을까? 왜 우리는 매
사 들떠 부스대고, 명멸하는 하나의 매력에도 전체가 쉽게 쏠
려, 일매지게 조직된 이데올로기의 일관성에 전체가 봉공(奉公)
하지 못할까? 왜 우리는 공공성의 규제에 결코 전적으로 복종
하지 않는 덕에 파시스트가 되지도 못하고, 나라 전체가 하나의
이념으로 동원되어 이웃 나라를 침략하지도 못할까? 우리는 저
마다 잘난 '탓'으로, 그래서 전체의 윤리보다 자기 생각에 분망
하고 (일본과 달리) '사적인 것의 자율성'(마루야마 마사오)(이삼
성 1998, 77)이 보장되었기 때문에, 그리고 바로 그 '덕'으로 인
해 이 동원 가능성의 불길함을 용케 벗어날 수 있었던 것일까?

20-3. 동원 가능성(3)

일본의 공(公, おおやけ)만을 바라보고 있으면 그들의 역사의식이나 정치적 행태가 허방을 디딘 것처럼 한심하게 느껴질 수도 있겠다. 그러므로 그것만으로는 이들의 체계가 이웃에게 재앙이었던 이유를 납득하기 어렵다. 일상에서 차분하고 사려 깊으며 제 나름대로 기예(技藝)의 미의식을 추구하고 있는 일본의 사인(私人)들을 보노라면 그 재앙의 실체는 더욱 아리송해진다. 여기에는 피해자가 가해자를 차분히 이해하기 어려운 점도 영향을 주겠지만, 특히 한국인이 일본을 쉽게 폄훼하곤 하는 사정도 객관적인 이해를 방해한다.

그러나 문제는 일본인들의 사(私)가 공(公)과 어떻게 이어져 있는지를 파악하는 데 있다. 일상 속에 촘촘하고 정교하며 차분하게 들어앉아 있는 일본의 사(私) 속에 묻혀 지내다보면, 타인들을 대상으로 그처럼 잔혹하고 광굉(廣宏)한 짓들을 계속해온 나라로서의 일본은 잘 보이지 않는다. 그러나 그처럼 질서 정연한 제도와 문화 속에서 차분하게 생활하며 공공성이 높은 시민의식을 유지하는 것, 바로 그것 속에 엄연히 존재하는 공적, 윤리적 동원 가능성의 불길함을 읽어내지 못한다면 우리는 일본 혹은 독일이라는 아이러니를 이해하지 못할 것이다. 안으로는 적청화경(寂淸和敬)의 차도(茶道)를 가꾸는 품위 있는 '개인'들이 밖으로 '동원'되어 어느새 이웃을 학살하는 괴물로 바뀌는 흐름새에는 우리의 상상을 넘어서는 자연스러움이 있다.

21-1. 마지막 사회(1)

일본의 침몰을 떠드는 즐거운 이야기가 적잖이 있었다. 이순신 장군이 그들의 배를 장쾌하게 침몰시킨 이래, 혹은 안중근 의사가 단 한 발의 총알도 낭비하지 않고 적들을 살상한 이래, 역사적으로 불구대천의 원수인 일본에 대한 한국인의 상상은 외곬으로 흐르곤 한다. 대지진 같은 게 단골 메뉴인데, 실제 그 같은 예측이 없진 않다. 그러나 일본의 사회 구조나 제도, 그리고 일본인의 삶의 형식을 관찰하면 그들이야말로 유달리 재난에 강하다는 것을 절감하게 된다. 그들의 강함이 제도적일 뿐 아니라 심리적이기도 하며, 동시에 집단적이기도 하다는 점은 주목을 끈다. 나는 언제부터인가 일본의 침몰 혹은 대재앙에 관한 즐거운 이야기들이 결국 한풀이 형식을 띤 채 이루어지는 (재난에 강한) 일본에 대한 역설적 자인(自認)이라고 여기게 되었다. 사자를 보면 호랑이와 싸우게 하고 싶고, 일본을 보면 다시 명량(鳴梁)의 물 위에 띄우고 싶은 것일까.

한국인에게 재난이란 (세월호에서 극명하게 드러났듯이) 잠시 우왕좌왕하더라도 시간이 그 황망함을 묻어줄 우연에 불과하지만, 일본인에게 재난이란 상시적으로 준비된 일상의 우선권이기 때문이다. 지구 멸망의 재난에서도 살아남을 동물로 쥐나 개미 등을 거론하는데, 사람의 경우라면, 내 판단에는, 그것은 말할 것도 없이 일본인일 것이다.

21-2. 마지막 사회(2)

내가 잠시라도 체험해본 사회—미국이나 프랑스나 특히 일본—에 비하면 한국사회는 몹시 부박해 보인다. 근대화를 거쳐 나아가는 일반적 단계에 비추어보면 그럴 만도 하고, 또 달리 보자면 무척 역동적인 사회이기도 하다. 우연과 가능성이 뒤섞여 있고 다소 무리한 신분 상승이 가능한 곳이기도 하다. 이에 비해, 자리마다 조금씩 다르긴 하겠지만, 일본사회의 첫인상은 몹시 '차분한(落着いた)' 어떤 것이었고, 각자 나름대로 어딘가에 집중한 채 기량을 키우며 삶의 내면을 가꾸는 모습이었다.

이를테면 내가 미국의 소도시를 거닐면서 목도했던 그 '역사의 종말' 같은 모습은 비록 메마르고 조용하긴 했지만 '차분'하달 수는 없었다. 그것은 역사가 만든 것이었지만, 이곳 일본이 보이는 종말(final touch)스러운 것은 사람들이 만든 것이었다. 내가 이곳에서 본 소방대원을 모집하는 포스터의 문안—'인간을 건지는 게 인간이다(人を救うのは人である)'—처럼, 이곳의 차분함은 이곳 사람들이 구원해낸 장소였다. 그것은 날이면 날마다 닦고 쓸고, '규칙적으로(規律正しく), '예의 바르게(礼儀正しく)' 공공 생활을 지켜나가고, 맡은 역할과 기능에 철저하고, 작은 것과 위험한 것들을 다루는 데 익숙한 이들이 만들어낸 차분함이었다.

21-3. 마지막 사회(3)

구급차나 소방차가 지나갈 때면 그 소리나 위세가 둘레 전체를 압도한다. 한국이라면 필시 민원의 대상이 될 폐(迷惑)로 여길 법하다. 처음에 나는 도시 전체에 무슨 큰 변고나 재난이라도 발생한 줄 알았다. 우선 사이렌이 한국과는 비교도 안 될 정도로 컸고, 인근 차량들은 고양이 앞의 쥐처럼 바싹 옆으로 비껴나서 고개를 숙였으며, 시민들은 (당연하겠지만) 익숙한 듯 아무런 동요가 없었다. 흔히 '약자에 대한 사회적 배려'의 정도를 통해 그 사회의 수준과 품질을 평가하곤 하지만, 마찬가지로 잠시라도 일본의 일상을 살아가노라면, 방재(防災)와 구난(救難)에 일차적 관심을 모은 사회의 뜻을 다시 헤아리게 된다.

2014년 4월 16일, 젊은 고등학생들을 포함한 수백 명의 승객이 산 채로 수장(水葬)당하고 말았다. 나라 전체가 애도와 분노로 황망한 분위기다. 많은 이가 다시는 이런 일이 없어야 한다고 목소리를 모은다. 하지만 거의 3년이 지난 지금까지도 9명의 실종자와 함께 침몰한 배는 인양되지 않고 있으며, 사고를 둘러싼 갖은 소문과 억측이 횡행할 뿐이다. 하지만 더 서글픈 생각은 그 정도와 범위의 차이만 있을 뿐, 이런 유의 재난이 필시 재발하리라는 우려. 다만 시간문제일 뿐이지 않을까 하는 우려. 그것은 한국이라는 나라에 살아본 경험에서 나오는 일차적인, 너무나 범상한 직관이다. 이는 단지 공공성에 대한 불신의 문제만이 아니다. 문제는 훨씬 더 넓고 깊게 스며 있다. 굳이 이런 판단을 내세우는 것은, 내가 일본의 '일상'을 경험하면서 바로이 직관에 살이 붙게 되었기 때문이다. 한 사회의 역량은 그 사람들의 일상 속에 고스란히 드러나는 법이며, 더구나 그 일상이 무너지는 재난의 지점에서 진정한 함량이 증명된다.

22-1. 촌스러운 일본인(1)

우리가 말하는 영어를 미국인이 못 알아들을 때 저항의 가능성이 있다고 봅니다. 번역 불가능성이 곧 저항의 가능성입니다.[*]

사회적 조화나 배치, 그 미학적 구성이라면 세계 최고일 것이며, 필시 그런 뜻에서 서구가 깊숙이 따라 들어가봐야 할 사회미학적 미래를 선취한다고 해도 좋을 이곳에서 내가 역설적으로 발견하는 것은, 다름 아닌 이 젊은이들의 촌스러움이다. 이 '촌스러움'은 일본이 마침내 이룩한 비서구적 근대화의 알짬을 파악할 수 있는 일견 매우 소중한 단서처럼 보인다. 소문대로, 그들의 영어는 대체로 볼품이 없었다. 나는 몇 차례의 첫 만남에서는 괜스레 영어를 사용해봤는데, 직원/점원들은 곧 우왕좌왕하거나 일견 '대책 회의'를 소집하려는 듯이 보였다. 세계 최

---

[*] 정희진,『페미니즘의 도전』, 교양인, 2005, 269쪽.

고의 관광지라는 교토에서 접한 이 어색한 풍경은 내게 기이한, 흥미로운 상상을 불러일으켰다.

이들 왜인(倭人)은 거구의 할리우드 카우보이들이 심심찮게 과시하는 그 거대하고 화려한 세계주의와는 다른 길을 통해, 조심스럽고 또한 '차분히(落ち着いて)' 당대 최고의 어떤 선진에, 어떤 생활의 기량에 도달하고 있었던 것이 아닐까? 세계 최고의 선진국 속의 대도시를 살고 있는 이들은 영어가 대체로 서투를 뿐 아니라 이 세계화 시대에 필수 휴대품으로조차 여기지도 않는 듯하고, 서울 사람은 물론 전주 사람이나 밀양 사람보다도 촌스러워 보인다. 아무리 살펴도 휴대전화에 대한 경박한 (leicht-fertig) 태도도 보이지 않는다. 소녀들의 화장기도 눈에 띄게 적다.

응당 몸집—근년 젊은이들의 체형에서 꽤 분명한 변화가 읽히긴 해도—도 작을 뿐 아니라 그 움직임도 적은 편이며 말수조차 적다. 외모나 겉치레에 쏠려 가끔 세계 유수의 매체에 가십거리로 등장하는 한국의 수많은 졸부에 비해 입성이나 표정은 비교적 소박해 보인다. 어쩌면 이 '소박'은 (부르디외 등이 재바르게 밝힌) 이중적 이데올로기에 물려 있겠지만, 다른 한편 그것은 사회과학주의의 계박(繫泊)에서 얼마간 벗어나 있는 인간의 무늬일 수도 있다. (나는 여전히 과문한 탓에 더욱 일반화의 오류를 범하고 있겠지만, 이상하게도 그것은 '아무' 문제가 아니다.) 마을 공터에서 유니폼을 입고 야구를 하는 초등학생들이나 공원에 나와서 달리기를 하는 여중생들은 죄다 촌스러워 보인다. 이미 오래전부터 우리 땅에서는 찾아보기 어려워진 표정들이다.

22-2. 촌스러운 일본인(2)

　이른바 '한류(韓流)'에 대해선 그간 관심도 없었고 따로 분석하거나 비평해본 적도 없다. 내 생각에는, 한류라고 부르는 문화 현상의 다발이야말로 우리 한국인들이 일본(혹은 어느 타지, 타인)을 바라(면서)볼 뿐, 그 내실을 이해하지 않거나 않으려는, (다소 거창하게 불교 식으로 말해) 자애(自愛)와 무명(無明)의 스크린이다. 그러나 일본의 힘은 한류라는 스크린에 의해 반영되지 못한다. 그 스크린에 얹힌 그림자는 발신자의 어필과 바람에 의해 구성된 왜상(歪像)일 수밖에 없기 때문이다. 내게 다가온 직관은 오히려 이들이 유지하고 있는 촌스러움이라는 '열매'의 내력에 관한 것이었다고 할까.

23-1. 주변을 닦고 살펴
신들을 내려앉히는

원시 신도라고 하는 것은, 깨끗하게 하는 것(淸めること) 외에 다른 관심이 없다. 깨끗하게 해서 신을 섬긴다.[*]

미(美)가 종교를 대신하는 마을을 본 적이 있는가요? 나날이 양심을 씹어 피안을 기약하지 않고, 지금-여기의 제 주변을 닦고 살펴 신(神)들을 내려앉히는 곳에 가본 적이 있는가요? 집 앞 화단에서부터 미술관이 시작되고, 21세기와 16세기가 서로 알맞게 보듬고 있는 마을을 본 적이 있나요? 꿇어앉아 노변을 청소하고 종일을 걸어도 쉽게 기분이 드러나지 않는 마을을 본 적 있나요? 손에 든 빵조각을 독수리가 맵시 있게 낚아채던 강변, 길고 정갈하고 어둑시근한 구석에서 아흔에 가까운 노인이 일없이 독서삼매하던 헌책방을 본 적 있나요?

---

[*] 司馬療太郎 (外), 『日韓 理解への道』, 中央公論社, 1987, 75쪽.

23-2. 신뢰 혹은
어떤 장소의 공기에 대한 직관

　기억할 수 있는 것만 쳐도 그간 내가 잃어버린 지갑은 대략
열 개는 될 듯하다. 장갑이나 우산은 아예 집계가 되지 않을 정
도다. 물론 그중 하나도 내게 되돌아오지 않았다. 아니, 되찾
을 기대조차 하지 않으며 그때마다 '버리고 살기'를 실없이 읊
곤 했을 뿐이다. 교토 시내를 쏘다니다가 또(!) 지갑을 잃어버
렸다. 그러나 여권을 숙소에 두고 온 것만을 다행으로 여기면서
나는 곧 그 사실을 애써 무시했고, 그사이 인근의 축제(お祭り)
한켠에 벌여놓았던 벼룩시장에서 괜찮은 지갑을 다시 구했다.
정확히 열흘 뒤, 휴대전화가 없는 내게 인근 경찰서로부터 습득
물 보관을 알리는 이메일 통지가 도착했다.
　적지 않은 돈과 현금과 카드가 든 지갑을, 그것도 낯선 이국
의 분잡한 도시에서 분실했을 때는 물론 당황했다. 그런데 하루
이틀이 지나면서 나는 이상하고 묘한 '신뢰감'을 읽어내고 있었
다. 내심 은근히 그 지갑이 (어떻게든!) 내게 돌아오리라는 막연

한 기대감 따위가 아니라, 그것은 그곳의 '공기'가 내게 전해주던, 자못 물질적으로 느껴졌던 '신뢰감'과 같은 것이었다. 조금 이상하게 들릴 수 있겠는데, 나는 이런 유의 물질적 신뢰감을 여러 계기로 체험한 적이 있다. (이 책의 다른 대목에서 이 신뢰감을 상기시키는 논의가 이어질 것이다.) 그것은 한 사회 혹은 한 장소가 사람에게 심어준 문화와 그 제도적 신뢰의 표현 같은 것에 기반하고 있겠으나, 그것만으로 설명될 일은 아니었다. 그렇다고 인정(人情)에 기댈 수 있는 것도 아니었다.

　사회를 유지하는 신뢰 문제는, 인정의 제도적 배치와 실천 다음에 놓여야 한다. 인정 많은 사회가 가장 타락할 수 있다는 사실을 지적하려는 게 아니라, 인정이라는 보편적 에너지가 제 자리와 맥락을 얻어 고유한 힘과 은덕을 발휘할 수 있도록 코드화(codification)되어야 한다는 것이다. 물론 사람의 태도와 성정 속에서도 신뢰의 싹은 자란다. 가령 우리가 '이명박이 아니라 노무현이라면 이렇게 할 것이다'라는 다소 흐릿한 추정을 할 때에도 그 추정의 정당성 요구는 오직 눈에 잡히지 않는 신뢰를 소환하고 있는 셈이다. '이런 사회라면 이렇게 될 것이다'라는 추정은 충분히 가능하며, 그 추정의 최대치는 공기 중의 어떤 조짐처럼 드러나는바, 제도와 인정이 밀도 있게 교호하는 자리를 직관하는 것이다.

24. 전라도의 소리와
경상도의 글자

이러한 지역 차는 도쿄를 수직사회형(タテ社會型), 관서 지방을 수
평사회형(ヨコ社會型)으로 나누어놓고 있는 면이 있다. 혹은 수직
형은 무사와 농민, 수평형은 직인과 상인들과 같은 도시 생활자로
나누어 편성하는 원리라고도 볼 수 있지 않을까?[*]

나는 전부터 전라도와 경상도를 '소리'와 '문자'의 문화로 대
별해왔다. '대별(大別)'은, 나가이 가후의 표현을 빌리면, 나무
의 '무늬'를 놓치긴 해도 숲의 '기하학'은 금세 잡아준다. 문학
을 인문학의 밑절미라고 하는 것은 문학이 지치지 않고 '작은
무늬(小紋)'를 들먹이기 때문이다. 한반도를 하나의 말(言語)로
본다면, 동서 양쪽으로 소리와 문자가 뻗어나간 것이 어찌 절묘
하고도 적절하지 않을까.

---

[*] 米山俊直, 『日本人の仲間意識』, 講談社, 1976, 66쪽.

말할 것도 없이 다른 사회들을 비교할 때에는 송혜교와 송준기를 맞세우는 것만큼이나 조심스러워야 한다. 그래도 일본 간토 지방의 무사(士)와 농민을 TK 지방의 문사(士)로 치환하고, 간사이 지방의 직인과 상인을 (부득불) 전라도에 비유하는 것은, 한반도의 동서 분기(分岐)를 이해하는 데 한 갈래 흥미로운 증좌를 제공할 수 있다. 여담인데, 부산 말씨가 간사이 방언(關西弁)을 방불케 한다는 일본인들의 지적이 있지만, 이는 그들이 전라도 말을 제대로 모르기 때문이다. 더 중요한 관건은, 권력에 접근하는 방법으로서 소리와 글자 중 어느 쪽이 더 유효했는지를 사회학적 혹은 역사적으로 탐색하는 것이다. 가령 전한(前漢)의 무제(武帝, 기원전 156~기원전 87) 치하를 빼면 일방적으로 중원을 넘봤던 선우 흉노족은 "병사는 강하고 말은 빨랐"지만, 결국 그들에게는 글자가 없었다.

내 기준이긴 해도, 자못 놀랍게, 여태 '소리'가 좋은 경상도 사람을 만난 적은 없다. 그렇다고 이 지역 출신의 동뜬 가수와 아나운서들을 주워섬길 필요는 전혀 없다. '조선 선비의 태반이 TK에 몰려 있다'고 한 이중환(李重煥, 1690~1756)의 말처럼, 선비풍의 기품과 학식이 높은 이들은 더러 있어도 비근한 일상 속에서 '좋은 소리'를 부리는 사람은 없었다. 그러나 전라도, 특히 남도 쪽이라면 내 강의를 듣던 이들 중에서도 금세 여럿을 떠올릴 수 있다. 내 관찰에 일리가 있다면 이는 응당 개인의 기량이나 개성의 문제가 아니겠다. 게다가 여기서 호남지역의 '소리

문화'를 거론하는 것도 인과도착의 위험이 있어 조심스럽다.

　제법 긴 세월 유심히 살펴온 바인데, 경상도에 비하면 전라도, 특히 남쪽 지역의 주민들은 하관(下觀)이 다소 넓은 편이다. 따라서 입이 '미소'하게나마 크고 길며, (짐작건대) 구강의 얼개도 이에 걸맞은 배치를 얻었을 법하다. 이 특징은 전라도에서 충청도까지 대차 없이 옮아간다고 봐도 좋겠다. 경상도의 발화 방식이 대체로 조령과 죽령에서 툭 끊긴 채 고립된 반면, 전라도 방언은 충청도를 거쳐 경기 지방으로까지 무난히 이어진다. 간단히 고쳐 설명하자면, '의사(醫師/義士)'를 두고 동쪽 사람은 '이사'로, 서쪽 사람은 '으사'로 발음하는 차이쯤으로 정리해도 좋다. 당연히 촉급하고 수직적인 'ㅣ'에 비해 'ㅡ' 발음은 입이 수평으로 넓게 벌어져야 하는데, 나는 이 작은 음성적 변이가 동서의 차이를 상징적으로 압축한다고 본다. 대체로 사람들은 이런 문제에 무관심하지만, 입과 구강의 차이가 문명문화사적 차이로 이전되는 방식에는 제 나름의 이치가 있어 관심을 끌 만하다. 간디는 구개(palate)와 미각을 주로 도덕적으로 해석했는데, 나는 그 함의가 훨씬 더 넓다고 생각한다. 인종 간의 외모를 비교할 때에도 흔히 피부색, 코의 높이, 머리카락의 형태 등등에 주목하지만, 내게 압도적인 흥미를 끄는 것은 입의 크기와 생김새다. 나는 종종 백인들의 입 모양을 넋 놓고 바라보는데, 일견 그들의 개인주의와 합리주의와 팽창주의가 바로 그 입에 환히 드러나 있는 환상에 지피기도 한다.

통계치가 없어 검증하긴 어렵겠지만, 동서의 차이와는 별개로 현대 한국인들의 입도 근소하게나마 꾸준히 커져왔으리라고 여겨진다. 그중에서도 여성들은 필시 괄목할 정도일 것이다. 여성의 사회적 진출이 뒤늦게 급전(急轉)했으므로 그 발화 맥락의 변화도 압축적이었기 때문이다. 가령 '앵두 같은 입술'은 대중 민주주의적, 자본주의적 발화 맥락 속에서 결코 유리한 입매가 아니다. 게다가 가부장적 전통 속에서 여성의 말이 폄시되거나 억압받아왔더라도, 고래로 사회적 약자인 여성은 (뇌과학까지 들먹이지 않더라도) 언어적 유연성 속으로 배출구와 탈출구를 마련해왔을 것이다. 사회적 발화의 기법과 조건을 놓고 따진다면, 남자와 여자의 차이를 경상도와 전라도의 차이에 대입해보는 것에도 어느 정도 계발적인 의미가 있다. 한반도의 서쪽을 여성(소리)에, 동쪽을 남성(글자)에 비겨보면, 의외로 생산적인 토의가 생길 법하다. 덤으로 일본의 경우에도 '동쪽 남자에 서쪽 여자(京女東男)'라는 속언이 있다는 게 실없이 흥미롭다. 박제가도 그의 유명한 『북학의(北學議)』에서 소리(聲者)를 글자(字者)와 대조해서 '어머니'에 비긴 적이 있듯이, "소리라는 것은 어머니의 언어"*라는 지적에는 일리가 있다.

경상도하고도 그쪽 남자들의 말이 서툴다는 점은 대체로 인정되는 듯하다. 전두환, 노태우, 김영삼, 이명박만 들어봐도 대

---

* 다다 미치타로, 『생활 속의 일본문화』, 김행원 옮김, 소화, 2002, 194쪽.

번 중론이 생길 법하다. 가령 문재인의 말을 듣고 있으면, 인권
변호사에 정치인이라는 이력을 꼽지 않더라도, 60여 년간 한국
어를 구사했다는 사실이 의아하긴 하다. 일본의 경우에 대입시
키면 서쪽 지방의 상인에 대비된 동쪽의 무사(士)가 한반도에서
는 경상도의 선비(士)에 해당될 테다. 이 선비형 동쪽 남자들의
과묵하고 어눌한 행태는 나름의 긴 내력을 지니고 있다. 거꾸
로 경상도 사람은 '다언삭궁(多言數窮)'을 들며, 말재간이 있고
'소리'까지 좋은 전라도 사람과는 변별적인 처세를 꾀한다. 굳
이 첨언하자면, 노무현이나 유시민이나 김제동처럼 특별히 다
변에다 능변인 경상도 출신도 있지만, 앞서 언질한 것처럼 이들
역시 '소리가 좋은' 축에 들진 않는다. 그 발화는 대개 촉급하고
성조(聲調)가 높은 편이며 가끔 훤화지성(喧譁之聲)으로 미끄러
지는 데가 있다. 그리고 세 사람 다 하관이 좁고, 성량이 풍성한
편이 아니다. (하지만 노무현씨는 이 세상 사람이 아니고, 유시민씨
는 나이 들어 유화의 기미를 얻었으며, 김제동씨는 아직 젊다.) 당연
히 입매나 구강 구조 따위를 비교하기 전에 역사사회적 배경을
자세히 살피고 따져야겠지만, 그런 고담(高談)은 다른 기회로
돌리고 우선 자질구레한 이야기를 마저 이어간다. 한국어와 일
본어의 관계에 대한 두 나라 학계의 이론들은 한일 관계의 특수
성만큼이나 민족주의적 정서로부터 자유롭지 못하며, 또한 신
라 말, 백제 말, 그리고 왜말 사이의 계보도 일매지게 그려놓기
가 어렵다. 왜말을 백제 말로 소급시키는 이론이나 논거가 더러

있음에도 불구하고 앞서 말한 '소리'를 잣대로 직관적으로 비교하자면, 일본 말은 경상도 말에 가깝게 느껴진다. 나는 일본 말이 한국 말의 방언—외국어와 방언의 차이는 실제 도긴개긴에 불과하다—이라고 상상하기도 하는데, 특히 '소리'의 측면에서 보자면 경상도는 지리적 근친성만큼이나 음성적 친연성이 높다. 문재인도 그렇지만 경상도 사람은 쌀[米]을 흔히 '살'로 발음하듯이 쌍시옷 발음에 애를 먹는다. 물론 여기에는 일본어에 쌍시옷 음이 없다는 사실이 대응된다. 게다가 나 역시 고질적으로 실수하는 것이 '어'와 '으'의 변별이지만, 이 현상은 일본어에 'ㅓ'라는 모음이 없다는 사실과 관련될 것이다. (이 기회를 빌려 첨언하자면, 나는 대전 이북 지역의 사람들이 구사하는 'ㅓ' 발음에 말할 수 없이 기묘한 매력을 느끼곤 한다.) 일본어가 한국어에 비해 궁색하게 들리고 (중국어의 경우와는 또 다른 이유에서) 외국어의 음역(音譯)에 고생하는 이유는 우선 음소(音素) 혹은 음운의 수가 적은 데다 한국어와 비교할 수 없이 모음의 활용도가 빈약하기 때문이다. 이 대목에서는 김영삼의 사례가 특히 돋보인다. 기억하겠지만 김씨는 '쌀'을 '살'로 발음하는 것은 물론 '검증'을 '금징'으로 읽었다. 또 한국어의 고유한 장점인 '복모음(diphthong)'을 대부분 생략하거나 편의화해서 '관광'을 '간강'으로, '확실히'를 '학실히'로, '경상도'를 '갱상도'로 발음했다. 이는 일본어와 겹치는 현상으로 해석할 만하다. 아무튼 김영삼으로 대표되는 경상(남)도 말과 일본어와의 친연성은 (특히 그 '소리'의 맥락에서) 놓칠 수 없을 만치 분명해 보인다.*

이른바 '영호남 갈등'을 없애려면 실은 지리산을 파내고 평지를 만들어 두 지역을 나란히 잇는 게 제일 좋다. 한술 더 떠, 아예 그 흙을 독도에 얹어 그곳을 제주도만 한 섬으로 만들면 일석이조일 것이다. 아무튼 남북 간 방언의 차이가 호서(湖西)와 영남을 가르는 여러 영(嶺)과 관련되듯이, 동서 간 방언의 차이만 해도 상당한 '책임'은 말 못 하는 지리산에 있다. 전라도 말도 남도(南道)와 북도의 차이가 뚜렷하며, TK가 PK를 '진정한 영남'으로 치지 않으려 하듯이 남도는 북도를 그 '진정성'이 한물 바랜 곳으로 여기기도 한다. 게다가 북도의 말씨는 충청도 말씨와 큰 층차 없이 이어지는데, 가령 전주(全州)만 해도 젊은 이들의 말씨는 서울내기를 방불케 한다. 그러나 앞서 지적한 것처럼 경상도 말은 전라도 말과 달리 조령과 죽령을 넘어가지 못하고 끊어진다. 이 언어적 고립 현상은 이미 서술한 것만으로도 어느 정도 추론할 수 있겠다. 영남은 지역적으로 충청 이북 지역으로부터 두절되었고 서쪽으로는 어마어마한 크기의 지리산이 진을 치고 있으며, 남쪽으로는 (기나긴 세월) 물길로 불과 하루 거리인 일본으로 트여 있(었)다. 게다가 수백 수천 년에 걸

---

* 일본어의 발음상 특징이 남방계 언어들에 영향을 받고 있다는 주장도 적지 않다. 알다시피 일본어는 이탈리아어 등과 비슷하게 받침이 없는, 즉 모음으로 끝나는 말인데, "태평양에 위치한 하와이에서 뉴질랜드에 이르기까지 각 섬의 언어, 소위 폴리네시아 제어(諸語)는 대표적으로 모음으로 끝나는 언어"라는 근거에서다. 긴다이치 하루히코, 『일본어(上)』, 황광길 옮김, 소화, 1997, 102~103쪽.

친 단절과 교섭의 결과 경상도 말의 발성은 그 지역적 근친성만큼이나 일본 말과의 친연성을 이어오게 되었을 것이다. 물론 이 잡문도 어떤 정평을 얻은 연구서에서 추출한 것이 아니라 폐점한거(閉店閑居) 중의 파적으로 내놓은 내 사견에 불과하다. 그래도 한국어 중에서 모음의 활용도가 가장 낮은 게 경상도 말이라는 사실, 그리고 우리에게 잘 알려진 외국어 중에서 모음의 활용도가 가장 낮은 게 일본어라는 사실에는 변함이 없다.

다시, 미려한 무늬를 생략하고 조박(粗薄)한 기하학만을 제시하려는 이 글의 취지에 따라 난삽한 서술을 정리해보자. 우선 나는 전라도와 경상도의 문화를 소리와 글자로 대별하는 것에 일리가 있다고 본다. 또한 이 논지와 어느 정도 관련되는 생각으로서, 두 지역을 여성적-남성적으로 나누어 보는 것에도 나름의 유용한 설명적 틀거리(explanatory scheme)가 생긴다고 여긴다. 특히 이 두 번째 견해에는 오해가 붙기 쉽고 반박거리를 찾기도 어렵지 않을 것이다. 예를 들어 전남지역의 정치사회적 강성(强性)을 쉽게 떠올리겠지만, 실은 그런 음성조차 강자의 주조음(主調音)이 아니라는 사실을 기억해야 한다. 세 번째도 소리-글자의 대별에 얼추 부합하는 발성 기관상의 차이인데, 지역에 따라 하관이나 구개 형태에서 근소하나마 분명한 패턴적 분리가 이루어진다. '좁은' 형태인 경상도 사람의 말은 대체로 '이' 발음을 지향하며 따라서 복모음을 생략하거나 편의화한다. 이와 대조적으로 '넓은' 형태인 서쪽 남도 사람의 말은 대략 '으' 발음을 지향하고 한글의 복모음을 함량껏 활용하는 편이다. (일부 전남 사람은 복모음 발음을 지나칠 정도로 분명하게 처리하는데, 이는 구강 구조의 뒷받침 없이는 불가능해 보인다. 짐작건대 판소리의 사설치레가 요구하는 다양하고 풍성하며 깊은 울림의 소리도 이런 사실과 관련될 듯하다.) 하지만 이 글에서 내가 특히 계발적(heuristic) 의미를 두는 지점은 일본(어)과의 접점에서 생기는 언어적 변수다. 달의 중력에 의해 조수간만의 차가 생기는 것처럼, 일본어 세력권에 가장 근접한 경상(남)도 지역의 말씨와 발성을 그런 관점에서 되새김해보는 것은 내겐 너무나 당연해 보인다. 이와 같은 언어지정학적 접근은 생략한 채로 절기인사처럼 반복되는 '왜 경상도 말은 고치지 못하는가?'라는 힐난은 잘못된 물음이다. 차라리 그런 질문은 경상도 북쪽의 고개〔嶺〕들과 서쪽의 지리산, 그리고 남쪽의 현해탄에게 묻는 게 낫다. 김영삼은 개인으로서 최선을 다해 '학실히' 발음했던 것이고, 순창-전주 출신으로서 방송 앵커를 하고 능변을 구사하는 정치인 정동영의 변신도 그만큼 자연스러운 것이다.

4장

—

영혼의 길
혹은 달인과 성인의 변증법

—

25. 달인과 성인 혹은
집중의 쌍생

25-1. 요령은, 달인과 성인을 갈라놓은 경계 지역을 고고학자의 마음과 태도로 붓질해보는 것이다.

25-2. 달인과 성인 사이에 놓인 오해의 벽을 허물 수 있을까? '모든 것이 매개점'(들뢰즈)이고, 나 역시 내내 우회할 수밖에 없는 공부 길을 체험한 끝에, 달인과 성인이 손잡은 지점을 바로 그 우회의 시야 속에서 발견해낼 수 있을까?

25-3. 부처가 바로 옆방에서 설법을 해도 관심이 없으면 천리 길이다. 마찬가지로, 달인과 성인의 자리는 서로 자주 엇갈린다. 달인과 성인은 결국 바로 옆방에 거하는 셈인데, 사람들은, 그들이 비록 방을 따로 나누고 문에 막혀 영영 만나지 못하기도 하지만 결국 동종(同種)의 정신을 공유하고 있다는 사실을 놓친다. 그들이 동종인 이유는, '집중'이라는 인간 정신의 정화

(精華)에서 유래한 최상의 열매들이기 때문이다.

25-4. 달인은 성인의 씨앗을 이미 갖추고 있지만, 그 씨앗은 대체로 발아하지 못한다. 성인은 이미 일종의 달인이지만, 흔히 세속적 의미의 달인처럼 보이지 않는다.

25-5. 재승박덕(才勝薄德)이라거나 혹은 군자불기(君子不器)라는 격언은 당연히 쓸모 있게 세속의 이치를 친다. 그러나 앞서 말했듯이, 달인과 성인은 그 세속적 현실 속에서는 천 리나 떨어져 있기도 하지만, 정신의 가능성 속에서는 바로 옆방이다. 재능과 도덕이 어긋나는 게 세속의 묘미이고, 솜씨와 그 인격이 배리관계를 맺는 게 흥밋거리이지만, 지속적인 집중이 불러오는 정신의 가능성에서 보자면 둘은 깊이 복류하면서 서로를 느낀다.

25-6. 인격의 완숙을 마음만의 문제로 읽으려는 태도는 단견, 심지어 졸견(拙見)이다. 모든 것은 몸에서 나왔으며, 인간의 정신도 몸에 얹혀 있고, 초월적 의식 혹은 영혼조차 몸에 기댄다. 인격은 몸의 토대를 간절히 원하는데, 그 토대는 반드시 달인적인 것이다. 100년 가까이 살면서 아무 재주도 솜씨도 없어, 이웃을 돕고 스스로를 지혜롭게 하지도 못한 채, 그저 허허거리면서 '선량'하기만 하다면 아무 좋은 게 아니다. 마찬가지로 손

의, 몸의 토대가 없이 생색내기처럼 이루어지는 도덕적 제스처는 인간 세상을 위해 별무소용이다. 인격을, 자신의 몸과 그 주변 몸들을 다루는 기량으로부터 소외시키려는 발상은 역사적 이데올로기이며, 우리 삶의 실제가 아니다. 말하자면 "원시신도(原始神道)라고 하는 것은 (…) 주변을 깨끗이 해서 신을 섬기는 일"*이라는 식으로 볼 필요가 있다.

25-7. 인격은, 덕성은, 마음은, 그리고 성인은 우회해서 접근해야 한다. 다른 도리가 없다. 이미 여럿이 다양하게 지적한바 마음으로써 마음을 고칠 수 없고, 성(聖)으로써 성(聖)에 이를 수 없다. 우회로 외에는 길이 없는 공부의 과정은, 욕망의 과정은, 관계의 과정은 얼마든지 있다. 신을 찾으려는 일은 인간과 그 일상을 경유할 수밖에 없고, 사랑의 욕망을 채우려거든 인간관계의 갖은 법식을 익힐 수밖에 없으며, '진리'나 제 본성 따위를 구하려는 자는 딴 데 가서 알아봐야 한다. 니체가 이미 말한 것을 데리다가 재구성한 형식의 표현을 빌리면, '존재하는 것들은 죄다 매개하고 매개당하는 송수신(送受信)에 의해 구성'된다. 문제는 늘 우회로이며 중계점이고 분기처다.

25-8. 김연아의 연기를 보면서, 그의 기량을 통해 마치 잠시

---

* "原始神道というのは, 清めることしか興味がないんです. 清めて神さまを祀る." 司馬遼太郎(外), 『日韓理解への道』, 中央公論社, 1987, 75.

육체를 떠나려는 듯 꽃피워 올라가는 아름다움을 보면서, 물론 그의 인격이나 그 깜냥을 가늠하려고 하지는 않을 것이다. 우리 관객들은 김연아의 마음을 모른 체하고 혹은 모른 채로, 그의 몸에 얹힌 기량이 부리는 미학적 성취에 만족한다. 그러나 바로 그 아름다움이 어디에서 어떻게 나와 어디로 나아가고 있는지에 대해서는 별 관심이 없으며, 또 제대로 알려지지도 않았다.

25-9. 몸은 그 자체로 초월성(transcendence)이 아니다. 마찬가지로 에른스트 블로흐의 화법을 좇아 '이미' 미래를 잉태하고 있다고, 초월성을 품고 있다고 강변할 필요도 없다. 그러나 몸에 기량이 붙어 움직임이 달인의 지경을 향하면, 바로 그 솜씨에 들붙는 한량없는 아름다움에 의해 관찰자들은 초월성을 혹은 '초월적인 무엇'을 느낀다. 종교신비주의적 초월성의 경우들과는 얼마간 달리, 달인 혹은 성인 계열의 초월성은 사람의 (솜씨의) 기량이나 (인격의) 함량 등에 의해 넓은 의미의 '아름다움'으로 현시되는 사례가 흔하다. 김연아나 리오넬 메시의 기량은 몸에서 나왔지만 각자의 놀라운 퍼포먼스를 통해서 그 몸을 넘어서는 초월적 아름다움을 선사한다. 거꾸로, 재능도 솜씨도 없는 직인(職人)이나 선수의 동작은 그 몸을 한 치도 벗어나지 못한다. 그 허접한 동작은 둔한 몸에 붙박인 채 서로가 서로의 초월을 방해한다.

25-10. 당연히 이 초월성을 '실체론적(substantialistic)'으로 여길 필요는 없다. 이 지적은, 인간의 의식이 인간 자신에게는 무엇보다 생생하고 직접적인 현실임에도 불구하고 실체론적으로 이해할 필요가 없다는 점에 상응한다. 이 글의 관심거리인 영혼이나, 심지어 귀신(유령)의 문제까지도 우선은 이런 흄적인(Humean) 관점에서 출발해야 한다. 이 초월의 목적론(teleology)은 여간해선 알 수 없을 테지만 그 계보학(geneology)은 추적할 수 있다. 그리고 만약 이 탐색을 일매지게 몰아붙일 수 있다면, 마치 선가에서 '선취(禪臭)'를 말하듯이 '월취(越臭)'를 알아볼 수 있을지도 모른다.

25-11. 달인과 성인을 특히 인간 종의 정신진화사적 맥락에서 보려는 게 이 글의 취지다. 나는 둘 다 집중의 성취이자 그 은사(恩賜)로 여기는 편이다. 내가 달인과 성인을 결국 바로 옆방에 거하는 존재들로 그리는 이유도 거기에 있다. 달인을 특정 기능의 정점에 오른 사람으로, 또 성인을 인격의 정점에 오른 사람으로 나누어 보는 방식은 나름대로 적절하다. 그러나 이로써 전자를 세속적인 재주에 탐닉하는 사람으로, 그리고 후자를 탈세속적인 존재로 나누어 양자를 소외시키거나 이간하는 것은 전혀 적절하지 않다. 이런 유의 흔한 오해와 졸견을 불식하려는 게 이 글의 취지 중 하나이며, 이는 '집중'이라는 인간 종이 지니게 된 특별한 정신적 가능성의 맥락을 이해함으로써 가능해

지리라고 본다.

25-12. 달인의 비극이랄 게 있다면, 그 스스로 기능주의에 머물러 제 속에 있는 성인의 씨앗을 발아, 배양시키지 못하는 경우가 대부분이라는 점이다. 여기서의 내 명제는, 달인은 제 자신을 깊이 이해하지 못한다는 것이다. 이런 점에서 보자면 달인은 매우 아쉽고 중요한 낭비를 하는 셈이다. 기능의 상달(上達)로써 증명해놓은 자신의 근기(根基)와 근기(根器)를, (다만 내 입장에서 볼 때) 백분 활용치 않고 있기 때문이다. 달인의 성취는 이미 놀랍다. 한편 그 상달의 자리에 멈추어 완상하고 감심(感心)하며 찬탄을 주고받으면 그것으로 충분할 듯도 하다. 기능은 이미 끝을 봤으니, '달인'으로서 더 이상 바랄 게 없을 듯도 하다.

25-13. 그러나 '달인으로서 더 이상 바랄 게 없는 자리'에서, 다시 닭이 소를 주목하는 심정으로, '달인'이 아닌 '인간'을 새삼 돌아보는 게 관건이다. 인간이 달인의 자리에 오른 이후 다시 그 달인이 자연스레 인간으로 되돌아가는 맥리(脈理)를 살피는 게 관건이다. 노동과 수행과 집중을 통해 연성(練成)된 몸에서 피워 올라가는 초월적 기상을 알아채는 게 요령이다. 앞서 김연아의 육체를 통해, 메시의 육체를 통해, 그들의 놀라운 솜씨를 통해 "마치 잠시 육체를 떠나려는 듯 피워 올라가는 아름다움"을 말했듯이, 육체가 달인을 통해 육체 이상이 되는 가장

자리를 알아보는 게 관건이다. 그럴 수만 있다면 '달인이라는 더 이상 바랄 게 없는 자리'가 한순간, 마치 '좁은 문'의 체험처럼 완전히 다른 가능성으로 열려 있는 새 지평으로 바뀌는 것을 체험할 수 있을 것이다.

25-14. 그러므로 달인이 이룩한 그 기능적 완벽성(dexterity)의 자리가 인간성(humanity)으로 통하는 지점을 알아채는 게 요령이다. 인간 존재의 부분적 분리는 그저 가현적(假現的)일 뿐이다. 한 사람의 달인-됨은 그의 인간-됨과 소통 불능의 지경으로 나뉘지 않는다. 몸과 의식은 분리되지 않으며, 기(器)와 도(道)도 분리되지 않고, (이미 지적한 대로) 달인과 성인도 의외로 가까이 접하고 있다. 현실적으로는 기능주의(functionalism), 상업주의(commercialism), 도구주의(instrumentalism), 심지어 물화(Verdinglichung)로 기울어진 재예(才藝)를 흔히 볼 수 있는데, 그 재예가 성취한 긴 노동과 아름다움의 형적은 반드시 장인-달인의 몸에 새겨진다. 그리고 무릇 인간성이란, 그 몸의 지혜(somatic wisdom)로부터 동떨어져 있는 게 아니다.

25-15. 기독교 신화 속에서 악마의 기원이 천사였다는 점은 이런 뜻에서 흥미롭다. 이들은, 가령 애초 둘 다 집중의 천재들이었을 테지만, 어느 때 어느 계기에 그 천재를 유지한 채로 '방향'을 달리한 채 서로 소외되었을 법하다. 이런 식의 서술은 달

인과 성인 사이의 관계를 해명하는 데 주목할 만한 시사점을 준다. 당연히 성인을 천사로, 달인을 악마로 일매지게 비유할 수는 없다. 하지만 이들이 근본적으로 동종(同種)의 기량을 지녔음에도 그 벡터의 방향성을 달리한 채 살아가고 있다는 사실을 일깨우는 비유로 적절할 듯하다. 기독교 세계의 지평 속에서 악마가 회개해서 천사로 복직되었다는 소식을 들은 적은 없다. 그러나 내 판단에는 인간적 혹은 윤리적으로 타락한 달인이라도, 그가 방향을 돌릴 수만 있다면 타락하지 않은 범인(凡人)들보다 더 빠르고 확실하게 성인의 자리와 접속하게 될 것이다. 이론적 가능성에서도 이치가 그러하고, 실제의 경험도 이를 지지해준다. 잘라 말하면, 집중의 힘은 때로 그 방향을 잃고 삿되게 흐르긴 해도, 여전히 무시무시한 힘이기 때문이다.

25-16. 이렇게 보자면, 원칙적으로, 방을 닦다가 성불(成佛)할 수 있다. 그 조건이라면, 물론 그는 방을 꽤 오래, 정성을 다해서 닦아야 할 것이다. 방을 닦는 것도 일종의 기술이자 기량이므로 그는 점점 더 잘 닦게 될 테고, 더불어 그의 기능성도 더 높아질 것이며, 다시 그는 더 잘 닦게 될 것이다. 그는 어느새 동뜨게 훌륭한 기량을 지닌 달인이 될 수도 있을 것이다. 그러나 필시 그는 그저 '방 닦기의 달인'으로 머물러 있을 것이며, 성인이니 뭐니 하는 생각 따위는 염두에도 없을 것이다. 그런 게 대다수의 인생행로이며, 앞서 말한 김연아나 메시도 그런 식

으로, 달인의 자리에 머물러 그 자리에서 얻게 되는 영예와 환호에 만족하고 말 것이다.

그러나 어쩌다 운 좋게 생각을 고쳐, 그 자신이 달인이 되는 과정을 통해 겪어낸 경험과 성취가 바로 그 자신의 '인간' 속에 삼투해 들어가 있다는 사실을 깨달할 수도 있을 것이다. 그는 평생 방을 닦았으나, 그 방이 바로 자신의 마음이었다는 사실을 되찾아내는 행운과 조우할 수도 있을 것이다. 혹은 최소한 그가 방을 닦는 과정에 바친 정성과 집중의 노동이 전혀 헛되지 않아, 그 정성과 노동의 은덕이 어느새 그의 인간 속으로 흘러들어가 있고, 이 사실을 알아채는 순간 그는 이미 다른 사람이 되어 있었다는 사실까지 알아채게 될지도 모른다.

25-17. 방을 닦았을 뿐인데 결국 마음이 닦인 사실이 발견된다고 하더라도, 이 이치는 별스러운 게 아니다. 마음이 몸에서 생겨 나왔다는 사실, 의식이 뇌에 의지하고 있다는 사실에서 쉽게 유추할 수 있듯이, 몸과 마음을 날카롭게 나누는 것은 오해이며, 특히 니체의 말처럼 주술(主述) 구조의 문법적 관행—'마음이 몸을 어찌어찌한다'는 식으로—에 얹혀 있는 착시다. 종종 밝혀왔듯이, 이 책의 방법론적 관심은 공적 학술 기관에 의해 등재된 학술적 지식(學)과 아직은 민간에 산포(散布)되어 있지만 일매지게 체계화되지 못한 앎(術)을 통합하려는 것인데, 이러한 통섭적 노력에서 가장 중요한 부분은 몸과 마음을 소외

시키는 서구 근대 학문의 이원론(dualism)이다.

25-18. '상전의 빨래에 종의 발꿈치가 희어진다'는 속담이 있다. 이 이치는 앞서 말한 방 닦기와 일맥상통한다. 한 사람은 방을 닦았을 뿐이고, 다른 한 사람은 상전의 빨래를 했을 뿐이다. 그리고 예사의 경우, 그 후일담으로 내세울 만한 게 별반 있을 법하지 않다. 그러나 어떤 드문 행운과 인연의 은덕에 얹혀, 방을 닦은 사람은 닦은 게 자신의 마음이라는 사실을 깨닫게 되고, 상전의 빨래를 한 사람은 실제 깨끗해진 것은 자신의 몸이라는 사실을 확인하게 된다. 마찬가지로 달인은 그가 평생 닦아온 것은 기예(craftsmanship)이지만, 그 솜씨가 물매를 이루어 넘쳐나는 곳에는 '사람' 혹은 인격이 드러난다는 사실을 알아챌 수도 있다. 이와 관련해서 개체 발생을 계통 발생의 맥락으로 되돌려 사유해보자면, 뇌의 구성과 의식의 형성은 세포의 운동성이 장구한 세월의 진화 과정을 거치면서 중추신경계를 통해 내면화된 것이라는 통설을 특기할 필요가 있다. 마찬가지로, 뇌의 사이버적 기능과 의식이 놀라울 만치 복잡다단하게 배열된 물질 조합의 결과라는 통설을 기억해야 한다. 그러므로 계통 발생의 과정에서 운동이 의식을 만들어낸 것이라면, 개체 발생의 과정에서는 기예가 초월성을 향한 물매를 만들어낼 수 있는 것이다.

25-19. 그러므로 한 사람의 달인-됨은 그의 인간-됨과 소통

불능의 지경으로 나뉘지 않는다. 우리의 논의에서 가장 중요한 조건은, 몸과 의식의 분리를 재촉한 역사 시대 혹은 근대사회의 공시성이 아니라 인류의 정신이 구성되어온 통시성의 시야를 얻는 일이다. 몸과 의식은 분리되지 않으며, 기(器)와 도(道)도 분리되지 않고, (이미 지적한 대로) 달인과 성인도 의외로 가까이 접하고 있다. 반 고흐의 말처럼 "자신의 일을 극도로 밀어붙일 때 오히려 자신의 삶을 더 잘 느낄 수 있다."* 이 가까움을 탐색할 수 있는 최적의 장소는, 달인의 기량이 스스로 물매를 이루어 자기 초월의 기미를 흘리는 곳이다.

25-20. 누구나 제 나름의 솜씨들이, 기량들이 있다. '성인의 공부(聖人之學)'는 이렇게 각자가 지녀 가꾸고 있는 그 초라한 솜씨와 기량의 가능성으로부터 출발해도 좋다. 선가(禪家)의 말을 빌리면, '일용즉묘용(日用卽妙用)'이다. 앞서 모든 방법은 우회(벤야민)이자 중계점(들뢰즈)이라고 했지만, 그런 뜻에서 성인의 덕(德)도 달인의 재(才)를 우회하고 중계해서 접근할 만하다.

마음으로써 마음을 다스리기가 어렵고, 내성(內省)으로써 삶을 고쳐내기가 쉽지 않다. 가령 스탠리 카벨도 "우리가 다른 사람의 심리 상태에, 이른바 '타자의 마음'에 매개 없이 직접적인 지식을 가질 수 있다는 생각에 대한 비판을 통해 자기 자신의

---

* Paul Nizon, *Van Gogh in Seinen Briefen*, Frankfurt: Insel Verlag, 1979, p. 210.

인정(acknowledge) 개념에 도달한다."(호네트 2006, 57) 사르트르의 말처럼 타자를 인식하는 것은 명상적인 활동이 아니라 프락시스(praxis)의 한 계기이며 삶의 양식에 터한다.

25-21. '평상심이 도(道)'라고들 하지만, 우리 일상의 초라하고 범속한 움직임이 도와 연계되는 구체적 맥리를 해명하는 것은 쉽지 않다. 방을 닦고, 글을 쓰고, 빵을 굽고, 나뭇가지를 치고, 조언을 하고, 공을 차는 등등 누구나가 매일의 일상 속에서 해내고 있는 솜씨와 재주의 내공이 차오르는 바로 그 자리를 응시할 수 있다면, 세속의 동작들이 마침내 어떻게 초월성의 아우라를 띠게 되는지 이해할 수 있을지도 모른다. 평상심이 도가 되는 자리를, 혹은 일용이 묘용이 되는 자리를 사람의 정성 어린 솜씨가 그 자신을 초과하는, 극히 일상적이면서도 초월적인 현상 속에서 읽어낼 수 있을지 모른다. 일상에서 도를 구하려고 하면서도, 바로 그 일상의 세속적인 재주와 솜씨를 짐짓 무시하는 듯한 시선과 자세를 놓지 않고 있는 것은 자가당착이 아닐 수 없다. 다시 말하지만, 도인과 성인의 길조차 각자가 지녀 가꾸고 있는 그 초라한 솜씨와 기량의 가능성으로부터 출발해도 좋다. 소라이의 말처럼 "길(道)은 사물이 그러해야 할 이치(理)도 아니며 하늘, 땅, 자연의 길도 아니다. 그것은 성인이 세운 것이다."(재인용, 마루야마 2003, 336)

25-22. '일상이 도'라거나 '평상심이 도'라는 말이 애매하긴 해도, 제 나름의 실천 속에 정성이 쌓이면서 그 이치에 살이 붙고 피가 흐르게 된다. 애매함이나 모호함을 이론적으로만 접근하거나 해결하려는 태도는 단견이며, 이는 인간이 경험해온 갖은 종류의 다양한 앎을 폭력적으로 환원시키는 왜곡이다. 이 경우에는 오직 견실하고 지속적인 실천만이 알게 하는 것이다. 그러므로 지행합일(知行合一)은 인간의 삶에 적절한 격언이 아니며, 이미 그 자체로 어불성설이다. 설혹 가능하다고 하더라도 그것은 매우 초라한 진실일 뿐이다. 오직 '행지일여(行知一如)'에 이르는 길이 있을 뿐이다. 애매하다거나 모르겠다거나 추상적이라거나 하는 의심 및 합리적 비판은 이론의 회집이나 변명이 아니라 시간과 정성을 들인 실천에 의해서만 분명하고 책임있게 답변된다.

25-23. 달인과 성인 사이에 가로놓인 전통적인 소외의 벽을 허물고, 인간 정신의 두 존재 양식을 한 꿰미로 읽어내려는 게 이 글의 소연(所然)이다. 그래서 애초에 달인은 성인의 씨앗을 이미 갖추고 있다고 했으며, 성인은 이미 일종의 달인이라고 했다. 조금씩 해설했듯이, 이런 식의 이해 방식은 인간의 일상사와 그 속에서 나날이 이루어지고 있는 자잘한 재주 및 솜씨를 전혀 다른 빛과 가능성 속으로 불러온다. 이 가능성의 밑바탕이 될 만한 생각이, 이미 다른 곳에서 논급했던바 인간의 지성과

영성 사이의 관계에 대한 새로운 이해에 있다. 달인과 성인 사이의 관계가 왜곡된 소외를 보이고 있듯이, 인간의 지성과 영성 사이의 관계도 비슷한 오해를 안고 있다. 기(器)와 도(道)로, 과학과 종교로 나뉘어 각자의 영역을 고집하게 된 역사적 생성 과정을 보편사적으로 응고시킨 게 문제다. 역시 앞서 논급했지만, 이 비역사적 응고를 풀어내고 그 역사적, 계보학적 일치를 읽어내도록 하는 게 '집중'이라는 인류의 정신사적 사건이다. 지성과 영성은, 집중이라는 인간의 고유한 능력을 밑절미 삼아 분기와 퇴행이 일어났고, 또 여전히 일어나고 있는 풍경이다.

25-24. 달인과 성인이라는 존재의 특이성에 관해서는 장소성 (場所性)의 관점에서 살펴봐도 유익한 통찰을 얻을 수 있다. 어떤 식이든 솜씨와 기량이 좋은 사람은 그 근본에서 '장소적인 존재'가 되기 때문이다. (물론 여기서의 요점은 노동의 정성과 그 알짬인 집중이다.) 이미 다른 곳에서 세세히 논급한 문제이므로 상설할 필요는 없지만, 예를 들어 '추억'이 맺혀 있는 사람이라면 그는 예외 없이 하나의 장소를 이룬다. 그 누구보다 어머니라는 존재가 그러하고, 첫사랑이나 소싯적 동무들이 그러하며, 자신을 알고 이해해주었던 스승이나 지음(知音)들이 그러할 것이다.

그중에서도 달인과 성인이 자신의 솜씨를 통해 조형해낸 장소(감)는 특출하다. 특출하다 못해 그들의 장소감은 (앞서 서술한 것처럼) 그 솜씨에서 비롯된 세속의 동작들이 초월성을 띠는 형식에 의해 조형된다. '일상이 도'이며 '일용즉묘용'이라고 했듯이, 그들의 솜씨와 기량이 함축된 그 존재의 장소는 이미 초월적 기미를 흘린다고 해도 좋으리라. 이와 관련해서, 신화나 민담 등에서 신이나 귀신들이 일종의 장소적 존재로 표상되는 것에 주목해도 좋다. 예를 들어 우리 민담에는 산매증(山魅症)이라는 병증이 등장하는데, 산매는 산도깨비를 말한다. 초창기의 인류가 숲에서 나옴으로써 인간이 되었듯이, 숲은 인간이 살 수 있는 곳이 아니었고 동서양의 여러 민화나 신화에서도 숲과 산은 괴물과 신령들의 장소로 여겨지곤 했다. 말하자면 산매는 산숲이라는 장소만의 독특한 기운이 인간이라는 정신을 만나 생성해내는 간주관적(inter-subjective) 현상이었을 것이다. 나 자신도 중학교 시절에 깊이 경도한 적이 있지만, 수십 년 전 개신교가 무서운 속도로 전파될 때 종교신비주의에 빠져 산기도를 일삼는 이들이 더러 있었다. 이들 중 소수는 정신이상 증세를 보이기도 했는데, 옛사람들이라면 이를 일러 '산매증(산속에서 산다는 요사스러운 괴물이 몸에 붙어 나타나는 증세)'이라고 했을 법하다.

25-25. 달인과 성인이라는 존재의 특이성을 장소성의 관점에서 보려는 것은, 그들이 유지해온 지속적이며 순도 높은 집중과 정성이 차츰 그 자신 및 주변을 변화시키는 힘에 주목하려는 것

이다. 우선 그 정성과 집중은 자기 자신을 웅숭깊고 으늑한 장소로 만들어낸다. 예를 들어 어떤 사람이 "수고하고 무거운 짐 진 자들아 다 내게로 오라"(마태복음 11:28)고 했다면, 그는 자기 자신의 장소성을 의식하고 있었을 것이다. 그리고 그가 존재하는 곳에 있는 생명과 물건들도 그의 정성의 역사가 깃든 장소감에 의해 순해지고 차분해질 것이다.

25-26. 달인과 성인은 내밀하게 합류한다. 그 형식적인 관계는 아래와 같다. '악마와 같은 재능이 없다면 그는 이미 천사가 될 품격도 없으며, 천사의 자리를 넘볼 정도의 집중의 일관성이 없다면 그는 아직 악마도 아니다.' 기독교적 신화에서 천사와 악마의 차이가 무엇보다 방향(vector)에 있는 것처럼, 달인과 성인의 차이도 평생의 노동과 생활 속에서 가능해진 그 집중과 정성의 온축(蘊蓄)이 지향해온 방향의 차이에서 (어느 정도는) 읽어낼 수 있겠다.

하지만 이 글의 취지는, 그 둘의 '방향'이 인천 가는 길과 강릉 가는 길처럼 별개의 것으로 분리되어 있다는 상식을 재고하려는 것이다. 앞서 말한 대로, 둘 사이의 경계점을 고고학자의 붓과 같은 시선으로 찬찬히 쓸어보려는 것이다. 이로써 달인의 길이 성인의 길을 위한 경유점, 우회점 혹은 매개점으로서 어떤 위상과 의미를 지니고 있는지를 살피고, 각자가 자신의 일상 속에서 가꾸고 일군 재능 및 그 솜씨의 가능성을 통해 더 나은 인간의 길을 밝히려는 것이다.

25-27. 이 점과 관련해서 우리 민족이 숭앙하는 최고의 영웅인 세종대왕과 이순신 장군을 생각해보자. 당연한 지적이지만, 우리 후손들이 이들에게 감사하고 찬탄하는 이유는 우선적으로 그 비상한 재능과 솜씨 때문이다. 한글 창제에 주도적, 전폭적으로 개입해서 단기간에 한 나라의 문자를 만들어낸 것, 그리고 30여 회의 주요한 해전에서 한 차례도 패하지 않고 전세를 유리하게 이끈 것은 오직 두 분이 자신의 재능을 '장인적'으로 부린 방식에 기댈 뿐이다. 하지만 이상할 정도로 우리는 이분들의 재주와 솜씨에 충분히 주목하지 않는다. 위인(偉人)으로만 보지 장인의 일종으로 보려는 시선은 적다. 국가 이데올로기의 여파든 무엇이든, 이순신 장군은 아예 성웅(聖雄)으로 여기고, 세종대왕도 스멀스멀 성왕(聖王)의 분위기를 풍기고 있지 않은가. 대도불기(大道不器)라거나 군자불기(君子不器)류의 착시에 의해 조장된 가치관과 인생관이 우리 민족사의 족쇄가 된 일이 있거니와, 두 영웅을 바라보는 시선에서도 그 달인스러운 솜씨에 대한 기능적 분석이 적은 것은 유감이 아닐 수 없다.

그렇긴 해도, 만일 두 분의 언행과 인격 속에서 남다르게 동뜬 부분이 있었다면, 그곳은 다름 아니라 그들이 각자 자신의 영역 속에서 부릴 수 있었던 재능이 자기 정화의 범람을 했던 경계의 영역이었을 것이다. 개인에 따라 다르게 나타나긴 해도,

원리상 동뜬 재능은 기능주의적 측면을 초월하며 필시 자기 정화의 기운을 드러낸다.

나 개인의 경험도 간략히 소개했지만, 방을 닦은 게 어느새 마음을 닦은 지경으로 전환되는 종류의 행위는 결코 신기한 일도 낯선 일도 아니다. 몸으로부터 의식이 도드라지게 분기했고, 지성과 영성이 갈라졌으며, 의식과 무의식의 소외가 없지 않지만, 인간의 존재는 근본에서 하나이며 개개인의 노력에 의해서 전일적 소통성이 확인된다. 그러므로 사람의 재능과 솜씨는 손이나 발이나 몸이나 계산적 지성 등등 어느 한쪽의 기능에 완전히 종속되지 않는다. 비록 현실적으로 그리고 개인의 기질과 여건에 따라 그렇지 못한 경우도 있지만, 의식은 무의식을 다시 건드리고, 몸은 마치 서까래를 받치는 기둥처럼 마음을 받치고 있으며, 영성은 지성의 실핏줄을 진동시키고, 재주를 통해 자기 정화된 기운은 덕성 속으로 밀려들어가게 마련이다.

25-28. 『서포만필(西浦漫筆)』에서 김만중(金萬重, 1637~1692)은 제갈량(諸葛亮, 181~234)을 아래와 같이 평했다.

적을 토벌하고 한나라 황실을 부흥하는 일을 보기를 마치 농부가 논밭을 갈거나 효자가 어버이를 봉양하듯 했으니, 그가 깊이 수양한 사실을 여기서 볼 수 있다. 진실로 성인과 그리 멀리 떨어지지 않았다.[*]

아는 대로 제갈량은 한나라의 재상이긴 해도 주로 전략전술가, 용병가로서 위명(偉名)을 떨쳤다. 서포가 '적을 토벌함(討賊)'을 앞세운 이유가 거기에 있겠지만, 특히 이를 논밭을 가는 농부나 부모를 봉양하는 효자에 비긴 일은 이 글의 논지와 관련해서 볼 때 몹시 흥미롭다. 적을 죽이고 전쟁에서 승리하는 일은 일견해서 곡식을 부식(扶植)하고 부모를 부양하는 일과는 대척점에 있는 것처럼 보이기 때문이다. 이것은 앞서 말했듯이, 도(道)와 기(器)를 가르고, 덕(德)과 재(才)를 나누며, 성인과 달인을 소외시키는 일반론을 벗어난다. 그렇긴 해도 제갈량이라는 희대의 인물은 이런 일반론적 프레임 속에서 평할 수 있는 솜씨의 소유자가 아니다. 서포가 비록 두루뭉술하게 표현하긴 했지만, 후대에 알려진 제갈량의 일생은 이런 이분법적 프레임을 너끈히 넘어서며 국량(局量)을 넘어선다. 제갈량은 그의 아내와 더불어 발명에도 일가견이 있었다고 알려진바, 그의 재주(才)와 기량(器)은 도(道)와 덕(德)에서 멀지 않고, 그의 달인적 소양은 "성인과 그리 멀리 떨어지지 않았다".

25-29. 뇌, 그리고 뇌에 비환원적으로 연동되어 있는 의식 활동은 진화적으로 보자면 육체의 운동이 장구한 세월을 거치면서 내면화된 것이다. 잘라 말하면 의식의 모태가 육체이며, 따

---

* "其視討賊復漢 如農夫之把犁 孝子之養親 所糞之深厚 於此可見 誠恐去聖不遠." 김만중, 『서포만필(상)』, 심경호 옮김, 문학동네, 2010, 488쪽.

라서 "마음이 주도권을 잡은 것은 최근(이고) (…) 마음을 주인
이 아니라 육체를 위해 일하는 하인으로 간주하기 전에는 제대
로 이해할 수 없다"*고까지 말하게 된다. 혹은 인간이 사용하
고 있는 주요한 언어적 범주들이 차츰 정교해진 손동작으로부
터 유래했다는 리처드 세넷의 주장이나 '모든 문화에 공통된 개
념들은 공간 속에 놓인 우리 육체의 위치나 자세와 관련된다'는
움베르트 에코의 주장도 필경에는 몸/마음, 무의식/의식, 영성/
지성, 기(器)/도(道) 혹은 달인/성인 등을 나누었던 인간 문명의
범주들이 임시적인 절충이었음을 시사한다.

번버듬하게 나뉜 채 서로의 영향을 무시하며 지내온 역사가
길고 악착같긴 해도, 달인과 성인의 존재가 드러내는 '창의적
퇴행'의 가능성은 둘 사이의 소통 가능성을 여실히 보인다. 당
장의 현실 속에서 통약 가능성(commensurability)이 잘 보이지
않는다고 해서 곧 그것이 소통 가능성(communicability)의 부재
를 증명하지는 않는다. 좀 평이하게 고쳐 말하면, '한 배에서 나
와도 아롱이다롱이'이긴 하지만 그것이 한 배였다는 사실은 결
코 무시할 수 없다.

25-30. 달인도 성인도 장삼이사가 제 마당의 감을 따듯 쉽게
딸 수 있는 경지는 아니다. 특히 '성(聖)인'에 맺히고 얽혀 있는

---

* Daniel C. Dennett, *Consciousness Explained*, New York: Back Bay Books, 1991,
p. 120.

이미지는 차마 숭엄한 나머지, '공부'—그것이 무엇이든!—에 뜻을 둔 수많은 이에게는 비현실적이다 못해 자못 우스꽝스러운 느낌마저 자아낸다. 그렇기에 '평상심이 곧 도(平常心是道)'라거나 '번뇌를 끊지 않고도 열반에 이른다(不斷煩惱得涅槃)'거나 하는 수많은 경구와 선게(禪偈)는 그저 한순간의 재치와 소비로 그치고, 선인들의 공부와 수련이 밀착해서 보여준 바 있는 그 실팍한 경지는 죄다 소실되고 말았다.

이 비현실성과 소비주의를 깨고, 공부의 알짬을 구체적으로 증명할 수 있는 길은 달인이라는 우회와 매개의 길을 확보하는 것이다. 더 나아가, 인간의 정신이 간직한 최고의 가능성인 집중의 힘을 통해 달인과 성인 사이를 갈라놓은 경계 지역을 마치 맨손으로 지뢰를 캐듯이 탐색하는 것이다. 너무나 쉽게 오용되거나 피상적으로 이해되는 집중이라는 인간의 정신적 가능성을 좀더 진지하게 들여다보고 실천할 수 있다면 달인이 시작되는 바로 일상의 자리에서부터 성인의 자리가 열릴 수 있을 것이다.

26. 영혼이란 무엇인가

26-1. 이 책이 '영혼'이라는 용어를 사용할 때, 그것은 최소한 아래와 같은 이해와는 별무상관이라는 점을 기억해야 한다.

그리스 사상에서 처음 등장한 '영혼(soul)'이라는 말은 종교적인 성격이긴 했지만 기독교적인 것은 아니었다. 논의를 그리스에 국한시켜 본다면 이 용어는 애초 피타고라스학파로부터 유래한 것으로 여겨진다. 이들은 전생(轉生)을 믿었고 궁극적인 구원을 추구했다. 이 구원은 물질에 예속된 상태로부터 해방되는 것이었는데, 영혼도 육체에 얽매여 있는 한 이런 물질의 예속을 피할 수 없었다. 피타고라스학파는 플라톤에게 영향을 끼쳤고, 다시 플라톤은 기독교의 교부(敎父)들에게 영향을 끼쳤다. 이런 식으로 육체의 별개의 존재로서의 영혼의 교의(敎義)는 기독교 교리의 일부가 되었다.[*]

26-2. 영혼은 현재를 지배하는 과거의 것이 아니다. 그러므

로 이미 주어진 것이 아니다. 그것은 가설무대가 아니다. 영혼은 인간의 운명과 함께 나날이 움직이고 있는 현실이다. 그것은 생성되어온 것이며, 생성되고 있고, 필시 생성될 것이다. 그것은 인간이라는 진화론적 경이를 미래화할 수 있는 단 하나의 매개다. 집중이든 달인-성인의 변증법이든 혹은 영혼이든, 인간의 가능성이 차츰 드러나는 순간 창조론-진화론이라는 사이비 문제들은 허물어질 것이다.

26-3. 영혼을 상상한다면, 그것은 반드시 의식의 진화 과정을 참조해야 한다. 도대체 다른 길이 있을 리 없다.

상식적인 말이지만 인간의 마음은 뇌의 '활동'에 의해 떠오른 것이다. 뇌가 곧 마음과 등치되는 것이 아닌 한 비환원적이긴 해도, 인간의 마음이라는 복잡미묘한 무엇이 뇌를 밑절미 삼아 유물론적으로 생성된 것이라는 주장에는 별 이견이 있을 리 없다. 그 뇌는 몸이 장구한 세월 동안 자신의 생존과 생활을 위해 계속해온 '활동'에 의해서 내면화된 것이다. 다시, 인간의 몸은 타자들과, 즉 그 주변의 모든 몸과 버성기거나 어울리는 조응적 '활동'에 의해 면면히 진화한 것이다. 그리고 모든 타자는 원초적 '활동'의 흔적들이다. 하지만 여전히 묻지 않고 있는 가장 중요한 질문은, 마음의 '활동'에 의해서 무엇이 생성될 수 있을까

---

*   Bertrand Russell, *Religion and Science*, Oxford University Press, 1956, p. 111.

하는 것이다.

26-4. 후설의 유명한 말처럼 '모든 경이 중의 경이는 순수의 식(Das Wunder aller Wunder ist reines Bewußtsein)'이다. 인간이라는 생물체에게 나타난 고등의식은 이미 극히 자연스러운 현상으로 받아들여지고 있지만, 생각하면 할수록 놀랍고도 놀라운 기능이 아닐 수 없다. 인간의 의식이라는 이 기막힌 창발성에 대한 관심은 생성중심이며 미래중심적인 사유를 촉발시킨다. 의식은 곧 의식사(史)이며 생성사이고 또한 인간이라는 존재의 미래를 예측케 하는 등불과도 같다. '영혼'이라는 가설에 대해서도 그런 식으로 사유해야 한다. 의식이 인간의 뇌를 매개로 인간됨의 자리를 차지하게 된 장구한 역사의 길에 의탁해야 한다. 도대체 다른 길은 있을 수 없다.

26-5. 단세포에서부터, 아니 그 이전의 무기물로부터 인간의 의식이 생겨난 기적과도 같은 사건을 목적론적 필연성의 일부로 이해할 필요가 없듯이, 영혼의 생성에 관한 상상 속에도 아무런 내적 필연성이 없다. 컴퓨터와 같은 "논리, 즉 지시적 체계인 조작 원리가 없는 뇌에서 재유입(re-entry)은 다수의 선택망 사이의 시공간적 조정을 지배하는 핵심 조직 원리"*인 것처럼, 영혼의 생성—물론 바로 이것 자체가 논란의 중심이긴 하지만—도 어떤 전 포괄적인 통할 논리에 의해 전제될 필요가

없다. 가령 어떤 창조주가 인간의 뇌를 애초에 완벽하게 만들어 놓는다거나 혹은 어떤 최고의 과학기술자들이 무결점의 컴퓨터를 제작한다면 그 정신과 컴퓨터 속에는 노이즈(noise)가 없을 것이다. 하지만 우리 모두가 알고 있듯이 인간의 뇌와 정신활동 속에는 우여곡절의 진화적 과정이 품고 있는 노이즈의 존재가 외려 정상적이다. "컴퓨터라면 치명적일 수 있는 노이즈가 고등한 뇌 기능에는 필수적이다."(에덜먼 2014, 44) '마음은 꼭 사물에 접촉하고서야 생긴다'(요시다 겐코)고 했지만, 인간 뇌 기능의 1차적 임계-초월 상태인 의식(consciousness)이든 혹은 2차적 임계-초월 상태인 영혼(soul)이든, 모든 것은 쉼 없는 상호작용과 재유입의 효과로 설명되어야 한다. 그렇지만 고등의식의 발달이 외계와의 1차적 상호작용보다 주로 자기되먹임(self-feedbacking) 작용에 의해 영향을 받듯이, 의식과 영혼의 생성 및 심화는 '집중'이라는 (일종의) 자기되먹임의 임계활동에 주로 빚진다.

26-6. 육체에서 뇌라는 육체의 특이점이 생성되어 기능하게 되고, 여타 동물들과는 비교할 수 없을 만치 광범위하고 조직적인 기억활동이 생기며, 언어와 개념들이 인간의 정신문화적 세계를 정밀하고 체계적으로 구성해낸 것들이 시사하고 있는 지

---

* 제럴드 에덜먼, 『뇌는 하늘보다 넓다』, 김한영 옮김, 해나무, 2014, 56쪽.

향(志向/指向)은 무엇일까? 인간의 기억과 개념과 상상은 그저 시시때때로 명멸하는 분절적 항목일 뿐일까, 아니면 이런 현상들이 육체에 얹혀 생기(生起)하는 것 자체가 (목적적이지 않지만) 어떤 분명한 경향성을 드러내는 것일까? 언어적 소통에 의해 뒷받침 받는 고등의식에 그치지 않고, 소수의 수행자와 종교인 혹은 학인들이 고금동서를 통해 (비록 애매하긴 해도) 꾸준히 증언하고 있는 초월적 의식(transcendental consciousness)은 그저 미신과 착시와 혼동일 뿐일까, 아니면 앞서 말한 정신적 지향이 자기 진화, 자기 심화하는 당연한 과정으로 이해할 수 있을까?

26-7. 이 지향이 '육체를 벗어나려는 움직임'이 아니라면 대체 무엇일까? 뇌라는 육체의 덩어리 위에 얹혀 활성화된 뉴런-시냅스의 민활묘연한 활동과 그 결과물들은 긴 과거의 흐름을 배경으로 놓고 볼 때 '육체를 벗어나려는 일련의 움직임'으로 읽어도 괜찮지 않을까?

영장류의 진화는 손의 완성을 위한 시도들이다. (…) 이것은 동시에 신체가 물질(환경)의 구속에서 해방되어가는 과정이며, 이러한 최고의 이념태를 우리는 '정신'이라고 부른다.*

---

* 조용현, 『정신은 어떻게 출현하는가?』, 서광사, 1996, 116쪽.

앞서 말했듯이 '나중에 줄게'라는 문장 구성의 미래적 지향 (志向)을 개인의 행위와 제도적 관계 속에 장착시켜낸 인간의 문화적 성취는 생존을 위해 즉물적으로 행동하는 육체적 존재를 벗어나는 움직임의 일환이 아니라면 무엇일까?* 당장의 생존과 안일만을 추구하는 게 아니라, 기대하고 소망하고 그리워하고 설계하고 예정하고 심지어 종말론과 내세를 구상하는 이 모든 행위는 육체의 물질적 관성으로부터 해방되려는 지향이 아니고 무엇일까? 육체와 존재가 일치하는 동식물적 즉물성을 초과하려는 움직임이 아니고 무엇일까?

26-8. 이 흐름에서 가장 중요한 변수는 이 초월적 움직임의 행로를 차단하거나 혹은 대체하는 효과를 낼 수 있는 테크놀로지와 그 영향이다. 인간이라는 존재가 '육체를 벗어나려는 일련의 움직임'을 보이면서 정신 혹은 그 이후를 향해 진화하는 과정에서 만난 가장 중요한 사건은 테크놀로지다. 이것은 20세기 이후 인간의 삶뿐만 아니라 인간 존재 자체를 변형시킬 수 있도록 발전해왔는데, 이런 점에서 (하이데거의 지론처럼) 현대의

---

* 미래 의식과 자아의식이 여러모로 겹친다는 사실은 인문학 담론을 통해 자주 언급되어왔고 근년에는 뇌과학적으로도 입증되고 있다. 인간의 의식이 특정적으로 미래지향적 (future-oriented)이라는 것은 의심할 나위가 없다. 인간은 '나중'을 예기하고 준비하고 설계하는 존재다. 미래지향성은 환경과 자극에 대해 자신의 몸으로써 즉물적으로 대응(해야)하는 단계를 넘어서는 순간부터 삶의 중요한 지평이 된다. 이와 관련해서 원시적 수렵, 농경생활을 하는 부족들의 언어, 심지어 20세기 말의 동아프리카 군소 언어들에서는 수개월 이상의 미래를 표시하는 표현이 없다는 보고도 유의할 만한 방증이다.

테크놀로지는 전통적 인간 존재론에 근본적 변형을 가할 수 있는 초유의 사태다. 당장 증명하려면 또 다른 책 한 권은 필요할 테므로 여기에 섣불리 늘어놓을 수는 없지만, 이를테면 텔레폰(telephone)이 텔레파시(telepathy)를 억압하거나 대체했다는 말처럼, 현대의 과학기술력은 인간의 정신적 진화나 그 가능성을 근본적으로 변형시키거나 억제할 수 있을 법하다. 이런 점에서 보자면, 21세기의 기술사회는 인간의 정신적 진화의 도정에서 가장 중요한 변수가 될 것이다. 그것은 무엇보다, 전방위적 편의성을 지닌 정밀한 기계들이 인간만의 고유한 정신적 가능성인 '집중'의 실천을 불필요하게 만들 수 있기 때문이다. 집중이 필요 없는 사회, 집중이 사라진 인간의 정신을 상상할 수 있는가?

26-9. 차분하고 지속적이며 미래지향적인 집중의 실천은 인간의 인간됨에서 가장 중요한 사건이었다. 결국은 그 사건의 장기적인 여파와 영향 아래에서 다른 모든 것과 마찬가지로 기술문명이 이루어진 것이 사실이다. 그리고 바로 그 기술문명의 정화인 테크놀로지는 집중-실천의 몸과 전통을 앗아갈 수 있다는 데에 문제의 핵심이 있다. 앞서 소개한 '시계 아저씨'는 잠시의 집중과 제 나름의 교감을 통해 정확히 시간을 알아맞히곤 했지만, 이제 몸 안팎에 무수히 장착된 시계 장치들은 그 같은 몸의 능력을 대체하거나 억압한다. 그런가 하면 이른바 '텔

레파시'는 학(學)에서 소외된 대표적인 술(術)의 장르이긴 하지만 왓슨이나 데리다를 위시한 몇몇 학인의 지속적인 관심을 끌곤 했는데, 나 역시 이 현상을 패턴화하기 위해 꽤 장기간 내 개인의 경험이나 자료를 모으고 관련 서적들을 읽어왔다. 간단히 말해서 원격 교감이나 원격 소통의 형식은, 시계나 전화 등의 테크놀로지가 인간의 몸을 코드화시키고 범례화(範例化)하기 이전 스스로의 생존과 공동생활을 위해 진화적으로 체득한 것이라고 보인다.

사람들이 예조(豫兆)를 느끼는 이런 현상들을 따로따로 관찰하면 마치 산발적인 기현상처럼 보인다. 그러나 광범위한 동물 종에서 보이는 예기 현상(anticipatory behavior)의 맥락에 놓으면 이 현상들도 좀더 큰 패턴 속에 들어맞는다. 도착-예기의 현상(anticipation of arrivals)은 텔레파시의 자연사에서 매우 중요한 측면을 구성하고 있는 것으로 보인다. 이러한 예기 현상들이 아기나 잠든 사람들에게서 일어난다는 사실은 이것이 고등한 지적 기능에 의존하지 않는다는 점을 보여준다. 이 현상들은 좀더 근본적인 수준에서 작동하고 있으며, 인간의 장구한 생물학적-진화론적 유산 속에 뿌리내리고 있다.*

---

* Rupert Sheldrake, *Dogs That Know When Their Owners Are Coming Home*, New York: Three Rivers Press, 2011, p. 93.

26-10. 인간 종의 진화, 특히 그 정신사적 진화의 흐름은 앞서 말한 대로 '육체를 벗어나려는 일련의 움직임'으로 요약할 수 있다. 물론 이 흐름에서 인간의 '의식'은 결정적이며 징표적이다. 이 징표의 단층을 잘 보여주는 것이 칼 포퍼의 3세계론 (thesis of the three worlds)이다.

이러한 다원주의적 철학에서 세계는 적어도 세 가지 존재론적으로 구분되는 하위-세계로 구성된다. 달리 말해서 세 개의 다른 세계가 있다. 1세계는 물리적 세계 혹은 물리적 사태(physical states)의 세계이며, 2세계는 정신적 세계 혹은 정신적 사태의 세계이고, 마지막 3세계는 인지할 수 있는 것들의 세계 혹은 객관적 개념들의 세계(world of ideas in the objective sense)다.*

포퍼는 자신의 '진화론적 접근'을 통해서, 마르크스가 헤겔을 뒤집듯이 플라톤주의의 이데아 가설을 뒤집어놓는다. 개념은 인간이 상기(想起, anamnesis)에 의해 복귀해야 할 과거의 원형이 아니라 진화론적으로 생성시켜가는 정신사의 한 단계인 것이다.

이 글의 주제인 영혼도, 도대체 '설명'이라는 게 가능하려면 그런 식으로 접근하는 수밖에 없다. 영혼은 육체가 소멸함으로

---

* Karl R. Popper, *Objective Knowledge: An Evolutionary Approach*, Chicago: Chicago University Press, 1971, p. 154.

써 얻게 되는 원형적 자기동일성(identity)이 아니다. 포퍼가 진화론적 인식론의 맥락에서 물리세계로부터 개념세계에 이른 것처럼, 인간 정신사의 흐름에서 결정적인 사건인 고등의식의 생성을 가운데에 놓고 그 앞과 뒤를 사유하며 상상해야 하는 것이다. 의식은 육체에서 나왔다. 의식의 존재를 인간 진화사에서 결정적이며 징표적인 사건이라고 했지만, 이미 이 사실 자체가 '육체를 벗어나려는 움직임'의 정화이며 그 결정(結晶)이다. 마찬가지로, 예감하고 설계하고 상상하고 사유하는 행위 전부가 미래를 지향하고 즉자적 생존의 주체인 육체의 외부를 지향한다. 마치 아기가 모태에서 나왔지만 그 모태에서 멀어져 일가(一家)를 이루듯이, 육체로부터 나온 정신과 생산물들은 그 육체로부터 벗어난다.

26-11. 모든 것은 움직이며 변화한다. 산 것이든 죽은 듯 보이는 것이든 죄다 진화한다. "유기적 세계가 진화함에 따라서 무기적 세계도 이와 보조를 맞추어 진화한다."(Hanna 1970, 121) 심지어 표현의 공조를 통한 상호-변화의 영향은 우리의 상식을 넘어선다.

우리는 유전자의 표현형 효과가 돌과 같이 생명이 없는 대상뿐만 아니라 '다른' 생물체에게도 확장될 수 있다는 것을 밝혀냈다.*

제왕(帝王)이라는 자신의 신세를 그 쉼 없는 변화의 현실 위에서 읽었던 마르쿠스 아우렐리우스(121~180)의 말처럼 '우주는 변화이며 인생은 (한갓) 의견이다'. 그러므로 변화와 망실(亡失)을 공기처럼 느끼고, 그 사실을 자신의 존재와 몸에 입력할 수 있는 게 곧 지혜다. 모든 지혜는 변화의 자각과 관련된다. 옛말에 '아직 오지 않은 일을 짐작하지 말라(毋測未至)'(『소학』)고 했으되, 영혼에 관한 가설적 담론조차 이런 무상한 변화의 흐름 속에서 지혜를 찾아가려는, 또 하나의 움직임일 뿐이다.

26-12. 반복하건대, 인간의 의식은 '육체를 벗어나려는 진화적 움직임'에서 결정적인 사건이었다. 플라톤이나 포퍼 등이 우회적으로 시사한바, 개념처럼 심리적 혼돈과 변덕으로부터 상대적으로 독립된 '사이버한' 존재들은 이 사건의 내용을 이루는 중요한 결절일 것이다. 마찬가지로 동일한 이치를 적용시켜, 인간의 영혼을 '육체를 벗어나려는 진화적 움직임'에서 또 하나의 결정적인 사건으로 여길 수 있을 것이다. 다만 의식도 영혼도 모두 '육체를 벗어나려는 진화적 움직임'이긴 하지만, 영혼의 경우에는 육체만이 아니라 심지어 의식의 자의적인 우여곡절로부터도 벗어나려는 탈물질화의 터미널쯤으로 가정해볼 수 있겠다. 의식을 여느 육체의 부분이 감당할 수 없을 만치 정교하고

---

* 리처드 도킨스, 『이기적 유전자』, 홍영남 옮김, 을유문화사, 2006, 410쪽.

민활해진 뇌 기능의 돌연변이적 사태라고 해석해본다면, 영혼은 의식의 여느 부분이 감당할 수 없을 만치 섬세하고 유현(幽玄)해진 정신의 돌연변이적 사태로 가정하는 게 적절한 '설명'이 아닐까?

26-13. "죽으면 몸과 뇌의 기능이 돌아오지 않으며 사후 경험은 결코 불가능하다. 살아 있는 동안에는 영혼이 떠돌거나 유체가 이탈하는 것을 보여주는 과학적 증거는 없다. 의식은 몸에 체현되어 있는 것이다."(에덜먼 2014, 20)

나는 이 주장에 적극적으로 반론할 생각이 아예 없다. 아니, 현 단계의 과학적 관찰과 추론에서는 적절한 지적이며 학인들이라면 마땅히 존중해야 할 견해라고 본다. 비록 에덜먼의 주장이 인간의 정신적 가능성을 과학적 환원주의에 묶어둘 소지를 품고 있으며 또한 여러 종교적 경험이나 초심리학(parapsychology), 죽음학(thanatology)이나 인류학 등에서 간간이 새어나오는 다양한 반례(反例)*에 무관심할지라도, 여전히 합리적 탐색의 중심에 놓아야 한다고 판단한다. 다만 인간의 미래적 가능성이 온축(蘊蓄)된 자리에 대한 적극적, 진화론적—물론 그가 '신경학적 다윈주의(neural Darwinism)를 표방하고 있긴 하지만—상상에 나서지 않는 것은 아쉽다. 다시, 세상은 변화이며 인간은 한갓 의견이기 때문이다.

＊ 이를테면 상식적인 현대인에게 가장 믿기 어려운 종류의 사례는 아래와 같은 것이다. "신외신(身外身)이란 몸 밖의 또 하나의 모습이 있음을 말하는 것인데, 이것을 불가(佛家)에서는 법신(法身)이라 하며 도가(道家)에서는 양신(養神)이라고 부르고 있다. 체내의 에너지가 출신(出神)의 과정을 통하여 나타나는 현상이다." 오수양, 『천선정리(天仙正理)』, 석원태 옮김, 서림문화사, 1994, 245쪽. 이 책의 방법론적 지향인 '학(學)과 술(術)의 통섭'에 조금이나마 기여할 수 있으려면 우리는 이른바 '미신(迷信)'에 대해 명개 한 톨만큼이라도 다른 접근을 시도해보아야 한다. 말할 것도 없이 그 모든 논의는 당연히 '미신은 믿을 만한 게 못 된다'는 상식에 준거해야 한다. 그러나 한 시대의 상식 또한 '천지는 변화이며 인간은 의견'이라는 보편적 이치의 흐름에 의해 움직일 뿐이라는 사실을 기억한다면, 거꾸로 미신에 대한 현대인의 상식적인 접근과 홀대는 섬세하게 재고되어야 마땅하다. 벤야민이 낮게 읊조린 '세속적 구원'의 낭마주의적 전술처럼 "어린아이는 소멸로부터 낡은 것들의 유물을 구해(낼)"(질로크 2005, 178) 수 있기 때문이다.

4장 영혼의 길 혹은 달인과 성인의 변증법

27. 영혼의 길(1) 혹은
변명과 낭독

27-1. 영혼에 대해 별반 알려진 게 없으면서도 영혼을 위한 일종의 '처방'에 몇 마디를 보태고자 한다. 인간의 직관이란 늘 그런 식이기 때문이다. 다리가 없다고 건너가지 않았다면 인류의 역사는 제자리걸음을 면치 못했을 것이다. 다리가 없으면 스스로의 다리를 믿고 도약해야 한다. 그 다리의 역사를 알고 있는 자는 자기 자신밖에 없으며, 다리가 하는 일이란 결국 정도의 차이만 있을 뿐 도약을 피할 수 없기 때문이다. 마찬가지로 인간의 정신이란 결국 도약의 일종이기 때문이다. 모든 도약은 동요(動搖)와 위험을 수반하지만 도약 없이는 담 너머를 볼 수 없다.

27-2. 영혼의 적은 무엇보다 변명이다. 자신의 에고에 곁붙어 옹색하고 번조(煩燥)하게 움직이는 생각의 다발은 독(毒)이다. 집중의 삶을 죽이는 데 이만한 요인은 없다. 변명이란 '말

로써 빠져나가는 일[Ausrede]'이며 이로써 에고를 살려내는 일이지만, 집중은 오로지 에고를 죽여서 마음의 빈터(Lichtung)를 얻는 데 이바지하기 때문이다. 아니, 그냥 평심하게 말해도 그모든 변명은 초라하다. 내용의 진위에 의해 그 지질함은 바뀌지 않는다. 오히려 문제는 형식에 있기 때문이다.

27-3. 변명을 내뱉는 것의 아주 저편에 있는 게 오해를 삼키는 일이다. 영혼은 언제나 모호한 용어이고 '오해'는 인간사에 얽혀 더욱 복잡해진 말이지만, 오해에 쫓겨 까탈스럽게 도망다니는 노릇은 영혼을 속으로부터 갉아먹는다. 만약 오해를 피한답시고 변명에 나선다면 이는 최악의 선택이며, 죽도 밥도 안되는 하책(下策)이다. 물론 앞뒤 재지 않고, 오해를 품고 삼키는 행위를 특권화하려는 게 아니다. 스스로 오해를 불러일으킬 이유는 없다. 품어야 할 오해가 있는 반면 풀어야 할 오해가 있는 것이다. 그러니까 해명이 슬그머니 변명이 되는 자리를 매섭게 살펴서 운신해야 한다. 영혼에 관한 한, 해명은 별 득이 되지 못한다. 그렇지만 변명은 명백한 해악이 된다.

우선 인간들의 삶이 겹치는 자리에서라면 오해는 피할 수 없다. 심지어 학인들 중에는 이 '피할 수 없음'의 이치에 터해서 진리의 위상을 재건축하려던 이들도 있지 않던가. 그러므로 어떤 오해들은 마치 인간됨의 조건인 양 주체를 그 오해와 밀착시켜서 오히려 자기 자신의 존재를 증명할 수 있다. 어떤 종류의 오해들과 대적해서 그 가시들을 삼킬 수 있는가 하는 문제는 인식론이나 대화의 문제, 심지어 관계의 문제도 아니다. 그 속이 하아얗게 변할 정도로 속을 비우는 허실생백(虛室生白)의 삶이, 차분한 집중의 삶이 가능한가를 묻는 일이다. 비울 때에야 비로소 생기는 하얀 것의 가능성을 탐색하는 일이다.

27-4. 무릇 영혼을 돌보려는 자, 해명에 능란해야 하며 변명에 무능해야 한다. 무슨 묵비권을 말하는 게 아니다. 자기 책임의 자리는 매 눈을 뜨고 살피되, 그 경계를 넘어가려고 할 때에는 마치 호랑이 골짜기에 숨어 들어가는 토끼처럼 조심, 조심스러워야 한다는 것.

27-5. 변명을 하지 않는 자는 낭독을 한다. ('낭독'이라고 했지만 정확히는 '낭독적 형식의 삶'일 것이다.) 변명의 고질인 변덕과 자기중심성(egocentrism)에서 벗어나려는 자는 낭독을 선택한다. 이런 뜻에서 낭독의 본령은 에고를 넘어서는 일이며, '공부'의 취지를 압축한다. 낭독은 입 밖으로 소리를 내보냄으로써 그 자리에서, 그 순간에 자신의 운명을 단발로 마무리하는 행위다. 입을 벌리지 않을 수도 없고 입을 고쳐 벌릴 수도 없다. 오직 애초에 정한 대로 발성해야 한다. '정(定)한 대로'일 뿐이다. 정한 대로 하는 게 낭독이다. 애초에 정한 구속에 집중하고 그 구속에 따라가는 행위가 낭독이다. 애초에 정한 모든 약속을 음성

하나에 온전히 기입해야 하는, 점점이 계속되는 숙명이 낭독이다. 물론 인생은 정한 대로 진행되지 않는다. 내가 다른 책에서 인생살이의 본질을 '어긋남'으로 정식화하기도 했듯이, 사람들의 세속은 정한 대로 되지 않으며 사람의 마음은 늘 변덕을 부린다. 역설적이게도 낭독의 비밀은 거기에 있다. 어긋남의 세속을 살아가는 어떤 한 인간이 변덕의 광장에서 벗어나 외줄타기 형식으로 이루어진 발성에 집중하면서, 그 집중 속에서 스스로 구속되고, 그 구속의 좁은 문에서 열릴 자유의 '빈자리'를 예감할 수 있다면, 그는 변명을 넘어 아득히 나아간 것이며, 자신도 모른 채 영혼이 움틀 수 있도록 애쓴 것이다. 변명하는 삶을 탈피하고자 한다면 낭독하는 삶으로 나아가야 한다. 그리고 그 삶의 핵심은 에고의 번란한 '생각'을 아득히 넘어서는 집중의 차분한 지속이다.

27-6. 변명은 반(反)-집중이고, 낭독은 집중의 한 형식일 뿐이다. 그러나 낭독은 그저 많은 다른 형식 중 하나가 아니다. 낭독은 살(flesh)과 영혼을 동시에 울릴 수 있는 유일한 매체이기 때문이다. 인간의 영혼이란, 비유하자면, 의식적 존재인 인간이 자신의 의식을 사용하며 이웃과 외계와 관계를 맺고 살아가는 중에 그 의식이 어떤 '형식'을 통해 압축적으로 잉여화된 것이다. 낭독 역시 그 과정에 이바지할 수 있는 하나의 매개다. 그 모든 매개는 오직 쓰기 나름이니, 이는 실제 낭독의 제도가 정

치적, 종교적 광신주의에 의해 오용된 사례들을 살펴도 쉽게 알 수 있다. 에고중심주의적 의식을 어렵사리 넘어간 덕에 알차게 남은 잉여분의 무엇을 영혼이라 부른다면, 바로 그러한 의식의 벡터를 꾸준히 유지하게 돕는 매개가 곧 낭독의 삶이다. 하지만 노파심에서 다시 덧붙이자면, 내가 말하는 낭독이란 단지 혀와 입의 문제라기보다 차라리 정신의 고요한 지속성이라고 해야 할 것이다.

28. 영혼의 길(2) 혹은
불천노(不遷怒)

28-1. 영혼은 의식적 존재인 인간의 의식이 제 자신을 넘어서는 경험과 관련된다. 영혼이라는 사어(死語)를 복원시킬 수 있는 유일한 길은, 그 경험의 알짜가 긴 세월 동안 온축된 역사 속에서 찾아야 한다. 영혼은 형이상학이나 기성 종교로부터 연역될 수 없다. 영혼은 인간의 역사, 정신사, 그리고 자기 초월사일 뿐이다. 의당 '장인의 손끝은 기술을 넘어가듯(進乎技矣)'(『장자』) 인간은 자신을 넘어간다.

28-2. 영혼이 인간 존재의 자기 초월에 관한 이야기라면, 감사라는 통로가 유효하다. 우선 감사(感謝)의 행위는 어떤 의미에서 불가능하다는 점을 깨쳐야 한다. 행위 일반은 세속의 것이되 감사 자체는 의식의 것, 에고의 것 혹은 세속의 것을 넘어서기 때문이다. 그러나 '감사합니다!'라는 조건에 의해 작동되는 모든 사회적 행위는 바로 그 조건의 성분을 세속화시킴으로

써 성립된다. 따라서 성립하는 순간 이 성립을 가능하게 만든 그 조건은 해체된다. '감사의 불가능성'을 제법 그윽하게 읊은 학인들이 있지만, 대체로 그것들은 인간의 말로 구성된 이론들을 채근할 수밖에 없는 똑똑한 이들의 사변적 엄살에 가깝다고 해야 할 것이다. 이와 대조적으로 감사의 불가능성을 의미 있게 토론할 수 있는 길이 곧 영혼의 길이다.

28-3. 모든 감사는 그 감사의 언어가 지향하는 자리에 닿지 못한 채 회절하거나 훼절한다. 그러므로 감사라는 적극적인 행위로써 의식과 에고와 그 세속을 넘어설 수 없다. '감사합니다'라는 적극적 언사는 사회적으로 언제나 긴요하고 소중하지만, 영혼의 길에 관한 한 거의 무용하다. 영혼의 길에 관한 것이라면 오직 '감사받지 못한 마음'이 중요하다. 배은망덕은 언제나 세속의 일부일 뿐이고, 감사의 행위조차 세속을 좀처럼 벗어나지 못하는데, 이제 남은 후보는 감사받지 못한 채로 그 빈곳을 배기는 마음이다.

28-4. 감사는 감사의 세속적-사회적-예의적 지평을 넘어설 때에만 감사의 본의를 획득하므로, 인간이 만든 제도로서의 감사는 이미 내부에 불가능성을 품고 있게 된다. 이 불가능성에 대한 (적극적인) 도전은 실패하게 되어 있다. 마음으로써 마음의 문제를 풀 수 없듯이 감사의 행위를 반복하거나 강화함으로써

감사의 이념에 도달할 수 없기 때문이다. 이런 때에는 생각을 돌이켜 쪽문이나 곁길을 이용해야 한다.

　세속을 살아가는 이들은 누구라도 '배은망덕 콤플렉스'를 품고 있다. 마치 세속을 어긋내지 못한 채로 세속의 어긋남에 떠밀려 엉거주춤 살아가듯이, 제대로 감사하지도 못한 채로 누구나 제 맘대로 억울해한다. 이 억울함의 콤플렉스를 해소하는 열쇠가 "감사받지 못한 채로 그 빈곳을 배기는 마음"이라는 정신의 쪽문이다. 감사의 불가능성을 감사로써 (능동적으로) 해결하려 하지 않고, 감사받지 못한 마음을 비워냄으로써 (수동적으로) 해소하려는 것이라고 할까.

　28-5. 감사받지 못한 마음은 행여 잘못 놀릴라치면 지옥— '지옥'*이 무엇이든 아무 상관이 없다—의 기단(基壇)을 이룬다. 억울한 마음이다. 원망(怨望)이다. 노원(怒怨)이다. 노원은 귀신이 틈타는 곳이다. 따라서 영혼이 속으로부터 말라가는 곳이기도 하다. 전술했듯이 이 세상에 태어나 죽기 전에 할(될) 만한 것은 오직 두 가지인데, 달인과 성인이 그것이다. 나머지는 오직 혼동이며 혼돈일 뿐이다. 이 주제를 토론하는 자리에서 설

---

* 이런 용어를 다소 거침없이 사용하고 있는 취지는, 앞서 '미신'에 대해 소략하나마 전향적인 태도를 취한 것과 일맥상통한다. 이런 취지를 왓슨의 화법으로 고쳐 소개하자면 대략 다음과 같을 것이다. "물질, 마음, 그리고 매직(magic)은 우주 속에서 모두 하나일 뿐이다."(Watson 1973, 258) 혹은 하이데거의 표현을 빌려서, "원형적 일체에 의해 이 넷—땅과 하늘, 신들과 인간들—은 하나에 속한다"(Heidegger 1993, 350)고 말할 수 있을 법하다. (물론, 당연히 왓슨과 하이데거의 취지를 바로 이을 수 있다는 뜻은 아니다.)

핏 시사하기는 했지만, 무릇 달인과 성인이란 '감사 없는 노원의 자리'를 훨훨 넘어선 정신의 개화일 것이다.

28-6. 노원에 의해서, 원망하고 억울해하는 마음에 의해서 세속은 구성되고 굴러간다. 가령 제가 믿는 신불(神佛)이 자기에게 명개 한 톨만큼이라도 더 관심과 애정을 품으리라는 생각은 바로 이 노원과 공생관계를 이루면서 인간이라는 변덕-덩어리를 어리석게 요동치도록 만든다. 여기서 한번쯤 깊이 상상해볼 만한 테마는, 노원과 자기연민의 억울함이 이승의 경계를 범람할 수 있으리라는, 참으로 묵은 신화와 민담들이다. 이런 이야기들은 여태 대학의 지식에 등재되지 못했을 뿐, 고금동서를 막론하고 차고 넘치며 일상의 비근한 자리에서조차 쉽게 찾아볼 수 있다. 노원이라는 정신의 울혈은 산 자와 죽은 자, 이승과 저승을 묶는 부정적인 고리가 될 것이고, 이로 인해 그의 영혼은 오염된다. 앞서 제시된 달인과 성인의 담론은 이 부정적 고리를 넘어선 영혼의 지경을 형용하려고 한 셈이다.

28-7. 공자는 그의 박명한 제자 안회(顔回, 기원전 521?~기원전 481?)를 두고 평하는 자리에서 '노여움을 남에게 옮기지 않는다(不遷怒)'고 했다. 전술한 것처럼 '노원과 억울함이 지옥의 기단을 이룬다'면, 말할 나위 없이 불천노야말로 천국의 앞마당을 이룬다. '종로에서 뺨 맞고 한강에서 눈 흘긴다'는 식의 부정

적 연쇄와 모방이 우리가 살아가는 세속의 골격이기 때문에 불천노의 집심과 실천은 더욱 중요하다. 불천노의 실천이 악(惡)의 연쇄를 끊어버리는 것은 실은 순전한 집중의 힘인데, 이미 그 원형적 사례로서 우리는 '집중의 힘을 통해 유혹이 제 스스로 소모되고 이윽고 격상된 에너지가 생긴다'는 시몬 베유의 주장을 찬찬히 살펴본 바 있다.

끊어야 새 삶이 있다. 도려내야 새 살이 돋는다. 그리고 끊고 비운 자리에서야 비로소 영혼의 샘물이 흐르기 시작한다. 이론들이, 제도들이, 타협이, 그리고 기도가 끊어내지 못한 자리에서 불천노의 집중은 우리 삶의 질을 일상의 낮은 자리에서부터 차분하고 지속적으로 변화시킨다. 무엇보다 집중의 모방이, 불천노의 전염이 필요한 사회다. "모방은 인간관계의 모든 영역을 전염시키며 거기에는 예외가 없기"* 때문이다.

28-8. 천국이라고 하는 곳을 만드는 방식은 의외로 간단하다. 각자 자신의 몸과 그 자리에서 집중으로써 속의 악이 자라는 것을 끊고, 불천노로써 밖의 악이 흘러가는 것을 도말시킨다. 각자 자신의 자리에서 견결하고 슬기롭게 노원의 흐름을 저지하는 일이다. 누구라도 우선 종로에서 뺨을 맞지 않도록 해야겠으나 비록 그런 불행한 일이 일어났더라도 이를 한강으로 옮

---

* René Girard, *Things Hidden since the Foundation of the World*, Stanford, California : Standford University Press, 1978, p. 299.

겨 그 분한을 타인에게 오염시키지 않을 일이다. 더 중요한 점은, 개인이 '억울함'을 품고 살아가는 일이 대체 그의 존재와 영혼에 어떤 영향을 끼치는가 하는 문제에 대해 분명한 인식과 이에 따른 실천이 있어야 한다는 것이다. '억울함의 윤리'는 사회적 윤리의 차원을 넘어, 산 자와 죽은 자의 고리를 재구성하는 일이기 때문이다. 예부터 인간은 절망적인 존재인지라 감히 '천국'을 논할 처지가 아니긴 하다. 그래도 도래할 천국의 환상을 완전히 포기하고 인간의 정신적 성숙과 진화를 믿는다면, 각자가 선 자신의 자리에서 (속으로는) 영혼의 생성과 더불어 (밖으로는) 천국의 이상을 향한 작은 걸음에 나설 수 있을 것.

집중과 영혼

29. 영혼의 길(3) 혹은 무(無)

'왜 없지 않고 하필 있는가?'라는 형이상학적 문제의식은 인간에게 특유한 의식의 물매를 잘 보여준다. 의식 일반은 외계의 존재물에 상응해온 장구한 이력을 지니지만, 어느 순간 불현듯 '왜 존재하는가?'라는 물음에 봉착함으로써 존재 일반과 대별되는 자신만의 고유한 형식을 극적으로 증명한다. 무릇 의식은 주변 존재와 그 운동에 대한 신체적 반응을 장구한 기간에 내면화시켜 이룬 뇌의 놀라운 성취이면서도, 스스로 바로 그 자신의 토대를 의문시하면서 '여기서 무(無)는 무엇인가?'라는 도약의 질문을 제시한다.

의식은 자신의 지향적 내용만으로써 타의 추종을 불허하는 진화적 아방가르드가 되었지만, 이 의식은 그 모든 '내용'이 삭제되는 허무(虛無)를 역설적으로 존재에 기입시키는 '형식'적 도약을 통해 스스로 진화사의 특이점을 이룬다. 바로 이 무(無) 속으로 인간들이 불러내어 생성시킨 것들을 알 수 있다면, 인간은 재귀적(再歸的) 혼동에서 벗어 나와 무섭도록 차분하게 자신의 진실을 대면할 수 있을까?

내가 존재, 그러니까 무의 가능성을 처음으로 체감한 것은 아득한 옛날의 어느 날 밤이었다.* 그날은 내가 '사람'이 된 날이었다. 무의 아우라가 없는 것은 아직 존재가 아니기 때문이다. 학령기 전인 것은 확실하지만, 네 살이었는지 혹은 여섯 살이었는지는 분명치 않다. 나는 내 어머니의 손을 잡고 어딘가를 걷고 있었고, 그사이 눈을 들어 하늘을 바라보게 되었다. 청명한 야밤**으로 별이 많았다. 죄다 익숙한 존재물로, 바로 이 '존재라는 틈'의 틈입이 아니라면 아예 언급할 일이 없는 범상한 것들이었다. 나는 별(들)을 쳐다봤는데, 그 순간 무언가가 내 마음을 단숨에 휘어잡았다. 이상한 말이지만 그것은 '무(無)', 무의 가능성이었다. 나와 내 어머니와 우리 주변의 모든 것이 없었을 수도 있었고, 없어질 수도 있으리라는 절절하고 공포스러운 체감이었다. 존재의 틈으로 무가 번개처럼 찾아들던 순간이었다. 내가 비로소 사람이 된 날이었다. 내게 '영혼'이 생긴 날이었다.

---

* 이 이야기는 일찍이 다음 책에 쓰인 것으로서 여기서는 글의 취지에 맞춰 재서술한다. 김영민, 『철학과 상상력』, 시간과공간사, 1992.

** 나중에 파스칼을 읽게 되면서 이것이 파스칼의 것과 극히 유사한 종교실존적 체험이라는 사실을 절감했다. 파스칼은 『팡세』에서 널리 회자되고 있듯이 이 체험을 다음과 같이 표현한다. "이 공간(우주)의 영원한 침묵이 나를 두렵게 한다(Le silence éternel de ces espaces infinis m'effraie)."

집 중 과 영 혼

30. 영혼과 거울 혹은
휴대전화 만가(輓歌)

외로움으로부터 달아나는 와중에 당신은 고독의 기회를 잃는다
(Running away from loneliness, you drop your chance of
solitude on the way.)(지그문트 바우만, 『군중 속의 고독』)

우리는 종교신학적 믿음의 와해가 아니라 고독(solitude)의 상실
로 인해 고통받고 있다.(버트런드 러셀, *Unpopular Essays*)

1. 매체와 환상

1-1. 이 공식은 다음과 같다. '환상은 매체의 매개성에 반비
례한다.'

1-2. 이 공식에 대한 설명은 다음과 같다. 환상(Phatasie)이

란, 인간과 오래 깊이 관련된 현상이 대개 그러하듯이, 그 뜻이 늘 명확하게 획정된 것은 아니며, 심지어 이론가나 필자에 따라 무시하기 어려운 정도의 진폭이나 변수가 생긴다. 그러나 이 글에서 특별히 선택된 개념의 알짜는, 그것이 일종의 '자기 극본(劇本)'이라는 점에 있다. 그러니까 남이 준 배역을 좇아 자신의 생각이나 변덕을 끊고 '연극적 실천'을 하는 대신, 자기 뜻과 소망대로 배역을 스스로 창조하고 선택하고 연기한다는 것이다. 알튀세나 지젝처럼 말하자면, 호명자(呼名者)가 없이도 즐겁게 호명당하며, 수신자(受信者)가 적혀 있지 않는 편지도 반갑게 받아보게 되는 경우와 닮은 셈이다.

연극과 자의(恣意) 사이의 모순적 결합이라는 특징 외에도, 환상 개념은 그 층위가 '상상적(imaginary)'이라는 사실에 의해 제한된다. 이로써 환상은 이데올로기의 일반 형식과 겹치며, 스스로의 운신을 상상적 무대에 집중함으로써 현실의 객관적 반영에 실패한다는 점에서도 비슷한 운명에 처한다. 또 하나 생략할 수 없는 지점은, 그 상상적 자기 극본의 생성이나 거기에 따른 역할 연기가 결국 왜곡된 형태의 주체화에 이바지함으로써 자신의 현실과 욕망을 방어하는 데 쏠린다는 것이다. 환상은 그 본질에서 증상적이며, 모든 증상은 자신의 생존을 위해 구조적인 착오를 안정화시키는 방식이다. 옛말에 '하우불이(下愚不移)'라고 하지만, 정신과 문화의 밑자리에 처져서 어리석은 채로 굳어버린 이들은 그 왜곡된 경화(硬化)를 정상인 듯 붙안고 살 수밖에 없는 것이다.

이 공식이 뜻하는 바는, 우선 이런 환상의 생성과 유지가 어떤 매체(들)에 의지한다는 것이다. 물론 매개 없는 존재는 없기에 이는 자못 동어반복적이다. 그러나 의지가 오래되어 구조화되면 특히 의지를 입는 쪽은 그 사실을 망각하게 마련인데, 사람들이 세속을 일러 '배은망덕'이라 한탄하는 이유가 바로 여기에 있다. 차츰 몸은 그 매체에 익숙해지거나 고착됨으로써 급기야 '매개성'의 존재를 잊을 만큼 자연스러워진다. 물론 이 망각은 그 매개(성)의 성공을 알리는 징표이기도 하다. 이런 식으로 매체들, 그리고 갖은 매체의 연합체인 문화는 '자연'스러워진다. 거꾸로 매개의 존재가 부각되는 것은, 먼지 묻은 안경알이나 발뒤축을 자극하는 신발처럼 그 매개의 기능이 부실하다는 뜻이다. 그러므로 매개 기능을 부단히 밝히거나 알리는 대상은 환상의 자리를 차지하지 못한다. 주체가 매체와의 거리 두기(Distanzierung)에 성공한다면 매체는 '적절하게' 부자연스러워지고, 이윽고 그 환상도 소실되고 만다.

1-3. 이 공식의 사례(들)는 다음과 같다. 국내 스마트폰 가입자가 이미 3000만 명(2012년 9월 기준)을 넘어섰다고 한다. 압축과잉성장에다 졸부 망탈리테의 한국답게, 소문의 중심에 서는 상품이라면 금세 세계 최고의 보급률과 유통 속도를 자랑하고 있다. 이른바 '작은 차이의 나르시시즘'은 극에 달한다. 하지

만 이런 인문주의자들의 비판조차 휩쓸어갈 정도로 '스마트화'를 향한 전 세계의 질주는 일방적이며, 아무도 외면할 수 없을 만치 보편적이다.

오늘날 전 세계에서 사용되는 휴대전화 수는 70억 대에 가깝다. 71억이라는 인구수를 조금 밑도는 수치다. 물론 이 수치는 다소 부풀려진 것이다. (⋯) 유엔 산하의 국제전기통신연합(ITU)은 전 세계 휴대전화 보급률이 96퍼센트에 달할 것으로 추정한다. ITU 전 사무총장인 말리 출신 아마둔 투레와 제네바에서 인터뷰했을 때, 그는 '자료 통계를 보면 선진국보다 개도국에서 휴대전화 보급률이 더 높게 나타난다'고 지적했다. 빠른 증가세를 보이고 있는 인터넷 보급률은 전 세계 인구의 40퍼센트에 해당되는 27억 명에 도달했다. (⋯) ITU에 따르면 2025년경에는 세계 인구 중 상당수가 스마트폰을 통해 인터넷에 접속하기에 무선 인터넷이 표준 접속 방식이 되고 유선 인터넷은 예외적 접속 경로가 될 것이라고 한다.*

그런가 하면 휴대전화나 스마트폰이 빌미 혹은 매개가 되어 발생하는 사건 사고도 줄을 잇는다. 이반 일리치가 오래전에 도구의 문제성에 대해 경고한 대로, 매체-도구들은 어떤 수위와 관련성을 넘어서면 도대체 무죄할 수가 없다. 예를 들어 오래

---

* 프레데리크 마르텔, 『스마트: 전 세계 디지털 문명의 현주소에 대한 보고서』, 배영란 옮김, 글항아리, 2016, 108쪽.

집중과 영혼

전, 수능시험장에서 휴대전화를 이용해 조직적으로 '커닝'한 사건이 벌어지면서 그 책임 소재를 놓고 설왕설래한 적이 있었다. 잘라 말해서, 이런 정도로 귀여운(?) 사건이라도 반드시 책임의 일부는 휴대전화-매체라는 도구에 물어야 한다.

2013년 7월 초의 통계에 의하면, 미국인도 사정이 심각해 4명 중 3명이 스마트폰을 끼고 살 정도로 중독 현상을 보이며, 심지어 성관계를 하는 중에도 휴대전화를 손에서 놓지 못하는 이들이 10퍼센트에 달한다고 한다. 성관계나 대화 관계는 대표적인 사적 친밀성의 자리인데도, 이 자리마저 휴대전화에 의해 급속히 침탈당하고 있다는 사실은 인간관계의 미래에 대해 시사하는 바가 적지 않다. 여러 통계치에 따르면, 한국인은 사정이 더 심각하며, 중독과 고착은 이제 어느새 우리의 일상이 되어가고 있다.

나는 오래전부터 휴대전화 따위를 '거울'의 일종으로 여겨왔다. 좀더 정확히 표현하자면, "휴대전화기라는 전자기술적 편재성을 '거울사회'의 징후적 표상체, 그 단말기(端末機)로 여긴다."(김영민, 2011) 알다시피 나르시시즘의 전형적이며 전통적인 매체는 거울인데, 내 판단에는, 정보와 소통과 참여의 창(窓)-문(門)임을 자처하는 휴대전화는 실은 그 기능의 다변화와 무관하게 거울상의 형식을, 나르시시즘의 속성을 지닌다. 그러니까, 하루 종일 휴대전화를 만지작거리면서 온 세상과의 접속을 욕망하지만, 마침내 그 욕망이 상도하는 곳은 휴대전화의 그늘에 가려져서 영영 자라지 않는 자기 자신의 에고일 뿐이다. 그리고 거울 혹은 거울 같은 매체들이 가져오는 가장 중요한 혼동은 바로 그 매체 자체를 '자연화'함으로써 매개성을 잊어버리게 만든다는 사실이다. 여기에는 물론 거울이라는 매체의 특이성이 작동한다. 매체가 반영하거나 구성하는 게 자기 자신일 때 그 매체의 타자성은 빠르게 잊힌다. 환상이란 바로 이 매개성의 부재 혹은 매체적 타자성의 망각 속에서 소록소록 피어오르게 되어 있다.

비근한 사례를 하나 들자면, 아주 오래전 전자주민증 반대 운동에 나선 이후 나는 줄곧 주민등록증 발급을 거부해왔다. 사소하게는 통장, 반장과의 입씨름을 무릅써야만 했다. 주민등록증에 의한 사회적 인구 통합력이 전 같지 않은 지금이야 그 운동의 정치성이 거의 소실되고 말았지만, 나는 지난 세월 꽤 여러차례에 걸쳐 주민등록증의 부재를 부(不)자연스럽게 판단했던이들과 그 제도에 의해서 자기 정체성 매체의 '매개성'을 뼈저리게, 거칠게 느낀 바 있다. 그것은 내가 남자라는 사실, 한국인이라는 사실, 독신자라는 사실, 휴대전화 없이 살아간다는 사실혹은 소문을 믿지 않고 남의 외모에 대해 말하지 않는다는 사실등등을 스스로 늘 낯설게 느끼면서 유지해온 거리 두기의 비평공간과 닮은 것이다.

나는 휴대전화를 사용하지 않는데, 그간 이로 인해서 내가받은 부(不)자연스러운 시선과 일방적인 참견, 그리고 소소한 제도적 불이익은 한 편의 작은 소설감이다. 존재의 이력을 묻지 않고 새로운 기능을 묻는 시대, 가치(value)를 묻지 않고 값(price)을 묻는 시대, 의미를 묻지 않고 성과를 묻는 시대, 정보와 소문 사이만을 오락가락하는 시대, 휴대전화에 대한 군중적 관심과 쏠림은 차마 자연스럽다. 그리고 '자연스러움'과 더불어 매체는 우리 시대의 안팎을 구성하는 숨은 신(deus abscondi-tus)이 된다. 탈이데올로기, 탈환상을 위한 실천은 탈자연화의 감성과 더불어 시작되는 것이다. 이는 우리가 일상 속에서 전제하고 자연화시킨 갖은 매체들—특별히 휴대전화기나 술이나 혹은 TV나 게임과 같은 '강성 매체들'—을 낯설게 흔들어, 그 매체의 매개성을 적발하는 데에서 출발한다.

2. 함몰(陷沒)과 마비(痲痺)

2-1. 이 공식은 다음과 같다. '함몰하면 마비된다.'

2-2. 이 공식에 대한 설명은 다음과 같다. 함몰(陷沒)은 말 그대로 표면이 푹 꺼져 들어가는 현상을 가리킨다. 가령 도로의 함몰 사고에서 흔히 보듯이, 함몰이 야기하는 우선적인 문제는 소통/교통의 마비다. 도로상의 자동차들이 정체됨은 말할 것도 없고, 전기나 전화선, 수도나 도시가스선, 상하수도의 도관 등

이 일차적으로 피해를 입는다. 요컨대 함몰로 인한 소통의 부재가 마비를 가져오는 것이다. 마찬가지로 함몰은 과도한 집중과 관심으로 인해 생기는 몰각(沒却)의 현상이기도 하다.

2-3. 이 공식의 사례는 다음과 같다. 어떤 익숙한, 일상적으로 늘 사용하는 낱말 하나를, 그 하나만을 수십 수백 차례 외우거나 뚫어지게 바라보라. 어떤 낱말이든 상관없이, 곧 그 낱말은 우리가 일상적으로 발화되는 중에 거의 무의식적으로 통합되어 인식되던 소리-의미, 기표-기의의 통합체로서의 성격을 잃어버리고, 어떤 알 수 없는 음성적, 이미지적 함몰 현상을 불러온다. 이어지는 것은 기의의 실종으로서, 이는 비교하자면 정신적 마비에 해당된다. 소리는 길고 강하게 반복되는 중에 외려 그 의미를 놓쳐버리게 되고, 기표와 기의의 실종 속에서 강박적 자기 연쇄 구조를 이루는 것이다.

혹은 '제 눈에 안경'이라는 속담을 상기해보자. '왜 이런 남자가 저런 여자와!'라거나, '왜 저런 여자가 이런 남자와!'라는 경험은 참으로 비근한 것으로서, 내 표현대로, '어긋남의 세속'이 드러내는 가장 일반적인 풍경 중 하나다. 그런데 바로 여기서도 함몰-마비의 메커니즘은 여지없이 작동하고 있다. 마치 개인이 종교를 선택하는 과정이 경전과 전통에 대한 문자적, 합리적 이해라기보다는 오히려 여러 잡다한 사건적 계기에 얹혀 유발되는 '정동적 쏠림(affectional inclinations)'인 것처럼, 사랑의 대상 역시 일종의 리비도적 고착(libidinal fixation)에 의해서 생명력을 유지하는 법이다. 물론 이 고착이라는 함몰 현상은, 마치 증상이나 이데올로기의 경우와 마찬가지로 어리석은 패착이거나 어긋남이기 이전에 개인이 자신의 세계를 유지하고 방호하려는 장치이기도 하다. 이 고착된 주체는 이른바 '술어적 사고'의 전형인데, 특정한 대상이나 자리에 고착된 채 쾌락의 낡은 형식으로 회귀하면서 차츰 주변과의 소통을 놓치고 '무세계성(Wertlosigkeit)'에 젖어든다. 앞서 말한 대로 마비는 교통과 소통의 문제이고 무세계성이란 자아 외부의 다양한 객관성과 적절한 접촉 및 소통이 줄어들면서 빠져드는 자기 함몰을 말한다. 갖은 첨단의 매체들이 지구화된 여건을 증거하고 있지만, 특정한 매체에 과도하게 노출되거나 혹은 이른바 증강현실 장치(augmented reality devices)에 고착되면 외려 지구화를 통한 나르시시즘화만 가속될지도 모른다.

한방 의학에서는 마비를 '불인(不仁)'이라 부른다. 인(仁)은 알다시피 유교의 대의로서 그 함의가 간단치 않으나, 정자(程子)가 주석한 것처럼 상통(相通)의 관계를 뜻하기도 한다. 즉 인성(人性)과 천리(天理)가 통하고, 체질과 자연이 통하며, 개인이 여럿과 조화롭게 통하는 상통의 도리를 추상적으로 일러 인(仁)이라 한 것이다. 따라서 불인이란 곧 통하지 않아 폐색된 상태를 가리키며, 이는 당연히 생리적 마비 현상에 견줄 만하다. 몸의 한 곳이 과도하게 눌리거나 응결되면 곧 저림 현상이 생기는 것은 당연하지만, 이는 비단 몸에만 국한되지 않는다.

남용과 오용이 함몰을 낳고, 그 함몰이 마비를 낳아 나르시스와 고착, 불통과 불인의 상태에 빠지게 하는 것으로서 우리 시대의 휴대전화만 한 것도 없어 보인다. 물론 비판이 능사는 아니며, 우리 시대의 기계나 기술에 대한 태도를 조형하면서 노장(老莊)이나 간디 혹은 톨스토이나 데이비드 소로 등만을 동그랗게 부각시킬 필요는 없다. 매사에 음양이 있고, 특히 앞서 내달리는 것들의 그림자는 더 잘 보이는 법이니, 사태를 밝히면서 과장하지 않으려 애쓸 뿐이며, 그 사태를 보는 자신의 입장과 관심을 솔직히 인정하면 될 일이다. 휴대전화를 사용하지 않는 내 입장과 견해에 따르면, 특히 흥미롭게 (아니, 심지어 종말론적으로!) 여겨지는 현상 중 하나는, 카페 등에서 마주앉아 있는 친구 혹은 연인들이 상대를 향해서는 일언반구도 없이 비교적 장시간 휴대전화를 만지작거리는 풍경이다. 혹자의 지적에 따르면, 장시간 한마디 말도 없이 서로 마주 바라볼 수 있게 된 것은 오직 지하철이 생긴 이후라는데, 이와 비슷하게 역시 장시간 한마디 대화도 없이 서로 마주 앉아 있을 수 있게 된 것은 휴대전화가 생긴 이후라고 해야 할 것이다. 대화, 거리감, 장소, 감사함과 미안함, 그리고 일시적으로 공유된 공통의 관심사 등등 사람과 사람 사이를 지탱해주던 전통적인 조건들이 내몰리고 있다고 할까. 재레드 다이아몬드는 뉴기니아에서 전통적으로 행해지던 분쟁 조정법을 사례 분석을 통해 자세히 설명하면서 이

집중과 영혼

를 서구 선진국들의 관행과 비교하는데, (되도록 평가적 시각을 제쳐놓고 요점만 정리하자면) 바로 전통적 인간관계의 조건들이 편리하고 기계적이며 자본중심적으로 변해가고 있음을 잘 보여준다.

나는 여전히 미국이나 혹은 다른 서구 국가들에서 이와 비슷한 화해(reconciliation)의 회동이 이루어지는 것을 상상하기 어렵다. 사고로 죽은 아이의 가족과 그 아이를 우발적으로 죽인 자들이 이를 계기로 처음 알게 되어 그 아이의 죽음 후 며칠 만에 서로 마주 앉아 함께 울고 음식을 나누어 먹는 회동 말이다.*

다른 한편 "다가오는 2025년에는 많은 여성이 성관계 상대로 로봇을 택할 것이다"(『인사이트』 2016년 7월 1일자)라고 예측하는 미래학자가 있는가 하면, 실제 일본에서는 아내를 두고도 집 안에서 섹스돌(sex doll)에 애착하는 이가 늘고 있기도 하다. 객관적 관찰과 합리적인 결정 및 중도적 실천은 늘 어려운 일이지만, 특별히 눈부시게 번쩍이면서 앞달려가는 기술 상품들을 접하는 가운데 현명하게 운신할 이는 많지 않아 보인다.

중독에 이른 행태를 열거하자면 끝이 없고, 그 대부분은 매스컴 보도에 의해 널리 알려져 있는 바와 같다. 특히 휴대전화를

---

* Jared Diamond, *The World until Yesterday*, New York: Penguin Books, 2012, p. 84.

빼앗길 경우 그 반응이 거의 즉발적, 충동적이라는 여러 사례에서 보듯이, 요점은 그 형식이 강박적이라는 데 있다. 리비도 경제학적으로 풀어보자면 강박적으로 반복하는 행동이란 기계적이며 비성찰적이다. 그리고 (쾌락에는 다 그런 데가 있듯이) 특정한 과거의 만남과 접속이 특권적으로 표상된 채 이후의 쾌락 형식을 끊임없이 규제하거나 복제한다는 점에서 과거 회귀적이다. 그것은, 가령 대화나 설득과 같이 근본적으로 우회적이며 복잡하고 비용이 높은 중간 단계의 과정을 생략한 채 곧장 '쾌락의 낡은 지점'으로 빠르게 안착, 접속하려는 욕망을 증상적으로 드러낸다. 문제는 강박증자 자신도 이 회귀하는 쾌락의 지점과 자신을 완전히 동일시하지 못한다는 것이다. 반복은 일시적인 안심(安心)의 장치가 되긴 하지만, 강박이, 그러므로 함몰과 마비가 진행될수록 불안은 외려 증가한다. 그리고 이미 여러 학자가 지적한 바와 같이 이 불안의 알속은 외로움이며, '접속'은 외로움이라는 질적 단절을 기계적으로 보충하려는 불가능한 반복이다.

휴대전화 현상은 인간의 매체 기술이 이룬 개가이며, '통합과 몰입'이라는 전자적 기계 장치의 총아임에 틀림없다. 그러나 앞서 내달리는 것이 받게 마련인 환호의 이면에는 반드시 그늘이 있는 법이니, 느리게 생기는 '인간의 무늬(人紋)'를 찾는 이들이라면 마땅히 그 그늘에 관심을 모아야 할 것이다. 이미 사회 병리적 증상을 보이는 휴대전화 '현상'은 바우만의 지적처럼 자본제적 군중 도시 속의 부박한 외로움(loneliness)을 비주체적으로 대처하는 과정에서 상상적/환상적으로 고착된 측면이 여실하다. 사람들은 '불안이 영혼을 잠식한다(Angst essen Seele auf)'고 말한다. 불안이라는 말의 용례가 적지 않지만, 오늘날과 같은 휴대전화-거울사회 속에서 가장 널리 퍼져 있는 종류는 앞서 말한바 '인간만이 현성(現成)시킨 그 고유한 고독이자 창의와 영성의 태반인 주체적 고독(solitude)에는 아직 이르지 못한 부박한 외로움'일 것이다. 그리고 우리 시대에서 '영혼'이라는 기이한 '미래적' 용어를 제대로 사용하는 또 하나의 방식은 '외로움이 영혼을 잠식한다'는 것이다.

3. 영혼과 거울

3-1. 이 공식은 다음과 같다. '거울은 영혼을 죽인다.'

3-2. 이 공식에 대한 설명은 여기서 제대로 할 수 없다. 그것은 너무 직관적이며 깊고, 가능한 설명의 함의가 걸쳐 있는 미래의 자리가 아직 분명치 않다.

3-3. 이 공식의 사례(들)는 다음과 같다. 나는 휴대전화와 같은 첨단의 거울들 탓에 나날이 죽어가고 있다. 물론 나로서도

"비버를 이해하는 자는 철학자 존 로크 이상으로 형이상학에 공헌할 수 있을 것"*이라는 주장을 믿어야만 하듯이 휴대전화의 가능성을 이해하는 자는 칸트나 사르트르 이상으로 인간학의 미래에 대한 실질적인 지평을 짐작케 할 것이라는 상상을 하지 않는 것은 아니다. 사밀한 느낌을 객관적인 주장의 논거로 제시해선 곤란하지만, 상처 받거나 죽어가는 자는 자신의 고유한 느낌 속에 와닿는 진실을 외면해서도 안 된다. 나는 사진이 사진 찍히는 개인의 영혼을 앗아간다는 원시 부족들의 믿음을 이 첨단의 매체 자본주의 속에서도 나날이 느낀다.

이상한 말이지만, 나는 (동영상이나 사진에 찍히지 않으려는 것은 물론이거니와) 거울을 보지 않으려고 꽤나 애를 쓴다. 물론 하루 한두 차례, 주로 세면할 때에는 나도 거울을 본다. (또 작심하고 사진을 찍기도 한다!) 역시 이상하게 들리겠지만, 분명한 의지와 의도 아래 거울을 보는 것은 참을 만한데 그 밖의 경우는 죄다 (비유하자면 마치 몸이 아니라 '정신'이 화상을 입는 것처럼) 끔찍끔찍하다. 우리가 살고 있는 곳은 바야흐로 '거울사회'인지라, 나는 외출 중 부지불식간에 내 몸이 거울 혹은 거울 같은 것들에 비춰지는 일을 '당'하곤 하는데, 아, 그때마다 마치 인두로 내 영혼을 지지는 듯하지만, 나는 이 괴로움의 깊이를 남들에게 알리기를 포기한 지 오래다. '무릇 남의 고통이란 배워야 하는

---

* 칼 세이건·앤 드루얀, 『잃어버린 조상의 그림자』, 김동광·과학세대 옮김, 고려원미디어, 1995, 309쪽.

것'(니체)이라고 했지만, 증상을 체감하지 못한다고 해서 문제가 없는 것은 아니다. 그러나 여전히 알 수 없는 노릇이다. 거울 혹은 거울과 같은 것들이 나를 복사하는 순간의 고통은 대체 왜 아직 그 이름이 없는가.

31. 인간(성)과 초월(성)

"My only regret in life is that I'm not someone else."*
(Woody Allen, 'Side Effects')

1. 실존주의를 제대로 된 철학이 아니라고 강변할 수 있는 이유의 한 가지는 그것이 늘 '자기 초월(self-transcendence)'을 주워섬기기 때문이다. 그러나 이 개념에 무슨 특별한 문제가 있는 것은 아니다. 너무나 뻔해서 별 문제성(problematicality)이 없는 게 오히려 문제다. 인간됨이란, 곧 초월성을 존재 조건으로 삼기 때문이다. 그러므로 인용한 우디 앨런의 후회(regret)는 심리적인 게 아니라 사뭇 존재론적이다. 이와 대조적으로 '책상은 책상(Ein Tisch ist ein Tisch)'(Peter Bichsel)이며, 거기에는 자

---

* "내 인생에서 유일한 후회는 내가 다른 사람이 아니라는 사실이다."(우디 앨런, 〈부작용〉)

집중과 영혼

600

기 초월의 흔적이 보이지 않는다. 고양이도 개도, 그리고 범고래도 적극적인 자기 초월의 지향이나 이를 실현시킬 수 있는 행태를 찾아보기 어렵다. 개미에게서 의(義)를 읽어내고 개에게서 충(忠)을, 수달에게서 제(祭)를 향한 천명지성(天命之性)의 트임을 언질한 선인들이 있었지만, 아무리 과장하더라도 인간에 비길 것은 못 된다. (이는 별도로 토론할 사안인데, 과연 인간 종은 그 아래의 이인자 그룹―침팬지나 돌고래나 코끼리 등속―에 비해 어울리지 않게 앞서 진화했다.) 인간은 곧 자기 초월이며, 이는 그 구체적인 계기에 노둔하든 기민하든 상관없다.

2. 인간성이 초월성을 매개로 진화 혹은 개화하는 과정에서 가장 일반적인 매체는 역시 '집중(attentiveness)'이다. 생존을 위해 필요한 정도의 자기동일성 속에 붙박인 채 역시 생존과 생식을 위해 잠시 '열중(concentration)'하는 여타 동물들과는 분명한 차이를 보인다. 유례가 없는 뉴런적 복합성에 기초한 독특한 정신력에 의해서, 인간의 집중은 지속적이며 정교하고 비(非)본능적이며 추상적이다. 인간 실존의 특이성인 자기 초월(self-transcendence)은 이 집중의 능력에 빚진 바가 크다. 수행과 수련, 그리고 예술 등 초월적 지평에 친숙한 실천들이 죄다 이런저런 집중의 형식을 강조해온 사실에 주목해야 한다. (역시 별개의 논의가 될 텐데, 꽤 오랜 시간 지속되는 이른바 '휴대전화-열중'의 현상이 이 자기 초월의 관점에서 볼 때 진화론적으로 어떤 의미

를 지니게 될지는 흥미로운 주제가 아닐 수 없다.)

3. 초월성은 자기동일성을 넘어서서 알지 못할 새로운 지평으로 손을 내밀고 걸음을 옮기는 실천이다. (물론 이 실천은 온전히 '자기' 것이 아니다.) 당연히 자기동일성의 장점은 존재의 안정성이다. 생존과 생식만이 삶의 목적일 경우에 이 관성적 자기동일성은 매우 효율적이며, 처세(?)의 기본형이 된다. 이에 비해 초월적 지향은 '흔들리는 터전(shaking foundation)'(폴 틸리히)을 무릅쓰고 존재론적 요개(搖改)를 실천하고자 한다. 여기서 조심스럽게 분별해야 할 지점은, 자기동일성과 초월성을 마치 서로 접촉할 수 없는 비각이나 격절의 관계로 오해하지 말아야 한다는 것이다. 자기동일성의 '알아차림'은 곧 자기동일성을 넘어서는 존재의 움직임을 불러온다. 따라서 (이상하게 들리겠지만) '진정한' 자기동일성은 오히려 자기동일성에 대한 성찰적 자각이 없는 상태에서만 가능해진다. 전술한 사례를 되불러 정리하자면, 범고래보다는 개가, 개보다는 고양이가, 그리고 고양이보다는 책상이 자기동일성의 완전한 형식에 근접한다. 그런 뜻에서 볼 때, 자각(自覺) 혹은 성찰은 곧 초월적 실행의 들머리를 이루게 된다고 볼 수 있다. 널리 알려져 있듯 침팬지, 오랑우탄, 코끼리, 돌고래 등은 자기 자신의 거울상(鏡像)을 알아챈다. 따라서 이들의 경우, 비록 대단치는 않지만, 초월성의 미소한 기미를 드러낸다고 할 수 있겠다.* 이런 추정은 전술한 개미의

의(義)나 개의 충(忠)과 수달의 제(祭) 등속으로부터 염출한 상사상(相似像, analagous images)적 유추와는 그 성격이 다르다. 이들에 비해 거울 속의 자신을 알아채지 못하는 고릴라는 '자각적 초월성'의 관점에서 볼 때 어떤 알 수 없는 층차를 나타내고 있는 셈이다.

4. 자각(알아차림)은 그 자체로 집중의 정신력과 깊이 관련된다. 일찍이 여러 글에서 해석학적 시차(hermeneutical parallax)의 감성을 넉넉히 보여준 바 있는 연암(燕巖)은, 「밤새 강을 아홉 번 건너다(一夜九渡河記)」라는 글에서 집중의 힘과 지각의 관계를 강물 소리를 듣는 여러 다양한 경험을 예시하면서 흥미롭게 설명한 바 있다.** 지각이든 자각이든 인간 정신이라는 매체의 개입은 피할 수 없으며, 따라서 정신이 일종의 '내용 없는 형식'인 집중 단계에 근접하는 것은 이 경험에서 결정적인 중요성을 갖는다. 이러한 결정적 가치가 싹을 내린 곳에서부터 초월적

---

* '거울(상)'에 대한 논의에는 층차와 갈래가 있다. 본문 속의 이치는 정신의 메타화에서 기초적 기제가 되는 '알아차림'에 대한 것이므로 그 성격이 다분히 긍정적이다. 동물의 진화에서 거울상에 대한 반응은 일종의 '지표'인 셈이다. 다른 한편, 나는 '거울사회'에 관한 토론을 배경으로 '거울스러운 것들'―특히 휴대전화를 그 중심에 놓고―이 인간의 정신에 과도하게 노출될 경우를 인문학적 입장에서 집중적으로 비평하곤 했다. 내 생각에는 '정신(영혼)과 거울'이라는 주제만큼 인간의 내면적 진실을 이해하는 데 주효한 샛길은 없어 보인다.
** "나는 이제야 그 이치를 알았다. 마음을 차분히 다스리는 사람은 귀와 눈이 그에게 장애가 되지 않으나, 귀와 눈만 믿는 사람은 보고 듣는 것이 자세하면 자세할수록 더욱더 병이 되는 것이다." 강희맹 외, 『아름다운 우리 고전 수필』, 손광성 외 편역, 을유문화사, 2007, 58쪽.

기미는 드러날 것이다. 아무튼 초월성의 첫 동살은 자각의 체험과 연루된 집중력에 밑절미를 둔다고 봐야 한다.

5. 정신적 초월성의 개별적 외현(manifestations) 중에는 말 그대로 시공간적 격절을 넘어서는 각종 (커뮤니케이션) 현상이 자리한다. 이 현상이 우리 일상 속에 편만(遍滿)해 있음에도 불구하고 대학의 지식에 등재되지 못하고 있다는 사실 자체가 이미 하나의 증상이다. ('알면서 모른 체하기'란 이러한 증상에 대한 접근을 정식화한 것이다.) 모든 경험은 대상과 주체의 상호 침투 및 개입을 전제하지만, 특히 이런 초월적 경험에선 주체의 소질과 개인적 내력이 과도하게 활성화되는 점에 주의해야 한다. 게다가 시야가 개인적 배경에 침윤되면 초월성의 지평을 특별한 신비 현상으로 오해할 위험이 있으니, 역시 조심해야 한다. 이런 문제들을 피하면서도 '집중'의 정신적 메커니즘을 여실히 보여줄 수 있는 보조 개념이 '관심'일 것이다. 이는 인간의 일상적 생활 속에 드러나는 (초)현상들의 배경을 파악하려고 할 경우 한층 비근하고 다루기 쉬운 개념이기 때문이다. 인간의 정신을 일종의 대양에 비견한 이가 적지 않지만, 이때 관심은 실개천이거나 개천에 스며드는 빗물이라고 할 만하다. 관심은 영어(interest/ concern)나 독일어(Sorge/ Teilnahme) 등으로도 무리 없이 옮겨질 수 있지만, 내 용례에 따르자면 관심(關心)의 '관(關)'이 지닌 뜻 가운데 '주고받다'에 특히 주목해야 한다. 그러

므로 관심이란 우선 마음으로(써) 주고받는 일을 가리킨다.

물건을 주고받거나 언어와 같은 약정된 기호를 주고받는 일은 인류가 만들어온 문명 문화의 자리에서 가장 익숙한 표준적 행위들이다. 개념이나 증서나 청사진과 같은 인공적인 약속을 통해 시간과 공간의 좌표를 확정함으로써 가능해지는 커뮤니케이션 활동은 누구나의 일상일 뿐이다. 정확한 소통과 거래를 위해서는 돈이나 언어 혹은 시공간을 가로지르는 행위가 선호된다. 누구라도 입금(入金)을 하고, 휴대전화로 확약(確約)하며, 정해진 시간에 정해진 곳에 찾아가서 면접을 보기도 한다. 그러나 단지 관심을 갖는 일, 그러니까 '마음으로써 마음을 주고받는 일'은 아직 소통으로 인정받지 못한다. '사적 언어(Privatsprache)'(비트겐슈타인)에 관한 논의도 있었지만, 마음속의 혼자 생각으로는 사회적, 의사소통적 가치를 지니지 못한다. 결심한다고 해서 금세 복근이 붙지 않는다. (근년의 뇌과학적 연구에 의하면 '지속적인 생각'이 근육을 포함한 신체 일부에 어느 정도 영향을 끼친다는 사실이 확인된다.) 당연히 그리워한다고 임신이 되지는 않는다. 기도한다고 해서 산은커녕 자갈 하나도 움직이지 못한다. 그러나 정신의 초월성에 관한 한, 극히 사적인 마음의 운용에 불과한 '관심'은 말하자면 주식(主食)과 같은 역할을 한다. 이를테면 관심이란 인간의 마음이 얻게 된 최초의 형식인 것이다. 다이어트를 하거나 외국어를 익히거나 취직을 하기 위해서라면 '마음으로써 마음을 주고받는 일', 즉 혼자 생각은 대

체로 별무소용이다. 그러나 인간의 정신 자체가 초월적 지평을
향해 개화해가는 영역이라면 이 관심은 소박하지만 가장 일반
적인 양식(糧食)이 된다. '독서는 마음의 양식'이라고들 하지만,
관심, 특히 촘촘하며 지속적인 관심이야말로 정신의 양식이며,
또 가장 오래된 양식이다.

6. 관심이 정신을 변화시키는 방식, 혹은 관심이 길고 깊어지
는 중에 의식과 심리의 차원을 넘어서서 여러 형식의 초월적 커
뮤니케이션에 기입되는 메커니즘에 대해서는 아직 정확한 정보
가 없다. 수없이 많은 현상의 외현은 구조적 일치를 시사하나,
그 안팎의 연계는 확실히 설명되지 않고 있다. 누누이 지적했듯
이, 이런 현상은 성격상 '공격적으로' 그 확실성을 증명할 도리
도 없다. 그러나 관심이 모든 정신적 활동의 출발이며, 집중조
차 관심의 연장선에서 생성된다는 데에는 의심의 여지가 없어
보인다. 그렇긴 해도 관심과 초월적 경험을 일종의 인과관계로
여겨서는 곤란하다. 인간의 정신활동에 관한 한 '단순한 인과성
(simple causation)'으로써 풀어낼 수 있는 일은 없기 때문이다.
역사적으로 보자면 이런 인과성을 과신한 게 다름 아닌 주술이
며 미신이다. 이 인과지향적 종교성은 이른바 고등 종교라고 할
수 있는 여러 실천에서조차 여전히 끊이지 않고 있으며, 오히려
이 단순 인과성을 강조, 강변하는 종파들이 세속적 발흥에는 한
결 유리하다. 내가 관심을 초월적 지평의 사건들과 관련시키는

방식은 '인과'가 아니라 '(상호) 개입'이다. 인간의 정신은 극미극세(極微極細)한 활동성이고 되먹임(neuronal re-entry)이 극심해서 단순한 인과율에 의해 그 이치를 헤아릴 수 없다.

7. 관심의 한 특별한 종류인 '그리움'의 현상을 통해 인간 정신의 초월적 지향을 생각해보자. 우선 이 점에 관한 한 인간과 여타 동물들 사이의 차이를 정밀하게 밝히기는 어려울 것이다. 가령 재회를 반가워하거나 사별을 애도하는 듯한 동물들의 움직임은 어렵지 않게 찾아볼 수 있다. 이런 사례는 하늘의 별처럼 많지만, 여기서는 특별히 우리 옛 글 속에서 재미있는 기록 하나를 찾아본다. '소수서원(紹修書院)'으로 유명한 주세붕(周世鵬, 1495~1554)의 「의아기(義鵝記)」라는 글을 보면, 동거하던 거위 두 마리 중 한 마리가 죽자, "살아 있는 놈이 죽은 놈을 품고서 날개를 치며 슬피 울어대고 (있고) (…) 그 울음소리가 하늘까지 사무치니 보는 사람마다 불쌍하고 안타까워 한숨을 지었"*다는 대목이 나온다. 거위조차 애도하고 먼저 간 친구를 '그리워'하는 것일까? 아무튼 그들의 '마음'을 명석하게 버르집어 낼 수 있는 기호적 소통이 없기에 동물심리학의 자리는 늘 애매할 수밖에 없다. 이 애매함을 가로지를 수 있도록 애정과 향수(Heimweh)라는 다소 구체적인 개념을 통해 우회적으로 접근해

---

* 강희맹 외, 『아름다운 우리 고전 수필』, 손광성 외 편역, 을유문화사, 2007, 126쪽.

도 좋겠다. 잘 알려진 대로 공간적 이동이 쉽지 않았던 때에는 사랑의 대상이나 고향을 향한 그리움이 가히 병적이었다. 당시의 상사병이나 향수병은 단지 문학적 묘사를 위한 낭만적 장치가 아니라 제법 치명적인 증상이었던 것이다. 그렇다면 인간에게서만 보이는, 병증이 되도록 심화된 이 그리움의 '밀도'는 애초 어떻게 형성된 것일까?

생존과 번식에 일차적으로 도움이 되는 간헐적 열중(熱中)은 참새나 고양이, 문어나 호랑이에게서도 쉽게 찾아볼 수 있다. 그러나 개체의 생존은 물론이거니와 후손의 번식에 아무 도움도 되지 않는 지속적이며 비현실적인 집중은 생물종 가운데 유일하게 '진화의 역설'에 봉착해 있는 인간에게서만 분명하게 나타난다. 그리움이라는 정신의 밀도는 이런 식의 집중 가운데서도 초기의 것으로 보인다. 그리움은 그 정신의 안정성과 차분함이 현저하게 떨어져서 일견 생존을 위한 열중의 경우와 어금지금할 때가 적지 않기 때문이다. 인류사 초기의 그리움은 실제로 생존에 도움이 되었을 것으로 넉넉히 추정할 수 있다. 개인으로 생존하기 어려운 삶의 여건 속에서 '고독과 초월적 집중을 즐기는' 일은 상상하기 어렵고, 타인의 부재를 아쉬워하고 애도하는 그리움의 정서는 그 자체로 초기 인류의 집단생활에 간접적으로나마 도움이 되었을 것이기 때문이다. 그러므로 애초 그리움이라는 정서에 맺힌 정신의 밀도는 꽤나 현실적인 필요에 조응했을 것이다. 자연 그 자체를 여건으로 삼아 더불어 살아갈 수밖에 없는 생활 속에서 동료와 친지의 존재 및 부재는 다분히 결정적인 요인이었을 것이기 때문이다. 그러다가 어느새 그리움은 생존의 가치를 잃어버린 채 자기되먹임의 순환에 휘말리고 추상적으로 흐른다. 이 현상이 당연히 인간의 '개체화(individuation)'와 관련되리라는 점은 의심의 여지가 없다. 그리움이 인간의 심리를 잠식하고 이윽고 병증에 이르러 반사회적 행동이나 자기 파괴적 충동을 불러오곤 하는 진화의 역설에 도달한 것이다. 그리움의 밀도는 이처럼 역설적인 현상으로 보인다. 그것은 이른바 양날의 칼인데, 한쪽에서는 열중이 생존의 가치를 잃어버린 채 자신의 내면을 갉아먹지만, 다른 한쪽에서는 그렇게나마 생성된 추상적 밀도가 집중의 초월적 지향에 이바지할 수 있는 길을 열어놓는다.

8. 그리움이라는 마음의 밀도 속에서 열리는 인간의 초월적 지향은 전술한 대로 초보적인 것이다. 이 밀도 속의 집중은 종종 열중과 구분되지 않을 정도로 들떠 있고 심리적 부침과 착종에 떠밀려 '초월성'의 거리감을 얻는 데 자주 실패한다. 이 현상과 대조적으로 살펴볼 만한 게 바로 '개념' 혹은 개념화(conceptualization)이다. 그리움이나 개념 둘 다 인간의 마음이 그 마음의 바깥을 향해 밀도 있게 나아가면서 형성된 것이라는 점에서는 닮았다. 그러나 '심리'라고 하는 인간 정신의 표피, 그 난반사장(亂反射場)을 깨끗하게 벗어나 초월적으로 온존한다는 점

에서 개념은 전혀 별개의 생산물이다. 그리움은 마음의 바깥을 향해 나아가려 하지만, 마치 거미줄에 얽힌 나비의 날개처럼 여전히 거미줄과 동일체를 이루어 독자적인 외부성을 만들어내지 못한다. 하지만 이 점에서 개념의 위상은 매우 흥미롭다. 플라톤주의에서 그 극단적인 예시를 볼 수 있는데, 개념은 필경 인간의 마음에 의한 조작이긴 해도 구성되는 순간 묘한 초월적 성격을 지녀서 마음의 곡절과 변덕으로부터 해방되는 위상을 갖는다. 플라톤주의자들이 개념의 이런 이중적 성격에 매료되었음은 재론할 필요도 없다. 인류사 혹은 인류 정신사에서 애초 개념이라는 게 언제 어떻게 형성되었는지 분명치 않지만, 개념들이 등장해서 인간 생활에 개입한 일은 정녕 혁명적이라 해야 할 것이다. 예를 들어 잠시 포이어바흐의 생각을 원용한다면 신은 인간 정신의 '외화(Veräußerlichung)'로서 등장한 특별한 개념인데, 우리는 이 개념의 구성과 등장 및 활용에 의해서 가능해진 인류사의 변천을 상상해보는 것만으로도 '혁명성'의 넓이와 깊이를 납득할 수 있을 것이다. 신이란, 어떤 중요한 의미에서는, 여러 사람이 떼 지어, 반복해서 불러내는 어떤 특수한 개념이기 때문이다. 짧게 첨언하자면, 20세기 후반 이후 인간의 기술력으로 가능해진 이른바 사이버 세계(cyberspace)의 출발도 이 개념(화)에 다름 아니다.

9. 이상하게 들릴 수 있는데, 인간 정신의 초월적 지향을 논

의하는 데서 흔히 간과되지만 매우 중요한 매개적 활동이 '부름', 조금 더 정확히는 '불러냄(呼出, calling out)'이다. 인간의 정신은 로티의 표현처럼 단지 '자연을 반영(표상)하는 거울'이 아니다. 그렇다고 단지 해석학적 필터에 그치는 것도 아니다. 이 불러냄의 메커니즘에서 보자면, 인간의 정신은 주관성의 장치로서 객관성을 내다보는 게 아니라 주객관을 매개하는 범람이자 개입이다. 이런 뜻에서, '말씀으로써 세상을 창조한다'는 어느 종교의 창세관처럼 인간의 정신은 다분히 '창조적'이다. 정신은 관심과 개념을 통해 사물을, 대상을, 그리고 신까지 불러내기 때문이다. 특히 이 불러냄이 집단성의 힘과 겹칠 때에는 주관적 심상(心象) 속에서 세상을 보는 데 익숙한 개인들로서는 상상하기 어려운 '간주관적 집단성(intersubjective collectivity)'의 사태가 엮이기도 한다. 예를 들어 찌르레기, 나그네쥐, 혹은 작은 물고기 떼에서 보이는 집단적 동시 동작은, 인간의 자의식처럼 세상을 반영–표상하는(mirroring–representing) 데 특화되어버린 활동성에 의해 매개되지 못한다. 그러나, 뻔한 말이지만, 인간의 정신도 개인의 자의식만으로 구성된 게 아니기 때문에 이른바 무의식의 영역 속에는 이런 원시적 커뮤니케이션의 흔적이 잔존해 있다. 실제로 프로이트는 동물들 사이에서 보이는 이러한 집단적 동시 동작을 일종의 '신경증적' 증상으로 해석하려고 시도하기도 했다. 그의 추정을 조금 더 따라가면, 먼 과거의 인류도 대체로 개인의 표상주의적 자의식이 뚜렷하고 차분하게 형성되기 이전의 집단적 생활에 몰밀려다녔을 것이고, 이로써 시공간의 격절을 초월하는 원시적, 집단적 커뮤니케이션에 개입하거나 혹은 그 능력을 '불러낼 수' 있었을 것이다. 여기서 따로 자세히 논의할 수 없는 주제이지만, 융의 그 유명한 '집단무의식(Das kollektive Unbewußte)' 역시 이러한 이치를 헤아리는 데 중요한 참고점이 된다. 다시 말해, 내 관점으로 정리하자면, 인간의 정신은 집단적 부름(커뮤니케이션)에 응할 수 있는 구조적 장치를 지니고 있(었)고, 더 나아가 이 부름에 적극적으로 개입할 수 있는 창의성을 품고 있다.

10. '(인간) 정신의 초월적 지향'의 울림 속에서는 과연 요명(窈冥)한 느낌이 흘러나오기도 한다. 그러나 그리움이나 개념(화)이라는 범속하고 비근한 사례에서 엿볼 수 있듯이, 혹은 '나는 왜 네가 아니고 나인가?'라는 등등의 실존주의적 언설에서 손쉽게 표현되듯이, 이런 식의 초월적 지향은 인간(됨)의 가장 기본적인 조건으로서 내함되어 있을 뿐이다. 역시 여기서 굳이 자세히 다룰 일은 아니지만, 인간의 정신적 진화 과정에서 단골 메뉴로 등장하는 도구나 언어 등의 소재도 인간됨의 빼놓을 수 없는 조건으로서, 정신의 창의적 개입과 연동된 채 외화(外化)에 성공한 것들이다. 물론 크게 보자면 인간 정신의 초월적 지향이라는 흐름새와 맞물리면서 결절된 것들이다.

인간의 정신이 프로그램된 연산 장치처럼 자기동일성의 체계에 정합적으로 부응하는 것으로 만족한다면 초월성은 그리 진지한 주제가 되지 못할 것이다. 그러나 인간은, 인간의 정신은 자기 너머를 향해 나아가도록 '운명'지어진 듯 보인다. 물론 이 운명은 색다른 형이상학이 아니라 장구한 역사의 무늬에 가깝다. "근친상간 금지는 자연이 자신을 초월하는 곳"(레비스트로스)이라고 했지만, 인간의 정신은 자신이 자신을 초월하는 곳이다. 인간의 본질을 설파하는 갖은 종교와 형이상학의 조건은 역사의 망각을 그 체계 내부에 장착하는 것이지만, 인간은 무엇보다 역사이며, 특히 인간의 정신은 그 자체로서 길고 긴 역사의 길이다. 이 길을 통해 정신의 초월적 지향은 밖으로 인간의 문명/문화를 낳았고, 안으로는 인간에게 영적 성숙의 문을 열어놓았다. 그러나 문명이 문맹(文盲)을, 문화가 문화(文禍)를 자기 안에서 키우고 있듯이, 인간의 정신도 기능주의적 외주화에 의해 소외당하고 분리-통치되어가고 있다. 나는 아주 오래전 어느 글*에서 '날지 못하는 것은 운명이지만 날지 않으려는 것은 타락'이라고 쓴 적이 있다. 그 낡은 문장은 초월성을 인간성과 결합시키려는 이 글을 만나고서야 비로소 제 몫을 누리게 되었다.

---

* 김영민, 『철학과 상상력』, 시간과공간사, 1992.

5장

—

잠시 내게 속한 앎,
인문학의 영도(零度)를 향하여

—

32. 달걀은 幻이다

– 달걀이 손가락과 바꿀 만큼 가치가 있나?

– 없소! "하지만 기분은 좋소. 이게 내 본래의 모습이요(但我覺得痛快 這個才是我自己)." 안 다쳐야 했겠지만, 검(劍)이 옛날처럼 빠르지 못했소. 옛날에 검이 빨랐던 것은 옳다고 믿고 했기 때문이오. 대가를 바란 적이 없었소. 난 평생 안 변할 줄 알았는데……

〈동사서독(東邪西毒)〉(왕자웨이, 1994)

손가락과 바꿀 만한, 그 값을 하는, 달걀을 찾아다닌 게 아니었다. 제 마음을 조심할 것이다. 정념은 늘 도착(倒錯)을 생산한다. 흔히 결과는 단지 원인을 숨기는 풍경이 되는 것으로 만족하지 않는다. 그것은 원인을 참칭한다. 달걀은 환(幻)이다.

무사는 생명을 바칠 연인을 찾아다닌 게 아니다. 그도 어쩔 수 없이 '연인'을 발명해낸다. 그리고 그 우연성이 반복되지 않도록, 제 생명을 다하겠노라고 고백하고, 바로 그 고백이 근근이 열어주는 샛길에 들어서고서야 제 발의, 제 검의 무게를 더한다. 여기서 진정한 사랑이 탄생한다. 그간의 도미노는 역전된다. 달걀은 그 촉감 속의 손가락을 변화시키고, 손가락은 팔과 검을 변화시키고, 그는 어느새 죽음의 방향이 생긴 칼 한 자루가 된다. 이처럼 사후성(Nachträglichkeit)은 놀랍다. 환(幻)을 현실로 만든다. 미래가 현실 속에 드러나는 방식은 여럿이지만, 이처럼 환에 집중하는 무사적 삶이 바로 그것 중 하나다.

33. 내 앎은 내 것이 아니다

그는 한물간 검객이지만 규칙적인 생활을 한다(他雖然是個落魂的
劍客但他的生活很有規律)〈동사서독〉(왕자웨이, 1994)

내 앎은 내 것이 아니다. 내 앎은 내가 장악할 수 없다. 그것
은 어린 날의 추억을 숨기고 있는 어떤 맛처럼 무상한 내 육체
에 얹혀 있을 뿐이다. 나는 음식 맛이 바뀌는 일을 여러 차례 겪
었다. 심지어 8~9년 전 어느 날에는, 잠에서 깨어나자마자 얘기
할 만한 아무런 이유 없이 밥이 '똥'처럼 느껴져 당일로 일체의
화식(火食)을 끊어버렸고, 이후 반년 이상 채소와 건과만으로
구성된 생식(生食)을 했다. 그 후 1년간 속다짐한 생식 수련(?)
을 다 채우지 못한 채 훗날을 기약하고 화식으로 되돌아왔는데,
어느새 똥처럼 느껴지던 밥에서는 다시 밥맛이 나기 시작했다.*
내 몸에 붙어 있는 앎도 더러 똥처럼 느껴지곤 한다. 그러므로
내가 말하는 '충실성'이란 바로 이 사실과 싸우는 안타까운 가

설(假說)이다. 그런 뜻에서, 나는 기껏 내 충실성의 연기(演技)로써 내 앎을 가능한 한 '꽉 찬 말(parole plaine)'에 근접하도록 할 수 있을 뿐이다. '타인에게 물잔을 건넬 수 있는가?'**라고 했듯이, 그것은 몸과 생활양식에 깊이 내려앉은 신뢰에 대한 이야기이기도 하다. 그러므로 '지식인'이라는 말은 언제나 생각보다 얇다. 인생이 최고의 연극일 때 그 삶은 외려 최상이 된다는, 그 합일에서 앎과 삶은 만나고 다시 헤어지지 못하도록 하려는 충실성의 이야기.

달리 말하자면, 앎은 내가 내 삶으로 맞아들인 '형식'에 의해서만 간신히 유지된다. "구속이 없는 안정적 자유는 존재할 수 없는데 (…) 그 자유를 실현할 수 있는 안정적인 영역이 없기 때

---

* 이 당시의 경험은 다음 책 속에 짧게 소개되어 있다. 김영민, 『봄날은 간다: 控除의 비망록』, 글항아리, 2012.
** 이 문장은 내가 언젠가 '신뢰'의 이치를 해명하기 위해 사용한 화두인데, 당시 설명한 내용의 요점은 다음과 같다. "당신이 당신의 친구에게 물잔을 건네준다고 치자. 뻔한 사실이지만, 잔에 담은 물을 건네줄 때의 호의/선의는 그 잔(盞)과도, 그 물과도 아무런 상관이 없다. 당신의 호의/선의는 물질적 조건에 실질적으로 의지하지만, 그 호의/선의는 그 물질(잔/물, 그리고 건네는 손동작 등)에 미치지 못한다. 여기서 결정적인 사실은, 당신의 친구가 당신의 호의/선의를 느끼거나 평가하는 방식은 주로 호의/선의가 실행되는 갖은 물적 조건과 관계, 그리고 그 결과라는 것이다. 원칙상 친구가 당신의 내심을 직관하도록 요청할 수도, 유도할 수도 없다. 감정이입은 내내 모른 체해야 한다. 물론 그 물적 조건과 관계와 결과라는 타자의 지평이 종종 예기치 않게 당신의 내심(의도)을 배반한다는 사실 속에서 오해와 상처는 반복된다. 그러므로 물잔을 건넬 때 상대가 그것을 받았다는 믿음/생각을 버리는 게 중요하다. 직관의 폭력과 감정이입의 나르시스를 넘어서는 동무적 관계의 실천은 몸(손)이 몸(손)에 얹히는 물질적 신뢰에서 시작된다. 결국 타자성의 체험은 자신의 생각과 의도가 와해되는 체험의 물질성과 유사한 것이다. 신뢰? 그것은, 내 친구가 내 물잔을 받는 것이 내 생각이나 의도와 아무 관련이 없다는 사실이 깊어지는 가운데 생기는 몸의 버릇, 바로 그것에 대한 진득한 태도이다."

5장 잠시 내게 속한 앎, 인문학의 영도(零度)를 향하여

문"*이라고 하듯이, 형식과 삶의 만남을 비극적으로만 볼 필요는 없다. (다른 곳에서 상론되겠지만, "진정한 차(茶)는 형식에서 마침내 자유로워진다"**는 식의 진술은 전혀 관념론이 아니며, 그 모든 공부의 실천이 놓인 자리와 지향을 알리는 전언이다.) 이것은, 곧 언급할 텐데, 에너지나 정보가 특정 매체를 통해 실용적 가치를 띠게 되는 것과 마찬가지다. '언어적 존재'라거나 '상징적 존재'라거나 '도구를 제작하고 사용하는 존재'라거나 '종교적 존재'라거나 '정치(사회)적 존재'라거나 혹은 그 무슨 무슨 존재라거나 하는 것들은 모짝 '형식적 존재'라는 말의 분기에 불과하다. 인간은 무엇보다 형식을 만들어내는 존재다. 그리고 그 형식들과 더불어 삶을 살며, 이윽고 그 형식들을 (만성적으로) 넘어서려고 애쓰는 존재다. 형식들이 제 몫을 다하는 자리에서마다 인간의 현재는 유지되고, 형식들이 무너지는 자리에서마다 인간의 과거가 드러나며, 형식들을 넘어서려고 애쓰는 자리에서마다 인간의 미래가 손짓한다. 인간의 생활은 좌측보행에서부터 단전호흡에 이르기까지, 투망하는 법에서부터 망자의 제사상 차리는 법에 이르기까지, 그리고 바둑에서부터 고층 건물을 짓는 법에 이르기까지 온통 갖가지 형식으로 구성되어 있다. 그러므로 한물간 검객이 제 나름의 형식을 지키고 있는 것은 실은

---

* 테리 이글턴, 『포스트모더니즘의 환상』, 김준환 옮김, 실천문학사, 2000, 195쪽.
** 야나기 무네요시, 『다도와 일본의 美』, 구마쿠라 이사오 엮음, 김순희 옮김, 소화, 2010, 31쪽.

집중과 영혼

상식적이다.

사실 인간이 형식들을 매개로 채취하고 유지하며 확산시키고 재구성하려는 일차적인 대상은 에너지와 정보다. 에너지와 정보야말로 인간의 생존과 생활에서 뺄 수 없는 상수적 조건이며, 인간의 형식들은 주로 이 둘에 접근하기 위한 방식이기 때문이다. 에너지와 정보는 자주 호혜적 관계를 맺는다. 에너지의 생성과 배급에만도 수많은 정보가 필요하고, 정보의 채취와 가공을 위해서도 에너지는 필수적이다. 내가 독서와 글쓰기를 위해 상용하는 적지 않은 책들은 나름의 특정한 순서로 배치되어 있는데, 예를 들어 새 책을 얹고 필요 없는 책을 솎아낼 때마다 애초의 형식은 미세하게 진동한다. 나는 서가와 그 주변을 틈틈이 관리한다. 먼지를 털거나 걸레질을 하기도 하고, 책의 순서를 바꾸기도 하고, 서가를 따라 길게 붙여놓은 연대표를 이리저리 옮겨 고치기도 하고, 글을 쓸 당시의 여건에 따라서는 수십 권의 책을 가려내 임시로 마련된 서가에 꽂기도 한다. 이러한 조직과 구성은 모두 서재 공간 내에서 에너지와 정보 융통의 효율을 높이기 위한 장치다. 엄밀히 말하자면 내 서가의 종합적 정보력은 내가 내 서재나 부속 공간에서 엔트로피의 자연적 증가라는 대세와 싸우는 방식과 관련된다. 내 몸의 상태와 서가의 정리 정돈 상태를 반영하는 그 에너지의 상태는 서가와 내 몸 사이에서 융통되는 정보력과 상보적이다.

한물간 검객은 규칙적인 생활을 함으로써 제 몸과 주변의 엔트로피를 제어한다. 그래서 검객의 '형식'을 유지하려고 애쓴다. '엔트로피'라고 했지만, 그냥 쉽게 말하면 자신의 몸을 일정한 규칙(형식) 속에 세우려는 태도다. 현성(賢聖)에 이르려는자, 그 누구라도 지계(持戒)와 지경(持敬)의 긴 세월을 피할 수없는 이치와 마찬가지다. '한물갔다(落魂的)'는 말은 필시 그가왕년의 솜씨를 발휘할 때 견결히 유지했던 규칙(형식)이 허물어지고 있다는 뜻일 것이다. 규칙은 허물어지면서 억제해놓았던먼 과거를 들춰내고, 성인은 노인이 되면서 아이를 되살려내며,세월은 흘러가면서 망각(정보의 한계)에 묻힌다. 그래도 이 검객은, 검객으로서 입신했으므로 검객으로서 죽고 싶은 의욕 속에서, 제 자신을 만든 형식을 가까스로 고집한다. 검객이든 문사든, 몸과 그 형식이 서로 소외되는 마당이 곧 파멸이기 때문이다. '송충이가 갈잎을 먹으면 죽는다'고 하듯이 사람은 누구나형식의 노동을 그만두는 대로 죽는다. 달인이거나 성인인즉, 모두 바로 형식의 비밀을 통해 이름을 얻고, 남을 앞섰으며, 나름대로 '미래의 인간'을 선취한 바 있기 때문이다.

조금 더 구체적으로 말하면, 이 검객의 노하우(know-how)는죄다 이 형식의 비밀을 통해 얻어낸 것이다. 무릇 앎은 형식을통해서 잠시 내게 기식(寄食)한다. 이와 마찬가지로 생명의 에너지도 내 몸이 가진 형식을 통해 잠시 내게 기식하는 것이다.구멍 난 그릇은 물을 담을 수 없고, 시냅스가 특정한 형식을 이루어주지 않으면 기억은 몰락한다. 예를 들어 호흡법이나 여타

양생술에서 말하는 만유의 기(氣)를 인정하더라도 이른바 단전(丹田)이라는 형식이 견결하지 못하면 그러한 에너지나 정보에 접속(tapping)할 수 없다. 사계의 클리셰가 된 표현처럼, "정기(定基)는 하단전에 자리하여 부동(不動)의 상태를 지속하는 것"*이기 때문이다. 지수화풍(地水火風)에 내재하거나 수반되는 자연 속의 에너지를 채취하고 안정화시켜 고르게 분배하는 갖은 발전기(發電機)도 자연을 전유(tapping)하려는 여러 형식 중 하나다. 이 형식이 무너지면 그에 수반되어 있는 생존과 생활의 노하우도 함께 무너진다.

우리가 일상에서 늘 접하는 것처럼, 노화든 병이든 심지어 우울증이든 무엇이든 간에, 사람이라는 존재의 '고장'은 우선 그 모양에서 드러나는데, 대개 정상적인 모양을 유지하는 힘이 바로 형식이기 때문이다. 심신의 고장은 곧 그 사람이 그간 유지하거나 가꾸어왔던 이런저런 형식들이 방기되거나 포기되는 식으로 나타난다. 그의 걸음걸이가 달라지고, 그의 표정은 엔트로피의 증가를 게시하는 징후들을 드러내는 듯 흐물흐물해지며, 그의 신상과 주변은 종래의 정돈된 긴장미를 잃고, 그가 알고 구사하던 정보들은 희미해지거나 어지러워지며, 그가 매일같이 다니던 테니스장에도 걸음을 끊게 되고, 이웃 사람들에게 일품으로 기억되던 매력 만점의 웃음조차 이상하게 비실거리기

---

* 오수양, 『천선정리(天仙正理)』, 석원태 옮김, 서림문화사, 1994, 36쪽.

시작한다. 요컨대 그는 그의 몸이 유지해오던 '형식'들의 역동적이며 창의적인 조합이었던 셈이다. 암(癌)이라거나 치매라면, 그것은 그가 스스로 지녀온 여러 몸의 형식과 치명적으로 불화하는 데 이른 사실을 알리는 신호라고 할 것이다.

몸은, 그리고 정신은 여러 형식에 의지한다. 인간의 앎도 인간의 생존과 생활에서 나오고 또 그리로 되먹힐 수밖에 없는 한, 그 형식들에 얹혀 있다. 물론 인간의 앎이 형식으로부터 (aus)만 나오는 것은 아니다. 그러나 그 앎은 언제나/이미 어떤 형식들과 함께(mit) 생성되며 소멸한다.

34. 그러나 누가 '알고' 있었다는 게
왜 중요했을까?

- 날 사랑한다는 말을 안 했어요(他從沒說過喜歡我)

- 굳이 할 필요가 없는 말도 있소(有些話不一定要說出來)

- 난 그 말을 듣고 싶었는데 그는 말해주지 않았어요. 그는 내가 꼭
그와 혼인할 줄 알았는데, 그의 형과 혼인할 줄 누가 알았겠어요
(我希望他說一句話吧了 但他不肯說他以爲我一定會嫁給他 誰知道
我嫁給他哥哥)(〈동사서독〉, 왕자웨이, 1994)

대체 누가 알고 있었을까? 그러나 누가 '알고' 있었다는 게
왜 중요했을까? 만조(滿潮)에는 돌고래가 회유하고, 입춘 아래
봄맞이꽃이 돋고, 석양(夕陽)이 졸아드는 천변에서 늘 그를 볼
수 있다면, 누가 무엇을 알고 있다는 게 왜 중요할까? 결심은 동
살보다 느리고, 고백은 계절보다 얕고, 사랑은 발정보다 확실하
지 못한데, 왜 알고 있다는 사실에 당신의 변명을 얹으려고 하
는가?

35. 낌새는 언제 내 것이 되는가?

시합 당일의 일진은 죽도를 잡아보면 당장에 알 수가 있었다. 죽도
가 이상하게 무겁다 싶으면 그날은 예외 없이 지는 날이었다.*

이는 검술이나 노(能)만의 이치가 아니라, 매사 그 기량이 높
고 깊어지면서 '자기 자신을 밝게 알아가는(自知者明)' 길에서
자생하는 자연스러운 낌새의 문제다. 전장(戰場)에 내던져진 병
사에게도 이 낌새는 찾아온다.

이 전쟁에서 살아남게 되리라는 느낌이 듭니다. 그러면 마음이 편
해지기 시작하지요. 설명할 수 없는 느낌이지요. 그냥 직감 같은 것
입니다.**

---

* 양선규, 『시골무사, 삽살개에 대한 명상』, 지식공작소, 1999, 116쪽.
** "스티븐 스필버그가 제작한 TV 미니 연작물인 〈Band of Brothers〉(2001)의 8편 앞
머리에 등장하는 실제 인물들의 회고담 중 한 대목이다. "You had a feeling that you'
re gonna live through the war. You were feeling it started to ease off. You cannot

다른 예로 연희자(演戱者)의 기량도 마찬가지다.

이것은 매우 중대한 일이다. 수련을 충분히 쌓은 사람이 아니면 이해 못 할 것이다. 우선 상연(上演) 당일의 회장을 잘 살펴보면 오늘 노(能)가 성공할 것인지 아니면 실패할 것인지 그 징조를 느낄 수 있을 것이다.(김학현 1991, 68)

심지어 이 경우의 실력이란 징조와 낌새로써 알아챈 운(運)조차 겸허하게 수용하는 데까지 이르러야 한다.

노(能)의 경연에서도 상대편의 노가 잘되었다면 이기는 신이 저쪽에 있다고 판단하고, 우선 두 손 들어 경의를 표해야 한다. 그러나 이 승부의 신이란 일시적인 운명을 지배하는 두 신이므로 항상 양쪽을 왕래한다. 그러므로 승리의 신이 자기편으로 왔다고 생각될 때 자신 있는 노를 하면 된다. 바로 이것이 무대상의 인과인 것이다. 결코 소홀히 생각해서는 안 된다.(김학현 1991, 108)

그러나 우리는 기미와 낌새를 전유하(려)는 나쁜 버릇에 항상 유혹당한다. 첫 인용문 속의 "예외 없이"가 그런 것이다. 이치가 생성되는 낌새의 현장에 있을 때에는, 그것을 기존의 담론

---

account for it. (…) it's just a gut feeling."

공간 속으로 더뻑 몰아가기 전에 그 이치가 제 스스로 발효하도록 기다려야 한다. 배돌고 있는 것들을 중심 키워드로 회집하려는 유혹에 저항하는 게 넓은 의미의 '문학'이며, 바로 이런 식으로 문학적 감성은 사람에 관한 그 모든 공부에서 기본이 된다.

그러나 낌새는 언제 내 것이 되는가? '기미를 아는 것이 신(知幾爲神)'일진대, 우리는 언제 신의 자리를 엿볼 수 있는가? '작은 것을 보는 게 밝음(見小曰明)'일진대, 밝고 어두운 자리가 나뉘는 곳에서 낌새를 알고 움직이는 인간의 개입은 어떠한가? 우리는 기미와 낌새를 알아챈다. 성인이 아니라도 때론 현묘(玄妙)하고, 현자가 아니라도 때론 유심(幽深)할 수 있다. 반복되는 미립은 서둘러 앞서가려 하고, 첨병(尖兵)처럼 부탁하지도 않은 기별을 보내온다. 물론 '진리를 말하지 않도록'(니체) 애쓰는 것 이상으로 이러한 낌새들을 전유하지 않도록 애써야 한다. 낌새들은 양자(quanta)의 움직임처럼 그 위치가 애매하며, 따라서 누구의 것인지 때론 불분명하고, '자연은 도약하지 않는다(Natura non facit saltus)'는 오래된 상식을 뒤엎는다. 그러므로 더욱 조심해야 하는 이유는, 낌새는 마치 양자처럼 내 조심(操心)마저 희롱하는 재주를 지니고 있기 때문이다.

태몽에서부터 일진(日辰)에 이르기까지, 대부분의 낌새 지식은 바로 그 낌새에 대한 자아의 혼망스러운 움직임(遂行) 탓에 가치를 박탈당한다. 생몰 연대에서부터 착종이 있는 듯해서 의심스러운 얘기이지만 그 이치에 새길 바가 있어 굳이 소개하는

데, 야사에 따르면 16세기 조선의 도학자이자 특히 역학과 천문에 뛰어났던 남사고(南師古)는 1572년의 어느 날 하늘의 별자리를 살피다가 자미성(紫微星)의 빛이 바래는 것을 읽고는 자신의 죽음이 다가오고 있다는 '낌새'를 알아챘다. 그는 고향에서 최후를 맞을 결심을 하곤 귀향을 서둘렀다고 한다. 그런데 귀향 중에 그가 들은 소식은 당대 최고의 유학자였던 남명 조식(曹植, 1501~1572)이 타개했다는 사실이었고, 그는 그제야 자미성의 변화에서 알아챈 낌새가 자신이 아니라 남명과 관련된 것이라고 고쳐 읽었다고 한다. 낌새란 대체로 이런 식이다. 박하게 정리하자면, '무당이 제 굿 못 하고 소경이 저 죽을 줄 모른다'(속담)는 것이다. 낌새는, 앞서 언급했듯이, 관찰자의 태도에 상대적인 양자(量子)의 움직임처럼, 그 낌새를 알아챘다고 생각하는 주체를 한 걸음(두 걸음도 아니다!) 비껴간다. 낌새는 원칙적으로 신(神)의 지식이므로, 인간이 낌새를 알아챈다는 것은 바로 낌새의 보복까지를 포함한 자기수행적 행위에 속하기 때문이다. 다 아는 대로 '동티'는 특정한 장소의 치명적 비용인데, 사람이 자신의 앎을 (귀)신의 자리에 얹으려고 하는 것도 마찬가지로 극히 조심스러워야 하는 것이다.*

---

* 물론 여러 차례 밝혔듯이, 술(術)이나 직관 혹은 기미에 속한 앎의 종류들은 당사자의 개인적 기질과 깊이 엮여 있다는 사실을 잊지 말아야 한다. 영성과 지성의 이곳저곳을 막무가내로 종횡하는 개인의 소질(素質)에 대한 수많은 생각과 짐작이 제출된 바 있지만, 그것은 사람의 존재 그 자체의 가능성만큼이나 여전히 수수께끼다. 괴테도 그의 자전적 서술 속에서 예감 능력과 개인의 기질 사이의 관계에 대한 짧고 흥미로운 기록을 남기고 있다. "평상시에는 예감 능력의 증세를 나타낸 적이 전혀 없던 사람들이 조부의 영향을 받아서,

그러므로 이것은 인간의 존재론적 겸허에 대한 이야기일 수밖에 없다. 점복이나 해몽이나 영감 어린 낌새 등을 포함한 그 모든 예지적(豫知的) 행위는 에고의 의식적 '행위'가 될 수 없으며, 따라서 '원칙적'으로 자기 자신을 대상으로 삼을 수 없다. 내가 다른 글에서 '1이 3을 막는다'고 했던 것처럼 에고는 워낙 예지를 오염시키고 왜곡시키게끔 구조화되어 있다. 인간은 자신의 미래를 알 수 없으며, 이는 인간됨의 존재론적 조건에 속한다. (그러나 남의 미래에 대해선 조금 다른 논의가 있을 법한데, 여기서 당장 상설할 수는 없다.) 사람이 자신의 미래를 아는 것처럼 설익은 말들을 입에 올리는 것은 어리석고 참람한 짓인데, 이는 사람의 깜냥이나 수완과 관련된 게 아니라 그의 존재론적 구조의 문제이기 때문이다. 비록 몸 안팎으로 예지를 담은 낌새와 기미들이 마치 전파와 같이 사방팔방으로 오다니더라도, 그 기별을 대하는 방식은 어전(御前)인 양 공순해야 하며, 살얼음 밟듯 조심스러워야 한다. 혹자들에 의해 '동방의 성인'이라 불리는 다석(多夕) 유영모(1890~1981)도 "67세 4월 26일을 한정하고 하루하루 유한한 시간을 살아"*갔지만, 그 역시 자신이 언명한 날짜에 죽지 못했고, 그의 말을 믿던 제자들을 어리둥절하게 만들었다.

일시 그들은 원거리에서 일어난 질병이나 사망 사건들인데도 불구하고 감각적 징후로 예감하는 능력을 얻었던 것이다. 그러나 이와 같은 천품은 자기 아들에게나 손자에게는 유전되지 않았다." 괴테, 『시와 진실』, 김훈 옮김, 혜원출판사, 1999, 40쪽.

* 유달영 외, 『다석 유영모』, 무애, 1993, 303쪽.

사람으로 태어난 자가 자신의 앞날을 내다본다는 일은 다만 '어려울' 뿐인 게 아니다. 그것은 위험하고, 단지 위험할 뿐 아니라 불상(不祥)한 노릇임을 기억해야 한다. 이러한 행동은 형식적으로 '참칭(僭稱)'에 가까운데, 비유컨대 마치 하인 된 자가 잠시 주인이 사랑방을 비운 틈을 타 그 방에 침입한 셈이고, 그 방의 집기들을 함부로 사용한 셈이며, 또 주인의 이름으로 편지를 써서 사방에 보낸 셈이기 때문이다. 예감(premonitions)과 예지가 가능하지 않다는 말이 아니다. 예감과 예지의 사례는 차고 넘쳐서, 차라리 인간을 포함한 동물의 진화사에서 구조적 혹은 기질적으로 조건화된 것처럼 보일 지경이다. 문제는 주로 고차원의 의식을 발달시키며 자아(ego)를 형성한 인간에게 집중되는데, 바로 이 인간 종에 특유한 자아의식이 예감/예지의 현상에 깊이 간여하기 때문이다. 간여하는 방식은 대체로 역설적, 심지어 적대적이다. 말하자면, 예감이나 예지의 현상이 흔히 그 자신을 현성(現成)하는 매체로 사용해온 각종 인간적 직관들의 형식(낌새, 예감, 꿈, 동시성 등등)은 에고의 오만한 기동(起動)을 싫어하기 때문이다. '싫어한다'는 말은 이 문제가 놓인 구조적, 기질적 차원을 감안하면 그리 적절한 표현이 아니지만, 내 개인의 오랜 경험이나 관련되는 독서를 살필 때에는 외려 이런 적극적인 평가에 일말의 이치가 있으리라고 여겨진다.

말이 나온 차에 덧붙이면, 이 '이치'의 성격은 아래와 같이 비견되고 또 예시될 수 있겠다. 나는 오래전부터 역시 독서와 내 개인의 경험에 터해서 '몸은 말을 싫어한다'는 매우 일반적인 명제를 내심 지녀오게 되었다. 그러나 이 '말'은 아무 말에나 해당되는 게 아니라, 조금 더 정확히 설명하자면 '오만한 자신감에서 뱉은 에고중심적인 말'로 한정해야겠다. '말이 몸을 만들었다'고 보는 종교철학적 시각이 없지 않지만, 다 아는 대로 생물의 진화사로 보자면 당연히 인간의 몸이 먼저였고 이후 우여곡절의 진화사적 흐름을 거치면서 고차의식의 발달과 함께 인간의 말이 생명사의 특유한 커뮤니케이션 형식으로 자리잡게 된 것이다. 그러므로 늦둥이 중의 늦둥이인 말(언어)은 그 어미 중의 어미라고 할 수 있는 몸에 대해서 나름의 경의를 표하는 게 당연하고, 따라서 그 몸의 성격이나 특히 몸의 미래적 상태에 대해서 허투루 발언하는 게 적절하지 않을뿐더러 상서롭지 못한 것이다. '말 못 하는 짐승'에게 함부로 하지 말라는 격언이 있지만, 인간의 몸은 짐승 중에서도 기묘한 짐승인 데다, 그것은 여느 짐승과 달리 자신의 의사를 표현할 수 있을 뿐 아니라 자신에 대해 허튼 말을 내뱉은 에고에게 경고하거나 처벌('동티')을 내릴 수도 있다. 가령 이런 식이다.

전술한 것처럼 대학 초년생 시절의 나는 교회 대학부 활동에 열심이었다. 특히 글을 쓰고 편집하거나 문건을 인쇄하고 배포하는 일에 늘 앞장서곤 했다. 매달 발간되던 '회지' 성격의 책자를 만드는 일이 급해지던 때가 되면 나는 여러 날을 교회 편집실에서 숙식하다시피 했다. 스무 살 무렵의 여름께 같은데, 그

때도 회지 마감에 밀리면서 여러 날을 교회 편집실에서 보내던 차였다. 당시 내가 누워 자던 곳은 편집실에 놓여 있는 긴 나무 의자였는데, 아예 등받이가 없는 벤치형으로 폭은 한 사람이 가까스로 등을 붙일 수 있는 정도에 불과했다. 그 같은 사정을 아는 교회 지기들이 벤치를 만지작거리면서 의아한 표정으로 내게 물어보았다. "여기서 자면 땅에 떨어지지 않냐?" 나는 실없는 긴장을 느끼며 일순도 밀리지 않으려는 듯 내 에고를 바싹 세우면서 급히 답했다. "안 떨어져! 그간 한 번도 떨어져본 적이 없지." 물론 그 말은 사실이었다. 나는 2년 가까이 숱한 밤을 그 벤치 위에서 등걸잠을 자면서 보냈지만, 단 한 차례 떨어져본 일이 없었고, 그 사실에 대해 내심 무슨 삼류의 달인이라도 된 듯 허황한 자부심(?)을 지녔던 모양이다. 그런데 짧게 결론만을 제시하면, 나는 이 자신감 넘치는 발언을 한 바로 그날 밤, 잠을 자다가 처음이자 마지막으로 그 벤치에서 떨어지고 말았던 것이다.

요점은, 자주 언급했듯이, 자신의 존재가 자신의 에고와 어떤 관계를 맺도록 훈련하는가 하는 데 있다. 여기서 다시 거론할 일은 아니지만, 내가 오래 공들인 개념 중 하나인 '알면서 모른 체하기'도 결국은 바로 이 관계 맺기의 새로운 실천으로서 제시되었다고 볼 수 있다. 앞의 예시에 이어서 다음과 같은 경험도 인간 정신의 다 알 수 없는 가능성의 한 토막을 드러내되, 역시 인간의 총체성 중에서 가장 최근에, 그것도 얇게 덧입혀진 '의식' 혹은 에고의 자리와 그 기능을 시사해준다. 내 기록에 의하면 이 일은 2002년 11월 5일, 월요일 새벽에 일어났다. 한 자도 고치지 않고 고스란히 옮긴다.

새벽, 꿈속에서 벽에 세워둔 목검(木劍)을 손으로 넘어뜨렸는데, 그 순간 잠에서 깨어났고, 역시 바로 그다음 순간, 벽에 세워져 있었던 목검이 넘어졌다. 침대에서 목검까지의 거리는 약 3미터였다.

물론 이 경험에서 가장 중요한 지점은, 내 의식은 이 짧은 삽화의 전말에 대한 이해나 통제의 주체가 아니라는, 더 정확히는 그러한 주체의 위치에는 팔팔결 미치지 못한다는 사실이다. 그러나 이러한 경험은 단발적이지도 않으며 신비하지도 않다. 비록 희귀하긴 해도 내남없이 겪을 수 있는 유의 것이다. 다만 이에 대한 어떠한 조리 있는 설명이나 추정도 아직은 대학 안의 지식만으로 이끌어낼 수 있는 단계가 아니다. 게다가 이러한 앎은 필경 자기 자신에 관한 것이므로, 그 재귀적 수행성에 의해 이치의 내력을 파악하기가 더 어려워진다. 그러므로 '패턴지'에 터한 술(術)의 앎이 요긴해질 것은 말할 나위도 없다. 나로서는 개인적으로 이런 혹은 이런 유의 경험이 적지 않았고, 오랜 관찰과 직관, 그리고 내 나름의 탐문과 독서를 통해 그 이치에 대한 일반론을 구성하고자 애써왔다. 아무튼 이런 문제에 관한 한 그 경험의 전 과정에서든 혹은 이후에 이어지는 해명의 과정에서든 가장 중요한 태도는 자기 자신의 의식(에고)에 결코 힘을 넣지 않는 조심성이다.

말이 나온 김에 하나만 더 추려 예시한다. 1979년 10월 26일, 교회 대학부 회장이었던 나는 모임이 너무 늦게 끝난 탓에 귀가하지 않고 교회의 한 귀퉁이에서 잠을 청했다. 당시의 나는 사흘이 멀다 하고 교회에서 밤을 지새웠고, 담임 목사의 예외적인 배려로 빈방 하나를 내 사실(私室)처럼 빌려 쓰고 있었다. 다음은 그날의 꿈이다. 꿈속에서 나는 어떤 남자가 자빠진 채로 죽어 있는 것을 보았다. (내 숱한 경험에 되새기면 '의미' 깊은 꿈은 직관적으로 범상치 않은 느낌을 얻는데, 이때에도 그 느낌은 어김없이 찾아왔다.) 그는 검은색 혹은 짙은 색감의 양복을 입고 있었다. 얼굴은 잘 보이지 않았지만 여기저기서 피가 흐르고 있었다. 문득, 그는 엄청난 거인이었다. 바닥에 쓰러진 그를 헤아릴 수 없이 많은 사람이 에워싸고 있었는데, 묘하게도 그 사람들은 죄다 개미만 한 크기였기 때문이다. 마치 땅에 죽어 너부러져 있는 시체 주변을 무수한 개미가 둘러싸고 있는 형국이었다. 시시각각 사방에서 더 많은 군중이 시체 주위로 몰려들고 있었다. 자세히 보니 그 소인들 한 명 한 명이 눈물을 흘리면서 그의 죽음을 애도하는 중에 합창이라도 하듯 입을 모아 외치고 있었다. "오오오…… 우리의 신께서 돌아가셨다…… 아아아, 우리의 신께서 돌아가셨다…… 오오오." 그들의 울부짖음을 듣자마자 나는 그 애도의 군중 속으로 뛰어들어갔다. 그러곤 아무나 붙잡고 고함을 지르듯 격렬하게 항의하기 시작했다. "아니야, 그는 신이 아니야! 신이 아니야…… 우리와 같은 사람이었을 뿐이야!" 나는 그 죽은 남자의 사방에 운집한 군중 속을 종횡하면서, 그리고 무릎 꿇고 눈물을 흘리면서 애도하는 사람들을 일으켜 세우면서, 그는 신이 아니라고, 그를 신으로 섬겨서는 안 된다고 목이 쉬어라 외쳐댔다. 그렇게 한동안을 동분서주했지만 나는 내 혼자 힘으로는 그들의 애도와 경배를 제지할 수 없다고 절감하게 되었다. 그 순간, 절망의 심혼 속으로 한 음성이 들려왔는데, '인간의 말'이 아니었던 그 음성은 무슨 음악과도 같았지만, 내용은 너무나 선명했다. 즉 이 남자가 죽은 이유는 신이 아닌 자가 신의 자리에 올랐기 때문이며 (신이 그를 죽였다)는 것이었다.

나는 깨어나자마자 꿈을 기록해두었다. 아직은 아무 영문도 모른 채 교회 대학부실에서 무언가 남은 일을 정리하고 있을 때 교회 사무실 전화를 통해 어머니로부터 전화 연락이 닿았다. "퍼뜩 집에 오거라…… 큰 난리가 났다, 난리가!" 알다시피 1979년 10월 26일은 박정희가 김재규의 총격을 받아 죽은 날이다. 복기해보면 상술한 꿈을 꾼 것은 대체로 그가 죽은 후 불과 몇 시간 사이였던 듯하다. 당시의 내가 어느 정도는 종교신비주의에 젖어 있던 탓이기도 하겠지만, 나는 이후 오랫동안 내 혼잣속으로는 박정희의 피살을 정치적 사건이자 일종의 '종교적 사건'으로 납득했다. 물론 상술한 꿈의 영향 때문이었다.

이 꿈에서 주목하는 초점은, 꿈을 꾸던 내가 죽어 넘어져 있던 그 남자를 '박정희'로 인지했는가 하는 데 있다. 물론 내 꿈 속의 '나'는 그런 뚜렷한 인식이 없었다. 그런 뜻에서 그것은 분명히 '에고의 앎'이 아니다. 이 이치는, '주체가 스스로 생각하는 장소에서는 결코 실재를 만날 수 없다'(Lacan 1998, 49)는 라캉 식 정신분석의 일반론에 부합한다.

하지만 나는 이 꿈을 비롯해서 이와 관련되는 숱한 경험이나 문제들을 살피고 따지며 궁리한 결과, 단지 '의식적 에고의 앎'이 아니라는 이유만으로 '내'가 그 사실을 몰랐다고 하는 것은 단견일 수 있다는 조금 색다른 상상에 이르게 되었다. 물론 이를 심도 있게 논의하려면 여기서 말하는 '나'란 누구인가, 다시 말해서 '에고의 앎'이 아니더라도 '나의 앎'일 수 있다는 추정 속의 그 '나'란 누구인가, 라는 문제부터 자세히 논급해야할 것이다. 인간이라는 민활한 의식, 영험한 영혼의 일원이 현실의 사건과 주목할 만한 의미 연관성을 지닌 꿈을 꾸었을 경우, 비록 그 꿈의 당시적 주체가 의미 연관성을 적극적, 의식적으로 인식하지 못한다고 해서 손쉽게 '모른다'고 단정하는 것은 표피적인 시각이다. (고쳐 말하면, '예지몽'이니 '영몽'이니 하는 현상의 주체가 늘 의식적 에고일 필요는 없다는 말이다.) 의식적 에고의 필터에 의해 걸러지지 않은 앎의 형식이 곧 무지라고 단언한다면, 이는 결국 사람의 존재를 마치 번개가 지나가는 피뢰침이나 정보가 지나다니는 인터넷 회선 혹은 붕어를 끌어올리는 낚

싯줄과 같은 매체의 일종으로 인하하는 처사일 것이다. 이미 다른 글에서 넉넉히 언급했는데, 이런 유의 원격적 소통과 감응 현상에서는 사람의 존재가 수신기 상태에 수동적으로 머물러 있는 게 아니라 능동적으로 개입하면서 소통과 감응의 '공동 주체' 내지는 하위 주체의 몫을 하는 게 당연하기 때문이다. 그러므로 몸과 무의식과 의식의 전체를 아우르는 인간 존재의 총체성은 의식적 에고가 확인하는 변별적 지식에 국한되지 않는 심층적, 포괄적, 초월적, 가능적 앎에 늘 노출되어 있다. 반복하건대, '생각'에 묶여 있는 의식적 에고에게는 이와 같은 '심층적, 포괄적, 초월적, 가능적 앎'이 찾아오지 않는다. 그러므로 내가 이 꿈을 꾸는 중에 그가 박정희라고 '생각'하지 못했던 것은 이 영역의 맥리 속에서는 매우 자연스럽다. 부박하고 고집스러운 생각 속에서도 충분히 운용되는 지식이 많지만, 이른바 '실재의 앎'은 에고의 생각을 허물거나 넘어서서 찾아오기 때문에 생각과 앎은 오히려 비각을 이룬다. 따라서 이 경우에, 생각을 죽이거나 에고를 비우거나 집중에 빠져 있는 정신의 형식은 이러한 초월적 앎에 이르기 위해 필수적인 조건이 된다. 내가 오래전부터 '한계와 조건'이 일치하는 인문학적 이치를 자주 언급했듯이, 이러한 실재적, 초월적 앎처럼 완벽히 들어맞는 사례도 드물 것이다.

따라서 박정희의 피살과 유의미한 연관성을 지닌 것으로 판단되는 이 꿈의 주체는 인간의 정신사에서 가장 늦게 나타난 의

집중과 영혼

638

식적, 변별적 에고가 아니다. 여기에서 '생각(cogito)'은 아무 자리도 얻지 못하기 때문이다. 이 꿈에 현시된 감응이나 원격 소통의 현상에 개입하고 있는 주체가 꼭 의식적 에고일 이유는 없고, 또 그럴 가능성도 매우 희박하기 때문이다. 인간들이 구성해온 사회의 일상적 생활과 경위(經緯)에는 말없는 감응이나 텔레파시류의 현상이 억압되거나 잠복할 수밖에 없었다. 따라서 이런 현상이나 이런 유의 앎은 대학이나 연구소에 등재되지 못했고, 종교와 미신, 잡술(雜術)이나 여러 장인의 기량 속에서 근근이 명맥을 유지해왔던 것이다.

요컨대 자신의 미래를 구체적으로 예측하거나 이를 남들 앞에서 발설하는 것은 자기본위적(ego-tistical) 행위 중에서도 극단적인 경우가 아닐 수 없으니, 이는 흔히 신의 영역이라고 고개를 숙이게 되는 미래조차 자신의 판단 속에 전유하려는 태도이기 때문이다. 다시 말하지만, 인간 속에는 기미를 느끼고 예지하는 (편하게 말해서) '신적' 기운이 잠재해 있다. 혹은 달리 표현하자면, 통상 '신적'이라고 해석되는 직관적 기별들(예지나 텔레파시 등)은 인간이라는 기이한 동물 종이 장구한 세월을 거치면서 성취한 (자)의식적 에고의 매개를 통해서/우회해서 자기 자신을 드러내곤 한다. 그러나 이 기별의 주인은 자아(에고)가 아니다. 비록 신적 기운이 인간의 에고가 깃든 자리를 통해 자기 자신을 드러내고 '의식'에 이르더라도, 이는 에고의 주체적 성취가 아니라는 점에 주의해야 한다. 이 사실을 망각한 채로 날뛰는 도착(倒錯)된 의식이 바로 과대망상(megalomania)이다. 이 기묘한 손님을 맞기 위해서, 에고는 그저 자신의 자리를 잠시라도 비워야 할 뿐이기 때문이다. 허실생백(虛室生白)이라는 전래의 숙어처럼, 타자의 빛(Licht)이 생기기 위해서는 우선 에고의 방을 비워 빈곳(Lichtung)이 있어야 하는 것이다.

다시 매우 조심스럽게 사례 하나를 든다. 아득한 옛날, 내가 아직 인간의 도시 속에 편만한 절망의 뿌리를 보지 못한 소년이 었을 때 꾼 꿈에서부터 이야기는 시작된다. 나는 훗날 대학물을 먹고 정신분석학적 관심이 깊어지기 훨씬 전부터 내 스스로 '중요'하거나 '기이'하다고 여긴 꿈들을 추려서 적바림해두는 버릇이 있었다. 나는 여태도 그런 노트를 여러 권 쟁여놓고 있다. 그리고 언젠가 관심 있는 후학들의 공부에 쓸모 있겠다고 판단되는 대로 이를 총괄해서 정리하고 해석하는 '꿈의 인문학'(?)을 궁리해보곤 한다. 내가 여기서 '낌새(지식)'의 성격 혹은 운명과 관련해서 끄집어내려는 경험은 두 개의 꿈 이야기로 구성되어 있는데, 나는 이 둘이 서로 (인과적으로) 관련될 수도 있으리라는 반학반술(半學半術)의 해석학적 믿음을 지니고 있었다. 내 노트의 기록에 의하면 첫 번째 꿈은 1974년 10월 18일자에 적혀 있고, 두 번째는 1992년 8월 중순경으로 기록되어 있다.

이야기의 취지만을 추출, '낌새'라는 주제와 관련해서만 소개할 요량으로 압축한다. 1974년의 첫째 꿈속에서 나는 "어느 깊은 산길을 걷는 중에 붉은 복색이거나 흡사 몸 전체가 붉은" 귀신—당시의 내 기독교적 심성에서는 '악마'로 여겨진—들과 힘겹게 싸우고 있었다. 이들은 하나이기도 하고 금세 쪼개져서 둘이 되기도 했다. 그러던 어느 순간 반(半) 공중에 떠 있는 '연꽃' 모양의 거대한 물체가 내 눈에 들어왔는데, 나는 꿈에서만 가능한 이유 없는 직감을 통해서 귀신들이 이 연꽃으로부터 힘을 얻고 있다는 사실을 환히 알 것 같았다. 나는 잠시 어떤 신능으로써 꾀를 부려 공중에 떠 있는 그 연꽃을 산산이 깨트렸는데, 이에 귀신들은 일시에 창백한 표정이 되어 난감해하다가 해코지를 멈춘 채 금세 도주하기 시작했다. 그러나 얼마간 도망치다 말고 일순 멈추더니 흰 종이에 먹으로 내 이름을 큼지막하게 써 놓는 것이었다. 이어서 이들은 다시 정색을 하며 나를 돌아보는데, 그 신능과 표정이 마치 '두고 보자'는 앙심(怏心)의 결의처럼 느껴졌고, 꿈에서 깬 이후에도 매우 인상적으로 줄곧 뇌리에 남아 있었다. 당시의 나는 문학적, 철학적 글쓰기에 조금씩 맛을 들이기 시작한 문청(文靑)의 일종이면서도 대단한 열정을 지닌 종교신비주의자의 아류였으므로, 이런 종류와 모양의 꿈은 적지 않았다.

이로부터 약 17년 뒤 유학을 마치고 귀국한 뒤 서울의 모 대학에서 철학 교수로 재직하던 때였다. 교수로 임용된 1990년부터 나는 '독서여행'이라는 학술 행사를 조직해서 이후 20여 년간 꽤 공들이며 이를 지속했다. 매년 여름 겨울 두 차례에 걸쳐 정기적으로 행해졌고, 수십 명의 학생/독자와 함께 일주일 정도의 기간에 매일 열 시간씩 이어지는 강의와 토의의 강행군이었다. (앞서 말한 첫 번째 꿈과 모종의 의미 관련성이 있다고 직감되는) 두 번째 꿈은 1992년의 여름 독서여행을 가기 바로 전날 꾼 것이다. 행사 바로 전날 나는 운영위원 학생 몇 명과 더불어 현장 답사를 다녀오게 되었다. 그곳은 강원도와 경기도 경계지역에 위치한 화천 강변의 민박집이었다. 우리는 현장에 도착해서 숙소와 강의실, 식당 등 행사에 필요한 제반 시설을 살폈고, 마지막으로 인근의 강변을 돌아보면서 기간 중에 한 차례 계획된 물놀이 행사를 위한 적당한 장소를 물색했다. 그리고 서울의 거처로 돌아왔으며, 이후 나는 독서여행에 필요한 개인 준비물을 최종적으로 점검한 다음 잠에 빠졌고, 바로 그 꿈이 나를 찾아왔다.

꿈속에서 나는 마치 복기하듯이 그날 답사한 화천강의 민박집 앞 강변을 혼자 걷고 있었다. 낮에 보고 온 바로 그 '적당한' 곳이었다. 그러던 어느 순간 강물 이곳저곳에서 마치 물이 끓듯 하야얀 기포들이 솟아오르는 것이 눈에 띄었다. 잠시 후 그 기포들이 솟는 자리마다 연꽃들이 마치 잠수함이 부상하는 듯한 동작으로 하나씩 하나씩 동시에 올라오고 있었는데, 모든 연꽃은 정확히 같은 모양이었고 대략 책상 크기만 했다. 순간 연꽃들의 창백한 아름다움에도 불구하고 묘하게 음습한 느낌이 끼쳐왔다. 꿈은 거기서 끝나지 않았다. 대략 10개의 같은 모양 같은 크기의 연꽃이 수면 가까이 올라와서 둥둥 떠 있었다. 다음 순간 각 연꽃이 제각기 똑같은 움직임으로 꽃 이파리를 한껏 벌리는데, 그 속에는 죄다 대여섯 살짜리로 보이는 동자(童子)가 한 명씩 좌정해 있었다. 동자들은 한결같이 무표정이었으며, 살짝 화장기를 띠었고, 무당집 벽화 등에서 흔히 볼 수 있는 일견 전형적인 모습을 하고 있었다. 사방은 조용하고 깨끗했지만, 짙푸른 강물을 배경으로 표정 없이 하아얗게 앉아 있는 연꽃 속의 동자들은 죄다 이유 없이 불길한 기색을 띠었다. 그리고 동자 전부가 일시에 고개를 돌려 나를 잠시 쳐다보는 게 그 꿈의 마지막이었다.

다음 날 서울을 떠나 화천강 민박집으로 향하는 길은 기대와 설렘으로 부푼 학생들과 달리 나로서는 '이상한 비밀'에 시달리는 고독(?)한 여정이 되었다. 나는 그간의 내 (꿈)경험과 직관적 낌새에 지펴, 이번 여행 중 계획된 강변 물놀이가 불길하다고 여기긴 했지만 대학의 철학 교수이자 모임을 책임진 선생이라는 사람이 이런 유의 직감을 내놓고 떠들 도리는 없었다. 그리고 엄밀히 말하자면, 내 스스로도 꿈에 근거한 내 자신의 직감과 낌새를 무턱대고 믿을 수는 없었다. 게다가 폭염의 하절에 20대의 젊은이들이 한 주간의 용맹정진에서 잠시 벗어나 쉬고 놀 수 있는 자리로서는 유일한 계획이었던 물놀이를 합리적 이유도 없이 임의로 폐기할 수도 없었던 것이다. 그래서 나 혼자 생각 속에 어떤 '타협'을 하게 되었다. 물놀이 시간 중에는 내가 바짝 긴장된 상태로 경계를 서면서 미연에 사고의 가능성을 철저히 예방하리라는 결의였다. 돌아보면, 남사고가 자미성을 자신과 관련시켰던 '오만의 형식'으로 나는 사고 가능성을 오직 학생들 속에서만 점치고 있었던 것이다. 세속(상상계)의 기본적인 패턴은 '생각하면 어긋난다'는 것이며, 실재계의 기본적인 패턴은 '생각 속으로는 앎이 찾아오지 못한다'는 것! 이럴 때에 쉽게 볼 수 있는 전형적인 방심이지만, 나는 내 수영 실력을 과신하고 있기도 했다.

이틀하고도 반나절의 팍팍한 공부 시간들이 지나고 어느새 셋째 날의 오후, 예정했던 물놀이 시간이 다가왔다. 20여 명의 학생과 나는 점찍어놓았던 강변으로 이동해서 여기저기 차양을 치고 자리를 까는 등 물놀이를 위한 준비를 서둘렀다. 여전히 어젯밤 꿈으로 인해 희롱 혹은 채근당하던 나는 학생들의 안전을 위해 강변 수역(水域)을 직접 확인하고 싶었고, 특히 물매가 가파른 물속 지형이나 유속이 변칙적인 곳을 미리 살펴 학생들이 물에 들어가기 전에 주의를 주고 싶었다. 운영위원 학생들을 따로 불러 내가 허락하기 전에는 절대로 물에 들어가지 않도록 단단히 살피라는 다짐을 준 뒤 나는 서둘러 맨 먼저 물에 뛰어들었다. 강폭은 100미터 정도였고 며칠 전까지만 해도 여름비가 이어졌던 탓인지 강물은 넘실거렸는데 보기보다 물살이 빨랐다. 나는 텐트를 친 곳에 인접한 수역을 이리저리 헤엄쳐 다니면서 수심과 바닥의 지형을 꼼꼼히 점검한 다음 강 반대편으로 나아갔다.

'학생들의 안전'만을 고려한다면 굳이 그곳까지 갈 이유는 없었지만, 그만 내 의식과 무의식이 범벅을 이루던 어떤 자리의 기운에 떠밀렸던 것일까. 나는 간밤의 꿈속 연꽃 동자들이 떠 있던 곳으로 유유히 헤엄쳐 나아가고 있었다. 일단 강을 가로질러 건너편 강안(江岸)에 근접한 지역에서 잠시 오락가락하다가 다시 학생들이 있는 곳으로 돌아오려던 중, 강폭의 5분의 4쯤 되는 어느 갈래의 물길에 이르는 순간 벅찬 물살이 몰밀려오면서 거칠게 내 몸을 떠밀었다. 한순간에 나는 속절없이, 빠르게 떠밀려 내려가기 시작했다. 금세 공포의 기운이 내 온몸을 날카롭게 스쳤다. 넘실거리는 물살의 저 멀리 학생들 몇이 무심한 듯 나를 쳐다보고 있었다. 사력을 다해 그 물길에서 벗어나려고 애썼지만 마치 수마(水魔)에 잡히기라도 한 듯 속수무책이었다. 강에서 빠져나갈 수 없다는 사실을 직감한 나는 가급적 흐름에 동조한 채로 떠내려가면서 주변의 지형을 살피며 빠져나갈 기회를 노렸다. 그러나 얼마 후 갑자기 수량이 불고 물살이 더욱 급해지는 것을 느꼈는데, 복(福)은 쌍으로 오지 않고 화(禍)는 홀로 오지 않는 법이라고, 저 앞에 마치 폭포처럼 하아얗게 강물이 꺾이며 떨어지는 게 눈에 들어왔다. 나중에 알게 된 사실이지만, 그곳은 마침 강을 가로질러 제방을 쌓는 공사를 하고 있었고, 제방의 상부를 미처 마감하지 못한 터에 아직 안정된 보(洑)가 형성되지 못한 상태였다. 게다가 전일의 비에 불어난 수량 탓으로 강물은 그 제방을 거침없이 타넘고 있어 짜장 작은 폭포를 이루고 있었다. 대체 무슨 복(福)이 많아 영화의 주인공에게만 찾아오는 '어드벤처러스'한 사태에 봉착하게 되었는가를 자문할 여유도 기력도 없이 나는 제방 위를 미끄러지며 아래로 떨어졌다. 낙차는 3미터 정도였는데, 설상가상의 위기는 바로 그 아래에 숨어 있었다.

내 몸이 주체할 수 없이 물에 떠밀려 제방 아래로 추락하기 시작하는 순간, 바로 그 아래에 콘크리트에 박아놓은 철근들이 날로 드러나 솟아 있는 것이 급한 시선 속에도 잡혔다. 불과 1~2초 강물의 흐름에 가망 없이, 요량 없이 떠밀리면서도 제방의 상단을 악쓰듯 잠시 붙들었다. 바로 떨어지면 최악의 경우 '화천강 꼬치'가 될 판이었다. 최소한 수십 개의 철근심이 송송 박힌 자리를 넘어서 떨어지기 위해, 그 짧은 찰나에도 가능한 한 내 나름의 최선을 다했다. 우선 떨어지는 순간 발로 제방을 힘껏 차서 몸을 가능한 한 멀리 떠밀었고, 동시에 양손을 철근심으로 뻗어 얼굴이나 몸통을 보호하고자 했다. 그 시도는 대체로 성공적이었고, 양팔이 철근에 긁히면서 찰과상을 입었지만 심각한 부상은 피할 수 있었다. 제방 위쪽의 보(洑) 때문이겠지만 내가 떨어진 제방 아래쪽은 수심이 얕아 수면이 허리께나 가슴을 쳤다. 그러나 수압은 한층 강해져 잠시도 서 있을 수 없었다. 강바닥에는 온통 큰 바위들이 깔려 있어 수영조차 할 수 없이 흰 거품을 뿜어대는 와류에 맥없이 휩쓸려 떠내려가는 판이었다. 수없이 물속 바위에 몸을 부딪히면서도 워낙 형세가 위태로운 나머지 그저 물 밖으로 입과 코를 내밀기에 급급할 뿐이었다. 나는 그런 상태로 200미터 정도 떠내려가다가 강변에서 뻗어나온 큰 바위의 끄트머리를 간신히 붙들 수 있었다. 다행히 큰 부상은 없었지만 팔과 하체는 타박상과 찰과상이 많아 온통 피투성이였다. 강안에는 나를 쫓아 따라온 학생들 몇이 '교수님'을 연호하며 물속으로 들어오고 있었다. "들어오지 마. 거기 있어⋯⋯." 나는 여전히 연꽃 동자의 환상에 붙들린 채 다급하게 외쳤다.

남사고는 천문으로, 나는 꿈으로 다가오는 낌새를 낚아챘다. 하지만 낌새는 교과서에 번연히 등재할 수 있는 지식이 아니다. 그러므로 낌새는 비록 그것이 유의미한 정보를 품고 있다고 해도 그 낌새를 챈 사람의 것이 아니다. 낌새를 채는 일은 마치 사건이나 은총과 유사해서, 에고의 자기주장은 이 영역에서 치명적이기 때문이다. 조금 더 풀어 말하자면, 이런 식의 예지적 낌새는 '존재론적 겸허'에 기대어 근근이 명맥을 유지하는 것일 뿐으로, '인식론적 오만'에 빠지는 즉시 어긋난다. 선가(禪家)에서 말하는바, '기다리면 이미 늦고 생각하면 어긋난다'. 생각이 에고의 부박한 요동일 때 그 생각은 아무런 공부가 아니며, 역시 생각이 에고의 부박한 요동일 때 그 생각은 필시 낌새를, 실재성을 밀어내기 때문이다. 만약 "판단 유보의 어조사 의(矣)를 즐겨 쓰는 공자에 비해, 단정적 어조사 야(也)를 자주 쓰는 맹자를 아성(亞聖)이라고 한"*다는 해석이 그럴듯하다면, 낌새와 기미에 접근하는 겸허한 방식은 더욱 중요할 수밖에 없다. '낌새

는 언제 내 것이 되는가?'라고 묻는 물음은, 마치 양자(quanta)
의 기묘한 움직임처럼, 그 물음 자체의 수행(遂行)이 바로 그 물
음을 예상치 못한 각도와 방향으로 움직일 수 있는 것이다. 이
논의의 핵은, 이러한 유형과 성격을 지닌 낌새나 기미는 '앎'이
될 수 있는가, 그리고 이러한 앎의 가능성이 있다면 그 형식은
무엇이며 그 형식 속에서 앎의 주체는 대체 누구인가, 하는 등
속에 집중된다.

　일본의 가면악극(假面樂劇)인 '노(能)'의 고전인『풍자화전(風
姿花傳)』중 '별지구전(別紙口傳)'은 "무대의 매력을 꽃에 비유
해 전개한 독특한 무대 이론인 '꽃이론'"(김학연 1991, 46)인데,
흥미롭게도 이 책에서 해설된 꽃이 관객들의 시선 속에 피어나
는 방식이 바로 낌새나 기미의 도래와 묘하게 닮았다.『풍자화
전』의 저자인 제아미(世阿彌)는 이렇게 정리한다.

　숨기는 꽃을 알아야 한다. '숨겨야만 꽃이니라 숨기지 않으면 꽃이
　아니리라'라고 한다. 이 구별을 이해하는 것이 꽃을 하는 데 가장
　요긴한 대목이다. 대체로 세상의 모든 일이 그렇거니와 여러 가지
　예능에는 제각기 '비밀'이 있는데, 이것은 비밀로 함으로써 큰 효과
　를 가져오기 때문이다. 따라서 비밀을 밝히고 보면 대단찮은 경우
　가 많다. 그렇다고 해서 이것을 대단찮은 것이라고 얕보는 사람이

＊　이성복,『무한화서: 2002-2015 이성복 시론』, 문학과지성사, 2015, 23쪽.

있다면 아직 비밀의 중대한 효과를 모르기 때문이다. 우선 이 꽃에 대한 구전(口傳)에서도, 그저 신기함이 꽃이라고 모두 이해하고 있다면 관객은 미리 종래와는 다른 취향이 있으리라고 기대한다. 그런 관객 앞에서는 가령 새로운 연출을 힘써 보인다고 해도 관객 마음에 신선한 느낌을 줄 수는 없을 것이다. 보는 사람이 꽃인 줄 몰라야만 연희(演戲)의 꽃이 되는 것이다. 그러므로 관객은 단지 뜻밖에 재미나고 능란하다고만 생각할 뿐 그것이 꽃이라는 것을 짐작 못 하는 것이 연희자로서의 꽃이 되는 것이다. 결국 보는 사람의 마음에 뜻밖의 감명을 안겨주는 수단, 이것이 바로 연희의 꽃인 것이다.(김학연 1991, 106)

이에 대해 책의 해설자는 다음과 같이 부언하고 있다.

그리고 '이것이 꽃이구나' 하고 미리 관객이 알게 되면 안 되며, 또 보고 난 후에도 '저것이 꽃이었구나' 하고 느끼게 되면 그것도 안 된다는 것이다. 뜻밖에 '재미있었다, 잘한다'고 느끼게 되는 그것이 바로 꽃이라는 것이다.(김학연 1991, 46~47)

그러므로 낌새와 기미에 관한 한 유일하게 접근 가능한 행로는, 내가 줄기차게 말해온 대로 '알면서 모른 체하기'*뿐이라고

---

* 이 개념은 지난 10여 년간 내가 쓴 여러 글 속에 그 함의와 용례가 드러나 있다. 특히 다음 책들. 『공부론』, 샘터사, 2010. 『비평의 숲과 동무공동체』, 한겨레출판, 2011.

감히 추정한다. 낌새는 주체의 지식이 아니므로 기세등등한 의식으로써 접근하는 것은 아예 금기이고, 실은 '줄기차게 말해'서도 곤란하며, 심지어 아는 척해서도 안 된다. 보시(布施)가 보시다우려면 베푸는 즉시 그 베풂의 기억조차 비우는 근본적 겸허에 터해야 하듯이, 낌새가 유효하려면 '안다'는 그 생각조차 비우는 근본적 겸허가 관건이다. 아는 척하면서도 알아서는 안 되는데, 낌새의 직관이 주체의 자의식과 역설적으로 얽혀 있기 때문이다. 물론 아는 척하면서 실제 모른다면 그것은 그저 모르는 것보다도 못한 짓에 지나지 않는다. 그러면 낌새나 기미가 찾아와서 문을 두드리고 있는 것 같으면 어떻게 해야 하는가? 시공간적으로 격절된 자리에 놓인 영혼에게 예지적 직관이나 텔레파시와 같은 원격 커뮤니케이션 현상이 주어지면 그는 어떻게 응대해야 하는가?

다시 '알면서 모른 체하기'를 설명하는 것으로써 이 문제에 접근해보자. 일견 이 상태는 불가능 그 자체로 보인다. '알면서 모른 체하기'는 우선 알아야 하며, 동시에 아는 그것을 또 몰라야 하기 때문이다. 그러므로 우리가 일상에서 경험하는 상식적 의식의 상태로서는 자가당착이며 불가능일 수밖에 없다. 그럼에도 불구하고 '공부론'의 맥락에서 여러 차례 언급한 것이지만, 인문학 공부 일반이나 수행의 성격이 짙은 훈련에 임할 때 반드시 지향해야 할 주체의 형식은 바로 이 '알면서 모른 체하기'다. 예를 들어 퇴계 선생이 『자성록』에서 일(事)을 설명하는 중에 "마음에 두는 것도 아니요, 아니 두는 것도 아니다(非著意 非不著意)"*는 옛말을 인용한 점을 참고할 만하다. 이는 일종의 반의식(半意識) 상태랄 수 있으며, 의식과 무의식 혹은 정신과 몸이 서로를 소외시키거나 배척하지 않고 모종의 화해와 융통이 가능한 상태에 이르는 것이다. 또한 이는 근본적으로 근대의 인식론과 형이상학이 빠져든 이런저런 형태의 이분법(dualism)에서 해방된 마음의 상태를 가정한다. 닐스 보어도 현대 물리학이 상도한 철학적 성찰의 자리에서 인식론적 이분법을 넘어선 진리관을 내비친 바 있는데, 역시 이 글의 논의와 관련해서 의미 있는 통찰이 아닐 수 없다.

두 가지 다른 종류의 진리가 있을 것이다. 그중 표피적 진리는 그 반명제가 명백히 오류가 되지만, 심층적인 진리는 그 반명제도 역시 똑같이 참이 될 것이다(Es gebe zwei Arten von Wahrheiten, und zwar die oberflächlichen deren Gegensatz einwandfrei unrichtig sei, aber auch die tiefen deren Gegensatz genauso richtig sei wie selber).**

아무튼 여기서의 취지는 존재와 무, 물질과 정신, 의식과 무의식, 몸과 마음, 학(學)과 술(術), 그리고 지식과 낌새 사이의

---

* 이황, 『退溪 選集』, 윤사순 역주, 현암사, 1993, 123쪽.
** 이 글은 내 독서 노트에 채록된 것을 따온 것인데, 그 출전이 분명치 않다.

직절(直截)한 구/차별에서 선택적으로 벗어날 수 있으며 통합의 가능성에 대해 좀더 유연한 태도를 갖는 것을 뜻한다.

그러나 '알면서 모른 체하기'라는 마음의 상태와 태도는 다만 문자적 계몽의 결과로 얻을 수 있는 게 아니다. 이른바 '오랜 버릇이 깊어(多生習氣深)' 얻을 수 없을 뿐 아니라 구하려는 이치 자체가 지극히 미묘하고 역설적이기도 하기 때문이다. 에고의 관성적 고착에서 벗어난다거나, 애증에 시달리지 않고 대상을 차분히 꿰뚫는다거나, 자신의 앎을 근원적으로 상대화한다거나, 베풂에 따른 허영과 그 기억에서 해방된다거나 하는 것은 모두 철저한 계몽과 함께 그 마음이 익어가는 수행(修行)의 지난한 세월이 요구된다. 남전(南泉, 748~834) 선사가 하루는 아무런 예고도 없이 어느 마을의 장원(莊園)을 방문했는데, 뜻밖에도 그 주인은 선사를 맞을 준비를 다 마친 채 기다리고 있었다. 선사가 물었다. "내가 늘 오다닐 때에는 누구에게 알리지도 않는데, 오늘 제가 온다는 사실을 어떻게 알았습니까?" 그 주인이 말하기를, "간밤에 토지신(성황신)이 나타나 오늘 스님께서 오신다는 것을 알려주셨습니다." 이에 선사는 이렇게 말하면서 탄식했다고 한다. "내가 아직 수행력이 부족해서 귀신에게 들키고만 있구려(修行無力 被鬼神見)."(吳經熊 1986, 285) 이를 예수의 화법으로 옮겨보면 '아직 오른손이 하는 일이 왼손이 모르지 않는' 상태에 머물러 있는 셈이다.

나는 이 일화가 애초의 맥락에서 벗어나긴 해도 '알면서 모른 체하기'의 이치를 매우 적절히 밝혀주는 방증의 하나라고 본다. '알면서 모른 체하기'는 기본적으로 에고를 넘어 타자성의 지평을 범람하는 일이고, 생각의 바깥으로 나가는 일이며, 쉽게 말해서 자신이 자신을 이기는 일이다. '귀신'*의 가장 일반적인 존재방식이 에고의 길에 기생하는 것이라는 점을 상기해보면, 이 삽화에 등장하는 남전 선사의 탄식은 요컨대 스스로 아직 에고의 늪에 붙들려 있다는 사실을 자책하고 있는 셈이다. 그가 이웃 마을의 장원으로 간다는 의도를 입으로 발설하지는 않았지만 그 의도는 이미 그의 에고를 통해 마음 안팎으로 번져나갔을 것이고, 마음의 경계에서 사람들의 에고를 타넘고 다니는 귀신들에게 손쉽게 적발되었을 것이다. 이를 내 식으로 돌려 말하면, 남전 선사는 아직 '알면서 모른 체하기'라는 그 묘명(杳冥)한 정신의 약광층(弱光層, twilight zone)에 안착하지 못한 셈이다.

하기야 이 설화적 이야기를 곧이 믿어준다고 하더라도 귀신들이 남전 선사의 왕래에 주목하고 그 행선(行先)을 알린다는 것만으로 범상치 않은 그의 수행력의 일단을 엿볼 수 있겠다. 이와 흥미로운 대조를 이룰 만한 다음 이야기**에서는 (맹인) 점술사가 주인공인데, 통속적인 점술(占術)이 기미와 낌새에 대해

---

* '귀신(론)'에 대해서는 내 나름의 식견과 입장이 있지만, 여기서는 장황한 얘기가 불필요하므로 다른 기회로 미루고 그저 글의 취지인 '알면서 모른 체하기'의 방증으로서만 살짝 전유할 뿐이다.
** 이 이야기는 다음에서 간추린 것이다. 김준영, 『조선 후기 성소화 선집』, 문학동네, 2010, 298~299쪽.

'아는 척하기'의 형식을 취한다는 점에 주목한다면, 이 이야기 속에 나타난 점쟁이의 처지가 겹으로 '알면서 모른 체하기'로부터 어긋나 있다는 사실을 알 수 있다. 혹은 '한발 앞서 어긋내지 못한 채 늘 한발 늦게 어긋나는' 우리네 인생의 어리석음에 대한 매우 적절한 우화적 표현이기도 하다. 그 내용은 아래와 같다. 점술(占術)로 생계를 이어가는 맹인에게 젊은 아내가 있었는데, 또 그 아내에게는 샛서방이 있었다. 물론 남편은 그 샛서방을 그저 동네의 이웃 사람으로만 알고 있을 뿐이었다. 하루는 샛서방이 여자와 미리 수작을 해놓고는 대담하게 그 맹인 남편이 있는 집에서 방사(房事)를 벌이고자 했다. 샛서방은 맹인에게 찾아가서 호들갑스레 인사를 한 뒤 청을 넣어, "내게는 전부터 정을 나누는 여인이 있는데, 마침 오늘 여기서 만나기로 했소. 다른 조용한 곳이 없으니 이 방을 밀회 장소로 잠시만 빌려주시구려"라고 했다. 이에 맹인은 방세를 넉넉히 받기로 약조하고 잠시 자리를 피해주었다. 그러자 샛서방은 그 맹인의 아내와 더불어 그 방에 들어가서 막 운우지정(雲雨之情)을 나누려고 했다. 잠시 자리를 피해 집 밖에 있던 맹인은 심심한 처지에 점을 쳤다. 점괘를 얻은 맹인은 놀라 황급히 집 안으로 들어가서 샛서방을 향해 외쳤다.

내가 지금 점을 쳤는데, 그의 지아비가 가까이 왔다는 괘가 나왔소. 어서 일을 끝내고 여인을 내보내시구려(吾今占之 則其夫在近 速速

出送也).

이 점괘는 '알(맞)지만 자신을 구원하지 못하거나 자신의 생각과 어긋난다'는 의미에서 예지나 낌새 지식의 전형을 내보인다. 예를 들어 오이디푸스에게 주어진 신탁(神託)은 결국 그 말 그대로 이루어진다. 오이디푸스는 신탁을 알았고 그 비극적인 운명을 피하기 위해 노력하지만 역설적으로 바로 그 노력에 의해서 신탁은 이루어진다. 길거리에서 친부인 라이오스를 죽이게 되고, 테바이의 왕이 되어 친모인 이오카스테와 혼인하게 되는 것이다. 신탁이나 영몽(靈夢)이나 점복의 아킬레스건은 '자기(ego)'이므로, 세속이라는 어긋남의 공식에 따르면 그 앎은 결코 자신을 구원하지 못한다. 나는 사고를 미연에 감지했고 남사고는 어떤 죽음을 예감했지만 둘 다 '자기'에 지핀 나머지 헛짚는다. '무당이 제 굿 못 하고 소경이 저 죽을 날 모른다'거나 '홍계관(洪桂寬)도 저 죽을 날은 모른다'는 속담은 이러한 이치를 압축하고 있다.

아우슈비츠의 체험을 로고테라피(logotherapy) 속으로 수렴해낸 빅터 프랭클도 이러한 이치를 예시할 수 있는 매우 흥미로운 일화를 하나 소개한 바 있다. 그 일부를 여기에 옮긴다.

1945년 3월 초순에 수용소의 동료 한 사람이 나를 찾아와서 2월 2일에 매우 놀라운 꿈을 꾸었다고 말했다. 이 꿈속에서 예언자로 자칭한 한 음성이 무엇이든 좋으니 질문을 하면 답을 주겠다고 했다는 것이다. 그래서 그는 그 음성에게 언제 '그에게(for him)' 이 전쟁이 끝나겠느냐고 물었다고 한다. 그 음성이 내놓은 답변은 1945년 3월 30일이었다. 그러나 3월 30일이 다가왔지만, 어째 그 음성의 예언이 들어맞을 듯해 보이지 않았다. 하루 전날인 3월 29일 이 동료는 갑자기 고열과 혼미 상태에 빠졌다. 3월 30일 그는 혼수에 빠져 이미 의식이 없었고, 그다음 날인 31일에 숨을 거두었다. 장티푸스가 그를 앗아간 것이었다. 꿈속의 음성이 지정한 날짜인 30일, 그가 의식을 잃어버린 이날이 실질적으로 그에게는(for him) 전쟁이 끝난 날이었던 셈이다.(Frankl 1967, 97~98)

이 꿈의 일화도 '예언은 실현되더라도 자신의 생각과 어긋난다' 혹은 '자신의 생각을 어긋내면서 예언은 성취된다'는 이치에 잘 들어맞는다. 이 원리에 따르면, 제아무리 신통방통하더라도 자신의 앞날을 '정확히'—그 성취의 내용과 형식에서 어긋남 없이—알아낼 수는 없다. 최고의 예지 능력도 늘 절반의 진실만을 담고 있을 수밖에 없기 때문이다. '생각(의식)'하면 실재의 앎은 찾아오지 못한다. 비록 '인간이 생각하는 갈대(L'homme est un roseau pensant)'(파스칼)라고 해도, 그 생각은 쉼 없이 부박, 천박해져서 무서운 앎의 무게를 감당하지 못한다. 생각이 없다면 접근조차 할 수 없지만, 바로 그 생각 탓에 만날 수 없는 것이다.

다시 비슷한 삽화의 하나를 김만중(金萬重, 1637~1692)의 『서포만필』에서 얻을 수 있다.

인조반정이 있기 수일 전의 저녁에 어떤 종이 말을 끌고 점쟁이 김우정(金禹鼎)의 집 앞에 와서 말했다. '아무개 생원 댁에서 판사(判事, 점치는 사람)를 청해 점을 치고자 합니다. 김우정은 말을 타고 길을 가서, 어떤 집에 이르러 안내하는 대로 집 안으로 들어갔다. 김우정은 본래 거기가 누구 집인지 몰랐다. 그런데 좌중에 사람이 매우 많다는 것을 깨달았다. 김우정이 거기 모인 사람들에게 하고자 하는 일이 무엇인지 물으니, 한 사람이 말했다. '어떤 일인지 물을 필요는 없고, 단지 우리가 도모하는 일이 성공할지 어떨지만 보아주게.' 김우정은 점치는 일을 다 마치고 일어나서 하례하며 말했다. '이것은 건괘(乾卦)의 구오효(九五爻)입니다. 효사(爻辭)에, 나는 용이 하늘에 있으니 대인(大人)을 보는 것이 이롭다고 했습니다. 이것은 아주 좋은 대길(大吉)의 점입니다. 다만 도모하는 자가 소인이라면 감당해내지 못할 것입니다.' 여러 사람이 매우 기뻐했다. 그리고 김우정을 머무르게 하고는 집 안에 가두었다. 며칠이 지난 후에 내보냈는데, 김우정은 비로소 점을 친 사람들이 정사공신(靖社功臣)들이고 인조가 실제로 즉위했음을 알았다고 한다.*

---

* 이 이야기는 다음에서 간추린 것이다. 김만중, 『서포만필 (하)』, 심경호 옮김, 문학동네, 2010, 111~112쪽.

여기에 굳이 첨언하자면, (이 글 속에 잠시 드러낸 '이론'과 같이) 무릇 점(占)이나 예지몽 같은 것은 만약 그것이 신통하다면 '말'을 해선 안 되는데, 이미 '말'은 에고의 수행이므로 예감의 촉수를 마모시킬 수밖에 없다. 물론 신통하지 않다면 더욱더 발설할 가치조차 없는 쓰레기일 것이다. 물론 이 글의 취지와 같이 점이든 낌새든 영감이든 자신의 예지(豫知)를 선용할 수 있으려면 그 방식은 오직 '알면서 모른 체하기'와 같은 불가능의 방식으로써 그 말의 에고를 죽이는 도리밖에 없다. 다음에 인용하는 짧은 글은 일본의 헤이안 시대부터 널리 퍼지기 시작한 '음양도(陰陽道)'에 관한 것인데, 대개 허탄(虛誕)한 제도이자 풍습이더라도 다만 이 글의 취지와 관련되는 지점만을 살피면 되겠다.

> 샤쿠제쓰니치(赤舌日), 점(占)을 치는 음양도(陰陽道)에서는 말을 하지 않는 일을 가리킨다. 옛날 사람들은 이에 대해서 이러니저러니 말하지 않고 있다. (…) 이 일진(日辰)의 날에 일어난 일은 성공을 볼 수 없고, 이날 말한 일은 잘 되지 않으며, 이날 얻은 것은 없어지게 마련이고, 계획은 수포로 돌아간다고 한다.(요시다 겐코 2000, 91)

'알면서 모른 체하기'라는 가설 혹은 시도는 인간에게 있어서 앎의 주체가 생각보다 선명치 않다는 판단에 터하고 있다. 일차적으로 지향적 의식이 앎의 주체이자 일상적 삶의 매개인 것은 의심할 수 없지만, 당연히 그게 전부는 아니다. 무엇을 안다는 행위의 포괄적 수행성(遂行性) 속에 개입하는 것은 언제 어디서나 완벽히 명료하지 않다. 거기에는 알고리즘적 구성을 지닌 인공적 지능(artificial intelligence)으로는 다 채울 수 없는 묘명한 약광층이 있으며, 예지나 공감각이나 집단 공명이나 동시성이나 텔레파시와 같은 특이성의 번득임이 쉼 없이 출몰한다. 원칙적으로, 지향적 의식 바깥에서 움직이는 기미나 낌새를 그 의식에 기반한 의지적 노력으로 통제할 수 없지만, 소수의 운이 좋거나 현명한 사람들은 그 기미나 낌새에 꽤 적극적으로 다가서려는 노력 끝에 약간의 성취를 얻기도 하고, 그중 극히 일부는 현실적인 지식으로 전환하는 데 성공하기도 한다.

『수학의 원리』를 집필하고 있을 때의 러셀은 논의가 난경에 봉착할 때마다 무의식으로부터 도움을 구하는 적극적인 암시의 노력을 했는데, 스스로 그 효과에 만족스러워했다고 한다.

매일 밤 토의는 난점에 부딪혀 끝이 났다. 다음 날 아침이 되면 나는 내가 잠을 자고 있던 사이에 그 난점이 저절로 풀려 있는 것을 알게 되었다.[*]

이런 식으로 지식의 출처가 지향적 의식이 아니라 꿈이나 영감이나 동시성(synchronicity) 등 의도하지 않은 무의식의 산물임을 드러내는 사례는 상당히 많으며, 그 패턴과 형식은 어느 정도 믿을 만하게 정리되어 있다.**

우리는 이런 단어들('창조성' 등)을 사용하면서 혁신적인 환상을 만들어낼 수 있는 능력이 대다수의 범인에게도 주어져 있다는 사실을 종종 인식하지 못한다. 수많은 꿈이 이런 성격을 가지고 있다. (…) 우리의 문제는 꿈 활동의 창조적 측면인 것이다. 전혀 새로운, 자신에게도 종종 불가해한 연관성이 갑자기 꿈결 속에서 분명해질 때가 있는 것이다.(엘리아스 1999, 83~84)

내게도 이런 종류의 삽화가 더러 있다. 꿈속에서 어떤 사람 (들)이 맥락도 없이 등장해서 말을 하는데, 대개 내가 오래 고민 하던 문제 혹은 내가 아직은 감지하지 못한 병(病)이나 사건에 대해 언급하는 식이다. 오래전, 어떤 글을 쓰는 과정에서 인식 론적 주객(主客)의 틀이 정형화되지 못한 원시인들의 사고방식 과 그 특성을 고민하던 중 하루는 꿈을 꾸었는데, 꿈속에서 어 떤 이가 다가와서 말하기를 "그들은 'It rains(비가 온다)'라는 식 으로 사고한다"고 일러주었다. 나는 꿈속에서도 직감적으로 알 아들었고, 이 말은 이후 이 문제와 관련해서 제법 쓸모 있는 논

---

* Bertrand Russell, *The Autobiography of Bertrand Russell*, Boston: Bantam Books, 1968, p. 192.
** 예를 들면 프랑스의 수학자 J. S. 아다마르(1865~1963)의 책. J. 아다마르, 『수학 분 야에서의 발명의 심리학』, 정계섭 옮김, 범양사, 1990.

의의 가리사니를 제공해주었다. 이런 이야기는 별도의 책을 궁리해야 할 정도로 사례가 많고 관련되는 논의의 규모나 깊이가 도저한데, 내가 직접 체험한 사례들의 종류는 국가사회적 위난의 사태, 가족사적 위기나 변화, 내 개인사의 중요한 변화나 고비 혹은 인생과 사물의 이치에 관한 통찰이나 아이디어 등에 관한 것들이다. 그 외에도 장시간 내 관심권에 든 사람들에 대한 이런저런 성격의 예지적 커뮤니케이션이 매우 전형적이다. 이 마지막 종류의 사례 중 하나는 다음과 같은 것이다.

1989년 미국에서 유학생으로 지낼 때의 일인데, 박사과정 말미에 이르렀을 때이다. 당시에는 내 개인 사정 때문만이 아니라 대체로 한국에 국제전화를 하는 게 워낙 쉬운 일이 아니었다. 나는 매달 한 차례 간신히 한국의 어머니에게 안부 전화를 넣곤 했다. 이 이야기는 당시 전화하도록 정한 날의 바로 전날 꾼 꿈에서 얻은 기미(幾微)로부터 시작된다. 그날 꿈에 후배인 j가 불쑥 나타났다. 전에는 없던 일이었다. 두세 살 연하의 j는 나와 같은 교회 대학부에서 활동했고 의대를 나와 지금은 경남지역의 어느 곳에서 전문의로 일하고 있는데, 당시에는 나를 친형처럼 따르곤 하던 후배 중 한 사람이었다. 이런 꿈이 늘 그렇듯이 아무런 맥락 없이 내 앞에 나타난 j는 내게 불쑥 "형, 나 죽겠어요"라고 마치 애원이라도 하듯이 말했다. 나는 그를 유심히 살폈는데, 얼굴이 몹시 창백하고 운신이 비영비영한 게 어딘지 정상이 아닌 듯했다. 꿈이란 게 대략 맥락을 생략하면서 생성되듯이 꿈

속에서 찾아드는 직감 역시 뜬금없는 게 보통이다. '나 죽겠어요'라는 그의 하소연을 듣자마자 나는 역시 어떤 직감에 떠밀려서 "j야, 너 죽진 않겠다. 괜찮아"라고 간결하고 말끔하게 답해주었다. 물론 꿈속의 나는 그 말을 하면서도 그가 처한 상황이나 애원의 '내용'이 무엇인지 전혀 알지 못했고, 더구나 내가 자신 있게 내뱉은 말의 출처나 기원도 알지 못했다. 내 답변을 들은 j는 잠시 희미한 미소를 흘릴 뿐이었는데, 그게 꿈의 끝이었다. (예지를 담은 이 꿈도 그런 형식을 띠고 있지만, 꿈속에서 j와 내가 나눈 대화는 철저하게 '형식'적일 뿐이며 그 현실적 내용은 전혀 드러나 있지 않다. 물론 흔히 이 숨은 내용이 에고의 허영기를 촉발시키고, 에고는 자기중심적인 '생각'과 해석을 통해 필시 어긋나는 짓거리에 나서게 되는 것이다.)

나는 잠에서 깨고 나서는 '꿈이 요상하다'고 여겨 대강 적바림해둔 뒤 어김없이 이어지는 유학생의 일정에 따라 또 하루를 바쁘게 지냈다. 저녁을 먹은 뒤 예정대로 한국의 집으로 국제전화를 넣었다. 그런데 천만뜻밖으로 어머니 대신 j가 내 전화를 받았다. 내가 유학간 뒤 홀어머니만 계시던 집에 j가 찾아올 리도 없었고, 더구나 그때 한국 시각은 아침 8시경이었다. 나는 화들짝 간밤의 꿈이 떠오르면서, "니가 왜 거기에 있냐?"라고 물었고, j가 희미한 음성으로 자초지종을 얘기한 게 대략 이런 내용이었다. j는 당시 학교 근처에 자취방을 구해 살고 있었는데, 그 전날 무슨 바람이 불었는지 나도 없는 터에 어머니에게 찾아와선 저녁을 푸짐히 얻어먹은 뒤 이런저런 잡담이 길어졌고 결국 어머니의 양해를 얻어 내 방에서 하룻밤을 자게 되었다는 것이다. 당시에는 가스보일러란 게 없었고 연탄난방이 일반적이었는데, 내가 유학 간 후 수년간 사용하지 않던 방에 새로 연탄을 넣은 게 사달이 났던 모양이다. j는 내 방에 누운 지 불과 두어 시간 만에 일산화탄소중독으로 빈사 상태에 빠졌고, 어머니가 용케 눈치를 채서 병원으로 옮겼다고 했다. 몇 시간의 응급 처치를 받은 후 다행히 용태가 좋아졌지만, 혼자 자취방으로 보낼 형편은 아니었으므로 부득이 다시 우리 집에 돌아와 누워 쉬고 있던 참에 전화를 받았으며, 때마침 내 어머니는 잠시 외출 중이었다는 것이다.

이 삽화는, 다시 한번, 예지적 낌새나 기미들이 사람을 통해 소통되긴 하지만, 마치 숲속의 바람처럼 그 누구의 소유물도 아니라는 점을 일러준다. 일단 태평양을 사이에 둔 채로 내가 꾼 꿈과 j의 사고 사이에 모종의 관련이 있었다는 사실은 거의 의심의 여지가 없어 보인다. 그런 점에서 내 꿈은 일종의 예지적 기별을 품고 있었고, 그것도 낌새가 꽤 강력해 보인다. 하지만 여기서 매우 중요한 사실은, 그 낌새가 내 꿈에서 간취되긴 했지만, 내가 그 기별을 요량껏 다룰 수 없었다는 데 있다. 요컨대 그 낌새와 기별은 비록 나를 통해 드러나긴 했지만 내 것이 아니라는 것이다. 이런 점에서 인간 속에 기별이 있다기보다도 기별 속에 인간이 있다고 하는 편이 더 적확하다. 내 요량의 범위는 기껏 그 꿈의 '요상함'을 느껴 잠시 적바림해둘 정도에 그쳤다. 이런 경우의 해석은 죄다 사후적 추인과 재구성에 머무는 게 일반적이다. 그리고 지금도 수많은 점술과 해몽술이 횡행하지만, 사전(事前)의 해석은 원칙적으로 불가능하다. '가능하다'는 에고의 생각이 기동하는 순간 기별은 양자(quanta)처럼 내뺀다. 헤아려보면, 내 꿈의 시각은 j의 사고가 있기 열 시간쯤 전에 해당된다. 그렇다면 내가 이 꿈의 기별을 제대로 해석하고 또 이 열 시간의 여유를 활용해서 그의 사고를 방지할 수 있었을까? 당연히 이런 식의 물음 자체가 사이비한 것이다. 우선 자기 꿈(특히 예지몽)의 해몽은 그 자체가 에고의 자기되먹임에 휘말려 과해석(Ausdeutung)에 빠지거나 혹은 반드시 어긋난다.

예지몽 혹은 영몽을 말하는 이는 무수하다. 그러나 모든 자전적 기술에 그런 면이 있듯이, 과장으로 흐르고 늦은 생각에 따라 부정확해지며, 특히 사후의 해석적 재구성에서 시간의 도착(倒錯)이 생기곤 한다. 대학과 연구소가 감히 등재하지 못하는 앎의 종류는 인간 정신의 소중한 자산이지만, 소중한 만큼 반드시 위험한 구석을 지닌다. 물론 위험의 원인은 인간의 에고이며, 그 에고의 생각이다. 그러므로 더 크고 깊은 종류의 앎으로 나아가기 위해서라면 반드시 집중 속에 잠잠해야 하며, 번란스러운 에고를 이겨내야만 한다. 이런 뜻에서 예지몽의 주체가 아이들이었다는 사례들은 대단히 흥미롭다.

'대지진 한 달 정도 전에 가위에 눌려서 꿈을 꿨어요. 엄청나게 울었고, 지금 일어난 일을 보았습니다. 오카와가 없어졌다!라고 울부짖었습니다.' (…) 오카와 소학교에는 이런 예지몽 같은 체험을 한 아이가 몇 명 있다. 인간에게는 자신의 '생각'을 넘는 깊은 곳에서 메아리치는 목소리가 숨겨져 있다.(이소마에 2016, 175)

당연히 꿈을 통해 예술 창작이나 과학적 발견에 이르는 경우도 적지 않은데, 꿈에서 본 이미지를 통해 주기율표를 만든 멘델레프(1834~1907)의 경우가 널리 알려져 있다. 특별히 융의 여러 글에도 이런 사례는 널려 있다.

예를 들면 프랑스의 수학자 푸앵카레(1854~1912)나 화학자 케쿨레(1829~1896)의 그 중요한 과학상의 발견은, 그들 스스로가 그것을 인정하고 있듯이, 무의식으로부터 갑자기 생겨난 회화적인 '계시'의 도움을 힘입은 것이다. 프랑스의 철학자 데카르트의 이른바 '신비적' 체험에는, 그가 일순간에 '모든 과학의 질서'를 보았다고 하는 이와 비슷한 갑작스러운 계시와 관계가 있다. 영국의 작가 로버트 루이스 스티븐슨은 몇 년 동안 '인간의 이중성에 관한 느낌'에 꼭 들어맞는 이야기를 찾던 중 마침내 『지킬 박사와 하이드씨』의 줄거리가 갑자기 그의 꿈속에서 나타났던 것이다.[*]

케쿨레가 꿈을 꾼 정황은 아래와 같은데, 나는 이 꿈이, 장시

간 특정한 문제에 집중해온 의식이 무의식과 관계하는 형식을
전형적으로 보인다고 생각한다.

나는 의자를 난로 쪽으로 돌려놓고 꾸벅꾸벅 졸았다. 다시 한번 원
자들이 내 눈앞에서 뛰어놀았다. 이번에는 작은 그룹이 배경에서
얌전하게 놀고 있었다. 내 정신의 눈은 이런 움직임을 자주 봐왔으
며, 이제는 수많은 것 속에서 더 큰 구조를 구별할 수 있었다. 원자
들은 길게 줄지어 서기도 했고, 때때로 서로 가까이 마주보기도 했
다. 모든 것이 쌍을 이루고 꼬이면서 뱀처럼 꿈틀댔다. 그런데 보
라! 저것이 무엇인가? 뱀 한 마리가 자기 꼬리를 물고, 나를 비웃듯
이 빙빙 돌고 있었다. 나는 번개가 스치듯이 깨어났다. 그러므로 우
리는 이제 꿈꾸는 법을 배워야 한다.**

조심스레 말하자면, 나로서는 이와 같은 현상은 정상적인 밤
잠이 아니라 낮잠이나 등걸잠/괭이잠에 더 흔하게 나타난다는
인상이 짙다. 하나 더 덧붙이자면, 케쿨레의 권고—'이제는 꿈
을 배우는 법을 배우자'—는 실질적으로 쓸모가 없다. 아니, 가
능한 조언이 아니다. 몇 차례 시사한 바 있듯이, 예언자나 강신
무(降神巫), 구약성서의 다니엘이나 윌리엄 블레이크, 프로이트
가 아닌 융, 그리고 기이한 산술적 재능을 보이는 자폐아 등등

---

* 칼 구스타프 융, 『무의식의 분석』, 권오석 옮김, 홍신문화사, 1991, 48쪽.
** 마이클 서머, 『과학의 변경지대』, 김희봉 옮김, 사이언스북스, 2005, 361쪽.

의 성향이나 재능은 그 기원에 특정한 학습이 있는 게 아니다. 학습은 매사에 도움이 되긴 하겠지만, 특정한 기질에 의해 유발되는 속성과 능력은 인위적인 학습에 의해 충분히 설명되지 않는다. 마찬가지로 영감, 계시, 조짐, 여러 형식의 텔레커뮤니케이션 혹은 예지 등등은 그 기원에서 제대로 배울 수 있는 게 아니다. 물론 각종 점술은 배울 수 있지만, 운세나 미래는 그런 식으로 알 수 있는 게 아니며, 더 중요한 지적을 하자면, 그런 의도에 묶인 채 점을 치는 짓은 인간의 도리가 아니다.

조선 중기의 은일(隱逸) 화담 선생은 도력이 높아 기이한 일화가 많지만 그럼에도 "평생 이상한 행동을 미워했"(서경덕 1992, 291)다고 하는데, 그 역시 꿈에서 얻은 영감이 적지 않았던 듯하다.

만약 궁구되지 않으면 밥을 먹으면서도 그 맛을 분간하지 못했고 혹은 여러 날 잠도 자지 않았다. 때로는 눈을 감고 있다가 꿈에서야 그 통하지 못했던 이치를 깨우친 적도 있었다.(서경덕 1992, 296)

그런가 하면 『징비록』의 저자 류성룡(柳成龍, 1542~1607)이 전하는 명장 이순신의 일화 중에도 꿈의 예지력을 짐작케 하는 흥미로운 기사가 있다.

견내량(見乃梁)에서 적과 서로 대치하고 있을 때였다. 모든 배는 이미 닻을 내렸는데, 밤에 달빛이 매우 밝았다. 통제사는 갑옷을 입은 채 전고(戰鼓)를 베고 누웠다가 갑자기 일어났다(統制帶甲枕鼓而臥忽起坐). 그리고 좌우의 사람들을 불러서 소주를 가져오게 하여 한 잔을 마셨다. 그러고는 이렇게 말했다. '오늘 밤은 달이 매우 밝소. 왜적은 간사한 꾀가 많으니, 달이 없을 때는 본래 틀림없이 습격해올 것이지만, 달이 밝아도 반드시 습격해올 것이오. 경비를 엄중히 하지 않을 수 없소…….' 한참 뒤에 척후병이 달려와서 적의 내습을 보고했다. 그때에 달은 서산에 걸리고, 산 그림자는 거꾸로 바다 속에 비쳐서, 바다의 반쪽은 어슴푸레 그늘져 있었다. 그 그늘의 어둠 속으로부터 무수한 적선이 나타나 바로 우리 배에 접근하고 있었다. 그러나 적선은 감히 침범하지 못하고 그대로 퇴각해버렸다. 여러 장수가 모두 그를 신(神)이라고 했다(諸將以爲神).*

고독을 생산적으로 견디는 사람 중에서 특별히 직감(intuitions)의 능력이 뛰어난 이들이 있는데, 이 두 가지에서 공히 동뜨게 별스러웠던 인물은 당대의 지식인들 사이에서 이미 반신(demi-god)의 자리에 오른 뉴턴이었다.

뉴턴을 개인적으로 잘 알았던 윌리엄 휘스턴(1667~1752)은 뉴턴

---

* 유성룡,『懲毖錄』, 남만성 옮김, 현암사, 1970, 287~288쪽.

의 인성에 대해 매우 부정적인 평가를 하기도 했다. 그럼에도 불구하고 그는 뉴턴이 증명을 하기도 전에 미리 과학적 진리를 파악하는 능력을 지니고 있다고 확신했다. 휘스턴은 이렇게 말했다. '아이작 경은 수학 영역에서 종종 아무런 증명조차 하지 않은 채 거의 직관으로 사태의 진상을 파악할 수 있었다.'*

뉴턴처럼 직감의 도움을 받는 사례들에서 공통적으로 드러나는 흥미로운 점은, (물론 '직감'이라는 말 자체가 그렇긴 하지만) 직감의 연원(淵源)이 불분명하다는 사실이다. 그러나 여기서 세심히 살필 점은, 이미 앞에서도 어느 정도 시사했듯이, 이 '연원의 불명'이라는 사태가 일견 이런 유의 앎을 억압하는 '한계'이기도 하지만, 외려 더 중요한 점은 바로 그것이 이런 앎을 생성시키는 '조건'이라는 데 있다. 말장난처럼 들리겠지만, 이 연원을 알면 이미 그 앎은 직감이라고 부를 수 없다. 그러나 이런 형식논리적 규정 이전에 지적해야 할 것은, 직감이나 영감에 속할 앎의 종류는 이미 그 성격과 구조상 에고의 의식적 접근을 거부한다는 사실이다. 반복하건대, 이런 종류의 앎은 내 것이 아니며 잠시 내게 찾아와서 기식(寄食)할 따름이다. 나는 이와 관련된 내 자신의 경험들을 묘사하기 위해 몇몇 글 속에서 '내 것이 아닌 자신감'이라는 개념을 조어(造語)한 적이 있다. 직감적 파

---

* E. N. da C. Andrade, *Sir Isaac Newton*, New York: Doubleday Anchor Book, 1958, p. 127.

악의 메커니즘에 내 나름의 경험을 대입해서 그 연원을 해명해 보기 위한 시도였다. 누구나 강의 혹은 대화 중에 이론적 도전에 내몰리거나 가리사니를 놓치고, 또 토의나 집필 중에 난문(難問)에 부딪혀서 잠시나마 정신의 공전(空轉)에 빠지는 경우가 있을 것이다. 이러한 난경에 닦달을 당하는 일종의 '수동적 긴장'에 빠지면 종종 내게는 그 연원이 불분명한, '자신감(自信感)'과 유사하지만 결코 온전한 내 자신(自信)은 아닌, 묘한 정서가 가만히 솟아나곤 한다. 독자들이 금세 느낄 텐데, '내 것이 아닌 자신감'은 앞서 말한 '알면서 모른 체하기'의 구조와 닮았다. 아무튼 주관적 정서가 기저에 깔린 논의인 데다 내 개인의 사적 경험을 헤집는 고백조의 이야기이므로 독자들의 공감을 이끌어내긴 어렵겠는데, 나로서는 전향적인 탐색과 직감의 과정에서 가장 중요한 지표가 될 만한 정서다.

'세렌디피티(serendipity)'는, 위키피디아에 따르면 "우연으로부터 중대한 발견이나 발명이 이루어지는 것"으로, 특히 호레이스 월폴이 만든 이 단어는 "미처 몰랐던 것을 우연하고 지혜롭게 발견하는 것"이라는 뜻으로 쓰인다. "세렌디피티는 생각의 폭이 좁은 사람, 즉 하나의 목표 외에 다른 것은 배제하고 마음을 하나에만 집중하는 사람에게는 잘 일어나지 않는다. 그러므로 지금 당장은 전혀 상관없고 소용없는 것처럼 보이는 것까지도 관심의 영역을 넓히고 그 속에서 중요한 무언가를 눈여겨볼 자세가 되어 있다면 우연한 발견의 행운, 세렌디피티를 얻을 수 있을 것이다."*

그러므로 여기서 말하는 '우연'은 엄밀히 하자면 우연이 아니다. 어떤 우연들은 자아(ego)에 관한 한 아무런 성취랄 수 없지만, 자아를 비우고 그곳에 (하이데거의 표현처럼) '존재의 빈터(die Lichtung des Seins)'가 생성되는 대로 우연조차 그 나름의 성취가 될 수 있다. 실은, 내가 이해하는 한, 바로 그것이 '진인사대천명(盡人事待天命)'의 올바른 풀이다. 당연히 '진인사'와 '대천명'은 인과를 이루지 못한다. 현대의 성녀라고 추앙되는 테레사 수녀(1910~1997)가 하나님의 '침묵'에 고민하고 때론 절망하면서 심지어 그 존재마저 의심했다고 하듯, 하늘은 인간의 적극적이며 인과론적 기대에 전혀 부응하지 않는다. 에고에 터한 '생각'이 어긋나는 게 세속의 가장 주요한 특성이며, '진리'—이것을 어떻게 해석하든—는 주로 이런 생각의 죽음과 함께 피어나는 법이다. 거꾸로, 에고에 터한 자기 생각을 비울 수 있다면 삶과 앎의 새로운 물꼬를 얻어낼 수 있는 법이다.

다이앤 포시는 아프리카의 칠흑 같은 밤의 심연 속에서 갈망과 외로움을 마주하고서야 자신을 정화시켰다. 엄혹한 고독으로 자신을 비우자 그녀는 맑고 넓은 그릇이 되어 연구동물의 삶으로 자신을

---

* https://ko.wikipedia.org/wiki/%EC%84%B8%EB%9F%B0%EB%94%94%ED%94%BC%ED%8B%B0

가득 채울 수 있었다.*

　그러나 다시 '알면서 모른 체하기'의 논리에 따라 말하자면, 진인사(盡人事)가 천명(天命)의 보증은커녕 그 기약조차 해주지 못하지만, 인(人)/천(天), 의식/무의식 혹은 정성/우연(세렌디피티)은 서로 관련이 있는데, 다만 우리는 그 관련성을 알 수도 모를 수도 없을 뿐이다. 화담 서경덕은 이러한 이치를 중세 도학자의 어휘로써 흥미롭게 요약해주고 있다.

　옛사람이 말하기를 '생각하고 또 생각하면 귀신이 통하게 해준다'고 했는데, 귀신이 통하게 해주는 게 아니라 마음이 스스로 통하는 것이다(古人云 思之思之 鬼神其通之 非鬼神通之 心自通耳).(서경덕 1992, 290)

　이른바 '말을 끊을 정도로 사색이 깊어지면 눈앞에 그 이치가 환하게 나타난다(黙黙忘言昭昭現前)'고 하는 것도, 의식적 존재의 관심과 정성이 깊어지는 가운데 찾아오는 우연적, 비인과적 기별의 양식일 것이다. 학문의 깊이와 넓이로 치면 조선조의 그 누구와 견주어도 쉽게 밀리지 않을 다산 정약용 선생도 비슷한 체험을 남기고 있다.

---

* 사이 몽고메리, 『유인원과의 산책』, 김홍옥 옮김, 다빈치, 2001, 185쪽.

수년 이래로 밤낮으로 사색하고 산가지(算)를 붙잡고 늘어놓고서 오랫동안 심혈을 기울이다보니 하룻날 아침에 문득 마음에 깨달음의 빛이 나타났습니다. (…) 이때 붓을 들고 쓴 게 바로 제7권입니다. 이게 어찌 사람의 능력으로 얻어낸 것이라 하겠습니까?(정약용 1991, 237)

2005년 11월 27일 내 꿈일기에는 이런 이야기가 쓰여 있다. 바로 그 전날 영화 〈A.I.〉(스티븐 스필버그, 2001)를 보았다고 기록되어 있는데, 이 영화는 2001년에 제작된 작품이니 필시 개봉관에서 관람한 게 아닐 것이다. 아무튼 영화 속에는 헨리로 연기하는 배우 샘 로바즈가 나온다. 당시 내겐 완전한 무명이었던 이 배우가 잠시나마 내 시선을 끌었던 이유는 오직 그의 코, 그중에서도 옆모습이 내 매제(妹弟)의 코를 바로 연상시켰기 때문이다. 내 매제인 독일인 베안드(Bernd Sturmfels, https://math.berkeley.edu/~bernd/)는 미국의 버클리 대학 수학과에 재직 중인 교수인데 국제적으로도 꽤 명성 있는 수학자다. 영화 속의 헨리를 대하는 순간 나는 직감으로 그의 코에 주목했을 것이고, 잠시 빙긋 웃는 정도로 지나쳤을 듯싶다. 평소 내 관심권에 든 배우가 아닐뿐더러 그의 코가 내 매제의 코를 닮았든 말든 아무 중요한 소식이 아니었을 것이기 때문이다. 그런데 그날 밤 꿈에 뜬금없이 그 유명한 놈 촘스키가 등장했다. 이 꿈의 '종작없음' 혹은 거꾸로 그 가능한 해석과 관련됨 직한 '의미심장함'을 시사하는 것은, (꿈이란 게 워낙 전후 맥락을 생략하거나 왜곡하긴 하지만) 아무런 전후 맥락 없이 오직 촘스키만 덩그러니 내 앞에 나타났다는 점에 있다. 마치 텅 빈 무대 위에 아무 배경도 사전 설명도 없이 등장한 어떤 배우와도 같은 형식으로 촘스키는 내 앞에 오뚝 서 있었다. '맥락 없이 다가오는 기별'이 계시(啓示)의 형식이라면, 촘스키의 등장은 최소한 그 형식에 있어서만큼은 계시적이었다고 할까. 하지만 정작 '계시'라면 바로 그다음 장면이었다. 마치 면접이라도 보러 온 사람처럼 내 시선 앞에 올곧게 서 있던 촘스키는 느릿느릿하게 고개를 옆으로 돌리면서 스스로 코의 옆모습을 내게 보여주었다. 아아…… 나는 그만 찬탄을 금할 수 없었다. 그것은 영락없이 영화 속에서 본 헨리(샘 로바즈)의 코였던 것이다.

직감이나 낌새를 대하는 일반적인 실착은 자신의 의식과 판단을 내세워 그 기별을 내재화하는 것이다. 내가 영화 속의 헨리를 보면서 베안드를 연상한 것은 실은 별스런 실착이 아니다. 코의 옆모습에 관한 한 둘은 꽤나 닮았기 때문이다. 그리고 이 아무것도 아닌 삽화에서 역시 중요한 것은 내 주관적 인상이기 때문이다. 그러나 내 꿈은—이 '꿈'의 내력과 구성이 어떠하든—내 생각 바깥의 타자(촘스키)를 불러와서 내 생각에 이의를 제기한다. 내 말도 온전히 내 것이 아니듯이 내 꿈은 더욱 그러하기 때문이다. 내 의식이 '베안드'라는 가까운 인척을 통해 내재적 동일시를 기할 때에 내 꿈은 그 내재화를 깨트리는 어긋냄의 기별을 보내온다. 꿈이든 영감이든 직감이든, 무릇 낌새나 기미는 잠시 내 곁에 다가온 까다로운 손님일 뿐이며, 그는 언제든 내 생각을 깨고 달아나게 마련이다.

낌새와 기미들은 사람 주변에서 얼씬거리게 마련이다. 이들은 대체로 학술 영역에서 소외되고 교과서에 등재되지 못한 앎의 형식으로 배돈다. 학(學)이 아니라 술(術)이라는 틀 속에 인입되어 더러 이름을 얻기도 하지만 동시에 스캔들 속에 묻히기도 한다. 만물과 똑같이 우주의 기본 입자들로 구성된 사람이 이윽고 영혼이 생성될 만큼 영묘(靈妙)한 존재로 거듭나게 된 데에는 장인에 이르는 성실한 적습(積習)이 '초월'을 낳기 때문이다. 낌새와 기미는 이 적습의 역치(閾値)를 둘러싸고 4월 중순의 벚꽃 잎처럼 난비하지만, 그 이치의 회로에 접속하는 것은 결코 쉽지 않다. 낌새와 기미는 내게 찾아와서 잠시 머물지만 결코 내 것이 아니다.

낌새나 기미는 손님이다. 그것도 숲의 새처럼 몹시 까다로운 손님이다. 주인의 식솔이나 하인이 아니다. 이는, "훌륭한 선객(禪客)은 화두에 끌려다닌다. 절대로 끌어서는 안 된다"*는 이치와 마찬가지다. '알다/이해하다'라는 의미의 동사가 '붙잡다(把握/摑む, grasp/greifen)'에서 파생되었듯이, 아는 것은 붙잡아놓을 수 있는 것일진대, 낌새나 기미는 결코 포박해서 내 것으로 삼을 수 있는 앎의 대상이 아니다. 손님을 붙들어놓고 마치 제 것인 양 허세를 부리거나 심지어 그 이름을 함부로 부르

는 것만으로도 손님들은 종적 없이 사라진다. 아니면, 최소한 그 오만한 확신을 어긋냄으로써 인식과 존재 사이의 틈을 여실히 드러낸다.

---

*   지허, 『선방일기』, 여시아문, 2000, 84~85쪽.

집중과 영혼

36. 치매와 암(癌) 혹은
자아의 처리에 관한 단상

　궁극적으로는 자아(ego)의 처리만큼 중요한 인문학적 실천은 없어 보인다. 이 주장의 전제로서 단단히 기억해야 할 사실은, 역시 인류의 진화사에서, 아니 생명의 진화사에서 인간 종이 이룩한 고차의식적 자아의 존재만큼 놀라운 성취도 없다는 것이다. 역설적으로 들리겠지만, 많은 학인과 수행자가 한결같이 에고의 그물 혹은 덫에서 빠져나오려고 애쓰는 이유는 바로 그 에고가 참으로 대단한 '물건'이기 때문이다. 그렇기에 관건은 늘 에고의 처리로 귀착된다.

　예를 들어 자치동갑인 시인 고은과 문학평론가 이어령은 여러모로 대조적이긴 하지만 그 성취가 대단한 문인들로서 각자 사계에서는 독보적이랄 만한 유명인들이다. 나 역시 그들의 책과 활동에 지긋한 관심을 기울이면서 내 나름의 이해와 평가를, 그리고 감탄을 지녀오고 있다. 과문한 탓인지 이어령씨가 고은씨를 평한 글을 본 기억은 없지만 고은씨가 이어령씨를 박하게 평한 글은 읽은 적이 있어, 두 분과 관련되는 이런저런 정치사회적, 지정학적 위치를 고려해볼 때 서로가 상대를 대하는 시선의 높낮이를 짐작할 만도 했다. 이들의 발언과 행태, 특히 한 사회 한 영역에서 원로의 자리와 대가의 반열에 오른 이들의 스타일과 특이성은 그들 각자가 자신들의 삶을 살면서 세속과 이웃에 대해 자기 자신의 에고를 처리하는 방식과 밀접하게 관련된다고 여겨진다. 현대 격동기의 중국 지식인이었던 루신(魯迅, 1881~1936)과 후스(胡適, 1891~1962)의 경우와 그들의 상이한 선택들도 결국 각자가 자신의 에고를 조형하고 처리한 방식과 결부되는 듯 보인다.

또 다른 예를 들자면, 널리 알려진 대로 하이데거는 그의 도저한 철학사상적 기량에 일견 어울리지 않는 듯한 나치 전력을 번연히 달고 있을 뿐 아니라 전후에도 일관된 무반성의 침묵이 이어져, 아렌트의 표현처럼 "사상의 제국을 지배한 무관(無冠)의 제왕"*에 매료되거나 영향을 받은 전 세계 수많은 후학에게 실망과 의구심을 안긴 바 있다. 하이데거는 자신의 사상이 도달한 그 심오함을 배경으로 삼아 이 문제에 관한 정치적, 도덕적 책임을 역시 '심오하게' 얼버무린 것으로 보인다.

하이데거는 유대인 학살을 현대 기술 문명이 갖는 잔혹한 본질이

---

* Voctor Farias, *Heidegger and Nazism*, Philadelphia : Temple University Press, 1989, p. 75.

나타난 한 양상에 불과한 것으로 해석하고 있는 것이다. (…) 하버마스가 본질화(Verwesentlichung)라고 부르는 해석 방식을 통해서 그는 홀로코스트에서 보이는 특유의 악마성에 주목하지 않고 있는 것이다.*

하이데거의 침묵이 오히려 그의 심오함을 더하는 역설적 결과를 낳았다는 점에 주목한 지적도 비슷한 관찰을 내비친다.

그와 반대로, 하이데거는 아무것도 부인하지 않는다. 그는 다만 그것에 대한 자신의 근본적인 '무관심' '그래서 어쨌다는 건가?'라는 식의 철학적인 태도를 보일 뿐이다. 그는 홀로코스트를 거의 언급하지 않았는데, 이는 그가 단지 죽음을 테크놀로지의 본질에 기초한 산업적 과정이 되게 하는 또 다른 예로 홀로코스트를 인식하거나 혹은 다른 행위들이 심지어 더 나쁠 수도 있다고 주장하면서 홀로코스트를 이러한 다른 유사 행위들과 비교하여 상대화하는 것이다.**

패전 후에 보인 하이데거의 태도와 정반대 입장을 표명했을 뿐 아니라 이를 '참회도의 철학(懺悔道としての哲學)'으로 구체화하기까지 자신의 양심에 천착한 인물이 교토대학 문학부 교

---

* 박찬국,『하이데거와 나치즘』, 문예출판사, 2001, 337쪽.
** 슬라보예 지젝,『진짜 눈물의 공포』, 오영숙 옮김, 울력, 2004, 222~223쪽.

5장 잠시 내게 속한 앎, 인문학의 영도(零度)를 향하여

수였던 다나베 하지메다. 그의 저작을 번역해서 국내에 소개한 김승철의 해설 중 일부를 소개한다.

『참회도의 철학』이 세상에 나온 것은 전쟁이 끝난 다음 해인 1946년의 일이었다. (…) 이 책은 제2차 세계대전 중 다나베가 체험했던 한계 의식과 속죄 의식에서 비롯된 것이었다. 전시(戰時)라는 암울한 시대를 살았던 그는 철학자로서 자신의 모든 사유와 행위가 철저하게 한계에 부딪히는 것을 체험했고, 따라서 철학의 새로운 출발점을 모색하지 않을 수 없었다.[*]

하이데거와 다나베 하지메를 교차해 읽으면서 드는 주된 인상은, 이들의 사상은 기독교 신학과 그리스 철학, 그리고 불교의 형이상학을 안팎으로 누비면서 이루어낸 그 도저한 사상의 깊이만큼 다르긴 해도, 제 조국의 전쟁범죄에 대한 입장과 개인의 태도만큼은 결국 각자 자신의 에고를 처리하는 형식과 맞물려 있다는 점이다.

인간의 에고는 진화론적으로 숙성한 의식이 고도의 긴장도를 유지한 채 통할(統轄)된 형식이다. 학문의 진보와 전위적 전유에 물든 지식인들은 '에고'라면 밥상의 파리처럼 일단 때려잡아야 할 것으로 여기지만, 의식에 대해 기적적인 현상으로 감탄

---

[*] 다나베 하지메, 『참회도(懺悔道)의 철학: 정토진종과 타력철학의 길』, 김승철 옮김, 동연, 2016, 418쪽.

한 현상학자들이 있었던 것처럼 인간의 에고 역시 참으로 놀라운 진화의 정점이 아닐 수 없다. 대체로 한 사회의 합리적 운용은 그 구성원들이 유지하는 에고적 안정화(egotistic stability)에 기대는 바가 크다. 우리가 알고 있는 대개의 인간사회는 에고를 비우거나 초월하는 특출한 인간들의 노력에 의한 것이라기보다 평범한 다수의 인간이 결코 벗어버리거나 내던지지 못하는 합리적 이기심(rational egoism)들이 안정적인 네트워크를 이루는 데 힘입고 있다. 나르시시즘이 종종 자기파괴적일 수 있듯이 이타심도 종종 질서파괴적이지만, 에고이즘은 자기를 지키고 또 그 자기를 지키기 위해 타인과 질서를 지키려고 하기 때문이다.

에고이즘, 나르시시즘, 그리고 앨트루이즘(altruism)은 말할 것도 없고, 심지어 신경증, 정신병, 그리고 도착증은, 죄다 에고를 처리하는 방식들로 재배열할 수 있다. 그리고 누누이 말해왔듯이, 학인과 수행자들이 내걷는 걸음의 향배도 자신의 에고를 일정한 형식으로 처리하는 쪽으로 모아진다. 엉성하나마 대략적으로 대별해보면, 한편에는 자신의 에고를 그 상태 그대로 고집하거나 혹은 자신의 생각과 동일시될 수 있는 것들로 에고의 내부를 채우려고 하는 이들이 있다. 기존의 에고적 상태를 고집하거나 새것혐오증(misoneism)을 보이는 이들은 짐작할 수 있듯이 대체로 보수적인 경향을 띤다. 그러나 에고의 내면세계에 집착하는 것이 반드시 보수주의자들만의 행태는 아니다. 애초 보수주의자들과 달리 비교적 개방된 의식과 태도를 지니고 다른 신념과 첨단의 담론을 열심히 소화했던 진보적 인사들도, 실은 그처럼 비용이 큰 내용들을 '소화'했다는 바로 그 이유에서 내용의 진보성과 무관하게 '형식적'으로는 보수적으로 변한다. 어쨌든 자신의 '생각'들을 쉽게 내려놓으려 하지 않는 것이다. 그 생각의 내용이 이미 빈약한 데다 또 새로운 배움의 비용을 지불하려고 하지 않는 이들은 그 빈약한 내용만으로 애써 에고를 고집하고, 생각의 내용이 이미 복잡하며 첨단의 배움을 의욕하는 이들은 또 그들 나름대로 현란한 내용을 통할하고 있는 에고를 쉽게 비우려고 하지 않는다.

그런가 하면 자신의 선입견과 버릇에 바람구멍을 내려 하고 자신의 생각이 상대적일 수 있음을 자각한 채 살아가는 이들도 있다. 여러 형식의 '집중'을 통해 가능한 잡념들을 일소하려 하고, 이미 소화한 앎의 체계마저 방편의 일부로서 삶의 행로에 잠시 쟁여놓았을 뿐 언제든지 에고의 방을 비울 준비를 갖추려는 이들이 있다. 동서고금을 막론하고 에고를 초극하려는 노력은 최상위의 공부법으로 여겨지며, 이는 인류의 유산으로 전승되고 있는 적지 않은 경전과 고전, 그리고 현성(賢聖)들의 실천적 전통 속에 그 연면한 자취와 성취가 남아 있다. 곁길로 빠지는 논의가 될 수 있겠는데, 당연히 여기서 말하는 '에고의 초극'은 공부와 수행법의 중요한 일환으로 전해지는 여러 집중의 형식과 결부되는 과제로서, 뇌 기능 등 신체 기능이 쇠락하면서 맞게 되는 '에고의 소실'과는 종류가 아예 다르다. 예를 들어보

자. 탈속한 표정으로 내내 미소를 지으면서 소를 타고 언덕을 넘어가는 어느 달마의 후예를 상상해보라. 그리고 만취한 상태로 입고 있는 옷을 스스로 다 찢어버린 채 장난기 가득한 얼굴로 역시 소를 타고 서울 시내로 직입하려 했던 수주(樹州), 공초(空超), 성재(誠齋), 그리고 횡보(橫步)를 떠올려보라.* 마지막으로는 아흔의 나이에 치매(dementia)에 걸려 내내 웃고 지내셨다던 내 친할머니와 같은 분들을 비교해보자. 물론 이들은 다 같이 미소와 웃음을 흘리고 있었지만, 그 미소와 웃음을 가능케 했던 에고의 상태는 서로 비교할 수 없이 다른 성격과 차원을 드러낸다.

그러나 그 내용의 천양지차에도 불구하고 형식적으로는 닮은 일면이 없지 않다. 아는 대로 치매는 기억력, 화용(話用), 그리고 판단력 등 여러 인지 기능이 차츰 떨어져서 에고의 현실적 통합성이 소실되는 일련의 증상이다. 앞서 인용한 전설적인 문인 술꾼들의 삽화처럼 만취한 상태도 일시적으로나마 이러한 증상을 보인다. 명정(酩酊)의 상태에서 외려 화용이 좋아지고 시심(詩心)이 솟구치는 경우도 없지 않지만, 이 역시 일시적일 뿐이다. 역시 흥미로운 예는 첫 번째의 소를 타고 가는 달마의 후예처럼 달인이나 지인(至人)이 드러내는 에고의 상태인데, 희안하게도 고서(古書)에 나타난 이들의 시늉과 몸짓은 잠시 치

---

* 변영로, 『酩酊四十年』, 범우사, 1994, 52~55쪽.

매에 걸렸거나 명정에 빠진 사람같이 보이기도 한다. 여기서 다시 곁길로 빠지듯 시선을 돌려 이 글의 논지에 접근해보면, 여러 고사(古事)에 등장하는 지인과 도인들은 하나같이 중병(重病)으로 죽는 경우가 없는데, 여기서 중병이란 암(癌)을 가리킨다. 물론 고사들 자체가 사실적 전거로 활용되기에는 그 역사적 진실성이 극히 떨어지고, 이와 관련되는 내용도 그 주인공의 삶과 죽음을 신화적으로 각색했을 가능성이 농후하며, 게다가 도인의 삶을 살고 지인의 자리에 오른 인물들이라면 생활양식 자체가 워낙 단박(單朴)해서 현대의 도시적 생활 속에서 만성화된 버릇들에 그 원인을 돌리곤 하는 여러 암에 노출되기도 어려웠을 듯하다.

내 관심은 다만 둘 사이의 형식적인 닮음에 국한된다. 다시 말하면, 에고를(가) 처리하(되)는 방식에 있어서만은 치매 환자와 도인/지인들이 묘하게 닮았다는 것이다. 흔히 계몽적 성숙 이후의 모습을 일러 '제2의 소박'이라고 부르는데, 대체로 도인/지인들은 이러한 2단계, 심지어 3단계의 '환동(還童)'—직선도 원의 일부에 불과하다는 뜻에서—에 진입한다. 말하자면, 소 등에 타고 가며 웃는 도인의 이미지는 이런 식으로 생성된 것이다. 치매도 소박한 환동의 모습을 보이긴 하지만, 이는 명백한 '퇴행'이라는 점에서 그 성격을 달리한다. 하지만 '형식'만큼은, 특히 에고의 형식만큼은 닮았다는 사실이 남는다. 의학적 소견에 의하면 대부분의 척추동물에게서 암이 발생한다. 이 척추(脊椎) 속의 중추신경이 척수(脊髓)인데, 척수와 대뇌 사이를 잇는 뇌간(腦幹)은 바로 척수 신경망이 약 5억 년 전부터 위쪽으로 확대, 팽창된 것이다. 무척추동물과 심지어 식물에서도 암과 비슷한 증상이 발견된다고 하지만, 척추동물의 암과 같은 성격의 것인지에 대해서는 논란의 여지가 있다고 한다. 식물의 경우에는 "국소적으로 암이 걸리지만 악성도 아니고 전이되지도 않는다"*고 알려져 있다. 특별히 척추동물에서 암이 잦은 이유로서 덩치가 커서 암에 노출될 수 있는 세포의 수가 비교할 수 없이 많은 데다 오래 살기 때문이라는 주장이 있긴 하지만, 단지 인문학적 직관의 일종에 지핀 나머지 이 알쏭달쏭한 글을 쓰게 된 나로서는 그 이유 중 중요한 단서는 "인간의 활동과 관련된 어떤 것"에서 찾을 수 있으며, 잘라 말해서, 이게 바로 '인간이 자신의 에고를 처리하는 방식'과 관련된다고 본다.

영장류를 대상으로 한 실험은 우리와 가장 가까운 공통 조상을 공유하는 일족에게는 기껏해야 1~2퍼센트의 빈도로 암이 발생한다는 것을 알려준다. 하지만 영장류 및 야생동물 그리고 가축을 대상으로 한 실험 모두에서 암의 발생은 나이를 먹을수록 증가한다는 사실은 동일하다. 흥미로운 사실은 인간에 의해 길들여져 근친교배를 거듭한 몇몇 가축은 인간과 같은 높은 암 발생 빈도를 보인다는

---

* 로버트 펄먼, 『진화와 의학』, 김홍표 옮김, 지만지, 2015, 187쪽.

것이다. 영장류와 가축화된 동물의 예는 첫째, 암의 발생이 다세포 생물의 내부 생리적 오류 기제에 녹아 있고, 둘째 늙을수록 암 발생 비율은 증가하며, 셋째 무엇인지 알 수는 없지만 '인간의 활동과 관련된 어떤 것'이 우리를 더욱 암에 잘 걸리도록 만든다는 점을 보여 준다.[*]

당연히 내놓을 만한 과학적 근거도 없으며 이 문제에 관한 한 몇 가지 인문학적 직관을 삭여온 게 거의 전부인 내 소박한 판단은 다음과 같다. "인간의 활동과 관련된 어떤 것이 우리를 더욱 암에 잘 걸리도록 만든다"는 전제에 대체로 동의한다면, 다른 생물에게서는 유례를 찾아볼 수 없을 정도로 놀랍게 발달한 의식중심적 에고를 중심으로 이 '어떤 것'을 찾아보는 게 당연하지 않을까 싶다. 그 존재성마저 애매한 에고 자체 속에 이미 잡다한 질병이 번성해 있을 뿐 아니라 자기 자신의 에고를 견디지 못해 자살에 내몰리곤 하는 이 이상한 생물 종의 운명에서 바로 그 에고의 구성만큼 결정적인 게 달리 무엇이 있단 말인가?

사이버스페이스(cyberspace)에 별개의 '세계(속)성(Weltlich-keit)'을 부여하는 식으로 인간의 심리를 물리세계와 구별되는 하나의 독립된 세계로 여길 수 있을 만큼 인간의 에고는 기이

---

[*] 김우재, 「암의 진화발생생물학: 미르의 실용적 측면」, *Science Times*, 2009년 9월 25일자.

하게 과발달(過發達)한 상태다. 성 아우구스투스와 헤겔을 거쳐 현대 소설과 정신분석에서 절절히 묘사해놓은 것처럼 인간의 에고와 그 의식상(意識相)은 마치 소립자 세계의 운동성처럼 잠시도 쉬지 않고 과(過)하게 움직이며 착종한다. 여태껏 인간 종이 그 특유성을 얻게 되는 과정을 기술하는 중에 여타의 다른 생물 종에서는 유례가 없는 '주의집중'의 행위를 대체로 긍정적으로 조명해왔는데, 이것이 이 시점의 논의에서 중요한 이유는 이 행위가 다양한 여건과 맥락(예를 들어 집중하는 그 대상이 제 애인의 얼굴이든 슬프게 지는 낙조든 헤겔의 정신현상학이든 떠나버린 옛 친구의 잔상이든)과 무관하게 '과투여(Ueberbesetzung/ hypercathexis)'된 현상이라는 점에 있을 것이다. 프로이트의 설명에 의하면 과투여의 대표적 사례는 "외상을 피하거나 제한하는, 위험에 대한 대비"*이고, 당연히 이 설명은 우리의 상식에 비추어도 적확하다. 그러나 엄밀히 말하자면 인간의 정신문화 현상 일체가 '과투여'로 점철되어 있다고 봐야 하는데, 인간의 생활은 이미 여타 생물처럼 생존에 밀착한 채로 극히 미니멀하게 진화해온 존재가 아니기 때문이다. 인간의 경우 심지어 생식(生殖)도 이미 '사랑의 산업'으로 변질, 승화된 지 수백 년이 지났지만, 이것 역시 대체로 거대하고 정교한 과투여(사치)에 다름 아니다. 인간 존재는 기묘하고 탁절한 의식활동 덕에 그 자

---

* 아래에서 재인용, 장 라플랑슈·장 베르트랑 퐁탈리스 『정신분석 사전』, 임진수 옮김, 열린책들, 2005, 64쪽.

체로 과투여인데, 보노보의 교미 관습을 한층 더 정교하고 세련되게 계승한 인간 종이 이 과투여의 중요한 채널로서 성과 사랑의 행위에 집중한 것은 너무나 당연해 보인다.

우리의 감각을 자극시키는 수단들을 세련되게 하고 또 그 수를 늘리고 싶어하는 모든 욕망은 결국 우리의 성생활에 근거를 두고 있다. 왜냐하면 감각의 즐거움과 성애(性愛)는 결국 동일한 것이기 때문이다. 그런 까닭에 그 어떤 사치의 전개에의 첫 번째 충동은 대부분의 경우에는 확실히 그 어떤 의식적으로 또는 무의식적으로 작용하는 성애의 감각으로 거슬러 올라가야 한다. 이러한 이유로 인해, 부(富)가 축적되고 성생활이 자연스럽게 또 자유롭게(또는 대담하게) 표현되는 곳이면 어디에서나 사치도 유행한다.*

좀바르트의 『사치와 자본주의』가 주장하는 기본 명제는 14세기 이후 유럽사회에서 성과 사랑을 매개로 하는 남녀관계가 변함에 따라 근대 자본주의의 구성과 구조에도 본질적인 영향을 끼쳤다는 것인데, 이를 고쳐 표현하면 매사 생존의 필요를 초과하도록 '지나치게' 진화한 인간은 인간사회의 경제 체제 일반을 근본적으로 변화시킬 만큼 자신들의 성생활 일반에도 과투여(사치)한 셈이다. 당연히 현대사회에서 사랑과 성생활에 대한 과

---

* 베르너 좀바르트, 『사치와 자본주의』, 이상률 옮김, 문예출판사, 1997, 111쪽.

투여와 결부된 수천수만 가지의 행태 및 그 상품은 쉽게 두꺼운 책의 분량으로 뻗어나갈 논의가 될 것이다. 이와 관련해서 바타유가 제출한 '과잉 에너지의 파국적 소모로서의 전쟁'*이라는 개념도 흥미롭다. 우선 좀바르트와 바타유는 둘 다 인간사회에 축적된 '과잉 에너지'의 존재에 주목하고 그 가능한 용도 및 결과를 유심히 살핀다는 점에서 공통적이다. 물론 좀바르트의 '사치 사회학'에서는 이 과잉 에너지가 사랑과 성을 둘러싼 과투여를 통해 매개되고 해소되는 과정을 그린다. 이와 대조적으로 바타유의 관심은 인간사회에서 끊이지 않는 전쟁과 관련해서 사회적 과잉 에너지를 소모 혹은 삼출(滲出)하는 좀더 긍정적인 방식을 제안하면서 그 서술은 다소 평가적으로 흐른다. 바타유에 따르면 "에너지는 생산력을 위해 무제한으로 축적될 수 없"고, 따라서 "최종적으로는 강이 바다로 흐르듯 에너지는 우리에게서 벗어나며 우리를 위해 사라지게 되어 있"(바타유 2000, 64)기 때문에 낭비와 소모는 피할 수 없다. 문제는 그 방식에 있을 뿐이다.

외면한다고 해서 또는 모른 체한다고 해서 전쟁을 피할 수 있는 것은 아니다. 우리는 모를 수도 있고 망각할 수도 있지만 우리가 살고 있는 땅은 어쨌든 갖가지 파괴가 일어나는 현장에 불과하다. 우리

---

* 조르주 바타유, 『저주의 몫』, 조한경 옮김, 문학동네, 2000, 64~66쪽.

5장 잠시 내게 속한 앎, 인문학의 영도(零度)를 향하여

의 무지는 다만 다음과 같은 결론을 가능하게 한다. 즉 무지는 만약 우리가 알았다면 마음대로 행할 수 있었을 삼출의 기회를 우리에게서 박탈해갈 뿐이다. 무지는 특히 인간과 인간의 업적을 파국적인 파괴에 넘겨준다. 왜냐하면 만약 우리가 사용 불가능한 과잉 에너지를 파괴하지 못한다면 결국 길들일 수 없는 야생동물처럼 그 힘이 오히려 우리를 파괴할 것이기 때문이다.(바타유 2000, 64)

바타유의 제안이 얹혀 있는 형식은 슬며시 르네 지라르의 희생양 논리를 닮은 것처럼 여겨진다. 바타유가 '전쟁'이라는 용어로 일괄해서 피하려고 하는 '파국적 소모'는 지라르가 '희생 위기'라는 용어로 뭉뚱그리고 있는 현상과 비교할 만하다. 이 경우 바타유가 전쟁을 피하기 위해 제안하는 일상적이며 '즐거운' 낭비 및 삼출은 지라르가 한 사회의 문화질서를 되찾는 계기와 토대를 이루는 것으로 해석한 희생제와 형식적으로 대등한 관계다.

'희생 위기', 다시 말해서 희생의 파멸은 불순한 폭력과 순화적 폭력의 차이의 파멸이다. 이 차이가 상실될 때, 더 이상 순화 작용은 존재하지 않으며 해롭고 전염성이 강한 폭력, 즉 상호적 폭력이 공동체에 퍼져나간다. 순수한 것과 불순한 것의 차이인 희생제의의 차이가 사라질 때는 항상 다른 차이들도 소멸하게 된다. 거기에는 폭력의 상호성에 의한, 유일하며 동일한 침투 과정밖에는 존재하지 않는다. '희생 위기'는 '차이의 위기(crise de différences)', 다시 말해서 총체적인 문화 질서의 위기라고 규정할 수 있다.[*]

물론 폭력적이며 파국적인 소모를 피하기 위해서 바타유가 제시하는 방식은 "불편한 산업의 성장을 합리적으로 방출하는 방법"이나 "에너지의 축적이 결코 불가능한 비생산적 또는 낭비의 방법"(바타유 2000, 66)이며, 이와 유사하게 지라르도 희생 위기의 폭력과 무정부 상태를 피하기 위한 방식으로 "이전의 폭력과는 절대로 다른 폭력…… 단 한 번으로 모든 폭력을 근절시키는 진실로 결정적으로 끝을 내는 근본적으로 다른 폭력"(지라르 1997, 45)을 말한다.

'우회적 제시'(벤야민)가 다소 지나친 듯하지만, 여전히 이 글의 요점은 과잉과 과도에 빠질 수밖에 없는 인간 에고의 특성에 주목하는 것이다. "항상 몸을 움직이고 손을 놀리고 발을 동동 구르곤 했"[**]던 모차르트처럼 인간의 에고와 그 의식은 잠시도 쉬지 않고 스스로의 운동성에 지칠 때까지 부스대며 자신을 밀어붙인다. 이 에고의 진화가 척수를 거쳐 뇌 기능이 정점에 이르게 된 영장류 중 호모 사피엔스를 매개로 극적으로(그러니까 갖은 병을 자초할 때까지) 개화했다는 것이 당연한 만큼, 이런 성취의 비용으로 그 나름의 병증을 상상해보는 일 또한 너무나 당

---

[*] 르네 지라르, 『폭력과 성스러움』, 김진식·박무호 옮김, 민음사, 1997, 76쪽.
[**] 스탕달, 『미완성의 〈레퀴엠〉: 모차르트』, 창우문화사, 1982, 50쪽.

5장 잠시 내게 속한 앎, 인문학의 영도(零度)를 향하여

연하다. 사실적 근거는 빈약한 채 직관에 의존할 뿐인 이 관측은 위험하지만, 내가 이 글을 욕심 부린 이유는 실상 매우 오래된 어떤 '실용성'에 떠밀린 것인데, 이것 역시 '알면서 모른 체하기'라는 공부와 수행의 대원칙과 관련되었기 때문이다.

'알면서 모른 체하기'는 나로서는 오래된, 그리고 이상적인 공부 지침이긴 하지만, 이는 '알면서도 말하지 않으면 하늘에 이른다(知而不言以之天)'는 경지를 상상할 수 있을 만치 사람과 귀신의 일까지를 두루 엿볼 수 있는 형식이기도 하다. 그 표현이 단직(單直)해서 그간 오해가 더러 있었지만, 우선 기억해둘 것은 이것이 도덕적 규율의 일종으로 낙착해선 곤란하다는 점이다. 물론 '알면서 모른 체하기'라는 에고의 형식에는 도덕적 기미가 없지 않다. 도청도설(道聽塗說)을 피하라거나 구이지학(口耳之學)을 경계한다거나 '말 많은 집은 장맛도 쓰다'거나 하는 유의 뉘앙스야 붙어도 떨어져도 그만이다. 하지만 '알면서 모른 체하기'란 근본적으로 에고의 형식에 관한 논의이며, 필경 에고와 함께 살아갈 수밖에 없는 인간들이 공부와 수행 과정에서 가장 바람직한 에고의 상태를 어떻게 조형할 수 있을까, 하는 문제에 관한 오랜 고민과 실천의 산물이다. 비유하자면 해가 나오면 일하다가 해가 지면 잠자는 이분법적 일상 속에 길들여진 사람이 해가 뜨지도 지지도 않는 곳 혹은 밝지도 어둡지도 않는 때에 주목하고 이를 다르게 활용함으로써 삶의 새로운 가능성을 확보한다는 것은 쉽지 않다. 눈을 뜨지도 감지도 않은 채로 사물을 관찰하는 새로운 가능성을 얻으려는 노력은 쉽지 않다. 현대의 교양과 지식은 앎과 무지를 예리하게 가르고, 그 사이에 접근금지 팻말을 부끄러운 줄 모르고 내건다. 비록 앎의 확신이 밀물처럼 찾아와도 어리눅은 듯하는 중에 그 물이 깊고 맑아지는 사연에 대해선 가르치지 않는다. 의식의 예리한 빛 아래 앎의 대상이 적나라하게 드러나더라도 그 대상에 옷을 입히고 보살피며 기다리는 중에 바로 그 대상이 앎의 자리와 성격을 바꾼다는 사실에 대해선 제대로 가르치고 있지 않은 것이다.

나는 암과 치매에 대해서도 이런 식으로, 그러니까 '알면서 모른 체하기'의 형식을 빌려 상상해보았다. 암과 치매는 전술한 것처럼 에고의 과도한 이분법이 낳은 부작용으로 보인다. 그러므로 내 상상에 의하면 암은 에고의 '알기(아는 척하기)'와 밀접하게 관련된 삶의 행태로 귀속되며, 치매는 반대로 에고의 '모르기'와 관련되어 보인다. 약간 다르게 표현하면, 근본적으로 암은 강성(强性)의 에고가 빚은 질병이며, 거꾸로 치매는 그 에고가 에너지를 (수행과 공부를 통해 스스로 비운 게 아니라) 잃고 약성으로 변화하는 과정에서 드러나는 증후군이다. 따라서 암과 치매는 생리적인 벡터상 상극(相剋)을 이루며, 에고와 그 의식적 활동이라는 놀라운 성취를 이룬 인간으로 하여금 바로 그 에고를 둘러싸고 벌어지는 진퇴양난의 혼돈 속에 처하게 만든다. 어떻게 해야 이 딜레마에서 벗어날 수 있을까? 물론 내 제안은 '알면서 모른 체하기'다.

우선 암의 발생을 줄이기 위해서는 식물적 삶의 양식이 주효해 보인다. 이 판단을 글자 그대로 고집해서 '채식' 위주의 식단을 꾸리는 게 응당 도움이 되긴 하겠지만, 이 글의 취지는 에고의 형식을 따지려는 것이며 원리상 채식과는 아무 관련이 없다. 차라리 노자의 글처럼 '그 날카로움의 기세를 꺾고 그 빛남을 누그러뜨림(挫其銳和其光)'이라는 원칙을 삶의 형식 속에 기입해보는 게 낫다. (과연 노자도 여기서 에고의 형식을 말하고 있지 않은가?) 여기서 '식물적'이라는 것은, 도인이나 지인들이 나타내는 환동(還童)의 상태 혹은 제2의 소박성을 지향하는 것이긴 하지만, 반드시 그것만은 아니다. 이는 에고의 자기 통할을 유지하고 의식을 쉼 없이 부리며 살 수밖에 없는 인간이지만 그 에고를 비워(虛己) 자신의 앎을 조용히 묵히거나 상대화하며, 일상의 생활 조건 속에서 모르는 듯 없는 듯, 심지어 들리지도 보이지도 않는 듯 자신의 허백(虛白)을 잃지 않는 일이기도 하다.

앞서 말했듯이 이 허백은 성취이지 쇠락이 아니다. 숯불자리처럼 묵묵성성(默默醒醒)한 집중의 긴 이력 혹은 내 표현으로 '알면서 모른 체하기'라는 에고의 형식이 열어주는 마음의 다른 지평과 관련되는 것이다. 하지만 흥미롭게도 성취가 아닌 쇠락의 징후조차 그 형식적 유사함 때문에 잠정적인 이득을 얻을 수 있다. 고령의 치매 환자군에게서 암의 발병이 현저히 낮은 이유가 바로 여기에 있는데, 이는 암에 대한 일종의 대증요법적(對症療法的) 상상에서 기묘한 위치를 점한다. 당연히 암을 예방하기 위해서 치매를 선택하는 일은 우습고 또 가능하지도 않을 것이다. 그러나 암의 길과 치매의 길이 다를 뿐 아니라 서로 만나기 어려울 정도로 어긋나 있다는 (인문학적) 추정이 가능하다면, 역시 대중적이나마 그 사잇길을 '현명하게 바장이는' 생활과 에고의 형식을 궁리해볼 노릇이긴 하다. 이 직관의 요점이 에고의 자기보수적(自己保守的) 응체(凝滯)와 고집이 암의 발생과 모종의 깊은 연루를 맺고 있다는 것이니만큼, 에고를 연성화하거나 비워냄으로써 암의 혈관에 닿아 있을 수도 있는 생활의 잡스러운 가지들을 미연에 적절히 제겨내는 노력이 있어야 하겠다.

37. 부탁을 받는 순간

(난 평생 안 변할 줄 알았는데……) 그 여자에게 부탁을 받는 순간 완전히 변해 있는 나 자신을 보았소(直至那個女該來求我 我才發覺 我完全變了).(〈동사서독〉, 1994)

다시 초가을이 오면 뒷산의 은행나무가 석양에 붙들려 어떻게 번쩍거릴지 환하게 안다. 모르는 것은, '안다'고 말하는 그 주체가 바로 그 앎의 내력과 매개에 의해, 때로는 행위의 영도(零度)에까지 이른 그 수행에 의해 돌이킬 수 없이 바뀐다는 사실이며, 그 사실의 음덕(陰德)이 발 없이 뒷산으로 올라가 그 은행나무에까지 미친다는 사실이다.

부탁(beg/beseech)은 하버마스 식으로 말하자면 '발화수단적 행위(perlokutionäre Akte)'다. 화자는 청자로부터 어떤 효과를 노리며 이로써 화자의 세계 속에서 모종의 결과가 야기되도록 유도한다.* 그의 논의를 간단히 정리하면, 발화적 행위

(lokutionäre Akte)가 "어떤 것을 말한다"이고, 발화수반적 행위 (illokutionäre Akte)가 "어떤 것을 말하여서 행위한다"이라면, 발화수단적 행위는 "어떤 것을 말하여 행위함으로써 어떤 효과를 야기한다"는 형식(하버마스 2006, 427~428)으로 나뉜다. 부언하면, 주지하듯이 하버마스의 주된 관심은 발화수반적 행위인데, 그에 의하면 상호이해(Verständigung)와 이해지향적 태도의 의미는 오직 발화수반적 행위를 통해서만 해명되어야 하며, "발화수반적 성과들은 의사소통의 참여자들이 거기에 속하며 그들의 상호이해 과정의 배경을 형성하는 생활세계 안에서만 등장할 뿐이다"(하버마스 2006, 433).

영화 속의 낭자는 무단히 살해당한 오랍동생의 복수를 해달라고 '부탁'한다. 물론 이 부탁은 정확히, 그 발화를 특정한 효과를 위한 수단으로 사용하는 발화수단적 행위다. 영화에 따르면, 결국 검객은 부탁에 따라 손가락 하나를 잃도록 열심히 싸우면서 그 발화 수단의 요구에 부응한다. 그러나 애초 그 부탁의 청사진(의도) 속에는 '완전히 변해 있는 나 자신(我完全變了)'과 같은 것은 없었다. 부탁의 의도와 간절함을 품고 다가선 낭자는, 비록 어떤 절박함 속에서 복수를 위한 폐백 혹은 회뢰(賄賂)로 생경스럽게도 당나귀와 달걀을 준비해갈 만큼 재원이나 물색이 없었지만, 그 어떤 경우에도 자신의 '부탁'으로 인해 완

---

* 위르겐 하버마스, 『의사소통 행위이론 (1)』, 장춘익 옮김, 나남출판, 2006, 427쪽.

전히 변해버린 검객을 기대한 것은 아니었다. 그러나 그 검객은 말한다.

난 평생 안 변할 줄 알았는데…… 그 여자에게 부탁을 받는 순간 완전히 변해 있는 나 자신을 보았소.

대체 '부탁'이 무엇이기에 이 억세고 엽렵한 한 무사의 에 고를 단숨에 완전히 바꿔놓을 수 있었을까? 부탁과 같은 행위 가 실천되는 과정에서 대체 무슨 일이 벌어지(질 수 있)는 것 일까? 부탁과 관련해서 욕망들은, 에고는 어떻게 변하는 것일 까? 누구나 욕망이라는 말을 퍽 쉽게 사용하지만, 대개 욕망의 대상은 쉬 잡히지 않고, 때론 그 대상성(Gegenständlichkeit)조 차 애매한 법이다. 욕망은 외려 그 대상을 직지(直指)하지 못하 며, 주체는 욕망의 대상이 있는 방 속으로 직입하지 못한다. 욕 망의 주체는 그 대상의 주변을 바장이거나 어슬렁거리며, 그 대상은 자주 이런저런 매개를 거치면서 변질되고 심지어 애초 의 절박함이 탈색된 채 안이한 변명이나 어설픈 구실로 추락하 곤 한다. 잘 알려져 있듯이, 이 이치는 요구(demande)의 경우 에도 마찬가지인데, 필경 거기서는 대상의 문제라기보다 주체 가 타인(들), 특히 대타자들과 맺는 상호작용이 요점이기 때문 이다. 아무튼 욕망으로써 정확히 겨냥할 대상이 좌표상으로 확 정된다면, 이미 그것은 욕망(désir)조차 되지 못한다. 상투어가

돼버린 표현이긴 하지만 욕망은 '환유적'이며, 그 환유의 징검다리는 부분 대상(objet partiel)으로 구성되기 때문이다. 욕망의 대상은 결코 만족을 주지 않음으로써 그 자신의 대상성을 유지한다. 또한 만족을 유예시킴으로써 유지되는 대상성은 늘 사후성(Nachträglichkeit)의 자장 속에서 재구성된다. 욕망의 대상은 환상 속에서 지속적으로 유예되며, '잡을 수 없음(Nichtgreifbarkeit)'이라는 역설적인 생명력을 유지하는 가운데 사후적으로 그 정체성을 추인받는 것이다.

부탁이라는 발화수단적 행위 속에 적시된 욕망의 대상은, 바로 그 부탁이라는 수행을 통하면서 바뀐다. 마찬가지로 욕망의 대상은 심적 표상 속에 고정되어 있는 게 아니라 바로 그 욕망을 향한 이러저러한 수행을 거치면서 덧칠되는 것이다. "대상의 문제가 아니라 주체가 타인(들), 특히 대타자들과 맺는 상호작용이 요점"이라고 했지만, 이 부탁의 수행도 그저 교환(échange)이라는 수평적 거래로 마감되지 않고 일종의 연대(alliance)에 이르기 때문이다. 이 인간적 연대 속에서 물적 교환의 수행은 변질된다. 환상과 환유가 춤을 추고, 부탁의 수행적 재구성을 통해 선악마저 요동친다. 예를 들어 '악한 애인'과의 즐거운 결합조차 이런 식으로 거듭 탄생한다. 단지 복수(復讐)와 달걀이 거래로서 교환된 게 아니다. 어떤 낭자가 달걀 꾸러미를 가져와서 '부탁'한 것이며, 이 부탁은 계산 가능한 출력과 알고리즘적으로 결합해 있는 입력(入力)이 아니다. 교환이란 애초에 불가능하지만, 그것은 이 영화 속에서 재연된, 복수와 달걀 사이의 이상한 교환처럼, 어떤 수행의 매듭으로서만, 그 비약으로서만 근근이 이루어질 수 있을 뿐이다.

부탁을 받는 순간 사람이 완전히 바뀌었다는 것은 교환의 영도(零度)를 쳤다는 말이다. 교환이 부탁이라는 매개적 수행을 통해 한순간 완벽히 소실되었다는 말이다. 교환이 연대와 갈라지는 지점은 무엇보다 관련되는 사람의 항상성이며, 그 대상은 원칙적으로 계산/대체 가능한 물화(物貨)이기 때문이다. 교환은 값(price)의 시선이다. 그러므로 그 속에는 사람이 없고, 감사가 필요치 않으며, 따라서 영혼의 자리에 대한 배려도 없다. 거래 속에서 사람이 보이고 감사의 정념이 용솟음치며 영혼이 반응한다면 이미 그것은 거래가 아니다. 그러므로 이런 형식의 부탁 속에서는 그 부탁이 움직이는 중에 쓸어(쓸려)가는 흔적이 깊어 원칙적으로 자본주의가 성립될 리 없다. 부탁은 교환을 값이 아닌 가치(value)의 시선 아래 놓는다. 물론 삶의 현실과 그 제도 속에서는 합리적 교환조차 최종적으로는 가치 평가의 지평에 얹혀 있기는 하다.

삶이 지속적으로 절도 있게 합리화되는 방향으로 이루어질 경우, 삶이 운용되는 전체 방향은 이 합리화가 지향하고 있는 최종적인 가치에 의해 심층적으로 규정된다. 고쳐 말하자면, 그 방향은 무엇보다 종교적으로 조건지어진 가치 평가와 입장에 의해 결정된다.*

그러나 부탁은 수행적 변용에서 좀더 노골적이다. 이른바 '웃은 죄(罪)'와 같은 게 그렇다.

지름길 묻길래 대답했지요
물 한 모금 달라기에 샘물 떠주고
그러고는 인사하기 웃고 받았지요
평양성에 해 안뜬대두
난 모르오
웃은 죄밖에
('웃은 죄'/김동환)

부탁을 받은 후에는 감사가 생기고 회한이 생긴다. 연대가 생기고 비약이 생긴다. 죄(罪)가 생기고 사랑이 생긴다. 애초의 값은 매김(Wertung)이라는 해석학적 혹은 수행적 실천을 통해 쉼없이 요동**한다. '마주침의 유물론(matérialisme de la rencontre)'(알튀세르)이라는 말처럼 부탁은 마주침이며 부딪침인데 당

---

* Max Weber, 'Einleitung der Wirtschaftsethik der Weltreligion', *Gesammelte Aufsätze zur Religionssoziologie I*, 259.
** 물론 이 사후적 요동(搖動)을 현명하게 제도화할 수 있다면, 공동체 속의 증여문화를 정착시키는 데 필요한 실천적 지혜를 얻게 될 것이다. 자본제적 삶의 외부성은 이런 식으로밖에 얻을 수 없는데, 예를 들어 천당이나 어느 무릉도원이 외부가 될 수 없듯이, 자본주의의 한가운데가 아니라면 이미 외부성의 희망 그 자체를 운위할 수도, 그럴 필요도 없기 때문이다. 블로흐의 지론과는 달리, 이른바 '희망의 필요성'과 방향은 차라리 기생적(寄生的)인 성격이다.

연히 그 마주침을 예단할 수 없고, 의도 속에 그 결과를 장악할 수도 없다. 철학이 사물의 기원이나 근거에 대한 이야기가 아니라 우연성에 대한 이론이며, 필연성이 우연성에 굴복하면서 마주침의 효과들에 형태를 부여하는 형태들이라는 사실을 승인(reconnaissance)한다는 것에 대한 이론*이라면, 부탁은 철학이라는 수행의 현장성을 예시하는 더없이 좋은 매개가 아닐 수 없다. 어쩌면, 기도나 부탁이 있었으므로 신(神)마저 탄생할 수 있었던 것일까?

---

* 루이 알튀세르, 『철학과 맑스주의: 우발성의 유물론을 위하여』, 서관모·백승욱 옮김, 새길, 1996, 40쪽.

38. 무사적 실존과 앎(1)

앎이 삶의 양식 혹은 개인의 실존과 어떻게 관련되는지를 염탐하려는 이들은 무사(武士)의 것들을 살펴봐도 좋다. 사람의 앎이라는 것은 된장 속의 풋고추처럼 얌전히 박혀 있지 않고, 시절과 함께, 관계와 더불어, 그리고 (파스칼의 재미있는 말처럼) '자오선의 변화에 따라' 바뀌게 마련이다. 사람의 앎은 변하고 깊어가며, 회피되거나 거부되고, 제도와 관습에 묶이거나 몸에 체득되기도 한다.

그중에서도 특별히 무사의 앎은 그의 소유로 확정되어 귀속될 수가 없다. 그의 몸이, 기량이 그의 앎보다 빠르게 변해가기 때문이다. 문사는 입으로 싸우고, 변설(辨說)로 호기를 부리며, 그 재능을 책에 담아두는 까닭에 그 앎을 자신의 것인 양 착각하기 쉽다. 그러나 무사의 앎은 당연히 심각하다. 무사는 입으로 싸우지 않고 변설만으로 호기를 부릴 수 없으며, 그 재능은 오직 생로병사의 흐름 가운데 있는 몸속에만 담아둘 수 있기 때문이다. 그 앎은 그의 몸과 더불어 생성, 변전을 거듭하기 때문이며, 한순간의 시중(時中)이 어그러지면 그 앎은 몸을 떠나갈 것이기 때문이다. '생활의 달인'이라는 TV 쇼 프로에서도 볼 수 있듯이, 몸을 꾸준히 연단(練鍛)해서 얻게 되는 기량과 수완은 갖은 소소한 버릇 속에 순치되거나 구금되어 살아가고 있는 일상인들의 상상을 초월한다. 그것은 '자신의 몸에 나타나는 거짓말 같은 변화'의 모습을 띤다.

이 무렵 나는 자신의 몸에 거짓말 같은 변화가 나타나고 있는 것을 깨닫고 사람의 육체란 단련 여하에 따라 상상할 수 없는 능력을 나타내는 것이로구나 하고 혼자서 놀란 일이 있다. 무거운 짐까지 지고 가파른 산비탈을 아무리 달려도 숨이 가쁘거나 다리가 아프다는 것을 느끼지 않게 된 것이다.[*]

혹은 일종의 '동물되기'와 같은 것이기도 하다.

유격대는 후각과 청각이 동물적으로 발달해 오십 미터 떨어진 곳에서도 담배 냄새는 물론 군경이 쓰는 비누나 치약 냄새를 맡았기 때문이다.[**]

---

[*] 이태, 『남부군 (하)』, 두레, 1988, 114쪽.
[**] 안재성, 『이현상 평전』, 실천문학사, 2007, 503쪽.

이 빨치산류의 '동물되기'에 대한 하나의 논거는 '무리(群)'의 논리인데, 무릇 사람(됨)이란 자기 자신만의 심리 속에 독존(獨存)할 수 있는 가능성이기 때문이다.

무리의 기원은 가족이나 국가의 기원과는 전혀 다르다. 무리는 가족이나 국가와 전혀 다른 내용의 형식의 표현의 형식으로 끊임없이 가족이나 국가를 아래쪽으로 작동시키고 바깥쪽에서 교란시킨다. 무리는 동물의 실재인 동시에 인간의 동물되기의 실재이다. 전염은 동물의 서식인 동시에 인간의 동물적 서식의 전파이다. 수렵 기계, 전쟁 기계, 범죄 기계는 결코 신화, 나아가 토테미즘 속에서는 언표되지 않는 온갖 종류의 동물-되기를 초래한다. 뒤메질은 어떻게 그러한 생성들이 본질적으로 전사(戰士)에 귀속되는지를, 그리고 전사가 가족과 국가의 외부에 존재하고 계통과 분류를 전복시키는 경우에만 그렇다는 것을 보여주었다. 전쟁 기계는 항상 국가 외부에 존재한다. 심지어 국가가 이 기계를 이용하고 이 기계를 전유한다 할지라도, 전사는 다양체, 신속함, 편재, 변신과 배반, 변용 역량을 내포하는 온갖 생성을 지닌 늑대-인간들, 곰-인간들, 야수-인간들, 온갖 동물-인간들, 비밀 협회들이 전쟁터를 활기 있게 만드는 것이다.*

---

* 질 들뢰즈·펠릭스 가타리, 『천 개의 고원』, 김재인 옮김, 새물결출판사, 2001, 461쪽.

5장 잠시 내게 속한 앎, 인문학의 영도(零度)를 향하여

문사의 앎이 즐겨 그 '존재구속성(Seinsverbundenheit)'을 외면하고 자신의 몸으로부터 소외되는 것과 대조적으로, 무사의 앎은 무엇보다 몸과 함께, 힘겹게 몸을 통해, 몸을 (간신히) 넘어선다. 비록 그 앎이 몸을 넘어서더라도, 그것은 마치 그림자가 그 몸에 매달린 것처럼 이내 몸으로 되돌아온다. 그런 뜻에서 무사의 앎은 문사의 앎에 비해 자기소외(Selbst-entfremdung)가 적은 자기 행위(Selbst-tätigkeit)다. 무사의 앎은 (문사의 앎처럼 소외 속에서 허영의 지지를 받으며 길게, '죽지 않고'* 버티기보다) 무사의 삶과 몸이 쇠락함과 동시에 마치 동백꽃처럼 툭, 툭, 하고 떨어져 사라지기 때문이다. 그것은 '근육'—연단의 시간성이 기량의 형식으로 보존된 어떤 '장소'로서의 근육—과 함께 동거하는 형식의 앎으로서, 몸 없이도 유령처럼 떠도는 문사의 앎과는 다른 것이다.

몸이 바뀌면서 예상치 못한 잉여의 체험으로 찾아오는 그 앎은, 그 몸의 비용을 낱낱이 치른 끝에 '부사적(副詞的)으로'—혹은 '잠시 내게 속한 듯이'—알게 되는 것인데, 몸의 역사를 생략한 채로 지성의 균형이나 정합(整合)만으로도 이해할 수 있는 문사의 앎과는 다르다. 소소한 사례를 하나 들어본다. 『임꺽정』(홍명희)의 어느 대목에서도 읽은 기억이 있는데, 흔히 장사(壯士)의 기운을 묘사하는 중에 '기운이 뻗쳐 길가의 나무를 뽑아

---

* 다음의 글을 참고할 것. 김영민, 「죽어주기로서의 인문학」, 『비평의 숲과 동무공동체』, 한겨레출판, 2011.

보고 싶은 마음이 절로 생긴다'는 식의 문장을 만날 수 있다. 물론 나는 이 한글 문장을 이해할 수 있고, '산을 뽑는 힘(力拔山)'이라는 어구가 있듯이 문약한 서생이라도 그 상식적 의미를 미루어 헤아릴 수 있겠다. 하지만 이 문장의 뜻은 '산' '뽑다' '힘'이라는 낱말이 지닌 각각의 의미를 안다는 것과는 사뭇 다른 자리에서 생성된다. 물론 그 '자리'는 사람의 몸이 개입된 자리다.

나는 수년 전에 그다지 명료한 목적의식도 없이 평소 건강관리 차원에서 평심하게 해오던 근력운동(윗몸일으키기, 팔굽혀펴기, 아령운동 등등)을 1년의 기한을 두고 3~4배 강화한 적이 있다. 꾸준히 하게 되면서 그럭저럭 몸에 이력이 붙어 수개월 만에 팔굽혀펴기만 해도 하루에 500회 이상을 수월하게 하게 되었다. 나는 늘 늦잠을 자는 편이지만, 당시에는 이른 아침에 동네 앞산을 오르내리는 앞뒤로 인근 체육 공원에 비치된 평행봉으로 팔굽혀펴기 등을 하곤 했다. 그런데 언제부터인지 몇 개의 체육 기구로 근육운동을 마친 다음 산길을 좇아 산책에 나서노라면, 양팔과 어깨 쪽으로 '기운이 뻗치는' 느낌을 주체할 수 없을 때가 있었고, 나는 실제 길가의 나무를 양팔로 휘어감고 뽑아보려는 시늉을 하곤 했다. (당연히 내 실력으로는 그 어떤 나무도 뽑히진 않았지만 말이다.) 우리 집안에 무골(武骨)의 내력이 있고 나 역시 어릴 적에는 제법 운동과 무술에 열심을 부리곤 했으되, 10대 후반에 책의 세계에 빠져 문약해질 대로 문약해진 내가 이런 시늉을 하고 있으리라고는 내 스스로 상상조차 할 수 없는 일이었다. 나는 그제야 무릎을 치면서, '기운이 뻗쳐 길가의 나무를 뽑아보고 싶은 마음이 절로 생긴다'고 말하던 그 소설 속의 장사들을 '조금'이나마 이해할 수 있었던 것이다. (물론 지금의 나로서는 나무에 손을 대고 싶은 마음이 전혀 생기지 않는다.)

근현대의 지식이 보편성에 터하고 보편 종교의 경우에서처럼 '일반적 전도(傳教)'에 나설 수 있게 된 것은, 그 지식이 '몸이라는 특수한 매체의 공감'으로부터 이탈해 추상되었기 때문이다. 지식은 등재(登載)/관리되고, 검정된 교과서가 생기며, 이런 지식을 전문적으로 다루는 기관들이 생긴 것도 '인공지능'처럼 그 지능/지식에 피와 살이 묻어 있지 않아도 통용되는 형식과 채널을 얻어냈기 때문이다. 하지만 무사의 앎에는 비전(祕傳)이 있는 법이며, 이 비전은 몸을 매개 삼아 긴절하게 통용되는 탓에 보편성의 문턱에서 좌절하는 경우가 많다. 이른바 학(學)과 술(術)의 차이도 바로 이 문턱의 권리에 준거한다. 무엇보다 무사의 앎은 자기의식 속에 안착된 표상이 아니다. 그것은 오직 상대나 대상을 겪는 과정에서만 잠시, 부사적으로 드러날 뿐이다. 언제 어떤 경우든 자기의식일 수밖에 없는 의식은 '스스로 명백하다'는 몰이해(méconnaissance)에 빠져 타자의 존재를 사상한다. 내가 좋아하는 표현처럼 의식은 이런 덫에 물려 '몸을 끄-을-고' 나가지 못하는 것이다. 혹은 아도르노의 말처럼 "누구나 생각 속에서는 자신의 의도에 밀착되어 있지만 자신이 말하고

자 하는 것에 대해 말하는 것을 잊어버"린 채 '거울 너머로' 나아가지 못한다.

39. 무사적 실존과 앎(2), 인문학은 예외적인가?

검도 수련이 나에게 특히 매력적인 것은 이른바 '소박한 경험과의 작별'을 끊임없이 독려한다는 데 있다. 단지 수사적인 차원이 아니라 실체의 측면에서, '몸의 요구'를 거부하고 냉대하는 것이 아니라, '몸의 요구' 그 자체에 변화를 준다는 것, 소박한 경험의 문턱을 넘어 변화된 '몸의 요구'에 스스럼없이 순응한다는 것, 바로 얼마 전에 넘은 문턱이 오늘의 '소박한 경험'이 되어 새로운 '문턱 넘어서기'를 요구한다는 것 등등이 매력적이라는 것이다.(양선규, 『시골무사, 삽살개에 대한 명상』)

차 떼고 포 떼고 그 알속만을 챙겨 말하자면, 살아남는 것, 그리고 그 생존을 위한 수완이 무사의 실존이다. 그러므로 무사의 실존은 일반적인 삶의 양식이 아니다. 그것은 비상한 것인데, 문사의 실존은 어쨌든 살아남는 것이 이미 전제된 삶이기 때문이다. '생존'이 아니라, 상식에 투영된 '생활'의 소박한 경

힘은 아직 무사의 것이 아니다. 제아무리 공력이 높은 무사라도 생활은 있고, 또 그 생활은 상식의 규제 속에서 제 길을 찾지만 그 생활 속에 동화된 몸으로서는 무사의 실존을 이룰 수가 없다. 그러니까, 그 어떤 무사에게라도 나름의 생활은 있지만, 꼭 그 생활 속에 무사가 있는 것은 아니다. 인용했듯이, "소박한 경험의 문턱을 넘어 변화된 '몸의 요구'에 스스럼없이 순응한다는 것"은 생활의 구태에 젖어 안정화된 몸을 혁명적으로 변화시키는 것이기 때문이다. 사람살이의 안팎에 흐르는 지식도 타성적인 나태나 인습적인 거부와 힘겹게 싸우는 가운데 근근이 얻어지는 면이 있듯이, 타인을 전문적으로 죽이는 기량이 몸에 각인되는 과정도 바로 그 몸의 타성과 거부를 거스르면서 이루어진다. 그래서 그 삶은 예외적인 구석을 챙긴다.

나는 '동무론'*을 구상하면서 공동체적 상호작용의 실천 속에서 이른바 '몸이 좋은 사람'이라는 이념을 설정하고 조형해온 적이 있다. 이 경우 '몸이 좋다'는 것은 자기 복종의 틀을 통해 버릇의 주인이 되는 생활양식을 키우는 실천력을 말한다. 이 맥락에서 본 보수주의란 기존의 버릇들에 붙들려 있는 생활을 그 모습 그대로 정당화하려는 무이론(無理論)의 타성인 셈이다. 그러므로 좋은 몸의 주체인 동무란 자신이 몸담고 있는 기성의 버릇들을 이론적 생산물인 새 생활양식의 여러 형식 속에 임의로

---

* 김영민, 『동무론: 인문연대의 미래형식』, 한겨레출판, 2008.

담아 변형시킬 수 있는 자기 변혁의 주체가 된다. 전투를 예상하면서 생존 가능성을 높일 수 있는 형식의 버릇을 꾸준히 가꾸고, 대전(對戰)에서 그 실효가 반증당한 낡은 버릇을 혁파하며 새로운 형식을 체득하려는 무사의 생활양식을 인문학적 어리눅음과 공동체적 어울림이 만나는 자리에서 전유하려는 것이다. 무사의 삶은 그 판돈이 생명이므로 당연히 진지할 수밖에 없는데, 특히 문사의 삶과 대비해 볼 때 그 진지함의 요령은 무엇보다 위선(僞善)과 위악(僞惡)으로부터 해방된 실용성 내지는 즉물성(Sachlichkeit)이다. 사방으로 이데올로기화된 지정학적 조건과 영혼에 이르기까지 자본화된 소비사회의 조건 아래에서 특별히 문사들이 노출된 위기는 곧 만성적인 위선의 포즈와 위악의 스타일이다. 이는 말할 나위 없이 '비평의 불가능성'으로 이어진다. 그래서 "요점은 위선과 위악의 베일을 걷어내는 공부를 해야 한다는 것"*이다. 다만 굳이 그 차이 한 가지를 버르집자면, 동무로서 '몸이 좋은 사람'으로의 변신은 상호작용을 통해 생활의 전 영역으로 퍼져나가지만, 무사적 실존이 감당해야 하는 몸의 변신은, 이른바 막신일호(莫神一好), 즉 "생활을 단순화시켜 사소한 일상에서도 우주적 즐거움을 만끽할 것 (…) 한 가지 일에 미칠 것"**을 요구할 뿐이다.

　무사적 실존의 형식은 예외적이다. 그러나 논쟁이나 비평의

---

* 신영복, 『담론』, 돌베개, 2015, 276쪽.
** 양선규, 『시골무사, 삽살개에 대한 명상』, 지식공작소, 1999, 100쪽.

형식을 띠는 문사의 싸움에는 예외적 일회성이 없다. 마치 병졸들의 주검을 방호벽 삼아 퇴로를 구하는 장수처럼 문사는 자신이 쓴 글과 한 말로부터 소외된 채 언변의 변명(Ausrede) 속에서 퇴로(Ausweg)를 얻는다. 자신이 뱉은 말을 쉼 없이 제물로 희생시키면서 살아남는 문사와 달리 무사는 자신이 휘두른 칼의 한 '끝'과 더불어 명운을 나눈다. 그래서 무사적 실존은 예외적일 수밖에 없는데, 그는 오직 '예외' 속에서만 근근이 생명을 유지해가기 때문이다.

그러나 문사의 실존은 어떤가? 그 실존의 진정성(authenticity)은, 그 진지함은 어떤 물음과 조건 앞에서 자신의 존재 증명에 나설 수 있는가? 아마도 우선 이런 질문 자체가 일종의 '엄숙주의'로 백안시될 법하다. '소년과 소년이 손을 잡고 연애하듯이' 가볍게 반복되는 언설과 담론의 자리에서 목숨을 담보로 삼을 정도의 진정성을 떠올리는 것 자체가 우스꽝스러운 심각함으로 비칠 것이기 때문이다. 현실 속의 인문학은, 시속의 인문학은, 대학 인문학은, 동영상 인문학은, 백화점 인문학은, 스타 인문학은, 그리고 CEO 인문학은 전혀 예외적으로 보이지 않기 때문이다. 시류 속을 부나비처럼 팔랑거리는 그 모든 인문학은, 인문학의 오랜 이력이 낳고 기른 급진성을 거세한 채 (푸코가 지적한 대로) '통치적 절충'에 의해 체제 속에 얌전히 포섭되어 있거나 명절 선물로 오가는 상품권처럼 직절한 형태로 거래되고 있을 뿐이다. 그리고 이 포섭과 거래의 증세는 '제아무리 배워도 제 손가락 한 끝도 변하지 않는다'는 사실 속에 온전히 들어 있다.

내가 보잘것없는 재주와 깜냥으로 대학 안팎에서 철학과 인문학 선생 노릇을 해온 지난 20여 년간을 돌이켜볼 때 가장 절망적이었던 경험은, '사람은 바뀌지 않는다'는 거듭되는 확인이었다. 물론 이것은 과장이다. 만일 이게 에누리 없는 현실이라면 공부나 수행과 관련해서 전해지는 그 숱한 미담과 기담은 모짝 췌담이거나 농담일 것이기 때문이다. 한편 이 진단은 바로 그 절망적인 현실에 물든 사람의 자아비판이면서도, 자기 생각을 중심에 둔 채로 운신하는 중에 겪을 수밖에 없는 '세속의 어긋남'을 전형적으로 대변하는 언설이기에 우리의 주목을 끈다. 나는 이 '차이 없는 반복'의 경험에 찌들어가면서도 영영 익숙해질 수 없었고, 변신과 변화의 단위나 방식을 다변화하면서 나름 지며리 애를 썼다. '동무'라는 이른바 '인문 연대의 미래 형식'은 이 변신과 변화의 희망을 공동체적 여건과 제도 속에서 구체화하려는 기획이었다. 나는 이 과정에서 '죽지 않는 문사'와 '죽는 무사'를 날카롭게 대비하게 되었고, 결국 '변화의 인문학'을 위해서는, 제 말/글을 대신 죽이면서 변명과 변덕 속에서 불사(不死)를 욕망하는 문사적 에고를 죽이지 않고는 이 문제가 영영 풀리지 않으리라는 판단에 이르렀다.

무사적 실존의 예외성은 이런 식으로 등장했다. '살고자 한다면 변해라!'는 이 예외성의 메시지는, 자신의 에고를 반증 불가능한 형식으로 퇴각시키면서 그 모든 비평과 논쟁을 기성 담론의 만화경 속에 재배치하는 불사의 문사적 전략과 정면으로 부딪친다. 계급 지표로서 유지되는 교양, 존재-변화의 저편에서 안전하고 품위 있게 운용되는 문화의 사사화(cultural privatization), 그리고 환상으로 덧칠한 개인의 현실을 보살펴주는 이론적 급진성의 보호색 등등 문사의 실존은 이미 그 자체로 문사의 변화를 구성적으로 저지하는 자기수행적 장치(self-performative dispotitions)로 배가 부르다. 동일한 버릇과 동일한 식습관 속에서 이 배는 좀처럼 꺼지지 않는다. 식습관 속에서 변함없는 배, 버릇 속에서 완강한 에고를 가르고 부수는 게 요체이지만, 자기 변혁에 나서본 이들이라면 누구나 뻔히 알겠지만 이것은 글자 그대로 자신의 살을 깎아내는 것처럼 지난지사다. 여러 종교수행적 전통이나 인류의 스승들이 다른 개념과 표현을 거치면서도 한결같이 입을 모으는 것은 이 배를 가르고 버릇을 쪼개는 일이다. 다양한 형식의 '집중'을 통해 에고를 비우거나 주변화함으로써 다른 지혜의 에너지가 밀려들도록 돕는 것이다. 왓슨이 정리해놓은 글의 요점도 결국 '에고의 장벽을 제거(removal)'하는 데 있다.

이 명석함이 유지된다면 성 바울이 '이해를 넘어서는 평화'라고 부른 것조차 생성시킬 수 있을 것이다. 이는 선불교에서 사토리(悟り)나 겐쇼(見性)로 알고 있는 것, 요가 수행자들이 사마디(sama-

dhi, 三昧)나 모크샤(moksha, 해탈)라고 묘사하는 것, 수피들이
파나(fana)라고 하는 것, 그리고 타이완에서 절대적 도(Absolute
Tao)라고 부르는 것은 모두 같은 것이다. 이 모든 경험은 법열무아
(法悅無我)의 상태이며, 이는 그 수행자들로 하여금 새롭고 한층
더 영적인 영역으로 이끈다. 이 과정에서 수행자들은 현란한 빛의
감각을 느끼고 인격의 카리스마적 변화를 체험한다. 그러나 전술한
경험들은, 그 내력이나 기원의 차이에도 불구하고 모두 어떤 해제
(解除, disinhibition)의 결과다. 이 체험들은 새롭고 놀라운 무엇
인가를 의식에 보태는 게 아니라 참된 깨달음으로 가는 것을 막는
장벽을 제거(removal)함으로써 생긴다.(Watson 1987, 109)

당연히 공부 길로서의 인문학에도 때로 신작로가 열리고, 때
로 자욱길로 변해 차츰 지워져가는 갈래와 이치들이 있다. 동서
양이 다른 길을 열어왔고, 심지어 성별과 나이에서도 공부의 편
차와 물매가 생긴다. 인문-학(人紋-學)은, 주체와 대상이 일치한
다는 그 단순한 사실에서부터 '교양'의 백미(白眉)와 알천을 담
고 가꾸어왔다는 역사적 사실에 이르기까지, 그 자신의 일반성
과 상식적 지위를 오랫동안 유지해왔다. 그래서 인문학의 상당
부분은 상식이 되었고, 쉽게 쓴 책이 잘 쓴 책이 되었으며, 매스
컴의 상업주의적 접근이 가장 용이한 영역이 되기도 했다. 이론
들이 유행하고 학인들이 상품이 되는 세태를 보노라면, 차마 인
문학적 교양의 보편성이 이 기이한 자본제적 삶의 도착(倒錯)

속에서 거의 완성되어가는 듯 느껴지기도 한다. 일찍이 토크빌이 (개인과 체계 사이의 역설적 연동관계를 분석한 현대의 여러 사회학자·철학자를 선도하는 통찰력으로) 개인주의와 전제주의(despotisme) 사이의 사통을 지적하면서 "전제주의는 공적 미덕들—일체의 공통된 열정과 욕구 및 일체의 상호이해의 필요와 공동 행동의 기회—을 사생활 속에 가두어버린다"*고 했듯이, 오늘날 우리가 시장 속에서 목도하는 보편적 교양의 파급은 정신의 예외성을 볼모로 잡아 얻은 소비자 대중의 소락(小樂)이며, 역시 토크빌의 말처럼 "가장 지질한 영혼조차 그 속에서 기쁨을 얻는 것"**처럼 보인다.

용수철처럼 되튕겨올 오해와 질시를 무릅쓰고 나는 인문학 공부 길의 예외성을 잠시 떠올려본다. 예외성이라는 말도 인문학의 이상이나 효용을 이해하는 방식의 차이에 따라 바뀐다. '성인이 됨으로써 (공부)가 끝난다'(終以爲聖人)고 믿는다면, 이른바 성인지도(聖人之道)에 합당한 예외성을 궁리해볼 수 있을 것이다. 그런가 하면 '시민의 교양'을 제공하는 것으로 만족한다면 굳이 그 과정과 성취에서 예외성을 떠벌릴 이유조차 없겠다. 아무튼 내가 무사적 실존의 형식을 본떠서, 인문학 공부 속에 어떤 예외성을 도입하려는 이유와 취지는 그 공부의 결실이

---

* 알렉시스 토크빌, 『구체제와 프랑스 혁명』, 이용재 옮김, 일월서각, 1989, 43쪽.
** Alexis de Tocqueville, *Democracy in America*, New York : Mentor Books, 1956, p. 193.

5장 잠시 내게 속한 앎, 인문학의 영도(零度)를 향하여

오직 '몸'에 터한 생활양식의 변화 속에서 기입되어야 하기 때문이다. 몸은 잘 바뀌지 않는 법이다. 마찬가지로 몸이 사회적 습속과 개인의 버릇 속에서 보호받아야 하는 이유는 명백하다. 인간의 식견조차 아이러니와 풍자만으로 구성될 수 없다면 그 완고한 인간의 몸이 파격과 변화 앞에서 어떤 거부와 저항의 움직임을 보일지는 매우 명백하기 때문이다. 맥주를 마시고 떠들며 모래성을 쌓듯 인문학을 할 수 있는 시대에 '예외성의 인문학'을 제시하는 이유는 바로 이 '몸' 때문이다. 예외성이라는 반시민적 도박에 굳이 손을 내미는 것은 '생각은 공부가 아니'며, 몸의 변화를 거부하고, 천정부지의 이론들만으로는 변화를 일구어낼 수 없기 때문이다.

그러나 예외성의 인문학이 엘리티즘의 영역은 아니다. 인문학에서는 응당 피카소도 없고 장한나와 같은 신동도 없어야 하니, 오직 노력에 공평하고 기회와 의욕에서 생긴 편차에 정직해야 할 뿐이다. 그렇다면 자신의 몸과 그 몸에 얹힌 에고와의 싸움에 관한 절망과 희망을 말해야 한다. 나는 '인간이라는 절망'을 수십 년간 말해왔는데, 간단히 꼬집자면 그것은 '변화의 절망'을 가리킨다. 인문학이라면 그것은 바로 이 절망과 마주해야 하며, 예외성의 인문학이란 이 과제를 잠시 돋을새김한 모습이다. 여기서 뜬금없이 '무사적 실존'을 읊는 것은, 무사적 실존의 예외성을 통해, 거꾸로, 죽음처럼 무서워할 변화의 계기를 얻으려는 의욕과 그 훈련을 가능케 하려는 취지에서다. 그 예외성은, 인문학 공부를 통해 걸어가는 삶의 전체성을 마치 일생일대사(一生一大事)의 무사적 결단처럼 재구성할 가능성을 탐문하려는 것이다.

수년 전, 옛 학생 몇을 만나 환담하던 중 마침 이들이 모두 여성이었기에 무슨 말 끝에 나는 이런 질문을 던져보았다. '당신들은 이제 서른 가까운 나이에 이르렀으니 우리 사회의 대체와 그 성격을 어느 정도 파악했을 것이고, 특히 연애 경험을 포함해서 한국 남자들에 대해서도 제 나름의 식견과 평가를 할 기회와 계기가 많았을 것이다. 당신들의 경험 속에 진하게 남아 있는 (한국) 남자들의 인상은 대체로 어떠한가?' 그들의 답변 속에 배어든 한국 남성에 대한 표상은 부정적이었다. '밝히긴 하지만 스스로는 밝지 않은' 종자들이라는 게 그들이 내놓은 대체적인 인상이었다. 그중에도 특히 내 기억에 새겨진 말은 '그놈이 그놈'이라는 말이었다. 이 말을 뱉은 이는 똑똑하며 그 언행이 더러 도발적인 데다 국내외의 여행 경험이 많은 여성이었다. 물론 '여자가 셋이면 나무 접시가 드논다'는 속담에 일괄적으로 반영된 남자들의 심리가 숨어 있듯이, '그놈이 그놈'이라는 평가도 일괄적이며 따라서 일방적이긴 하다. 그렇긴 해도 그 답변에는 세속의 남자들이 세속의 여자들을 상대로 운신하는 한 패턴이 투박하지만 여실하게 담겨 있다고 생각된다. '그놈이 그놈'이라는 그 여학생의 말에 나는 잠시 미소를 지었을 뿐 아무런 대꾸도 하지 않았지만, 그 말은 울림이 깊은 슬픔으로 내 가슴을 쳤고, 결국 인문학 공부의 이론과 실천은 바로 이와 같은 일괄성을 넘어갈 수 있는가 하는 데로 집약되어야 한다고 느꼈다. '그놈이 그놈'이라는 세속의 일괄성을 예외적으로 초과하는 자리에 있는 몸들은 어떻게 만들어지는가, 하는 문제.

쟁여놓은 관념과 지질한 변명 속에 거듭 부활하는 문사는 지겹다. 스스로 변할 수 없는 무능을 정치적 화급성의 논리 속에서 호도하거나, 문학적 실존주의의 사이비 절박성 속에서 단숨에 낭만화하거나, 종교신비주의의 숙명론을 뇌까리며 성급히 퇴장하거나, 범속한 생활의 엄숙함을 읊조리면서 주저앉는 짓들은 이제 지겹다. 변해다오, 변하게 해다오. 지팡이를 들었으면 강이 갈라지게 해다오.

다만 문자적 계몽과 지식의 회집이나 융통에 만족한 채 자기 삶의 근본을 문제시하지 않는다면, 변화라는 화두 아래 삶의 '진지함'을 다시 묻지 않는다면, 아카데미즘의 정상성 아래 희번덕거리면서 굴러가는 지식의 가현(假現)이 주체의 빛이자 영혼의 먹이라면, 이제 우리에게 필요한 것은 삶의 총체적인 예외성이 아닐까? 돌이킬 수 없는 방향으로의 변침(變針)이 아닐까? 바로 그 예외성의 칼날이 자신의 배를 가르는 날이 오기까지 '다만 하늘을 꼭대기로 삼고 땅을 길로 삼아 걸어갈 뿐(只頂天路地而行已矣)'이지 않을까.

40. 베는 맛

　요시카와 에이지의 『미야모토 무사시』의 한 대목에서는 '몸을 가르는 솜씨…… 정말 일품입니다!'라는 감탄이 나온다. 그런가 하면 무사시는, 그를 연모하던 여성이 단검으로 자살(自殺)하자, 그 자살의 사실보다 자살(刺殺)의 솜씨에 더 빠르게 눈이 간다. 아사다 지로의 『칼에 지다』라는 소설에서도 '베는 맛이 좋다'라는 문장이 문득 이국적으로 도드라진다. 물론 이 이국성은 널리 알려진 대로 터부가 없는(적은) 사회에서 가능한 특권적 지평에서 개화한 것이다.

　죽음을 앞두고 임종게(臨終偈)를 읊조리며 심지어 재담 섞인 말을 뱉는다거나 혹은 상식을 밀어내는 아득한 미학을 말하는 것마저 어떤 앎의 일종이라면, 그 앎은 필시 예외적일 것이다. 그것들은 예외적 집중의 산물이거나 예외적 비움이 불러들인 선물이겠거니, 아무튼 그 앎은 당연히 평정무사한 인식의 산물이 아니며, 따라서 세속의 교과서에 쉽게 등재될 만한 게 아니다. 아무래도 그것은 수행이라는 우연성 혹은 우연이라는 수행성에 곁붙어 생긴 것이라고 해야 할 테다. 예를 들어 어떤 이상한 사람이 나타나 혈통의 가족주의를 무시한 채 동무들의 공동체에 집중하고 당대의 정치적 질서와 사회적 관습을 어긋내면서 말하기를 '네 이웃을 네 몸과 같이 사랑하라'고 언표했다고 하자. 이런 유의 발언도 무슨 정밀하고 합리적인 인식에 터한 보편적 윤리로 여겨선 안 된다. 우선 그 뜻이 불분명할 뿐 아니라 아무도 지킬 수 없는 언명이니, 이는 사회적 윤리가 되지 못한다. 자고로 경전을 연구한 끝에 그 인식의 힘으로 신자(信者)가 되는 사람도 드물지만, 경전 속의 언설을 곧이곧대로 실천함으로써 신심을 유지하는 경우도 드물다. 다른 누구도 아닌 그가 발화(發話)한 탓에 그것은 새로운 도덕적 차원을 개시한 '윤리'의 일종으로 받아들여지긴 하지만, 엄밀히 말해 그것은 윤리나 도덕적 명령이 아니라 영탄(詠嘆)이나 자기 계시(self-revelation)에 가깝다고 해야 할 것이다. 다시 말해서 이 발화는 어떤 사람이 겪어낸 수행수행(遂行修行)의 자연스러운 회고로 봐야 한다. 비슷한 맥락에서 알록달록한 노스페이스를 입고 동네 앞산과 뒷산을 오다니는 이들의 도덕으로는 태산지정북두회(泰山之頂北斗懷)의 미학에 도달하기 쉽지 않을 것이다. 검선일치(劍禪一致)에 도달한 검객이 (마치 그 모든 장인은 자신의 재능을 도덕의 저편으로 가뭇없이 밀어올리는 지점을 눈앞에 둔 채 말하듯이) 자살(自殺)한 애인의 자상(刺傷)을 접하면서 차마 미학적 풍치(風致)를 느낄 수 있는 것은 이미 관습의 도덕이나 보편적 윤리 차원에서 붙잡을 수 있는 게 아니다.

'클리나멘(clinamen)' 등속의 산드러진 이름을 붙이지 않더라도 수행성의 효과는 그 근본에서 우연적인 것이며, 이 사실은 '가는 봄날'이라는 삶의 근원적 선험성, 그리고 '어긋나는 그대'라는 관계의 근원적 선험성에 비추어 차라리 자명하다. 마치 아렌트의 주장처럼, 신도 동물도 아닌 인간만의 고유한 특권인 행위(action)가 예상할 수 없는 새로운 사실을 상기시켜주는 힘을 지니고 있듯이(아렌트 1996, 74, 311) 수행성 일반은 (벤야민의 표현처럼) '의도를 죽이는', 그래서 마침내 진실을 드러내는 힘을 갖는데, 이 사실을 앎에 견주어 말하자면, 이는 앎의 부작용이나 곁말이 아니라 오히려 앎의 근원적인 사태라고 해야 할 것이다. 그렇기에 '오른쪽 뺨을 치면 왼뺨을 내밀라'거나 '몸을 가르는 솜씨…… 일품입니다'와 같은 발화는 예상치 못한 우연의 사태인데, 다만 이들의 우연은 그저 수동적인 여건이 아니라 비상한 성취에 깃든 우연이라는 점이 돋보인다.

여기서 알 수 있듯이, 늘 에고의 생각을 앞세우는 세속의 이치는 어긋남이지만 그 어긋남에도 근본적으로 상이한 두 개의 패턴이 있는데, 그 차이의 관건은 역시 에고의 처리 방식에 있다. 내가 철학자, 인문학자로서 평생 경험하고 배우며 느낀 것 중에서 지극히 중요함에도 불구하고 언제나 놓치게 되는 포인트는 바로 에고의 처리 방식에 있다고 해도 과언이 아니다. 에고를 이렇게 처리한즉 지옥 속에서도 예수나 부처로 가는 좁은 길이 보일 것이며, 같은 에고를 저렇게 처리한즉 도원경 속에서도 괴물과 악귀가 뛰어다니는 신작로가 훤하게 드러날 것이기 때문이다.

달인이라거나 지인(至人)은 그 누구나처럼 시행착오의 과정을 거치지만 결정적으로 어긋나는 것은 그 과정에서가 아니다. 안정된 전통을 이루면서 전승된 형식을 견결하게 지키는 이상 크게 어긋나는 법이 없고, 또 만약 훈련 과정에서 크게 어긋난다면 그는 반거들충이로 끝나거나 기껏해야 사이비로 머물고 말 것이다. 달인과 지인의 경우에는 외려 성취 자체가 대중의 시선 아래에서는 그 관심이나 재능의 편차 탓에 근본적 어긋남으로 드러나기도 한다는 점에 주목해야 한다. 이들의 놀라운 성취가 이루어내는 어긋'남'은 곧 세속에 대해서는 어긋'냄'이 되는 것이며, 이 어긋남/냄 자체에 스며들어 있는 흐릿함(fuzziness)이 곧 경외와 해석의 대상이 된다. 다시 노(能)를 들어 비유하자면, 연기 중에 생성되는 '꽃'과 그 멋은 이미 어긋냄인데, 이 어긋냄은 형(型)과 예(藝)로부터 어긋나지 않으려는 절차탁마의 노력에서 발원하는 수행적 우연성이다.

곡이란 것은 기본 가락 위에 그 연희자가 궁리하여 표현한 변화의 묘(妙)를 말하며, 이 변화의 묘가 꽃인 것이다. 같은 명인, 같은 꽃 중에서도 더없는 궁리를 한 자는 보다 예술적인 향기를 지닌 꽃을

알고 있을 것이다. 소리에서는 가락은 일정한 기준이며 변화의 묘
는 명인이 독자적으로 창출한 것이다. 또한 춤에서도 하나하나의
형(型)은 기준이며 그에 따라 표현되는 멋은 명인이 자아내는 것이
다.(김학현 1991, 101~102)

어떤 앎은 직관이나 기미의 형식을 띠고 찾아온다. 많은 사상
가가 비슷한 언설을 구사한 바 있지만, 실제로 '찾아온다'고 느
끼는 것은 과장이 아니다. 이 경우에 흔히 주체의 기대나 예측
을 넘어서기에 그 '주체'는 이미 주체가 아니다. 주변을 한갓 인
식의 풍경으로 만들고 이를 굽어보면서 '파악(把握)'하는 오연
한 주체는 이미 자신의 몫을 충분히 받은 셈이다. 빈방이 있어
야 손님을 모실 수 있는 법이며, 주인은 그 빈곳에 '아는 듯 모
르는 듯한' 정성을 들인 끝에야 비로소 손님을 치를 수 있다. 이
런 손님은 대체로 부끄러워하거나 까다롭고, 또 오래 머무르지
않는다. 특히 주인의 태도와 그 방의 상태에 따라 손님의 행선
은 쉬 바뀐다. 하지만 어떤 직관이나 기미는 단순한 손님(客)이
아니다. 이번에는 주인의 기대나 예상과 무관하게 움직이는 선
물/재난과 같은 존재로서의 손님(客)이 아니라, 주인의 노력과
성취에 어느 정도 부응하는 듯한 손님이다. 이런 손님은 객(客)
이 아니라 '빈(賓)'인 셈인데, 직관이나 기미의 형식으로 찾아와
서 잠시 머무는 앎 중에는 빈의 모습을 띠는 경우도 있다. 완벽
한 타자에 근접하는 객보다 인간의 정성과 내력에 어느 정도 조

응하는 빈의 메커니즘이 인문학적 여지를 한층 더 지닌 듯 보인다. 그러나 이 경우 주인과 손님(賓)의 관계는 한층 더 묘하다. 주인이 초청장을, 그것도 쉴 새 없이 띄운 것은 분명하지만 그 초청장에는 찾아온 손님(賓)의 이름이 없었기 때문이다.

물론 나는 10여 년 전부터 이러한 현상을 일러 '알면서 모른 체하기'라는 범주 속에서 다루어왔다. 이름을 불렀으면서도 완벽히 몰라야 하고, 채비하고 마중을 나가면서도 그가 누구신지 완벽히 모르며, 오직 부르는 자의 노력과 성의와 기량에 마치 어긋나기라도 하는 듯 응하는 앎의 지평을 나는 그렇게 불러왔다. 가령 주술(magic)과 고등 종교의 차이랄 수 있는 게 적지 않지만, 가장 중요한 부분은 관련되는 신을 대하는 방식이다. 전자의 신은 인간 주체가 일정한 테크닉에 의해 뜻대로 부릴 수 있다는 의미에서 극단적으로 순화된 빈(賓)과 같은 존재다. 이 경우의 귀신은 손님이긴 하되 그 존재성이 주술사의 테크닉과 카리스마에 수렴되는 기능성을 지닌 탓에 이미 진정한 신이 아니라 바로 그 주술사의 그림자와 같은 존재랄 수 있다. 그런가 하면 고등 종교의 신은 인간 주체의 부름을 초과하는 (절대적) 타자로서 그 무상과 표표(飄飄)함은 어떤 손님(客)의 경험을 초월한다. 알면서 모른 체하기란 바로 이 신과 귀신의 사잇길에서 인간이 잠시 만날 수 있는 앎의 형태를 상상해보는 일인데, 예의 '베는 맛'도 그 같은 앎의 일종일 수 있다.

41. '아직 아무것도 아닌 것'을 위하여

살고 있는 모든 순간은······ 아직 솟아오르지 못한 것으로서 세계 시작의 0년에(im Jahr Null des Weltanfans)에 있다.(에른스트 블로흐,『희망의 원리』)

1. '아직 아무것도 아닌 것'으로서 내가 제일 먼저 지목한 것은 물론 '호감' 혹은 호의와 같은 것이었다. "호인(好人)이면서 시기심과 의심이 가득한 그 시선"*의 주인공들이 생각 없는 생각 속에서 나날이 흩뿌리는 그 호감과 호의 말이다. 범속하고 지질한, 그래서 더욱 피로한 세속의 일상 속에서 호감과 호의는 섬광처럼 번득이며 아무나를, 그 누구라도, 명패 없는 선물처럼 유혹한다. 사랑하고 미워하는 일에서 한시도, 한 치도 벗어나지 못하는 우리는 일상의 풍경들이 가린 그 정서의 영도(零度)를,

---

* 나카지마 아쓰시,「호랑이 사냥」,『식민지 조선의 풍경』, 최관·유재진 옮김, 고려대학교 출판부, 2007, 75쪽.

'아무것도 아닌'이라는 명백한 한정어가 위태롭게 품은 '아직'이라는 부사어(副詞語)의 미래에 눈을 돌리진 못한다.

호감이나 호의를 두고 '아직 아무것도 아닌 것'이라며 퇴박을 놓는 이유는, 유치환의 표현처럼 "아예 애련(愛憐)에 물들지 않고…… 꿈꾸어도 노래하지 않고 두 쪽으로 깨뜨려져도 소리하지 않는 바위"('바위', 1947)가 되라는 뜻에서가 아니다. 인간이라면 그럴 수 없으며 또 그럴 필요조차 없으니, 살아 있다는 것은 흔들리면서 걷는다는 뜻이고, 잘 산다는 것조차 그 흔들림의 리듬과 박자, 즉 재배치(rearrangement)라는 '형식·정치'(바르트)일 수밖에 없기 때문이다. 일찍이 연암이 예찬한 바대로, 우리 일상의 구석구석에 잔다랗게 늘어붙은 이치들을 살뜰하게 묘사한 이덕무는 (그래서) 이렇게 말한다. "사람은 좋아하는 것으로 인해 꼭 성공하고 또한 좋아하는 것으로 인해 망한다(人必以所好深者成 亦以所好深者敗)." 그러므로 그것이 '아직 아무것도 아닌 것'임을 아는 자, 시전의 황진(黃塵) 속에서나마 잠시 현명하다.

사족을 달면, 특히 남녀 사이의 호감이 미래를 향할 때에는 전술한 것처럼 '아직 아무것도 아닌 것'에 불과하지만, 과거를 향할 때라면 그 지식의 무시무시함은 실로 형언할 수 없는 것이다. 우주의 내력과 구조의 무시무시함이나 인간의 내면이 구성된 내력과 그 구조의 무시무시함이나 혹은 선(善)과 내세를 말하는 종교들의 무시무시함과 마찬가지로, 인간의 암컷과 수컷이 가장 가까운 참조항(項)인 보노보*를 초과해서 이룩한 놀랍고도 위태로운 성취의 내력 및 그 성격도 무시무시하긴 마찬가지이기 때문이다.

2. 호감이나 호의는, 자본주의 속을 살아가는 개인들 사이의 급진적 상호작용론의 미시적 갈래에 배치될 수 있는 것으로서 외려 너무나 뻔한 그 어감 탓에 그간 제대로 된 분석적 조명을 받지 못했다. 말할 것도 없이 '옆집 색시 믿고 장가 못 간다'에서부터 송중기나 송혜교에 대한 대중의 관심을 거쳐 '예수님은 나를 (더) 사랑하신다'에 이르기까지 점점이, 줄줄이 이어져 있는 세속적 호감과 호의는 우리가 몸담고 살아가고 있는 세속 그 자체다. 이런 따위의 호감과 호의는 실은 과도한 주목과 조명의 대상이 되어왔을 뿐 아니라 이미 그 자체로 상품이랄 만도 하다. 인문학도로서의 관심에서 다시 지적하자면, 이 글에서 중요한 대목은 '아직 아무것도 아닌 것'으로서의 호감과 호의다. 잘라 말하자면, 호감과 호의가 인간관계에서 아직 아무것도 아닌 것은, 마치 공부에서 '생각'이 아직 아무것도 아닌 것과 정확히

---

* "그러나 보노보는 약 네 번에 한 번꼴로 얼굴을 마주보는 자세로 교미한다. 암컷이 이 체위를 좋아하는 것으로 생각되는데, 그 이유는 보노보 암컷의 클리토리스(음핵)가 크고, 침팬지에 비해 훨씬 앞쪽에 위치하기 때문일 것이다. 보노보는 교미에 앞서 거의 반드시 오랫동안 서로의 눈을 응시하면서 서로를 유혹한다. 이런 행동은 보통의 침팬지에서는 찾아볼 수 없다. 보노보의 성행동은, 거의 항상 수컷에 의해 강제적으로 교미가 시작되는 침팬지와는 달리, 쌍방향적(雙方向的)이다." 칼 세이건·앤 드루얀, 『잃어버린 조상의 그림자』, 김동광·과학세대 옮김, 고려원미디어, 1995, 377쪽.

일치한다. 자기 생각을 넘어서는 자리에서 공부의 문이 열리듯이 호감과 호의에(그래서 원망과 질투에) 들씌운 에고를 넘어서는 자리에서야 진정한 관계의 초석이 놓이는 것이다.

3. 그런가 하면 돈의 ('값'이 아니라) 가치를 여태 정확히 모르는 나는, 가난에 시달릴 때에도 그 돈의 가치를 몰라 돈을 빌려 본 적이 없고 꼬박꼬박 월급이 생길 때에는 빌려달라는 대로 다 빌려주고 모조리 떼어먹힌 주제이긴 하지만, 부(富)도 '아직 아무것도 아닌 것'의 대열에 몰밀어붙여야 한다고 여긴다. 부는 금융자본이나 산업자본은 물론이거니와 상업자본의 차원에서조차 개인적 상호작용을 넘어서는 메커니즘이나 시스템의 이름으로 줄곧 이런저런 관심의 대상이 되어왔다. 아니, 이제 그것은 그 모든 관심의 거대한 숙주(宿主)로서 귀신처럼 편재하고 공룡처럼 숭엄하기조차 하다. 그러므로 자본제적 삶과 창의적으로 불화하려는 이들이라면 마땅히 이 부의 문제에 대해서도 나름의 일관된 태도가 요구되는데, 나는 이 태도가 생성되는 첫 지점을 다름 아닌 '아직 아무것도 아닌 것'이라고 본다. 아래는 존 러스킨의 말이다.

부자와 빈자의 얼굴을 맞댄 대립은, 강물이 흘러 바다에 이르듯, 또는 전기를 띤 구름들 사이에서 전력이 오가듯, 이 세상의 정해진 필연의 법칙이다. '이들을 만든 이는 주님'이다. 하지만 이 작용은 온화하고 정당한 것이 될 수도 있고, 격동적이고 파괴적인 것이 될 수도 있다. 모든 것을 집어삼키는 홍수처럼 격렬하게 이루어질 수도 있고, 유용한 물결처럼 잔잔하게 이루어질 수도 있다.*

러스킨이 읽어내는 근대의 경제학은 인간이 "뼈만으로 되어 있다고 가정하고서 인간의 영혼을 부정한 뒤 그 토대 위에서 진보의 골결을 세우고 있는 것"(러스킨 2009, 53)으로 드러난다.

인문학은 말 그대로 '사람의 무늬(人紋)'를 다룬다. 사람이 지금의 삶의 형식, 그 무늬를 얻게 된 내력을 살피고, 그 성격과 가치와 문제점과 새 가능성을 헤아리거나 비평하며, 아름답고 깊으며 심지어 생산적이기까지 한 무늬를 얻을 수 있는 방식을 찾고 이를 각자의 삶에 적용, 실천하려고 한다. 사람들이 어울려 살아가는 자리에는 당연히 여러 가지 '값(price)'을 가진 것들이 오간다. 그러나 값의 체계는, 미소에 감동하고 낙화(落花)에 슬퍼하며 의식의 집중을 넘어 영혼을 만들어내는 인간적 가치의 세계를 제대로 해명하지 못한다. 사람이 인격과 영혼의 흔적들을 지니며 장작이나 물고기처럼 수량으로 값이 매겨지는 차원을 훌쩍 넘어서면서 그는 고유한 무늬를 얻는다. 그리고 이에 조응해 주변의 값을 지닌 여러 물건은 어느새 '가치(value)'를 띠게 된다. 이 경우의 '아직 아무것도 아닌 것'이란 가치와

---

* 존 러스킨, 『나중에 온 이 사람에게도』, 김석희 옮김, 느린걸음, 2007, 115쪽.

값 사이를 가르는 심연을 응시하면서 그 심연을 가로지를 도약을 앞둔 자의 인문학적 초심(初心)을 말한다. 그러니까 '아직 아무것도 아닌 것'이란 값이 매겨지긴 했지만 사람의 무늬 앞에서 아직 가치를 얻지 못한 상태 혹은 이제 막 얻기 위해 움직이기 시작한 상태의 것을 가리킨다고 할 것이다. 가령 애너그램(anagram)은, 로고스중심주의(logocentrism)의 언어관 속에서 언어의 본질과는 상관없는 것으로 여겨진 채 억압되고 도외시된 헐값의 잠재적 가치인 셈이다.[*]

생각은 아직 아무것도 아니고 호감과 호의 역시 아직 아무것도 아니며 값(price) 또한 아직 아무것도 아니다. 늘 부스대거나 도지개를 켜는 생각이 죽어야 그 생각은 이제 '무엇'인가가 될 테고, 호감과 호의가 에고이즘의 날실과 올실로 엮인 위태로운 낭만주의의 거처를 빠져나와 사회적 신뢰에 터를 놓게 될 때에야 비로소 그것들은 '무엇'인가가 될 수 있으며, 세속의 명패이자 방패인 값이 그 맹목의 수량(數量)에서 벗어나 인간과 영혼의 자리를 향해 도약하기 시작할 때에야 겨우 가치라는 '무엇'을 얻게 될 것이기 때문이다.

'아직 아무것도 아닌 것'은 아직(noch)과 아닌(nicht) 사이에서 상이한 해석과 평가를 얻는다. 이 명제에 관한 한 '아닌'에 방점을 찍는 이들은 현명한 비관주의자들이다. 이들은 '생각'이

---

[*] 조너선 컬러, 『소쉬르』, 이종인 옮김, 시공사, 1998, 175쪽.

라는 세속, '호감과 호의'라는 세속, 그리고 '값'이라는 세속의
성격을 환히, 길게 들여다볼 수 있는 자들이다. 가령 민중(民衆)
이 역사의 주체가 아니라 역사의 단면인 세속 그 자체일 뿐이라
는 사실이 뒤늦게 알려지는 것처럼, 이들은 생각과 호감과 값이
세속의 단면 그 자체일 뿐이라는 사실을 남보다 빠르게 읽어낸
다. 예를 들어 칼국수 집이 우리가 살고 있는 세속이라면 거기
서 내놓은 메뉴에는 '밀가루' '간장', 그리고 '살아 있는 바지락'
등등이 올려져 있으며, 그 집주인은 우리에게 생각과 호감을 가
지고 먹은 뒤 그 값을 치르고 나가줄 것을 요구한다. 그리고 놀
라운 일은 대다수의 사람이 이 (요리로서는) 아직 아무것도 아닌
것들— '밀가루' '간장', 그리고 '살아 있는 바지락'과 같은 것들
—을 줄창 먹어대고 있다는 사실이다. 아직 아무것도 '아닌' 것
들에 대한 비평적 감각은 인문학적 비관주의자들의 몫이었다.
그러나 아직(noch)을 신봉하는 자들 역시 이들 비관주의자다.
'아직'은 오직 정확하고 쓸쓸하게 관찰된 '아닌' 위에서만 경험
할 수 있기 때문이다.

4. 마치 쥐의 머리를 생각하다가 소의 꼬리에 치닫는 식으로,
호감이라는 파편적·사적 정서와 부(富)라는 시대의 종교를 뛰
어넘어 이제는 기술이라는 객관적 환상으로 나아가자. 기술이
아닌 것이 없는 세상, 비관주의의 최대치가 여전히 도시와 그
너머의 경계에서 배회하는 동안, 낙관주의는 '인간의 얼굴을 한

기술'이라는 가면 속에 안착한다. 소비 욕망이 환상의 틀에 의해 주조되고 있는 데다 '환상의 소비'(기 드보르)마저 일상화된 마당이고, 그 마당의 축과 알짬이 첨단의 기술 제품으로 채워지는 현실 속에서, 기술주의의 환상을 뚫어내는 하아얀 의욕의 지평을 얻는 것은 쉽지 않다. 내가 말해온 '하아얀 의욕'이란 '욕심'이라는 세속의 (아직은 아무것도 아닌) 자연적 상태가 죽은 다음에야 비로소 잉태되기 때문이다. 마치 참회가 과거에 대한 죽음이면서 미래에 대한 부활인 것처럼 말이다.

시대의 마지막 실재가 되어가는 기술의 실체를 온전히 인정해야 하는 것은 물론 기본이다. 기술이 노동을, 경험을, 관계를, 그리고 과거의 꿈들을 차츰 대신하게 될 것도 충분히 예상 가능한 미래다. 그러나 우리는 기술이 인간의 무늬에 접속하는 자리들을 늘 살필 수 있으며, 역시 내 오래된 표현으로 '무늬가 아닌 얼룩'인 채 자신을 강요하는 기술적 번쇄(煩瑣)에 대해서는 예리한 비평적 분쇄를 마다하지 않아야 할 것이다. 이를 위해서는 생각과 호감과 부와 기술이 곰팡이처럼 번식하고 있는 세속에서 '호의(생각/부/기술)는 총알보다 빨리 죽인다(Favors kill faster than bullets)'는 원칙에 견결한 채 이 모든 번화번쇄(繁華煩瑣)를 낮은 생활의 자리에서 되물어가는 차분한 시선의 거리를 유지하는 일이 무엇보다 중요하다.

'아직 아무것도 아니'라는 차분한 시선 아래에서 자기 생각과 호감과 부와 기술 상품이 차갑게 떨어지는 경험을 하는 일은 물론 쉽지 않다. 자신의 나이에 얹힌 세월이 제일 무거워 보이듯이 언제나 자기 생각이 제일 무거워 보이지 않던가? 호감과 호의는 민들레 꽃씨의 변덕처럼 가벼워도 마치 무슨 중요한 사회적 결정인 듯 과대평가받지 않던가? 부를 둘러싸고 벌어지는 악지와 악다구니질은 마치 주변의 공기처럼 언제 어디서나 흐르고 있지 않은가? 2015년 현재 이미 4000만 명을 훌쩍 넘어섰고, 그중 스마트폰의 경우에는 83퍼센트라는 세계 최고 지수에 오른 한국의 휴대전화 사용자들이 '작은 차이의 나르시시즘'으로써 유행의 와류를 이루고 있는 꼴은 또 어떤가? 시대의 우환에 내밀려서 이데올로기적으로 경도된 듯한 마르쿠제의 낡은 비판이 여전히 실감나게 다가오지 않는가?

> 오늘날 지배는 기술을 통해서뿐만 아니라 기술로써 스스로를 영구화시키고 확대하는데, 후자의 경우는 문화 영역을 흡수하는 정치권력의 팽창에 커다란 정통성을 부여한다. 이 같은 세계에서 기술은 또한 인간의 부자유에 대한 커다란 합리성을 제공한다.[*]

'아직 아무것도 아닌 것'이라는 시선과 태도는 우리 모두가 돌이킬 수 없이 얽혀 있는 전통과 존재 조건(Seinsgebunden-heit), 선입견이나 선호/취향의 체계(habitus)를 임의로 무시하

---

[*] 허버트 마르쿠제, 『1차원적 인간, 부정』, 차인석 옮김, 삼성출판사, 1982, 157쪽.

려는 게 아니다. 실은 어떤 것도 '아무것도 아닌 것'이 아니며, 세속의 체계 속에 자리를 얻고 있는 한 그것은 이미 '어떤 것'이다. 이와 조응해서 누구라도 그 생활세계 속의 어떤 것이 '어떤' 것이 되고 또 '어떤 것'으로 계속 남아 있게 하는 데에서 면책(免責)될 수 없다. 우리 모두는 공범이며, 그런 뜻에서 우리 자신들이 곧 세속의 일부다. 그 누구도 세속이 자신의 정체성을 유지하는 방식인 이 '해석학적 순환(hermeneutische Zirkel)'으로부터 벗어날 수 없는 것이다. 벗어날 수 없다는 사실을 깨닫는 것은 대단히 중요하다. 자신의 무지와 그로 인해 번지는 주변의 얼룩들을 자각하는 것은 이 해석학적 순환과 윤리적 책임의 한가운데에 살아가면서도 그 순환에 떠밀리거나 책임을 방기하지 않는 공부 길이 될 수 있기 때문이다. '아직 아무것도 아닌 것'이라는 눈높이로써 설정하려는 실천적 태도는 일종의 영도(零度) 체험이다. 그것은 우선 기성 체계에 얹혀 있는 갖은 세속적 가치들에 대한 입도선매(立稻先賣)에 동의하지 않는 것이다. 이 원칙에 의하면 인문학적 논의의 영역에서는 어떤 대상도—당신의 어머니도 당신의 종교도 그날의 상처나 추억조차—해석과 판단의 특권을 가질 수 없다. 그러나 이 영도의 체험은 다만 현상학적 혹은 인식론적 판단중지(epoché)의 문제가 아니다. 사이비 값과 가치들이 뒤엉켜 들끓고 있는 세속의 인드라망 속에서 시선만을 치깐다고 해서 영도에 이를 수 있는 것은 아니기 때문이다. 생활양식의 전부가 이미 '어떤 것'들과 사

집중과 영혼

736

무치도록 얽혀 있는 가운데 담론 몇 쪽을 만지작거리면서 얻어 낸 결심만으로 '아직 아무것도 아닌 것'으로서의 영도는 찾아오지 않는다. 비록 언어와 마음을 지닌 그 누구도 '아직 아무것도 아닌 것'의 자리에 안착할 수 없지만, 돌이킬 수 없이 이 자리를 지향하는 삶의 양식과 그 일관된 중력이 없다면 이는 아직 인문학이 아니다. '자신의 몸이 백골(白骨)로 보이고 타인의 몸이 나무처럼 보이'*지 않는다면 우리는 '아직 아무것도 아닌 것'의 인문학적 영도에 이른 것이 아니기 때문이다. 혹은 이를 좀 더 일반적으로 옮겨 표현해보면, "무릇 모든 상이 허망한 것"이고 "만약에 모든 상이 상 아님을 알면 그것은 곧 여래를 보는 것(凡所有相 皆是虛妄 若見諸相非相 卽見如來)"**이니 이러한 경지야 비록 고원무비(高遠無比)하더라도 이 비유의 형식을 살피는 것으로써나마 '아직 아무것도 아닌 것'의 인문학적 소여(所與)에 접근해볼 수 있을 것이다. 비유를 조금 더 급진화해서 멀리 나가본다면, 그 생애 말기에 이단 시비에 휘말려 정신적 회술레를 당한 마이스터 에크하르트의 종교신비주의적 관측 역시 '아직 아무것도 아닌 것'의 인문학적 지평을 밝히는 데 방증적 기여를 할 수 있을 것으로 보인다.

---

* "공부가 완숙해진 뒤에는 자기 몸이 백골로 보일 뿐만 아니라 타인과 말을 할 때에도 백골과 대답하는 것처럼 생각되어 길을 걷는 사람도 모두 나무로 만든 사람처럼 생각되었다."『稿本仁齋先生文集』. 다음에서 재인용. 이기동,『이토오진사이, 일본사상의 대변자』, 성균관대학교출판부, 2000, 38쪽.
** 『금강경』, 최대림 역해, 홍신문화사, 1990, 47쪽.

왜냐하면 '벌거벗고 텅 빈 인간 영혼'이 하나님께 의존하고 하나님에 의해 보전되면 될수록 그 사람은 하나님 안에 더욱 깊이 살게 되고 하나님의 가장 좋은 선물들을 더욱 많이 받아들이게 되기 때문입니다.*

5. 생각도 호감·호의도, 부도, 그리고 기술 지배의 형상마저도 '아직 아무것도 아닌 것'으로 읽어내려는 의욕은 우선 정직한 절망을 위한 것이다. 그래서 사람만이 절망이 되는 지평이 온전히 시각을 채우고, 역사의 변혁을 주도할 집단적 주체는 늘 2급의 가상(Schein)이었으며, 슬프고 맑은 눈에게 미래는 오직 자신의 어깨로 짊어져야 할 무게일 뿐이라는 사실을 자인하기 위한 것이다. 『금강경』이나 에크하르트가 다소 극적으로 시사해주듯이, 가령 내가 현재 속에 구금된 나가 아니라 미래와 심지어 과거로까지 열려 있는 나일 수 있는 유일한 이유는 바로 그 내가 '(아직) 아무것도 아닌 것'이라는 자각, 그 역설적 생산성 때문이다. 내가 참고 양보하고 포기하고 비워낸 것으로 인해서 내 영혼이 생성된다는 소식은 언제나 종교적 수사(修辭) 이상의 것이다. 빔의 가능성으로 인해 새로운 생산의 가능성이 엿보이고, '아직 아무것도 아닌 것'이라는 근원적 양보(讓步)로 인해 생활세계의 변혁을 위한 시동이 걸리며, 알면서 숨긴 말과

---

* 마이스터 에크하르트, 『마이스터 에크하르트』, 레이몬드 B. 블레크니 엮음, 이민재 옮김, 다산글방, 1994, 149쪽.

변명으로부터 스스로 삭제한 말과 너무 고와 바람 속에 날려버린 말들이 쌓여서 정신의 화석이 생성되는 것이다. 이것은, 푸른 유리가 푸르게 남아 있는 이유는 그 푸름을 포기했기 때문이라는 역설적인 이유와 닮아 있지 않은가.

푸른 유리는 빛이 통과할 때 파랗게 보이는데, 그것은 유리가 다른 빛깔을 모두 흡수해서 통과하지 못하게 하기 때문이다. 즉 우리가 유리가 '푸르다'고 하는 것은 바로 그것이 푸른색 파장을 보유하지 않기 때문이다. 그것은 소유하고 있는 것에 의해서가 아니라 방출하는 것에 의해서 그렇게 불리는 것이다.*

---

* 막스 훈치거. 다음에서 재인용. Erich Fromm, *To have or to be*, New York : Harper & Row, 1976, pp. 82~83.

42. 글쓰기의 영도(零度),
영도의 글쓰기

마음은 눈을 잊고, 눈은 팔뚝을 잊고, 팔뚝은 종이를 잊고, 종이는 먹을 잊고, 먹은 벼루를 잊고, 벼루는 붓을 잊고, 붓은 종이를 잊게 되니, 이러한 때에는 팔뚝과 손가락을 마음과 눈이라고 불러도 괜찮고……*

　이덕무의 『이목구심서(耳目口心書)』에 소개된 이 글쓰기의 경지**는 문사의 세계에서는 그리 낯선 경험이 아니다. 내가 20년

---

* 心忘眼, 眼忘腕, 腕忘紙, 紙忘墨, 墨忘硯, 硯忘筆, 筆忘紙, 當此之時, 呼腕指爲心眼可也…… 이덕무, 아래에서 재인용. 정민, 『한서 이불과 논어 병풍』, 열림원, 2000, 148쪽.
** 동아시아 최고의 문학이론서로 꼽히는 유협(劉勰)의 『문심조룡(文心雕龍)』은 이 방면에 유익한 서술로 가득한데, 역시 익숙한 표현이긴 하지만, 그 경지의 단면을 이처럼 표현한다: "이집(伊摯)도 자신의 요리 방법을 사람들에게 말로 설명할 수 없었고, 윤편(輪偏) 역시 자신의 도끼 다루는 법을 사람들에게 말로 전할 수 없었다. 아, 위대한 예술의 경지는 그렇게 극히 미묘한 길이리라(伊摯不能言鼎 輪偏不能言鈇 其微矣乎)." 유협, 『文心雕龍』, 최동호 역편, 민음사, 1994, 333쪽. 이덕무는 '효가잡고(孝暇雜稿)'라는 흥미로운 제목의 글에서 유가적 문장론의 알속을 요약한다: "정성으로 효를 다하면 온갖 행실이 저절로 갖추어지고, 온갖 행실을 갖춘 것을 드러내면 그대로 문장이 된다." 이덕무, 『책에 미친 바보: 이덕무 산문선』, 미다스북스, 2004, 92쪽. 후기구조주의적-소비주의적 기표 논리 따위

쯤 전에 "(글쓰기의) 효율이 높아지면서 화면이나 자판은 실질적으로 사라져버리고, 아울러 정신과 육체는 손가락의 움직임 속으로 녹아 들어간다"*고 한 것도 유사한 경험의 이치를 짚는다. 그 모든 재능은 0도를 품고 있으며, 갈래에 무관하게 재능들은 그 영도에서 접속할 수 있다.

이른바 '글쓰기의 철학'이라고 할 만한 것의 발생은 모두 이같은 연성(鍊成)의 과정과 긴밀히 관련된다. 요컨대 끈질기고

를 얼떨떨하게 만드는 이 문장론의 중세적 외피와 그 엄숙한 무게감이 놀라운 게 아니다. 오히려 그 낡은 실천 속으로 세속의 이치가 기묘하게 틈입, 합일해서 범접할 수 없는 효용을 이루는 꼴에 주목할 필요가 있다. 기실 효도와 문장 사이의 인과를 염출할 수 있는 길은 영원히 없다. 익숙한 예를 들자면, 도스토옙스키나 사르트르 혹은 쇼펜하우어나 카프카 등이 예시하듯이, '내게는 초자아(아버지의 이름)가 없다'는 불효(不孝)의 반상징적 상징성에 기생하는 역동성이 오히려 문장론의 속내를 이룰 만하기 때문이다. 그러나 이 성실역행 (誠實力行)의 선비가 걸어간 실천 행도를 결코 헛되이 여길 수 없고, 나 역시 개인적으로 그의 글쓰기론이 지속 가능한 실용성에 기반했으리라고 상상한다. 다만, 나로서는 효도-문장의 틈을 땜질하는 비인과적 인과의 수행성, 그 수행적 재구성에 얹힌 인문적 가능성에 주목할 뿐이다. (고쳐 말하자면, 들뢰즈의 표현을 빌려 '대변자적 주체'는 따로 없으며 사회적 복합성의 행위, 그 수행적 재구성의 행위만 있을 뿐이라는 것.)
* 김영민, 『손가락으로, 손가락에서』, 민음사, 1998, 16쪽. 내가 이 책에서 이른바 '심인성(心因性)의 글쓰기'를 비판한 것도 글쓰기의 훈련이 열어가는 새로운 몸과 타자적 실천의 길을 강조하려는 뜻이다. '내성(內省)에서 출발하는 사유는 타자를 죽인다'는 레비나스-고진류의 명제에 이것을 얹어보자면, 심인(心因)에 젖줄을 댄 글쓰기는 결국 관념론적 나르시시즘에 머물 수밖에 없다는 것이다. 말하자면 그것은 근본적으로 기도(祈禱)나 고백을 방불케 하는 것일 뿐이다. 그러나 글쓰기라는 활동은 그 근본에서 몸의 수행성을 통한 실천적 재구성의 이치를 품고 있으므로, 거듭되는 글쓰기의 활동 그 자체가 어느 정도 심인성의 고착을 속으로부터 허무는 효과를 내게 마련이다. 가령 사르트르가 할아버지의 서가에서 얻은 뿌리 깊은 플라톤-프루스트 식의 관념론을 벗어나게 된 것도 결국은 그의 끈질긴 글쓰기 이력과 무관치 않다. 마찬가지로 아르놀트 하우저가 "플로베르는 작품을 씀으로써 낭만주의에서 벗어난다"고 평가하는 것도 몹시 흥미롭다. 아르놀트 하우저, 『문학과 예술의 사회사 4』, 백낙청·염무웅 옮김, 창작과비평사, 1999, 97쪽. '플로베르는 마치 외과의사가 메스를 움직이듯 펜을 움직인다'는 평론가들의 진술은 글쓰기의 활동 그 자체에 내장된 탈(脫)심인성의 움직임을 사진처럼 포착한다.

지속적으로 글을 쓰지 않는다면 이 모든 논의는 한갓 둔사(遁辭)라는 뜻이다. '펜을 들면 글자를 잊는다(提筆忘字)'고 하듯이, 쓰는 일은 다만 머릿속으로 아는 일이 아니다.

대개의 이치가 인식론적 거울방에서 이루어지는 표상 논리에 터하지 않고, 이런저런 종류의 '수행'을 거쳐가는 재구성이기 때문이다. 특히 (인문주의적) 글쓰기에 대한 논의는, 낭만주의적 천재론이나 한갓 매체론으로 환원되지 않도록 유의하면서도, '도(道)는 곧 실천'이라는 낡은 이치에서 출발해야 한다. 글쓰기가 단지 관념의 정합적 회집(會集)이나 정보의 적절한 배치가 아니라 우선적으로 '몸의 문제'라는 사실은 교육적으로도 매우 중요한 깨달음이다. 나는 30~50대의 만학도들을 오래 가르쳐봤는데, 특히 글쓰기 훈련의 템포는 그들이 보이는 예외적인 학문적 열정에 비추어보면 안쓰러운 실감마저 더해질 정도로 상대적으로 매우 느리다는 인상이 매번 반복된다. 말하기나 글쓰기가 '생각'과는 사뭇 다른 이치를 따르고 있다는 사실은 어렵지 않게 드러난다.

아무튼 글쓰기의 연성 과정에서 보이는 심신합일의 체험이 사적 수사학에 얹혀 애매하거나 신비주의적이라고 한다면, 그 이치를 좀더 실존적으로 옮겨볼 노릇이다. 일가를 이룬 글쟁이들의 회상을 살피면 이른바 '글쓰기의 실존주의'라고 할 만한 글쓰기의 주체화가 예사롭지 않기 때문이다. 얼마간의 시대착오적 감상을 무릅쓰고 도입한 '글쓰기의 실존주의'라는 표현은, 대체로 글쓰기-행위와 근대적 주체의 구성을 잇는 상관관계를 염두에 둔 것이다. 푸코가 잘 밝혀놓았듯이, 자기 배려(souci de soi)의 여러 기법은 메타적 성찰과 성숙의 매체로서 두루 사용되었다. 물론 이는 어느 특정 필자의 고유한 체험이 아니다. 특히 일기 쓰기나 편지 쓰기와 같은 글쓰기 행위는 양심의 함양과 검토라는 주체화의 기제로 애용되었고 이는 (푸코의 계보학적 해석에 의하면) 아우구스티누스의 『고백록』 이후 서서히 정착되었다.* 이와 관련해서, 국가나 민족적 주체의 형성을 역사적 대타자와의 거리두기를 통해 통합적 에고에서 분열적 주체로 나아가는 과정으로 읽는 것은 일반적이다. 예를 들어 거자오광(葛兆光)에 따르면, 주희가 특별히 중화와 오랑캐의 준별을 강조한 배경에는 송대가 시종일관 요(遼)나 서하(西夏) 등 이민족 오랑캐의 위협에 처해 있었던 사실, 그리고/그래서 "가장 큰일은 도통(道統)을 확립하여 중화와 오랑캐를 분명히 구분하는 것"일 수밖에 없는데, 이는 당연히 북송 역사학계에 삼투했던 시대적 경계의식이었다.**

물론 실존주의 혹은 실존적 태도가 근대적 개인의 탄생이라는 주제를 전유할 수도 없고, 글쓰기가 실존적 표현 방식의 전부일 리도 없다. 실로 신매체론자들은 문사적 실존의 구성 과정에서 특권적 지위를 누렸던 전통적 글쓰기 방식이 조만간 몰락

---

* 푸코, 『자기의 테크놀로지』, 이희원 옮김, 동문선, 1997, 52쪽.
** 거자오광, 『이 중국에 거하라』, 이원석 옮김, 글항아리, 2012, 72~73쪽.

5장 잠시 내게 속한 앎, 인문학의 영도(零度)를 향하여

하리라고 예언한다. 그들은 "글쓰기에 대해 아직도 미래 문화의 네트워크 속에서 한자리를 부여해보려는 무모한 시도들"을 믿지 않는 것이다.* 물론 '글쓰기의 실존주의'라는 이 표현 역시 신매체의 지형과 전망을 송두리째 거부하는 고전문사적 관념론을 지지하려는 게 아니다. 다만 글쓰기를 '담론적 실천'으로 보려는 강단좌파 문화주의자들의 적절한 주장과는 별도로, 이것은, (인문학적) 글쓰기는 무엇보다 단독자적 개인의 체질과 열정의 뒷받침이 필수 불가결하다는 뜻을 얹기 위한 개념적 방편이다. 한편, 내가 다른 곳에서 '뜻의 인문학(학문)'과 대조적으로 '글의 인문학(학문)'을 강조해온 것도 이 같은 배경과 맞물린다.(김영민 1998, 157~)

글쓰기 등에서 합일이나 경지 운운하는 동아시아 전통 문사들의 사정과 달리, 글쓰기의 실존주의적 풍경은 서구 지식인/작가의 내면세계에서 진득하고 풍성하게 발견된다. 아쉬운 대로 몇몇만 언급하자면, 사드, 도스토옙스키, 카프카, 사르트르, 바르트 등등이 쉽게 떠오른다. 사드의 『규방철학』 속을 흐르는 주요한 관심 중 하나가 돌망세가 내놓고 떠드는 바와 같이 '일탈과 위반이 곧 쾌락'이라는 명제이기도 하지만, 저항과 위반의 주체화라는 극히 바타유적인 테마를 글쓰기와 에로티즘에 공히 적용한 인물로서 사드는 최적의 사례다. 정액(精液)과 잉

---

* 빌렘 플루서, 『디지털 시대의 글쓰기』, 윤종석 옮김, 문예출판사, 1998, 268쪽.

크의 자의적 혼동은 그에 이르러 자못 순수해질 법도 하다. 그리고 데카르트로부터 막스 셸러나 마르쿠제 혹은 아도르노 등의 갖은 고전적 언급을 재인용하지 않더라도, 대체 의심과 소격(疎隔)과 부정의 정신이 주체성과 맺는 구성적 관계를 어떻게 의심할 수 있을 것인가? 글쓰기를 주체성의 내밀한 구성으로 삼는 점에서 도스토옙스키는 사드에 뒤지지 않는다. 카뮈나 사르트르의 취지와 달리, 글쓰기의 새로운 영도는 바로 이 주체성이 글쓰기에 자신의 자리를 비워내는 기묘한 의욕 속에서 번쩍인다. 1849년 12월 22일, 사형 선고의 공포 속에 쓰인 편지에서 도스토옙스키는 그의 형에게 이렇게 토로한다. "그렇습니다. 만일 쓸 수 없다면 저는 파멸입니다. 설령 15년의 금고를 선고당해도 펜을 손에 드는 편이 좋습니다."* '생활은 우리 내부에 있는 것'이라고 외친 도스토옙스키는 그 내부의 미로(迷路)와 모순으로 가득한 심연을 유례없는 필치로 기술해냄으로써 '분열된 자아'라는 20세기적 인간상에 대한 탁월한 문학적 형상화에 성공했다. 이와 함께 스스로 인간의 내면적 분열상에 대한 글쓰기 행위 그 자체로 자신의 분열을 가까스로 미봉했던, 글쓰기를 통한 주체적 재구성의 기이한 사례이기도 하다.

그런가 하면 카프카는 친구 막스 브로트(1884~1968)에게 보낸 편지에서 다짐하듯 이렇게 속삭인다.

---

* 다음에서 재인용. 마아크 스로닐, 『도스토옙스키: 인간의 심연』, 전광용 옮김, 신구문화사, 1974, 40쪽.

내가 만일 글을 쓰는 것이나 또는 이와 관련된 일 이외의 것으로 인하여 행복을 느끼게 되었더라면 (물론 그렇게 될 수 있었는지는 모르지만) 나는 틀림없이 계속해서 글을 쓸 수는 없게 되었을 것이고 결국은 아직 궤도에 오르지 못했던 모든 일을 망쳐버리고 말았을 것이다.[*]

물론 카프카의 문학적 세계를 실존주의적으로 채색하려는 태도는 사계의 통념이다.[**] 여러 평론가가 누차 지적한 대로 그의 세계는 죄의 편재(遍在)에 의한 실존적 무게감으로 가득하다. 그리고 도처에서 처벌의 그림자가 인간의 실존을 옥죄고 있건만 이를 설명해줄 범죄의 사실은 미묘하게 은폐되어 있다.(Hubben 1962, 142) 중요한 점은 글 속의 세상만이 아니라 그의 삶 역시 글—쓰기의 실존주의와 뗄 수 없이 얽혀 있다는 사실이다. 역시 여러 평자의 지적과 같이 그의 삶의 일관된 양식은 문학/글쓰기 속으로의 도피인데, 따라서 그의 실존(Existence) 역시 도피(ex)라는 양식의 글쓰기에 내재한 거부와 부정, 그리고 변신 속에서 다만 점근선적으로 번득일 뿐이다.

제가 직장에서 견딜 수 없는 까닭은, 그것이 저의 유일한 소망이며

---

[*] 다음에서 재인용. 김광규 편, 『카프카』, 문학과지성사, 1978, 30쪽.
[**] 다음을 참조. William Hubben, *Dostoevsky, Kierkegaard, Nietzsche, and Kafka: Four Prophets of Our Destiny*, London: Collier-MacMillan Ltd., 1962.

저의 유일한 직업인 문학과 상충되기 때문입니다. 저는 바로 문학 이외 아무것도 아니며 문학 이외 아무것도 될 수 없고 또 되고 싶지도 않습니다.(김광규 1978, 33)

한편 사르트르는 무신론적 실존주의자답게 "쉴 새 없이 나 자신을 창조해나갔다".* 사르트르는 글 쓰는 행위 자체에 대한 철학적 분석에는 별무관심이었지만, 글쓰기와 주체성 사이의 구성적 보완관계에 대해서는 누구보다 깊은 이해와 체험을 지니고 있었다. 『말』이라는 그의 자전(自傳)이 시사하듯 말로써, 그리고 글쓰기를 하는 개인으로서 세상과 대면하고 그 세상을 바꾸려는 것이 그가 스스로에게 부과한 지상의 과제였다. 그런 점에서는 "평생 동안 하루에 여덟 시간 내지 열 시간씩 글을 쓴 남자"**는 진실로, 그리고 우선적으로 글쓰기의 실존주의자라고 할 만한 인물이었던 것이다. 그리고 사족처럼 덧붙이자면, 그의 글쓰기가 "자신의 존재를 필연적인 것으로 만들려는 욕구"였다면, 그것은 곧 사드적 욕망에 다름 아닐 터다.*** 마지막으로, 바르트는 사르트르와 달리 어떤 의미에서도 실존주의자는 아니지만, 그 누구보다 정교하고 치밀하게 글쓰기의 실존을 고민했다는 사정에서 여기에 거론할 만하다. 그의 유명한 선

---

* 장 폴 사르트르, 『말』, 원윤수 옮김, 삼성출판사, 1983, 244쪽.
** 데어드르 베어, 『시몬 드 보부아르』, 김석희 옮김, 웅진문화, 1991, 648쪽.
*** 김화영 편, 『사르트르』, 고려대출판부, 1990, 57쪽.

5장 잠시 내게 속한 앎, 인문학의 영도(零度)를 향하여

747

언에 따르면, 글쓰기를 하는 자아는 미친 자아도 건강한 자아도 아니며, 그것은 무엇보다도 신경증적인 자아다.* 그리고 이 자아는 물론 스타일의 고독보다 예술의 안전을 선호하는 저자(the Author)가 아니다.** 하지만 이들과 대조해보자면, '나는 책을 삼키도록 선고받은 기계'(마르크스)라는 언설은 아무래도 다른 정신의 벡터일 수밖에 없다.

언어게임(Sprachspiel)이라는 용어는 언어가 무엇보다 화용(Sprachakt)이며, 생활양식(Lebensform)과 연동한다는 점을 말한다. 마찬가지로 글쓰기의 경지니 실존주의니 하는 따위의 고루한 언설을 앞세운 뜻은, 글쓰기가 무엇보다 '수행' 혹은 '실천'이라는 것, (좀더 정확히는) 그것이 몸의 문제이자 삶의 양식과 깊이 얽힌 문제라는 사실을 드러내어 다시 강조하려는 취지다. 이와 관련된 그 어떤 사변이 심오하다고 해도 글쓰기가 이드거니 온축된 이력이 없다면 실제에 있어 별 유익이 되지 못할 것이다. 글쓰기는 무엇보다 실천이기 때문이다. 나름의 진경에 이른 이들이 보이는 기량의 배후에는 공통된 실천의 이력이 있다. 가령 겸재 정선(謙齋 鄭敾, 1676~1759)도 "다 쓴 붓을 땅에 묻으면 무덤이 될 정도"로 그 훈련이 혹독했다고 한다.*** 널

* Roland Barthes, *The Pleasure of the Text*, R. Miller(tr)., New York : Farrar, Straus & Giroux, 1975, p. 6.
** Roland Barthes, *Writing Degree Zero*, A. Lavers(tr)., New York : Farrar, Straus & Giroux, 1968, p. 12.
*** 유홍준, 『화인열전 1』, 역사비평사, 2001, 193쪽.

리 알려진 대로, 고흐 역시 자신의 소질에 적합한 정서의 상태
와 특히 '차분함' 혹은 내 표현으로 '욕심의 영도(零度)'를 되찾
기 위한 습작의 실천이 무서울 정도였는데, 동생인 테오도르 앞
으로 쓴 편지에는 실천 행도의 정곡을 찌르는 대목이 남아 있어
눈길을 끈다.

> 무엇이든, 양배추든 야채든 습작을 그려야 한다. 자기를 가라앉히
> 기 위해서. 그리고 가라앉으면 그때야말로…… 자신의 특이한 것
> 을 하면 된다.[*]

이 사실은 글쓰기를 뜻의 단순한 도구나 글의 작란(作亂)이
아니라, 한 인간이 희망할 수 있는 행위의 깊이까지를 포괄하는
실천으로 보게 만든다. 이로써 글쓰기는 인간관계와 삶의 양식,
이데올로기와 아비투스, 그리고 주체성과 세계관의 문제로 퍼
져나간다.

따라서 글쓰기를 다만 일종의 테크닉, 그러니까 '상업주의적
카피'에서부터 정론(正論)에 이르기까지 도구적 합리성을 위한
매개쯤으로 환원시키려는 태도는 이 글의 취지에 이르지 못한
다. 젊은 한때를 혁명적 동원에 나섰던 이들마저 들끓는 곳인,
근년 인문학의 단발마적 키치로 전락한 듯한 '논술-글쓰기'와

---

[*] 빈센트 반 고흐, 『고흐의 편지』, 홍순민 옮김, 정음사, 1974, 126쪽.

달리, 글쓰기는 그 근본에서 방법이 아니다. 글쓰기가 방법만이 아닌 것은 마치 문학의 언어가 (G. 하르트만이나 M. 콜로 등이 주장하듯이) 의미만이 아니라 물질이나 소리로서 드러나는 것이라는 주장에서 끝나지 않는다. 만약 그것이 방법이라면, 자연히 좀더 나은, 따라서 올바른 방법이라는 이념에 상도하게 될 것이며, 이로써 근대 과학적 지식의 주물(鑄物)인 '방법-진리'라는 틀 속으로 미끄러질 수밖에 없다.

그러나 글쓰기란 곧 바로 이 '방법-진리'라는 인식론적 계선의 조건이나 한계와 최후까지 버슷한 관계를 맺는 긴장의 실천이다. 교과서적 방법과 함께, 하지만 늘 그 계선을 거부하려는 실천적 재구성의 양식, 그 수행성에 다름 아니다. 공력(功力)은 차라리 펜 끝이라는 그 실천의 (끄-을-며 나아가는) 현장 속에만 역력히 살아 있다. 그것은 차라리, 릴케처럼, "깊고 고요한 밤, 스스로에게 이렇게 물어보십시오. 나는 써야만 하는가?"*와 같은 낡디낡은 것이다. 이 낡은 표현의 힘은 자신의 생각들이 몰락하는 찰나에 그 낮은 자리에서 만나는 삶의 힘에 젖줄을 댄다. 그것은 배움/가르침의 제도적 교학(敎學)으로 환원되지 않는 태도이며, 차라리 앓기(病) 자체를 긍정하는 역설적 태도의 열매다. 연병(戀病)이 발화의 억압이라는 신경증적 요소와 깊이 결부되어 있듯이, 앓기로서의 글쓰기 역시 음성(발화)의 억압이

---

* R. M. Rilke, *Letters to a Young Poet*, New York: W.W. Norton & Com., 1962, p. 19.

글쓰기-증상이라는 신경증적 전환을 통해 드러나는 것으로 해석해볼 수 있겠다. 이와 관련해서 신경증 치료의 첫걸음으로 증상의 명명(naming)을 앞세우는 것은 매우 시사적이다. 근년 내 관심거리 중 하나인 이른바 '무기록의 삶'(소크라테스, 석가, 예수 등등)도 같은 맥락에 놓고 살필 수 있다. 글쓰기는 근본적으로 삶을 통과하면서 필연적으로 얻게 되는 증상(들)에 대한 응답의 성격을 띤다. 공기가 없는 곳에 콧물이 불필요하듯이 증상이 없는 곳에 글쓰기는 존재하지 않는다. 그 모든 필자가 열정적인 만큼 궁졸(窮拙)할 수밖에 없는 이유가 여기에 있다. 부디 이 말에 오해 없을지니…… 무릇 필자는 세속의 죄인인 것이다. 죄인이므로 그는 필자가 되겠지만, 다른 한편 이 세속에 대한 글쓰기 자체는 그의 죄성(罪性)을 알리는 가장 분명한 신호이기도 하다. 물론 글을 남기지 못한 대다수의 인간이라고 해서 무죄한 게 아니라 톨스토이에서부터 사드에 이르기까지 모든 필자와 함께 우리가 살아가는 세속의 일부를 구성할 뿐이다. 글쓰기가 과연 영도에 이르게 된다면, 역설적이지만 이미 글(쓰기)은 그 내적 동력인 증상을 꺼버리는 지점에 도달하는 셈이다. 유토피아나 이른바 '증상이 없는 삶'을 동경한 낭만주의자들이 없진 않았지만, 증상이 없는 자아가 없는 것처럼 증상이 없는 세속은 없다. 그리고 세속이 없는 한 글쓰기는 없다. 한편 아렌트도, 사상의 기록이란 삶의 현장이 배태한 영원성을 버린 채 자신의 과거적 흔적을 보존하는 데 지나지 않는 것이라고 평하면서, 이

른바 '소크라테스적 무기록'의 의의를 지적한 바 있다.(아렌트 1996, 70)

글쓰기의 이론들도 이미 백가쟁명의 풍경을 띠고 있고, 그 중 일부는 민망할 정도로 사변적이거나 심지어 신학적이다. 다른 한편, 글 쓰는 주체가 아예 소실되고 다만 '저자-기능'에 따라 언설의 자동적, 구조적 순환이 가능하다는 초현실주의적 혹은 베케트-푸코 식의 태도가 기세를 올린 적도 있다. 혹은 존재가 어리석은, 그래서 '존재자'에 몰각한 채로 소외된 표상적 주체에게 말을 걸거나(하이데거) 구조의 명시(明視)가 어리석은 나를 통과하는(레비스트로스) 글쓰기도 매력적이긴 마찬가지다. 아무튼 이론들은 늘 숲속의 새처럼 앞서 달아나며, 과장한다. 그 모든 기량은 집중의 좁은 문을 통과하면서 차분하게, 영도에까지 낮아지는 자신만의 세계를 얻는다. '실천의 경지'라는 말은 아무래도 고루한 느낌에 잡혀 있지만, 이 차분한 집중의 세계가 허여하는 '낮음의 지속성'을 무시할 순 없다. 그저 글 쓰는 우리에게 필요한 것은 일상적인, 작고 겸허한 영도의 체험일 뿐이다.

글쓰기, 특히 인문주의자의 글쓰기는 '방법-진리'라는 인식론적-과학적-구조주의적 계선을 알면서 모른 체한다. 물론 이는 아무런 반과학주의가 아니며, 그렇다고 해서 곧장 직관주의와 결부되지도 않는다. 물론 직관주의 자체를 타매해서는 곤란하다. 논리적 합리에서 멈춘다면 그것은 성능 좋은 기계일 뿐이다. 자기 초월의 형식으로 고도의 의식성마저 넘어서고 있는 인간에게 직관은 이미 구성적 소질이다. 몇몇 철학자조차 입에 올리곤 했던 '말에 스며든 예시(豫示)적 노릇'은, 인간성의 전위에 서서 심오한 자기 실험으로 번쩍이고 있는 직관의 현황을 알린다. 상식이나 합리의 비평적 인도를 거부하거나 반증을 거부하는 특권적 직관들 탓에 직관 전체를 헛소리로 치부할 수는 없다. 예를 들어 미국의 실용주의자들 중 일부는 '존재의 직접적 현전'(하이데거)과 같은 직관적 접근의 가능한 형식으로서 "감각의 직관이 갖는 상대적 가치를 인정한 채 가능한 한 많은 직관을 조화시키는 것"*을 들기도 한다.

그래서, 방법-진리라는 콤플렉스를 다소 호들갑스럽게 수학적-광학적 정신에 의한 강간(強姦)에 비겨본다면, 여기서 손택의 사례를 원용해 '예술(글쓰기)은 유혹이지 강간이 아니다'**라는 명제를 논의의 징검다리로 내세울 수 있겠다. 나는 오래전부터 '인문학은 그리움의 양식을 취한다'는 비유를 즐겨 써왔는데, 마찬가지로 그 인문학은 응당 유혹의 글쓰기일 수밖에 없다. 그러면 '방법-진리'의 계선과 비슷하게 움직이는 글쓰기, 그래서 '유혹하는 글쓰기'란 대체 무엇일까? 물론 그것은 최소한 아도르노의 에세(essai)의 정신을 반환점(返還点)으로 삼는 글

---

* Richard J. Bernstein, *The Pragmatic Turn*, Cambridge, MA: Polity, 2010, p. 124.
** Susan Sontag, *Against Interpretation*, New York: Farrar, Straus & Giroux, 1966, p. 22.

쓰기를 말한다. 유혹하는 글쓰기로서의 에세(이)는, 비유하자면 순례나 출장이나 배달이나 혹은 마라톤과 같이 단순히 이동의 특정한 형식을 가리키지 않는다. 차라리 그것은 '가리킬' 수 없는데, 걷기*라는 그 실천 행위에 수반되는 갖은 수행성의 과정으로 봐야 하기 때문이다. 그리고 이 수행은 외부의 억압으로부터 자율적으로 지켜나가는 삶의 형식과 그 품위의 조건이 된다. 예를 들어 아도르노에게 ('파시스트적 행진'이 아닌) 걷기는 글쓰기를 위한 메타포이기 이전에 상처 입는 시대가 인간으로서의 품위를 지켜나가려는 삶의 기본적 양식이다.

인간의 품위는 걷기의 권리 위에 기초한다. 걷기는 명령이나 공포에 의해 사지를 쥐어짜지 않는 리듬인 것이다. 산책이나 배회는 중세적인 방랑벽에 대한 19세기적 유산으로서 사인(私人)들이 시간을 보내는 방식이다.(아도르노 2005, 215)

이처럼 세속의 강박적인 체계와 버성기면서 상처 입는 개인인 인문주의자의 글쓰기는 산책, 배회 혹은 방랑이 열어놓는 삶의 다른 지경과 외밀적(外密的) 관계를 맺는다. 물론 이 지경이란 소로가 말하는 '제4의 신분'에 비길 수 있을 법하다.

---

* '보행(步行)'은 내가 '산책'이라는 생활정치적 연대의 형식에 천착하기 전에 일종의 이행기적 개념으로서 머무른 곳이다. 특히 이동과 걷기 사이의 차이에 대한 내 상념은 루소의 책 『고독한 산책자의 몽상』에 대한 다음의 짧은 서평에서 찾아볼 수 있다. 김영민, "산책, 의도의 바깥으로 외출하기", 『문화저널』, 2006년 5월.

나와 나의 친구는 새로운 또는 오히려 옛 기사단(騎士團)의 기사라고 상상하는 즐거움을 갖는다. 그러나 곡마사(曲馬師)거나 프랑스나 독일의 중세의 기사거나 승마자는 아니고 그보다는 더욱 오래된 명예로운 계급적 '보행자'이다. 일찍이 승마자들이 가졌던 기사답고 영웅적인 정신은 이제는 보행자에게, 즉 기사가 아니라 걸어서 돌아다니는 편력자(遍歷者)에게 살아 있고, 침전되어 있는 것 같다. 그는 교회, 국가, 인민을 벗어난 제4의 신분이다.[*]

종횡으로 뻗은 신작로들의 체계 속에서 상처받은 이들은 미로로 미끄러진다. 상처받은 자들, 아니, 그 상처의 성격을 날카롭게 이해하는 이들은 주행로/이동로가 아닌 미로의 삶을 사방에서 마주하게 된다. 그리고 이 경우의 산책이란 미로의 삶에 길을 얻기 위한 (어긋남이 아닌) '어긋냄'이며, 이 어긋냄의 기초적 행위 양식은 에고의 젖줄인 자기 생각 혹은 의도(意圖)와의 싸움이다. 아도르노를 조금 더 원용하자면 (물론 주로 하이데거류의 글쓰기를 겨냥하고 있는 것으로 보이지만) 그는 내가 '방법-진리'의 일방적 계선에 편승한 글쓰기를 일러 '스스로를 잊어버리고 사물에 봉사한다'는 식으로 비판한다. 그러고는 '의도'에서부터 '표현'으로 나오라고 권한다.

---

[*] H. D. 소로우, 『시민의 반항』, 황문수 옮김, 범우문고, 1988, 86~87쪽.

누구나 생각 속에서는 자신의 의도에 밀착되어 있지만 자신이 말하고자 하는 것에 대해 말하는 것을 잊어버린다.(아도르노 2005, 117)

이어서 이렇게 덧붙인다.

그렇지만 스스로를 잊어버리고 사물에 봉사한다는 핑계로 표현의 순수성을 등한시하는 사람 또한 항상 '사물'을 배반하게 된다.(아도르노 2005, 120)

그는 고향이 없는 사람에게는 글쓰기가 거주(居住)가 된다고 하지만, 오히려 이 대목에서의 교훈은 고향을 대체하는 글쓰기가 아니라 글쓰기라는 행위 자체의 고향상실(Heimatlosigkeit), 즉 배회와 유랑이라는 본질에 있다. 사족이지만, 여기에 마틴 제이의 탁월한 평문 『변증법적 상상력』(1973)에서 아도르노의 글쓰기에 관해 언급된 부분을 덧붙인다.

아도르노나 벤야민이 쓴 에세이의 독특한 짜임새와 그들의 산문 스타일의 정교성은 번역을 거부할 정도이며, 하물며 기본적인 생각을 요약해낸다는 것은 말할 나위 없이 어렵다. 그들의 사고방식은 귀납적인 것도 연역적인 것도 아닌데, 그것은 모든 문장은 그것이 완전히 이해되기 위해서는 에세이의 전체를 통하여 중재되어야 한다는 그들의 주장이 반영된 것이다. 아도르노나 벤야민의 글을 읽으면, 그의 영화에 시작과 중간과 종말이 있느냐는 질문을 받았을 때 '물론이오, 그러나 반드시 그런 순서로만은 있지 않습니다'라고 대답했다는 영화 제작자 장 뤼크 고다르의 말이 생각난다.*

강간(強姦)이 아닌 글쓰기, 유혹하는 글쓰기 혹은 그리워하는 글쓰기의 양식은 레비나스가 '애무의 수수께끼(l'énigme de la caresse)'라고 부른 에토스/파토스를 연상시킨다. 방법-진리라는 콤플렉스가 강요하는 '긍정'에는 이미 유혹의 매력이 제거된 상태다. 진부한 논의이긴 하지만, 연애 심리에 대한 간단한 통찰만으로도 연애의 유혹과 부정적 태도 사이의 (역설적) 연관을 넉넉히 알아챌 수 있다. 동서양을 막론하고 사랑에 대한 전래의 문학 속에는 이 같은 기술이 그득하다. 특히 짐멜의 「연애유희」라는 글은 부정적, 양가적 긴장에 바탕한 연애의 역설적 활력을 매우 요긴하게 분석해놓았다. 가령

연애 유희는 대상이 되는 사람으로 하여금 동의와 거절이 다양하게 상호 작용하고 있다고 느끼게 해야만 하며, 직접적인 항복이 될 수도 있는 그런 복종은 하지 않을 것이며, 자신을 언제든지 회수할 수 있다는 협박을 깔고 항복하는 것이라고 느끼게 해야만 한다.**

---

* 마틴 제이, 『변증법적 상상력』, 황재우 옮김, 돌베개, 1979, 272쪽.
** 『게오르그 짐멜: 여성문화와 남성문화』, 가이 오크스 편역, 이화여대출판부, 1993,

따라서 그에 의하면, 긍정이라는 정답은 곧 연애 유희라는 유혹의 종말에 다름 아니다. 한편 사르트르의 개념에 의탁해서도 이것을 매우 흥미롭게 풀어낼 수 있다. 남자인 내가 대상인 여성을 얻으려는 것은 그녀를 이른바 즉자(l'être-en-soi)로 만들어 획득하려는 욕망이지만, 그 욕심의 알속은 오히려 그 여자가 나를 잠재적으로 거부할 수 있는 주체, 요컨대 자의식으로 충만한 대자(l'être-pour-soi)로 머물러주기를 바란다. 혹은 바르트의 좀더 문학적인 표현을 동원하자면, "그는 나를 조금 자유롭게 내버려두면서도 내가 거기에, 그의 곁에 있기를, 종종 가버리지만 그리 멀리 가지는 않는 유연성을 갖기를 원한다."* 덧붙여, 루 살로메의 전기 작가인 페터스의 표현에 따르면, 루는 "성 관계가 '없이' 남자들을 유혹하는 요부"인데, 사실 이것은 루 혼자만의 기행이 아니라 그 모든 성적 유혹의 본질적 유형이다.** 무릇 긍정하는/긍정된 것은 유혹하지 못한다. 살짝 돌려 표현하자면, 마르쿠제가 비판한 이른바 '일차원적 사회(the one-dimensional society)'도 오히려 긍정도(肯定度)가 충만해서 인간적 매력의 진동과 비판적 가치를 잃어버린 채로 자기동일화의 사회를 가리킨다. 이런 점에서 유혹은 다시 부정의 정신***이

201쪽.

* Roland Barthes, *A Lover's Discourse*, (tr). Richard Howard, New York: Hill and Wang, 1979, p. 137.

** 다음에서 재인용. 프랑수아즈 지루, 『루 살로메』, 함유선 옮김, 해냄, 2006, 61쪽.

*** 이는 곧 아도르노가 특화시킨 '변증법적 정신'이며, 사유와 상상을 가능한 한 극단까지 밀어붙여 얻는 반환의 운동력을 가리킨다. 실로 바타유의 지론처럼, '가능성의 극단을

며 또한 산문의 정신이다.

> 현재를 긍정하고 정당화하는 모든 공식에 대항하여 산문은 언제나 새롭게 부정의 이름으로 행복을 표명하는 것이다.[*]

도덕과 제도로서의 혼인이 유혹을 (공식적으로) 종식시킨다는 사실은 인간의 성애가 부단히 숨아내려고 하는 치명적 지식의 일부를 잘 보여준다. 경험 앞에 에고를 죽이고 존재의 온도를 낮추지 않으면 사태가 제대로 보이지 않는다. 그리고 인간들이 간여하고 이익과 권력이 스며든 모든 사태에는 은폐된 지식이 동면하고 있다. 죽음이나 성(性)은 그 대표적인 영역이다. 니체가 이미 환하게 보여준 바 있듯이, 진리라는 이름의 긍정성을 대하면서 우리가 조심해야 하는 게 바로 이곳이다. 당연히 이 조심은 글쓰기에도 적용된다. 매너리즘에 빠진 글쓰기가 범하는 가장 흔한 실수가 바로 긍정성 앞에서 몸을 사리는 짓이다. 공인된 진리 앞에서 무조건 수긋해지는 글쓰기라면 이미 그것은 글쓰기의 본령을 잃은 셈이다. 니체의 유명한 표현처럼, 관념적 진리에의 의지가 글쓰기의 창의성을 압살해서는 안 된다.

글쓰기 철학에서 일가를 이룬 데리다는 이 대목의 이치를 이른바 '현전의 형이상학(métaphysique de la présence)'에 대한

수용하지 못하는 철학은 실패한다'.
[*] 김인환, 「산문의 철학」, 『문학과 사회』, 1997년 가을, 1252~53쪽.

해체적 비판의 맥락에서 매우 간결하고 인상적으로 정리한 바
있다.

> 만약 어떤 말이 (…) 그 진리에게 낯선 기표의 우회(迂廻) 없이 진
> 리 속에 몸소 현전한다면 그리고 궁극적으로 연기되지 않는 로고스
> (logos)가 가능하다면 그것은 아무도 유혹하지 못할 것이다.*

　달리 말하면, 마치 집전(執典) 중의 교황 앞에 앉은 (회심한)
아비뇽의 콜걸처럼, 초월적 시니피에(signifié transcendantal)는
그 존재의 냄새만으로 유혹의 기운을 얼어붙게 만든다. 비슷한
이유에서, 연인의 속마음(진실)이 우회, 연기되지 않고 그가 입
고 있는 청바지나 머리핀처럼 곧장 내게 보인다면 구애도 연애
도 불가능하다. 마찬가지로 신의 존재가 체계적, 제도적으로 은
폐되거나 연기되지 않고 수염 달린 염소처럼 달랑 내 눈앞에 나
타난다면 신화도 종교도 불가능해지는 것이다. 사실, 그 모든
사물의 진상은 직접 체험되지 않는 회고와 연기의 공간 속에서
기호적·환상적으로 재구성될 뿐이다. 대개 진리는 연기(延期)
의 연기(煙氣) 속에서 비로소 진리로 등극한다.
　강간(의 글쓰기)은 유혹 혹은 감정의 우회적 노동이라는 비용
을 생략한 폭력적 진리(실재)의 현전(la présence)이다. 혹은 레

---

* Jacque Derrida, *Dissemination*, B. Johnson(tr)., London : Athlone Press, 1981, p.
71.

비나스 식으로 말하자면, 그것은 애무라는 유혹('부재하는 것과의 놀이')이 송두리째 빠진 강압적인 점거다. 데리다나 바르트가 글쓰기와 관련해서 놀이(jeu)라는 개념을 강조하는 사정도 여기서 어렵지 않게 유추할 수 있다. 원천과 기원(fons et origo)으로 회귀하지 않는, 유희에 대한 에라스뮈스-니체적 유쾌한 긍정의 세계로 산포하는 글쓰기는, 잡히지 않고 도달하지 않는 반(反)루소적 무(無)고향을 향한, 그러나 도착할 수 없는 유혹인 것이다. 이에 덧붙여, 로티의 '재서술(re-description)'도 그렇긴 하지만, 특히 데리다의 용어인 '대리보충(supplément)'은 '유혹으로서의 글쓰기'라는 개념에 접근할 수 있는 좋은 매개다. 그를 원용해서 재해석하자면, 진리의 원천은 유혹이라는 더듬기/톺기가 단번에, 그리고 종국적으로 끝나는 지점이 아니다. 바흐친과는 또 다른 의미에서, 글쓰기/말하기(의 유혹)는 영영 끝나지 않는 과정이다. 초월적 기의라는 가상은 더듬기/톺기라는 사후적으로 쉼 없이 보충되는 행위를 임의로 사상한 뒤에 생긴 공허이며, 하이데거의 존재에 대한 아도르노의 도발적 비아냥처럼 '공허한 X'와 같은 것이다. 로티의 재서술처럼, 데리다에게 글쓰기는 늘 대리보충이며, 대리보충일 뿐이다. 대리보충의 세속적 과정과 동떨어진 초월적 '너머'나, 그 대리보충의 행위가 잠시 틈을 보이는(보인다고 '생각'하는) 사이는 한결같이 비생산적 형이상학의 샛길로 빠진다.

글쓰기(문자)는 대리보충 바로 그것이다. 왜냐하면 글쓰기는 대리보충이 의미 있는 음성 언어의 자리를 대신 차지하면서 대리의 대리, 기호의 기호로서 나타나는 지점을 표시하기 때문이다.*

잠시 정리하자면, 1. 글쓰기는 무엇보다 몸의 과제이며, 관념의 회집 능력을 넘어선 실천적 재구성의 이력이다. 그리고 그 철학적 언설은 몸과 연성(鍊成)의 이치에 기댄 바가 커서 이 훈련을 생략한 논의는 실질적으로 자가당착에 빠진다. 아무래도 잔디 위에서 수영을 배울 수는 없는 법이다. 가령 한국의 일부 교수들은 전문 지식과 정보의 홍수에 약빠르게 떠밀려다니고 또 유행하고 부유(浮游)하는 이론의 사냥에는 재바르지만, 글쓰기 훈련은 빈약하고 이에 대한 성찰조차 넉넉하지 못하다. 일찍이 러셀은 "사실 과학과 철학의 임무는 일상 언어를 가지고 출발하여 새로운 탐구 과제를 풀어낼 수 있도록 더욱 날카로워진 언어적 도구를 만들어내는 일이라고 보는 것이 정확할 것"**이라면서 언어적 감성과 훈련을 강조한 바 있지만, 현대 한국어의 학술사적 위상과 의의는 한글을 사용하(할 수밖에 없)는 학문 주체들에 의해서 충분히 검토되거나 제고되지 않고 있는 실정

---

* Jacque Derrida, *Of Grammatology*, G. C. Spivak, Baltimore: Johns Hopkins Univ. Press, 1976, p. 281. 그런데 구애-노동이나 유혹의 언행과 수행성 전부가 곧 일종의 대리보충이 아니라면 도대체 무엇이겠는가? 이와 관련되는 논의는 다음의 책을 참고. 김영민, 『사랑, 그 환상의 물매』, 마음산책, 2004.
** 버트란트 러셀, 『서양의 지혜』, 이명숙 외 옮김, 서광사, 1990, 306쪽.

이다. 현대 한국어는 아직 현대 한국의 학술활동을 충분히 떠맡지 못하고 있다. 한국어의 연성을 학술적 실천과 무관한 여기(餘技)로 여기거나 심지어 플라톤이나 하이데거의 서자서녀(庶子庶女)를 자처하는 듯 학술활동으로서의 글쓰기 자체를 풀풀하게 무시하거나 폄하하는 이도 적지 않다. 그러나 인문학으로서의 학문하기란 그 자체로 글 쓰면서 학문하기이며 또한 말하면서 학문하기인 것이다. 루터, 괴테, 니체, 그리고 프로이트 이후의 독일어는 이미 과거의 독일어가 아니며, 카시러의 말처럼 "단테, 셰익스피어, 괴테가 죽을 때의 이탈리아어, 영어, 독일어는 그들이 태어났을 당시의 언어들이 아니었다."* 요컨대 무사가 자신의 병기를 자기 몸처럼 아끼고 벼리는 게 당연하듯이, 한국의 학문 주체들은 한글을 다듬고 가꾸는 일을 자신들의 전공적 관심과 함께 나누어 짊어져야 할 시대적 소임이자 메타비평적 자의식으로 챙겨나가야 할 것이다.

2. 글쓰기에는 왕도(via regia)가 없다. 요령들이 생기지만, 이는 적지 않은 실천과 더불어 개인들에 의해 체득된다. 왕도를 찾아 올라가는 게 아니라 차라리 영도를 향해 낮아지는 게 요령이다. 따라서 글쓰기를 제도적으로 가르치려는 교재들은 기대치를 낮추고 좀더 겸허히 접근해야 한다. 우연찮게 왕도를 잃게 된 것이 아니라, 인문학적 글쓰기는 왕도라는 개념 자체를 거

---

* Ernst Cassirer, *An Essay on Man*, New Haven: Yale Univ. Press, 1962, p. 227.

부하는 유혹의 행위, 망설임과 바장임의 행위, 그리고 그리움의 행위일 뿐 아니라 이 모든 행위가 말라 바스라지는 잿빛 영도(零度)를 향하는 지향이기 때문이다. 3. 이 같은 취지는 '글쓰기는 강간이 아니라 유혹'이라는 메타포 속에 꽤 적실하게 잡힌다. 물론 유혹이라는 개념이 필자 안팎에서 부단히 섭동(攝動)하는 자리에는 유희, 애무, 산책 등 극히 생산적인 친화 개념들이 글쓰기의 실천적 풍경을 풍성히 만들면서 번성한다.

디지털적 사고(글쓰기)가 훨씬 빨리 승리할 것(빌렘 플루서 1998, 263)이라는 전망을 한사코 외면하는 것은 정신의 따개비를 자처하는 짓이다. 심지어 고루한 인문학주의자들이라면, 자칫 르네상스의 조짐을 문명의 몰락으로 잘못 이해하고 있을지도 모른다*는 지적을 자신에게 되돌려 자근자근 씹어볼 노릇이다. 문사철(文史哲)이나 시서화(詩書畫), 그리고 서권기(書卷氣)를 말하던 전통적 문사의 세계는 청산의 대상이 되거나 지적 고물상들 사이에서 조용히 거래되고 있거나 혹은 도시자본제적 삶의 피로에서 도피하는 휴게소와 비슷한 곳이 되고 있다. 나도 개인적으로는 입고출신(入古出新)의 새로운 학술과 글쓰기를 상상하긴 하지만, 이제야말로 입신출고(入新出古)의 가능성조차 전혀 낯설지 않은 세상이 되었다. 성인(聖人)조차 시속에 응한다고 했지만, 5억 명의 트위터 사용자들이 아무런 의미 없는 글

---

* 더글러스 러시코프, 『카오스의 아이들』, 김성기 외 옮김, 민음사, 1997, 338쪽.

자를 재빨리 포스팅하는 데 달인이 되어 있(클루거 2016, 22)는 현실이 글쓰기의 현재와 미래에서 중요한 변수라는 점에 눈감을 수는 없다. 사조로서의 실존주의의 운명처럼, 글쓰기와 자신을 동일시하는 글쓰기의 실존(주의) 역시 급속히 퇴조했다. 그 모든 글쓰기는 이미 나르시시즘과 광고의 프레임을 쫓아 재편성되고 있다. 그 와중에 아카데미아의 글쓰기는 구세대의 '논문 중심주의'를 반성 없이 답습하거나, 신세대의 글쓰기는 '논술'이라는 인문학의 기술적 키치 속으로 떼 지어 재편되고 있다. 물론 글쓰기가 인문학의 전부를 전유할 수도 없고 성찰적 주체성의 내력을 전담할 수도 없지만, 주체 및 그 무늬(人紋)의 조형과 무관한 도구적, 기술적, 기계적 혹은 상업주의적 의사(擬似) 카피적 글쓰기가 만연한 현상은 이른바 '인문학의 종말'을 알리는 총체적 문화 변동과 무관치 않아 보인다. 인문학의 위기나 종말을 떠드는 담론은 일종의 스캔들이 되고 말았다. 사실과 무관하게 작동하면서 발화 자체가 현실을 증강하는 효과를 내는 게 스캔들이라면, 이 담론의 유통 방식은 자못 스캔들스럽긴 하다. 하지만 그저 스캔들로 치부하기에는 드러난 현실의 변화가 녹록지 않아, 이 담론을 일러 '꽃을 과장하되 그 뿌리를 감추는' 스펙터클의 일종으로 여겨도 좋을 듯하다. 말하자면, 위기라고 할 수 있는 현실적 측면은 그 자체로 정당하고 세세한 대접을 받지 못하고 있으며, 오히려 인문주의 지식인들의 욕망을 조절, 접속, 심지어 연명시키는 환상으로서 시시때때로 부활하는 혐의도 있다. 무릇 '위기 담론'은 위기를 담론화시켰기에 옹색할 수밖에 없다. 위기 담론은 종종 특권적 자의식을 지닌 이들이 자신들의 기득권과 위세가 졸아드는 시점에서 활성화시키는 보호 기제다. 그렇다고 해서 이 담론이 시대착오적 이기심으로만 들끓고 있는 것은 아니다. 이 담론은 대개 자기 정당화의 요구에 응하고 있다. 그리고 종종 이 논리적 정당화는 기득권의 집착과 교묘하게 겹쳐 단답식의 비평을 어렵게 한다. 귀족(양반)의 세력이 퇴각할 때에도 그랬으며, 특정 이데올로기나 종교적 신념이 허물어질 때에도 그랬다. 예를 들어 엘리아스가 자세히 분석해놓았듯이 문명화의 기제나 관습들도 결국 윤리종교적 토대를 요구하는 것이다.

특히 성직자들은 궁정 관습을 유행시키는 대표적 집단이었다. 감정규제, 전체 행동의 통제 및 형식화는 '시빌리테(civilité)'라는 이름하에 처음에는 순수하게 세속적·사회적 현상으로 상류층에서 형성되었으나 점차적으로 교회의 전통적 행동 방향과 일치하게 된다. 즉 '시빌리테'는 기독교적 토대를 갖게 된다.(엘리아스 2007, 242~243)

여기서 길게 끌 논의는 아니지만, 자신의 욕망(의 대상)을 정당화하려는 태도는 꽤 보편적으로 퍼져 있으며, 특히 아기/아이들의 나르시시즘적 행태 속에서 이 같은 태도의 원형이 드러나 있다.

우리는 누구나 욕망이 권리와 동등하다는 생각을 가지고 태어나며,
그렇기 때문에 아기들은 원하는 무엇인가를 거부당했을 때 단순
히 슬퍼하거나 실망하기보다는 맹렬하게 화를 낸다.(클루거 2016,
55)

그러므로 박하게 평하자면 이 담론은 인문학주의자들이 유지
하고자 하는 '먹이사슬'의 마지막 결절인 셈이다. (아, 반드시 니
체 혹은 최시형이 아니더라도, 그 누구든 먹을 수 있어야 진리도 생
기는 법!) '끄트머리'를 고집하는 이러한 태도에는 과연 불길한
기운이 서려 있다. 그러나 비록 이 끄트머리가 숙변(宿便)과 같
은 불필요한 잉여라 하더라도 바로 이 잉여에는 주목할 만한 조
짐이 드러나 있지 않은가? 아무튼 먹이사슬로서의 위기 담론은
그 담론 너머에서 벌어지고 있는 새로운 현실을 무시하거나 평
가절하하려는 욕망에 빠지기 쉽다. 프로이트 식으로 고쳐 말하
자면, 위기 담론 자체를 즐기거나 그곳을 은근히 자주 찾는 인
문학자들의 태도는 '리비도의 창의적·외적 전개에 장애를 겪고'
있는 셈이다. 위기를 불러온 객관적 현실에 직면해서 자기 자신
을 '파괴적 혁신(l'innovation destructrice)'(뤼크 페리)에 이르도
록 변신하는 것은 누구에게나 쉽지 않지만, 이를 체계적으로 유
예하는 고집은 필경 강박적, 나르시스적 자기파괴를 불러온다.

그러나 위기 담론 자체가 무슨 미끼 상품이라거나 없는 우물에 퍼붓는 마중물인 것처럼 몰아붙여서도 곤란하다. 세계화된 자본과 나날이 첨단을 교체하는 상업적 테크놀로지의 전일적 지구화(Globalisierung) 여건은 날로 새로워가는 총체성이며, 이 세계 체제에 구조적으로 종속된 남한의 인문학적 여건 역시 새로운 총체성이기 때문이다.

위기의 이미지를 재생산하는 이 세계적 총체성에 대한 인문학적 대응은 역시 '인문학적'일 필요가 있다. 우선 호들갑을 떨지 말아야 한다. 그리고 예의 그 차분함을 회복해서, 인문학적 공부가 전통적으로 벼려왔던 감성과 태도의 고유한 장점을 부려 스스로의 비평적 영역을 재고해야 한다. 이동하기도 하고, 퇴각하기도 하고, 반납하기도 하고, 때론 월경(越境)하기도 해야 한다. 나라면 이 재고의 기준을 '급진적 무능'이라는 개념으로 삼을 것이며, 무능이야말로 질급해야 할 위기의 징표가 아니라 인문학적 공부가 내내 조용히 간직해온 가치와 품위의 원천이라는 점을 밝히고자 애쓸 것이다. '체계와의 창의적 불화'라는 테제는 공동체적 산책의 이정표만이 아니다. 여기에는 인문학의 실천이 상식과 제도, 과학과 기술, 이데올로기와 유토피아의 함정과 본질적으로 길항할 수밖에 없는 이유가 있다. 특별히 과학과 기술이 우리 시대의 진정한 폿대라면, 21세기 초입에서 내다보는 인문학의 진정한 위기는 기술-자본과 '창의적'으로 길항하는 방식이 소멸될 수도 있으리라는 전망, 그리고 이에 대한 대안의 부재에 있다. 예의 '무능'이 불모가 될 수 있으리라는 위기 말이다. 인문학을 '지는 싸움'의 양식으로 재정의할 때, 그 싸움은 최소한 갈릴레이의 침묵이나 조르다노 브루노의 견실과 어깨동무할 수 있는 정도여야 할 것이기 때문이다. 신자유주의적 세계화의 환경 속에서 "사적(私的)인 삶의 지표가 더 이상 산책자의 삶이 아니(고) 전화 응답과 메일 박스의 삶"*이라면, 미래의 인문주의적 글쓰기 역시 산책자의 삶이 주었던 지혜에 대한 법고창신(法古創新)의 노력을 통해 '지면서 이기는 길' 혹은 '가장 낮고 좁은 자리 속에서 얻는 새로운 지평'을 의욕해야 하지 않을까?

인문학은 무엇보다도 '글쓰기의 학문'이다. 글쓰기라는 인간적 수행성의 굴곡과 이력을 고스란히 품고 간다. 학문이라는 이름의 인간적 구조물들이 갖춘 논리와 이치로부터 흔히 늙고 죽어감이라는 가장 인간적인 사실이 사상(捨象)되듯이, 글쓰기의 실천에서도 사방으로부터 그 실천 자체를 와해시키려는 인간적인 사실들이 제대로 부각되지 않는다. 비록 글쓰기와 같은 사후적 실행이 인간성을 추상화·범주화시켰더라도, 글쓰기는 인간성을 의미론적으로 완전히 해소시킬 수 없으며 언제나 그 속에서 길을 잃는다. 필자는 이윽고 지치고, 싫증을 내며, 늙어 죽는 것이다. 말하자면 비록 글쓰기가 인간성의 구조적 의미화라는

---

* 울리히 벡, 『지구화의 길』, 조만영 옮김, 거름, 2000, 144쪽.

애초의 목적에 응해서 출발했더라도, 모든 글쓰기는 어느새 그 목적의 신기루에서 멀어지며, 바로 그 글쓰기가 처한 인간성의 허약함을 근근이 지탱하는 게임으로 졸아들고 만다. 문사 개인의 글쓰기는 근본적으로 지질하고 어눌한 것이다. 그는 필경 자신이 말하고자 하는 바에 이르지 못한 채 지친 펜-손가락의 얌전한 그늘 아래 쉬게 되겠고, 실은 바로 그 자리에 인문학적 실천의 현실이 웅크리고 있다는 점은 분명해 보인다. 글쓰기라는 행위가 그 근본에서 삶을 침식, 약탈하거나 삶의 실패와 불운을 변명하는 장치이거나 삶의 뒤안길에서 웅얼거리며 구두덜거리는 소리일지라도 인문학적 실천은 그 장치와 소리를 기꺼이 만날 수밖에 없다. 물론 이 같은 만남 속의 글쓰기는 기표의 다양성을 초월적 기의 혹은 고정적 지시자에 소급시키려는 과거 형이상학의 강박적 시도들에서 한없이 멀어진다.*

'진리를 여자라고 가정한다면 어떻게 될까?'라는 니체의 그 유명한 경구(『선악을 넘어서』의 서문)를 떠올려보는 것도 유용하다. 예를 들어 근엄하고 단정적인 태도로 애인의 옷을 벗길 수 있는가? 글쓰기가 벗겨내리는 진리의 소상(塑像)을 그 글쓰기는 마지막까지 책임질 수 있는가? 애인의 옷을 벗기는 애인은 자신의 옷에 대해서 애초 무슨 구상을 지니고 있는가? 벗겨지

---

* 성호 이익도 「공거사의(貢擧私議)」라는 글에서, "글쓰기를 잘하는 자를 오히려 전일(專一)하지 못하다"고 욕하는 풍조를 비판하고 있는데, 비록 초보적이긴 해도 글을 무시한 채 '뜻'으로 치달리는 '기의중심적' 학문에 대한 비판으로 기억할 만하다. 이익, 『星湖雜著』, 이익성 옮김, 삼성출판사, 1972, 22쪽.

는 진리 혹은 애인이 드러내거나 발설하게 될 사건은 글쓰기와 연애 과정에서 어떻게 예상되거나 구성되는가? 마찬가지로 "내가 사랑하는 것보다 적게 사랑받는 것"(Barthes 1979, 13)이 연인에게 반복되는 '배은망덕'이라면, 사랑과 진리를 향한 노동의 만성적인 배은망덕에 대해서 우리의 글쓰기는 무슨 변명을 장만하고 있을까? 아니, 글쓰기 자체는 만고의 변명일 뿐이라고 말해야 하지 않을까? 그래야만 우리는 수행성이라는 이름의 변명과 절충 행위를 붙들고, 다시 구애와 유혹 혹은 그리움이라는 오래된 인문학적 겸허함으로 되돌아갈 수밖에 없는 것이 아닐까.*

인문학적 글쓰기의 불투명한 미래를 조망해볼 경우, 현 단계에서 그 실천의 방향은 대체로 두 갈래로 나뉠 수 있을 법하다. 한쪽은 이미 지적했듯이 인식론적-과학주의적-디지털 식-기계적 사유와 글쓰기로 대변되는 의사 남성주의(내 낡은 표현으로는 '뜻의 학문' 혹은 '기의의 재현주의')에 대한 적절한 비판이다. 혹은 좀더 구체적으로 그 한 단초만을 짚자면, 여전한 '기지촌 지식인의 논문(중심)주의'**에 대한 비평적 접근이다. 이 비평의

---

* 널리 알려져 있듯이, 대체로 이와 비슷한 이유에서 비트겐슈타인의 후기 철학은 전기 철학을 뒤집어 일상 언어의 '겸허함'으로 복귀한다. 당연한 노릇이지만, 그의 스승인 러셀은 이 변화를 두고, '이 철학의 천재가 마침내 진지하게 사유하는 데 지쳤다'고 허방을 친다. "반대로 후기 비트겐슈타인은 진지하게 생각하는 데 지쳤던 듯이 보이며, 그런 활동을 불필요하게 만드는 원리를 개발했다." 다음에서 재인용. 레이 몽크, 『루드비히 비트겐슈타인 2: 천재의 의무』, 남기창 옮김, 문화과학사, 2000, 762쪽.
** 김영민, 『탈식민성과 우리 인문학의 글쓰기』, 민음사, 1996.

바탕에는 일본과 미국에 곁붙어 외상성 근대화를 치를 수밖에 없었던 우리의 곤핍한 근현대사가 있다. 그리고 이 급전(急轉) 의 시대에 옹색하고 허접하게 우리 학문의 자리를 얻어내려고 애쓴 선배 지식인들의 난경이, 그 진퇴양난이 자리하고 있는 것 이다. 또한 이와 관련해서 쉽게 잊는 또 하나의 극히 중요한 사 정은 우리 학문 전체가 '한글'이라는 특이한 내력을 지닌 언어 에 얹혀 있으며, 한글은 이미 그 자체로 '문제'라는 점이다. 하 지만 나로서는 1990년대 초반부터 부단히 떠들어온 얘기를 여 기서 재론할 뜻은 없다. 다만 한마디 화두 같은 착상을 퉁기자 면, 다른 나라 말을 받아들여 외래어로 정착시키는 중국어 및 일본어의 방식과 그 차이만 잘 읽어도 세계화된 학문 지평 속에 서 한국어로 학문하는 노력과 그 향배의 성격을 '슬프게' 이해 할 수 있으리라는 것이다.

나머지 한 갈래는 전술한 남성주의적 글쓰기 혹은 '기표의 표 현주의'와의 긴장이다. 극단의 가능성을 억압하는 도덕주의는 학문의 자유와 창의성에 못을 박는 짓이긴 하지만, 학문도 필경 인간의 일 속에서 연명하는 이상 극단만으로 살아갈 수는 없는 법이다. 성글게나마 빗대자면, 가령 알랭 소칼과 장 브리크몽이 '인기 있는 난센스(fashionable nonsense)'로 매도한 바 있는, 텍스트들에 대한 인문학자들의 과잉전향적(過剩前向的) 태도를 예시할 수 있다. 즉, 자신들의 과업을 "문학비평가들의 야만적 인 내습으로부터 과학을 수호하는 것"*으로 규정함으로써 다소 역설적으로 피의자화한 이른바 '포스트모던적 글쓰기'에 대한 우리 입장을 섬세하고 지속 가능한 대안적 방식으로 밝히는 일이다. 가령 '자신의 발언을 스스로 해명하거나 설득력 있게 전달하지 못하는 글쓰기' '심오한 척 난해할 뿐인 글쓰기' '과학과 이야기 사이의 경계를 오락가락하는 글쓰기' '논박될 수도 없고 흥미롭지도 않은 회의주의-상대주의적 글쓰기', 그리고 '모호함을 핑계로 스스로의 논리적 경계를 허물고 손쉽게 퇴각하는 글쓰기'(소칼 2000, 238~243) 등의 비판에 대해서도 제 나름의 입장과 태도를 제출하는 것이 안팎으로 새로운 도전에 직면한 현대 한국 인문학적 글쓰기의 미래적 조형을 위해서 바람직한 노릇이다.

* * *

이 글은 거의 20년 전(1990년대 중반)에 쓰인 것을 최소한의 가필(加筆)을 거쳐 여기에 옮긴 것이다. 그때나 지금이나, 우리 선조들의 글쓰기 전통을 법고창신의 흐름 속에서 습합시키지 못한 점은 아쉽지만, 넓게 보자면, 해방 이후 한적(漢籍)을 배척하고 양서(洋書)에 구애한 일은 어느 일개인의 노력으로 회복시킬 수 있는 게 아니다. 나는 니체가 '소심한 인식론'이라고 부른

---

* 앨런 소칼·장 브르크몽, 『지적 사기』, 이희재 옮김, 민음사, 2000, 337쪽.

것에 상응하는 글쓰기를 '뜻의 학문'으로 재기표해서 비판하고, 이를 역사화, 이야기화, 재맥락화 혹은 여성화하려고 시도했다. 그 과정에서, 충분하지는 못하지만 사유와 글쓰기의 지평이 개활(開豁)하는 마음의 영도를 상상해보려고 했다. 물론 그렇다고 해서 '글의 학문' 일변도로 내빼려는 게 전혀 아니다. 글과 뜻의 상호 소외 현상을 경계하면서 수사의 과용(過用)과 이치의 비약, 위악적 애매성과 자가당착적 재서술을 적절하게 제지하는 글쓰기의 중용(中庸) 및 그 지혜를 떠올려본 것이다. 글이 제 몸에 새겨진 약속을 배신하며 뜻보다 멀리, 빠르게 달아나는 시절도 있고, 이 시절에 어울리는 이들도 있다. 세상에는 이상한 이도 많고, 이상한 재능도 많지 않은가? 그런가 하면 글들의 원심력적 자기표현력을 통제하며 오직 위성(衛星)의 역할로 잡아두려는 뜻의 전제(專制)가 우세한 세월도, 그런 제도와 인간들도 언제나 있는 법이다. 그러나 결국 글과 뜻은 어느 한쪽으로 기울면 자가당착에 빠지는 이른바 '역설(力說)-역설(逆說)'의 구조에 잡힌다. 글이 곧 사람의 무늬(人紋)와 관련되는 한, 그것은 재현의 꼭짓점으로 기능하는 초월적 기의(transcendental signifier)도 아니며 표현의 비산(飛散) 속으로 흩어지는 기표의 무지개—기호와 달리 기표의 경계는 결국 또 다른 (이상적) 기표일 수밖에 없으므로—일 수만도 없는 법이다. 모름지기 글은 늘 역설(力說)에 빠지긴 하되, 곧 역설(逆說)의 문턱에서 멈추는 자기 절제의 긴장을 놓치는 순간 그 생동성을 잃는다.*

글은 정신도 물질도 아니다. 그것은 몸을 통해 종합되는 실천의 한 양식이다. 인간의 몸은 이미 오래전에 '의식'이라는 기이한 반(半)/반(反)물질을 낳았으며, 이 의식마저 메타의식, 초(超)의식 혹은 영혼이라 부를 만한 2차적 분화에 접어든 지 오래다. "심신(心身) 문제뿐만 아니라 좀더 일반적으로는 모든 분야에서 상위 속성과 하위 속성 간의 관계에 대한 가장 영향력 있는 형이상학적 입장"**으로 평가받는 비환원적 물리주의(nonreductive physicalism)에서 출발하더라도, 진화의 장기적 지평에서 회고하고 상상해볼 때 인간의 의식이 분기와 초월의 새로운 지경으로 나아가는 실험의 도정에 있으리라는 것은 너무나 당연하다. 가령 엘리아스의 지론처럼 인간의 제도적 결합태들이 인성의 구조와 관련을 맺는다면, 인간의 글쓰기 행위 역시 인간이라는 기이한 존재의 의식적 진화나 그 특이성에 응할 것이다. 충분히 연성 과정을 거쳤을 경우의 글쓰기 행위가 인간의 실존과 깊은 관련을 맺게 될 일은 그만큼 자명해 보이며, 글의 초두에서 말한 바 '글쓰기의 실존주의'는 다만 일과성의 유행이 아니다.

글(紋)은 인간(人)의 것이며, 그 삶의 자리(場)와 얽혀 있다. 세상이 바뀌면 인심도 기회도 변하듯이, 우리가 사는 세상이 '수/디지털의 세계(numérosphère)' 속으로 질주해감에 따라 인

---

* 이 긴장은 디드로가 말한 '배우의 역설'과 흥미롭게 일치한다. 드니 디드로, 『배우에 관한 역설』, 주미사 옮김, 문학과지성사, 2001.
** 김재권, 『물리계 안에서의 마음』, 하종호 옮김, 철학과현실사, 1998, 27쪽.

간의 글-쓰기-행위도 변할 수밖에 없다. 비트겐슈타인은 '오직 달만 있다면 읽기와 쓰기는 없을 것'(뭉크 2000, 783)이라고 했지만, 휴대전화 같은 것들만 있다고 해도 쓰는 자들은 남을 것이고, 글쓰기를 자신의 실존이나 영혼과 관련시키려는 자들도 생길 것이다. 나는 꾸준히 옛글을 읽고, 여전히 종이사전을 뒤적이면서 외국어로 쓰인 책을 즐기는 말석의 문사이지만, 전통적인 글쓰기 속에서만 인간다운 실존의 무늬를 챙겨낼 수 있다고 믿지는 않는다. 필경 실존의 무늬 그 자체마저 인간의 진화와 더불어 다른 꼴들과 새로운 본들을 구성해낼 것이기 때문이다. 나로서는 이 과정 중에 인간의 진화사에서 초월적 결절을 이루고 있(다고 보여지)는 '영혼', 또 그 영혼의 모태인 영도(零度)의 체험들이 중요하고 긍정적인 변수가 될 것을 기대하지만, 진화도 내가 점지하는 게 아니고, 문사들의 미래도 어느 누가 책임질 노릇은 아니다.

43. 영도(零度)의 공원(空園)

    나는 이미 '거울사회'라는 개념을 밑돌 삼아 '휴대전화-인간'의 반인문적 강박을 소략하게나마 분석한 바 있다. 강박은 근본적으로 도시화의 과밀성과 연동하는 현상으로서, 도시들로 구조화된 체계적 보편성에 조응하는 심리적 보편성이며 무엇보다 부박과람(浮薄過濫)이 그 특성이다. 사방이 사방을, 사물이 사물을 비추어내며 복제하고, 존재의 간소함에 깃드는 깊이를 잊은 채 소비주의에 포박된 부화한 스펙터클의 물신들이 거울사회의 주인공이 된다. 그런가 하면 소비사회인의 최대 미덕인 변덕과 강박은 인간의 거주 문화에서도 여지없이 반복되고 있다.

    내 눈앞에는 어느새 두 종류의 공간 혹은 두 종류의 장소나 거처가 떠오른다. 하나는 금실지락(琴瑟之樂)을 누리는 노경의 부부가 사는 곳으로 서울의 어느 대형 아파트다. 그들이 일찍 시작한 사업이 번창하여 이미 상당한 자산을 축적했으며, 수년 전부터는 사업 규모를 줄여 얻은 여유 덕에 해외여행이 잦고, 남은 시간의 대부분은 사생활주의의 표본적 기표인 갖은 건강법의 실천에 전념하고 있다. 시속의 소문에 따르면, 남신(男神)이 과로와 스트레스로 죽은 자리를 스포츠웨어를 입은 여신(女神)들이 들어왔다고 하지 않던가? 그래서인지, 이 노부부의 아파트 내부는 해외여행 중에 사 모은 명품, 진귀한 장식물, 애완동물, (아)열대 화초들, 첨단의 전자 매체와 운동 장비들, 호사가적 골동품들로 그득해서 발을 제겨 딛고 다녀야 할 정도다. 성실한 부르주아이자 선량한 이웃이고 합리적 시민인 이 부부의 생활은 갖은 회동과 취미생활로 분망하며, 또 그만치 그들의 장소는 빈틈없이 빼곡해 보였다.

다른 한 곳은 나주 인근 농촌지역에 지어진 네댓 칸 규모의 한옥이다. 귀농의 이력이 꽤 깊은 중년 부부가 아들 하나를 데리고 살고 있다. 방 세 개 중, 부엌과 거실을 겸하는 큰방 하나를 제외한 두 개는 실질적으로 빈 곳이나 마찬가지였는데, 낡은 작은 고가구가 몇 점, 오디오와 음반 약간, 그리고 차구(茶具)가 전부였다. 2000만 원의 전셋집이라던 그곳은 내 눈에는 범상치 않은 기운이 배어 있었다. 곳곳과 자리마다 그곳을 살아가고 있는 이들의 노동이 은근하지만 남다르게, 낮게 빛나고 있었다. 어느 날 나는 주인 내외와 더불어 차를 놓고 환담하다가 잠시 바람도 쐴 겸 마당의 화장실로 향했다. 마침 툇마루 한 모퉁이에 앉아 있던 열한 살짜리 그 집 외아들이 나를 향해 일어나면서 미소를 머금은 채 가벼운 목례를 했는데, 나는 그 소년의 현량(賢亮)하고 그윽한 눈매에 다시없을 매력을 느꼈다. 장소는 또 다른 장소를 만들어가는 것이다.

군이 하이데거를 도용해 차별시한다면, 어지럽고 화려한 존재자(das Seiende)로 가득한 그 아파트의 공간에는 존재(das Sein)가, 무(das Nichts)가, 그리고 삶의 장소에서 가장 긴요한 부분인 깊이(die Tiefe)가 없었다. 그러므로 그 공간과 생활의 다잡분망함에도 장소감을 체감하기가 어려웠다. 거주 공간 속의 사물의 깊이는 사람이 책임진다. 아는 대로, 장소는 그저 사물을 놓을 수 있는 공간적 연장(spatial extension)이 아니다. 미학에서부터 심지어 물리학에 이르기까지 소박한 객관주의는 이미 그 19세기적 자신감을 내려놓았고, 주객관을 범람하는 상호개입의 효과는 보편적 상식이 되었다. 마찬가지로 장소(화)에도 객관성의 설치와 배치 못지않게 인간들의 개입은 결정적이다. 이른바 '장소'는 갖은 진품명품을 줄느런히 진열해놓은 곳이거나 기계적 기능성이 완벽을 기하는 곳이 아니라, 인간의 지극한 정성이 사물과 그 관계에 남긴 흔적에 의해 차분히 구성된다. 그러므로 지나가는 관찰자와 스쳐가는 소비자들의 편리 및 편익에 의해서 분별되거나 평가받는 게 '공간'이라면, '장소'는 근본적으로 거주자들을 위한 곳이며, 따라서 최소한 근기 있는 관심과 지극한 응대, 그리고 더불어 나누고 겪어냄의 과정이 긴요하다.

다르게 표현하면, 크기나 형태와 무관하게 평평할 수밖에 없는 '공간'과 달리 장소는 나름 '깊은' 곳이다. 돌려 말하자면, 그곳은 어떤 '깊이'를 지닌 인간들의 쉼 없는 개입에 응해 차근히 조형되는 법이다. 따라서 개입과 조응에 의해 점자(點字)의 무늬처럼 체감되는 깊이는 무슨 측량 가능한 객관적인 조건도 아니며 그렇다고 순전히 주관적인 속성도 아니다. '장소-감'이라는 게 바로 이 같은 정성 어린 겹침의 이력이자 그 효과인 것이다. 이는 황무한 풀숲 속으로 마침내 자드락길이 조성되는 길고 반복되는 '일'처럼, 거주와 연계된 사물들의 관련성 속으로 인간들의 정성과 노동이 만들어내는 새로운 겹침의 길, 그 흔적이다. 물론 '깊이'라는 말은 더러 실없는 형이상학적·종교적 아우라를 지닌 게 되레 논의의 화근으로서 일종의 지랄(知剌)이 되기도 한다. '깊이에의 강요'(파트리크 쥐스킨트)라는 말처럼 말이다. 게다가 분석적 훈련을 받지 못한 지성의 아마추어들이 개념의 혼동·혼돈 속에서 이를 자신들의 자의적 직관을 정당화하기 위한 변명으로 동원하기도 한다.

그러나 여전히 깊이는 인문(人紋)과 그 관련성에서 드러나는 고유한 특성으로 유효한 가치다. 사람의 삶은 그 삶의 양식과 희망을 좇아 나름의 '사람무늬(人紋)'를 이루는 게 당연하며, 이는 살아 있는 생명체만이 아니라 시공간을 점유하면서 나름의 한살이를 이루어가는 모든 존재자의 수동적 운명이자 능동적 특권인 것이다. 가령 나이에 따른 얼굴의 책임을 말할 때, 그 책임의 한켠에는 인격과 영혼의 깊이에 대한 신문(愼問)이 있는 것이다. 기미(機微)와 낌새와 미립과 징조와 흔적을 느끼지 못하는 게 도대체 왜 인간인가? 객관적 인식과 합리적 추론에 머물러 만족하는 의식이라면 그 의식이 왜 인간인가? 한 장소와 사물이 집중적인 관심과 성실한 노동의 대상이 되어 낭만화되거나 심지어 신화화되는 것과 마찬가지로, 인간의 의식도 '지속적 집중(sustained attentiveness)'의 노동에 의해 스스로 변화하면서 얻어가는 '깊이' 속에서야 비로소 '영혼'이라고 부를 수 있는 자태(姿態)를 드러내지 않는가? 정신에 성숙이 있고, 지혜가 있고, 악의가 있는 것처럼, 사람의 행위가 반복되어 조성되는 그 무늬(紋)에는 어느새 깊이의 흔적이 스며든다. 인간이 긴 세월을 오래 스치면서 깊이를 얻지 못한다면 그게 왜 인간인가 말이다.

'깊이'는 공간이 인간과 더불어 숙성해가는 과정 속의 구성물이다. 공간은 정의상 데카르트 식의 연장(res extensa)처럼 균질적이며, 정량적(定量的) 계측의 대상이고, 인간적 개입의 특이점이 생기기 전의 것이기 때문이다. 잘라 말하자면 장소는 어떤 공간에 인간의 갸륵한 노동이 '깊이' 속으로 결실한 곳이다. 그렇게 장소(감)란 인간의 무늬와 조응하거나 서로 삼투할 수 있으며, 이 덕에 장소감의 범주는 주객관의 가름을 넘어서는 묘한 깊이의 아우라를 지닌다. 이러한 관계와 관련시켜 내가 제출하려는 입론은, 장소의 진정성은 공간의 영도 체험에 수반된다는 것이며, 전술한 깊이 속에서 그 증좌를 찾을 수 있다는 것이다.

이제는 '장소-영도-깊이'라는 개념군에 의해 구성된 장소감의 지평에 서서 현대의 공간조형물들, 특히 이 글의 관심사인 공원(公園)을 주목해보자. 내가 몇 차례 다른 글에서 다소 비판적으로 언급한 바 있는 공원의 뜻이란, '도시의 자연친화적 구실이자 속도주의적 성장의 알리바이' '아파트 속으로부터 재생산되는 문화적(文禍的) 도착(倒錯)', 그리고 '자연의 시뮬라크르 혹은 상실된 서정의 추억으로 인형처럼 되살아난 것' 등이다. 물론 이런 평가는 누가 봐도 다소 박절한 것이며, 실제의 사회적 효용에 대해 부러 눈을 감는 부당한 비평이고, 그저 유행하는 진보적 담론에 의탁해서 허세를 부리는 짓처럼 여겨지기조차 할 것이다. 그러나 기원과 성분을 은폐하면서 배설된 풍경의 잔치가 한 사회의 전 포괄적인 여건이 되었을 경우, 낌새와 징조의 작은 틈을 뚫고 길을 내며 다른 가치와 희망의 지평을 이끌어들이려는 노동에는 과장이, 집중이, 악지가, 심지어 선별된 폭력이 필요한 법이다.

그런 뜻으로 살펴보는 도시의 공원—대체 도시 바깥에 공원이 있던가?—이란 가산(假山)과 같은 작위(作僞)이며, 인공적 줌인(zoom-in)이고, 파괴와 훼손과 추방과 소외에 대한 구실이자 그 미봉적 보상인 것이다. 우리는 도시를 과(過)개발하고선 떼 지어 시골로 몰려가 '보상'을 찾고, 또 산천을 과(過)개발하고선 도시 속에서 그 사라진 이미지들을 축소 재현하는 방식으로 보상한다. 이 평가는 여전히 박절한 것이다. 그러나 도시의 공원들이 특히 아파트 단지와 더불어 조성되고 있다는 사실을 꼼꼼히 되새겨본다면, 이런 적극적인 비평의 내파-효과가 불러오는 환기와 해체와 재구성 및 그 창발적 상상력에 방점을 찍어볼 수도 있을 것이다.

이제는 공원도 아파트만큼이나 수려단정(秀麗端整)하고, 현대인의 사이비 종교로 진화한 사생활주의-건강보신주의의 반려로서 주어진 기능에 충실한다. 그러나 그 공원들은 한결같이 관료와 시공업자들의 의도(意圖)로 가득한 공간일 뿐이다. 내가 산책을 생각이나 의도와의 싸움으로 정의했듯이, 실은 공(空)원도 관료나 업자들의 의도를 벗어난 곳에서 비로소 드러난다.

공터는 원래 시간과 장소에 제한 없이 우연히 생기기 때문에 시내 어디에 어떤 공터가 있는지는 땅으로 사기 치는 사람이 아니고서야 미리 알 수 없다. 그곳을 지나면서 비로소 그 땅이 거기 있음을 알게 된다. 하지만 공터는 애써 찾아 나서지 않아도 도시 여기저기에 존재한다. 한동안 풀이 자라던 공터에 땅이 다져지고 드디어 건축 공사가 시작되는가 싶으면 어느새 그 옆집이 철거되고, 어떤 때는 화재로 불탄 다른 공터가 생긴다. 그리고 한 차례 비가 오면 곧바로 잡초가 싹을 틔워 꽃을 피우고, 눈 깜짝할 사이에 나비나 잠자리가 날아다니며 귀뚜라미가 뛰어다니는 들판이 된다. 바깥 울타리는 있으나 마나 지나는 사람들의 게다 발자국으로 좁은 길이 자유자재로 열려, 낮에는 아이들의 놀이터가 되고 밤에는 남녀의 밀회 장소가 된다. 여름에 도처의 젊은이들이 어설프게 스모대회를 열 수 있는 것도 공터가 있어서다.*

그러나 우리가 우리 도시 속에서 만나는 공원(公園)은 공원(憤園)이다. 즉 '잘난 체하는 곳'이다. 부박과람한 스타일이 천편일률적이고, 인간 존재의 '쉼'과 허소(虛疎)가 자리할 수 있는 빈터의 깊이가 없는 공원(倥園, '어리석은 곳')이다.

인간들의 가없는 노동으로써만 비로소 개현(開顯)되는 장소의 깊이 혹은 깊은 장소의 부재는 비단 공원만의 문제가 아니다. 내가 사적 체험을 통해 그나마 조금 아는 곳이야 미국과 일본 정도이지만, 이 '장소의 부재'는 5000년의 긴 역사를 말하는 우리 땅 한반도에서 특히 도드라져 보인다. 나는 사는 곳을 옮길 때마다 여러 산책로를 구성하는 일로 그 마을의 지형과 분위기를 알아가는 편인데, 긴 시간을 유심히 살펴본 결과 공원과 휴식 공간들, 그리고 노인들을 위한 쉼터는 관료와 업자들의 노골적인 사냥터로 변한 지 오래된 듯하다. 베버의 말이 아니더라도 근대화의 속내를 살피고 유지하는 주체는 아무래도 관료들일 수밖에 없는데, 도로나 공원이나 쉼터 공간 등에 눈을 돌릴 때마다 이들의 관심과 노동은 어디로 흘러들어가고 있는지 도대체 납득할 길이 없다. 공무(公務)로 시설되는 것들(정자든 다

---

* 나가이 가후, 『게다를 신고 어슬렁어슬렁』, 정수윤 옮김, 정은문고, 2015, 75~76쪽.

리든 마을의 어디에서나 쉽게 눈에 띄는 똑같은 운동 기구든)의 한결같은 특징은 '방치' 혹은 관리의 부재다. 준공 이후 남은 자재와 부품 쓰레기를 방치하는 일은 차라리 '메이드인코리아'의 표식처럼 생각되고, 세금으로 설비한 시설에 대한 관리는 대체로 부실하기 짝이 없다. 한 달이 멀다 하고 다시 부수고, 다시 파고, 다시 잇고, 다시 짓고, 다시 뚫는 이곳에 '장소'가 들어설 도리는 없다.

무릇 삶의 장소는 그 땅에 대한 감사와 조심을 지닌 채 살아가는 주민들의 정성 및 노동과 영혼이 가만히 내려앉은 곳이다. 그런 정성과 영혼이 사물에 깃들도록 살아가는 마을이고 주민이라면, 그곳에 들어설 공원도 그런 분위기를 닮게 마련이다. 성의껏 오래 겹치는 것들은 반드시 서로의 흔적을 공유한다. 사람과 사물도 마찬가지다. 리 호이나키가 스콧 니어링을 언급하는 중에, "집을 짓기 위해 돌들을 모으거나 밤이 되면 연장들을 조심스럽게 간수하는 방식 등을 좋아했다"*고 한 것에서 이 흔적의 교감을 볼 수 있지 않겠는가. 아니, 심지어 연필 한 자루가 모지라져가는 모습에서도 그 필자의 성정과 솜씨를 엿본다. 이 둘은 가장 '낮게' 교감할 줄 아는 것이다. 이와 같은 식으로, 무릇 공원(公園)은 오직 인간 존재를 허소의 겸허함 속으로 내려앉게 하는 영도의 체험 속에서 공원(空園)이 된다.

---

* 리 호이나키, 『正義의 길로 비틀거리며 가다』, 김종철 옮김, 녹색평론사, 2007, 58쪽.

6장

—

분노사회와
창의성의 인문학

—

44. 분한(憤恨)과 창의성

1. 십수 년 전의 일이다. 아파트 관리인이 사소한 실수를 한 탓에 내가 작은 피해를 입었다. 그의 변명조차 억지스러웠다. 그 태도가 발화점(發火點)이 된 듯, 나는 그 노인을 향해 몇 마디 조박(佻薄)하게 쏘아붙였다. 내 말은 고성이었고, 분노에 경색된 어휘들은 조리조차 없었다. 평소 암되고 온순한 편이던 나는 졸연히 이상한 '용기'에 떠밀렸다.

마지막으로 네 가지 중 가장 강력한 열정인 '분노'가 있다. 보수주의 좌파나 온건 우파가 지겹도록 반복하고 있는 터무니없는 분석과는 반대로, 프랑스의 국민전선과 같은 극우 정당을 이끌어가는 원동력은 바로 이 분노다. 극우 세력의 지도자들을 살펴본다면 이들이 겁을 내기는커녕 그 어떤 상황에서도 진짜 용기를 보여주고 있다는 것을 확인할 수 있다. 심지어 국민 다수로부터 지탄받는 것조차 두려워하지 않고, 가장 어렵고 공격적인 논쟁에도 맞설 준비가

되어 있으며, 그 어떤 주저나 망설임도 보이지 않는다.[*]

사실상 큰 피해도 아니었으며 관리인은 내게 아버지뻘의 노인이었다. 나는 말이 떨어지기가 무섭게 후회했다. 그 노인의 얼굴을 향해 휘몰려가던 분노의 실체가 새삼 내 얼굴을 따갑게 쳤다. 스스로 궁색했고, 나를 '선생'으로 대접하던 젊은이들을 떠올리면 한심한 짓이었다. 나는 그날 종일 내 '분노'를 되새김했다. 그리고 어렵사리, 한순간 이상스레 증폭되었던 그 분노 혹은 분한의 정체와 기원을 대략 찾아낼 수 있었다. 그랬다. 그 노인은 발화점에 불과했다. 화약은 억압된 내 기억의 창고 속에 고스란히 담겨 있었다. (미래가 과거를 구원하기도 하지만) 과거가 미래를 막는 일은 흔하다. 과거와 미래가 불행한 관계를 맺는 전형적인 형식 중 하나가 분한과 창의성이다.

2. 20여 년 전, 김수영도 아니면서 '온몸으로' 시를 쓴다던 선배가 한 명 있었다. 처음에 나는 그의 정의감과 달변에 매료되었다. 운동권도 아니었고 시인조차 아닌 나는 등단 시인에다가 거의 빨갱이였던 그를 살짝 부러워하고 있었다. 겨우 1년 남짓, 대여섯 번 만났을 뿐이지만 늘 술자리였다. 술과 입술이 돌기 시작하면 온 세상이 그에게 적군(敵軍)으로 인용되고 호출

* 뤼크 페리, 『파괴적 혁신』, 김보희 옮김, 글항아리, 2016, 44쪽.

6장 분노사회와 창의성의 인문학

되어 타매되었다. 변변한 시위 경력조차 한번 없는 '종교적 실존주의자' 나부랭이였던 나 역시 그의 붉게 술기 오른 눈매에 의해 사갈시되곤 했다. 때로 그의 우군(友軍)은 술뿐인 듯했다. '온몸으로 시를 쓴다'던 그 선배의 시를 읽을 기회는 별로 없었다. 이야기 속에 포획되는 경험은 언제나 그 경험의 바깥을 어둡게 만들긴 하지만, 내가 만난 그는 '온몸으로 술을 마셨고' 또 '온몸으로 분노를 토했'을 뿐이다. 그는 나와 결별한 후 3년을 더 살다가 마흔넷에 술병으로 죽었다. 그 선배는 단 한 권의 시집도 남기지 못했다. 당시 동인지 활동을 같이 하던 그의 지인들 중 한 사람과 근자에 우연히 만났는데, 그는 죽은 그 선배의 시적 재능이 '천재적'이라고 했다. 나는 당장 대꾸하지 않았지만, 천재와 분노가 동서(同棲)하지 못한다는 사실을 깨친 지 이미 오래다.

3. 그 모든 인간의 상황과 사건은 이른바 '내재적으로' 혹은 (내가 잘 쓰는 용어로) '동정적 혜안'을 지니고 살펴볼 필요가 있다. 박근혜 대통령의 경우도 마찬가지일 것이다. 왕이나 대통령으로서 애초 나라를 말아먹을 심산을 지녔던 자는 별로 없으리라. 연산군조차 초기부터 아예 싹수가 없었던 것은 아니다. 광주학살이라는 초석적 폭력으로 집권했고 천문학적 액수의 뒷돈을 챙겼던 전두환도 (언제 어디선가는) 국리민복을 위해 애쓰기도 했을 것이다. 박근혜씨에 대해 극언(極言)하는 이들을 만

나면 내 생각은 금세 분잡해진다. 대중의 시선을 먹고 살아가는 유명인들이 극언에 노출되는 일은 흔하지만, 대체로 극언이 사람의 처지와 정황에 공정하기는 어렵다. 그러므로 사람에 대해서라면 극언을 피해야 하며, 사람이 아닌 대상이라면 굳이 극언을 할 필요조차 없다. 극언은 아니더라도, 박근혜씨에 대해 정신심리적 분석을 가하려는 이들도 적지 않은 듯하다. 물론 이런 분석은 비밀 유지의 의무(confidentiality obligation) 아래 견실하고 섬세하게 이루어지는 임상의학적 실천이 아니다. 대개 상식으로 흐르고 소문으로 빠지는 정도의 이야기를 넘어서지 못한다. 정신심리적 분석은 최종심급의 폭력이 될 수 있다는 점에서 조심스러워야 하며, 또 흔히 지적되는 바처럼 반증(反證)조차 어렵다는 점을 고려하면 과연 이 분석이 비평의 방식으로 적절한지에 대해 꾸준한 성찰이 있어야겠다. 그러나 이것저것 다 헤아려봐도 박근혜씨가 제시한 '창조'경제라는 어휘는 아무래도 괴이하게 들린다. 창의성과 창조력은 필경 마음의 0도에까지 내려갈 수 있는 존재론적 겸허와 개방성에 터해서 찾아온다. 그러므로 말할 필요조차 없이 창조와 창의에 가장 불리한 여건은 경색된 분한(憤恨)의 감정이다. 전술한 대로 분한은 마음의 에너지를 과거에 묶어놓기 때문에 창의와 창조에 필요한 미래적 유연성에 치명적이다. 박근혜씨의 개인사를 대략 일람하더라도 억울함이나 배신감 같은 나름의 분한에 붙들려 있을 수도 있었으리라는 짐작이 선다. 과연 박씨의 자리에 누구를 앉혀놓더라도 명랑하고 관후한 성품과 태도를 기대하긴 어려울지 모른다. 문제는 그녀가 리더, 그것도 한 나라의 수장이라는 사실에 있다. 분한에 지펴 있는 개인이 평소 슬금하고 창의적인 활동을 하리라고 믿긴 어렵지만, 그것조차 그 개인의 선택이며 불행일 따름이다. 그러나 여러 사람의 삶과 운명에 영향을 줄 수 있는 권력자나 지도자가 품고 있는 분한은 이미 그것 자체로 정치사회적 재난의 씨앗이 될 소지가 있다. 우리는 우리의 대통령인 박근혜씨가 어떻게든 사적 분한을 잘 삭이고 공의(公議)를 모아 공의(公義)의 진작에 진력해줄 것을 바랐지만, 그녀가 주도하는 현실은 그리 밝아 보이지 않는다. 박근혜씨가 분한의 덫에서 좀더 일찍 놓여날 수 있다면 우리 국민이 그 덕을 입을 수도 있겠지만 불과 1년이 남은 공직에서 그녀의 변신을 기대하긴 어려울 듯하다. 그렇다면 그녀가 공직에서 물러난 이후에라도 그녀가 처했던 특수한 위치와 겪었던 특이한 사건들, 그리고 이로 인한 분한의 정서에서 벗어나 한 사람의 사인으로서 좀더 너그럽고 창의적인 삶을 살 수 있기를 바란다.

4. '분한의 정치'라면 단연 연산군(燕山君, 1476~1506)을 꼽아야 한다. 연산군은 광기의 정도로만 따지면, 이 올망졸망한 나라에서 돌올하게 나타난 가히 세계적인 인물일 것이다. 그의 분한은 주로 두 가지로 나뉜다. 하나는 널리 알려진 대로 그의 생모인 폐비 윤씨(?~1482)의 사사(賜死)와 관련된다. 그의 광기

에 대한 해석이 이 사건으로 몰밀려가는 것은 낭만적-일면적-피상적이지만, 그게 중요한 계기를 이룬 것만은 사실이다. 대중독자들에게 잘 알려지지 않은 또 하나의 갈래는 부성콤플렉스(Vaterkomplex)라 부를 수 있는 종류의 분한이다. 아는 대로 그의 아버지는 성종(成宗, 1457~1494)인데, 세종이나 정조에 비길만한 호학(好學)의 군주였고, 그 시호가 말해주듯이 조선의 유교적 통치 이념이나 제도를 완성시킨 인물이었다. 연산군은 재능과 인품에서도 아버지에게 뒤졌으며, 그 그늘에서 벗어날 수 없었고, 또 자주 비교당했다. 급기야 그의 비뚤어진 분노는 성종의 반신영정(半身影幀)에 활을 쏘거나 그의 제일(祭日)에 술과 고기를 먹거나 혹은 아버지의 후궁을 범하는 등 죽은 아버지를 직접 모욕하는 데에 이른다. 연산군의 행태를 접하고 그 심사를 헤아릴 때마다 내 뇌리에 따라붙는 주된 인상은 다름 아닌 '뒤끝'이다.

연산군은 특별히 '뒤끝이 있는' 성격이었다. (논의가 길게 곁가지를 칠 듯해서 사례들을 소개하진 않는다.) '뒤끝'이란 분한의 감정—그게 아무리 사소한 종류의 것이라고 해도—이 유달리 삭지 않고 남아 있으며, 언젠가 어떤 식으로든 그 감정을 사적으로 표출하고야 마는 성격과 태도를 가리킨다. 물론 이 표출의 과정은 대체로 보복 형식을 띠는 경우가 잦다. 과거의 사원(私怨)에 관심이 집중되면 당연히 시야가 좁아지고, 사고의 창의성이나 행위의 유연성이 떨어지며, 에너지가 낭비된다. '뒤끝이

있는' 자가 시중의 평범한 장삼이사 중 하나라면 별 문젯거리가
아니다. 그는 필시 달인이나 성인의 반열에 오르진 못하겠지만,
그것이야 그 누구의 관심사도 아니다. 그러나 연산군처럼 지도
자나 권력자가 '뒤끝이 있는' 사람이라면 때론 재앙이 따를 수
도 있다.

  5. 20년 전쯤일까. 당시 팽순씨는 40대 초반의 만학도(晩學
徒)였는데, 활달한 성격에다가 말수가 많았다. 약간 비만한 체
형이었고 우람할 정도로 키가 컸지만, 그 젊은 날의 미모를 짐
작케 하는 구석이 적지 않았다. 그러나 왁달박달한 타입은 아니
었으며, 똑똑한 데다 수업에도 몹시 열성적이었으므로 성적도
좋았다. 그녀는 늘 일군의 만학도 아주머니들을 몰고 다니곤 했
다. 한눈에도 그녀는 완력으로든 입심으로든 '보스'였다. 학기
말의 '뒤풀이' 겸해서 나도 두어 차례 그녀의 무리들에 섞인 적
이 있는데, 그녀의 말버릇에서 묘하게 흥미로운 지점을 알아챌
수 있었다. 30~40대 아주머니들의 수다 메뉴에 빠지지 않는 게
'아이들'인 것처럼, 각자 자신의 아이들을 놓고 정보 교환과 자
랑과 상담의 형식을 띤 이야기들이 오가곤 했다. 그 와중에 도
드라지게 내 관심을 끈 것은, 팽순씨가 아이들을 지칭하는 방식
이었다. 그녀는 내남을 가리지 않고 모조리 '그놈' '그 새끼' '그
년' '고것' '그 지랄 맞은 것' 등등으로 불렀다. 그 동학들이 개
의치 않는 것으로 봐선 이미 그 화법은 그들의 문화(?) 속에 정

착된 듯도 했다. 가만히 더 살피니, 호칭만 거친 게 아니라 아이들에 대한 평가 일반이 대체로 노골적인 무시이거나 폄훼였다.

바야흐로 아이들이 황자(皇子)가 되어가던 시대였으므로 팽순씨의 태도는 한동안 내 주목을 받았다. "전체적으로 아기와 어린아이들은 첫 5년에서 6년간은 별다른 관심을 받지 못한 채 내버려져서 살아남거나 죽는 것으로 보인다"*고 하던 시대도 있었지만, 사회 전체가 아이들의 변덕에 시중을 들고 그 매력에 목을 매고 있는 시절이니 팽순씨의 언사는 사뭇 도발적일 수밖에 없었다.

나는 도합 5학기가량 팽순씨를 가르쳤는데, 그사이 이런저런 계기를 통해 그녀를 다소 깊이 이해할 수 있게 되었다. 애초 간호전문대학을 졸업한 20대 초반의 그녀는 서울 근교의 어느 종합병원에서 근무하던 중 그 병원 직원과 눈이 맞아 계획 없이 아이를 낳게 되었으며, 유부남이던 그 남자와 도망치듯 그 병원을 나와버렸다. 자잘하고 지질한 곡절 끝에 약 3년 뒤 둘은 정식으로 혼인을 했고, 남편의 고향인 그 지역으로 낙향한 후 그곳 병원에서 다시 간호사 일을 맡았다. 남편은 주꾸미 볶음을 전문으로 하는 식당을 경영했다. 벌이도 좋았고, 사생아로 태어났던 아들도 일없이 잘 자랐으며, 혼인한 지 5년 만에 24평짜리 강변 아파트를 한 채 샀다. 그러다가 아이가 중학교에 들어갈 무렵

---

* B. Tuchmann, *A Distant Mirror: the Calamitous 14th Century*, New York: Random House, 1978, p. 49.

남편에게 딴 여자가 있고 둘 사이에 낳은 아이까지 있다는 사실을 알게 되었다. 인근의 사설 영어학원 강사이자 이혼 경력이 있는 30대 초반의 독신녀로 '주꾸미 킬러'라고 했다. 팽순씨는 아파트와 주꾸미 식당을 받고 이혼했다. 그리고 주변의 기대와 권유를 뿌리치고 아들을 남편에게 맡겼다. 팽순씨는 적지 않은 월세를 조건으로 여동생 부부에게 식당을 넘겼으며, 이혼 후 내 학생이 되기까지 7~8년간 병원 근무를 계속했다. 그사이 개인 택시를 하며 전립선비대증을 앓던 어느 중늙은이의 친절과 배려에 빠져 그의 '행복(Nachsommer)'이 될 뻔했다. 하지만 바로 그때 바울에게 찾아온 예수처럼 벼락같이 '종교'가 그녀를 찾아왔고, 나이 마흔에 간호사 일을 그만두고 성직을 소망하면서 신학대학에 들어온 것이었다. 그리고 그 대학에서 종교철학 등등을 강의하던 나를 만나면서 (그녀의 표현에 따르면) '난생처음으로 공부의 보람을 느끼게' 되었다고 했다.

18세에 팽순씨를 낳은 모친은 미혼모였다. 생후 보름도 되지 않은 핏덩이를 '팽'*개치고 서울로 도주한 뒤 다신 모습을 보이지 않았다. 생부(生父)는 이름조차 알 수 없었다. 외할머니가 최초의 10개월여를 떠맡았다고 했다. 그 후 몇몇 곳의 보육원 생활과 곁도는 입양생활을 전전한 끝에 간호전문대 기숙사에 들

---

* 짐작하시겠지만 '팽순'이는 그녀가 자신을 소개할 때 내놓은 자조적인 가명이다. 자신의 모친에게 '팽'당한 이래 중요한 모든 관계에서 '팽'당했다는 사연인데, 그녀가 좋은 경력의 간호사 직을 내팽개치고 늦은 나이에 신학 공부에 투신한 것도 실은 "하나님에게만은 내가 '팽'당하지 않을 것"이라는 환상 때문이었다.

어가면서 독립하게 되었다. 당연히 생활은 빠듯하고 불안정했다. 그러나 천성이 밝고 또 총명한 편이었기에 어렵지 않게 기성 제도에 편입될 수 있었고, 어느 곳에 처하든 외톨이도 아니었다.

다만 팽순씨는 '나는 늘 아이들이 싫었다'고 했다. 전남편과의 사이에 아들을 하나 두긴 했지만 스스로 원한 출산이 아니었다. 전남편을 만나기 직전 서울 근교 종합병원에서 일하던 시절 잠시 소아병동에 배치된 적이 있었다. 팽순씨는 그 아기들, 그리고 아기들을 마치 무슨 보석인 양 기껍게 대하는 부모들을 지척에서 접하면서 자신의 마음이 이상하게 비틀려 있다는 사실을 뚜렷이 자각하게 되었다고 했다. 처음에 그녀는 스스로도 이해할 수 없는 분노와 시기심이 그 죄 없는 아기들을 대상으로 솟아오르는 것을 느끼곤 곤혹스러워하거나 죄책감에 시달리기도 했다. 아기들의 발바닥을 꼬집는 일이 잦아졌고, 얼굴에 침을 뱉은 뒤 표 나지 않게 닦아주기도 했다. 그녀는 최소한 100번 정도 침을 뱉은 후, 스스로의 악습에 혼돈스러워하며 간청 끝에 병동을 옮겼다. 이번에는 암병동이었다. 그녀는 특히 예후(豫後)가 좋지 않은 노인 환자들에게 기묘한 애착이 생겼고, 그들 주변에서 외려 마음의 안정을 얻었다고 했다.

나는 언젠가 팽순씨의 면전에서 그녀를 '분석'할 뻔했다. 그러나 평소의 그녀답지 않게 격심하게 뻣성을 부리는 탓에 말을 이어가지 못하고 말았다. 쾌락을 품고 있는 (타인의) 증상을 분석하는 것은 언제나 거부당하는 법이긴 하다. '친구'나 애인이나 동료와 같이 사회적 통속성의 골조를 이루는 관계의 매너는, 상대의 증상을 못 본 체하고 그 증상에 수반되는 쾌락을 허용하는 데 있는 것이기 때문이다. 20년 가까이 지난 이제야 당시에 퇴박을 맞은 그 분석을 잠시 이어가게 되었는데, 내 판단에는 요컨대 팽순씨의 '보상 체계(reward system)'에 고장이 생겼다고 보인다. 보상 체계라는 게 별스러운 장치는 아니다. 인생은 수없이 많은 종류의 교환(give-and-take)으로 이루어져 있고, 그 교환이 합리적이고 공정할 때 사회는 안정되고 개인은 그 사회가 요구하는 정상성에 따른다. 하지만 늘 사회의 일각은 위태로운 물매를 지니고 있으며 그 속의 교환은 불공정하기 때문에 거기에 얽혀 있는 개인들은 분한에 맺히게 마련이다. 아이들이 처음으로 겪게 되는 공적 제도로서의 학교에서 상벌을 분명히 하는 것이나, 생사를 넘나드는 위기 상황에서 임무를 수행해야 하는 군대 등에서 보상 제도를 정교화하는 것에는 그 나름의 이유가 있다.

어린 시절에 받은 깊은 상처가 평생의 짐이 되듯이 어린 시절에 받은 깊은 사랑은 평생의 날개가 된다. 그 상처는 '진실의 담지자'인 몸의 증세를 통해 말하며, 쉼 없이 보상을 요구하게 된다. 예를 들어 태평양 전쟁 중에 일본군의 위안부로 강제동원된 여성들이 아흔을 넘긴 노구를 힘겹게 이끌고 다니면서도 일본 정부로부터 공식적 사죄와 배상을 요구하며 집회를 벌이는 것은 곧 그들의 '몸'이 말을 하기 때문이다. 거꾸로 유아기에 일차적 양육자나 근친으로부터 도타운 사랑과 지속적인 신뢰를 받은 이들은 그 관심과 사랑에 대한 몸의 기억을 바탕으로 비교적 온건하고 관후한 태도를 유지해나갈 가능성이 높아진다. 이들의 경우에는 '미리' 삶에 대한 보상을 받은 셈이다. 나누고 베푸는 생활의 원동력은 생애 초기에 얻은 따듯한 사랑과 신뢰에 힘입는 바가 크다. 결국 사랑의 예수(豫受)가 사랑의 예수(jesus)를 탄생시키는 것이다.

아기들에 대한 직접적 폭력이나 아이들을 향한 팽순씨의 거친 언사는, 비록 비합리적이고 비루하기조차 하지만 보상의 불공정에 대한 제 깜냥의 불평과 항의를 드러내고 있는 셈이다. 팽순씨가 소아병동의 아기들과 주변의 아이들을 매정한 시선으로 보고 있을 때, 실은 바로 그 아기/아이들 곁에는 어린 시절의 팽순씨가 울면서 앉아 있는 것이다. 어린 팽순이 받지 못한 관심과 보호를 받고 있는 아기/아이들이 시공간을 초월해서 비교되고, 엉뚱하지만 이들은 여전히 아기/아이의 시선을 버리지 못하고 있는 팽순씨에 의해 단숨에 선망과 시기의 대상이 된다.

자신도 모르는 사이에, 사람에게서 내몰려 마침내 신으로부터 관심과 사랑의 보상을 받고자 했던 팽순씨의 투신은 성공할 수 있었을까? 여지없이 이기적인 데다 공정성의 관념을 내세우길 좋아하는 인간들은 보상의 굴레에서 벗어나기가 어렵다. '미운 놈 떡 하나 더 준다'고 하지만, 떡 하나 덜 받은 놈은 그 잃어버린 떡을 언제까지나 기억하는 법이다. 남을 위해 제 목숨을 버리는 영웅도 있고, 남을 도운 일조차 겸허히 잊어버리는 보살도 있겠건만, 세속은 여전히 보상의 투쟁으로부터 한 발도 벗어나지 못하고 있다. 보상 체계로부터 해방되어 자존자유(自存自由)하라는 현철들의 가르침에 유의해야 하면서도, 갖은 성정과 태도로 나뉜 개인들이 어울려 살아가는 세속에서는 가능한 공정한 보상 체계가 작동하도록 애써야 하는 것도 사실이다.

자기 자신 속의 어느 후미진 구석에는 울고 있는 과거의 아이 한 명이 있다. 우리의 팽순씨도 마찬가지였다. 타인들에 비해 보상을 적게 받았거나 심지어 받지 못했다고 느끼는 한, 이 사실은 나이나 지위에 관계없이 적용된다. 어린 시절 사랑을 박탈당한 채 폭력에 노출되어 분한이 만성화된 자는 속으로 아이가 되고 겉으로 괴물이 되곤 하는 게 같은 이유다. 괴물 속에 아이가 있고, 아이는 괴물스러운 모습으로 자신을 표현하는 것이다. 특히 한국사회에서는 나이와 무관하게 자라지 않는 영혼이 그득그득한 것 같다. 이 영혼들은 분한으로 퇴행한 채 갈가리 찢겨 있다. 그 울고 있는 아이들의 눈물을 닦아주고, 신체의 나이에 걸맞은 영혼으로 자라나도록 배려하고 돕는 일은 시급하다. 그것은 단지 팽순씨만의 문제가 아니라, 분노 속에서 자신의 영혼을 방치하고 있는 그 모든 사람의 과제다.

6. 연쇄살인범들은 대체로 지능이 높은 편이라는 통계도 있

다. 말할 것도 없이 지능(intelligence)은 창의성과 구별된다. 그러므로 그들 중 일부가 교묘하게 운신하면서 장기간 잡히지 않는 것을 두고 '창의적'이랄 수는 없다. 그들의 기본 정서는 분한이며, 전술한 것처럼 분한은 창의성을 키우지 못하기 때문이다. 그들의 지능은 주로 범죄를 은폐할 수 있는 범위와 방식으로 그 분노를 조절하는 데 이용된다. 따라서 분한은 그 같은 끔찍한 연쇄 범죄에 나서는 여러 조건 중 하나일 뿐이며, 그 분한의 에너지를 적절히 분배하고 유도하는 지능이 뒷받침되지 않으면 그는 '연쇄'살인범이 되기도 전에 잡힌다.

무릇 사람의 일은 죄다 예외가 생기기 마련이긴 해도, '연쇄살인범(serial killer)'의 특징은 대체로 잘 분류되어 있는 편이다. 간단히 말해서 이들의 초기 생활 여건은 대개 곳곳에 분한이 쌓이도록 구조화되어 있다. 40~50명의 여성을 납치, 강간, 살인, 그리고 시체 훼손을 한 것으로 알려진 테드 번디(1946~1989)와 같은 예외도 있지만, 대개는 정남규(1969~2009)의 경우처럼 부모나 근친으로부터 육체적으로나 성적으로 폭행을 당한 경우가 많다. 그들의 부모나 1차 보호자들은 대체로 사회적 지위가 낮고 언행이 거칠며, 범죄 경력이 있거나 알코올 혹은 여타 약물에 상시로 노출되어 있는 편이다. 연쇄살인범들은 대체로 부모의 어느 한쪽 혹은 양쪽으로부터 버림받았거나 독선적, '비창의적', 폭력적인 부모와 더불어 살면서 분노의 기운을 키운다. 미국과 유럽의 연쇄살인범 중에서 양친을 깊이 사랑하고 존경한 이는 거의 없다.

연쇄살인범들의 공통된 경력 중에 흔히 언급되는 것은 역시 대체로 어린 시절로 소급되는 '동물학대'다. 그러나 이 동물학대를 설명하는 일반적인 방식은, 내가 보기에는 도착적(倒錯的)이며 따라서 인과관계를 혼동하고 있는 것처럼 여겨진다. 그 설명에 의하면, 이미 어릴 때부터 '괴물'의 소지를 품고 있었던 이들의 정체를 (사후적으로) 상정한 후 그 소지(素地)의 적절한 결과이자 사례로서 이 동물학대를 제시하는 것이다. 그러나 이것은 DNA 결정론만큼이나 단선적인 설명에 지나지 않는다. 이런 설명에 동의한다면 동물학대 이전에 이미 그는 연쇄살인범이어야만 한다. 내가 보기에 이들의 동물학대는 그들 나름으로 '보상의 균형(balance of compensation)'을 얻고자 하는 발악적인 몸부림으로 여겨진다.

보상의 균형이라는 표현을 다음과 같이 조금 에둘러 설명하면 이해하기가 쉬울 것이다. 마르셀 모스(1872~1950)는 그의 유명한 『증여론』에서 폴리네시아 부족들의 '포틀래치(potlach)'를 다소 장황하게 설명하는 가운데 '답례의 의무'를 자주 언급한다. 이런 식이다.

대개 포틀래치는 언제나 받은 것보다 더 성대한 포틀래치로 답례하지 않으면 안 되며, 또 선물도 받은 것보다 더 많은 것으로 답례하지 않으면 안 된다. 상당한 정도로 답례를 하는 의무는 절대적이다.

답례하지 않거나 '동등한 가치를 지닌 물건을 파괴하지 않으면' '체면'을 영원히 잃게 된다.[*]

다소 괴이하게 들리겠지만, 이들 연쇄살인범이 어릴 때 거의 공통적으로 드러냈던 동물학대의 경향은 최소한 그 심리의 저변에서 읽어내자면 '공정한 보상(답례)'을 위한 짓이다. 이들은 부모나 그 주변의 여건으로부터 지속적으로 학대를 받아왔고, '보상'받을 길이 없는 이 학대로 인해 분한만 쌓아간다. 실은 가해자에게 학대의 대가를 요구하는 게 마땅하지만 여러 여건상 이런 식의 직접적 보상을 얻는 것은 가능하지 않다. 물론 에드먼드 켐퍼(1948~)처럼 친모를 끔찍하게 죽이고 시체를 훼손함으로써 직접적인 보복을 가한 사례가 없지 않지만, 대개는 가해자의 위치에 오른 과거의 피해자가 '물림'의 방식을 통해 새로운 피해자들을 찾아 나서게 된다. 따라서 동물학대는 아직 가해자의 기량과 수완을 갖추지 못한 자리에서 찾아내는 보상의 대용품인 셈이다. 다시 모스의 어법을 따르자면, 초기의 피학대에 대한 보상으로서 동물학대와 같은 방식으로 '동등한 가치를 지닌 무엇을 학대하지 않으면 영영 체면을 잃게 되는 것'이다. 물론 포틀래치의 답례에서는 특정한 부족(장)의 '체면'이 문제가 되지만, 이 경우에는 (앞서 언질했듯이) '보상의 균형'이 관건이

---

[*] 마르셀 모스, 『증여론』, 이상률 옮김, 한길사, 2002, 163~164쪽.

다. 술과 약에 전 아버지는 상대적인 약자인 나를 학대하지만, 나는 역시 상대적인 약자인 동물을 학대함으로써 보상(답례)을 구한다. 비유하자면 피해에 대한 적절하고 합리적인 사과와 보상을 받지 못한 채 '종로에서 뺨 맞고 한강에서 눈 흘긴다'는 식이다. "살인자가 여성과 어린이들을 연쇄적으로 살해하는 순간에는, 과거에 무력했고 존중받지 못했던 아이가 꿈꾸었던 그 절대적인 힘에 대한 욕구가 작동하고 있다"*는 진단은 옳지만, 좀 더 정확히 지적하자면 '절대적인 힘에 대한 욕구'라기보다 자신의 불행했던 과거를 악지를 부려서라도 보상받으려는 집요한 욕구라고 해야 할 것이다. 형식적으로 보자면 이것은 '보상 체계의 기형적인 악순환'이다. 그러므로 '보상의 파괴적인 악순환'이라는 맥락에서 보자면, 한 사람의 생애에서 초기에 받는 사랑의 예수(豫受)만큼 중요한 일은 없을 것이다.

7. "복종하는 사람들은 사고와 행동에 있어 창의력을 상실한다. 또한 저지당하고 있다는 느낌에서 생겨난 분노는 보다 약한 자들을 못살게 구는 데서 탈출구를 찾기 쉽다. 압제적 제도들이 자기 영속성을 갖는 이유가 바로 여기에 있다."(버트런드 러셀)**

---

* 엘리스 밀러, 『폭력의 기억, 사랑을 잃어버린 사람들』, 신홍민 옮김, 양철북, 2006, 147쪽.
** 버트런드 러셀, 『게으름에 대한 찬양』, 송은경 옮김, 사회평론, 2005, 126쪽.

집중과 영혼

804

평생을 부지런히 살아가면서 지며리 앎과 사랑과 평화를 추구했던 세기의 석학 러셀은 『게으름에 대한 찬양(In praise of Idleness)』이라는 에세이집을 1935년에 출간했다. 앞선 자들의 운명이 대개 그러하듯이, 개인의 사랑과 인류의 평화에 대한 그의 생각과 실천은 적지 않은 스캔들을 불러일으키기도 했다. 이 책 속에 피력된 공산주의와 사회주의에 대한 그의 생각도 마찬가지였다. 그 자신을 사회주의자의 일종이라고 소개하는 러셀은 무엇보다도 공산주의자들의 '분한'을 염려한다.

마르크스와 공산주의는 너무도 많은 증오로 가득 차 있다. 따라서 공산주의자들이 승리한다 해도 적의가 터져나오지 않는 여유 있는 체제를 구축할 것이라고 기대하긴 힘들다. 그러므로 승자들에겐 압제를 옹호하는 주장들이 실제보다 더 강력해 보일 것이며 특히, 치열하고 불확실한 전쟁에서 승리했을 경우에는 더욱 그렇다. 그러한 전쟁을 치르고 승리한 측이 올바른 분별력을 가지고 재건에 나서리라고 기대하는 것은 무리다.(러셀 2005, 164~165)

분노 속에서 새로운 것을 얻는 게 가능한 양 주장하는 학자들이 더러 있(었)다. 여기에 더해, 구두덜거리기만 하거나 개인적으로 짜증을 부리는 것은 실없는 짓이지만, '집단적인 분노'를 조직하는 것은 생산적이라고 말한다. 옳은 말이다. 분노가 대중적인 데다 정치적으로 올바르다면, 또 이를 조직, 조절할 수만 있다면 만성적 적폐들은 시원하게 해소되고 새로운 제도와 문화가 빠르게 정착될 수도 있겠다. 만약 이처럼 분노가 안정적으로 조직되고 생산적으로 채널링될 수 있다면 이매뉴얼 월러스틴의 염려처럼 '산발적이고 고립된 반란'으로 그치는 대신 "자본주의 경제 체제의 정치에 심대한 의미를 지니는 사회학적 혁신"*도 가능할 것이다.

그러나 피억압자의 이러한 반란에서 줄곧 나타난 사회학적 특징 가운데 하나는 그 반란들의 '자발적'이고 단기적인 성격이었다. 그들은 이런저런 효과를 거두면서 왔다가는 가버리곤 했다. 또다시 그러한 반란이 일어났을 때에, 그것은 통상 이전의 반란과 뚜렷한 관계를 가진 적이 거의 없었다. 사실, 역사를 관통하며 전 세계 지배계층이 누린 가장 큰 이점 가운데 하나가 바로 이 점, 즉 반란의 불연속성이었다.(월러스틴 1994, 43~44)

그러나 분노는 (월러스틴 그 자신의 표현을 쓰자면) 주로 '동원 국면'을 활성화하는 데 유용하다. 혁명적 동원의 시기가 끝나면, 그 동원의 목적이 달성되었든 아니든 상관없이 대체로 그 분노의 에너지는 소실된다. (이 동원의 에너지를 구애의 열정으로 대치해서 생각해보면 그 취지를 더 쉽게 납득할 수 있다. 구애에 성공

---

* 이매뉴얼 월러스틴 외, 『반체제운동』, 송철순·천지현 옮김, 창작과비평사, 1994, 44쪽.

한 경우 바로 그 구애라는 동원 국면에 응해서 동했던 에너지는 최소한 구애자의 '생체항상성'을 위해서라도 식고 곧 안정화 단계에 접어든다. 물론 구애에 실패한 경우에도 구애에 동원된 열정은 조만간 소실되거나 최소한 변질, 승화한다.) 분노가 언제까지나 계속 남아 있다면 그것은 안팎으로 더 치명적*이다. 예를 들어 혁명과 같은 동원의 목적이 이루어진 다음에도 그 분노의 에너지가 계속 남아 있게 되면 '공포정치(terror politics)'는 피할 수 없다. '짜증의 발산보다는 분노의 응집!' 따위의 슬로건은 정치적 슬로건으로서는 적절하다고 판단된다. 하지만 앞서 시사한 대로, 마치 전력(電力)을 상업적으로 융통하던 초기에 축전(蓄電)의 장치와 설비가 난점이었던 것처럼, 분한을 모으는 축분(蓄憤)의 방식을 상상하기는 쉽지 않다. 게다가 건전지와 같은 건분지(乾憤池)를 가용해서 필요할 때마다 적절히 그 분노의 에너지를 유출시킬 수도 없을 테니 말이다.

'사회주의자 러셀'은 사회주의에 찬성하는 아홉 가지 논거를 제시하면서도, 다시 한번 질투와 분한의 에너지가 정치의 조형 및 경제 운용에 도움이 되지 않는다고 말한다.

만일 사회주의자들의 선전이 계급 간의 질투심에 호소하는 것이 아

---

* 물론 내가 이 글을 통해 관심을 갖는 분노의 치명성은 여기에 제시된 정치적 맥락은 아니다. '정치적 동원 국면'에서 적절하게 조직되고 배출되는 대중적 분노의 유용성을 납득하기는 쉽고, 또 그 역사적 사례도 적지 않다. 그러나 내 관심은 분노(분한)에 관한 인문학적 비평이라고 할 만한 것에 국한된다.

나라 경제 조직화의 명확한 필요성에 호소하면서 증오와 원한을 줄
인다면 설득 작업이 훨씬 용이할 것이고 따라서 무력을 쓸 필요성
도 줄어들 것이다.(러셀 2005, 179)

사회주의자 러셀이 사회주의 운동에 대해 갖는 염려는, 문화
혁명 당시의 총리였던 저우언라이가 문화혁명에 대해 염려하
면서 취했던 태도와 비견해볼 만하다. 가령 중국의 문화혁명 당
시, 홍위병들에게 신앙의 열정처럼 먹혀들었던 분노는 "무정부
상태와 숙청과 국가적 지도권을 쟁취하기 위한 기도가 반복적
으로 뒤범벅된 혼란 그 자체"*에 편승했고, 어렵사리 쟁취한 혁
명의 성과들을 뒤집어엎을 지경에 이르렀다.

의기양양한 홍위병들에 의해 정부의 경험 많고 유능한 고위 행정관
리들과 기술관료들이 비판받거나 모욕당하거나 구타당하거나 투
옥당해 제거됨에 따라 저우(周)가 이끄는 정부의 각 부서는 점점
마비되어갔다.(월슨 1985, 317)

하지만 홍위병들의 무분별한 계급 증오와 분노의 와류 속에
서 저우언라이 총리가 일관되게 보여준 합리적 중재의 기량 및
인내심은 차마 전설적이다.

---

* 딕 월슨, 『周恩來, 중국혁명을 이끈 한 인간의 일대기』, 한영탁 옮김, 한길사, 1985,
311쪽.

집 중 과   영 혼

북경호텔에서 경쟁적 홍위병 파벌들이 잇달아 회의를 열 때면, 그
(저우언라이)는 호텔 계단에 앉아서 우동을 먹으면서 양측이 자기
네 주장을 펴는 것을 경청했다. 혁명적 선전에 자극을 받은 이 호텔
급사들이 이제 자기들은 손님의 구두를 닦거나, 초인종에 응하거
나, 식사를 날라주지 않겠다고 선언했을 때, 저우(周)는 자기가 외
국 손님의 구두를 닦아주겠다고 제의했다.(윌슨 1985, 316~317)

파리와 독일에서 유학한 저우언라이가 러셀을 염두에 두었을
리야 만무하지만, '경제 조직화의 명확한 필요성에 호소하면서
증오와 원한을 줄이는 일'이라면 다음과 같은 사례를 들 수 있
지 않을까?

여기서 두 혁명가의 차이가 나타났다. 한 사람(마오쩌둥)은 충동
적이고 서민적이면서도 즉흥적인 임기응변의 천재였고, 또 한 사
람(저우언라이)은 꼼꼼한 계획을 하는 청교도적인 절약가였다. 저
우는 홍위병이 기차를 타는 대신에 걸어서 장정(長征)을 모방하
게 하자는 영리한 제안을 내놓았다. 그렇게 함으로써 기관차와 화
차를 경제적 활동에 전용하게 하는 동시에, 홍위병들이 너무 많은
피해를 저지르기 전에 그들을 지치게 만들려는 속셈이었다.(윌슨
1985, 319)

분노와 질투는 소모적이다. 이 소모성은 폭력으로 그 에너지

를 표현하기 쉽고, 경제나 문화를 경색시키는 외눈박이 정책으로 몰밀려가게 마련이다. 대체로 계급 없는 사회의 창의성은 계급 질투와 이에 따르는 분노의 자식이 아니다. 유토피아란 그 자체로 매우 애매한 개념이고 또 요원한 꿈이지만, 아무튼 좋은 사회가 그 젖줄을 대고 있는 에너지는 '질투는 나의 힘'이라거나 '적들이여, 나를 더 미워하라!'는 종류가 아니다. 분노의 반대말은 알면서 모른 체하는 데까지 낮아지는 차분한 집중이며, 차분한 집중의 가장 대중적인 형식은 자신의 마음을 비우고 남으로부터 무엇인가를 배우려는 의욕이다.

그곳에서는 매일 아침 일찍이 강의를 하는 것이 통례적인 관습으로 되어 있지요. 특히 선발되어 공부를 하도록 지명된 사람들은 이 강의에 반드시 출석하여야 합니다. 그러나 남녀 각계각층 사람들이 다수 자기 소질에 따라, 그중 어떤 강의를 들으러 가지요.*

러셀의 염려가 소모적인 분한을 줄이고 '경제 조직화의 명확한 필요성'에 호소할 때, 그리고 러셀의 비평적 관심을 이 글의 취지에 맞게 창의성에 관한 인문학적 성찰로 환치할 때 특별히 베버가 돋보이는 것은 당연하다.

---

* 토마스 모어, 『유토피아』, 나종일 옮김, 박영사, 1977, 117쪽.

서구인의 '죽음에 이르는 병'에 대한 막스 베버의 진단은 마르크스
의 주제뿐만 아니라 니체의 주제와도 구분되지만, 결국에는 후자
에 좀더 기울어져 있다. 적어도 한 가지 점에서는 막스 베버가 마르
크스를 결정적으로 능가한다. 인간의 '소외'를 초래하는 것은 결코
경제적인 생산관계만이 아니다. 따라서 베버는 모순의 해결을 위해
마르크스가 제안한 것, 즉 사유재산제도의 철폐를 순진한 것으로
보았다. 왜냐하면 그는 사유재산제도의 철폐가 상황을 악화시킬 뿐
이라고 생각하기 때문이다. 동태적인 자본주의 경제체제의 보존이
야말로 개개인의 창의력이 사회적 공간에서 활동할 여지가 있기 위
한 본질적인 전제다. 이에 반해 국가에 의해 통제된 공급경제는 결
국 개인에 대해 치명적인 상황이 된다.[*]

토머스 모어의 유토피아 식으로 말하자면 개인들의 창의성이
란 "연회(宴會) 석상의 자유스러운 분위기에서 자기도 모르게
나타나는 법"(모어 1977, 131)이라고 할까.
　내가 소년 시절을 넘기기까지 받은 교육과 소문에 따르면 중
공과 특히 북한의 공산주의자들은 '뿔 달린 도깨비'였다. 서양

---

[*] 볼프강 몸젠, 「막스 베버의 보편사관 및 정치사상」, 『마르크스냐 베버냐』, 강신준·이상
률 편역, 홍성사, 1984, 69~70쪽. 사유재산제에 대한 러셀의 생각은 다소 절충적이다. "사
유재산을 굳이 법으로 금지할 필요는 없다. 다만 사적인 투자만 금지하면 될 것이다. 그렇
게 되면 이자를 받는 사람이 없어질 것이므로 개인이 소지하기 적당한 정도의 소액을 제외
한 사유재산은 점차 사라질 것이다. 다른 사람들 위에 군림하는 경제력을 개인이 소유하게
해선 안 되지만 경제력을 부여하지 않는 정도의 사유 재산은 잔존시켜도 좋을 것이다."(러
셀 2005, 178)

인 선교사가 보았던 19세기 말의 조선인 머슴들의 신념처럼 매사 문제의 근원에는 도깨비들이 있었다.

> 그(머슴)가 두려워하는 것은 도깨비와 귀신이다. 머슴은 생활상의 모든 언짢은 일을 그 악령들 때문이라고 생각하고, 그 망령을 붙잡아서 병 속에 집어넣고 땅속 깊이 파묻을 때는 이만저만 조심스럽지가 않다.(게일 1970, 77)

대학에 들어가고 나서부터는 새로운 도깨비들이 등장했는데, 그것은 미국을 중핵으로 삼는 자본주의 체제였다. '무찌르자 오랑캐, 중공~오랑캐!'의 과거와 "식민지 내 조국에 민족 해방 투사로 살고자 미국 놈의 지배를 온몸으로 거부한다!"의 현재 사이에 끼여 내 개인의 이데올로기는 늘 희미했다. 그러던 중 그 이데올로기는 내 개인의 여건과 기질에 얹혀 차츰 '선험화(transcedentalization)'돼버리고 말았다.

이 선험화의 주된 기제는 애초 종교적 감성의 일종이었다. 하지만 곧 이 종교적 감성마저 어느새 내가 생애 처음으로 그 물길을 잡아낸 '공부'라는 일련의 활동에 의해 돌이킬 수 없이 회절(回折)되고 있었다. 글쓰기에 미친 자가 종이조차 보이지 않을 정도로 집중할 수 있듯이* 나 역시 이 '공부라는 활동'을 통

---

* Oliver Sacks, *On the Move*, New York : Vintage Books, 2016. p. 384.

해 생겨난 선입견을 지닌 채 세상을 보게 되었다. 세상의 관심들은 차츰 내 눈에서 멀어져갔고, 내 관심들은 그 실상보다 더 큰 가치와 보람을 지닌 듯이 다가왔다.

내 나름의 관심이 집적되면서 얻는 선입견은 이데올로기와 그 현실적 표현을 평가할 때 특별히 '창의성'에 주목하게 했다. 창의성은 무엇보다 자유(넓이)와 평정(깊이)의 자식이다. 이 자식은 강요에 진저리를 치고 관습화된 언행을 가로질러 내달린다. 개성화된 각자의 깊이 속에서 자유의 가능성을 호혜롭게 펼쳐내는 게 인문학 공부가 내다보는 전망이며 또 그 앎을 따라잡으려는 삶의 책임일 것이다. 역사적으로 평등이 자유의 공간을 마련하는 데 이바지한 바가 많지만, 평등이 자기주장을 세게 하는 순간 바로 그 평등의 목적이었던 자유의 호흡이 가빠진다. 자유와 평등처럼 동태적 균형(equilibrium)의 매개에 그 전부를 의지하고 있는 경우도 없다. 물론 '신자유주의'가 증명하고 있는바 고삐 풀린 자유는 테이블도 운동장도, 우리가 얹혀 살고 있는 세상도 돌이킬 수 없이 기울게 만든다. 아무튼 나는 평등하지 못한 세상에 이미 익숙했다. 게다가 치밀한 개인의 공부는 아무리 협애한 험지 속에서라도 남들이 쉽게 이해할 수 없는 '자유의 빈터(Lichtung der Freiheit)'를 만들어낸다.

나는 "동태적 자본주의 경제 체제의 보존이야말로 개개인의 창의력이 사회적 공간에서 활동할 여지가 있기 위한 본질적인 전제"라는 베버의 주장에는 온전히 동의할 수 없다. 앞서 말한 대로 창의력이 자유의 공간을 텃밭으로 삼는다고 해도, 그 자유가 (신)자유(주의)적인 것일 필요는 없기 때문이다. 게다가 내가 겪은 수십 년간의 이런저런 형태의 공동체 경험은, 개인의 창의력을 꼭 자본제적 삶의 체제와 결부시켜야 하는 필연성을 확인시켜주지 않았다. 그러나 지난 한 세기를 풍미했던 현실 공산주의 체제를 일람하노라면 베버의 선견(先見)이 대체로 밝은 것이었음이 드러난다. 나는 여기서도 창의력의 대척점에 있는 게 증한(憎恨)이라는 일반론의 거시적 사례를 본다. 물론 이 말은 공산주의와 자본주의를 대척(對蹠)되는 사태로 본다는 뜻도 아니며, 더구나 공산주의와 자본주의의 관계를 분한과 창의성으로 가지런하게 배열할 수 있다는 뜻은 전혀 아니다.

질투나 원망이나 증오로써 이룰 수 있는 일은 적다. 비록 그 영향력이 적지 않다고 해도 대체로 더 나은 삶의 촉매나 토대가 되지 못하며 심지어 파국적이다. 질투나 증오를 동력으로 삼는 제도나 체제는 더 말할 것도 없다. 그 같은 제도와 체제는 필경 사람을 사람 이하의 것으로 물화시킨다. 이런 체제의 결정판이 곧 지옥 아니겠는가? 일찍이 니체가 지적한 대로 질투나 원망이나 증오를 온전히 벗어날 수 있는 일은 대단한 공부다. 사람의 의식을 일러, 생물학적 진화의 흐름에 저항할 수도 있을 뿐 아니라 스스로의 종말을 선택할 수도 있는 진화사의 꽃이라고도 한다. 나는 그 꽃 중의 꽃을 '영혼'이라는 가설적 현상으로 여기지만, 인간의 창의성이란 인간의 의식이 영혼을 생성시키는 초월적 과정에서 생략할 수 없는 고귀한 활동이다. 질투와 분한은 바로 이 고귀한 활동을 고사시키는 어리석고 파괴적인 힘이다.

8. '화병'은 한국인에게는 익숙한 말이다. 그 발병이 사회적 정황에 의존하는 점에서 비슷한 예를 들면 교통 시설과 통신 장비가 변변찮았던 시절에는 상사병(相思病)이 드물지 않았다. 휴대전화 하나로 모든 것을 해결하는 이들로서는 이해하기 어려운 일이지만, 소를 타고 다니며 고개 너머의 마을을 가면서도 호환(虎患)을 걱정했던 사람들에게 상사병은 증상과 치료법이 비교적 분명하고, 이 탓에 죽을 수도 있는 뚜렷한 질병이었다. 상사병이 특정한 시대와 여건의 산물이었던 것처럼, 혹자에 따르면 화병은 특별히 한국인(여성)에게 고유한 질병이(었)다.

화병이라는 말을 화제로 올리기도 하고 '잘 싸우는 자는 화내지 않는다(善戰者不怒)'(노자)는 격언을 입에 담기 좋아했지만, 수년 전까지만 해도 나는 분한과 원망이 한 사회 전체의 문제라고 여기진 않았다. 사랑의 열정으로만 불타는 개인이 병적이듯이 분한의 지하수에 죄다 발을 담그고 있는 사회도 구제하기 어려울 만치 병적이기 때문이다. 하지만 언제부터인가 나는 차츰 내 가족과 인척들, 내가 만나왔던 수많은 이, 내가 만나고 있는 이들, 내 주변에 있는 이들, 신문이나 TV에 이름을 올리고 있는 이들, 그리고 나를 좋아하고 내 글을 인정하는 이들까지 '화가 나 있다'는 사실에 어쩔 수 없이 주목하게 되었다. 박근혜씨도 화가 나 있고, 내 어머니도 만성적인 화병을 앓고 있는 듯했다. 세월호 유족들도 화가 나 있고 위안부 할머니들도 화가 나 있다. 내 글에서 일생의 위안을 얻었다던 어느 독자도 화가 나 있었고, 내 글이 '진정한 철학'을 훼손시킨다던 다른 독자도 화가 잔뜩 나 있었다. 내가 다녀본 식당의 주인들은 태반이 화가 나 있었고, '사랑합니다~ 고객님!'이라고 속살거리던 그 아가씨도 화가 나 있긴 마찬가지였다. 아파트의 부녀반장도 화를 못 참아 노상 총냥이처럼 입을 디밀고 있었고, 관리인 노인도 안면 근육을 움씰움씰거리면서 내내 화가 나 있었다. 화가 난 아이들은 선생들을 패기 시작했고, 선생들은 미친 세태를 개탄하면서도 자신들의 화를 풀어낼 도리를 알지 못했다.

　나는 뒤늦게 내게서 배운 학생들의 분노와 나를 찾아와서 배우고자 했던 수많은 독자의 분노를 떠올리게 되었다. 그리고 낭만적으로 '상처'를 말했을 뿐 분노에 직면하지 않았다는 사실이 급한 후회처럼 돋을새김되었다. (내가 인문학자로서 강의/강연에 나서고서도 인간에 관한 이 중요한 사실을 우선적으로 돌보지 못했다면 어떤 심오하고 고결한 담론을 구사하든 그 모임은 실패라고 해야 할 것이다.) 아무튼 마치 세상 전체가 종종 분노로 덮씌워진 듯 보이기도 해서 일순간이나마 이 분노로부터 세상을 구원하려는 자못 메시아적 환상에 지피기도 했다. 만사에 앞서 불을 끄는 게 급선무이듯이, 사람의 경우에도 그 무슨 일에 앞서 관련자들의 분노를 다스리는 게 급선무였을 것이다. 『금강경』을 낭송하면 무엇하나, 네 마음에 불이 나 있는데…… 고담준론이 무슨 소용인가, 분노의 마그마를 숨기고 있는데!

타인을 향한 분노에도 여러 연유와 종류가 있다. 그중에서도 내가 여기서 잠시 관심을 갖고 토론하고자 하는 것은 '자기 의심(self-doubt)'과 관련된다. 내 논변은 간단하다. 자신 혹은 자신이 택한 믿음의 체계를 의심하는 자가 그 의심에 대한 처벌로서 오히려 타인에게 분노를 드러낸다는 것이다. 요컨대 자기 의심이 역설적으로 타인 처벌로 이어지는 셈이다. 물론 이 경우에 타인은 '아무나'가 아니다. 분노의 표적이 되어 대리처벌되는 이 타인은 우선 자신이 지닌 그 믿음을 '명시적'으로 의심하는 자다. 여기서 '명시적'이라는 말이 중요한 이유는 그 자신 역시 '묵시적'으로 스스로의 믿음을 의심하고 있기 때문이다. 가령 그가 신행일치(信行一致)의 이상적인 신자라고 한다면, 이 묵시와 명시도 일치하게 되겠고 따라서 그 내적 갈등으로 인한 분노의 표현조차 생기지 않을 것이기 때문이다.

그러므로 그가 유지하고 있는 이 묵시적 태도의 쓸모는 양가적이다. 겉보기에 그는 '믿는 자'다. 겉보기의 충실성에 충실할 수 있다면 그는 그 나름대로 행복하겠지만, 이 신자는 자연스레 자신의 불행(내면성)을 향해 눈을 돌린다. 그렇긴 해도 그의 의심은 다만 묵시적일 뿐이기에 그의 자기 의심은 가까스로 자기 처벌을 피한다. 그러나 양심은 명시와 묵시를 가리지 않으므로 그의 처벌욕은 필경 얌전히 가라앉지 않는다. 그는 제사를 지내 자신의 양심을 구제할 이른바 희생양이 필요하다. 여기서 이 희생양은 (앞서 말한 대로) 바로 자신의 내적 본질을 공공연히 드러내고 있는 타인이 될 수밖에 없다. 무릇 사람이란, 자신의 숨은 상처와 콤플렉스를 (대리적으로) 공공연히 드러내는 타인과 친교를 맺을 수는 없는 법이다.

이런 형식의 분노는 독특하다. 이 분노의 주인공이 타인을 희생제물로 삼는 이유는 양심이 없기 때문이 아니다. 오히려 그의 양심이 제 자신을 구하려고 (헛되게) 애를 쓰고 있는 탓이다. (엄밀히 말하자면, 그 모든 양심은 '헛되게' 애를 쓰고 있다는 점에서는 공통적이다.) 실은 이 양가성은 종교신앙의 딜레마를 압축한다. 아래와 같은 상황 속에 들어가서 더불어 잠시 상상해보자. 어떤 마을에 '종종마루종마루'라는 이름의 신을 섬기는 '종마루'라는 종교가 있고, 마을 주민 대다수가 신자라고 치자. 이 종교 체계 역시 다른 종교들과 마찬가지로 위계화(hierarchization)되어 있다. 아래로는 평신도로부터 위로는 교장(敎長)인 '마루장'에 이른다. 갓 입문한 풋내기 신자들이 볼 때 마루장은 그야말로 카리스마의 현신이며 종종마루종마루의 대리자인 셈이다. (연도에서 열광하는 신도들의 시선을 빼앗는 가톨릭 교황의 카리스마를 떠올려보라.) 그들은 이 교장이 기도할 때면 종종마루종마루의 음성이 들리는 것은 예사이며 더러 직접 모습을 나타내기도 할 것이라고 믿고 안심하며 또 '의탁'할 것이다. 여기에서 '의탁(依託)'

이라는 용어에 특별히 주목할 필요가 있다. 물론 '믿고 맡긴다'
는 뜻이지만, 이를 살짝 '맡겨서 믿는다'로 바꿔보면, 대중의 종
교적 열정과 그 환상을 쉽게 들여다볼 수 있다. 대중의 종교신
앙적 형식의 기본은 제가 스스로 믿는 게 아니라 '맡겨서 믿는'*
것이기 때문이다.

　무릇 종교의 선택이나 지속의 과정은 지적 분석과 성찰의 결
과가 아니다. 절대다수의 신자들은 해당 종교의 진리 혹은 실
재를 스스로 확인한 후에 믿음에 이르는 것이 아니다. 반복해
서 지적하는데, 이들의 믿음은 이미 중층적으로 매개되어 있으
며, 타인(들)에 '의탁'하고 있다. 자신의 판단과 의지로써 믿는
게 아니라 타인의 판단과 의지에 기대고 있고, 그 종교적 행위
의 과정은 이미 실재(종교적 진리)가 시야에서 아득히 사라질 만
큼 복잡하게 중계되고 있다. 그러므로 그 신앙의 실상은 '믿는'
게 아니라 '맡겨서' 믿게 되는 것이다. 이로써 일반적으로 추론
할 수 있는 것은, 종교 체계의 상부로 올라가면 올라갈수록 그
신심은 줄어들 수밖에 없다는 역설이다. 가령 시골 무지렁이 솔
봉이 신자의 열정적인 신앙심에 비하자면 추기경들이나 교황의
신심은 한심(寒心)할 정도일 것이다. 물론 이러한 추정은 특정

---

* 이 취지를 조금 비틀면, 이른바 '편지는 늘 수신인에게 (잘) 도착한다'는 이치에 닿는
다. "우리는 분명 종교적인 명령에 대한 우리의 복종과 우리의 믿음을 실체화시켜주는 합
리적인 이유들을 찾아야 한다. 하지만 이러한 이유들이 이미 믿음을 지니고 있는 자들에게
만 제시된다는 것은 중요한 종교적 체험이다. 우리는 우리 자신이 이미 믿고 있기 때문에
우리의 믿음을 입증해줄 이유들을 발견하는 것이다. 우리는 믿어야 할 충분한 이유를 발견
했기 때문에 믿는 것이 아니다."(지젝 2001, 75)

한 개인 개인에 대한 평가가 아니라 상숙한 이치에 따른 일반론일 뿐이다. 그러나 대개의 개인은 '일반적'인 체계의 틀거리 속에서 운신하고 사고한다.

신심(信心)은 농부들이나 영국 상인들에게서 보이기는 하나 성직자 사회에서는 훨씬 적게 나타난다.(러셀 2003, 138)

소문은, '나는 직접 ~하지 못했지만 누군가는 반드시 ~했을 것'이라는 대체적인 구조를 지닌다. '백문불여일견(百聞不如一見)'이라는 격언에 정면으로 어긋나며, 실험(결과)의 주체적 반복 가능성을 매개로 삼는 과학적 태도와도 어긋난다. (여담이지만, 나는 공동체 운동을 펼치는 중에 그 주요한 매개적 실천 중 하나로 '소문과 싸우기'를 내세웠는데, 돌아보면 내남없이 쉽지 않았다.) 천국/지옥을 보았다는 소문이나 심지어 예수나 부처의 현신(現身)을 마주했다는 소문은 예상보다 잦다. (지적인 너무나 지적인 시몬 베유조차 그러했고, 나는 '하나님이 나타나 자신의 뒤통수를 때렸다'고 고백하는 어떤 여인을 알고 있다.) 그리고 '종마루'교(敎)의 경우도 그렇지만 초심자나 평신도들이 근근이 유지하고 있는 신앙은 소문의 형식을 띠곤 한다. 그 소문은 신앙적 진리의 자리를 여러 손가락으로, 때론 매력적이되 혼탁하게 지시하는데, 그 소문을 향락하는 이들에게 그 구체적인 입구를 보여주지는 않는다. 르네 지라르의 표현처럼, 매개는 주체에게 진리의 길을 흘낏 보여주자마자 곧 그 문을 닫아버리는 것이다. 바로 이것이 신앙적 의탁 혹은 의탁적 신앙이 드러내는 전형적인 포맷이다. "확신에서 비롯된 복종은 이미 우리의 주체성을 통해 '매개된' 것이기 때문에 진정한 복종이 아니"(지젝 2001, 75)라고 하듯이, 신앙에 대한 내적 주체화는 거의 불가능하다고 봐야 한다. 그러므로 가장 성실한 신자들일지라도 그들의 신앙은 '남이 대신 믿어주는' 의탁적 신앙의 형태를 취하게 된다. '불합리하기에 믿는다(Credo quia absurdum)'고? 그러나 궁지에 몰린 신앙의 반사실적 역설은 듣기에 아름다울지 모르나 그 실제에서 허위의식과 동서(同棲)할 수밖에 없다. 여객기 승객 중 그 비행의 안전성을 (주체적으로) 믿고 타는 사람이 대체 어디에 있는가? 승객은 '조종사와 승무원들이 그 비행이 안전하다고 믿는다는 것을 믿고'—그러니까 '의탁적 신앙' 아래에서—타는 것이다.

대개 신자들은 자신의 신앙 일부를 위탁(委託)하는 형식으로 스스로의 신앙 양심을 미봉한다. 어디에선가 휑하니 입을 벌린 채 터져 있는 신앙의 공백은 그 종교 체계적 위계상 상위에 있는 이들(목사든 신부든, 종사든 법사든, 교황이든 종정이든!)에게 맡기면서 그것조차 신앙의 일부로서 회수하는 식이다. 이런 식으로 신자들은 그 속성상 너덜너덜할 수밖에 없는 자신들의 신앙을 봉합(縫合)한다. '엄마만은 나를 사랑하실 것'이라거나 '우리나라는 좋은 나라'라거나 '선생님은 아실 것'이라거나 혹은

'그분은 신의 마음을 아실 것' 등등. 그러므로 신앙의 조건은 신앙의 진실을 (나보다 더 신앙이 좋다고 상정된) 남에게 미룰 수 있는 한계 내에서 성립된다. 하지만 이처럼 신앙의 의탁적 유예가 차례차례 위계의 상부로 이전되다가 마침내 그 체계의 (종사나 종정이나 교황이나 혹은 '마루장'과 같은) 정점(頂点)에 이르면 의탁적 유예의 한계와 함께 신앙의 조건 자체가 붕괴한다. 아, 이제는 내 지질할 수밖에 없는 신앙을 보증할 의탁적 유예의 대상이, 어느새 마치 절벽 너머의 허공처럼 보이지 않는 것!

앞서 말한 분노는 바로 이와 같은 상황에서 극적 전기를 맞는다. 종교신앙의 전형적인 딜레마는 신행의 불일치라는 근본적 사태가 아니다. 우리 시대의 종교신앙은 그처럼 근본적으로 흐르지도 못한다. 대개는 안이한 광신자이거나 종교를 스타일의 일종으로 가공하는 문화적 신자들이다. 천재들의 지나친 진지함이 납득되지 않는 것처럼 파스칼이나 키르케고르류의 진정성 (authenticity)은 이미 낯설다. 종교는 일찍이 존재 일반과 관계를 맺는 '진지함'이라기보다 '자기 선택'의 문제가 되었다.

'놀이는 주관성을 해방시킨다'고 사르트르는 말한다. 본질적으로 프로이트의 위치인 '심각성(seriousness)'의 위치는 틀렸다. 왜냐하면 그것은 세계에 대해서 의식적 선택으로 행위하는 개인의 현존을 부인하기 때문이다.*

좌절과 분노는 자신의 구멍 난 신앙을 봉합해줄 매개가 사라진 자리에서 움튼다. 예를 들어 예수가 살해당한 후 뿔뿔이 흩어진 제자들의 심리는 봉합한 실이 터져 달아날 때에 드러난 자신의 진실에 대한 대응인 셈이다. 앞머리에서 전제한 것처럼, 자기 의심이 문제의 출발점이다. 그러나 좀더 근원적인 문제는 신앙이라는 실천 자체 속에 이미 이러한 자기 의심 혹은 허위의식이 기생하기 쉽다는 데 있다. 신앙에 열심인 자일수록 이 딜레마는 심각해질 수 있다. 종교신앙을 그저 사회문화적 의례의 일부로 여기고 적당히 믿는 이들이라면 오히려 분노의 위험마저 생기지 않는다. 다 아는 대로 광신자들일수록 분노의 위험은 커지는데, 이는 그들이야말로 바로 자기 자신의 신앙에 대한 자기 의심을 합리적으로 제어할 수 없기 때문이다. 그 신앙이 적절히 미봉(彌縫)되어 자기 의심의 구멍이 보이지 않는 한, 신앙의 체계는 앞서 말한 양가성이라는 기생충을 몸속에 둔 채 '정상적'으로 굴러간다. 그리고 그 체계 속의 신앙인들도 얌전히 운신한다. 그러나 그 기생충을 명시적으로 드러내거나 혹은 그 존재를 환기시키기만 해도 그중 일부는 으르렁거리기 시작한다.

자기 처벌이건 타인 처벌이건 처벌 콤플렉스에 맺혀 있는 태도는 비실용적으로 과도한 에너지를 소비하게 만든다. 이는 주변 사람들을 불안하게 하고 자신의 창의적 가능성을 위축시킨

---

* Betty Cannon, *Sartre and Psychoanlysis: An Existentialist Challenge to Clinical Metatheory*, Lawrence, Kansas: Kansas University Press, 1991, p. 47.

다. 물론 모든 종교신앙이 늘 신앙 양심의 양가성, 자기 의심, (타인) 처벌 욕구, 그리고 사회적 창의성의 고갈로 이어지는 것은 아니다. 동이불화(同而不和)하는 전도욕(傳道慾)과 지배욕이 문제인데, 이 점과 관련해서는 현대의 유대교적 태도와 실천에서 배울 바가 있으리라고 본다. 이런저런 종교신앙에 빠지는 일은 흔하고 또 일견 자연스럽게 보인다. 신산스러운 인생 100년을 지나가면서 전적인 주체성의 결단만으로 고비고비를 넘기기가 어렵기도 하기 때문이다. 따라서 공부 일반 혹은 인간의 정신적 창의성이 주제가 되는 경우 현실적으로 종교신앙과의 관련성을 잘 살피는 일은 피할 수 없는 과제다. 역사적으로, 그리고 구성적으로도 종교신앙의 태도와 실천 속에는 분노의 표현이 끊이지 않았다. 그리고 이 표현에서 어리석은 고통과 소모적인 이기심이 인생의 지혜와 창의성을 억압해왔다. 대개의 인문학적 쟁점에서 부족한 게 다름 아닌 '자신에 대한 정직'(아, '신에 대한 정직'이 아니올시다!)이듯이, 여기서도 무엇보다 자기 자신의 신앙의 내막을 향해 정직하게 응시하고 표현할 수 있어야 한다. 종교신앙의 세계 속에서 오가는 위선과 허영의 출발은 대개 자기기만(self-deceit)이기 때문이다. 인간의 일에 완벽이 쉽지 않고 누구나 깜냥껏 노력하면서 조금씩 보람을 얻어갈 수밖에 없듯이, 종교신앙도 진솔하고 촘촘한 자기 응시 속에서 한 걸음씩 나아가야 하며, 그 과정에서 분노를 줄이고 나은 삶을 위한 창의성을 제고해야 할 것이다.

44-1. 여자의 분한,
여자를 향한 분한

헤겔은 여성성을 '공동체의 항구적 아이러니'로 규정한다. 여성은
은밀히 통치의 보편적 목적을 사적 목적으로 전환시키고, 국가의
보편적 특질을 가족의 소유와 장식으로 타락시킨다.(슬라보예 지
젝)*

공자가 말하기를, 오직 여자와 소인은 다루기 어렵다. 조금만 가까
이하면 공손하지 않고, 조금만 멀리하면 원망한다(子曰 唯女子與
小人爲難養也 近之則不遜遠之則怨).(論語)

늘 댄스나 우둔함, 멋부리는 것을 염두에 둔 존재를 만나는 것은 얼
마나 즐거운가! 여자들은, 생활에 큰 책임이 지워진 긴장되고 심각
한 남성의 영혼을 송두리째 황홀케 한다.(프리드리히 니체)

---

* Slavoj Žižek, *On Practice and Contradiction*, Verso, 2007, p. 3.

세계의 기만과 타락은 왜 남자에게 잉여 쾌락을 약속함으로써 그의 목숨이 위험함을 숨기는 한 여자에게 구현되고 있는가?(슬라보예 지젝)

나는 젊을 때부터 홍등가에 깊숙이 들어와 있었지만 지금도 그 부정(不淨)함을 다 이해하지 못한다. 어떤 때는 상황에 얽매여 여자들이 원하는 대로 집에 들여 살림을 하게 한 적도 있었지만 모두 실패로 끝났다. 여자들은 일단 처지가 바뀌고 자신들의 신세가 천하지 않다고 여기게 되면 갑자기 변하여 가르칠 수 없을 만큼 게을러지거나 제어하기 어려울 정도로 사나워지기 때문이다.(나가이 가후)*

'나 말이요? 난 실연한 적 없어' 하며 선생은 홀가분하게 웃었다. '어째서 결혼하지 않으셨지요?' '여자가 무서워서 말이야. 너무나 얕은 여울이니까. 여자 마음의 흐름이란 정말 얕은 여울이라(女の心の流れというものは實際淺瀬だからね) 젊은 나는 그것이 두려웠지.'(가와바타 야스나리)**

어떤 남자든, 나쁜 남자든, 그 남자를 좋아하게 되어버리면 여자는

---

* 나가이 가후, 『강 동쪽의 기담』, 문학동네, 2014, 77쪽.
** 가와바타 야스나리, 『伊豆の踊子』, 다락원, 1996, 110쪽.

집중과 영혼

그것으로 끝이지요.*

남자는 이해를 통해서든 혹은 지배를 통해서든 매사에 자신의 대상을 직접 지배하려고 애쓴다. 하지만 여자는 언제 어디서든 단지 간접적 지배의 양식으로 떨어진다. 그리고 이 간접적 지배는 남자를 통해서 이루어지기 때문에 결국 남자는 여자가 직접 지배해야 하는 유일한 대상이 된다.(쇼펜하우어)**

나는 영원히 남자에 대한 두려움을 극복하지 못할 것이었다. 만약 두려움을 극복한다면, 나는 즉시 그를 멸시하기 시작할 것이다. 그를 발로 걷어차고, 두 손으로 빌며 용서해달라고 애원할 때까지 짓밟고 싶어질 것이다.(전경린)***

나는 여자들이 자기 자신에 대해 나처럼 뚜렷한 주관을 갖는다면 남자들로 하여금 여성이 역할을 오해하게 만드는 이런 자질구레한 뒷바라지를 하지 않아도 될 거라고 믿었어요.(시몬 드 보부아르)****

---

* 川端康成, 『女であること』, 新潮社, 2014, 399.

** Arthur Schopenhauer, *Essays and Aphorisms* (tr). R. J. Hollingdale, Baltimore: Penguin Books, 1972, p. 86.

*** 전경린, 「낙원빌라」, 『물의 정거장』, 문학동네, 2004, 214쪽.

**** 데어드르 베어, 『시몬 드 보부아르』, 김석희 옮김, 웅진문화, 1991, 336쪽.

음지에서 사는 여자들이 세상 사람들의 눈을 피해다녀야 하는 떳떳하지 못한 남자를 대할 때, 무서워하지도 싫어하지도 않고 반드시 친밀함과 애린(愛隣)의 감정을 느낀다는 점은 수많은 실례가 있으니 깊이 설명할 필요도 없을 것이다. 가모가와(鴨川)의 기생은 막부의 관료들에게 쫓기는 지사(志士)를 구했으며, 역참(驛站)의 작부는 통행증이 없는 도박꾼의 여비를 대주는 일을 마다하지 않았다.(나가이 가후)*

여성적 성격이나 이의 모델이 되는 이상적 여성상은 남성적인 사회의 산물이다. 왜곡이 없다면 왜곡되지 않은 자연이라는 이미지도 없다. 후자는 전자로부터 비로소 생겨나는 것이다. 그러한 자연이 곧 인간적이라고 내세우지만 실상은 위에서 군림하는 남성사회가 여성들을 통해 자신의 교정역을 육성하는 것이며, 그러한 교정역의 한계를 통해 자신이 단호한 주인임을 과시하는 것이다. 여성적 성격은 '지배'의 음화(陰畫)다. 그 때문에 똑같은 정도로 나쁜 것이다. 시민적인 현혹연관(Verblendungszusammenhang)에서 자연이라 불리는 것은 불구화된 사회의 상흔에 지나지 않는다.(테오도르 아도르노)(아도르노 2005, 130)

그리고 여성들의 주변적 생활은 그들을 흔히 보수주의적이 되게 한

---

* 나가이 가후, 『묵동기담』, 박현석 옮김, 문예춘추사, 2010, 62쪽.

다. 왜냐하면 그러한 상황에 있는 모든 사람(노예는 그 고전적 예이다)의 경우와 마찬가지로 여성들은 그들 자신의 생존을 자기들에게 먹을 것을 주는 자의 번영과 일치시키고 있기 때문이다. (…) 마치 여성의 지위가 대리적(vicarious)이며 남성을 통하여 획득되는—일시적 또는 최저의 기반 위에—것과 마찬가지로 여성의 경제에 대한 관계 또한 전형적으로 대리적이거나 또는 정접적(tangential)이다.*

남성은 공적 영역에서 만난 여성도 자신이 사적 영역에서 만난 여성의 연장으로 본다. 그들의 '휴식처'인 가정에서 만나는 어머니, 누이와 '놀이터'인 술집에서 만나는 접대 여성이, 남성이 여성에 대해 알고 있는 전부라 해도 과언이 아니다. 여성과 동료나 경쟁자로 관계 맺어본 경험이 없는 것이다.(정희진)**

2016년 5월과 6월에 걸쳐 일면식도 없는 남자들에 의해 몇몇 여자가 '묻지마' 식으로 살해당하는 사건이 발생하면서 이른바 '여혐(女嫌)'이라는 말이 널리 회자되었다. 이 문제와 관련되는 책***을 소개하는 어느 서평 자리에서는 "유표적(marked) 지시어가 없이 단지 여성이라는 것만으로도 죽음을 당하기에 충분

---

* 케이트 밀레트, 『性의 政治學 (上)』, 정의숙 외 공역, 현대사상사, 2002, 77쪽.
** 정희진, 『페미니즘의 도전』, 교양인, 2006, 54~55쪽.
*** 임옥희, 『젠더감정정치』, 여이연, 2016.

한 이유가 되는 작금의 세상"*을 말한다. 물론 이 말은 과장이다. '여자면 된다'는 것과 '여자이어야 한다'는 것은 아주 다르기 때문이다. 무표성(unmarkedness)의 여성이라는 말도 과장이긴 마찬가지이지만, 그 모든 박해의 논리는 반드시 특징적 표지를 노리는 법이다. 실은 이 표지에 쾌락의 코드가 접혀들어가 있다. 연쇄살인범조차 '사람이면 된다'는 식의 안이한 접근을 하지 않는다. '흑인이면 된다'거나 '유대인이면 된다'거나 '전라도 사람이면 된다' 혹은 '독신자이면 된다'는 식의 '안이한 접근'은 박해의 이데올로기로서 권위와 매력을 얻지 못하기 때문이다. 가령 라캉-지젝 식으로 말하자면 그것은 '나보다 더 많은 쾌락을 (은밀히) 누리고 있는 주체'다.

이렇게 가정된 향락은 인종차별주의의 중요한 구성 요소 중 하나이다. 타자(유대인, 아랍인, 흑인)는 항상 어떤 특정한 향락과 가까이 있다고 가정된다. 바로 그 점이 우리를 정말로 거북하게 하는 것이다.(지젝 2002, 316)

'여혐'이라는 지적은 완전히 잘못 짚은 게 아니다. (일부 평자들은 중세 유럽에서 수 세기에 걸쳐 수십 수백만 명의 여인을 죽여 없앤 마녀사냥의 광풍조차 집단적 '여혐'에 그 정신분석적 원인의 일부

---

* 박성규, 서울경제신문, 2016년 6월 10일자.

를 두기도 한다.) 그렇지만 이 용어가 매스컴을 통해 겹쳐 흐르게되면, 이 경우에도 매스컴의 고질적인 (원인과 결과를 섞는) 병폐에 놀아날 위험이 있다. A라는 남자가 생면부지의 여자 B를 '묻지마' 식으로 죽인 일을 분석할 때라면 A의 개인 심리 속에서 여혐이라는 말을 집어내든 말든 별무상관이며, 또 그럴 수도 있을 것이다. 그러나 남자와 여자를 적대적으로 대립시킨 위치에서, 남자들이 여자들을 (특히 납득할 만한 뚜렷한 이유가 없는 경우와 관련해서) 살해한 사건들을 일괄해서 '여혐' 사건이니 뭐니떠드는 것은 사뭇 도착적이다. 여혐이라는 깃대를 내세워 흔들면 흔들수록 그 진정한 원인의 역사는 잊히고, 대신 사건의 풍경만을 보도하는 매스컴의 호들갑만 눈에 띄게 된다.

　여성은 사회적인 약자다. 개인적으로 약자가 아닌 여자들도더러 있(었)고, 드물게는 그런 공동체도 있었다고 한다. 그리고인류학적 보고(말리노프스키)에 터하든 정신분석적 판단(에리히프롬)에 의하든 나은 미래를 위한 구상에서 모계사회적 제도와관계를 추천하는 이도 적지 않다. 그럼에도 불구하고 유사 이래여성의 사회적 약자 지위는 지금껏 이어지고 있다. 내 짐작에,지구의 종말이 올 때까지도 여성 일반이 남성에 비해 사회적 강자의 자리에 오르는 일은 없을 듯하다. 혹 내 예상을 깨고 그런일이 생긴다면 이는 인간사에서 가장 중요한 '혁명'이 될 것이다. (물론 혁명이 반드시 더 나은 삶을 보장한다는 법칙 같은 것은 없다.) 여성주의 담론이나 운동이라면 제법 눈에 띄는 열혈성을 보이는 한국이지만, 여러 통계상 드러나는 여성의 사회적 지위는 여전히 한심한 수준이다.

언제 어느 곳에서든 여자들이 표상하는 풍경은 다양하고 더러 현혹적이지만, '사회적 약자성'이라는 논의의 닻을 잃(잊)지 않는 게 무엇보다 중요하다. '여성은 예쁘다'거나 '여성은 착하다'거나 '모성은 강하다'는 등속의 명제는 죄다 이차적인 풍경에 지나지 않는다. 나뭇가지에 비유하자면 줄거리는 다른 데 있다. 여성은 약자로 출발해서 남성과 함께 살아왔고, 여태 사회적 약자의 신세를 떨쳐내지 못한 채 남성들과 함께 살아가고 있으며, 어느새 약자로서 강자와 더불어 살아가는 삶의 기법에 정통해 있다. (앞머리에 인용한 전경린, 나가이 가후, 가와바타 야스나리 등의 글은 바로 이 삶의 기법의 면면과 층층을 알린다.) 바로 이 단순한 사실이야말로 그 모든 논의의 출발점이다. 약자들은 약자의 역사를 잊지 않지만 이미 강자들에게 점유당한 역사와 그 현실을 자신의 '풍경'으로써 대적한다. 반면 강자들은 강자의 것이 된 역사를 당연시하거나 잊은 채 약자들이 제시하는 그 풍경에 매혹되면서 그 풍경마저 자신들의 역사로 전유하려고 한다.

가해자와 피해자, 그리고 강자와 약자 중에서 어느 쪽이 어느 쪽을 혐오하게 될까? 피해자가 가해자를, 그리고 넓게 보자면 약자가 그 약자와 관련되는 강자를 혐오하는 게 일견 당연하게 여겨진다. 군대의 총기 사건이나 자살 테러가 전형적이다. 한국에서도 드물지 않게 일어난 총기 사건의 경우에도 계급적 강자가 계급적 약자를 향해 실탄을 쏘고 수류탄을 투척하는 일은 없(었)다. 물론 남자와 여자를 병장과 이등병이나 사자와 가젤에 맞댈 수 있다는 말이 아니다. 대개의 경우, 이등병과 병장의 관계는 여자와 남자의 관계에 견주어 비교할 수 없이 단순하며 주로 권력의 기울기에 의해 좌우될 뿐이기 때문이다. 이렇게 보면 '남혐(男嫌)'이 아니고 '여혐'이 주제어가 되는 것은 아이러니다.* 강약의 이치만을 따지면 응당 사회적 약자인 여성이 자신들을 지배해온 남성을 혐오해야 하기 때문이다. 물론 남혐의 혐의는 충분하고 넘친다. 가령 여자가 살해되는 사건이 발생하면 그 남편이나 애인 혹은 정부(情夫)가 자동적으로 우선적 용의자가 될 정도로 남자들이 성적, 정서적으로 가까운 여자들을 죽여온 역사는 길고도 두텁다. 여태도 아프카니스탄 등지에서 심심 찮게 벌어지는 이른바 '명예살인(honor killing)'이 과거의 흔적을 역력히 드러내고 있지만, 사적 복수와 처벌이 횡행했던 인류

---

* 여기서 조심스럽게 지적해야 할 것은, 용어 선택과 선호가 강자-약자의 관계에 따라 변한다는 사실이다. '혐오'라는 말은 (대체로) 약자에 대한 강자의 심리 중 그 특정적인 일부를 반영한다. 식민 통치기의 일본인들은 조선인들을 '혐오'했지만, 조선인들은 일본인들을 두려워할 수밖에 없었다. "별 놀라울 일도 아닌 것처럼, 한국인들 사이에는 일본인에 대한 증오가 널리 퍼져 있지만 일본인들 사이에서는 한국인에 대한 멸시(contempt)의 풍조가 광범위하다."(Diamond 1997, 414) 마찬가지로 어떤 사람들은 뱀이나 벌레를 혐오한다고 호들갑을 떨곤 하지만, 만약 그들이 육식공룡인 타르보사우루스, 티라노사우루스를 본다면 결코 혐오할 수만은 없을 것이다. 그러므로 남혐이라는 말보다 여혐이라는 말이 입에 쉽게 와닿는 이유는 여자들의 사회적 약자성 때문이라고 볼 수 있다. 일본인들이 한국(인)에 대해서는 '겐칸(嫌韓)'을 말하지만 대국인 중국에 대해서는 '한추(反中)'라고 구별하는 것에도 유사한 심리 기제가 있을 법하다.

사의 길고 긴 세월 동안 남자들은 바닷가의 모래알처럼 많은 여자를 사고팔고, 부리고, 강간하고, 죽여왔다. 앞서 인용한 전경린의 말처럼, "나(여자)는 영원히 남자에 대한 두려움을 극복하지 못할 것"이다.

과거의 여자들도 〈친절한 금자씨〉(2005, 박찬욱)의 경우처럼 할 수만 있다면 '복수'에 나서려고 했겠다. 하지만 그들의 처지와 그에 따른 이유 탓에 쉽지 않았을 것이다. (다른 글에서 단편적이나마 언급했는데) 이런 유의 어려움은 여자들로 하여금 자연스레 '떼를 지어' 움직이도록 부추겼다. 긴 사설을 읊을 여유가 없는 이야기이지만, '수다'라고 불리는 여성적 발화의 형식조차 필경 '떼를 지어 생존의 지혜를 나누는 약자들의 전술'의 일환으로 볼 수 있을 것이다. 까다로운 혹자들은 여자들이 넓은 의미의 친구들과 무리를 짓는 버릇을 지적하며, 독립성이 부족하다거나 주체화의 정도가 낮다는 식으로 몰아붙이곤 하지만, 이런 비판 역시 인과(因果)를 전도시킨 혼동에서 비롯된 것이다. 앞서 강조했듯이 논의의 닻이 되는 '여성의 비교적-사회적 약자성'의 사실을 놓쳐선 안 된다. 이를테면 홍군(紅軍)에 대한 장개석의 증오는 만만치 않았지만 무장(武裝)과 전술에서 앞선 일본군의 침략과 이에 따른 국가 존망의 위기 앞에서는 국공합작(國共合作)도 서슴지 않았다. 무릇 생명은 (대체로) 먼저 살고 보는 순서에 따라 진화해왔다. 인류사의 한 축으로 가부장 남성들과 힘겹게 버성기면서도 더불어 살 수밖에 없었던 여성은 독립성이나 주체화의 문제 이전에 자신들의 생존을 위해서 견고한 자매애(sisterhood)의 지평과 이에 걸맞은 여러 전략 전술을 개발해야만 했다.

가령 예쁜 젊은 여성 세 명이 발랄하게 손에 손을 맞잡고 쉴 새 없이 떠들며 당신의 주위를 활보하고 있다면, 그것은 단지 이 자본제적 도시가 책임지고 설명해야만 할 '풍경'의 일종이 전혀 아니다. 만약 그들의 즐거운 행태 속에서 수백만 년에 걸친 슬픈 역사의 화석을 읽어낼 수 없다면 당신은 여성에 대해 아무것도 모르는 셈이다. 이는 '당신'이 여자라고 해도 마찬가지다. 몇몇 동물 실험에 따르면(제한된 동물 실험에 터해서 인간 현상에 관해 유추적 설명을 시도하는 일은 언제나 위험하다는 전제를 놓고 말하자면) 치명적 위기 상황에 빠진 암컷은 교미관계를 맺고 있는 수컷 대신 동료 암컷들을 찾거나 그들에게 의지하는 것으로 나타났다.

그런데 초원들쥐(prairie voles)가 스트레스를 주는 환경을 마주하게 되면, 수컷은 제 짝을 찾는 반면에 암컷은 같은 실험에서 제 짝이 아니라 다른 암컷 '친구', 즉 예전에 같은 우리에서 자랐던 다른 암컷을 찾는다.*

---

* 셸리 테일러, 『보살핌』, 임지원 옮김, 사이언스북스, 2008, 155~156쪽.

좀더 일반적으로 말해서 비교적 약자에 속하는 동물들이 떼지어 움직이는 일은 흔하다. 떼를 짓다 못해 심지어 수많은 개체가 단숨에 같은 움직임으로 동화되는 현상은 물고기나 조류 등속에서 쉽게 찾아볼 수 있다. 이런 현상을, 본능적으로 떼를 짓는 사회적 약자들이 집단적 히스테리 속에서 그 방어적 소통성을 높이려는 노력의 진화적 선택처럼 설명해볼 수도 있다.

> 선회하는 찌르레기 떼나 방대한 나그네쥐 무리를 포함해서 이런 종류의 모든 역동적인 그룹은 일종의 경미한 히스테리 상태 속에 있을 수도 있다. 이로 말미암아 이들은 마치 하나의 유기체인 듯 동시에 움직일 수 있게 한다. 어떤 의미에서 모든 본능적인 사회적 소통은 어떤 특정한 자극에 대한 무의식적 반응에 기댄다는 점에서 최면과 유사하다.(Watson 1973, 211)

예리한 관찰자로 유명한 동물행동학자 콘라트 로렌츠도 동물의 행동을 설명하는 중에 '텔레파시'라는 용어를 사용한다.

개의 수신 장치는 인간들의 (이에 상응하는) 장치를 훨씬 상회한다. 개들을 이해하는 자라면 누구나 개는 주인이 방을 나갈 때에 주인이 자신과 무관한 일로 나가는지 혹은 자신이 고대하고 있는 일과성(日課性) 산책길인지를 실로 섬찟하리만치 정확히 알아챈다는 사실을 안다. 이런 점에서 더 놀라운 능력을 보이는 개도 많다. 내가 키우던 독일 셰퍼드견 티토는 내가 지금 기르고 있는 개의 6대 조 어미견인데, 누가 나를 기분 나쁘게 하고 있는지 '텔레파시'로써 정확히 알아챘다. 그런 사람들은 어김없이 티토에 의해 엉덩이를 부드럽지만 확실히 물리곤 했다. 토론 중에 권위적으로 보이는 노인들이 '너는 아직 어려서 잘 몰라!'라는 식의 태도를 내게 보이는 경우가 특히 위험했다.[*]

그런가 하면 '형태 형성장(morphogenetic fields)' 혹은 '형태 공명(morphic resonance)'이라는 가설을 통한 접근에도 현혹적인 구석이 있다.[**] 흥미롭게도 프로이트도 「꿈과 심령학」이라는 글 속에서 텔레파시 현상을 다루는 중에 역시 의사소통의 맥락에서 이 문제를 해결하려 시도한 바 있다.

물리적인 것과 그때까지 '심리적'이라고 불리는 것들 사이에 무의식을 개입시킴으로써 정신분석학은 텔레파시와 같은 과정들을 가정할 수 있게 해주었습니다. 텔레파시라는 표상에 익숙해지고 나면 그것으로 많은 것을 해낼 수 있을 것입니다. 물론 잠정적으로 환상 작용 속에서만 가능하지만 말입니다. 커다란 곤충들의 무리에서 어떻게 전체의 의지가 형성될 수 있는지 우리는 확실히 알지 못합니

---

[*] Konrad Z. Lorenz, *King Solomon's Ring*, New York: Time Incorporated, 1952, p. 91.
[**] Rupert Sheldrake, *Morphic Resonance: the Nature of Formative Causation*, Rochester, Vermont: Park Street Press, 2009.

다. 아마도 그것은 그러한 직접적인 심리적 전이 과정을 통하여 가능할 것입니다. 이것은 계통발생적인 진화를 거치면서 감각기관을 통해 인지되는 기호와 같은 보다 좋은 전달 방법의 도움으로 인해 퇴행되어버리기는 했지만 고대로부터 내려오는 인류의 개개 존재들 사이의 의사소통 방법이었으리라는 추측을 가능케 합니다.*

문명적 진보와 문화적 계몽, 그리고 여성주의 운동의 신산스럽고 긴 투쟁을 거치면서 '떼짓기(flocking)'에서 '사회적 연대(alliance)'의 방식으로 변화했지만, 강자에 대한 약자들의 생존/생활을 위한 상부상조라는 의미는 크게 바뀌지 않았다. 그사이 과거와 다르게 사적 착취와 폭력의 관습이 국가의 공적 징벌제도 속으로 흡수되면서, 여성을 지배하려는 남성의 권력/폭력과 그 지배와 폭력에 시달려온 여성들의 (사적 복수를 포함한) 집단적 대응 방식은 좀더 정교하고 복잡하게 바뀌었다.

이 글의 출발이 '여혐'이었기에 논조가 다소 볼썽사납게 되긴 했다. 아마 혹자는 이미 내 서술이 지나치게 일면적이라고 느끼면서 '사랑은?'이라는 의문을 여러 차례 표시했을 수도 있겠다. 그러나 이 의문은 곧장 잠재우는 게 낫다. 아니면 나는 옆길로 빠져 '사랑'이라는 낱말이 들어간 제목의, 극히 생산적이며 흥미롭고 두툼한 책을 따로 써야 할 판이기 때문이다. 아쉽지만

---

* 지그문트 프로이트, 『새로운 정신분석 강의』, 임홍빈·홍혜경 옮김, 열린책들, 2003, 77쪽.

우선 다만 이렇게 말해두도록 하자. 인류사에서 '사랑' 특히 남녀 간의 사랑이 그토록 낭만적, 환상적인 지위를 차지하게 되었던 이유는, 그 사랑의 성격과 내력에 대한 지식이 그토록 장기간 봉쇄되었던 이유를 정확히 설명해주고 있다고. 사랑의 정원(庭園)에는 아직 길들여본 적 없는 괴물이 살고 있다고.

'여혐'이라는 용어에 역사적, 현실적 근거가 없지 않다. 그러나 앞서 말한 대로 '남혐'이 좀더 당위적으로 보인다. 분한의 정도만을 살피자면, 원칙상 피해자의 것이 가해자의 것을 크게 능가할 것이기 때문이다. 그러나 당위가 현실을 다 설명하지 못하는 게 당연하다. 그리고 '분한'이라는 심리적 사태는 당사자의 심리적 정황에 의해 쉽게 회절하기 때문에 객관적으로 고정하기가 어렵다. 게다가 '사랑'이라는 한없이 애매하고 불순한 현상이 잘 시사하듯이, 남녀 간의 관계를 기묘하고 중층적으로 얽히게 만드는 단서와 욕망이 쉬지 않고 개입한다. 내 기억으로는 딱 한 차례 내 여동생을 쥐어박은 적이 있다. 중학생이었던 내가 초등학생이었던 여동생에게 만화를 빌려오라고 시켰는데 동생이 거부했다. 자세한 정황은 잊었지만 그만 나는 뼛성이 돋아 도망가는 동생의 머리통을 한 대 쥐어박았다. 이것이 거의 사건(?)의 전모다. 이 사건만을 따진다면 여혐일까 혹은 남혐 쪽으로 기울까? 물론 여혐/남혐을 논하기에는 적절치 못한 사례다. 그러나 남이 자빠지는 데에도 배울 게 있다고, 이 사례에서도 남매라는 관계의 특이성뿐 아니라 (내가 아는 한) 이미 이 사건의 사건적 동일성을 규정하는 데 어려움을 안겨주는 갖가지 주변적 여건이나 전사(前史)가 개입한다. 여험/남험으로 나누어 사고할 수 있기 위해서라도 사건과 사건에 개입하는 여러 변수와 이를 해석하는 범위를 대체로 획정해야 하지만, 바로 이 행위 자체가 어느 쪽에 의해서든 아전인수 식으로 되먹힐 위험이 있다. 이 점에 관한 한, 프로이트에 대한 (칼 포퍼의 정치한 비판은 말할 것도 없지만) 비트겐슈타인의 '소박한' 비판이 이런 문제의식을 전형적으로 보인다.

> 그(프로이트)는 꿈속에 나타나는 것은 무엇이든 어떤 소망과 관련되어 있으며, 또 그것은 분석에 의해 밝혀질 수 있다고 말하고 싶어 한다. 하지만 그의 자유연상 등의 기법은 기이하다. 왜냐하면 프로이트는 언제 그 분석을 멈추어야 할지, 어디에 올바른 해석이 있는지를 아는 방법을 보여준 적이 없기 때문이다.*

여험이니 남험이니 하는 개념은 나름대로 '매력적'이지만 또 바로 그만큼 주관적이다. 덜 매력적이더라도 객관적인 개념을 신뢰하는 것은 당연하다. 하지만 수십 년간 철학과 인문학의 애매하고 매력적인 바다 속에서 허우적거려온 나로서는 매력적이되 주관적인 개념, 생산적이되 직관적인 개념, 창의적이되 아직

---

* Ludwig Wittgenstein, 'Conversations on Freud', *Freud: A Collection of Critical Essays*, Richard Wollheim(ed.), New York: Anchor Books, 1974, p. 1.

등재되지 못한 개념들에 비교적 동정적인 편이다. 이 문제도 사실은 차라리 '양혐(兩嫌)'이라고 해야 할 것이다. 도덕과 종교와 사랑의 환상은 남녀 간의 저변에 흐르고 있는 길고 깊은 혐오를 연기(延期)시키고, 승화시키며, 또 감추어왔다. 그러나 글머리에 인용한 소설가들이 묘파한 것처럼, 그리고 많은 분석가가 인정사정없이 해부해놓은 것처럼 이 양혐의 골은 깊으며, 따라서 누구라도 '사랑하고 미워하지 않는 경지'를 얻는 것은 아득한 일이다.

그러나 '양혐'도 애매하고 무책임한 진단이긴 마찬가지다. 다시 비트겐슈타인을 인유(引喩)하자면, 진단(분석)의 사례들 속에서 우왕좌왕하는 것도 문제이지만 어쩌면 이런 식으로 이루어지는 진단 자체가 불가능한 사태일지도 모른다는 것.

하나의 분석 사례는 다른 사례를 착각하게 만든다. 분석가는 강해야 하며, 사례들의 착각과 싸워 이길 수 있어야 한다. 그러나 분석의 전체 결과가 착각이 아니라는 것을 보일 수 있는 길은 없다.(Wittgenstein 1974, 3)

역시 여기서 상론할 여유가 없는 이야기지만, 비트겐슈타인이 내지르는 예리한 (언어분석적) 분석은, 바로 그가 쓴 몇 권의 책처럼 그 장점이 되는 논의가 얹힌 자리가 협애하다. 말하자면, 비트겐슈타인도 결국 인문학자의 일종일 수 있지만, 세익스피어나 톨스토이가 드러낸 인간의 세계도 인문학의 현장이긴 마찬가지다. 심지어 이론은, 특히 인문학적 이론은 언제나 다 옳은 적이 없었다. 마치 '인간의 무늬(人紋)'는 여기가 아닌 곳에서 자기 아닌 존재로 변신하려는 자기 초월(ex-istence)의 실존적 움직임에 의해 규정되듯이, 인간에 관한 이론은 지금이라는 굴레 속에서 완전히 교과서화할 필요조차 없다. 그러므로 인간에 관한 글이 반드시 예리한 논리적 분석으로 능사를 삼을 게 아니다. 니체와 마르셀 프루스트가 말한 인간이 있는가 하면 비트겐슈타인이나 칼 포퍼가 말한 인간도 있으며, 정염(鄭磏, 1506~1549)이나 이지함(李之菡, 1517~1578)이 말한 인간도 있는 법이다.

아무튼 여혐인지 남혐인지 세세히 따지는 문제는 다른 한가한 때를 기대하도록 하자. 다만 가없는 세월 동안 사회적 약자의 신세가 되어 가부장 남성들에게 종속되고 때론 그들의 위협과 폭력에 노출되어온 여성들에게 이른바 '집단 무의식'과 같은 게 연면히 자라왔다면, 필시 그 중요한 한 줄기는 분한일 것이다. '여자가 한(恨)을 품으면 오뉴월에도 서리가 내린다'는 말의 정확한 의미는 '여자가 한을 품으면 무섭다'는 게 아니다. 날씨를 바꿀 정도였으니 그 한이 대단하다는 데 초점을 맞출 게 아니라, 한을 품게 만든 남자는 가만히 둔 채 오히려 애먼 날씨를 건드렸다는 데 주목할 필요가 있다. 따라서 이 속담의 취지는 남자의 세상 속에서 여자는 약자이며 자주 방외자의 처지로 내몰린다는 것이다. 앞서 언급한 대로 강자라면 혐오(嫌惡)할 뿐이지 한을 품을 필요조차 없다. 분노는 강자와 약자를 가리지 않지만, 대체로 한을 품고 있는 자는 강자가 아니기 때문이다.

수다를 구사하는 게 여자가 개발해낸 일상적, 능동적, 그리고 집단적 응전이라면, 한을 품는 것은 연대와 수다의 장(場)에서 내몰린 여자가 비일상적, 수동적, 그리고 개인적으로 택하게 된 마지막 전술이다. 그러나 엄밀히 말하자면 수다와 한을 깨끗하게 나눌 수 있지 않다. 무엇보다 중요한 점은, 탐닉이나 어수선함처럼, 수다도 한도 인간의 영혼을 키우고 그 창의성을 계발하는 차분하고 지속적인 정신의 집중을 방해하기는 마찬가지라는 것이다.

알거나 짐작하고 있는 많은 것을 생략할 수밖에 없는 이 글에서는, 그저 이곳에 제시된 주제에 응해, 여성들의 분한과 (여성적) 창의성에 관한 간소한 코멘트로 마무리할까 한다. 제 뜻대로 고분고분 따르지 않는 여자들을 향해 못난 남자들이 여혐을 키우고 있다면, 수백만 년간 남자라는 사회적 강자들과 벋버듬한 관계를 유지한 채 어울려 살아왔던 여자들은 그 물매진 세상을 뒤집지는 못한 채 속으로 분한을 쌓아왔다. 물론 남자들도 여혐만 키운 게 아니며 여자들도 분한만을 삭여왔던 것은 아니다. 여자로서는 자신을 오래 사랑하고 지속적으로 보호할 수 있는 남자를 가려 뽑는 일에 솜씨를 닦아왔으며, 다른 한편 가정에서의 역할을 공고히 하거나 자식에게 투자함으로써 변덕스러운 남자의 사랑과 불안정한 사회경제적 처지를 보완한다. 물론 그사이에 사회적 약자로서의 여자들은 시속과 제도의 변천에 따라 그 나름의 생존의 전술과 생활의 지혜를 다듬어간다.

부드럽고, 배려에 능하며, 웃는 얼굴(笑顔)에 덤으로 보조개까지 갖춘 이들이고, 소소한 생활소사를 잘 다루며, 주변의 슬픔과 아픔에 빠르게 공감하고, 애교 부리는 게 어색하지 않으며 더러 신비한 성적 매력을 품고 있는 존재! 여혐의 다른 한쪽에서 남자들이 품고 있는 여성에 관한 환상은 끝이 없다. 급기야 운 좋은 괴테 같은 이로 하여금 '영원히 여성적인 게 우리를 건져올린다(Das Ewig-Weibliche Zieht uns hinan)'는 종류의 명언을 내뱉게 한다.* 물론 프로이트의 지적처럼 '환상은 거짓이 아

---

* 괴테가 정식화한 '구원환상'(여성⇒남성)의 거울상과 같은 도착된 구원환상(남성⇒여성)이 프로이트에 의해 자세히 설명된 바 있다. 프로이트는 '사랑에 빠진 신경증 환자의 인상적인 행동 방식'을 수집, 분류, 분석하는 중에 '매춘부에 대한 사랑'이라고 이름 붙인 사랑의 형태를 제시한다. "두 번째 전제 조건은, 정숙하고 명성에 흠잡을 데 없는 여성은 자신을 사랑의 대상이라는 위치로까지 끌어올릴 그런 매력을 발휘하지 못하며, 단지 성적으로 이런저런 나쁜 소문이 떠돌거나 정절과 신뢰에 의심 가는 여성만이 사랑의 대상이 될 수 있다는 것이다. 여기서 후자, 즉 성적 문란함의 요소는 사랑의 희롱에 싫어하는 기색을 내보이지 않는 기혼녀에게 나지막한 목소리로 따라다니는 추문에서부터 매춘부나 사랑의 기술에 능숙한 여자들의 상대를 가리지 않는 난교(亂交)에 이르기까지 그 실제적 한계 내에서 다양하게 나타날 수 있다. 그리고 우리의 유형에 속한 남성들은 이런 종류의 요소가 없이는 결코 만족을 느끼지 못한다. 따라서 이 두 번째 전제 조건은 조금 거칠게 표현하면 '매춘부에 대한 사랑'이라 할 수 있을 것이다. (…) 이러한 형태의 연인을 관찰하는 사람들에게 가장 놀랍게 보이는 것은 그들이 자신이 사랑하는 여성을 '구원'해준다고 생각하며 내보이는 충동이다. 그들은 그녀가 자신을 필요로 하고, 그가 없이는 모든 도덕적 통제를 상실하여 급격하게 형편없는 지경으로 몰락할 것이라 확신한다. 그러므로 그는 그녀를 포기하는 대신 그녀를 구원하려 하는 것이다." 지그문트 프로이트, 『성욕에 관한 세 편의 에세이』, 김정일 옮김, 열린책들, 2003, 207, 209쪽. 역시 더 자세한 해설을 전제해야만 가능한 진단이겠으나, 연쇄살인범 중 대다수가 노리는 범행의 대상이 성매매 여성들인 사실도 '매춘부에 대한 사랑'과 관련해 볼 때 유추해볼 만한 거리를 제공한다. 물론 연쇄살인

니다'. 그러나 실로 너무 묵새겨진 여성적 분한의 실체는 이 남성적 환상을 단숨에 깨트리기도 하고, 때로는 기묘한 절합(節合)을 이루기도 한다. 잠시 행복해 보이는 이 절합의 올바른 이해를 위해서라도 남성적 혐오와 여성적 분한의 역사적, 진화론적 내력을 깊이, 대놓고 응시할 필요가 있다.

옛 속담에 '상전 배부르면 종 배고픈 줄 모른다'고 하지만, (굳이 니체의 말이 아니라도) 약자의 고통을 깊이 배우긴 어렵다. 그래서 '계집은 문지방을 넘으며 열두 가지 생각을 한다'고 하더라도 사내는 (자신의 몸을 끄-을-고 나가) 그 생각의 다발다발을 제 것인 양 이해하기란 영 불가능하다. 여자(전경린)는 약자의 입장에서 '남자에 대한 영원한 두려움'과 '그 두려움이 없어지는 대로 생겨나는 멸시'를 말하면서 공정하고 호혜적인 관계의 가능성을 믿지 못한다. 남자(나가이 가후)는 기득권자의 입장에서 '여자의 신세가 바뀌는 즉시 변하여 가르칠 수 없을 만큼 게을러지거나 제어하기 어려울 정도로 사나워진다'고 말하면서 역시 새로운 관계의 가능성을 부정한다. 그런가 하면 같은 이름의 또 다른 남자(나가이 가후)는 오히려 '세상 사람들의 눈을 피해다녀야 하는 떳떳하지 못한 남자'를 내세워서 이 난경을 타파하는 이치의 가리사니를 살핀다.

범들은 단지 신경증 환자가 아니라 사이코패스(psychopath)이거나 반사회적 인격장애자(sociopath)이며, 또 이들이 성매매 여성들을 주된 타깃으로 삼는 이유는 무엇보다도 접근성이 용이하기 때문이다.

여자와 남자가 더불어 살아가고 있는 현실을 한 겹 벗겨내면 분한과 혐오가 마그마처럼 끓어오른다. 마그마는 묵었고 그 연원은 깊다. 개인의 힘과 지혜로써 그 묵은 깊이를 책임지기는 어렵다. 종교와 수양, 법과 제도, 지성과 교양, 그리고 사랑과 도덕이 그 분노와 염오를 다스려오면서 사회화를 위한 승화(昇華)를 돕는다. 지적 엄살을 부리지 말고, 이 승화의 과정은 꽤나 성공적이라고 넉넉히 평가해야 할 것이다. 그럼에도 불구하고 사랑을 늘 미담인 양 분식하고, 애인 살해를 공분의 미끼로 내세우며 자신의 깊은 내면을 직시하지 않으려는 태도는 '허위의식'의 정확한 사례다. 요컨대 여성의 분한에 정직하고 이를 풀어내는 게 극히 중요하다. 물론 이 분한은 개인들의 뱃성과 스트레스에 의해 포촉되기 전에 이미 역사와 무의식과 몸의 것이다. 여성의 분한을 해소한다는 것은 '아름다운 성(faix sex)'이 아니라 '사회적으로 약한 성(socially weaker sex)'이 제대로 발휘할 수 없었던 창의성에 물꼬를 대는 일이다. 이는 필경 남성들을 위해서도 바람직한데, 대체로 창의와 창조는 적절한 상대와의 풍성하고 민활한 응변(應變)의 과정에 의해 생성되고 '증폭'되기 때문이다. 대체 무엇을 증폭시킬 것인가? 여자의 분한과 남자의 여혐을 '응고'시켜 그 얽힌 갈등을 증폭시킬 것인가, 아니면 새롭게 물꼬를 타고 흘러내릴 여성의 창의적 에너지와 이에 응변하는 남성의 창의성이 서로를 증폭시키도록 도울 것인가?

7장

—

공동체와
집중

—

45. 어떻게 어울릴 수 있을까:
'집중'의 공동체적 가치에 대한 단상

협업이 빠른 이유는 협력하는 노동자 집단은 앞과 뒤로 팔과 눈을
가지고 있어 어느 정도까지는 전면성(全面性)의 능력을 발전시키
기 때문이다.*(마르크스, 『자본』 1-446)

노동의 분업은 두 사람이 그들의 노동력을 함께 사용할 수 있고 '마
치 그들이 한 사람인 것처럼 함께 행동할 수 있다'는 사실에 기반을
둔다. 이 일치는 협업과는 정반대다. 분업의 통일성은 모든 표본적
개체들이 서로 대체될 수 있을 정도로 동일하다는 종적 통일성을

---

* 이는 '분업'에 대한 아렌트의 정의와 대조적으로 읽을 만하다. "노동의 분업은 나누어
진 단일노동의 몫이 질적으로 똑같아야 한다는 사실을 전제로 한다. 이 단일노동을 위해서
는 어떤 전문적인 기술도 필요 없다. 이 노동들은 그 자체 어떤 목적도 갖고 있지 않고, 단
지 실제로는 순전히 양적인 방식으로 더하여진 노동력의 어떤 총계만을 나타낸다. 노동의
분업은 두 사람이 그들의 노동력을 함께 사용할 수 있고, '마치 그들이 한 사람인 것처럼
함께 행동할 수 있다'는 사실에 기반을 둔다. 이 일치는 협업과는 정반대다. 분업의 통일성
은 모든 표본적 개체들이 서로 대체될 수 있을 정도로 동일하다는 종적 통일성을 의미한
다."(아렌트 1996, 280)

의미한다.(아렌트 1996, 280)

　천 개의 눈을 가지면 현명해질 수 있을까? 만 개의 손을 가지
면 매사 민속(敏速)해질 수 있을까? 참, 공상의 매력에 저당잡힌
사유의 경로를 착실히 짐작할 수는 없는 노릇이다. 예를 들어
나는 인간에게 3개의 눈과 3개의 손이 있다면 한결 낫겠다─특
히 제3의 손은 대체 어디에 들붙어 있어야 하는가, 하는 문제는
일단 차치하고라도─는 공상을 더러 했다. 우선 3이라는 맞춤
(triad)에 지핀 신화적·상징적 완벽성에 심리적으로 내몰린 탓
도 있지만, 그 현실적인 이유는 지난 20여 년 동안 관심을 쏟아
온 공동체적 실천과 관련되어 있다. 내가 다른 글에서 더러 언
급하거나 해설한 바 있는, 이른바 '현복지(현명한 복종과 현명한
지배)'와의 관련성 때문이다.
　'좋아하는 자'가 아닌 '돕는 자'로서의 동무는 호의/호감에
기대지 않고, (거의 물질성에 근접하는) "인식도 합의도 닿지 않
는 섬세한 몸의 운신"* 혹은 신뢰에 터한다. 공동체의 주체가 동
무이므로, 이는 쉼 없는 비평적 관계를 상시로 요청할 수밖에
없다. 여기서 자세한 논의는 피하지만, 기이하게도, 완벽한 둘
(1+1) 사이에는 진정한 비평적 관계가 형성될 수 없다. 이로써
제3의 항(項)은─그것이 신(神)이든 혹은 하다못해 숨어서 엿

---

* 김영민, 『동무론: 인문연대의 미래형식』, 한겨레출판, 2008, 245쪽.

듣는 쥐든—비평의 삼각형을 순환시키는 건강한 계기를 준다. 돕자고 하는 빌미 아래 맺은 관계의 상호성이건만 필경 (인생 그 자체가 품은 역설처럼, 역설적으로) 심리적 동일화의 이자관계 (relation duelle)나 심하면 짝패의 관계로 저락하면서 비평적 지평을 상실하기 십상이기 때문이다. 물론 여기서 세 번째 눈이나 손은 관계 속의 창의적 긴장을 챙기는 (대)타자의 역(役)이다.

마르크스가 말한 전면성의 능력은 여러모로 쓸모가 있을 것이다. 물론 그 쓸모도 결국은 '배치'에 달려 있고, 아니, 신의 시각이 없는 우리로서는 전면성 자체가 이미 특정한 배치의 문제이긴 하지만 말이다. 이것을 예시하기 위해 쉽게 떠올려볼 만한 그림이, 다수의 적에게 포위당한 채 수세에 내몰려 동그맣게 작당한 일군의 무사들이다. 이들의 경우에는 전면성이, 그러니까 전후좌우로 (무기를 든) 팔과 눈을 가지고 있는 배치/장치의 능력이 곧 생명길이 되는 셈이다. 그러나 이러한 생사를 다투는 전장(戰場)이나 낭비와 소모를 최소화하면서 생산성을 따지는 노동 현장이 아니라, 인간들의 사이 공간(Zwischenräume) 속을 '부사적'으로 누비면서 실천적 지혜를 길러가려는 인문학적·비평적 관계의 경우, 전면성의 메타포는 응당 조금 다른 해석을 받을 수밖에 없을 것이다. 다소 어폐가 있는 비교이겠지만, 생존을 도모하는 것이나 생산성을 높이려는 것이 꼭 '현명한 길'과 일치하지는 않을 것이기 때문이다. 이는, '소창다명(小窓多明)'이라고 하듯이, 작은 창에 모이는 빛이 외려 더 밝아지는 이치와도 닮았다. 극적인 사례를 들어, 소크라테스나 예수의 준(準)자살(noble death), 그리고 (내가 자주 언급한 바 있는) '부재의 생산성' 등에서 엿볼 수 있듯이 (차라리 당연한 지적이긴 하지만) '밝은 인문의 길'이 반드시 생명 연장을 위한 수완이나 노동생산성과 일치하지는 않기 때문이다.

어차피 '전면성'은 개인의 몫이 아니다. 신화 속의 영웅적 개인 혹은 꿈이나 영화 속에서 절륜한 전면성의 능력을 뽐내며 경천동지하는 걸물 따위를 공상하지 않는다면, 마땅히, 차라리 어리석고 못난 탓에 모여드는 공동체에 눈을 돌려야 하지 않을까. 협량하고 지질한 개인들이 갖은 시행착오와 어긋남을 겪으면서 이드거니 숙성하고 벼려지는 어떤 장소(성)로서의 공동체 말이다. 공동체 속에서의 성숙에 대해서는, 이른바 '무기록의 삶'의 대가들인 성인과 현자들이 그 정곡을 찔러 말한 바 적지 않으며, 특히 공자의 대화록 중에는 바로 이 취지에 바투 접근한 사례가 있기도 하다. 어쨌든 노동자의 협업을 통해서 얻는 일시적 전면성이 당장의 관심사가 아니라면, 인문적 어울림의 지평 위에서 얻는 실천적 지혜는 오직 공동체적 경험을 통해 벼려지고 완숙될 테다. 어차피 개인이 전면성이라는 장치를 장착할 수 없다면, '비평의 숲'*을 바탕 삼아 키우는 상호작용의 감성을 통해 치우친 일면성을 지양해야 한다.

---

* 김영민, 『비평의 숲과 동무공동체』, 한겨레출판, 2011.

여기서 나는 '집중'이라는 개념을 임의로 전용(轉用)함으로써, 편벽된 일면성과 협업의 전면성을 동시에 지양할 수 있는 노력의 과정에 가볍게 개입하려고 한다. 흔히 집중이라고 하면, 전방위적 경계나 전면적 감성을 잃거나 포기한 상태에서야 비로소 가능해지는 어떤 독특한 생산성이라고 여긴다. 실은 이 생산성에는 독특한 뉘앙스가 들붙어 있기도 한데, 괴짜나 부적응자 혹은 왕따의 이미지와 짝패를 이루는 오타쿠(オタク)나 '천재'의 상(像)에는 이 같은 동뜬 집중의 생산성이 배어 있다. 가령 한 생각에 골몰한 채 걷다가 우물에 빠졌다거나, 빗발치는 시적 영감을 잡아놓느라 얼결에 옆 사람의 와이셔츠에 적바림을 했다는 유의 이야기는 예외적 집중의 생산성에 할당하는 순진무구함(innocence)에 대한 전형적인 소식들이다. 과연 한곳에 집중하면서 전후좌우를 살필 수는 없고, 깊이 파고들면서 동시에 높이 날 수는 없다.

다른 예를 들어 논지를 방증하려면 이른바 '분위기 파악'이 안 되는 사람을 떠올려보는 게 도움이 될 것이다. 누구든, 선택적으로 집중하는 과제에 높은 지적 성취를 보이면서도 유달리 주변 분위기를 파악하는 데에는 굼뜬 이들을 봤을 것이다. 호시우행(虎視牛行)이라는 옛말도 있건만, 호랑이와 농우(農牛)가 사라진 이제야 걸음이 느리면 눈마저 흐려지는가? 방 안에 앉아서도 천하를 살핀다거나 하나를 알면 열을 꿴다는 고인들의 상수(上手)는 이미 전설이 되었고, 이젠 느린 게 게으르고 조용한 게 오히려 무능해서, 무위(無爲)의 지혜와 적청(寂淸)의 미덕이 자가당착으로 내몰리는 세속이 내내 번연하다. 앞서 말한 대로 '분위기 파악'이 안 되는 사람 중에 따로 동뜬 재능을 지닌 경우도 있고, 마찬가지로 주변머리가 없는 이들이 소갈머리가 나쁘라는 법은 없다. 하지만 이 글의 논지에서 본 관건은, 협업이나 어울림의 공부 중에, 분위기 파악이 안 되는 이들이 흔히 '분위기'라는 신호에 따라 물이 흐르듯 이어져야 하는 '현명한 복종과 현명한 지배'의 슬금한 고리들, 그 접속점들을 놓친다는 데 있다. 논점을 선명하게 하고자 다소 과장된 비유를 부린다면, 컨베이어 벨트의 어느 한 고리가 고장난 것처럼, '분위기 파악이 안 되는 사람'은 상호작용의 울결(鬱結)과 적체를 낳아 때론 공동체적 어울림이 삐걱거리게 만들기도 한다는 것이다.

하지만 눈치 보기가 곧 성숙의 지표가 아니듯이 분위기 파악이 빠른 게 반드시 능사는 아니다. 그것은 이 글에서 논지의 긴절점(緊切點)으로 사용하려는 '집중'에 대한 다른 평가를 통해 조금씩 드러날 듯싶다. 통상 공부나 연구활동을 가장 흔하게 표상하는 방식은 어떤 '집중'의 이미지일 것이다. 형설지공(螢雪之功)의 빈한한 선비상, 도서관의 먼지를 털어내면서 돋보기 아래 깨알 같은 한문 혹은 라틴어의 세상에 빠져든 노사(老師), 아인슈타인의 헤어스타일에 다빈치의 표정으로 먼 어느 곳을 하염없이 응시하는 영감 어린 천재, 한 분야의 마니아가 되어 세상 모르는 이치와 미립에 목을 매는 연구자 등등 집중의 이미지는 예로부터 공부의 긍정적인 신호로 평가받아왔다. 개인적 집중에 따른 걸출한 생산성 덕분인지, 이들의 경우에는 분위기 파악에 느리다는 것이 아무런 결점이 아니었고, 때론 그 생산적 집중을 보증하는 일종의 후불(後拂)로 인증받기도 했다.

그런가 하면 집중 혹은 주의(注意)의 긍정적 힘에 대한 논의로는 흔히 시몬 베유의 생각이 주목받아왔는데, 그녀에 따르면 (마치 니체를, 카뮈를 혹은 시인 허만하를 연상시키는 말투로) '집중은 중력과의 싸움'이다. 니체의 경우 중력과의 싸움은 그의 관점주의(Perspektivismus)의 유연성을 위한 것이지만, 베유의 것은 널리 알려져 있다시피 사뭇 종교적인데, "모든 집중은 신에게로 향하는 것"이라는 그녀의 신념이 바로 그것이다. 인간의 영혼을 더럽히고 그 인간성을 빼앗는 삶의 중력들—체제의 억압이나 삶의 궁핍 등—속에서도 스스로를 비우고 집중의 힘을 키우게 되면 그 영혼은 다시 신의 빛으로 갱생한다는 것!

다시 관건은, 협업의 생산성을 높이는 '전면성'과 개인의 생산성이나 영혼의 정화(淨化)에 기여하는 '일면성'의 깊이 사이에서 현명한 지양(Aufhebung)의 길을 얻는 것이다. 노파심에서 다시 못 박자면, 이러한 지양의 길을 말하는 것은 응당 공동체적 상호작용이라는 지평 속에서 믿음직한 둔덕을 쌓고 끌밋한 이랑을 얻고자 하는 것일 뿐이다. 물론 때론 노동의 생산성을 위한 전면성이 긴요하고, 때론 개인의 집중 속에서야 가능해지는 공적(空寂)의 지혜가 대신할 수 없는 희열을 주는 것을 재론할 필요가 있으랴! 전술한 것처럼, 여기서 나는 '집중'이라는 개념을 조금 다르게 전용(appropriation)하려는데, 이것은 이 개념에 대한 어원학적·과거적 재발견이 아니라 실천적·미래적 재구성으로서, 역시 공동체의 상호작용이라는 배경 아래서만 그 뜻을 얻는다.

그 요점은 집중과 이른바 '패턴지(pattern-knowledge)'를 연관시키는 것인데, 마치 미야모토 무사시의 『오륜서(五輪書)』에 나오는 견/관(見/觀)의 경우처럼, 힘껏 집중하되 그 주변이 나름의 물매를 이루면서 중심과 합류하는 무늬를 알아채는 것이며, 변두리와 언저리를 살피되 낱낱이 점을 찍어가면서 초점을 잃지 않는 것이다. 나는 일찍이 "패턴은 콘텍스트와 텍스트 사이에 생긴 '긴장의 형태'"*라고 간결하게 정의한 적이 있으며, 이 패턴을 인식하는 능력을 '패턴지'라고 불렀다. 무릇 어떤 관련에 터하지 않는 긴장은 없으니, 패턴 그 자체가 일종의 관계 양상이라는 사실은 누구든 쉽게 알고 경험할 수 있다. 그런데 패턴지라는 수행은 의식의 바깥에 어떤 객관적 관계태로서 주어진 패턴을 단순히 인지적으로 수용하는 행위가 아니다. 그것은 한곳에 온전히 집중하는 관식(觀識)과, 그 한곳의 둘레를 이루면서 그곳과 중중무진(重重無盡)하게 복합적·역동적인 관계를 맺고 있는 주변에 대한 견식(見識)을 한층 높은 차원에서 종합

---

* 김영민, 『컨텍스트로, 패턴으로』, 문학과지성사, 1996, 78쪽.

하는 메타-패턴화(meta-patternization)라고 해야 할 것이다. 사람의 인식이란 게 엄연한 자기 조건과 한계 속에서 운용된다는 사실은 뻔하지만, 적어도 패턴도 동심원을 이루면서 커나가는 물결처럼 인식 주체와 마주한 채로 고정된 하나의 항목이 아니라 좌우로 관계를 일구어나가면서도 상하로 겹과 층을 이룬다는 사실쯤은 늘 염두에 두어야만 '패턴지'를 의미 있게 말할 수 있겠다.

비근한 사례를 들어 이 논지에 접근해보도록 하자. 나는 숱한 사람을 만나 사귀며 이런저런 모임을 구성·유지하는 중에 특별히 예의 '공동체적 상호작용'에 적절한 인물군과 그렇지 못한 타입을 가려내는 혹은 가려내지 못하는 일로 낭패를 당하는 경우가 잦아지면서 이와 관련해 내 나름의 경험칙(經驗則)을 얻게 되었다. 이 경험칙은 말 그대로 소소하게 반복되는 경험에 얹힌 패턴을 배치·분류해서 얻은 것으로, 학술 중에서도 낮은 단계인 후자, 즉 '술수(術數)'에 해당된다고 봐야 한다. 그러나 학문과 술수의 경계가 물과 기름처럼 분명하지 않고, 인류의 지성사는 이 경계들이 유동적이며 심지어 범람할 수 있음을 '역사성'의 범주에 대한 새로운 해석을 통해 자주 보여준 바 있다. 그런가 하면 내 공부 길의 이정표로 내세운 입고출신(入古出新)의 이념에 비춰보더라도, 우리가 이제야 영구불변의 것인 양 숭앙하곤 하는 서구의 근현대 학문이라는 게 실은 19세기에 이르러서야 비로소 제도적으로 완비되고 안착된 체제인 터에, 그것이 일상의 이치[一理]나 미립과 접속하거나 어긋나는 지점들을 구체적으로 밝힘으로써, 학(學)으로부터 술(術)을, 진(眞)으로부터 선(善)과 미(美)를, 이제(今)로부터 옛(古)을, 남성으로부터 여성을, 서기(西器)로부터 동도(東道)를, 그리고 책상으로부터 일상을 배제, 폄하하는 태도와 이분법적 시선을 내파하는 게 자못 마땅해 보인다. 공동체의 상호작용을 준거로 삼아 해석되는 이 경험칙의 자료라는 게, 인상(人相)과 거기서 잡히는 직관적 느낌, 말투와 어휘, 태도, 정서의 물매와 배치, 나름의 특이한 버릇, 그리고 넓게는 삶의 형식과 희망 등을 통해 광범위하게 포집되곤 한다. 하지만 미리 밝히자면, 자료의 양을 늘리는 게 능사가 아님은 예의 '집중'이라는 매개 개념의 전용을 통해서도 드러날 것이다. 그렇긴 하지만, (바로 이 점이 특이하고 또 해명하기가 쉽지 않은데) 자료의 교차와 조합을 통해 이치의 결절(結節)이 생기도록 배려하기 위해서라도 최소한 3개 이상의 대동소이한 경험이 쌓여야 한다.* 그런가 하면 이와 같이 제대로 이루어진 집중을 통한 직관은, 단 하나의 '지표 경험(指標經驗)'—개인 삶의 이력이 남긴 층(層), 그가 자리잡은 삶의 자리(Sitz-im-Leben), 그리고 체계의 구조가 밀도 있게 배합되어 구성된 코드

---

* 물론, 바로 여기가 집중이라는 직관 혹은 감성적 균제(均齊)가 긴절하게 작동하는 곳이다. 경험과 직관 사이의 경계에서 셋(3)을 놓은 것은 이미 그것 자체가 내 개인의 직관에 포함되어 있기 때문에 설명이 자칫 동어반복적으로 흐를 수도 있겠다. 그러나 우선 정신분석에서 말하는 이자관계(relation duelle)의 한계를 떠올려보더라도 셋이 인식의 출발점으로 기능하는 형식을 알게 된다.

로부터 돌이킬 수 없이 나타나는 하나의 전형적 자료—을 꿰뚫어 단번에 그 만남의 성격과 이후의 향배를 '비교적' 정확히 예측하게 하기도 한다. (사람이라는 의식적-영성적 존재가 거듭해서 어리석고 뻔한 실수를 반복하긴 하지만, 이 생명체가 기나긴 시간을 통해 가꾸어온 '영특함'의 사실을 애써 폄훼할 필요는 없다.)

종종 이 지표 경험이 증상적일 때가 있는데, 패턴지의 직관에서 보자면 이때가 호기다. 집을 나갈 때에는 문을 통하지 않을 수 없듯이, 증상이 몸을 통해 발현되는 방식에도 그 나름의 형식이 있어, 이 형식을 직관할 수 있다면 시선의 집중은 '편벽된 일면성'을 벗어나는 패턴지의 문턱이 된다. 여기서 주의할 만한 나쁜 의미의 개인주의란, 몸의 증상적 연계를 살피지 않는/못한 탓에 필경은 취향이나 정실(情實) 등 개인의 정념이 거하는 곳을 공적 논의나 시점의 출발·결말로 귀결시키는 자를 말한다. 이런 경우에 직관이나 패턴지를 논하는 것은 그야말로 지성의 재난이다.

이것은 일종의 항목중심주의(item-centeredness)나 명사주의라고 할 수 있다. 그리고 여기에 빠질 경우 자초하는 (니체가 최초로 명시화한 바 있는) 특징적인 오류는 '역사적 과정의 추이를 그 원인으로 착각'하는 것이다. 이것은, (일찍이 알튀세르가 정식화했듯이) 이론의 부재에 대한 느낌을 이론으로 착각하는 부르주아적 보수성에 정확히 대응한다고 봐도 좋다. 그러나 지식사회학의 기본 테제가 진작에 밝혀놓았듯이, '사회적 기원을 밝혀놓기 전에는 결코 이해될 수 없는 사유 방식' 혹은 카를 만하임의 부다페스트 대학 지기였던 하우저(1892~1978)가 지적한 대로 '불충분한 심리학을 채우고 보완하는 사회학적 통찰'은 이미 상식이 되었건만, 사생활주의의 스노비즘과 그 변덕스러운 기분의 충실 속에 주체성의 안돈을 기하려는 개인주의자-자유주의자는 여전히 '(나)홀로-주체성'(김상봉)이다. 시시때때로 지절거리는 지젝의 적절한 지적처럼, "사생활로 철수한다는 것은 (…) 문화산업이 선전하는 사적 진정성의 공식들을 채택하는 일"*에 불과하며 혹은 울리히 벡이 『위험사회』(1986)에서 설파한 대로 '개인주의화는 삶의 모든 차원이 시장에 종속됨을 의미'할 뿐인 것이다. 논의의 곁길이 더 길어지기 전에 되돌아가자면, 개인주의가 아니라면 마땅히 증상이어야 한다는 것이다. 증상의 외부에 설 수 있는 일, 텍스트와 콘텍스트의 경계 지점을 확보할 수 있는 일, 그래서 인간의 무늬가 증상적 형식 위에 얹혀 있는 것들을 직관할 수 있는 일은, 자본제적 삶의 분류(奔流) 속을 떠밀려다니면서 궁극적으로는 오직 이자관계의 시각과 습속으로써 세계와 인생을 접하고 대하는 데 그치는 일이다. 패턴지의 가능성이란, 한편 체계와 구조 속으로 인문(人紋)을 건몰아붙이지도 않고, 다른 한편 시장개인주의자의 낭만적 선택에 내맡기지도 않는 앎과 윤리의 가능성이다. 이는 지속적 집

---

* 슬라보예 지젝, 『실재의 사막에 오신 것을 환영합니다』, 김희진 옮김, 자음과모음, 2011, 124쪽.

중을 통해 시대의 증상을 직관해낼 수 있는 '감성적 균제(均齊)'의 능력을 회복하는 일이다.

그러므로 증상과 일체가 된 감성적 균제*—이 취지의 가장 통속적 표현이 '중생이 아프면 부처도 아프다'일 것이다—와 그 집중이야말로 상호작용 속의 시중(時中)이 아닐 수 없다. 이런 사유와 실천을 통해서라면 "협업의 생산성을 높이는 '전면성'과 개인의 생산성이나 영혼의 정화(淨化)에 기여하는 '일면성'의 깊이 사이에서 현명한 지양의 길"을 틀 수 있을 것이다. 공동체적 상호작용의 실천 속에서 긴요한 앎은 협업의 전면성과 개인적 수행의 일면성 사이를 매개하는 지속적 집중, 그리고 이 집중의 삶이 가져다주는 감성적 균제의 직관이다.

이 논점을 조금 다르게 해명하는 차원에서 예시하자면, 아도르노와 벤야민 사이에 짧게 오간 방법론 논쟁**을 원용해볼 수

---

* 이를테면 잔바람에도 흔들리는 '풀'은 '증상과 일체가 된 감성적 균제'의 이미지로서는 돋뜨게 어울린다. 파르르 흔들리는 듯 약한 데다 가장 낮은 곳에 처하지만 결코 쉽게 뿌리 뽑히지 않는 풀의 이미지는 타자 감응(他者感應)의 형식으로선 매우 적절해 보인다. 이런 뜻에서 김수영의 '풀'은 민초(民草)의 증상적 감성에 대한 탁월한 형상화가 아닐 수 없다. "풀이 눕는다/ 비를 몰아오는 동풍에 나부껴/ 풀은 눕고/ 드디어 울었다." 한편, 이러한 상향식·민중적 논리에 대해 『논어』에 적시된 군자론(君子論)은 전형적인 하향식·엘리트주의적 태도로서 극명한 대조를 보인다. "군자의 덕은 바람이고 소인의 덕은 풀인데, 풀 위로 바람이 불면 풀은 반드시 쓰러진다(君子之德風 小人之德草 草上之風 必偃)" (『論語』 '顔淵' 편). 그런가 하면 민초 중 무지렁이들조차 접근 가능한 염불(念佛)을 중심으로 정토불교를 널리 보급하면서 "방편으로 무애가(无涯歌)를 지어 부르고, 무애무(无涯舞)를 추면서 동체대비(同體大悲)의 마음으로 중생과 함께" 한 원효의 보살행 역시 '증상과 일체가 된 감성적 균제'의 일종으로 여겨도 좋을 것이다. 강의숙, 「원효의 공부론」, 『공부론』, 예문서원, 2007, 454쪽.
** 둘 사이의 논쟁을 압축한 편지의 일부는 아래 아감벤의 글에서 재인용한 것이며, 본문에서는 괄호 속에 이 글의 쪽수를 밝힌다. 조르조 아감벤, 『유아기와 역사: 경험의 파괴와

있겠다. 아도르노는 벤야민의 글에서 "설명이 나와야 할 곳에 은유가 나오는 장면"(200)을 참을 수 없어 한다. 벤야민의 글쓰기가 독특한 개념들—파노라마, 아우라, 흔적, 산보자, 아케이드 등등—의 은유적 이미지에 기대며 적절한 해석을 기피한 채 필경 "역사와 마법이 진동하는 곳"(199)으로 회귀한다는 것이다. 아도르노의 불평이 얹힌 요점은, 벤야민의 "글에는 한가지 점에서 변증법이 결여되어 있(고), 다시 말해 매개가 빠져 있는 것"(199)이다. 이에 대해서 벤야민은, 아도르노가 '사실성의 경탄할 만한 묘사'라고 언급한 것이 '참된 문헌학적 태도'라고 해명하면서 이 태도가 어떤 결과물의 한 항목이 아니라 그것 자체로 글의 구성에 내재적이라고 말한다(205). 아도르노가, 변증법적 해석과 매개 없이 직접적으로 소급 추론한다고 비판한 것에 대해 벤야민은 그 추론의 연관성은 문헌학적 합법성에 의해 보증된 것으로 단지 낭만적 비약이 아니라는 점을 강조한다.

협업의 전면성과 개인의 일면성 사이를 가로지르며, 시속의 도처에 맺힌 증상들에 대한 지속적인 집중으로써 이들과 일체화하는 균제적 감성을 얻는 일은 어울림의 지혜이며 그 성취다. 이런 식의 차분한 집중으로써 에고의 지붕을 넘어서는 앎의 지향은 '신수즉화(身修則和)'에 따른 시중(時中)의 묘(妙)라고 풀이해도 좋을 것이다. 그가 지식인이라면 가장 낮은 자리에서 민심

역사의 근원』, 조효원 옮김, 새물결, 2010.

천명(民心天命, vox populi vox dei)에 귀를 기울이게 될 것이며, 그가 수행자라면 마땅히 보살행의 도(道)로써 스스로의 앎을 오직 수행적 벼리를 통해 완성시켜갈 것이다. 혹은 그가 무사의 일종이라면 사양(斜陽)에 솔방울 하나가 잠시 흔들리는 틈새로 적세(賊勢)의 배꼽을 끊고 지나가게 될 수도 있을 것이다. 그러나 그가 공동체의 동무로서 무엇보다 '어울림의 공부'를 의욕하는 자라면, 그는 차분한 집중의 이력을 키울 것이며, 이로써 '비평의 숲'을 바탕 삼아 키우는 상호작용의 감성을 자신의 몸에 새겨넣을 수 있을 것이다.

46. 영도의 인문학과 공동체의
(불)가능성

1. 살고 있는 모든 순간이 "세계 시작의 0년에(im Jahr Null des Weltanfangs)"*(에른스트 블로흐) 무한한 가능성의 조각들로서 잠복해 있다고 말하는 것은 강변이자 과장이겠지만, 아무튼 우리는 새로 시작해야 한다. '시작'이 끊임없이 주제가 되는 곳이 세속이며, '시작'을 주책도 염치도 없이 전유해야만 하는 게 그 속의 인간이기 때문이다. 작심삼일이나 '고려공사삼일(高麗公事三日)'이라는 말이 있듯이, 인간이 시작에 매달리는 것은 거의 강박적이다. 초등학생 시절을 떠올릴 때마다 은근한 쾌락의 기억으로 되살아나곤 하는 것은, 하얀 종이 위에 꽉 찰 정도의 크기로 시계원(時計圓)을 그린 다음 '다시'(!) 일과표를 작성하는 일이었다. 마치 그림을 그리기라도 하듯 색연필을 구분해서 꼼꼼히 바탕칠을 하고 그 과제의 중요성을 강조하거나 활

---

* E. Bloch, Das Prinzip Hoffnung, *Gesammelte Werks V*, Frankfurt, 1968, S. 359.

동의 성분을 도드라지게 하곤 했다. 나는 이 일과표를 작성하는 게 오지게 재미있었다. 물론 이 경우의 작성은 '재'작성(再作成) 인데, 나이나 처지와 무관하게 인간이라면 살아 있는 한 자신 의 서사를 이어가야 하기 때문이다. 물론 '재작성의 재미'는 앞 서 말한 바 '시작이 끊임없이 주제가 되는 세속'과 관련된다. 인 생이 인간의 생각과 어긋나는 것은 한때의 우연한 실책이 아니 라 인간이라는 '생각의 존재'가 자신의 인생을 살아가는 근원 적 구성이라면, 어긋남은 피할 수 없고 따라서 인생 자체도 돌 이킬 수 없는 법이다. 그런데 '일과표'를 다시 작성하듯이 인생 이 다시 쓰일 수만 있다면 그 재미란 실로 창조주의 미소에 버 금갈 것이다. 인생에는 늘 (재)시작의 환상이 강박처럼 따라붙 곤 하는데, 내 경우 이 일과표 작성은 시작에 대한 최초의 환상 이었던 셈이다. 가수 이진관이 부른 노래 '인생은 미완성'의 가 사처럼 "인생은 미완성~ 쓰~다가 마는 편지~"이며 따라서 기 껏 "우리는 곱게 써가야" 할 뿐이기 때문이다.

한편 시작을 향한 강박은 '글쓰기'를 추동하는 근원적 강박 과 닮았다. 내 자신도 오래전 어느 글에서 글쓰기의 열 가지 동 인을 세세히 분류한 적이 있지만,* 아무튼 조지 오웰류의 '왜 쓰 는가?' 따위는 깨끗이 잊어도 좋다. 실은 '왜 쓰는가?'라는 문제 의식은 오히려 다음과 같은 과정을 통해 그 기원을 상상하는 게 훨씬 낫기 때문이다. 인간의 말(parole)과 글(écriture)은 완전히 다른 활동이며, 논란의 소지가 없진 않지만 그 생성 연대도 다르다. 우리에게도 '글 잘하는 아이 낳지 말고 말 잘하는 아이 낳으랬다'는 속담이 있듯이, 글쓰기와 말하기 능력은 별개의 것이며, 때로는 완전히 어긋난다는 점을 기억해야 한다. 특히 동양의 고전과 고서에서는 도덕윤리적 차원에서 말하기 자체를 비평하는 경우가 적지 않지만, 글쓰기에 대해서는 그런 식의 처분을 보기 어렵다. 글쓰기의 동력과 그 원초적 성분을 상상해볼 때 매우 유익한 참조점은 글쓰기 행위에 대한 이른바 성인과 지인들의 한결같은 태도다. 예외가 없지 않겠으되, 요컨대 그들은 대체로 글을 쓰지 않는다. 이 경우의 쓰지 않는 글이란, 에고를 주체로 놓은 채 이루어지는 자서전적 글**을 말한다. 달리 말하면, 자기 생각의 과잉에 매여 있는 에고가 세속이라는 어긋남의 구조에 치받혀서 생긴 과오와 상처, 후회와 원망, 반성과 결심 따위에 대해 쓰는 글을 말한다. 요컨대 뭉뚱그려서 말하면 '변명'하는 글쓰기인 셈인데, 내 판단에 따르면 인간은, 글은 근본적으로 자신의 생활에 대한 변명에서 출발한다.***

누구나 완벽하지 못한 자신의 생활을 내심으로 자인한다. 자

---

* 김영민, 「글쓰기의 물리학, 심리학, 철학」, 『손가락에서, 손가락으로』, 민음사, 1998, 13~35쪽.
** '자서전적 글쓰기'란 '자서전적 태도'에 따른 글쓰기를 가리키는데, 그 자세한 내용은 내 책 『공부론』(샘터, 2011)에 상설되어 있다.
*** 물론 예를 들자면 누가복음서의 기자(記者)나 특수상대성 이론의 저자가 자신을 변명하기 위해 그런 글들을 썼다는 것은 아니다. 이 주장은 글쓰기의 일반적, 세속적 동인을 묶어보려는 제한된 관심의 결말이며, 특히 글을 쓰지 않는 성인들의 경우를 일종의 '큰바위 얼굴'로 삼아 역추적하는 과정을 따르고 있다. 한편 나는 누가나 아인슈타인의 글쓰기를 에고의 '변명'에서 완전히 면제된 초세속적인 것이라고 여기지도 않는다.

인의 내용과 그 표현은 수없이 자잘하게 갈라지고, 그 모든 게 글로 표현되지는 않지만, 대개의 글은 그 자신에 대한 넓은 의미의 '변명'이다. 그러므로 아예 변명할 게 없는 (나름 '완벽한') 생활이거나 혹은 변명거리가 있더라도 그 욕망을 완벽히 눌러서 잠재울 수 있다면 글쓰기는 시작되지 않는다. 앞서 말한바 인간에게 고유한 '시작에 대한 강박' 혹은 그 환상도 이와 마찬가지일 것이다. 내 일과표가 매번 새롭게 작성되는 것은 (당시의 나이로서는 조금 거창한 표현이지만) 저간의 '완벽하지 못한 자신의 생활을 내심으로 자인'하기 때문이다. 어쩌면 이 완벽하지 못한 생활이 죽는 날까지 반복되는 것도 새로운 일과표라는 '시작'을 기다리고 있기 때문이며, 이 시작이라는 이데올로기화된 변명이 그럴듯한 환상을 제공하기 때문이다.

시작의 행위는 에드워드 사이드의 용어로 '세속적(worldly)'일 수밖에 없다. 이는 일견 동어반복적 언사와 같다. 왜냐하면 그 모든 인간의 그 모든 시작을 끌어앉혀서 영원의 상 아래에 배치할 수 있는 '종말론적(eschatological)' 사건이 아닌 그 모든 것은 죄다 세속적일 것이기 때문이다. 세속성에 대한 사이드의 설명은 아래와 같다.

제가 의미하는 세속성은 정확히 문화적 차원에서 모든 텍스트와 모든 재현은 세계 안에 있으며 세계의 숱한 이질적 현실들에 지배된다는 것입니다. 말하자면 세속성은 오염과 연루를 피할 수 없습

니다.[*]

사적 영역과 공적 영역 사이의 새롭고 소란스런 교섭, 서로가 서로를 침투하고 수정하는 이 관계(사이드 2008, 70) 속에서의 시작은, 그러므로 아무 때나 어느 곳에서나 그리고 어떤 계기에서나 행해질 수 있고 또 행해져야 한다. 그러므로 세속이라는 미로 속의 시작은 특별한 카이로스(Kairos)와 무관하다.

글쓰기의 고향이 카이로스나 우토포스(utopos)가 없는 세속성이라는 점에서도 이와 일치한다. 글쓰기도 인생의 약자들에 의해 언제나 어디서나 아무렇게나 행해지듯이, '다시 시작할 수 있다'는 환상도 실패하는 인생들의 ('덧없는 호의'와 정확히 닮은 방식으로) 덧없는 결의 속에서 이어진다. 시작(始作)에의 충동이 어긋난 객관적 과거를 보상하려는 주관적 환상을 열어 보여주듯이, 글쓰기 욕망의 저변에도 어긋난 객관적 과거와 못난 에고를 변명하려는 주관적 환상이 복류하는 것이다. 이처럼 세속 속의 아무 곳에서나 어떻게든 혹은 언제든 행해지는 '시작'은 0도의 지평과 그 앞에 환하게 펼쳐진 신작로의 환상을 준다. 그러나 세속이라는 삶의 조건에 원천적으로 연루된 이상 그 어떤 시작을 통해서든 삶의 0도는 돌아오지 않는다. 오히려 그 시작이라는 배(船)는, 이를테면 과거의 업보가 퇴적되어 이루어진 부

---

* 에드워드 W. 사이드, 『저항의 인문학: 인문주의와 민주적 비판』, 김정하 옮김, 마티, 2008, 77쪽.

두(埠頭)의 조건 위에서야 비로소 앞으로 나아갈 수 있다. 마찬가지로 비슷한 형식의 조건과 한계 속에서 반복되는 인간의 글쓰기에도 0도란 없다. 어떤 영리한 작가처럼 글쓰기의 영도에 도달하기 위해 벌이는 글쓰기의 용광로는 아전인수와 다를 바 없다. 영리한 글쓰기가 흔히 증명하는 게 글쓰기가 아니라 영리함뿐이라면 말이다.

> 글쓰기 없이 쓰는 것, 문학을 문학이 사라지는 부재의 지점에 데려다놓는 것, 우리가 더 이상 거기에 놓인 비밀들을 두려워할 필요가 없는 부재의 장소로 문학을 이끄는 것은 '글쓰기의 영도(writing degree zero)'이다. 모든 작가가 (…) 부지불식간에 추구하는 중성성, 침묵으로 이끄는 중성성이다.[*]

그 모든 글쓰기는 이미 충분히 오염된 채로 뜨겁다. '오염'된 에고야말로 모든 글쓰기의 토양일 수밖에 없다.

2. '물질-되기'의 인문적 실천 속에서 0도 체험의 가능성을 다만 상상해볼 수 있겠다. 물질-되기는 변신에 절망하는 학인들의 반어적 지평의 끝을 보여준다. 그것은 한 갈래의 꾸준한 실천과 그 가능성을 지시하는 것으로서 반드시 '물질'에 방점이

---

[*] Maurice Blanchot, *The Blanchot Reader*, (ed). M. Holland, Blackwell, Oxford, 1995, p. 1478

놓이는 게 아니다. 물질되기는 누차 말해온 '에고의 배치'에 관한 여러 선택 중 한 극단적 실천이며, 단지 의식적이며 번쇄한 주의력이 차츰 숙지게 되는 단계에서 얻는 '무심한 정확성'과 같은 기계적인 효용*일 뿐이다.

읽던 책을 엎고 몸을 일으켜 가령 부엌으로 이동하는 사이, 문자가 죽은 그 자리로부터 피어오르는 내 몸은 반드시 내 것이 아니라 그저 익명의 몸이 된다. 그때 내 에고는 최소한 여명의 에고이거나 황혼의 에고가 된다. 그 몸이 여전히 내 몸이긴 하지만 반드시 나 하나의 몸인 것은 아니니, 바로 그 '아님' 속에서 의욕의 하아얀 씨앗이 돋는다. 더 짧은 사례 하나. 역시 읽던 책을 잠시 놓고 시선을 돌려 손을 뻗는다. 사전을 집어 편다. 놓고 뻗고 집는 그 일순(一瞬)의 사이, 내 팔은 반드시 내 팔이 아니라 다른 어떤 가능성을 내비치는 익명의 몸이 된다.

3. 그러면 그 오래된 이름, 산책은 어떤가? 산책의 가장 오래된 정의는 두말할 것도 없이 '의도(생각)와의 싸움'이다. 에고를 채우고 있는 이 번란한 생각과 의도를 걷는 몸의 뒤쪽으로 흘려보내는 것이다. 그러므로 영도의 인문학적 기획에서 산책은 극히 중요한 실천이며 상징이다. 자신의 존재를 자신의 의도와 동일시할 수 있다고 믿는 이 오연한 주체를 해체하는 연습이다.

---

* 프로이트, 『일상생활의 정신병리학』, 이한우 옮김, 열린책들, 2012, 181쪽.

산책 역시 '알면서 모른 체하기'의 방식을 통해 0도에 접근하는 체험이다. 알면서 걷는 것은 아예 산책이 아닌데, 그것은 이른바 '외출하지 못하는 의도'의 덫에 물리기 때문이다. '벗을 만나 술을 찾으면 술을 못 얻고 술을 앞에 두고 벗을 그리워하면 벗이 오지 않네(逢人覓酒酒難致 對酒懷人人不來)'(권필, 1569~1612)와 같은 식이다. 그러나 완전히 모를 수는 없으니, 산책이 그 무엇이든 아무래도 인간의 활동이기 때문이다. 이 시속의 풍경에 비유하자면, 벗을 만나고야 술을 찾는 의도, 그리고 술을 얻고서야 벗을 기리는 생각은 불모로 머물더라도 벗을 만나거나 술을 얻게 되는 일은 차마 피할 수 없는 것이기 때문이다.

인간은 결단코 0도가 아니며 또 주검에 이르기 전까지는 0도에 머물 수도 없다. 존재의 사다리에서 인간의 온도는 과연 예외적인 것이며, 특히 그의 뇌와 그 생각이 성취하는 온도는 필시 신적(神的)일 것이다. 생각은 잠시도 쉬지 않을 뿐 아니라, 때때로 병적 잉여를 생산하는 데까지 이르도록 자신을 내몰아친다. 가없는 진화의 세월 동안 외부와의 쉼 없는 교섭과 피드백으로 인간의 뇌는 위태롭고 정교한 복합(複合)을 이루었으며, 외부로부터의 정보가 희박해지거나 단절되면 곧 내부는 스스로 '자기활성화(self-reentrant networking)'에 나서게 된다. 외부와의 감각적 교섭이 양성화된 사회적 채널과 제대로 소통되고 있는 이상, 몽상이나 꿈과 같은 자기활성화는 안정적이다. 그러나 외부로부터의 감각 정보가 완전히 차단되거나 혹은 하나의 감각만이 과잉 공급되거나 하면 몽상이나 꿈은 병적인 상태로 흐르고, 급기야 환상들이 생기기 시작한다.

산책은 자본주의적 도시의 감각들과 그 정보들에 대한 저항 및 조절의 실천이다. 이로써 낮춰진 몸의 온도를 유지하며 과잉한 자기 생각들을 제겨내고 차분하게 주변을 살필 수 있게 된다. 삶의 진정성이 자기 생각과 의도의 온도에 의해 '깊이' 정의될 수 있으리라는 낭만이 깨지는 순간은, 한 발이 처지면서 다른 한 발이 앞으로 나아가는 바로 그 순간이다.

4. 베르나르 앙리 레비는 자신의 스승인 알튀세르의 (변하지 않는, 그러니까 '독서'한 흔적이 없는) 서재 풍경을 짓궂게 흉보면서도, 거꾸로 사르트르의 아파트에서 "가장 충격적인 것은 책이 없다는 사실이었다. 그의 책도 다른 사람들의 책도 없었다"*고 감탄한다. 이 점에 관한 한 데카르트와 비견되는 사르트르의 태도는 다음과 같이 요약되고 있다. "한 권의 책이란 하나의 시체다. 그것을 버리는 일만 남아 있다."(레비 2009, 451) 완전히 다른 의미이긴 하지만, 누군가의 보고에 따르면 비트겐슈타인의 서재(이미 '서재'라고 부를 만한 곳도 아니었지만)에도 윌리엄 제임스의 『심리학의 원리』 한 권만 달랑 꽂혀 있었다고 한다. 필시

---

* 베르나르 앙리 레비, 『사르트르 평전』, 변광배 옮김, 을유문화사, 2009, 450쪽.

부주의한 관찰―어딘가에 영국산 탐정소설 따위가 놓여 있었을 것!―이었거나 어떤 의도에 얹힌 과장이었겠지만, 어쨌든 철학을 일종의 행위(Tätigkeit) 혹은 치료를 통한 해소(Auflösung)로 여겼던 입장에서는 그 나름대로 '성실한 부재'일 것이다.

학인이라면 누구라도, 어느 순간순간에, 어떤 식의, 책의 부재를, 그리고 그 부재를 통해 역설적으로 얻게 되는 어떤 개창(Erschließung)을 상상할 것이다. 책이 책에 얹힌 채로 쉼 없이 진행되는 어떤 사유의 버릇에 지쳐 있는 학인으로서 책으로부터 벗어나려는 상상을 해보지 않은 자는 없을 것이다. 다산도 유배 기간이 12년차에 들어 경전 공부에 어느 정도 성과를 얻은 뒤 도인법(導引法)에 관심을 붙이면서 그 같은 책의 부재를, 어떤 사유의 0도를 상상한다.

그 방에는 한 권의 책도 놓아두지 않는다면 더욱 도인법에 몰두하기 좋겠습니다만…… 오래된 버릇을 버리기 어려워 결국은 책과 붓을 붙잡게 되고 말 것입니다.*

물론 도인법이라는 새로운 방(房)을 얻어, 그 방 속에 책의 부재를 마련하는 것이 그 용법에 따라서는 어떤 식의 개창이 될 법도 하다. 그러나 허주(虛舟)에는 생각하지 못한 허주(虛主)가

---

* 정약용, 『유배지에서 보낸 편지』, 박석무 편역, 창작과비평사, 1999, 235쪽.

텃세를 부릴 수도 있으니, 방을 지켜오던 문자들을 단지 없애는 것만이 능사는 아니다.

그러므로 빈방이 개창의 터알이 될지, 몽상의 자가발전소가 될지는 알 수 없는 일이다. '자연은 진공을 싫어한다(nature abhors a vacuum)'는 말처럼 인간의 마음도 그 내용을 비운 채로 견디는 게 쉽지 않다. '이치가 가지런해도 사념이 침노한다(理整念猶侵)'고 하듯이 잡된 사념의 환등(幻燈)으로부터 자유로운 마음이란 거의 불가능하다. 언어를 다 없앤 채로 사유하는 게 거의 불가능하듯이 인간의 마음이란 그 마음의 내용(생각)을 비운 뒤에도 계속 남아 있는 상자와 같은 게 아니기 때문이다. 마찬가지로 학인이 자신의 생애에 걸쳐 펼쳐놓은 정신의 지평을 하얗게 비운다는 것은 쉽게 허락되는 지경(至境)이 아니다. 비움이 기능부전(機能不全)의 후유증일지 사이비들의 낭만적, 문학적 환상일지 혹은 공부와 수행의 성취일지 가늠하기조차 쉽지 않다.

4-1. 책의 성채(城砦), 그 비등(沸騰)의 골독에서 빠져나와 오늘도 나는 천변을, 계곡을, 산자락을 노량으로 걷는다. 그 책들의 부재 속에서 나는 책의 새로운 가치를 느끼며, 오직, 이로써, 내 정신의 위장 속에서 징건했던 책의 활자들이 삭고 자위돌아, 이윽고 내려앉기를 기원한다. 글자들이 삭아 없어진 산책의 자리에서 얻는 갖은 틈들 속에서도 나는 여전히 그 옛날의 가난

을, 책 한 권을 얻기 위해서 한나절을 바장였던 길고 더러운 헌 책 골목을 생생히 기억한다. 더할 나위 없이 강하던 물질의 추억을.

5. 주체와 자아(가령 부르주아 휴머니즘의 소비 주체)는 '부재'의 소식에서 분명한 차이를 보인다. 주체가 부재의 방식에 의해 자기 자신을 생성시킨다면 자아(ego)는 워낙 부재에 대한 불안감으로 퇴각하는 형식이다. 이렇게 보자면, 유명한 '무소유'라는 관념 혹은 실천은 자아의 불안을 넘어 주체의 형식을 구하는 가장 전형적인 길 중 하나일 것이다. 대강 대별하자면 주체와 자아의 차이는 윤리적 생성과 도덕적 규제의 차이에 형식적으로 들어맞는다. 주체는 세속 속에서 혹은 그 바깥을 향해 초월적으로, 일매지게 방향을 잡은 지향성으로 인해 외려 내용을 없앤 형식이 된다. 형식과 내용은 서로를 규제하고 보완하지만 이 둘을 대하는 인간의 시선은 결코 고르지 않은 물매를 보인다. 예를 들어 좌/우나 비판/순응의 구별도 바로 이와 같은 시선의 차이로부터 벌어진다. 에고는 주로 세속의 상식적 내용에 먹힌다. 내용이 번란할수록 에고는 번란스럽고 변덕스레 운신할 수밖에 없다. 그 알량한 생각과 변덕 탓에 오직 형식을 통해서만 가능한 (변혁을 위한) 정치적 실험에 나서지 못한 채 갖은 내용 사이에서 소심하고 이기적으로 바장일 뿐이다.

'정치'란 결국 이데올로기적 일관성, 즉 특정한 사회적 목적을 위한 동일시 속에서 실존적 잉여를 생략하는 기계적 집심(執心)에 의지하며, 이로써 형식적으로 흐르는 게 아니던가?* 라캉의 말처럼 '자아가 없는 주체(un sujet qui n'a plus d'ego)'는 분석가를 위한 매뉴얼만이 아니다. 공부하거나 수행하는 자의 일반적 가치는 에고의 제어나 부재를 향한 절차탁마(切磋琢磨)의 길에서 대체로 일치하기 때문이다. 물론 에고의 부재는 비현실적인 주문이다. 사상사에서 의식중심주의를 쉽게 타매하고 윤리적 실천의 장에서는 에고를 동네북처럼 취급하지만, 인간의 에고와 그 의식은 그 자체로 기막힐 정도로 놀라운 진화사의 정화(精華)라는 사실을 전제해야만 한다. 그러므로 에고의 부재는, 마치 그림자처럼, '부재의 에고'를 되불러올 뿐이다.

6. 타자를 위한 존재(l'un-pour-l'autre)는 이론가들이 무슨 말을 하든 이미 그른 기획이다. 기획이 있다면, 그것은 그 같은 용어를 구사함으로써 얻는 수행적 차원의 움직임이 있었을 뿐이다. (우리는 자주 '이론적으로' 감동한다!) '타자를 위한 존재'는 '네 이웃을 네 몸과 같이 사랑하라'는 종교적 언명처럼 윤리적 주체성의 극점을 드러낸다. 이 극점은 가히 모순인데, 순수

---

* 지젝은 역시 그답게 '…한다면 어쩌겠는가?'라는, 그의 트레이드마크가 된 반어법으로—그리고 이데올로기론의 전문가답게!—이 전형적 이치를 뒤집는다. 그의 역설을 참조할 만하다. "이데올로기는 거짓 탈동일시의 공간, 주체의 사회적 실존 좌표들과의 거짓 거리두기를 구성함으로써만 실질적으로 작동한다면 어쩌겠는가?" 슬라보예 지젝, 『잃어버린 대의를 옹호하며』, 박정수 옮김, 그린비, 2009, 307쪽.

한 주체는 오직 잡된 에고의 에너지에 의지함으로써만 기동할 수 있기 때문이다. 그러므로 현실 속의 완벽한 선(善)은 언제나 비극적이거나 최소한 쓸쓸한 노릇이다. 여러 차례 언질한 대로 이런 식의 주체 기획은 현실에 대한 반어적 표현이며 이로써 이상(理想)을 돋을새김하는 것이다. 안중근이나 예수 등의 생애가 증명하고 있는바 에고를 벗어나면 벗어날수록 그는 딜레마에 봉착한다. 그리고 그 딜레마는 비극적 파국의 방식으로만 에고 없는 주체 혹은 타자를 위한 존재라는 환상으로부터 해방되는 것이다.

'인간만이 절망'이라는 말은 단지 에고의 에고중심적 작패(作悖)만을 가리키는 게 아니다. 그것은 인간의 호의와 선의조차 구조적, 관계적으로 처하게 될 모순으로 뻗어 있다. 우리가 무수하고 끔찍하게 절감하는 눈앞의 사건들에 대한 탄식—아아, 안 되는 것은 안 되는 것이다!—은 우리가 설계한 이론들의 불모를 집약한다. '에고 없는 주체'라거나 '보편적 이웃 사랑'이란 죄다 "당신을 미워하는 자를 사랑하라…… 그러나 당신은 당신이 미워하는 자들을 사랑할 수 없는 것이다"(Tolstoy 2008, 394)라는 너무나 뻔한 덫에서부터 붕괴하는 기획이다. '보편적 이웃 사랑의 주체'와 같은 에고의 0도는 그 자체로 자가당착의 관념처럼 보인다. 에고는 늘 흥미롭지만 슬픈 궤적을 그린다. 가령 에고가 0도에 이르는 과정이, 바로 그 과정을 통해 생성시키려는 주체의 에너지를 잠식하는 과정과 겹친다면 어떻겠는가? 완전히 다른 맥락에서 지적한 것이긴 하지만 에고가 자신의 미래를 떠벌릴 수 없는 운명인 것과 비슷한 형식에서, 그 에고는 역시 그 자신을 투명한 주체로 변형시킬 수 없는 운명이라면?

6-1. 레비나스 등으로부터 우리는 그렇게 배웠다. '남에 대해 있음'이 '그저 있음'으로부터 우리를 구원한다고. 그래서 죽음으로 향한 존재(Seins-zum-Tode)는 타자를 위한 존재(l'un-pour-l'autre)로 바뀌고, 이로써 죽음의 무의미성과 비극성은 극복된다는 따위의 말들을 어제인 듯 배웠다. 그러나 설득될 수 있는 이들이 바로 그들의 사고능력(ratio)의 비율(ratio)로 자신들의 에고와 그 습기(習氣)를 키운 탓에 결코 변화할 수 없는 것처럼, 배울 수 있는 것들은, 욀 수 있는 개념들은, 이미 충분히 타락한 것이다. 그것은 이미 배울 수 있는 세속의 것들 속에서 나왔다는 바로 이 이유 탓에, 결코 자기 자신을 갱신하려고 하지 않는 세속의 구조에 들어맞는 기성의 지식이라는 사실 탓에 꼭 그만큼 적절히 타락했기 때문이다.

7. 내가 말해온 '알면서 모른 체하기'의 요체는 밸런스, 중용 혹은 정신과 육체 사이의, 이를테면 일종의 우정에 관한 것이다. 어쨌든 완벽한 에고(1)도 없으며 이 에고를 완벽히 대체할 수 있는 역시 완벽한 타자(3)도 없다. 귀신이나 외계인들이 오염되어 있듯이 인간들의 어설픈 입술로 언급하는 소문 속의

3들도 오염되어 있긴 마찬가지다. 에고도 해안을 들고나는 조수처럼 자기 아닌 것들에 의해 쉼 없이 침식되거나 퇴적된다. 신을 '존재하지 않는 실재'로 정의한 라캉이 시사하듯이 타자 역시 자아의 수행성(performativity)에 의해 굴절되는 외상의 주인공이다. 그럼에도 불구하고 에고는 땅으로 떨어지는 사과처럼 1로 기울도록 운명지어져 있다. 이는 에고가 자신의 생존 가치를 높이기 위해 긴 세월의 진화를 통해 터득한 물매다. 물론 마치 "성장이 과성장이 되고 삶이 늘 과(過)하게 되는"(Sacks 1985, 93) 것처럼 자아의 1은 언제 어디서든 결코 1의 캡슐 속으로 졸아들 수는 없다. 실존주의 철학자들의 지론대로 인간의 실존은 '자아+α'라는 자기 초월적 지향을 계관인 양 혹은 족쇄인 양 벗어버릴 수 없는 것이다. 이웃하며 살아가는 자아들이 1이라는 절대적 동일성을 내남없이 범람하고 초월하면서, 서로 간섭하고 회절당하는 중에 같은 세계를 공유하는 2들의 사회를 이루는 일은 당연하다.

그러나 자아(1)는 '나는 삶이 끝나는 날까지 나 자신에 사로잡혀 살고 싶지 않다'(사르트르)고 하더라도 생각과 일치하는 완전한 자유 속에 머물 수는 없는 법, 자아는 어디엔가에 기대고 누구엔가에 전이(轉移)된다. 전술한 인간 실존의 자기 초월성이 2들이 공유한 세계 속의 문화와 제도 속에서 승화된 방식으로 안정화된다면 그는 합리적 시민의 대열에 합류한다. 그러나 그 초월성이 '3'(극히 다양한 그 분기와 계보는 일단 생략한다)의 영역 속으로 나아가면서, 합리적 시민사회의 변두리와 그 우수리 혹은 그 과거와 미래를 이루는 갖은 현상이 제 모습을 드러낸다. 3의 영역은 언제나 기묘하고 어리석은 세상이거나, 창발적이면서도 무시무시한 세상이다. 3에 근접하는 에고는 개창의 기회에 진입하는 희귀한 수확을 얻기도 하지만 대체로 위험하다. 3이 3다운 기골과 정체를 지니고 있다면 3을 만나는 1의 운명은 그야말로 죽기 아니면 다시 태어나기다. 이 글이 3으로 나아가는 1의 방식과 그 배치를 각별히 중요시하는 이유가 여기에 있다. '알면서 모른 체하기'란 바로 이 방식과 그 배치를 말한다.

8. 공동체는 워낙 '문제'가 아니었고, 그저 소박한 필요성에 응해서 생기고 변화할 뿐이다. 인간이 더불어 살아가는 존재라는 사실에 큰 이론이나 근거는 없다. 더불어 살아감으로써 인간됨의 특성이 생겨나고 거꾸로 그 속성들이 공속(共屬)과 연대를 강화, 정교화하긴 하지만, 그것은 문명적 진화의 기본 조건 중 하나였을 뿐이다. 헤겔의 인륜성(Sittlichkeit)이든 키르케고르의 단독성(Alleinigkeit)이든, 유교의 충신효자든 불교의 운수납자(雲水衲子)든 남들과 함께, 남을 향해서, 그리고 남에 대한 기대와 책임의 영향 아래에서 살 수밖에 없는 존재가 인간이다. 전 인류를 사랑하기 위해서도, 자살을 하기 위해서도 필요한 조건이 곧 타인들과의 인정과 책임 관계다. 그리고 그 알짬은, 블랑

쇼의 말처럼 "(인간 존재의) 특성은 개체의 특수성을 깨뜨리는 데에, 개체가 타인에게로 노출되는 데에, 즉 본질적으로 타인을 위해 존재해야 하는 데에 있기 때문"*이라는 것이다.

그러나 이웃과 더불어 살아간다는 사실과 타인을 위해 존재해야 한다는 당위 사이에 놓인 심연은 깊다. 한편 이 심오한 심연을 분석하는 심오한 이론들이 어쩌면 바로 이 심연의 심오함을 가리는 게 아닐까. 이러한 가림의 형식은 이를테면 차이와 혁명과 유목과 사건 등등에 대한 정미(精微)한 담론들 속에서도 고스란히 확인된다. 심리 과잉이나 음식 과잉에서부터 관공서-토목건설업의 공사 과잉에 이르기까지 과잉은 결핍 못지않은 병증이지만, '지식인'과 문화인들이 메뚜기 떼처럼 아무 곳에서나 기식하고 있는 현대의 정보교양사회에서는 담론 과잉의 생산과 유통을 직업처럼 혹은 업보처럼 계속하고 있다. 어쩌면 이제 우리도 "이론을 만들지 말고 일합시다. 그게 우리의 삶을 참을 만하게 해주는 유일한 방식이니까"**라거나, "그러나 (이젠) 우리의 정원을 가꾸어야 한다(mais it faut cultiver notre jardin)" (Voltaire 1968, 118)고 자백해야 하지 않을까?

나는 전부터 '인문학적 논의에서 중요한 한 갈래는 반드시 아마추어적이어야 한다'는 취지의 발언을 계속해왔다. 아마추어

---

* 모리스 블랑쇼·장-뤽 낭시, 『밝힐 수 없는 공동체/마주한 공동체』, 박준상 옮김, 문학과지성사, 2005, 43쪽.
** Voltaire, *Candide*, Hatier: Paris, 1968, p. 117.

라고 함은 반미학적이라는 의미도 함축하고 있는데, 아마추어리즘이 도덕과 대의를 살피며 미학적 감성의 도착(倒錯)이나 극단화를 경계하려는 계명(啓明)한 에고이즘의 일종인 반면, 미학적 감성은 본성상 악마와 천사를 구분하지 않는 나르시시즘의 일종이기 때문이다. 그러나 여기서의 아마추어리즘이란 이론을 생활의 구체적인 계기들에 내려앉히려는 일련의 태도와 관심을 말할 뿐이다. 물론 이론이 정치하고 더러 과람(過濫)해지는 일은 어쩔 수 없고 또 반드시 부정적이지도 않다. 그러나 이것도 임상(臨床) 혹은 이론의 적용처가 분명할 경우에 해당되는 말이다. 인문학은 이 점에서는 매우 역설적인 위치에 놓인다. 인문학이 말 그대로 '사람의 무늬' 일체에 대한 관심을 보이는 한에서 인문학의 임상은 사람의 삶과 그 세속 전체인 듯하지만, 이 전체 상에 대한 관심은 그 자체로 매우 현혹적이다. 그리고 이 현혹은 인문학의 첨단을 이루는 교묘한 이국적 담론들이 고스란히 답습한다. 그러므로 내가 말하는 인문학의 아마추어리즘은 이론들을 배우면서 바로 그 이론들과 맞싸우는 태도를 가리킨다. 이론이 정탐을 돌고 첨병에 나서며 가설을 세우고 때론 강한 추론에 빠지기도 하는 일은 어쩔 수 없지만, 다만 말의 탑을 쌓아가지 않도록 주의해야 하며, 늘 삶의 편에 서는 이론을 얻도록 애써야 한다. 이른바 '지원행방(知圓行方)의 아마추어리즘'이란 그런 것이다.

포이어바흐의 예리한 철학적 반전(反轉)의 다른 쪽 끝단에 파스칼의 영감 어린 고백이 있는 것처럼, 블랑쇼나 레비나스가 펼친 타자론(La philosophie de l'Autre)의 먼 배경에는 키르케고르가 있다. 진부하고 보수적인 논제에 대해 참신하고 뜻깊은 논의를 펼쳐내는 그의 천재성은 여기서도 고스란히 빛을 발한다. 그는 '사랑'에 대해 다시 논하는 중에 이렇게 말한다.

> 이웃―이는 '네 이웃을 네 몸과 같이 사랑하라'는 언설 속의 바로 그 이웃이다―은 자기애에 대해 가능한 한 가장 적대적인 범주다.[*]

이웃을 사랑하라는 윤리적 언명이 전제하고 있는 부분이 어찌할 수 없는 자기애라는 사실, 인간은 자기애에 구성적으로 (constitutionally) 묶여 있다는 사실, 그리고 진정한 타자적 도약을 통해서만 은총으로서의 도약이 가능하다는 사실 등에 대한 그의 사색은, 이른바 '타자의 철학'의 다양한 현대적 변용을 원천적으로 선구하면서도 예리하게 갈라선다. 이웃과 더불어 살아간다는 사실을 철학적으로 주제화하기 위해서는 이웃으로 찾아온 신(神)의 신화가 필요했을 것이다. 타인을 위해 존재해야 한다는 당위는 이 신화의 윤리적 결말이다.

9. '동무'라는 낯선 타자성의 연대 속에서 살아갈 수 있는 길

---

[*] Soren Kierkegaard, "Works of Love," *A Kierkegaard Anthology*, (ed)., Robert Bretall, Princeton, New Jersey : Princeton U. Press, 1972, p. 287.

을 내는 것'이 내 묵은 주장이었다. 그리고 이것은 '무능의 급진성을 통해서만 안개처럼 드러나는 부사적 관계의 길을 뚫어내는 것'이라는 더 묘한 주장과 이어져 있었다. 물론 '동무'는 애초 없는 길을 새롭게 밝히려는 기획이었다. 그래서 이를 일러 '현실 체계와의 창의적 불화'라고 이름했던 것이다. 사람들이 어울리고 연대하는 방식은 생존, 사랑, 놀이, 권력 혹은 구원 등등의 삶의 주요한 관심 영역에 따라서 달라진다. 대체로 사람들만이 생존 이외의 목적과 지평을 향해 어울리고 연대한다는 사실은 '인간성과 연대(humanity and solidarity)'라는 인문사회과학적 주제의 깊이를 되새기게 한다. 혹은 가족, 사회, 국가, 그리고 국가연맹 등등처럼 그 관계망의 크기에 따라 바뀌기도 한다. 혹은 이기심, 호의, 적대감, 공포, 신뢰, 그리고 희망 등등의 심리적 계기를 좇아 움직이기도 한다. '타자성-무능-부사'로 이루어진 동무라는 세속의 징검다리를 구상할 때 내가 맞상대하려고 했던 관계들은 주로 애인, 친구, 동지 따위였는데, 물론 이들도 전술한 여러 관계망과 이미 얽히고 얽혀 있는 상태다. 담론의 기원을 살피는 일은 늘 현혹적이지만, 내가 3권의 연작으로 제시하려 했던 '동무 담론'은 '예수 공동체'의 구성과 성격, 그리고 그 운명으로부터 나름대로 지속적인 영감을 얻긴 했다. 그러나 이 영감은 순수하지 않고, 사후적으로 재구성되며 복합적으로 되먹임된 상태로 오락가락했다.

동무 담론은 내 주변에서도 제대로 이해받지 않는 듯했다. 종교인들이라면 몰라도 인문학 공동체를 표방하는 이들의 운동과 실천에서 몰이해는, 그것도 핵심적 이데올로기를 이루는 개념들에 대한 몰이해는 심각한 문제일 수 있다. 몇몇 학자가 이미 지적한 대로 종교적 실천은 대체로 경전이나 전통에 대한 정확한 이해에 터하지 않는다. 나 역시, 먼저 성서나 불경을 독실히 공부하고 그 뜻을 이해한 덕으로 기독교인이나 불자가 된 사람을 알지 못한다. 일찍이 스피노자가 지적한 것처럼 종교는 외려 '경건(pietas)'과 관련된 문제이기 때문이다. 예를 들어 "사람들은 이것저것을 믿음으로써 예수의 제자가 된 게 아니라 그의 사람됨에 쏠리고 그를 사랑함으로써 제자가 된 것이다."* 예수가 이룩한 많은 성취는 무엇보다 "인간성의 무한한 매력"(Renan 2014, 50) 때문이며, 당시의 사회적 정황 속에서 제대로 된 대접을 받지 못했던 "여자들은 예수를 열성적으로 받아들였"(Renan 2014, 47)던 것이다. 그러나 누구도 (신이라는) 예수를 흉내 낼 도리는 없고, 동무는 어떤 해석을 받건 인문학 담론이며 실천이기 때문이다.

가족과 애인과 친구라는 거대한 항성(恒星) 사이에서 동무라는 작은 행성(行星)의 궤적을 그려나가는 일은 혼란스럽고 위태로웠으며 더러 한심스럽기도 했다. 마찬가지로 '지원행방의 아마추어리즘'을 인문학 공동체의 구체적인 맥락과 관계 속에 내

---

* Ernest Renan, *The Life of Jesus*, Lexington, KY, 2014, p. 137.

려앉히려 했지만 늘 쉽지 않았다. 동무는 생존도 사랑도 놀이도 권력도 구원도 아니었고, 가족도 사회도 국가도 아니었으며, 애인도 친구도 동지도 아니었으니, 우선 그 현실적 위상을 이해시키고 개인의 생활양식과 연계시키는 게 중요했지만, 아, 없는 길을 만드는 일은 청사진과 설명으로 가능한 게 아니었다. 산기슭에 자드락길 하나를 얻는 데에도 수십 수백 년이 걸릴 테니까 말이다. 구성과 해명과 구체화에 지쳐가면서 나는 종종 비극적 파국에 매료되기도 했다. 역사적으로든 현실 정치에 있어서든 비전은 높고 현실적 수완은 낮은 일부 엘리트들이 험한 세파를 바라보는 태도는 인문학적으로 각색되기 좋은데, 허균이나 노무현의 성급함 혹은 소크라테스나 예수의 비극은 이 점에서 등대가 될 만했다. 가령 소크라테스나 예수처럼 살긴 어렵지만 그처럼 죽을 수는 있지 않을까 하는 상상이, 아무래도 임상성이 부족할 수밖에 없는 인문학 담론의 마당에서는 대단히 매력적인 환상이 된다.

희생된다고 죄다 희생양이 되는 게 아니다. 십자가에서 죽는다고 죄다 예수가 아닌 것처럼 말이다. (2011년 5월 경북 문경지역의 한 폐채석장에서 자기 자신을 십자가에 못 박아 죽은 자살 사건이 있었다.) 어떤 이상(理想)은 바로 그 이상으로부터 내몰리고 추락하는 방식을 통해 자신의 알리바이를 구한다. 바울의 해석을 통해 재표지(再標識)한 예수의 삶과 죽음이 꼭 그렇다. 그가 외치고 희구한 '하나님의 나라'는 영영 무소식이었지만, 그의 무고한 희생과 그 후일담에서 기원한 새로운 공동체의 가능성은 전 세계를 휩쓸었다. "희생물이나 희생양이 있어야만 다시 결합될 수 있는 집단"*인 것이다.

이상은 그 이상의 주장과 기대대로 성취되지 않는다. 고스란히 성취되었다면 그것은 이미 타협과 절충의 산물이며, 거기에는 희생도 불필요하다. 그 모든 이상은 어떤 형식의 실패를 통해서 에둘러 자신의 길을 밟아나가게 된다. 잘 알려져 있듯이 르네 지라르가 정의한 희생양은 '사회적 관계가 없는 존재'다. "제의적 희생물과 그 사회 사이에는 어떤 유형의 사회적 관계가 결여되어 있다."(지라르 1997. 16) 그러므로 희생양적 존재는 사회적 동화나 절충으로부터 배제된 채 파국적인 결말을 맞음으로써 희생양 효과를 극대화한다. 예를 들어 예수의 희생은 그 죽음(십자가)에 동원력의 알짬을 배치함으로써 '하나님의 나라'에 대한 구체적인 전략 전술을 무색하게 만들었다. 논란의 소지가 있는 평가이겠지만, 노무현의 비극적, 희생양적 죽음은 역설적이게도 그에 대한 대중적 관심이 김대중이라는 걸출한 정치인의 퇴장을 물리적으로, 심지어 역사적으로도 재촉하게 만든 결과를 낳았다.

입신과 출세의 전부가 사회적 관계망 속의 통속적 카르텔에 의해 이루어지는 사회에서, 그 카르텔의 바깥에서 운신하게 된

---

* 르네 지라르, 『희생양』, 김진식 옮김, 민음사, 1998. 184쪽.

이들의 운명은 당연히 그리 밝지 못하다. 그중에서도 특히 관심이 가는 운명의 갈래는 적극적이든 수동적이든 '폭력'과 연루되는 경우다. 사회적 카르텔 바깥에서 배돌게 되는 방외자들 중 일부는 당연히 분한에 내몰린다.* 물론 대개의 경우 이 분한은 신문이나 논문에 날 정도의 주목을 끌진 못한 채 사소하고 지질하게 표출되고 만다. 질투와 시기는 묵은 인류의 정서이고 분노조절장애(anger control disorder)가 사회적 이슈가 되는 만큼 이 문제는 내남없이 걸려들기 쉬운 심리의 덫이다.

그 카르텔의 바깥에서 운신하게 된 이들의 운명이라는 구별을 조금 넉넉히 이해하자면, 가령 이런 식의 예화도 도움이 되겠다. 지난날 내가 부족한 깜냥과 요령으로나마 꽤 이름을 내고 활발하게 '사회적'으로 활동하고 있을 때에, 강연이나 글로써 혹은 아카데미아의 언저리에 기식하는 사석에서, 내 글 혹은 내 활동 일체를 비판, 비난하는 이들이 몇몇** 있었다. 당연한 '이

---

* 여기에선 '일부'로 제한했지만, 우리 사회만 하더라도 이 출세의 사회적 관계망이나 특정한 카르텔로부터 소외된 데 따르는 분한의 감정은 상당히 넓게 퍼져 있는 것처럼 보인다. 예를 들어 교육 제도나 현장의 기법이 사회적 관계망의 피라미드를 등정(登頂)하는 데 사뭇 기형적으로 집중되고 있는 여러 현상도 결국 이 분한의 감정과 관련 있는 것 같다. 물론 근년 들어 특히 사회적 이슈가 되고 있는 '묻지마 범죄'의 유형은, 비록 해당 가해자의 특수한 신세나 정황이 감안되어야겠지만, 이러한 감정의 좀더 즉발적인 표현으로 볼 수 있겠다. 덤으로 언질하자면 나는 이 분한의 감정이 한국적 근대화 혹은 자본주의화가 여러 곡절과 중층적인 매개를 거치면서 마침내 개인들의 심리에 울혈처럼 남겨놓은 부하(負荷)라고 판단한다. 우리가 몸담고 있는 사회가 이런 꼴인 이상 아무튼 일종의 대중요법에 지나지 않더라도 이 부하를 덜 수 있는 지속적이며 조직적인 제도와 문화가 시급하다.
** 내가 우연히 알게 된 경우라야 서넛뿐인데, 그중 한 사람은 강연이나 출판 등의 학술 활동이 많은 편인데도 교수직을 얻지 못했고, 나머지 몇은 내 성장지에 소재한 대학교수들로 정규 대학 강의를 빼면 외부 강연이나 출판활동이 매우 적은 편이었다.

름값'이라고 쳐도 거기에는 꽤 흥미로운 구석이 있었다. 내가 개인의 면면을 고려해서 그 내막을 자세히 밝힐 수 없는 이 사례가 흥미로운 이유는 그들의 비판, 비난이 이상스레 집요했다는 점뿐만이 아니다. 사람은 자신의 피해를 과장되게 극화하려는 경향에 쉽게 노출되기 때문에 늘 자신이 관련되는 피해를 적실하게 바라보긴 어렵지만, 나는 이런저런 경험을 통해 이들이 일종의 '분한'에 지펴 있다는 짐작을 하게 되었다. 더구나 그들은 나와 동업(同業)에 속한 이들인 만큼 이 정서는 당연히 내 학술적 업적(業績)이나 성과와 관련되어 있으리라는 추정이 가능했다. 물론 이것은 '동냥치가 동냥치 꺼린다'는 식의 일반적인 경쟁자 심리에 그치는 게 아니다. 말하자면 '어떤 동냥치가 제 몫 이상을 취한다'는 고발의 형식이 얹혀 있는 것이다. 쉽게 말하자면 그들은 내가 내 학술적 능력이나 성취에 비해 과도한 명성을 누린다고 느꼈을 법하다. 돌이켜보면 이들의 이런 '느낌'은 대체로 옳았다고 생각된다. 내가 자각하고 변화해서 그 부푼 이름으로부터 빠져나올 수는 없었겠더라도 말이다. 아무튼 당시의 내 학술활동 중 일부는 내가 20여 년간 실무적으로 관심을 가져왔던 인문학 공동체의 구성과 실천뿐 아니라 신문과 잡지 혹은 대중 강연 등속의 대중매체적 요구와 결부되어 있었다는 점은 분명하고, 이로써 좀더 견실하고 속 깊은 공부의 에너지를 모으기 어려웠다는 것도 사실이다. 그러나 문제는 그들의 이 '느낌'으로 끝나는 게 아니었다. 그들이 내가 내 몫 이상의 누림

집중과 영혼

을 즐긴다고 느꼈고 이 느낌이 그들이 보이는 분한과 관련된다면, 이는 필시 그들의 '사회적' 위치나 학술적 성취, 그리고 이에 대한 보상의 문제로 뻗어갈 법한 문제다. 그들이 내가 내 몫 이상의 것을 얻어가고 있다고 여겼기 때문에 단지 학문적 비판이 아니라 개인적 비난까지 서슴지 않았다면, 필시 그들이 날린 화살의 다른 쪽에는 '내 실력이나 성취에 비해 내 몫은 적다'라는 그들 나름의 개인적 불만이 쌓여 있었을 성싶다. 특히 그중 가장 열정적으로 나를 비난한 이는 '나는 그가 어떤 생각을 하는지 무엇을 쓰는지 알고 싶지도 않다'는 투의 말을 내뱉곤 했는데, 이는 정신분석적 미끼를 덥석 물어버린 것과 같은 증상적 발언이다.

좀더 흥미로운 사례이자 전술한 대로 폭력과 연루된 경우의 한 가지를 아렌트의 설명을 통해 비교적 소상히 살필 수 있다.

그리고 우리는 주요한 공론 영역이 사회인 곳에서는 언제나 왜곡된 형식의 '공동 행위'—연줄이나 압력 그리고 파벌들의 속임수—를 통해 아무것도 모르고 아무것도 할 수 없는 자들이 전면에 나설 위험이 있다는 것을 안다. 가장 창조적인 근대의 예술가, 사상가, 학자, 그리고 장인들 몇몇에게 매우 특징적인 폭력에 대한 강렬한 갈망은 사회로부터 자신들의 힘을 빼앗긴 자들의 당연한 반응이다.(아렌트 1996, 266)

지젝이 벤야민을 통해 끌어대고 있는 이른바 '신적 폭력(gottliche Gewalt)'의 경우는 엘리트로부터 대중으로 그 주체가 바뀌긴 하지만 적극적인 폭력의 행사라는 점에서 같은 계보를 이루고 있다.

구조화된 사회적 공간의 바깥에 있는 자들이 '맹목적으로' 폭력을 휘두르면서 즉각적인 정의/복수를 요구하고 실행에 옮기는 것, 바로 이것이 신적 폭력이다. 십수 년 전 브라질의 리우데자네이루에서 일어난 사태를 상기해보자. 빈민가의 군중이 도심의 부유층 거리로 가서 슈퍼마켓을 마구 약탈하고 방화하기 시작했다. 이런 것이 바로 신적 폭력이다. 그들은 인간의 죄를 신의 이름으로 벌주기 위해 성경에 나오는 메뚜기 떼 같았다.*

아렌트의 표현처럼 사회적 공동 행위로부터 소외된 엘리트들이 이론과 상상 속에서 부려보는 폭력이든 혹은 지젝의 말처럼 구조화된 사회적 공간으로부터 배제된 군중의 집단적·현실적 폭력이든, 그 폭력은 사뭇 적극적이다. 그리고 신의 음성(la voix de dieu)으로 가림막을 치든 말든 이들이 바로 그 폭력의 주체다. '사회적 관계망을 제대로 얻지 못한 사람들'과 관련해서 또 하나의 흥미로운 현상은 물론 '희생양'이다. 그러나 이들은 폭

---

* 슬라보예 지젝, 『폭력이란 무엇인가: 폭력에 대한 6가지 성찰』, 이현우 외 옮김, 난장이, 2011, 277~278쪽.

집중과 영혼

력의 주체가 아니라 폭력의 대상으로 떨어진다. 희생양 의식(儀式)의 의식(意識)은 기본적으로 자기 안의 죄와 오염을 투사(投射)를 통해 안이하게 청산하는 고대의 방식이다. 이것이 안이한 이유는 외재화(externalization)의 기제이기 때문이다.

정치적으로 제도화된 이런 희생의 제의에서 희생양은 전체 시민에 대해 환유적이라기보다는 비유적인 관계를 유지한다. 즉 희생양은 시민이라는 집단적 삶의 일부를 의미하는 것이 아니라 그것에 대한 '대체물'*로 기능하는 것이다. 이 외상적 두려움에 노출된 자기 자신의 속성을 들여다보고 반성하는 대신 아테네 시민들은 그것을 경계의 외부로 추방함으로써 그 존재를 '부인'하고 자신들의 맹목성을 영구화했다.**

이 외재화의 기제는 고중세인들의 세계에서 흔히 볼 수 있다.

---

* "현대사회가 위기 상황을 대처해 민방위 등을 유지하는 것과 마찬가지로, 고대 아테네 역시 언제나 위기 시를 위한 여분의 희생양을 준비해두고 있었다. 기근이나 외국의 침략 같은 재난이 닥치면 이 여분의 희생양들이 그 불순한 상황을 마치 스펀지처럼 빨아들이기 위해 거리를 순회해야 했다. 도시의 오염물들을 더 많이 흡수할수록 더 많은 회복과 구원을 도시에 가져올 수 있었기 때문에."(이글턴 2006, 223)

** 테리 이글턴, 『성스러운 테러』, 서정은 옮김, 생각의나무, 2006, 223~224쪽. 우리 민속에서도 이와 비슷한 희생의 외재화를 찾아볼 수 있다. "그 밖에 널리 행해지는 갱생(更生)의 방법으로는, 짚으로 사람 모양을 만들어서 그 안에다 죄지은 것이나 소원하는 것의 내용을 써넣고, 새 돈을 함께 넣는 것이다. 새해의 밤에 남의 죄를 대신해서 짊어질 거지들이 와서 '제웅'(제웅)이라고 불리는 그 허수아비를 요구한다. 그것을 건네주면, 거지들은 마음의 평화를 그 속의 돈을 받고 판 셈이므로 그만큼 악(惡)을 지니게 된다."(게일 1970, 190)

흔히 데카르트에서 그 기점을 잡기도 하는 철학적-심리학적 주체의 형성이 있고 나서야 비로소 이 미신적 외재화의 기운은 서서히 꺾여간다. 아무튼 그 대표적인 사례로는 사랑('누가 사랑의 화살을 쏘았다')과 종교신앙('그가 불렀다')의 기원을 개인 주체의 심리 현상과 관련시키는 대신 바깥에 실재하는 신화적인 실체들로 외재화하는 것이다. 일부 진화심리학자들은 이런 식의 안이한 외재화가 진화론적인 이점을 지니고 있다고까지 말하는데, '인간의 모든 소중한 지식은 부인(否認)과 기피를 통해 근근이 얻어진다'*는 정신분석적 지적을 상기하자면 '외재화의 진화

---

* 인간과 세계에 관한 깊은 진상이란 종종 마치 아우슈비츠 수용소를 둘러친 전기 철조망처럼 치명성의 철망 속에 놓여 있다는 점을 대중의 시선 아래 노출시킨 것은 전통적으로 문학의 공헌이었다. 19세기 중반 이후에는 이와 관련해서 특별히 정신분석의 공헌이 지대한데, 이는 (니체의 글쓰기에 특징적인 전형이 보이듯이) 사회가 상식으로 용인하는 지식의 궤도와 코드 속에서 운신하고 있는 이들로 하여금 자기 자신의 사회적 존재가 형성된 기원과 그 중층적 결정 과정을 진지하게 되돌아보는 것을 도왔다. 원래 인간은 자기 자신을 볼 수 없도록 구성되어 있으며, 이런 식의 무지는 사회의 구성에 내재적이다. 말하자면 사회적 존재로서의 인간의 어떤 망각은 (윤리적으로는 세속적 타락의 신호이겠지만) 최소한 진화론적으로는 이점이 있는 셈이다. 더 나아가 사회적 개인만이 아니라 국가와 같은 권력 체제도 바로 그 체제의 상식적 존속을 위해 이런 식의 (집단적) 망각이 소용된다. 비근한 사례로, 부모들이 '자식의 장래를 위해서'라는 빌미 아래 자신들의 과거를 숨기다 못해 윤색하거나 아예 강력한 억압 기제의 중력 아래 진실을 썩히는 경우가 있는 것처럼 말이다. 지라르가 말하는 '초석적 폭력'과 이어지는 집단적 억압 내지 망각의 현상은 전형적이다. 이를 우리의 가까운 역사에 대입해보면 당장 제주의 4.3 사건이나 보도연맹 학살 혹은 전두환의 광주학살 등이 떠오른다. 이른바 '빨갱이 사냥'은 근대 한국의 역사에서 지속적으로 반복된 (국가) 초석적 폭력이자 그 공식적 왜곡과 망각의 수난사인 것이다. 특정한 이데올로기에 쏠린 권력 체제는 그 체제의 건설 과정에서 희생양을 요구하기 마련이다. 권력 체제를 생성시킬 때 가장 중요한 과제는 무엇보다 사회 내부적 안정화인데, 희생양의 전시(展示)는 동화와 배제를 통한 체제의 안정화에 겹으로 기여하기 때문이다. 적대 세력은 현실적인 공포에 쫓겨 내몰리고, 체제 내부의 구성원들도 잠재적인 공포에 절어 주눅이 든다. 그러므로 권력자들은 마치 건축의 기공식에서 돼지를 잡아 터주에게 바치는 것처럼 '동이불화(同而不和)'의 화신이 되어 그 이데올로기의 주변부를 징치하고 반대쪽을 멸살

론적 이점'이 그리 이상해 보이진 않는다.

이 문제를 지라르의 표현을 좇아 말하자면, '개종(改宗)'이라는 이름의 자기 성찰과 변혁을 두려워하고 기피하는 태도가 된다. 희생양 의식을 '자기 안의 죄와 오염을 투사를 통해 안이하게 청산하는 방식'이라고 했지만, 쉽게 말해 죄인인 자가 스스로 켕겨서 엉뚱한 사람을 박해하는 짓이다. 그리고 잘 알려져 있는 것처럼 그가 말하는 개종은 켕겨서 남을 박해하는 짓을 돌려세우고 스스로의 진상과 대면하는 일이다.

기독교로의 개종은 언제나 그리스도 자신이 던지고 있는 '너는 왜 날 박해하느냐?' 하는 질문이다. 그리고 우리 자신도 알지 못하는 사이에 그것을 이용하는 희생양의 모방 과정으로 이루어진 이 세상

하려 하는 법이다. 억압되고 망각되어야만 가능한 사회적 삶의 정상성이란 깊은 진실과 그 충격으로부터 소외 혹은 보호됨으로써 배급받는 체계의 선물이다. 내가 근래 들어 이런저런 여건 아래 얕지 않은 관심을 갖게 된 사례 중 하나인 9.11 테러 사건(2001, 뉴욕)의 경우는 많은 관련 전문가 및 시민단체로부터 '권력 내부자의 소행(inside job)'이라는 비판에 직면해 있고 미국 정부는 회피와 침묵 모드로 일관하고 있는데, 현재의 내 추론으로는 (외부의 테러가 아니라) 일종의 '(재)초석적 폭력'으로 보이며 역시 이어지는 억압과 망각의 정치가 작동하고 있는 것으로 짐작된다. 박유하 교수의 『제국의 위안부』(2011)가 촉발시킨 논쟁에서도 비슷한 분위기가 감지된다. 위안부에 대한 관심과 입장이 어떠하든지 죄다 이데올로기적으로 접근하게 되고, "다양한 상황을 이야기한 증언 가운데 각각 가지고 있던 대일본 제국의 이미지에 맞춰 위안부들의 '기억'을 취사선택했던 것이다". 다카하시 겐이치로, 『우리의 민주주의거든』, 조홍민 옮김, 글항아리, 2015, 188~189쪽. 관심과 태도가 이데올로기화될 경우에 이와 관련되는 지식의 일부는 반드시 억압된다. "'사죄'해야 하는 것은 제국 일본뿐만이 아니며 한국(및 북한)에도 위안부들에게 '사죄'해야 할 사람이 있다는 것이다. 그러나 그것은 잊었다. 왜일까. 식민지에서 살아가는 이들은 때로는 본국민보다도 열렬히 그 종주국에 사랑과 충성 및 협력을 맹세했다. 그것이 설령 진실이 아니었다고 하더라도 말이다. 그리고 그 사실은 잊어야 할 기억이었다."(겐이치로 2015, 189)

에 살고 있다는 사실만으로도 우리는 모두 십자가의 공범들이라 할
수 있다.*

이 논의에서 예수 혹은 소크라테스의 사례가 범례적으로 흥
미로운 것은 이들의 경우에는 희생양과 이른바 '희생양적 주체'
의 구분이 거의 불가능하기 때문이다.

세속의 현실 속에서 오해받거나 소외받는 인문학적 실천의
주체들이 때론 비극적 파국이나 폭력에 매료될 때 혹은 단지 내
몰리는 게 아니라 아예 사회적 관계망 자체를 거부하거나 비
(非)/반(反)사회적 연대의 구성에 골몰할 때에도 희생양과 이른
바 '희생양적 주체'의 구분이 거의 불가능한 예수나 소크라테스
의 경우는 대단히 계발적인 참조점이 된다. '약자의 편에 선다'
는 명제의 급진적 무능화인 '희생양의 신세를 스스로 주체화한
다'는 명제는 대체로 희생 이후에 주어지는 재해석의 산물이긴
하다. 가령 예수의 자의식에 대한 논의가 있긴 하지만, 그 자의
식의 내용과 무관하게 그가 살다 죽은 방식과 그 영향이 후대의
삶을 근본적으로 바꾼 사실은 변하지 않는다. 마찬가지로 정작
중요한 것은 '주체화' 과정이 아니라 사회적 관계를 스스로, 지
며리 지워나가는 희생양적 삶이며, 자신을 '체제와 창의적으로
불화하는 삶의 양식'에 따른 제물로써 주변을 차분하게 정화하

---

* 르네 지라르, 『나는 사탄이 번개처럼 떨어지는 것을 본다』, 김진식 옮김, 문학과지성사,
2004, 240쪽.

는 데 진력하는 삶의 양식이다.

물론 사회적 관계가 없다는 사실의 함의는 다양하다. 그리고 차이니 비판이니 혁명적 일탈이니 자본주의 이후니 하는 개념들이 과람하게 표상된 것도 사실이다. 그래서 이 무관계나 무능이라는 태도 및 지향이 체계와의 불화만을 과장할 게 아니라, 종말을 향한 낭만적인 투신으로 흡수된 수많은 유사 종교적 집단주의와 변별되려면, 무엇보다 하나의 삶의 양식으로 견실히 내려앉는 게 중요하다. 그래서 이는 체계와의 '창의적' 불화인 것이다. 비록 파국을 예감하더라도 그 파국은 기획된 게 아니다. 동무는 어떤 틈이며 무능이고, 기성의 사회적 관계를 비판적으로 메타화시키는 이미지 없는 거울이다. 동무는 자발적 비사회성이 열어내는 미래적 삶의 가능성에 대한 탐문이며, 또 그 탐문에 대한 탐문인 것은 그 가능성이 평화로운 공존과 폭력적 파국 사이에서 요동칠 때조차 앞을 향한 시선을 잃지 않고 있다면 여전히 그것이 최선의 미래이기 때문이다.

10. "우리는 모두 욕심이 없어 희어졌다"고 시인(백석, 〈膳友辭〉)은 읊는다. 독자는 문득 시야를 채우는 석양의 풍경 속으로 내몰리듯이 한껏 시적 정취에 젖어, 죄 없는 듯, 이 하아얀 무욕(無慾) 속으로 잠시 놓여난다. 심리적이며 낭만적이고 일시적일 뿐이더라도 이 같은 무욕, 0도의 체험은 소중하다. 아무나 자신의 사회적 자아(persona)를 내려놓고 잠시라도 불이(不二)의 빔

을 느낄 수 있는 것은 아니기 때문이다. 느낌도 경험도 희망조차도 자본제적 삶의 양식 속에 그 쓰임새를 새롭게 배당받는다는 점은 중요한 지적이긴 하지만, 매사 지나치게 체제론적으로 흐를 필요는 없다. 공자나 예수, 뉴턴이나 다윈, 세종이나 이순신처럼 개인의 인품과 천재와 수완이 기존 체제를 넘어서는 성취를 내고 삶의 새로운 길을 열어젖힐 수도 있기 때문이다.

그러나 단박 깨쳐 마주하는 하아얀 빔, 빅뱅을 닮은 0도의 체험은 좀체 시(詩) 바깥으로 나오지 못한다. 하아얀 조개 껍질이 물살과 햇살 속에 흔들리며 빛나고 있는 해변은 아름답지만 몇 발짝 앞은 질식의 심해이기 때문이다. '욕심이 없어 희어진 것'은 다만 시적 정서가 되어선 곤란하다. 그저 사방에서 쓰나미처럼 몰려오는 생활 자본주의에 대해 일종의 환상적 유예의 방식으로서만 잠시 빛나는 게 시적 영감이라면 시는 인문학적 실천의 알리바이에 지나지 못한다. 시적 영감이 아름답고 비타협적이고 뜨거울수록 일상의 반복이 지루하고 변명으로 가득한 것이라면 그 시는 이미 공모의 자리에 발을 들여놓은 셈이다. 문제는, 시는 바로 시 자체가 생성시키는 정념의 내용을 제대로 파악하지 못한다는 사실에 있다.

10-1. 시만 그런 게 아니다. 엄밀히 살피면 산문조차 그 같은 운명을 피할 수 없다. 실은 지식 그 자체가 자신의 내용이 이루어지게 된 정념의 내력에 무지하다는 사실에 기댄다. 무지하지

않다면 글과 말들이 그처럼 지식 교양인들의 입과 입 사이를 번 질나게 오다니지 못할 테다. 이 지식의 눈부신 왕래 속에서, 특히 인문학적 논의의 정수(精髓)를 이루는 물음인 '나는 무엇인가?'라는 앎의 형식은 바로 그 운명의 가장 값진 희생물이 된다. 그 어떤 글도 지식도 영도에서 출발하지 않는다. 우리는 기원(起源)을 구하는 게 아니다. 모든 지식의 무게를 가늠하려고 애쓸 뿐이다.

10-2. 공동체를 이루면서 영도를 속삭일 때 개인들은 어떤 내력을 감추고 있을까? 그들의 목적은 대체 어떤 목적지를 향하고 있었던 것일까? 그들의 변명은 그들의 내력과 일치했을까? 그들의 이유는 그들의 원인에 대한 알리바이가 될 수 있었을까? 촛불처럼 반짝이는 영도의 이념에 반응하는 것은 나비일까 나방일까, 독수(獨獸)일까 떼를 지어 다니는 하이에나일까, 운수(雲水)의 일종일까 열정의 사냥꾼일까? 빈곳을 노리는 상처 입은 짐승들은 절제하고 양생(養生)에 성공해서 사람이 될 수 있을까?

47. 동무공동체와
불교적 상상력

1. 공동체 혹은 틀 속의 개창(開創)

且道 放行卽是 把住卽是

(그럼, 말해보라, 멋대로 함이 좋은지 꼼짝 못하게 함이 좋은지)

(『벽암록(碧巖錄)』, 제51칙)

모든 공동체는 우리가 몸담은 세속을 의미 있게, 그러므로 '다르게' 지나/거쳐가려는 형식이다. 단순히 (웰빙 테크닉이나 조찬기도회나 혹은 호국의 장치처럼) '사회적 동화'(아렌트)의 기제나 방편과는 다르기에, 우리는 그것을 공동체라고 부르는 것이다. 의미는 자기만의 차이를 필요로 하지만 그 차이가 지나치면 의미는 외려 와해된다. 전형적인 딜레마다. 다름은 종종 의미를 생성시키지만 그 의미는 곧 굳어져 차이의 기억마저 흐릿해진다. 이런 세속 속에서 공동체를 꿈꾸고 실천하는 일은 애초 무리한 급진성이므로 '하늘이 높아도 몸을 수그리고 땅이 두터워도 조심해서 걷는다(跼高蹐厚)'는 주일근실(主一勤實)의 태도가 늘 긴요하다.

인간 세상을 쓸모 있게 만들어내는 형식〔틀〕은 다양하고, 더러 성가실 만큼 복잡하기도 하다. 루카치의 변별적 용어를 거꾸로 이용하자면, 그 형식들은 대체로 영혼 혹은 삶의 진정성을 보살피며 광증(匡證)하려는 노력과 실험들로 점철되어 있다. 그리고 그 같은 변증법적 변화와 개선의 고비고비에는 우리 인생이 희망하는 지선지고의 표현과 실천들이 공부 길의 표지처럼 빛나고 있다. '그러나 고귀한 것은 다 힘들고 또 그만큼 드문 것(Sed omnia praeclara tam difficilia, quam rara sunt)'(스피노자)이라는 사실을 기억한다면, 소크라테스의 죽음이나 링컨의 암살같이 혹은 최익현(崔益鉉, 1833~1906)이나 황현(黃玹, 1855~1910)의 자살(noble death)같이, 반드시 루카치적 비극에 의해서만 시속의 제도와 개인의 영혼이 화해한다고 중얼거리는 페시미즘이 진실일 수만은 없다. 특히나 세속에 놓인 종교나 수행 공동체는 죄다 '지는 싸움'에 외려 익숙하고 '무능의 급진성'을 환대하지만, 도토리 키재기라도 하듯 촌선(寸善)을 온축하며 낱낱의 일상과 그 생활양식을 통해 개량〔淑世〕하려는 공동체적 노력은 여전히 쓸모 있는 것이다.

그러므로 공동체의 가능성은 영혼을 향한 이데올로기적, 사변적 지향 이전에 여러 형식과 제도에 대한 믿음에 실질적으로 기댄다. 다시 말해서, 그 구성원들의 일상적인 삶을 규제하고 보전하는 얼거리(framework)들의 생산성과 이에 대한 공동의 믿음이 없다면, 영혼이든 그 무슨 이데올로기적 실체든 이윽고 물러터진 홍시꼴을 면하기 어렵다. 간단히 말하자면 얼거리 없이는 마음의 줏대(얼)도 없는 것이다. 이 얼거리와 제도적 틀 일반은 부박경조(浮薄輕躁)한 우리 시대 자유주의적 소비자 개인들의 생각과 이유와 변덕을 죽여서 이들을 동무와 도반으로 조형하는 태반이 된다. 내 오랜 지론 중 하나인데, '공부'라고 이름할 수 있는 활동에서 가장 멀리 있는 것들을 꼽자면, 말할 것도 없이 그것은 '(자기) 생각'이요, 생각 중의 알갱이인 '이유'이며, 또 생각 중의 껍데기인 '변덕'이기 때문이다.

일찍이 베버는 그의 종교사회학 논술에서, 구원 종교(Heilsreligion)의 현실적 가능성이 워낙 '의례적(儀禮的)' 전제 조건과 관련되어 있다고 지적한 바 있다. 아는 대로, 공동체 속에서 규정되어 집단적으로 집행되는 의례적 실천(ritualistic practices)은 인간의 삶을 양식적으로 표현하는 행위의 원형으로서 특히 종교 공동체의 실험과 활동을 통해 여실히 드러난다. 종교든 수행이든 혹은 인문학 공부든, 대체로 (신이나 영혼이나 성숙이나 자유 등과 같이) '보이지 않는 것'에 대해 말해야 하는 실천은 그 노력의 보상으로 눈에 보이는 의례적 제도나 형상(imagery)에 집착하는 경향을 보인다. '집착'이라고 했지만, 인간됨의 이치에서 보자면 당연한 수순이다. 마치 '몸이 아프면 마음을 살피고, 마음이 아프면 몸을 돌본다'는 격언처럼, 무릇 천 리 길을 꾀하는 자는 한 걸음부터 시작하고 눈에 보이지 않는 것을 꿈꾸는 자는 눈에 보이는 근물(近物)을 통할 수밖에 없다. 여기서도 앞서 말한 '딜레마'가 짚인다. '집착'이 되면 눈에 보이는 틀은 눈에 보이지 않는 영혼이나 이념을 참칭하는 대체물로 타락한다. 대신 틀과 제도, 전통과 의례를 소홀히 하면 내면의 길은 신기루처럼 사라져버린다.

그러므로 공동체에 관한 한 이 같은 논의의 취의만을 추리자면, '태초에 형식(틀)이 있었다!'고 과장할 만도 하다. 새로운 틀이 없으면 새로운 진보나 개창(開創, Erschließung)이 없다는 사실은 갖은 역사적 사건들이 증명해주는 바와 같다. 이는 개인과 단체의 경우에 공히 적용된다. 특히 불교의 역사적 전통과 사실(史實)은 이 같은 형식적 실천이 이룩한 성취의 쾌거를 누누이 보여준다. 비록 불교, 특히 선불교의 전통은 일신교와 달리 갖은 반(反)이데올로기적 자기부정과 아이러니로 그득하지만, 불교를 인류의 정신문화사 속에 우뚝 세운 그 도도한 성취는 오히려 지계(持戒), 즉 틀거리를 향한 이데올로기적 일관성에 터한다. 부처의 육성 대신에 남겨진 가장 분명한 깨달음과 수행의 얼거리는 이러한 역사적 성취들을 생산한 가장 확실한 태반이다.

그러나 틀은 충분조건이 아니다. 같은 선생의 틀이라고 해서 늘 학생을 붕어빵처럼 찍어낼 수 있는 게 아니다. (내 개인의 경험에서 말하자면) 같은 제빵기를 쓰더라도 그 밖에 빵의 상태와 맛을 결정하는 요인은 여럿이다. 게다가 틀로 인해 가능해진 긍정적인 요개(搖改)를 다시 일상에 내려앉히고, 그 새로운 일상에 알맞은 주체를 재구성하는 것은 차라리 더 중요한 이후의 과제일 것이다. 틀은 제아무리 중요해도 매개의 역할을 넘어서진 못한다. (물론 인생은 매개의 연속이며, 사람은 매개의 산물이고, 그 스스로 매개가 된다.) 우리가 만나는 세속의 모든 틀은 '상대적'이며, 그 틀에 스스로 응하는 사람의 노력과 상황에 따라 그 효용은 쉼 없이 재구성된다. 공동체라는 어울림의 격식은 바로 이 같은 비일상적 틀거리를 일상적 매개로 삼아 진행되는 주체 생성의 연습에 다름 아니다. 반복하는데, 새로운 틀은 새로운 주체의 생성을 위한 필요 필수 조건이다. 그러나 틀만으로 충분하지 않다. 연산군의 금표(禁標)에서부터 5공화국이 급조해서 실시한 '삼청교육'이라는 희비극에 이르기까지, 혁명이나 쿠데타를 통해 신속하고 과감하게 도입된 새로운 제도는 인간의 영혼은커녕 생활정서(Lebensstimmung)에 내려앉지 못한다. 이 경우의 틀과 제도는 슬로건이 난무하는 동원(動員)의 국면에 얹혀 있을 뿐이다. 그리고 그 틀이 약속했던 다른 삶의 약속은 곧 잊힌다. 그사이 이 동원의 주체와 정치 엘리트들은 자신들의 노력과 성취에 대한 세속적 보상을 당대의 체계로부터 뽑아내려고 희떱게 구는 것이다.

한 나라의 제도도 권력자의 사적 도구로 전락하곤 하지만, 공동체의 틀과 제도 역시 개인들의 욕망과 취향에 의해 굴절되기도 한다. 그러므로 틀은 꼴에 대해서 (임시적이나마) 절대적 권위를 지녀야만 한다. 개인의 꼴이 공동체의 틀을 벗어날 수 있는 유일하게 정당한 경우는 그의 영혼이 틀의 '크기를 넘어설(outgrowing)' 때뿐이다. 공동체를 찾는 자들이 숨기고 있는 상처는 오히려 '어울려 살기'를 어렵게 만들고, 그 상처에 대한 보상 심리는 공동체가 요구하는 연대와 베풂의 제도를 사지소혜(私智小慧)의 심리 속으로 전유하기도 한다. 네크로필리아(necrophilia)나 '애크로토필리아(acrotomophilia)'의 경우처럼 어떤 인간들은 갱신과 복원보다 상실과 상처와 죽음에 탐닉한다. 준칙(maxim)을 사적으로 전유하는 데서부터 악(惡)의 출발을 본 칸트처럼, 주어진 공적 틀을 사적으로 오용하는 데서부터 제도와 틀에 대한 오해와 비난이 시작된다.

공동체의 현실은 삶의 형식들과 개인의 영혼이 소외되는 자리에서 새로운 꿈을 꾸는 중에 발원한다. 이 형식과 영혼의 일치는 공동체의 희망이자 이데올로기다. (물론 서둘러 말하자면, 희망은, 무엇보다 당신의 '생각'과는 무관하며 오히려 힘들여 배워야 할 타자적 지평의 것이다.) 하지만 만약 삶의 형식과 영혼의 일치가 일회성의 급진적, 비극적 사건 속에서 부사적으로 번득일 뿐이라면, 필요한 것은 공동체가 아니라 오히려 특출한 개인들이다. 그러나 공동체는 독선기신(獨善其身)으로 좁아들 수 없으니, 지계(持戒)와 순명(順命)의 틀거리 속에서도 필경 인간들의 세속이기에 필요한 현명한 '정치'를 생략할 수 없다.

공동체의 틀이 지닌 '꼼짝 못하게 함'의 생산성은 '(자기) 생각', 그 생각 중의 알갱이인 '이유', 그리고 그 생각 중의 껍데기인 '변덕'을 제어하는 중에 생긴다. 개인들로 하여금 제 선입견과 버릇대로 할 수 없는 영역을 설정하고 장치를 얹어 이른바 상상적 동일시의 작패(作悖)를 넘어서도록 돕는다. 그리고 어렵사리 운신할 수 있는 좁은 영역에서 노동과 수행과 어울림을 통해서야 비로소 가능한 어떤 개창(開創)을 약속한다. 이 '어'울림을 통해 도시의 지성인들은 '어'리눅음을 배운다. 물론 이 어리눅음은 세속을 향한 지속적인 '어'긋냄의 실천으로 이어질 것이다.

2. 공동체, 호감과 호의가 아닌

至道無難 唯嫌揀擇 但莫憎愛 洞然明白
(최고의 도는 어렵지 않지만 분별해서 고르는 일을 싫어할 뿐이다. 미워하고 싫어하지 않으면 곧 확연명백해질 것이다.)
(승찬(僧璨), 『신심명(信心銘)』)

틀과 그릇 속에 몸을 맡겨버려져야 하는 것은 그 모든 공부 길의 요체다. 무릇 자신을 변화시키려는 자라면 얼마간 스스로를 야무지게 묶는 것은 어쩔 수 없다. 답답하나마 그릇이 아니라면 물을 담을 수 없고, 그 물이 자정 과정을 거쳐 정정(淨淨)

하지 못하면 달이 뜨지 않는 법이다. 그러므로 문제는 시속(時俗)과 제 생각을 닮은 '꼴'로 살아갈 것인지, 아니면 모든 사람의 사유와 실천을 바꿀 수 있는 '본'을 얻어낼 것인지 하는 선택에 있다. 자신의 생각과 이유와 변덕과 냉소와 허영을 죽이고 이 선택에 조응하는 좁은 '틀' 속에서 살아갈 의지와 실천력이 있는지 하는 데에 공동체적 삶의 알속과 요령이 있다. 공동체가 세속과 번버듬하게 어긋나(내)면서 생산적 불화의 장(場, champ)을 이루어내려는 것은 당연하다. 불화의 예기(銳氣)를 잃으면 곧 공동체의 영혼이 소실되는 것이요, 생산성을 유지하지 못하면 근기(根氣)를 잃고 필경 흐물흐물해지고 말 것이기 때문이다. 세속의 체계와 스스로 불화하는 삶을 꾸리려는 것은 시대에 유의미한 생산성을 기약하려고 하기 때문이다. 공부하고 수행하는 공동체란 (아감벤의 구분처럼) 세속에 우연히, 그러나 '유효(Geltung)'하게 포함되어 있긴 하지만 바로 그 세속에 '의미(Bedeutung)'의 터를 두는 것은 아니다. 내가 오랫동안 '산책'이라는 개념을 '체계와의 창의적 불화'로 정의하고, 이것을 동무공동체의 동력으로 해명해온 이유가 여기에 있다. 공동체는 세속적 체계와의 창의적인 불화의 또 다른 이름일 따름이다. 또한 '불화'가 필경 싸움의 일종이라고 해도, 내가 이 불화의 자리를 '분한'으로부터 구제하려는 취지는 바로 이 창의성에 있다. 불화의 생명은 오히려 창의성이다. 혁명이라고 해도, 천지개벽이나 최후의 심판이라고 해도 그곳의 모습이 분노와 차별의 잔치라면 이미 자가당착에 빠진다.

스스로 틀 속의 좁은 길을 마다않고 정진하면서 안팎으로 줄탁(啐啄)해서 도토리 모자만큼이라도 나은 삶을 살고 한 구덩이에 빠져 있는 이웃에게 솔개 그늘만 한 희망이라도 안겨주려는 이들에게 세속은 (지눌의 말처럼) '넘어지게 하는 땅이면서 또한 짚고 일어서게 하는 땅(因地以倒因地以起)'과 같은 것이다. 과연 세속이란 무엇인가? 아메리카 인디언들을 거의 전멸케 한 유럽 백인들의 전염병처럼 혹은 이미 신뢰를 잃은 연인들 사이를 휘젓고 다니는 질투의 정념처럼, 창의적 불화의 전선(戰線)에 일출(溢出)해 있는 일상의 바이러스는 무엇인가? 특별히 '어긋내고 어울려서 어리눅게' 살아가려는 공동체 성원들에게 있어 세속이란 무엇이며, 그 세속의 어떤 부면과 특성이 도드라져 주목되어야 하는가? 중생(衆生)이 아직 깨닫지 못한 이들의 관계역(關係域)이듯이 세속도 그렇기는 마찬가지다. 물론 그 세속은 단연 자본주의적 세속이다. 이 세속을 특징짓는 방식이 여럿이긴 하되, 이 글의 취지와 관련해 볼 때 그것은 무엇보다 '어리석은 호감과 호의(好意)의 천국'으로 표상된다. 그러므로 만약 사람의 진실이 '좋아요/싫어요'의 풍경 너머에 조용히 가라앉아 있다면, 참 큰일이 아닐 수 없다.

호감이나 호의와 같은 친밀성으로 대표되는 사적 정념의 범람을 특히 자본주의적 세속과 연루시켜야 하는 이유도 분명하고, 그래서 이 연루관계를 오늘을 살아가는 공동체의 환경으로

여겨야 하는 이유도 대체로 분명하다. 여기서 길게 거론할 일
은 아니지만, 도시자본제적 체계가 세속을 모짝 지배하기 이전
의 가족은, 애정이니 친밀성이니 하는 사적 정념의 텃밭이 아니
었다. 생식(生殖)이라는 기본적 전제 외에, 혼인과 가족적 결속
은 가문(家門)을 이벤트적으로 확인하거나 그 위세가 교환되는
광의의 정치적 절차였고, 서민과 하층민에게는 주로 노동력의
확산 및 재배치를 위한 광의의 경제적 과정이었기 때문이다. 요
점만을 스치듯이 정리하자면, 알다시피, 자본제적 도시의 삶은
갖은 제도와 전통—혼인이나 가족관계를 집단적으로 규제하는
제도적 전통을 포함해서—그리고 이를 뒷받침하던 전래의 종
교와 형이상학이 해체되고 파편화된 모든 것이 시장으로 내몰
려 들어가는 와류(渦流)를 형성한다. 요컨대 미래적 시장이 과
거적 전통을 대신하는 것이다. ('대신'하는 게 힘들면 전국에 널려
있는 한옥마을처럼 그 전통을 시장에 맞게 사이비화하면 된다.) 이
해체적, 파편적, 개인주의적, 물신주의적 세속이 전방위적으로
체감되면서, 이 위기에 부르주아적으로(그러니까 전체 상을 까맣
게 잊은 채 '단편적'으로) 대처하려는 태도와 방식이 변화된 가족
주의의 배경을 이룬다. 들뢰즈-가타리 식으로 표현하자면, 자본
주의는 오이디푸스 체계(Oedipus system)와 공모함으로써 전통
적 가족의 집단성을 배각하고 여기에 주로 사적 의미를 부여하
는데, 이로써 가족 내부의 욕망을 변질시킨다. 조금 더 평이하
게 덧붙이면, 기든스나 울리히 벡 등의 지적처럼, 전통적인 문

화와 관계가 자본제적 시장에 의해 축출됨에 따라 오히려 연인이나 가족 같은 가까운 관계가 갖는 매력은 일종의 방어 기제처럼 강박적으로 증대한다는 것이다. 이런 식으로, 자본주의적 시장 논리에 내밀린 개인들은 다시 친밀성에, 사적 정념에, 애정에 혹은 (하다못해) 실재감을 흐벅지게 담은 (내) 아이의 살에 매달리게 된다. 그래서 사랑은 종교 없는 시대의 신종 종교가 되고, (할리우드 영화가 검질기게 재생산하는 것처럼) 내 가족은 신성(神聖)이 없는 시대의 새로운 신성이 되는 것이다.

오늘날의 동무공동체가 호감이나 호의를 대하는 방식은 바로 이와 같은 '친밀성의 구조 변동'을 적극적으로 참고해야 한다. 친밀성이 생성되고 운용되는 구조와 제도의 변화에도 주목해야겠지만, 이 같은 친밀성의 동학(動學)이 공동체의 실천에 대해 갖는 한계를 매섭게 인지하는 것이야말로 이 논의의 출발이다. 내가 진작 '동무론' 3부작에서 평설한 세속이란, 무엇보다 개인의 호감과 호의가 타인으로 향하는 신뢰의 문턱에 이르지 못한 채 우스꽝스럽게, 때론 그로테스크하게 자빠지면서 내비치는 화색(禍色)과 같은 것이다. 스피노자가 밝게 설명해놓은 것처럼, 개인의 정념 속에 묶여서는 타인들의 실제에 이르지 못한다. 애증(愛憎)이라는 혼동이 극명하게 예증하듯이, 사적 정념과 객관적 실재 사이를 자의적으로 오다니는 생각과 변덕과 허영이야말로 '어울림'이라는 공동체적 활동에 서식하는 세속적 어리석음의 가장 흔한 면모다. 세속은 무엇보다 호감과 호의의 어리석음이 펼쳐내는 인간적인, 너무나 인간적인 풍경일 뿐 아니라, 바로 그 어리석은 호감과 호의 앞에 돌이킬 수 없이 (더) 어리석고 무력해지는 관계의 구조를 가리킨다. 그 모든 의도가 의도대로 외출할 수 없는 것처럼, 호감과 호의의 불모(不毛)가 만들어내는 어리석은 관계들의 사막을 일러 세속이라고 한다.

이 같은 세속은 전술했던 대로, 혼인과 가족이 뒷받침하는 친밀성 및 애정의 유사 종교적 행태들에 의해 쉼 없이 되먹임되고 확장된다. 그러므로 어울림의 긍경(肯綮)을 알고 실천하는 공동체적 지혜에 이르기 위해서는 우선 자본주의적 가족 체계의 명암과 허실에 정통할 필요가 있다. 이세간적(離世間的), 초월적 은둔이 아니라면, 공동체의 기초는 가족(이라는 세속)과 함께 가족을 넘어가려는 새로운 삶의 지향이겠기 때문이다. 베버의 유명한 지적('근대성의 종교적 기원')처럼, 구원예언(Erlösungsprophetie)이나 해탈의 깨달음이 예를 들어 원시 불교나 원시 기독교의 동무공동체와 같이 종교적 성격의 공동체를 결성하게 될 경우, 위협적인 반대 세력이 되거나 최소한 버성기게 될 관계는 다름 아닌 애정과 친밀성의 공동체(가족, 애인, 그리고 친구라는 세속의 삼총사!)일 것이다. 석가나 예수처럼 널리 숭앙받는 성인들조차 그랬거니와, 무릇 새로운 깨달음과 어울림의 길을 추구하려는 이들에게 혈족의 관계는 (정신분석학에서 가장 중요한 욕망으로 여기고 있는) '진리를 보지 않으려는 혹은 자신의 병을 치유받지 않으려는 욕망'의 굴레이자 타성에 다름 아니었던 것이다. 냉정히 말해서 가족이란 아무 성역(聖域)이 아닐뿐더러 실은 세속 중의 세속이다. 그러나 고장난 혼인 제도를 혁파하는 게 어렵듯이 현실적으로 가족 제도 자체를 발본적으로 혁파하는 것도 쉽지 않다면, 최소한 가족주의적 태도와 정념을 문제시할 수 있으며, 또 새로운 공동체적 실천을 위해서는 반드시 문제시해야만 한다. 무릇 모든 공동체는 당대의 체계를 구성하고 있는 가족주의적 논리와의 현명하고 생산적인 불화 속에서 자신의 존재 이유(raison d'etre)와 존재 방식(Seinsweise)을 창출해내기 때문이다. 공동체의 지속적이며 지속 가능한 상상이 가족, 가족주의적 태도, 그리고 호의와 호감 같은 가족주의적 정념 너머에서 발원해야 하는 이유는 바로 여기에 있다. 공동체의 구성 원리를 호감이나 호의와 같은 공통 정념이나 친밀성에 두는 한, 그 공동체의 관계는 다시 오이디푸스 체계로 환원되고, 필경은 새로운 가족주의의 복원으로 결말을 맺게 될 것이다.

호감과 호의 혹은 그 같은 친밀성의 정념에 공동체의 토대를 둘 수 없다면 남는 것은 신뢰다. 흥미롭게도 신뢰는 집중이라는 형식과 닮았는데, 둘 사이에 정도의 차이는 있겠지만 둘 다 심리적 내용을 사상(捨象)하는 정신의 지향이라는 점에서는 비슷하다. 혈연(血緣)에 따라 선택의 방향을 바꾸거나, 좋아하고 미워하면서 편을 가르거나, 동문과 동향이라는 이유로 행로를 정하거나, 사적 분노에 따라 정책이나 제도가 만들어진다면 그 공동체는 이념이나 희망의 내용과 무관하게 곧 친밀성의 덫에 의해 다시 세속의 밀림 속으로 붙들려가고야 말 것이다. 예를 들자면 부처와 가섭, 공자와 안연, 그리고 예수와 요한 사이의 관계를 공감(共感)이 아니라 신뢰의 관계로 본다. 신뢰의 관계를 '심리적 내용을 사상하는 정신의 지향'이라고 애매하게 정의했지만, 이 같은 심리적 정념의 사상이야말로 각자의 사적 에고를 누르고 보편적 이념으로 모이게 하는 정신의 광장을 만들어낸다. 따라서 내 판단에는 이들이 말하는 자비와 사랑과 인(仁)조차 내용이 빈약하며, 아니 마땅히 빈약해야만 한다. 이처럼 신뢰나 윤리는 늘 진퇴양난의 기로에 놓일 수밖에 없는데, 그 내용이 풍부하면 사적 연줄에 묶이게 마련이지만 내용성을 줄이면 혹간 공허해지는 자충수에 빠지기 때문이다.

세속의 집단적 논리에 전염된 그 모든 공간과 관계 속을 살아가면서 우리는 자연히 신뢰를 아쉬워하게 된다. 어쩌면 신뢰의 결핍을 느끼는 경험 자체가 새로운 삶의 양식을 향한 전기(轉機)가 될 법도 하다. 신용이 아니라 신뢰 말이다. 대개의 자본주의적 '마지막 인간(der letzte Mensch)'들은 이 결핍의 실체를 오인한다. 그들은 인간과 인간 사이의 관계가 모양 없이 부석거리면, 그저 사랑이 모자라거나 관심과 배려가 모자라거나 선의와 호의가 모자란 탓으로 여기곤 한다. 아마 가장 전형적인 혼란이 연인들 사이의 삐걱댐을 호의(好意)의 강화로써 무마하려는 매너리즘일 것이다. 이런 뜻에서 신뢰는 호의나 호감처럼 이기심에 응해 자연스레 몸에 얹히는 정념이 아니라 어렵사리 배워야 한다. 비유해서 설명하자면, 이론의 결핍에 대한 대중적 편견을 들 수 있겠다. 이 편견의 알짬은 '좋은(나은) 삶을 위한 노력에서 굳이 이론이 필요한 것은 아니'라는 태도다. 이웃과 사이좋게 지내는 데 무슨 이론? 음식을 잘 먹고 건강하게 지내는 데 무슨 이론? 슬금하고 현명한 사람이 되는 데 무슨 이론? 좋은 시민과 좋은 아내와 좋은 아들이 되는 데 무슨 이론? 천당과 극락을 가는 데 무슨 이론? 은밀한 이기심에 젖줄을 대고 있는 호의와 호감만으로써 관계를 부지할 수 있다고 믿는 것처럼, 상식과 적절한 이기심의 발동만으로 나은 삶을 이끌 수 있다고 믿는 것이다. 그러나 신뢰는 그런 것이 아니다.

이 신뢰를 가장 아쉬워하게 되는 방식은 매양 의도와 결의가 자기 생각의 문턱을 넘어서지 못하고 자빠지기 때문이다. 호감과 호의가 상상적 동화(imaginary assimilation)에 매몰된 채 타인/타자에 이르지 못하는 어리석은 꼴들 속에서 허우적거리기 때문이다. 영원히 '착한' 듯하지만 단 한 달을 무심하게 '믿을' 수 있는 자가 없기 때문이다. 몹시 유감스러운 일이지만, 흔히 선량한 이들일수록 호의와 신뢰를 자주 혼동한다. 역시 가장 손쉬운 사례로는 성적 욕망을 사랑이라는 문화적 승화 속에 안착시키는 과정에서 흔히 드러나는 부작용(들)을 살펴보면 족할 것이다. 그들은 '좋아하는데 왜 이래?'라고들 항변하지만, 좋아하는 것만으로 결코 믿는 데 이르지는 못하며, 마찬가지로 돕는 데 이르지 못하는 것이 곧 세속의 실체다. '좋아함'은 이기심에 관한 한 가장 기초적, 일반적 형식의 정념이므로 이 이기심을 유지하거나 강화시키기 위해서 좋아하는 타인을 속이게 되는 일은 외려 자연스럽다. (그러므로 정직은 '배움'의 효과이며, 일부 학자에 의하면 인간 종의 정념은 '속임'과 이를 간파하거나 위장하는 상호작용에 의해 구성되었다고 한다.) '도움'도 인간의 자기 보존을 위한 이기심과 곧장 연동하지 않는다. 좋아함으로 잠시 돕는 일이 적지 않지만, 이 일도 필경 자기 보존의 배경에서 크게 벗어나지 못한다. 대개 인간이 이웃을 돕게 되는 것은 결코 단순하지 않은 상호작용의 매개를 통해 근근이 이루어진다. 게다가 '무조건적 사랑과 보시'처럼 보이는 행위는 기념비적인 예외가 아니라면 대개 외부인들이 짐작조차 할 수 없는 숨은 쾌락에 물꼬를 대고 있다.

공동체가 새로운 연대(어울림)와 새로운 관계, 그리고 새로운 주체를 지향하는 검질긴 공부의 장소라면, 우선 가족으로, 가족주의적 형식으로, 그리고 오이디푸스적 호감과 공감의 고향으로 되돌아가려는 타성과 퇴행을 제어할 수 있어야 한다. 그리고 사적 정념을 넘어선 신뢰의 문화를, 혹은 '무심한 경지에서도 모든 일을 할 수 있는 태도'를 일구어내는 데 승부를 걸어야 한다. 이런 뜻에서 공동체는 실로 세속의 주추를 옮기려는 대결의 마당인 셈이다. 나는 '동무론' 3부작에서 '약속의 윤리학' 등의 실천적 개념에 의지해 세속을 재생산하는 애증(愛憎)의 정념을 넘어서려고 했거니와, 불교에서 강조하는 지계(持戒) 일반의 무게야말로 대등한 가치를 지닌 장치가 아닐 수 없다. 마찬가지로 '내 존재의 무게로 바로 선다'(크리스테바/베유)고 했을 때 그 무게의 현실적인 장치는 오직 지계일 뿐이다. 자유롭고 자연스러운 여건을 조성하기만 하면 아이들의 소양이 만개하리라는 식의 루소적 유산은 교육학이 아니다. 당연히 억압적인 여건 속에서 바람직한 교육학적 목표가 달성될 수는 없다. 그러나 특히 인생의 초기에 필요한 훈육(訓育) 과정은 아이들의 자발성보다 어른들의 세세한 지도와 배려에 힘입는다. 내가 보기에 인문학적으로 의미 있는 자유는 교육의 여건으로 주어지는 게 아니라 교육과 공부의 목표로서 힘겹게 성취되는 것이다. 교육적 지계는 이를테면 약속의 실천과 닮았다. 약속의 묶음(束)은 묶음 그 자체에 의미가 있는 게 아니라 그 실천이 낳게 될 인간관계의 진경(進境)을 바라며 이루어진다. 가령 약속이라는 일상적 실천의 토양이 생산하는 열매 중 하나가 '신뢰'인데, 이는 세속이라는 어긋남과 변덕의 사막에서 이른바 '하야얀 의욕'을 생성시킬 수 있게 하는 기초적 동력이 된다. 자유가 찬양되고 개성이 권유되며 변덕조차 시중을 받는 시대이긴 하지만, 끔찍하게 어려운 변신(變身)의 인문학을 위해서라면 오직 비평적 어울림 속의 지계가 있을 뿐이다. 지계의 실천을 통해서야 근근이 비워낼 에고의 빈자리에 달이 뜨고, 꽃이 피며, 반조(返照)하고 회향(迴向)하는 지혜와 힘이 생겨날 것이다.

공부와 어울림을 통해 깨닫고 닦으려는 공동체의 미덕은 세속의 가족이나 시장처럼 친밀성과 공명(共鳴)의 정념에 기초하지 않는다. 호감과 호의를 산처럼 쌓아놓아도, 그 산과 신뢰 사이에는 치명적 심연이 도도할 뿐이다. 세속의 중생은 호의와 호감의 천국 속에서 나날이 사적 규칙을 만들어가지만, 인간의 가능성과 삶의 진경은 제 생각, 제 관심, 제 변덕, 제 호의가 아니라 생활양식의 새로운 틀거리 속에서 현명한 어울림과 응함(和應之智)을 가능케 하는 약속과 지계, 그리고 현복지(현명한 복종과 지배*)를 통해 밀밀면면(密密綿綿)하게 드러날 것이다.

3. 응하기로서의 공동체

물계자는 누가 무엇을 묻든지 묻는 그 말에 따라 예사로 대답을 해주었다.
(김정설, 『화랑외사(花郎外史)』)

보살행처럼 겸선천하(兼善天下)를 위한/향한 어울림의 공동체는 그 자체로 어떤 틀을 겪어내면서 얻는 개창의 결과이자 선물이다. 이는 상술한 대로 지계나 약속 등의 제도적 생산성 혹

---

* 김영민, 5장('현명한 복종, 현명한 지배') 『동무론: 인문연대의 미래형식』, 한겨레출판, 2008.

은 전통이나 문화 등의 환경적 조건에 의지하는 바가 크다. 이 것은, 거꾸로, 이 공동체의 알짬이 호감이나 호의 같은 공감의 정념에 있지 않고, 어울릴 때마다 오히려 낯설게 체감하는 너와 나 사이의 타자적 심연에 있다는 사실을 깨닫게 만든다. 참으로 '사람의 일이란 관념과 달리 단박에 이루어지는 게 없다(理雖頓 悟事非頓除)'. 그러므로 일시적으로, 적적하게, 묶어야 한다. 이 묶임은 공동체라는 비평의 숲에서 햇빛처럼 혹은 바람처럼 이 루어지는 삶의 전방위적 비평에 의해서 벼려진다.

이 벼려짐은 촌선(寸善)의 희망에 기댄다. 오래전에 강준만 교수가 말한바 '도토리 키재기'의 노력이다. 타인들과 기꺼이 어울리고 버성기며 그 과정에서 (심지어 나처럼) '인간만이 절 망'이라는 속울음을 자주 삼키는 자리에 떠밀려본 이라면, 더불 어 살아가는 일에 관한 한 심오한 이론이나 변설보다 촌선의 실 천이 갖는 공동체적 가치에 주목할 수밖에 없다. 특히 불교적 수행에서 가져온 지계(持戒)의 모델과 그 가치가 인문학적 공동 체와 연결될 수 있는 대목이 여기다. 실로 삶의 실제를 바꾸는 촌선의 생성은 개인의 호의와 그 호의를 휩싸고 있는 심리적 태 반이 아니라는 점에 늘 주의해야 한다. 그것은 무엇보다 타자들 의 비평에 쉼 없이 노출된 대화적 여건 속에서 견결하게 응하며 이어가는 지계(약속)에 달려 있기 때문이다. 프레더릭 제임슨이 나 지젝 등이 혁명의 다음 날을 말하는 중에 '욕망을 욕망하는 법을 다시 배우기'라는 라캉적 형식을 통해 권고하듯이, 지계와 응하기를 통한 일상의 재구성이 뒤따르지 못하는 깨달음과 교설은 결국 반편의 진실에 불과할 것이다. 가령 대오선적(待悟禪的) 몰록깨침이 공동체를 통한 어울림의 비평을 생략하고 일상의 작은 실천과 응대에 착실하지 못한 채 전파된다면 마땅히 의심을 사야 할 것이다. 비견하자면 하이데거적 의미의 고대함(das Erwarten)은 호의적 기대와 유사한 심리주의적 마중물이다. 그러나 마중물이 반드시 마중할 수 있는 것은 아니다. 호의나 선의에 관한 한 차라리 자아를 비운 채로 기다림 없이 기다리는 것(das Warten)이 삶의 실제에 더 어울린다.

대개의 호의와 선의는 에고를 숨겼다가 다시 꺼내놓는 짓으로 회귀한다. 응하기란 이 엉큼한 회귀를 가능케 하는 이중성을 구조적으로 막으려는 태도다. '존재의 비평'이 결국 영도의 비평에 근접하려는 수행이라면, 이는 자신의 에고를 겹으로 중층화해놓은 특권적 자리로부터 자신의 최종적인 변명과 이유를 손쉽게 끌어대려는 시도를 원천적으로 저지하려는 방식이다. 자기 존재의 (가능한) 전모를 동무들에게, 상시적인 비평에게, 활발한 응하기에 노출시킴으로써만 가능한 탈심리주의적, 연극적 실천이다. 그 성격과 지향이 어떠하든, 모든 공동체는 매기매시(每機每時) 계속되는 어울림의 노동과 지혜를 생략할 수 없으며, 그 시종(始終)은 오직 갖은 형태의 응하기에 있는 것이다.

지계만 있고 응하기가 없으면 씨만 뿌린 채 꽃과 열매를 맺지 못하는 것이요, 응하기에만 재바르고 지계를 향한 근기가 없다면 겉으로 드러난 꽃은 가화(假花)이며 열매는 익지 않는다. 공동체의 일상 역시 사람살이의 연장인 한 응하기의 연쇄에 다름 아니다. 그러므로 시시각각 이어지는 대인대물(對人對物) 혹은 대신(對神)의 응하기에 실패한다면 공동체의 취지는 심각하게 훼손될 수밖에 없을 것이다. 따라서 깨침[悟]과 닦기[修]를 별개로 나눌 수 없다. 깨침도 닦기와 함께 닦기를 넘어서는 중에 드러나고, 닦기도 쉼 없이 이어지는 깨침들에 연동하면서 반복의 노역을 넘어서는 것이다. 그리고 이 모든 과정의 실질은 지계와 약속에 견결하고 응하기에 유연한 겹의 실천에 달려 있다. 그러므로 로티의 주장과는 달리 '자아 창조의 요구와 인간들 사이의 연대에 대한 요구를 공약 불가능한(incommensurable) 것으로 취급'할 수 없다. 개인의 사적 권리 주장을 보호해야 하는 것은 당연하지만, 비평을 공적 실천으로만 제한시키는 것은 공동체가 아니다.

어울림이라는 공동체의 생활은 면밀하고 창의적인 응하기라는 활동에 의해서 구성된다. 이미 논급한 대로 호감과 호의라는 공감적 정념에 터한 공동체를 기피해야 하는 이유가 여기에 있다. 이를테면 분노니 명랑(Heiterkeit)이니 혹은 사랑이니 하는 것들은 생활이라는 지속 가능성이 되기에는 단속적(斷續的)이며, 날씨에 영향을 받는 노인들의 운신처럼 언제든 변덕의 위험에 노출된다. 다른 글에서 밝힌 대로 '동원(動員)'이나 전투 국면에 유용했던 에너지가 삶의 전부를 대표해서는 곤란하다. 그러나 좀더 중요한 이유는 응하기나 비평의 최종적인 목적이 '나은 삶을 위한 돕기'에 있다는 것이다. 지속 가능한 삶의 형식을 놓고 '돕기'의 실천을 살핀다면, 그 본질에서 애증(愛憎)으로 귀착하는 여러 정념이 공동체적 미덕으로 적절치 않다는 게 금방 드러난다. 좋아하고 사랑하는 것은 결코 '돕는' 것이 아니다. 물론 특정한 국면과 계기에서 사랑은 '돕기'의 형식에 머무는 게 사실이다. 그러나 계사(鷄舍)의 안전과 급식을 보장하거나 봉신(封臣)에게 작록을 내리는 게 사랑이 아니듯이, 사랑이라는 이름의 이차적 승화와 그 제도를 일러 '돕기'라고 평가하는 것은 섣부르다.

응하기의 요령은 오직 돕기에 있다. 공동체적 비평으로서의 응하기가 생물학적 반사(反射)나 동물의 생존본능적 기제와 다른 점이 여기서 분명해진다. 물론 응하기의 가장 흔한 형식은 언어적 소통이다. 인문학 공동체가 대개의 종교적 수행과 갈라지는 점이 여기다. 특히 선종 불교에서 인간의 언어적 행위에 그리 큰 수행적 가치를 두지 않는 것은 이미 유명하지만, 쉼 없는 어울림을 공부의 토양으로 삼는 인문학 공동체 일반의 경우 '소통'은 몸의 기맥이나 혈류와 같다. 불교적 수행 등이 화행(話行)을 모른 체해서 침묵의 경지에 이른다면, 인문학 공부는 외려 침묵을 모른 체해서 마치 들숨에 대한 날숨의 경우처럼 대화적 소통의 지경에 곡진하고 슬금하려는 노력이다. 제대로 된 침묵이란 말의 공백이나 결여가 아니라는 막스 피카르트의 지론과 마찬가지로, 제대로 된 대화와 소통이란 스스로 침묵을 묵새겨온 내력을 품고 있기 때문이다. 같은 장소에 있는 '타인은 곧 지옥(l'enfer c'est les autres)'(사르트르)이라기도 하지만, 제 마음속으로 선량한(하다고 '생각'하는) 이들이 입만 벌리면 오해와 상처를 물고 들어오는 곳이 다름 아닌 공동체란 사실을 잊지 말아야 한다. 그러므로 제대로 응할 수 있는 현명한 실천─응접, 냅뜰성, 환대, 대화, 복종, 근기, 고독, 모심, 치유 등등─이야말로 깨닫고 닦는 그 모든 공부가 한데 모이는 곳이 아닐 수 없다. 그 모든 무심(無心)의 선물은 오직 알뜰하고 자잘한 유심(留心)들의 온축에 따르기 때문이다.

오랫동안 궁리했고 또 공동체적 맥락을 통해 실천해본 '몸이 좋은 사람'이라는 이념은 바로 이런 식의 무심함에 이른 응하기의 주체를 가리킨다고 할 수 있다. 응하기 속에서는 주체와 객체가 전통적 인식론의 관계처럼 말끔히 분리되지 않는다. 마찬가지로 이것은 전통적인 권력지배 이론으로는 걸러낼 수 없는 관계이며, 따라서 권력위계적 고정점이 존재하지 않는다. 두 사람이 손을 잡는 그 짧은 순간의 체험만을 살펴도 내 손은 그의 손에서 자립하지 못한다. 교학(教學)으로 상장(相長)한다고 하듯이, 응하면서 슬금해지려는 것이다. 이는 내가 이해하고 실천하려는 '이우보인(以友輔仁)'의 알천이다. 그러므로 실천의 이력에 따른 '생산적 권위'는 존재하되, 갖은 응하기의 활동을 통해 상부상조하는 관계는 일방적 권력을 상정하지 않는다. 어떤 형식의 공동체든 삶과 어울림을 위한 갖은 형태의 노동은 필수적인데, 나는 '몸이 좋은 사람'의 응하기를 일러 '현복지(현명한 복종과 지배)'로 개념화하고, 이를 상호 관계의 노동 속에서 적용해온 바 있다. '현복지'의 경우에는 복종과 지배의 주체와 객체가 대상적으로 분리, 고정될 수 없다. 교학상장, 상호부조의 응하기와 더불어 몸이 좋아진 동무/도반들이 현명하게 어울리는 방식, 그 리듬과 균형감은 차츰 '자아 없는 주체'를 현시해낸다. 이 실천에 참여하는 사람과 사물들은 오직 그 실천에 개입하는 방식을 통해서만 주체화의 나눔과 누림을 잠시 공유할 뿐이다.

4. 장소(감)와 공동체

나는 그곳에서 오랫동안 살아온 사람들의 진실을 염치없이 배제하고 하나의 풍경으로만 과장하고 있었다. 어느 특정한 고장에 들어가서 그곳에 대한 겸허하고 진지한 개입을 해내지 못한다면 그런 사람은 어디에 가건 그곳이 끊임없이 만들어내는 진실로부터 소외될 수밖에 없다.(고은, 〈제주도〉)

불교를 알려고 하는 사람이라면 무엇보다 먼저 부처님의 앉은 자세부터 본받아 익혀야 한다(법정)고들 한다. '부처의 마음〔禪〕'도 아니고 말씀〔敎〕도 아닌 앉은 자세를 앞세우는 이유는 간단하지만 적절하다. 그 같은 관심과 의욕 속에서 몸을 끌어본 사람은 다 느끼겠지만, 공부나 수행은 일모도원(日暮途遠)의 한숨이 절로 나올 정도의 긴 여정이므로, 응당 '몸'이 중요하고, 따라서 그 몸을 앉힐 '자리'(장소)가 중요하다. '장소'란 한마디로 사람과 사물들이 긴 노동과 응하기의 이력과 함께 어울려 내려앉은 웅숭깊은 자리를 말한다. 이 장소(감)는 공동체의 장기적 생산성에 결정적인 가치를 갖는다. 또 이 생산성은 '각자 자신의 장소를 얻는 일(各得其所)'에 의해 견고하게 지속된다. 공동체의 실패는 한편 이 장소를 제대로 가꾸어내지 못한 잘못에 기인한다. 사람이 살지 않게 되면 가만히 두어도 집에 생기가 가시고 절로 허물어지는 경험은 흔하다. 이를테면 장소는 삶의 피부와 같아서, 바로 삶의 질과 이력을 드러내는 지표가 된다.

감히 '땅과 대화를 나눌 경지'(최창조)에 이르진 못하더라도, 자신들의 생활과 노동과 어울림과 영혼이 뿌리를 내리는 장소에 대한 최소한의 관심과 존경은 필요할 테다. 이러한 관심과 존경 없이 기능상의 이점만을 살펴 유용(流用)하려는 세태가 기승을 부리고 있다. 내가 살고 있는 이곳 밀양(密陽)의 안팎만 하더라도 강에서는 수영을 할 수가 없고, 그 물에서 나온 물고기를 먹을 수가 없다. (공간주의자들에게는 별 문제가 되지도 않을 이 현상이야말로 어쩌면 가장 분명한 시대의 불길이 아닌가?) 에드워드 렐프의 비평처럼 역사와 그 특징을 부주의하게 없애버리는 무장소화(placelessness) 현상이나 장소감의 중요성에 대한 자본주의적 무감각에 기인한 규격화된 경관 만들기는 근대화에 준하는 흔하디흔한 풍경이긴 하다. 이런 여건 속에서는 전술한 대로 인간의 생활과 노동과 어울림과 영혼이 장소에 부여한 의미(Bedeutung)는 단지 기능적 효력(Geltung)의 경쟁 시장에 묻히고 만다.

그러나 장소와 공간적 풍경을, 의미와 효력을 혹은 영성과 물화(Verdinglichung)를 매섭게 가르는 선택이야말로 특히 종교나 수행 공동체들이 첫째로 유념해야 할 여건이다. 그리고 이 문제에 관한 한 한국 불교의 장소적 자산은 전 세계에 유례가 없을 만큼 왕청뜨게 좋은 편이다. (많은 사찰이 자신의 장소를 엉뚱하게 관광과 웰빙과 힐링과 자본제적 삶의 휴식 공간으로 동원하고 있긴 하지만!) 무릇 공동체가 세속적 체계와의 창의적 불화를 동력으로 삼는다고 했을 때, 이미 그곳에서부터 공간(풍경)과 장소와의 근원적 불화는 시작되고 있는 것이다. 그런데도 외려 장소감의 박략(薄略)과 속물적 대형주의에 시달리는 개신교 건축을 닮아가듯이, 확장과 개축과 증축으로 산사의 적청(寂淸)을 어지럽히면서 자본제적 발전 논리에 편승하는 산중도량의 풍경은 참으로 안쓰럽다 못해 생게망게할 지경이다.

긴 세월을 거쳐 검증된 형식과 제도를 선용하며 동시에 인간다운 영성(靈性)을 키우고, 가치 있는 체제 외부적 생산성을 유지하는 공동체의 필수 조건 한 가지는 장소감이다. 종교와 수행의 종류와 무관하게 인간만의 고유한 의식생활의 초월성이 도달할 수 있는 영성은 특별히 장소감과 깊은 관계를 맺는다. 그런 뜻에서 모든 공동체의 기초적 움직임은 풍경에서 장소로 옮아가는 상호작용의 노동으로 이해될 필요가 있다. (조국이나 고향이나 어머니라는 게, 개인의 얼굴, 개성, 인격, 그리고 양심이라는 게, '장소 중의 장소'가 아니라면 대체 무엇이란 말인가?) 천년의 장소를 가꾸어온 한국의 많은 산중 사찰은 이미 장소감에서 왕청뜨게 높은 영성적 생산성을 품고 있지 않은가? 흔히 인용하듯이 나이 마흔에도 그 얼굴에 책임을 요구할 수 있다면 천년의 수행 터가 감당해야 할 정신의 무늬란 과연 어떠할 것인가?

장소(감)의 요점은 어떤 형식의 가없는 노동이 쌓이고 묵혀져 만들어진 삶의 총체적 무늬에 있다. 시장에서 교환되지 못한 노동, 대가 없는 이바지로 주어진 노동, 충분히 이해받거나 넉넉히 감사받지 못한 노동, 기존 교과서들에 등재되지 못한 노동, 작은 기미와 희미한 보살핌으로만 드러난 노동, 왼손이 하는 일을 오른손조차 몰랐던 노동, 그리고 어떤 미래에서 다가올 어떤 다른 사람들에 의해서만 그 가치와 의미가 수용될 노동이 지극한 무심함 속에서 가없이 쌓여갈 때, 그 무심함과 더불어 사람과 사물들(그리고 이를 둘러싼 귀신들까지!)은 깊고 아름답게 낮아지면서 어떤 얼굴, 어떤 정신 혹은 어떤 장소감을 피워올리게 될 것이다.

48. 예(yea), 예(禮), 예(藝)

1. 특정한 공동체 속이라고 해서 빈발하는 상처란 게 별스럽거나 대단하지는 않다. 세속은 편만해 있고, 그 안팎은 급속히 닮는다. 그러므로 '세속이라는 어긋남의 구조'라는 점에서 그 안팎은 일종의 짝패나 마찬가지다. 당연히 특별한 전통과 제도의 형식에 얹혀 있을 경우, 이른바 어울림의 공부나 '압력밥솥 효과'와 같은 긍정적인 상호작용의 잉여도 얻을 수 있다. 다른 한편 어쩔 수 없이 심해지는 마모(磨耗)와 갈등에 떠밀려다니면서 지질하거나 약빠르게 바뀌기도 한다. 핀드홈(Findhom) 공동체의 널리 알려진 고백처럼, "공동체는 당신이 피하고 싶어 공동체에 들어왔던 바로 그것에 집중적으로 빛을 비춘다."*

2. '당신이 피하고 싶어 공동체에 들어왔던 바로 그것', 즉 이

---

* 코린 맥러플린·고든 데이비드슨, 『새벽의 건설자들』, 황대권 옮김, 한겨레출판, 2005, 113쪽.

른바 세속(世俗)의 기호들을 약빠르게 고스란히 답습하는 것을 보게 된다. 그것도 완충지대조차 찾기 어려운 가까운 자리에서, 말이다. 스스로를 학인, 동접, 동무라고들 착각해야 하는 바로 그 자리에서 자잘한 원망과 불평들이 쉼 없이 자라 단단한 가시로 변해간다. 다른 주체와 새로운 삶의 양식을 지향하며 찾아든 상상력 풍부한 이들과 세속의 기준 및 기량의 미달로 내쫓긴 상처 많은 이들이 같은 이름으로 불리는 자리다.

'나이가 들어도 자라지 않는 비평가의 꼴을 보는 일은 슬프다'(김현)고 하듯이, 세속의 모자이크를 이루었던 자신의 '꼴'들을 공동체의 '틀'에 앞세우려는 아집과 변덕을 보는 일은 늘 슬프다. 공부라는 게 다 그렇지만 갖은 습벽으로 구성된 자신의 꼴을 선학과 타자들의 틀 속에서 다듬고 벼리는 게 승당(昇堂)의 절차인데도, 밖에서 상처받은 꼴들은 공동체에 들어와선 더욱 왜소하게 안으로 움츠러든다. 물론 개인의 사회적 페르소나를 형성해주는 골조인 꼴 그 자체를 와해시킬 수는 없다. 어떤 모양이든, 일정한 꼴의 조건 없이는 생존과 생활이 성립하지 않기 때문이다. 그러나 모든 꼴이 생존과 생활에, 더구나 어울림과 공부에 효율적이진 않다. 몸이 자라는 대로 새 옷이 필요한 것처럼 정신이 자라는 대로 새로운 꼴을 이루고, 다시 이것은 새로운 틀을 요청한다. 기분대로 틀을 벗어버리는 게 능사가 아니다. 기분 따위가 감히 넘볼 수 없는 자유는 주어진 틀의 가능성을 완벽하게 표현하는 기량의 선물일 뿐이다. 이른바 '개성'

이란 틀을 깨는 것과 아무 상관이 없다. 그것은 오히려 틀에 '완벽하게' 복종할 수 있는가 하는 문제다.

3. 그래서 틀이 중요하다. 공부의 문제라면, 우선 틀에 대한 긍정(yea)이 초심이 된다. 물론 이 긍정은 자신의 꼴에 대한 맹성에 기초한다. 틀은 애초에 늘 꼴을 위협하는 새로운 질서로 등장하곤 한다. 애초에는 맞지 않는 군화(軍靴)처럼 불편하고 낭떠러지를 걷는 듯 위험해 보이기도 한다. 심지어 맞지 않는 신발에서 죽음을 예감하거나 실감하던 수용소나 전장의 경험과 마찬가지로 어떤 틀과 꼴의 만남은 비극적인 결말로 치닫기도 한다. 모든 틀이 내 몸과 정신의 꼴에 좋은 것이 아니라는 사실은 말할 필요조차 없다. 특히 매스컴의 선전 공세에 얹혀 있는 여러 성격과 종류의 틀들—어떤 공부법, 어떤 수행법, 어떤 건강법, 어떤 치유법, 어떤 행복법, 어떤 관계론 등등—은 분별이 어려울 정도로 혼란스럽기도 하다. 이런저런 꼴들로서 살아가는 개인들이 요런조런 틀들을 만나고 겪는 경험은 실로 다양하고 때로는 역효과나 후유증을 낳기도 한다. 그러나 잊지 말아야 할 것은, 꼴을 바꿀 수 있는 유일한 장치는 틀이라는 사실이다. 모든 틀은 그 나름의 비용을 요구하므로 새로운 틀 앞에서 몸을 사리는 일은 어쩌면 인지상정이다. 그러나 내내 틀을 회피한다면 영영 그 꼴로 살다 죽는 수밖에 없다.

지능적 측면에서 2위권에 놓인 동물들(보노보, 돌고래 등)과 인간 사이의 왕청뜬 격차는 인간의 내력이나 그 진화사를 한층 더 신비롭게 채색하려는 유혹으로 내몬다. 나로서는 다윈주의에 100퍼센트 충실하더라도 여전히 인간은 이상한 동물로 여겨진다. 그 격차에 대한 설명은 여태도 만족스러울 정도로 정교하지 못하지만, 이 문제에 관한 한 인간 종이 지녀온 특출한 학습 능력은 자주 지적되곤 한다.

> 인간 정신의 비밀은, 여러 가지 특수한 작업이나 행동 패턴을 배우는 능력을 지니고 있다는 게 아니라 그냥 '배우는 능력'을 지녔다는 것, 말하자면 환경이 제공하는 그 어떤 여건에라도 적응할 수 있는 능력이 있다는 것이다.(Leakey 1977, 176)

'여건에 적응할 수 있도록 배우는 능력'이란 결국 자기 자신의 현재 모습, 그 꼴을 임의로 바꿀 수 있는 능력인 셈이다. 지능이 낮고 문화적 변수가 적은 여타의 동물들은 주로 생존을 위해 특수화(specialization)하도록 진화했고, 또 그것이 유리할 수밖에 없다. 그러나 인간의 놀라운 학습 능력은 특수화된 생존이라는 안이한 길에서 한없이 벗어나게 함으로써 인간만의 고유하고 복합적인 생활의 길로 들어서게 했다.

> 인간의 몸이 극단적인 전문화의 굴레에서 벗어난 것처럼 인간의 뇌도 그것의 유연성(flexibility) 때문에 성공할 수 있었다.(Leakey

집중과 영혼

1977, 176)

인간이란 자신의 꼴을 임의로 바꿀 수 있는 존재다. 자신의 습관이나 행태 혹은 사고방식을 아예 혹은 거의 바꿀 수 없고 또 이 무능 탓에 생존이라는 필요의 좁은 길에 묶여 있을 수밖에 없는 인간은 실질적으로 노예 혹은 짐승의 위치로 전락한 꼴이다. 나는 약 30년 전의 어느 날부터 아무 심각한 이유 없이 왼손으로 이를 닦기 시작한 후로 여태껏 그 꼴을 유지하고 있고, 15년 전부터는 당시까지 하루 세끼를 챙겨 먹던 내 식생활의 꼴을 무단히 하루 한 끼로 바꾸었다. 또 7~8년 전엔가는 단 하루의 결심이나 준비도 없이 아침에 일어나자마자 불현듯 의욕이 일어 생식(生食)만으로 7개월 정도를 무탈하게 보냈는데, 이것도 생존과는 아무 관련 없이 임의(任意)로 이루어진 결정이자 변화였다. 약 3년 전부터 나는 자동변속기어 자동차를 운전하는 관례화된 꼴을 바꿔, 제동기와 가속기의 조절을 왼발과 오른발로 이원화했고, 2년 전의 어느 날부터는 컴퓨터의 마우스를 오직 왼손만으로 사용하기로 결심한 뒤 그렇게 하고 있다. 여기에 민망하게나마 늘어놓은 일부 사례는 비록 사소한 것이긴 하지만, 스스로 내 꼴들을 임의로 변화시켜갈 수 있는 것이야말로 공부의 근본적인 형식이라는 자각의 표현이다.

내가 오랫동안 조형해온 이른바 '연극적 실천'이라는 개념 역시 인문학 공부의 실천적 지평에서 가장 중요하다고 생각되는

'에고의 처리와 꼴의 변화'와 관련된 것이다. 연극적 실천은 우선 자신이 뒤집어쓴 채로 살아가고 있는 자신의 꼴들을 객관화, 상대화하고 필요할 경우 이를 바꿀 수 있는 훈련이다. '연극적'이라는 틀을 적극적으로 수용함으로써 자신의 꼴들을 거의 본능적으로 애착하는 에고의 변덕과 허영을 제어하거나 유연화하는 것이다. 조광증(mania)과 긴장증(catatonia)의 사이 혹은 암적(癌的) 응결과 치매성 해체의 사이 혹은 엄숙(gravity)과 경조부박(levity)의 사이(Sacks 1985, 107), 냉정(sobriety)과 명정(ebriety)의 사이(Sacks 1985, 113) 혹은 천재적 집중행동과 주의력결핍 과잉행동장애(ADHD)의 사이에서 에고는 각자의 템포와 리듬에 따라, 그리고 대체로 부지불식간에 따르게 된 틀(들)에 의해 자신의 꼴들을 조형해간다. 특히 연극은 혼자서 하는 게 아니므로, 이 연극적 실천은 공동체적 상호 관계망의 역학을 선용해서 새로운 꼴(들)의 조형성을 제고하는 훈련이다.

물론 틀이 능사가 아닌 줄 안다. 인간의 성숙과 변화의 과정에서 틀의 존재는 거의 절대적이지만, 나날이 삶의 여건이 복잡하고 변태적으로 흐르는 터에 외려 더 심각한 문제는 '어떤 틀'인가 하는 좀더 현실적인 과제다. 타자(3)의 스펙트럼이 예측할 수 없는 지경으로 넓게 번져가듯이 인간의 꼴에 간여하는 틀도 그 성격과 효율성이 다종다양해서 '틀!'만을 외마디로 외칠 수 없는 실정이다. 어떤 틀은 사람을 비인간화, 노예화, 심지어 물화한다. 어떤 틀은 너무 기계적으로 닦달하는 통에 기량이 높아지긴 하지만 돌보지 못한 마음의 자리마저 그 기량의 눈높이에 저당잡히곤 한다. 어떤 틀은 아예 비과학적이고 황당하거나, 어떤 틀은 전(前)과학적이며 심정적인 토대가 강한 데다 (거의) 반증 불가능한 양식을 취하기도 한다. 어떤 틀은 소문과 광고에 얹혀 다니면서 '현대적 신화'(롤랑 바르트)를 흩뿌릴 뿐 구체적인 성과들을 내지 못한다. 그런가 하면 어떤 틀들은 초기 비용이 과하고 기성의 생활양식을 뒤흔들 정도로 충격적이긴 하지만 근기 있게 지켜나가면 자신의 성숙과 변화를 속도감 있게 실감할 수 있다.

4. 이 글을 통해 제안 내지 해명하려는 대목은, 앞서 말한 공동체 속의 공부와 그 언저리에서 빈발하는 상처를 특별히 틀의 문제와 관련시켜 보는 것이다. 틀이란 앞서의 설명처럼 결국 꼴을 버리고 담금질하는 장치다. 틀을 매개로 한 연성(鍊成)의 과정은 에고의 꼴을 꺾어 누르고 선택한 틀에 대한 신뢰(yea)가 기본이다. 돌쩌귀를 의심하면서 좋은 문짝이 될 수 없듯이, 틀을 의심하면서 그 틀의 훈육적-교육적 가능성을 충분히 얻어낼 수 없다. 그러므로 무릇 틀이란 사랑과 변덕이 아니라 복종(yea)과 집중의 대상이며, 오로지 충실하게 뚫어내는 일이 있을 뿐이다. 그리고 뚫어내기 위해서라도 틀에 대한 일차적인 태도는 마음(에고)이 없는 순복(順服)이어야 한다. 대개의 에고는 자신의 꼴을 지키는 존재론적 관성과 역시 그 꼴의 우연성에 복무

하는 심리적 자의(恣意)로 무장하고 있다. 이 경우 틀이란 틀은 모짝 거부(nay)와 변덕의 대상이 된다. 이처럼 에고의 꼴과 새로운 틀은 상극(相剋)처럼 보이게 마련이다. 인문학적 공부의 성취가 더디고 인간이 좀처럼 변신할 수 없는 이유가 여기에 있다. 이 상극이 곧 상생(相生)의 관계로 내적 전환을 이루지 못한다면 변신은 어렵다. 그렇지만 어렵사리 에고의 관성과 변덕을 이겨내고 틀을 뚫어낸 꼴은 이로써 자신의 낡은 성분을 억압하거나 포기한 대가로 예상치 못한 선물을 얻는다.

틀에 대한 복종을 지며리 뚫어낸 꼴들 중 운 좋은 일부는 '본 〔型〕'이 되어 여러 꼴의 이정표가 되기도 한다. 이처럼 '꼴-틀-본'의 관계는 서로 물고 물리면서 인간의 총체적 진화를 정식화한다. 틀 이전에도 꼴이 있고, 틀 이후에도 꼴이 있으며, 심지어 본으로 승격한 사례조차 길게 보자면 결국 꼴의 일종일 수밖에 없다. 그러나 이 각각의 꼴은 다르다. 상상적 에고의 작란에 묶여 있는 꼴이야말로 '꼴'이라는 말에 가장 어울린다. 이 꼴의 교양은 자기 생각이고 이 꼴의 윤리는 자기변명이다. 하지만 한 번이라도 정평 있는 틀을 제대로 겪어낸 꼴은 자기 생각을 이겨내고 자기변명을 억제한 관록을 드러내기 시작한다. 이 두 번째 형식의 꼴에 특징적인 '사건'은 무엇보다도 자유에 대한 다른 이해를 만나게 되는 데 있다. 틀 앞에서 냉소만을 흘리거나 혹은 틀 바깥에서 바장이는 이들이 결코 알 수 없는 것은, 인간에게 유일한 형식의 자유는 오직 틀과 함께, 틀을 통해, 그리고 틀을 넘어서면서 '부사적으로' 가능해질 뿐이라는 체험이다. 문이 열리기 위해서라도 우선 문을 닫아야 하지 않겠는가? 그러나 세속 속을 진동한동 허둥거리면서도 죽도록 이기적일 수밖에 없는 대개의 꼴은 틀 이후에 열릴 '좁은 문'의 지평에 대해선 질 둔하게 마련이다. 그러므로 이들에게 틀이란 그저 맞지 않는 군화(軍靴)이거나 뜻 없는 낭떠러지일 뿐, 가령 '진리사건의 계기'(바디우)이거나 '돌이킬 수 없는 변화의 좁은 길(長遷不反之蹊)'로 드러나지 않는다.

5. 이런 논의의 흐름을 배경으로 '꼴의 위기'를 상상해볼 수 있다. 꼴의 위기는 곧 자유의 위기이며, 전통과 제도의 역사적 유기성의 위기이며, 법고창신(法古創新)의 위기이고, 시쳇말로 믿고 우러러볼 수 있는 사회적 권위의 위기다. 당연히 꼴의 위기는 틀의 위기와 맞물려 있다. '부모가 온 효자라야 자식이 반 효자'라는 격언이 말해주듯이, 선대의 생활과 언행이 생산적 권위이자 권위 있는 틀이 되지 못할 경우에 후대의 꼴들이 실없이 우왕좌왕하게 될 것은 뻔한 이치다. 다른 글에서 더러 논급했듯이 한국의 현 단계 교육 현실이 꼭 이 모양이다. 학교와 선생은 권위 있는 틀이자 생산적 권위가 될 수 없는 상황인 데다 학생은 제 꼴이 세상의 전부인 듯 자기 나이와 그 나이의 열정에 붙들려 있을 뿐이다. 널리 알려진 대로 지라르에 의하면 이른바 모방적 폭력으로 치닫는 '희생 위기'는 우선 '차이의 위기(crise

des différence)´, 다시 말하면 총체적 문화질서의 위기에 기인한다. 마찬가지로 모방적 폭력으로 몰밀려가는 차이의 위기는 바로 이 꼴들의 위기로 재서술될 수 있다. 지라르가 말한 '차이의 위기'를 이 논의의 맥락 속에 환치한다면 '꼴의 위기'라고 해도 좋을 것이기 때문이다. 지라르에 따르면, 당연히 희생제의라는 반복적, 순환적, 그리고 총체적 봉합(suture)에 의해 차이의 위기에 따르는 폭력의 상호성을 제어하게 된다.

마찬가지로 내가 말하는 틀과 본은 꼴의 위기와 이에 따르는 폭력(공동체 내에서 자신의 생각과 변명으로 일관하는 에고의 꼴들 사이에서 부박하고 어리석은 상호작용이 빚는 상처)을 미연에 제어하고, 그 꼴을 절차탁마(切磋琢磨)해서 한결 더 성숙하고 자유로운 주체의 토대를 마련하고자 한다. 우리 사회는, 그리고 내 주변은, 변변한 틀 없이 제'멋'대로 형성된 꼴들의 천국처럼 보인다. 제때에 제대로 훈육받지 못한 꼴, 생각과 기분 속에 부동(浮動)하는 꼴, 단 한 차례도 생산적 권위를 만나 그 앞에 고개를 숙여보지 못한 꼴, 넓은 의미의 가족이 세상의 전부라고 믿는 꼴, 1차원적 자의(恣意)를 자유와 혼동하는 꼴, 그리고 무엇보다 좋은 틀을 만나 스스로를 벼리고 담금질해본 경험이 없는 꼴들 말이다. 그리고 이 골자의 또 다른 부분은, '틀'이라는 이름 아래 느슨하게나마 묶일 수 있는 이념, 원칙, 전통, 윤리, 관례 따위를 '옷 입은 듯이 깨닫지는 못한(不覺如服)' 채로나마 선용할 수 있다면 꼴들의 영악하고 변덕스런 경합으로 인한 상처를 좀더 구조적으로 견제, 제어할 수 있다는 것이다.

6. 자아의 생각과 기분, 그 꼴의 변덕과 허영을 깨고 주체화의 길로 나서는 방식은 인문학적 공부와 성숙의 기본이다. 나는 이것을 외부성의 지평을 얻기 위해 몸을 끄-을-고 걸어나가는 일관성의 실천[圓而究方]에 비겨 말해왔다. 이 실천을 마르쿠제의 '위대한 거부(the great refusal)'가 제시한 정신을 잇되, 그 역설적 급진성을 취하는 뜻에서 '위대한 긍정(the great yea)'이라 부르기로 한다. 이 긍정(yea)은 이미 '현명한 복종, 현명한 지배'라는 개념을 해명하는 몇 편의 다른 글 속에서 시사된 바 있다. 그 무엇에 관한 것이든 어울려서 일해본 경험이 있다면, 일을 성사시키는 관건이 자유나 평등과 같은 게 아니라 '협력'을 가능케 하도록 긴밀하게 조율되고 슬금하게 시행되는 복종과 지배들이라는 사실을 체감할 수 있다.

내 집의 작은방을 조촐한 차방(茶房)으로 꾸며 거실 대신 손님을 접대하거나 더불어 환담할 때 사용하고 있다. 손님이 여럿이라면 비록 사소한 것일지라도 일은 많아지고 한껏 긴박해진다. 자리의 배치에서 소외된 사람이 없는가, 차나 다과에 대한 접근성(accessibility)은 공평한가, 잠시라도 냉동고와 냉장고에 보관해야 할 음식물은 없는가, 대화를 독점하는 사람이나 그 반대로 대화에 끼지 못하는 사람은 없는가, 찻물은 넉넉히 준비되어 있는가, 선물들은 적절하게 응대되고 있는가, 화장실 사정은 어떤가 등등 동시에 돌보고 배려해야 할 일은 넘쳐난다. 이런 일들, 그리고 이와 비슷한 성격과 구조를 가진 일상의 무수한 일을 무리 없이 처리해가는 데 정작 필요한 조건은, 자유니 권리니 평등이니 혹은 정치적 올바름 따위가 아니다. 일거에 여러 일이 이루어져야 할 경우, 앞서거니 뒤서거니 하면서 이런저런 일에 개입할 수밖에 없고, 매사 일의 순서와 그 이음매에 효율이 달려 있으며, 일을 시키고 부탁하는 이들과 이에 응하고 실행하는 이들 사이에서 이루어지는 현명한 지배와 현명한 복종의 네트워크가 결정적이다. 단 10분이라도 긴밀하게 어울려서 일을 해본 적이 있는 사람이면, 백지장을 맞드는 일일지라도 앞서는 자가 있고 따르는 자가 있다는 사실을 안다. 예를 들어 주부가 부엌에서 음식을 만들어 식탁으로 낼 때, 이 일상사가 원만하게 진행되기 위한 조건은 가족들 사이의 자유와 평등이 아니라 각자가 주부를 중심으로 협력하면서 이루어내는 현명한 지배와 복종의 한시적인 시스템인 것이다. '손'을 빌리고 빌려주는 그 기민하고 너그러운 협력의 현명함은, 한순간 특정한 일의 목적을 위해서 현명하게 조건화된 지배와 복종 사이의 슬금한 어울림에서 생성된다. 예(yea)의 정신은 바로 이 어울림이 감추고 있는 기민하고 너그러운 협력의 토대다.

7. 공동체와 그 어울림 속에서 잦은 상처는 역설적으로 예(yea)의 정신에 뿌리를 둔 실천적 지혜로써 제어할 수 있다. 긍

정과 복종의 자리도 다층적, 다면적이기 때문이며, 그 층층면면마다 다른 가능성이 있기 때문이다. 긍정과 관용을 억압의 이데올로기와 등치해선 안 되며 복종을 단순히 비판적 정신의 실종과 등치할 수 없다. 지식이 보편화, 평등화, 교양화되면서 '아니(nay)'라는 부정과 비판의 태도가 지닌 이점 및 장점이 과소비, 과표상(過表象)되고 있다는 점에 각별히 유의해야 한다. 더불어 그 거품이 내려앉아 드러나게 되는 원초적 실용성을 되살려낼 필요가 있다. 어떤 경우에도 부정(否定)을 확인하는 게 인간의 길이 아니다. 모든 죽음에 대한 성찰은 또 다른 삶을 예기(豫期)하며, 부정은 긍정의 가능성을 모색하는 가장 기초적인 방식이다. 토크빌 식으로 말하자면 이성적 판단에 의할 때 '인간만이 희망'일지라도 내 취향으로는 압도적(!)으로 '오직 인간만이 절망'이라고 외치는 편이지만, 당연히 이 외침이 인문학적 실천의 마지막이 될 수 없다. 마찬가지로 어떤 경우에도 비판과 불평의 담론 속에 냉소하는 게 인문학적 실천의 본령은 아니다. 인간에 관한 그 어떤 시퍼런 절망 속에서도 비판이 범접조차 할 수 없는 인간상을 꿈꾸어야 하고, (니체의 유명한 교육학적 지론처럼) 그 모든 학생으로 하여금 불평을 넘어서도록 이끌어야 한다. 시대의 앞선 지표가 아니(nay)라는 점을 모를 리 없다. 그러나 필경 변화와 성숙은 예(yea)와 더불어 생긴다는 사실을 깨닫기는 쉽지 않다.

8. 그러므로 예(yea)하지 못하는 것은 다만 개인의 영리함과 냉소, 오연과 허영 탓이 아니다. 세속 그 자체가 충분히 영리해졌고, 이 영리함은 정당화하는 사회적 양심을 생성시켰다는 점을 기억해야 한다. 그러므로 우리의 영리한 무능은 우리의 몸이 그 몸이 얹혀 있는 세속의 체계와 알게 모르게 공모하고 있기 때문이 아닌지 살펴볼 필요가 있다. 젊고 부박한 상업주의의 풍토 속에서 젊으나 늙으나 한결같이 교동(狡童)이 되어 일없이 나부대고 일이 생기는 즉시 반지빠르게 운신하는 이유도 일종의 공모일 테다. 그리고 이 공모 속에서는 부정과 비판과 불평과 변덕이 현장의 코드가 되어 휩쓸고 있으니, 차분하게 응시하고 음전하게 운신하면서 성숙과 변신의 좁은 길을 향해 복종(yea)의 노동에 견실한 이들을 찾긴 어렵다.

9. 나는 그간 근기는 아예 찾아볼 수도 없거니와 있는 재기(才氣)마저 스스로 갉아먹는 부정의 힘들을 수없이 목격했다. 과연 시대의 표징(表徵)이 아닐 수 없었다. 그것은 늘 참으로 안타까운 부정들이었으니, '연정화기(鍊精化氣)'라는 말이 있지만 모으고 벼려서 큰 힘을 내기도 전에 깎고 흩어버리는 짓을 방불케 했고, 마치 그것이 개성인 듯 스타일인 듯 혹은 진보의 시늉인 듯 떠벌리는 꼴은 더욱 가관이었다. 묵히고 벼리고 살피고 돋우는 것 자체가 치유이자 큰 공부인 법인데, 고자누룩해지기도 전에 시답잖은 재주를 부리니 헌데를 덧나게 할 게 뻔하지

않은가.

당연히 부정은 중요한 사회적 행위이며, 사회의 중요한 진보는 이 같은 (집단적) 부정의 행위로써 고비고비를 넘어왔다. 하지만 중국의 문혁(文革)이나 이른바 포스트모더니즘처럼 비판과 해체의 행위가 '유행'을 이루는 것은 그것 자체로 이미 타락의 징표인 것이다. 비아냥과 냉소가 버릇인 사람에게 큰 앎이 쌓일 리 없고, 아이러니와 풍자가 일상인 집단은 조만간 그 내적 동력을 탕진하게 되며, 비판이 다만 유행인 사회는 성숙하고 품위 있는 삶의 양식을 얻을 수 없다. 물론 부정과 비판의 행위에는 외부의 원인들이 있었고, 그러므로 당연히 그 부정의 '꼴'만을 탓할 수는 없었다. 예를 들자면, '슬럿워크(slutwalk)'가 꼭 그런 것인데, 이왕에 남성중심적 가부장제의 틀('외부적 원인')이 잘못되었으니 사회적 약자의 입장에서 이를 지속적, 반복적으로 부정하려는 이런저런 꼴들만을 나무랄 수는 없다. 그러나 기존 틀에 저항해온 여러 꼴을 견책, 책선(責善)해서 본[型]에 이르게 하려는 노력 자체가 이미 그 틀의 이데올로기적 기별에 불과하다면, 이젠 대책이 없는 것이다.

이처럼 문제가 중층적으로 흐를 때 오히려 이를 곤두쳐서 다른 생산성, 다른 급진성을 얻을 수는 없을까 하는 고민 속에서 예(yea)의 전략은 무르익어왔다. 과연 아니(nay)와 쉼 없는 비판의 시대에서 예(yea)와 복종의 창의성을 새롭게 건져낼 수 있을까? 미국의 실용주의자들의 지론이 아니더라도 개인 생활의 성격과 지향은 그가 유지하고 있는 '습관의 콜라주(collage of customs)'에 의해서 규정된다. 그러므로 몸에 근착(根着)하고 있는 버릇을 손대지 않고선 교양도 기도도 반성도 결심도 필경 도로(徒勞)의 아미타불인 셈이다. '비록 단박 깨치면 부처라고 해도(頓悟雖同佛)' 정작 중요한 대목은 '오랜 삶의 버릇이 깊다(多生習氣深)'는 사실에 있다. 그런데 실은 바로 이곳에서 예(yea)의 정신과 전략이 구비한 조형성이 제 몫을 한다. 쉽게 말하자면, '사람은 바뀌지 않는다'는 인문학적 절망의 철칙을 깰 수 있는 유일한 실천은 '복종'이라는 가장 원초적 행위 양식에 달려 있다. 내가 이런저런 공부 모임의 안팎을 오랜 기간 버텨오면서 그간 누누이 절감, 절망했던 사실은 '설득'을 통해서 상대의 몸과 버릇을 고칠 수 없다는 것이었다. 여기서 유의해야 할 점은 상대의 변화와 그 필요성에 대해서 '설득할 수 없는(unpersuadable)' 게 아니라, 설득에 의해서 변화되지는 않는다는 것이다.

비록 설득에 성공하더라도 설득을 받은 이가 그 설득의 내용(변신과 성숙)을 체화해낼 수 없다면 남은 길은 무엇일까. 어떤 사람의 수십 년 묵은 버릇이 동무들의 비평을 받게 되었고, 그가 그 비평에 수긍해서 개전(改悛)을 결심했더라도 결국 제 스스로 고칠 수 없게 되었을 때에 남은 길은 무엇일까? 물론 대체적으로 말하자면 남은 유일한 길은 '복종', 그것도 제시된 비평적 대안에 대한 무조건적인 복종의 절차를 밟는 것이다. '무조건'의 조건이라야 복종이겠지만, 이는 우선 에고의 자의적 발동(發動)을 막아야 하기 때문이기도 하다. 설득이든 계몽이든, 반성이든 결심이든, 그것이 결국 에고의 부스댐을 방치하는 형식에 얹혀 있는 이상 변화는 요원할 수밖에 없다. 그래서 복종 혹은 군말 없는 지계(持戒)의 형식을 취하는 예(yea)의 정신과 태도가 에고의 지랄(知剌)을 따돌릴 수 있을 때라야 겨우 변신과 성숙은 싹을 내린다.

잘 따져보면, 설득의 길과 복종의 길은 어긋나게 마련이다. 유아(幼兒)들이 ('교육' 이전에) '훈육'되거나 사제들이 엄격한 견습 기간을 거치거나 혹은 병영에서 신병들이 훈련받을 때에 설득은 필수적인 요건이 아니다. 아니, 내 개인의 경험만을 살펴도, 가령 나는 내가 3년간 입영을 해야 하는 사실조차 충분히 납득하지 못했으며, 긴 시간 병영에서 지내면서 강제로 반복해야 했던 일들 중 어느 것에 대해서도 합리적으로 설득당한 바 없다. 복종을 요구하는 일이라면 설득은 덤이며, 마땅히 설득해야 할 일이라면 외려 복종은 불필요한 것이다.

사람이 설득에 의해서 (좀체) 변화하지 않는다는 점, 그리고 진정한 변화는 오히려 강제적이라는 점을 시사하는 현상 중에서 각별히 주목되는 게 입교(入敎)의 방식이다. 많은 평자가 지적하고 있듯이 종교에 입교하는 이들 중 대다수는 해당 종교의 교리와 전통을 이해하고 설득당한 경우가 아니다. 한 사람의 종교관이나 평생 계속될 종교적 실천이 그의 삶 전체에 미칠 다대한 영향에도 불구하고 그 입문의 선택이 (준)강제적이거나 우발적이라는 사실은 극히 흥미롭다. 그러나 우리네 인생이 워낙 이런 어정쩡하거나 충분히 합리적이지 못한 결정과 선택으로 구성되고 있다는 것은 아무 새로운 지적이 아니다. 실존주의적 취향의 철학자나 멘토들은 결단주의니 '선구적 결단(vorlaufende Entschlossenheit)'(하이데거)의 틀 속에서 인생의 진정성을 구하려 하기도 하지만, 그 모든 결의는 (마치 '믿음은 그 대상을 알지 못하기에 생긴다'고 하듯이) 이미 스스로 그 내적 진정성에 이르지 못한 결과로 성립된 것이며, 세속의 진정성이란 대체로 전심(專心)이나 '무심(Abgeschiedenheit)'(마이스터 에크하르트)에 턱없이 못 미치는 법이다. 인성이나 생활양식의 변화, 그리고 종교의 선택만 그런 게 아니다. 실은 배우자의 선택에서부터 오늘 저녁 메뉴의 선택에 이르기까지 행위의 순간을 넘기는 동인은 대체로 합리적인 설득에 미치지 못한다.

10. 내 잠정적인 제안은 긍정과 복종의 정신 및 태도인 예(yea)를 되찾는 것이다. 그리고 이 정신과 태도를 적절한 예(禮)로써 대변하는 사회적 자아의 형식들을 구성하는 것이다. 마지막으로는, 집단적 도덕이 개인적 윤리를 통해 완성되는 것처럼 이 사회적 자아의 공적 형식들이 개인들의 개성적 미학(藝)으로 승화, 개별화, 정교화해나가도록 배려하는 것이다. 나는 이 '예-예-예'의 3중 고리로써 공동체를 상처로부터 성공적으로 막아

낼 수 있다고 주장하는 게 아니다. '예'라는 집중의 시선보다는
'아니'라고 눈을 희번덕거릴 게 뻔하지 않은가? 이제 와서 예
(禮)!라니, 계몽과 혁명을 거쳐 일껏 이루어낸 자유와 평등의 제
도들을 되물리려는 심산인가라며 악지를 쓸 게 뻔하지 않은가?
예(藝)는 대체 상처와 무슨 관계를 맺고 있냐는 둥 구두덜거리
면서, 개인의 삶과 일이 신(神)이 내려와서 앉을 만치 정교하고
아름다워질 경우에 가능한 관계의 깊이와 조화를 떠올리려고
하지 않을 게 뻔하지 않겠는가?

11. 그러나 단도직입적으로 말해서 현명한 응하기로서의 예
(yea)가 아니라면, 근기 있고 슬금한 혹은 약속하고 또 그 틈들
을 살피는 어울림은 대체 어떻게 가능해지는가? 냉소로 공대하
고 변명으로 어울릴 수 있는가? 무례(無禮)로써 정신의 탑을 쌓
을 수 있는가? 예를 들어 정배당한 추사(1786~1856)와 그를 찾
아와 위문하는 초의(艸衣)가 6개월을 한집에 머물면서도 그 헤
어짐을 아쉬워했던 사귐의 도리는, 이 변덕과 소비, 박덕과 충
동의 세속 속에서 대체 어떻게 이해할 수 있는가? 예수의 정신
에 대한 바울의 예(yea), 해리엇에 대한 J. S. 밀의 예(yea), 그
리고 프로이트에 대한 라캉의 예(yea), 그리고 "수백만 명의 중
국인은 (문화혁명 중에) 자기들이 얽혀든 모든 문제를 해결할 수
있는 사람은 그 어마어마하게 큰 나라 안에서 오직 저우언라이
한 사람뿐"*이라고 믿을 수 있도록 한 저우언라이의 (혁명과 인

민을 향한) 예(yea)가 구체화시킨 생산성을 부러워하지 않을 수 있겠는가? 다소간 변별해서 살펴야 할 점이 있긴 하지만, 지젝도 1990년대 초에 '교조적 복종의 생산성'을 언급한다.

정신분석과 마르크스주의의 역사에 의해 입증된 혼란스러운 물의는 그러한 교조적인(dogmatic) 접근이 정초자의 텍스트를 '열린' 태도로, 비판적으로 다루는 것보다 훨씬 더 생산적임이 증명되었다는 것이다. 프로이트의 저작들을 검증되어야 하고, 논박되어야 하며, 조합, 발전되어야 하는 실증과학적 가설들의 수집체로 변형했던 미국의 아카데미 기계보다 라캉의 프로이트로의 '교조적인' 귀환이 얼마나 더 풍요로웠던가![**]

만남이 새롭게 고양된 만남으로 이어지고, 어긋남에서 어긋냄으로, 욕심에서 의욕으로, 그리고 불모의 냉소에서 '산책'[***]으로 내달려갈 (권력이 아닌) 힘(potentia)은, (정념이 아닌) 의욕은 대체 어떻게 생기는가? 만난 지 한 시간만 지나면 그 표정과 어투, 그 곤댓짓과 언죽번죽함, 그 무례와 나르시스에 질색해야 하는 관계를 두고 그 무슨 존경과 신뢰, 비평과 변혁을 떠올릴

---

[*] 딕 윌슨, 『周恩來, 중국혁명을 이끈 한 인간의 일대기』, 한영탁 옮김, 한길사, 1985, 317쪽.
[**] 슬라보예 지젝, 『당신의 징후를 즐겨라: 할리우드의 정신분석』, 주은우 옮김, 한나래, 1997, 181쪽.
[***] 이 용어의 용례는 내가 쓴 여러 글 속에 소소하게 변주되고 있는데, 여기서는 주로 아래의 글에 준한다. 김영민, 『산책과 자본주의』, 늘봄, 2007.

수 있는가? 새우들과 어울려서 대양(大洋)을 건널 수 있는가, 참
새들과 조잘거리면서 태산을 넘을 수 있는가, 개구리들과 들붙
어서 사막을 횡단할 수 있겠는가?

12. '앞'만 바라보며 자본의 미끼를 좇아 경조부박(輕躁浮薄)
하게 헤엄쳐다니는 유선형의 물고기로 살아가기를 멈추어야 할
때다. 각자 제 나름의 집중과 비우기의 생활양식을 삶의 구석구
석에서 제 관심과 소재와 스타일을 좇아 조형해볼 때다. 가능하
면 집중과 비우기가 품은 인문적 가능성을 지며리 밀어붙여 이
광대무변한 우주의 한 톨기 씨앗 같은 인생을 현성(賢聖)으로
열매 맺을 희망에 나서볼 때다. 이를 위해서는 잊어버린 선학들
의 발자취를 상기하고 근본적으로 입고출신(入古出新)을 말해야
하는 때가 된 것이다.
　예(yea)를 제고된 예(禮)를 통해 현실적으로 구체화하고 이를
다시 예(藝)의 경지에까지 끌어올려 각자 자신의 삶을 '윤리적'
(공동체의 도덕을 개인의 공부가 표현해내는 생활 미학이 전유한 방
식)으로 조형할 수 있어야 할 때가 온 것이다. 그래야 계몽과 진
보와 변혁의 교양과 이념들이 개인들의 생활양식에 얹힐 수 있
는 현실적인 토대가 주어진다. 아니(nay)의 시대, 의심과 비판
의 시대, 변덕과 유행의 시대, 소문과 정보와 일종지(一種智)(스
피노자)의 시대, 평등과 해방의 시대, 자유와 개성의 시대, 재랄
과 악지의 시대, 현재와 순간의 시대, 작란과 냉소(I don't care)

의 시대는 역설적으로 자본에 대한 예(yea)의 시대일 뿐이다. 삶은 부정과 냉소로 구성되지 못한다. 더구나 물건과 장소를 보살피고 몸과 인격을 다듬되 그 각자의 성취가 이룬 무심〔零度〕으로 신이 내려올 정도의 견실한 도정을 기약한다면, 거기에는 오직 알뜰한 예(yea)가 필요할 뿐이다. 그 누구도 삶을 아니(nay) 혹은 예(yea)라는 일방적 태도만으로 구성해낼 수 없다. 비유컨대 그런 식의 일방성은 오직 신과 악마의 길이다. 사람의 길에서도, 그리고 상처를 막는 현성(賢聖)의 길에서조차 예와 아니가 병존할 수밖에 없다. 같은 뜻에서 누구라도 그가 걷고자 하는 길이 '진리를 구하고 이웃을 사랑하는 삶〔上求菩提下化衆生〕'이라면 그는 진득한 긍정의 길을 피할 수 없다. 좋은 삶에 긍정은 필수(sine qua non)다. 다만 무엇에 대한 긍정, 어디를 향한 긍정의 고민이 있을 뿐.

13. 예를 들어 전자매체류의 상품들에 내장된 소프트웨어적 다양성과 이에 접속된 지속적인 업그레이딩 기법은 예(yea)와 예(禮)가 필요 없는 시대의 물건들에 징후적이다. 그런가 하면 이 상업적 운동의 앞뒤를 마치 무슨 변증법인 듯 총체적으로 매개하고 있는 가격 유연성은 예(yea)와 예(禮)가 필요 없는 시대를 명랑하고 안전하게 참여할 수 있도록 돕는다. 그리고 달(達)과 현(賢)과 성(聖)을 가능케 하는 주일무적(主一無適)의 집중이 원천적으로 차단된 채 외부 없이 그 몸집을 불려가는 심상

(心想/心象/心相)의 판타즈마고리아에도 예(yea)와 예(禮)의 기억이 없다. 그 무수한 작고 이쁜 차이들은 세속의 거울상(enantiomorphs)을 쉼 없이 만들어간다. 긴 예(yea)는 없고 짧고 작은 아니(nay)가 어디에서나 그득하다. 예(禮)는 없고 혼성모방적 스타일은 사방에 널려 있다. 과장이 아니라 오직 변덕 속에 진리가 있다. 과장이 아니라 오직 혼성모방 속에 문화가 있다. 과장이 아니라 오직 변명 속에 양심이 있다. 과장이 아니라 오직 한 뼘 깊이의 호의(好意) 속에 이 시대의 영혼이 있다.

14. 스치면 마모(磨耗)된다. 만나면 멍이 들고, 말의 자리마다 막힌다. 그때를 돌아보면 언제나 억울하다. 누구에게나 한 꺼풀만 벗기면 상처의 부비트랩이 내장되어 있다. 이념은 산사의 일주문이나 사천왕문 정도의 볼거리로 전락했고, 한때의 위대한 부정은 사소하고 지질한 불평과 냉소로 변해 신작로를 어지럽히는 지렁이나 개구리 꼴이 되고 말았다. 정신분열증을 설명하는 것이 마치 우리 시대의 소비자 일반의 꼴을 묘사하고 있는 듯한 착각을 주는 게 이채롭다.

마음에 아무런 '중심'이 없는 듯이 보인다. 비록 형식적인 지능의 힘은 완벽히 보존되고 있지만 말이다. 이러한 상태의 마지막 증상은 이해할 수 없는 어리석음(unfathomable silliness), 표피성의 심연(abyss of superficiality)이다. 이 와중에 모든 것은 근거를 잃고 부유하며 동떨어진다.(Sacks 1985, 126) 그리고 책임의 자리에 나서야 할 지식인들은 강개하여 기운을 뽐내서 과격한 말을 하고는 처리할 바를 알지 못하는 사람(自信慷慨 峻氣 危談 不知所以裁之者)*에 불과하게 되었다.

---

* 이덕무, 『士小節: 韓國의 傳統禮節』, 김종권 옮김, 명문당, 1984, 144쪽.

49. 유토피아적 상상과
거리(감)의 정치

1. 아는 것은 '이미' 믿음의 대상이 아니다. 알려진 것들은 알려졌다는 바로 그 사실, 그리고 그 사실에 대한 타성적인 '생각' 탓에 거리(감)를 놓치고 인식론적 긴장과 실천의 동력을 잃는다. 확연히 알려져 이미 그 거리감을 잃은 것들은 대체로 기능적 연관 속으로 단단히, 유용하게 배치되고 만다. 닫혀서, 그 매체적 거리감을 잃는 것이다. 이런 안전한 기능주의적 배치 속이라면 '개성기술적(idiographisch) 접근'(W. 빈델반트)에 조응해 겨우 열리는 단독자적인 것들은 금세 침묵당하거나 기겁을 하며 달아난다. 혹은 파스칼이나 키르케고르와 같은 천재들이 밝혀놓았듯이 오직 무한성의 지평 앞에서만 열리는 타자성도 이미 안전하고 단단하게 알려진 것들의 체계의 근처에서는 질겁한다. 유토피아적 기미는 쉽게 소거되거나 빠르게 억압된다.

확실히 알려져 혹은 그러하다는 '생각' 때문에 비성찰적 기능성 속에 얌전히 자족하는 것들은 대체로 기득의 체계 속에 등재된 교과서적 지식들이다. 이것은 엘리아스 카네티의 지론처럼 너무 가까이 뭉쳐 달떠 있어 거리감을 잃어버린 군중(die Masse)의 상태와도 다르며, 또 너무 멀리 외떨어져 집단적 환상 속에서나 유예·유지되는 메시아나 유토피아와도 다르다. 이 등재된 지식들은 이미 거리감(感) 자체와 무관하게 실재하면서 자동적·기계적으로 제 기능을 수행한다. 상식이나 교과서적 정답의 경우처럼 이들은 안전한 특권을 누린다. 이에 비해서, 군중과 메시아/유토피아라는 현상은 당연히 기능적 물화의 상태에 환원되도록 (확실히) 알려진 것은 아니다. 이것은 늘 들떠 있는 지식이며 이 지식에 지핀 사람들도 늘 달떠 있는 편이다. 그런데 바로 이 '아직-모르는-존재'의(에 대한) 믿음·상태야말로 그 섭동하는 거리(감) 때문에 도구의 기능적 자족과는 질적 차이를 보이는 지점이다. 그리고 이는 이데올로기론에서 유토피아론에 이르는 극히 인간적 현상이 생성되는 밑절미다. 논의의 요점은, 이 인간적 현상들이 생성되는 바탕에는 이 글의 열쇳말이 될 거리(감)나 언어 등속의 '매체적 직물(das vermittelnde Geflecht)' (하이데거)이 실로 중층적으로 얽혀 있다는 점이다.

'움직이는 것이라면 대중은 다 본다'는 TV에 관한 재담이 있듯이, 사람들은 신기한 것(the marvelous)이라면 믿는다. 군중으로서의 인간은 경신(輕信)하는 동물이다. 가령 신자들은 교주의 신성을 믿기 좋아하고, 신자들만의 특권의식을 쟁여놓은 이데올로기나 그들만의 미래를 약속하는 유토피아적 신기루를 믿기 좋아한다. 종교세계에 특유한 그 객관적 애매함 속에서 약동하는 자의적 수행성 혹은 수행적 자의(恣意)는 믿음의 체계를 그 근저에서 먹여 살린다. 그래서 종교 신조(credo)를 먹여 살리는 것은 늘 경신하는(credulous) 대중이다. 물론 종교 체계의 상층부로 갈수록 종교 엘리트들의 신앙적 공백은 커진다. 이는 종교신앙을 주로 집단과 민중적 차원에서만 다루어온 학술적 관행이 즐겁게(?) 놓치고 있는 부분이지만, 그 사회학적 중요성에서는 결코 떨어지지 않는 과제다. 왜 학인들은 종교 권력의 상층부에 들어차 있는 신앙의 '구조화된' 동공(洞空)은 외면한 채, 미신이니 토착성이니 민중 신학이니 종교사회학적 분석이니 하면서 대중의 행태만을 심심파적으로 꺼들고 있을까? 이 극히 중요한 테마는 다른 기회에 소상히 다루기로 하고, 아무튼 종교 엘리트들의 신앙적 공백은 대중의 인식적 공백에 의해 쉼 없이 보충된다는 사실만을 지적해두자.

'아직-알지-못함'의 심리학은 다만 '이미-알아-버렸음'의 의사물리학적 사태에 이르기 위한 도정이 아니다. 모름(闇鈍)은 앎을 통해 그 어둠(闇)이 사라지면서 한시적 삶을 다하지만, 마치 목욕물과 함께 반지를 버리듯이 그 어둠과 함께 '아직-알지-못함'의 심리학이 지닌 묘한 매력도 꺼진다. 당연히 일고의 가치도 없이 내던져버려야 할 무지가 많다. 그러나 어떤 무지들은 특히 대중의 집단적 환상이 활주하는 토양이 되고, 이 환상에 접속한 무중력의 에너지는 여기에 공명하는 개인들로 하여금

(더러) 기이한 매력을 띠거나 생산성을 얻게 한다. '눈이 어두워지는(眩)' 찰나는 반드시 '눈이 감기는(盲)' 때가 아니기 때문이다. '아직-모르는-존재'를 감싸고 있는 애매함은, 괜히 알고 이해하려는 인간됨의 조건/한계에 밀려서 유지될 뿐 아니라 심리적으로 가공된다. 인간이라는 이른바 '이해하는 존재(das verstehende Sein)'는 아직 이해되지 않고 있는 애매한 자리를 그 사실 그대로 놓아두지 못한다. 인간은 그 애매성에 여러 형태로 개입하고 동참한다. 이는 종교나 유토피아 혹은 리비도적 애착이 강한 영역에서 매우 활성화되는 경향을 보인다. 얼핏 이상한 듯하지만, '안다고 가정된 주체(sujet supposé savoir)'를 향해서만 정서적 전이가 생기는 것은 아니다. 인간, 특히 대중적 인간들은 매력적인 애매성의 대상이나 영역을 향해, 분석적 지성이 비운 자리에 밀물처럼 들어차는 감성을 투여한다.

'아직-모르는-존재'가 풍기는 매력적인 애매성이나 그 생산력은 주체와 대상 사이에서 자의적으로 섭동하는 거리감 탓이다. 예를 들어 육체에 대한 성애적 관심은 이 섭동하는 거리감의 자의성에 의해 위험한 그네를 탄다. 이 관심의 문명화 과정은 거리감과 그 페이스(pace)의 사회적 의례화에 다름 아니며, 종교적 신비주의나 포르노는 그 양극단에 위치한다. '아직 오지 않은 자'로서의 메시아나 '아직 (어디에도) 없는 곳'으로서의 유토피아는 이와 같은 거리감이나 유예의 정치에 빚지는 바가 적지 않다. 그 모든 세속의 증상으로부터 우리를 해방시킬 자로서의 메시아, 그리고 그 어디에도 증상을 찾을 수 없는 곳으로서의 유토피아라는 이념 자체가 이미 시공간적 거리감의 특이성에 기대고 있다.

한편 철학과 인문학에서도 지식의 거리감 혹은 애매성은 이와 유사하게 작동한다. 이 경우에도 포르노와 신비주의가 있으며, 메시아와 유토피아가 있다. 하지만 어떤 애매성은 그저 간단한 해결의 대상일 뿐이다. 부주의와 태만, 어리석음과 둔감 탓에 재발하는 애매성은 의외로 잦다. 지식인들은 짐짓 '소통과 이해의 불가능성'을 나직하게 읊조리며 이 애매성을 형이상학화하려고 하지만, 정작 필요한 일은 꾸준한 청소와 정돈 정도의 노력이면 족하다. 하지만 지식의 경우에도 메시아적 소망이나 유토피아처럼 간단히 치워낼 수 없는 애매성이 나타난다. 예를 들면 16세기 유럽 인문주의의 황제였던 에라스뮈스가 (독일어의 천재성을 지녔음에도 불구하고 늘 거칠고 직설적이었던 루터의 비난처럼) "밤낮으로 모호한 말만 생각해 내"*는 듯이 보이는 데에는 그만한 이유가 있는 것이다. 곰팡이(mold) 중 일부는 묵힘으로써 치즈나 장류(醬類)를 생산할 수 있듯이, 애매성 중 일부는 인간의 정신(들) 사이에서 제대로 묵히고 삭힘으로써 분석적 명료함의 자리에서는 오히려 얻기 어려운 유현(幽玄)한 이치들을 드러내기도 한다. 무릇 애매함이란 이를 벼리고 다듬는 방식

* 슈테판 츠바이크, 『슈테판 츠바이크의 에라스무스 평전』, 정민영 옮김, 아롬미디어, 2006, 225쪽.

7 장 공 동 체 와 집 중

에 따라 힘이 되기도 하고 병통이 되기도 하는 것이니, 인간이 공부하고 성숙하는 길은 늘 이런 준별의 노동을 그침 없이 요구하는 법이다.

2. 그러므로 실재와의 거리감이 여전한 문제다. (실은 참여자가 자신의 수행성 속에서 얻는 거리감으로부터 외떨어진 '실재'는, 바로 이 판단 자체가 일종의 수행인 이상 없다.) 가령 인간이 아닌 것으로서의 짐승이란, 바로 이 거리감의 문제성이 가설적 영도(零度)인 상태를 가리킨다. (물론 엄밀히 말하자면, 관계의 객관성을 주관화할 수 없어 대상으로만 존재하는 사물과 달리, 척추동물 이상의 생명체들은 조금씩 의식 현상을 보이고, 종차를 살펴 미세하게 변별해야 하며, 이로써 거리는 거리감으로 주관화된다.) '자신의 배설물을 놓고 어찌할 줄 모르는 존재'인 인간은, '식탁 위에 통으로 구워진 돼지'에 역겨움을 느끼는 인간은, 역시 이 거리감에 안절부절 못하는, 안달복달하는 문화/문화(文化/文禍)의 존재다. 앞서 말한 바와 같이 유토피아라는 인간적인-극히-인간적인 현상도 필경 이 거리감의 조율과 조작, 재편과 갱신의 결과물이다.

욕망의 체계에서 외려 가장 치명적인 상태가 그 체계의 내적 구동력을 견인할 환치(換置)를 중단시키는 충족과 휴지(休止)라면, 유토피아의 체계에서 가장 치명적인 상태 역시 바로 그 내적 환상이 동력을 잃게 만드는 어떤 간격의 이완이나 소실이다. 너무 가까이 다가온 시간은 (예를 들어 '휴거' 사태에서 영락없이 드러나듯) 사이비가 되고, 어중이떠중이 메시아처럼 비현실적으로 멀어져가는 소실감은 백일몽이 된다. 인간들의 꿈과 현실은 욕망의 대상들과의 적당한 거리와 시간을 필요로 할 뿐 아니라, 그 거리와 시간을 내면화, 주관화, 심지어 정념화한다. 이것이 유토피아마저 인간 삶의 일부가 되는 이유다. 오래전 나는 산행 중에 맞닥뜨린 산숲 기스락의 어느 작은 웅덩이 속에서 가재 새끼 한 마리를 오래 들여다본 적 있다. 물은 말갛고, 가재는 조용했다. 굳이 여러 장르의 학술 전문성을 펼치며 그 가재의 생리와 형편을 분석할 필요는 없었다. 내면을 드러내지 않는 가재의 적응(適應)은 소박하고 완벽해 보였다. 안팎과 주객의 혼동 속에서 순간순간을 살아가는 한 인간이 등장한 탓에 잠시 형성된 긴장이 파문(波文)처럼 스쳐 지나갔을 뿐이었다. 가재에게는 실재도, 자의식도, 거리감도, 환상도 그리고 유토피아도 없었다.

어떤 거리감이 진실을 낳을지는 쉽게 속단할 수 없는 노릇이다. 이웃집에 산다고 해서 공자를 알아본 것은 아니고, 한 이불 속에서 뒹굴었다고 소크라테스의 진면목을 이해했던 것도 아니다. 멀리 외따로 살아간다고 해서 세속과 시전(市廛)의 진실에 등을 돌리고 있는 것도 아니고, 배우자를 얻거나 아이를 낳고 길러보지 않았다고 해서 애착의 앞뒤를 알 수 없는 것도 아니다. 사실과 진실 사이에 인간이 개입하는 방식은 다양하며, 특히 자기수행성(self-performativity)에 의해서 중층적으로 되먹임된다. 니체나 한스 요나스처럼 생명체의 진화적 적응이라는 역사적 사실에 얹어 진실을 제한할 수도 있겠고 혹은 칸트나 K. O. 아펠처럼 '선험 철학(Transzendentale Philosophie)'의 추상적 지평 위에서 인간적 진실의 근거를 '(재)구성'해낼 수도 있다. 언어분석처럼 게임의 방식에 준해서 인간의 진실을 번역해 들일 수도 있고, 사회적 실천(social practices)의 맥락 속에서 이해할 수도 있다. 때로 거리감이라는 주제는 정밀한 인식론적 절차나 해석학적 방법으로부터 소외되거나 배경으로 밀려나긴 한다. 그러나 방법론적 거리와 절차를 무시하려는 여러 직관주의자나 신비주의자들을 통해 역설적으로 알게 되듯이, 넓은 의미의 '거리감의 정치'는 인식과 이해, 그리고 실천에 이미 근원적으로 간여하고 있다.

앞서 말했듯이, 인식과 이해의 영역을 넘어 인간이 주객관의 도식 속에서 우왕좌왕할 수밖에 없는 갖은 삶의 현장 속으로 들어가거나, 이로써 이웃/둘레와 총체적·수행적으로 관계를 맺고 대처하는 과정으로 관심을 옮기면, 이 거리감은 한층 더 도드라진 역할과 영향을 과시한다. 뉴턴의 물리학과 아인슈타인의 물리학, 그리고 양자역학의 물리학의 차이가 극적으로 말하듯이, 고차의식을 넘어 초의식(超意識)을 범람하고 있는 인간과 그 세계의 경우 거리감을 도외시한 채로 사태의 진상을 말하지 못한다. 조금 서둘러 말하자면, 유토피아 의식이란 바로 그렇게 '극적(劇的)으로' 맺힌 거리감의 결과일 것이다. 마치 이데올로기적 주체라는 게 제 거리(감)를 잊은 채로 어떤 극화(劇化) 속으로 호출되어 (거의 무의식적으로) 소망하는 역할의 주인공을 떠 맡고 이를 연기하는 환상적 주체이듯이 말이다.

3. 그런가 하면 어떤 거리감은 친밀성을 낳는다. 아는 대로 친밀성은 인간이 더불어 살기 위해서 마침내 이루어낸 적정한 거리(감)의 형식을 가리킨다. 이 거리감이 생기는 최초의 계기 를 한스 요나스를 따라 자아와 타아 사이의 '균열(Kluft)'로 보 고, 이로써 지각과 감정의 생성을 설명해도 좋겠다.

식물적 생명의 직접성은 세계와의 분리와는 거리가 멀다. 그래서 식물적 생명의 경우에는 지각과 감정의 양태들이 들어설 자리도 없 다. 동물적 생명의 경우 식물적 생명이 환경세계에 대하여 가지는 연속성 대신에 자신의 주위에 만들어놓은 균열(Kluft)의 틈에 의해 서 지각과 감정이 발생한다.[*]

질식이나 허무 둘 다 건강(?)에 해롭듯이, 폐쇄공포증과 광장 공포증이 인간과 인간 사이의 거리감에 대한 심리적 극단을 보 여주듯이, 적정한 거리감은 모든 인간적 관계와 생산성의 모태 가 된다. 이 적정한 거리감의 가장 일반적 형식이 곧 친밀성이 다. 거리감이 놓치는 것은, 짐승들에게는 곧 생존의 위기가 된

[*] 한스 요나스, 『생명의 원리: 철학적 생물학을 위한 접근』, 한정선 옮김, 아카넷, 2001, 237쪽.

다. 그들의 거리감은 생존의 효율성을 향해 진화해온 장구한 역사의 끝자리에 가만히 매달려 있을 뿐이다. 그 거리감은 생존을 위해 특화된 것만큼이나 융통성이 없다.

그러나 장구한 진화의 과정을 통해 생존을 생활로 다변화시킨 인간들의 경우 오히려 거리감을 제 뜻대로 변용하거나 원용하는 것이 곧 문화이며 진보이고 개성이 된다. 이 과정을 통해 인간은 여러 형식의 친밀성을 유지하면서 사회생활을 영위한다. 때로 이 친밀성의 제도들은 서로 버성기기도 하고, 한쪽이 다른 쪽을 소외시키거나 심지어 대체하기도 한다. 예를 들어 가장 흥미로운 사례가, 가족과 같은 일차적 혈연 공동체의 친밀성이 일종의 확대된 리비도적 결속에 의해 가능해지는 '이바지 공동체'의 친밀성과 갈라지는 부분이다. 다양한 공동체나 단체의 성원들은 이미 상례화된 친밀성의 방식을 익혀 그 거리감에 준해서 행동할 줄 안다. 더구나 (종교 혁명가나 이단자들이 흔히 그러하듯이) 가족과 같이 친밀성의 제도화가 공고한 기성의 공동체를 어긋내려는 이들의 경우, 새로운 친밀성의 거리를 정치화하는 것은 필수적이다. 가령 남, 애인, 가족, 친구, 동지, 동료, 동학, 그리고 동무 등등은 그 의미론적 차이보다 오히려 (포르투갈어와 스페인어와 이탈리아어가 서로에게 외국어인 데 비해 제주도 말이 한국 말의 방언에 불과한 것으로 여겨질 때 적용되는 '정치성'과 매우 유사한) 정치적 고려에 의해 변별화하는 것이다. '정치성'이라는 표현에서 유추할 수 있듯이 이 친밀성은 고정되어 있지 않다. 친밀성에 대한 태도는 구심력적으로 안정화하기도 하지만, 원심력을 드러내면서 위반과 확장의 벡터를 구성하기도 한다. 물론 친밀성의 태도 변화에서 가장 흥미롭고도 강력한 변수는 성적 관심이다. 헤겔 식으로 말하자면 성적 관심은 공동체의 구성에서 항구적인 아이러니로 작동하면서, 기존의 관례화된 친밀성을 자의적으로 변화시킨다. 딸에 대한 아빠의 친밀성은 이상해지고, 동지에 대한 동지의 친밀성은 이적성(利敵性)으로 해석되기도 하며, 부하와 상사의 친밀성은 주변의 관계를 단번에 헝클어놓는다. 성원들 사이의 거리를 적정한 선에서 유지하는 것은 모든 관계와 공동체의 존폐를 결정하는 중요성을 지닌다. 이것은 마치 어떤 거리를 유지하는 전이(Übertragung)가 치료와 분석과 공부에 이로운가 하는 것과 흡사한 문제다. 그 모든 쾌락의 형식은 거리감을 조절하는 속도와 관련된다. 가령 인간의 육체가 쾌락을 누리는 방식과 한계를 도외시한 채 이루어지는 급진적 성해방의 움직임이 모짝 단명하는 이유가 바로 여기에 있다. 이른바 '낙이불음(樂而不淫)'이란 관계의 쾌락에 대한 동아시아적 지혜를 담은 고래의 성어(成語)인데, 이 역시 지속 가능한 거리(감)을 떠올리게 한다.

특별한, 특권적인, 심지어 '본질'적인 의미의 친밀성이 생길 때가 있다. 물론 대체로 이는 특별한 만큼 사이비적이거나 위험해 보인다. 이 친밀성의 기회가 '운명'으로 포장될 때에는 더 위험해진다. 신이 나만을 사랑하고, 그대와의 만남과 그 친밀성은 유일회적 은총이며, 그들의 고통과 열정은 내 피부 속으로까지 파고든다. 이 거리(감)의 본질주의도 그 모든 본질주의(essentialism)와 마찬가지로 유아적이며, 사람들이 놓은 자리와 그 거리감은 비본질적으로 흔들리는 법이다. 비유하자면 그것은 마치 '수학의 세계조차 사소한(비본질적인) 일인 것'과 마찬가지다.

> 충분히 지적인 정신에게 수학의 전체 세계는 마치 '네발 가진 짐승은 짐승이다'라는 진술처럼 사소하게 보일 것이다.*

그런가 하면 정작 중요한 친밀성의 소식은 스쳐 지나가거나 무시된다. 그러니까, 환상적·메시아적 지평 속에서 오직 체계적 유예의 방식을 통해 우리 삶의 환상적 길라잡이 노릇을 했던 미래적 인물이나 장소가 불현듯 내 현실 속으로 다가왔을 때, 그래서 내 생활양식을 통해 그 은총의 선물과 수확을 분배하며 누리고 또 필요한 곳곳에 접속시키려고 할 때 (재)구성되(어야 하)는 친밀성은 극히 혼란스럽다. 정확히 말하자면, 이 친밀성의 혼란 속에는 자신의 곰삭은 주체성으로 텃세를 부리고 자신의 이력에 애착하면서 그 미래적 존재를 회피하거나 밀어내려는 강한 저항감이 발동하기 마련이다. 그래서 공자(孔丘)의 이웃은 그를 '동쪽에 사는 구(東家丘)'로 여길 뿐이며, 소크라테스는 독

---

* Bertrand Russell, *My Philosophical Development*, New York: Simon and Schuster, 1959, p. 211~212.

살되고, 기껏 찾아온 예수는 되쫓겨가며(『카라마조프 가의 형제들』), '우리 속에 찾아온 부처들'은 한결같이 사후적으로 재편성된 이야기 속에서야 잠시 번쩍인다.

주체는 어떤 친밀성 속에서 접하는 대상과의 거리감을 객관적으로 표상하지 못한다. 친밀성이라는 개입과 수행은 표상을 내부에서부터 요개(搖改)하고, 그 표상 행위의 갈무리를 늘 수행적 우연성 속에서 미봉하듯이 마감할 수밖에 없게 만든다. 고쳐 말하자면, 표상의 내용은 객관적으로 선결된 상태에서 인식론적 혹은 표현적 마무리를 기다리고 있지 않다. 그런 식의 거리감은 이상적일 뿐이며, 언제나 수행적 총체성 속에서 우연인 듯, 사건인 듯 급조(急造)되고 만다. 표상 행위는 '지배하는 대상화(meisternde Ver-gegen-ständlichung)'이면서 '함께—몰아세움(co-agitatio)'(하이데거)이라고도 했지만, 표상을 둘러싼 총체적 수행성의 여파는 인식론적 논의의 지평에서 기대하는 것보다 한결 더 복잡하고 자질구레하다.

이 친밀성은 객관적 거리(감)와 조응하지 않는다. 그것은 제멋대로 해석되거나 전유되며, 부지불식간에 옮겨지거나 모방된다. 어쨌든 리비도적 만족의 체계적 유예(猶豫) 없이 공동체적 결속이 가능하지 않고, 사용가치의 만족을 환유적으로 유예하지 않고선 상품시장의 체계적 보전이 가능하지 않듯이, 이 친밀성 혹은 거리감의 정치가 제대로 작동하지 않으면 사실의 보존과 생명 유지 및 생계 활동을 넘어선 문화·문화(文化·文禍) 현상은 생기지 않는다. 인간의 시선(인식)과 거리감(感)은 구조적으로 오인의 고리를 안고 있는 셈이다. 유토피아 현상 역시 문화·문화(文化·文禍)의 극적 장치로서 체계적인 유예에 기대는 바가 적지 않다. '너무 빨리 다가온 타자는 괴물이 되고, 영영 오지 않는 타자는 메시아가 된다'고 했지만, 너무 가까이 다가온 유토피아는 사이비로 폭로되거나 이단시되고, 영영 다가오지 않는 탓에 속화(俗化)할 수 없는 유토피아는 백일몽으로 기화하고 만다. 그러므로 유토피아적 환상은 폭로된 사이비와 탈주하는 백일몽 사이에서 정치화한다. 고쳐 말하자면, 친숙화에 따르는 자동화(automation) 과정을 흔들거나 낯설게 하기의 재설정을 통해 조율되는 거리감의 긴장은 그 친밀성의 적당한 온기가 식지 않도록 긍정적 착각(錯覺)을 상시화한다. 정신분석적 상식처럼, 오인(誤認)은 자아를 먹이고 착각은 관계를 주도한다. 친밀성의 원격감응(tele-pathy)은 환상적 체계 속에서도 번연히 살아가는 주체를 재생산해내고, 그 환상과 이데올로기는 군중이라는 모래 위에서라도 거뜬하게 집을 짓는다.

4. 그래서 어떤 거리감은 상처와 그 흔적을 쉼 없이 현재화하고, 어떤 거리감은 현재를 빠짐없이 낭만화한다. 그러나 유예의 거리감에 터한 유토피아가 아니라 '혁명'이라면, 그리고 혁명이 구성적으로 물고 들어가는 '혁명의 다음 날'에 관한 문제라면, 우리는 마땅히 상처를 역사화하고 현재를 '금시(今是)의 응하

기' 속에서 정련하는 구체성을 지녀야 할 것이다. 마치, 비유컨 대, 제갈공명이 적을 격파하고 한나라 황실을 부흥시키는 대업 을 수행하기를 농부가 밭을 갈고 효자가 어버이를 봉양하듯 했 다고 할 때의 그 말끔하게 정화(淨化)된 리얼리즘의 기상과 평 상심처럼 말이다. 가령 레닌은 10월 혁명의 기치 아래 명백히 밝히기를, 혁명의 주체들은 유토피아를 꿈꾸고 있지 않다고 잘 라 말하면서, "현대사회에서 문명화된 인민이 싸움하는 사람들 을 뜯어말리고 여성을 폭행하는 행위를 그치게 하는 것과 같이 아주 단순하고 쉽게 인민들은 문제를 해결할 것"*이라는 낙관 적인 전망을 내놓은 바 있다. 예를 들어 일제 치하에서 활약했 던 '혁명'가들은 '민족해방운동'의 동일한 기치 아래 좌우를 가 리지 않고 독립이라는 정치적 해방의 거사와 더불어, 정치적 해 방의 바로 그다음 날부터 시작될, 그리고 그 속에서 나름의 생 활양식을 통해 일상을 구성해야 할 사회혁명의 구상에 몰두해 야만 했던 것이다. 무슨 현오한 도(道)를 외따로 찾는 게 아니라 외려 이미 널리 알려진 도(道)를 닦는 게 공부[修道之謂敎]인 것 처럼, 일상생활의 갖은 형식들이 일관되게 실천되는 가운데 벼 려진 지혜와 정화된 의욕이 개개의 사안과 낱낱의 관계를 '바로 이것(卽是)'의 집중 속에서 응대하는 일이 혁명과 유토피아적 실천의 안팎에서 면면하고 담담하게 이어져야 할 윤리일 것이

---

* 레온 트로츠키, 『배반당한 혁명』, 김성훈 옮김, 갈무리, 1995, 136쪽.

7 장 공 동 체 와 집 중

다. 물론 현명한 실천과 응대를 위한 금시의 집중이 반드시 거리(감) 정치의 황금률은 아닐지라도, 과람한 친밀성의 동일화를 견제하는 한편 환상의 비현실적 거리를 공들여 횡단할 수 있다면, 바로 이 같은 이중의 노동을 통해 어렵사리 얻어지는 시공간 속에 잠시 우리의 행복을 의탁할 수 있을 것이다.

그러나 그렇다고 해서, 관계를 미련 없이 투명하게 하고, 시야를 행위 전략의 도판(圖板)처럼 차분하게 평면화하며, 거리감의 후박(厚薄)과 굴곡을 없애버리면 문제는 그처럼 단순하게 풀릴 수 있을까? 레닌의 말처럼, 그저 뜯어말리거나 그치게 하는, 일순이나마 실없는 거리감을 죽이는 단순하고 오달진 행위로써 공상적 유토피아의 낭만과 허세를 제어하고, 그로써 인민들의 삶의 문제를 적실하고 야무지게 해결할 수 있을까? 그의 유일무이한 이데올로그의 말처럼, 현실세계의 종교적 반영을 포함한 갖은 환상은 "인간과 인간 사이, 그리고 인간과 자연 사이의 일상생활의 현실적 관계가 투명하고 이해할 수 있는 형태로 나타날 때,"* 다시 말해 행위자의 거리감에 실없는 잉여나 응축(凝縮)이 없다면 문제는 악순환의 고리를 잃고 스스로 해소되고 말 것인가? 혹은 프로이트 식으로 돌려 말하자면, 미적분학 내지는 불편부당한 하나의 방법론적 수단일 뿐인 정신분석학—'전이'라는 그 필수 불가결한 잉여의 거리감 혹은 거리감의 황홀

---

* 카를 마르크스, 『자본론 1 (상)』, 김수행 옮김, 비봉출판사, 2002, 99쪽, 102쪽.

(恍惚)을 냉정하고 효과적으로 다스린다는 바로 그 정신분석학!
—을 성공적으로 동원하고 처방하면 '인류의 가장 오래되고 강력하며 절박한 원망(願望)'(프로이트)과 같은 것들은 마치 계몽의 봄날에 흘러내리는 눈섞임물 같은 처지가 되고 말 것인가?

어떤 거리감 혹은 그 상실은 긴장을, 스트레스를, 그리고 싸움을 낳는다. 그리고 어떤 거리감은 친밀성을, 전이를, 사랑을 낳는다. 어떤 거리감은 환상을 유지하게 돕고 또 어떤 거리감은 단숨에 환멸을 몰아온다. 어떤 거리감은 현실을 괴물처럼 물어오고, 어떤 거리감은 현실을 메시아적 아우라의 기대 지평 속에 (재)배치한다. 조폭들 간의 나와바리(繩張) 싸움이나 국가들 사이의 영토 분쟁도 거리적 친소감의 효과에 빚진 바가 적지 않다. 다른 예를 들어 대인관계에서 관례화된 평화로운 거리감의 조절-관행을 놓고 종족의 풍습과 사회의 특성을 유추할 수도 있을 것이다. 일본인들 사이에서 유지되는 대인관계의 거리감이 우리와 다르다거나, 인구 분포에 따른 거리감이 변하는 추이에 따라 농촌과 도시를 구별한다거나 하는 따위의 언설도 마찬가지다. 그러나 거리(감)는 근본적으로 주관적 전유, 즉 주객관이 만나는 상호작용의 형태다. 마치 필요(besoin)와 욕구(demande)가 만나는 그 경계역(域)에서 생성되어 솟아나는 욕망(désir)의 샘처럼, 필경 어떤 환상과 유토피아를 지향하게 될 '인간적 대응'은 사물들 사이의 객관성도 아니고 짐승들의 행동이 갖는 비메타적 일의성(一義性)에서도 벗어나 있기 때문이다.

역시 마르크스의 흥미로운 지적처럼, 신자가 교회에 바치는 십일조가 비록 성직자로부터 얻는 축복에 비해 훨씬 더 분명한 소득이긴 해도, 신에 비해 아벨라르의 육체가 더 분명한 욕망의 대상이긴 해도, 사람들은 여전히 분명하지 못한 그 축복의 창구에 장사진을 치고 있지 않은가?

인간이 인간의 세상을 대하고 그 속에서 살아가는 방식으로서의 거리감-조율은 워낙 영도화(零度化)할 수 없는 심리적 변수와 해석학적 운무로 그득하다. 마치 의식 자체의 존재가 운동일 수밖에 없다는 헤겔 혹은 제임스의 오래된 지적처럼, 거리감은 그 자체가 일종의 조율조작적 운동으로서 '영도'와 같은 존재론적 응결에 이르지 못하는 것일까? 인간이란 그저 거-기에 있는 일종의 잉여 존재(l'être de trop)이며 쉼 없는 선택과 조율을 통해 자신의 관계 상황을 만들어간다면, 외려 갖은 거리(감) 속에서 초점 없이 흔들리는 게 정상일지도 모른다. 무호무오(無好無惡)의 경지, 확연무성(廓然無聖)의 경지 혹은 무위이무불위(無爲而無不爲)의 경지…… 그러니까 거리감의 영도에 대한 고래의 상상, 그 투명성 속에서 무성무속(無聖無俗)해지는 경지는 반(反)사실적 이상태의 기호에 지나지 않을지도 모른다.

잠시 귀신과의 거리감을 생각하면서 이 문제를 우회해보자. '상처와 아우라의 거리 구별'(벤야민) 따위를 임의로 해체시키는 인간과 귀신 사이의 거리감 말이다. 종교신앙의 유구한 유토피아성과 극렬한 이데올로기성은 바로 이와 같은 신적 매개에 의해 가능해진다. (귀)신은 그를 믿는 인간에 대해서 내재와 초월의 통일성을 이룬다. 그는 무한한 타자로서 영겁의 거리에서 무명(無名)으로 존재하다가 어느 순간 마치 미토콘드리아처럼 내 몸 곳곳에 들어와서는 그 거리를 지워버린다. 흥미로운 것은 이 초월과 내재 사이를 가로지르는 안정적 거리감의 정치가 일찍이 유교례(儒敎禮)에 의해 발명되어 장구한 세월 시행되어왔다는 사실이다. 대부분의 '신(信)'자가 여기와 저기, 차안과 피안, 악과 선, 지옥과 극락, 현세와 내세, 내재와 초월 혹은 사람과 귀신 사이의 거리에서 시소 게임을 하고 있을 때 진실로 현명한 자는 거리감에 현혹되지 않는데, 이와 관련해서는 귀신 등에 대해 '공경하지만 가까이하지 않을 것(敬而遠之)'을 주문한 공자의 길을 다시 살필 필요가 있다. 이들은 '조상이 마치 앞에 있는 듯' 제사에 정중했고〔愼終追遠〕, '귀신이 있는 듯' 예법에 근실(謹悉)할 것을 요구했지만, 다만 사람들은 그 귀신들과의 거리감에 의해 조작되는 심리적 스트레스와 전이로부터 떨어져 있었다. 귀신을 대하는 방법도 그렇지만 인간이 삶과 죽음의 깊이를 고민하고 탐색할 때 "마치 ~인 듯"이라는 말의 연극적 우회를 택하는 것은 이미 그 자체로 철학적이다.(Magee 1999, 395) 그리고 '마치 ~인 듯'의 철학은 "사태를 회피하려는 게 아니라 (사태를 향해) 좀더 깊이 들어가려는"(Magee 1999, 396) 시도다. 그러니까, 이는 일종의 '연극적 실천'을 통해 그 빈 거리를 가로질러 탈(脫)문제화하려는 인간적 대응이다.

5. 언어의 거리감도 이와 관련되는 중요한 주제다. 언어의 기원에 관한 불투명한 이론들과는 별도로, 인간이 부려온 언어의 요긴한 기능 중 하나는 그 거리감을 상쇄하거나 보상하는 것이다. 그런 점에서 언어는 환상적이다. 인간 종이 이룬 문명문화의 전체 건축이 바로 이 언어성의 정교함에 기대고 있다고 해도, 그것은 여전히 환상적이기는 마찬가지다. 인간의 것들은 죄다 환상적(illusionary)이기에 환상적(fantastic)인 셈이다. 언어가 사물 혹은 사태를 쥐거나 호출하거나 연상시키거나 약속할 때 언어는 사물과 사태의 객관적인 거리를 흔들고 바꾸어놓는다. 언어로써 긴밀하게 조율되는 해석이나 번역의 활동 중 상당 부분은 당연히 거리감에 대한 극히 인간적인 대응 방식이다. 예를 들자면, (롤랑 바르트가 잘 예시한 바처럼) 사랑하는 여인의 육체를 부득이 말로써 만지려 한다거나 주술적 진언(眞言)으로써 감응 효과를 기대하거나 대중의 행태와 운신을 말로써 휘어잡고 부리려는 등의 행위는 모두 이 거리감을 언어적 수행을 통해 대처하려는 전래의 방식들의 일부다. '인간의 이해가 해석(Alles Verstehen ist Auslegung)'(가다머)일 수밖에 없고, '말은 현존재의 근본 행위(Das Reden ist das Grundverhalten des Daseins)'(하이데거)라면, 인간의 말과 이해에 근원적으로 개입하고 있는 거리감의 정치를 피할 수 없다. 기호의 (환상적) 매개 없이 대상과 마주하고 있는 살모사나 고등어의 (우리가 상상할 수 없는) 경우를 상상해보면, 인간이 개입하는 주객관의 관계에서 언어가

차지하는 (우리가 상상할 수 있는) 비중을 상상할 수조차 없을 것이다.

신이나 짐승처럼 거리감의 영도(零度) 속에서, 상처(역사)도 희망(유토피아)도 없이, 주어진 모든 대상을 완벽하게 혹은 중성적·자연적으로 대할 수 없는 인간은 이 거리감에 들붙는 애매함을 해석과 번역, 은유와 환유 혹은 제 깜냥과 여건에 얹어 처리한다. 그것은, 주체도 객체도 아닌 헤겔의 절대정신처럼 오직 스스로를 인식하고 생산하는 자기 관계의 매개 과정도 아니며, 민물가재나 너구리처럼 해석과 번역의 언어적 매개 없이 즉물적 생명 활동을 통해 스스로가 대상으로 자리매김되는 것도 아니다. 이처럼 인간은 매개하고 매개되며, 인문학은 그 근본에서 매개학(mediology)이고, 유토피아 역시 독특한 인간적 매개 현상으로서 주객의 거리감 속에서 끊임없이 요개(搖改)하고 섭동(攝動)하는 인간적 대처의 한 응결점 혹은 그 소실점일 것이다.

6. 언어는 유토피아가 아니지만, 유토피아는 언어인 셈이다. 언어의 안팎을 놓고 다투는 공부의 경계는 유토피아적 상상력의 기원이자 밑절미가 될 법하다. 그러므로 더 나은 삶을 위한 대안적 장소화를 따지고 헤아릴 때 언어의 어떤 추이는 지표가 된다. 그렇다면 하이데거 식으로 말해서 언어조차 정보화, 약호화, 기호화, 디자인화, 그리고 숫자화하고 있는 총체적 여

건 속에서 인문학도들의 윤리적 선택이 '언어의 목자(Hirt der Sprache)'를 향한 쉼 없는 수행이어도 좋겠다. 다시 그 언어는 궤도 위에서 미끄러지는 정보언어가 아니라 생기(Ereignis) 속으로 들어가는 '도상의 언어'라고 해도 좋겠다. 유니콘과 같은 허구적 대상을 재현하려고 할 때 그 적절한 방식은 '그 대상의 그림'이 아니라 '대상-그림'이라고 했던 넬슨 굿맨의 지적에 얹어 이 생각을 이어가자면, 유토피아적 상상은 언어로 재현되는 게 아니라 오직 쉼 없이 상호작용하는 언어목자적 주체들의 지치지 않고 계속되는 창의적 불화와 그 언어적 수행에 의해 점점이 이어질 것이다.

언어성과 거리감 사이의 괴리 및 그 초극은 가없는 세월 동안 일급의 학인과 수행자들의 화두 속에 집약된 채 인간 정신의 미래를 알리는 등불 역할을 해왔다. 인간으로서 의언(依言)하는 게 당연하다지만 어느새 이언(離言)의 경지를 읊조리고, 초월과 해방을 노래하는 그 입술의 그림자는 어느새 부처님의 손바닥에 내려앉아 있기도 해서, 상처(진실)와 희망(유토피아)을 구하는 자리에서마다 언어의 거리감이 내밀한 주제가 되는 일은 흔하다. '누구나 이미 언어의 직물 속에 있다(Jeder steht immer im Geflecht der Sprache)'(하이데거)는 말은 백번 지당하지만, 이와 함께 인간은 불립문자견성성불(不立文字見性成佛)의 이언적(離言的) 상상력을 포기할 수도 없는 존재다. '언어가 완성되면 혁명도 완성된다'(!)(조지 오웰, 『1984』)는 따위의 장담이나, '사물의 존재를 기능과 동일시하는 일차원적 정신'(마르쿠제)에 대한 비판적 담론이나, 로티처럼 인간의 역사를 계승되는 메타포들의 역사로 이해하고 새로운 언어의 생성자로서의 미래 인류를 예감하는 희망 등등에서 출발해도 좋을 듯하다. 그러나 다른 곳에서 이미 논급했듯이, 인간성과 언어성이 관련을 맺는 방식은 다만 정치사회적 맥락에 머물지 않는다. 아직 자세히 규명되진 않았지만 인간의 증상조차 침묵에 의해 전환된 몸의 '언어'일 것이며, 종교적 계시나 기미도 인간의 탈자적(脫自的) 요동의 끄트머리에서 이윽고 '알면서 모른 체(unawares to oneself)' 재귀적으로 완성되는 일치의 (신성한) '언어'일 수 있고, 이른바 갖은 징조(徵兆)도 인간과 물(物) 사이의 비(非)의식적·근원적 친화성의 울림 속에서 개현(開顯)되는 이름 없는 '언어'이며, '의식의 고유한 속성을 압축한 형식인 텔레파시'(데리다)도 정신의 무의식적 능산성(能産性)이 시공간을 넘어 어느 우연한 사실과 자기수행적으로 일치하는 예표(豫表)로서의 언어라고 해야 할 것이라면, 언어성의 감성이야말로 인간의 유토피아를 헤아리는 담론에서 빼놓을 수 없는 필요 불가결(sine qua non)이다.

7. 유토피아적 상상은 어떤 거리감의 조율 혹은 조작에 의해 생성되고 지지된다. 이 거리감은 마치 옆집에 사는 남자가 아무래도 예수나 부처일 수 없고 바로 뒷마을이 '증상 없는 유토피아'일 리는 없다는 고정관념과 같은 곳에 맺혀 있다. 정치가 구

성원들의 사회적 자리와 관계를 규정하듯이, 구성원들의 환상과 욕망이 집단적으로 맺히는 자리와 그 거리감을 규정하기도 한다. 앞서 시사했듯이, 예를 들어 종교적 체계가 신도들의 자리와 관계, 그 희망과 환상을 규정하는 데에도 이 거리감의 정치는 결정적이다. 공식적 메시아와 유토피아의 기별은 그 속도에서, 그 속도가 재현하는 거리감에서 차별화의 정치를 행한다.

너무 속히 다가오거나, 너무 가까이 있거나 혹은 '너무-있는' 유토피아의 종류는 대중이나 신자들의 환상에 적절치 않다. 무릇 군중의 환상은 자본제적 욕망의 체계처럼 완성되어 붕괴하는 데에 그 의의가 있지 않기 때문이다. 아직은 알 수 없으되 늘 기미를 흘리는 것, 결코 가까이 다가오지 않지만 그 도래(到來)의 소문은 점잖게 발설되는 것, 가늠자이거나 푯대이거나 소실점으로만 기능할 뿐이면서도 삶의 현실을 규율하는 그 무엇들, 이것들은 연기와 유예의 세계 속에서 자기복제를 계속하며 인간들의 시선이 닿는 가장 아스라한 곳을 낭만화한다. 물론 이 낭만화한 원경(遠景)을 축으로 삼아서는 현실에 착근한 구체적인 생활양식을 조형해낼 수 없다. 유토피아적 지남(指南)과 이데올로기적 규율을 통해 연역적으로 제시되는 생활은 착실(實)한 게 아니다. 진화사의 전부가 그랬던 것처럼 우선 착근(着根)해야 하며, 착근해야 착실(着實)해지고, 이 착실함에 터함으로써 지속 가능한 창의적 생활양식이 일구어진다. 이런 식으로, 인간만의 독특한 착실함이 필경 도달할 '영혼'이라는 존재의 새로운 가능성은 낭만화된 유토피아적 가상(假象)을 알뜰하게 내재화한다.

50. 시간과 장소는 어떻게 만나는가:
일, 거리(감), 사물

1. 공간(space)과 달리 장소(place)는 인간의 개입이 표나게 드러난다. 공간은 기능적으로 특화된 곳이므로, 그 '전문성'을 위해 '인간성'을 배제하는 경향을 보인다. 이 취지를 압축하면, 장소는 공간의 기능성이 영도(零度)에 이르도록 '닦는' 어떤 관계의 단면을 보여준다. R. L. 브레트는 이 개입의 정서적 차원을 '애정'이라고 부른 바 있다. 애정이라는 이름 아래 쾌락의 대상을 소비, 소모하는 경험에 익숙한 이들이라면 공간에 대한 정서적 개입으로서의 장소화를 이해하기 어렵겠다. 자본제적 삶의 현실 속에서 잦보는 애정이란 기껏 소모이거나 남용 혹은 방치(dilapidation)로 빠지곤 하기 때문이다.

E. 렐프가 정의한 이른바 '무장소성(placelessness)'도 '평균적이며 공통적인 성격'이 도드라지는데, 그것은 무엇보다도 인간(間)이 개입한 시간(間)이 공간(間)에 남긴 무늬와 같은 것을 아직은 얻지 못했기 때문이다. 이력(履歷)이란 몸을 끌고 온 흔

적인데, 이 이력의 흔적으로 (어질더분해지기보다는 오히려) 말갛게 변한 자리를 일러 장소라고 부른다. 공간이 애초에 정해진 기능에 준한다면 장소는 사람이 행하는 일의 성격에 따르는데, 물론 이 기준과 구분은 아주 명확하지는 않다. 마치 '내가 좋아하는 자판기'라거나 '공무원들은 뭘 하나. 월연정(月淵亭)이 왜 저 꼴이야!'라는 식의 '비스듬히 어긋난' 이치가 생길 수도 있듯이 말이다. (실제로 나는 전주에 오래 살면서 천변의 어떤 '곳'에 있는 커피 자판기를 자못 '사랑'했다. 전주라고 찻집과 비빔밥집만 있는 게 아니라 근사한 카페가 적지 않지만, 마음이 가난(家難)한 나는 오직 전주 천변에 외롭게 서 있던 그 자판기만을 '장소화'하는 데 성공했다.)

우선 시간과 장소는 '인간의 일'에서 겹친다. 어떤 일을 어떻게, 얼마나 하느냐에 따라서 그 장소의 기운은 변한다. 예를 들면 '일없어!'라는 표현에서 느껴지는 일에 대한 부정적 태도는 사회적 약자들이 겪어온 생존집중적이면서도 때론 부당한 노동의 역사를 얼핏 드러내는데, '일'이 이렇게만 이해된다면 그 일의 장소는 인간의 온기와 슬기를 키워내지 못한다. 토착성(Bodenständigkeit)과 고향상실(Heimatlosigkeit)을 날카롭게 대조하는 하이데거는「창조적 풍광: 우리는 왜 시골에 사는가?」라는 짧은 글에서, 슈바르츠발트와 그곳의 주민들의 경우 각자의 고유한 '일'이 친밀하게 귀속해 있다는 점에서 그 토착성의 유래를 추적한다.(하이데거 2012, 23) 대지가 토지로 바뀌는 과정에서처럼, 토착성은 단지 시간만의 것이 아니라 반복되는 노동을 통해 인간이 개입한 역사의 암우(暗祐)가 필요한 것이다. '장소에 친밀하게 거주하는 것과 필수적인 일의 반복적 수행'의 관계를 캐내려고 하는 호이나키의 논점이 바로 이것이다. 우리가 '장소의 영(genius loci)', 장소적 영성 혹은 장소적 신학 등등의 말을 사용할 때에도 결국 그 중심에는 인간의 어떤 형식의 어떤 일이 어떤 장소/사물에 내려앉은 긴 세월의 무게를 떠올리게 되는 것이다.

한 장소를 안다는 것은 그 땅의 영기(靈氣)에 사로잡혀 두려움과 공경심, 겸손과 감사의 마음으로 산다는 것을 뜻한다.(호이나키 2007, 94)

흥미로운 점은, 호이나키가 이 '일'의 중요한 사례로서 '청소'를 매우 진지하게 거론한다는 것이다. 그는 청소의 '덧없음'을 언급하면서도, 이 일이 미술관의 장려한 회화나 멋진 조각작품을 대하는 기분을 방불케 하는 점이 있다고 강조한다.

조금 수수께끼 같은 말로 들리겠지만, 우리는 우리가 미술관에서 찬탄해 마지않는 장려(壯麗)한 회화나 조각과 같은 영구적인 예술작품의 창조에 대해서 이야기할 때와 같은 기분으로 이야기할 수 있는 것이다.(호이나키 2007, 262)

이는 '소지황금출(掃地黃金出)'과 같은 실용주의적 슬로건에 접속되기도 하겠지만, 자고로 우리 동아시아 전통 속에서 청소란 공부의 시작[小學]이며, 그 준비이고, 큰 앎이 들어설 몸의 바탕을 이루는 것이었다. 미국 메이저리그에서 불멸의 타격 기록을 세운 스즈키 이치로(鈴木一朗, 1973~)에 관한 기사 중 유달리 내 관심을 끈 대목은 이런 것이었다.

정리가 끝나면 흐트러진 라커 앞을 깨끗이 청소한다. 그리고 그라운드에 나가서 팀 전체가 하는 준비 운동에 참가한다.(다음스포츠, 2016년 7월 22일자)

일본적 장인(匠人)의 태도는 이어진다.

깨끗하게 직접 손질한 글러브로 훈련한 것은 몸에 남는다. 그런 기억은 계속 몸에 새겨진다. 하지만 더러운 글러브로 플레이하고 있으면 그런 운동은 기억에 남지 않는다. 그런 의미가 크다.

이런 점에서 청소를 통해 대변되는 극진한 준비와 응대는 무술에서 제사(祭祀)에 이르는 갖은 수행성의 자리가 공유하는 넓고 깊은 지평을 보여준다. 몸을 깨끗이 해서 신기(神氣)의 좌정과 운행을 받들고 준비한다거나, 기물과 주변을 깨끗이 함으로써 그 응대 속에 활물(活物)하는 체험의 은택을 서로 나눈다거나, 타인과 이웃을 대함이 청아(淸雅)하고 곡진해서 활평(活評)의 응공(應供)을 얻는다는 것은, 모두 그 나름대로 '청소'라는 행위가 열어주는 어떤 근원적 장소의 가능성을 가리킨다. '식민지의 경험을 숨기거나 배제함으로써만 근근이 유지해올 수 있었던 서양 철학'(수잔 벅모스)의 경우처럼, (아무래도) 그 무슨 죄(罪)를 은폐한 듯한 하이데거*의 은현(隱玄)함도 이런 지경에 이른다. 「예술과 공간」이라는 글에서 이 나치 철학자의 사유는 자못 심오해지며 이 글의 취지에 근접한다.

> 깨끗이 치운다는 것은 그곳에 신(神)이 나타날 그런 장소를 해방하는 것이요, 그곳에서 신들이 멀리 달아나버리는 그런 장소를 해방하는 것이요, 그곳에 신적인 것이 오랫동안 머뭇거리다가 나타나게 될 그런 장소를 해방하는 것이다. 깨끗이 치우면 그때마다 거주를 해방하는 근원적 장소(Ortschaft)가 마련된다. 범속한 공간은 언제나 신성한 공간이 뒤로 물러나 종종 아주 멀리 사라져버린 그런 장소이다. 깨끗이 치운다는 것은 그런 장소를 해방하는 것이다.(하이데거 2012, 269)

---

* 서정주의 시(詩)와 역대의 권력(자)에 대한 그의 태도가 맺는 긴장을 안이하게 해소하지 않아야 하듯이, 하이데거의 철학과 그의 반유대주의/나치즘 사이의 관계 역시 손쉽게, 그러니까 어느 한쪽에 집중한 채 다른 쪽을 외면 내지는 매도하는 안이함으로 접근하지 않아야 한다. 근본적인 차원에서 사상가나 예술가처럼 할 말과 쓸 글이 있는 (많은) 사람의 경우, 이미 그 사람들 스스로 그 말/글과 자신의 행태 사이에서 불안하게 흔들리며 살아갈 수밖에 없기 때문이다. 대개 놀라운 재능은 말과 삶 사이에서 피할 수 없는 이 불안의 섭동(攝動)이 벼려낸 것이라고 강변한다 해도 나는 순순히 동의할 테다.

사실 인간의 일이 자잘한 사물이나 장소와 맺는 관계의 형식과 그 영향사적 후과는 아직 충분히 검토되지 않았다고 봐야 할 것이다. 특히 '대가 없이 극진한 노동'—영혼은 대가나 변명에 알레르기 반응을 보이므로—이 만드는 사람됨의 멋과 결에 의해 인간이 장소와 관련되면서 서로 응공(應供)을 이루는 일을 우리는 까맣게 잊고 있다. '모든 것이 연결되었다'고 말해도 좋을 이 세상에서, 우리는 근대적 개인주의의 실내화에 의해서, 자신의 몸과 우주를 동시에 소외 혹은 누구의 말처럼 '소내(疎內)'시키고 있는 것이다. 그래서 '앞으로 가는 게(왕첸쩌우〔往前走〕)' 곧 '돈을 향해 가는(왕첸쩌우)' 세상 속에서, 엘리아데의 말처럼 인간의 몸이 그 영성적 가치를 잃어가는 것과 마찬가지로 인간의 거처도 곧 우주론적 가치를 잃고 있다.

따라서 집은 한편으로 우주와 상응하며 또 한편으로는 연기 구멍이 북극성을 향하고 있다는 점에서 세계의 중심에 위치하고 있는 것으로 간주된다.*

이는 처음부터 인간의 존재와 거처를 신화적으로 채색하려는 게 아니다. 육체부터 우주에 이르는 삶의 터에서, 인간의 노동과 정성과 관심과 응공이 이루어낼 가능성들을 말할 뿐이다.

---

* 미르치아 엘리아데, 『이미지와 상징』, 이재실 옮김, 까치, 1998, 55쪽.

2. 그런가 하면 인간과 시공간의 만남은 '거리감(感)'을 통해 매개되고, 나아가 그 '몸'을 얻기도 한다. 갖은 관계들은 그 나름의 적정한 거리를 유지함으로써 스스로를 보호하고 활성화하는데, 이 거리(감)는 그 관계를 사회화, 제도화, 그리고 어느새 자연화한다. 예를 들어 이 거리감을 공적/사적으로 나누거나 이성/동성으로 나누거나 비즈니스/플레저(business/pleasure)의 구별로 나누는 것은 우리에게 매우 익숙한 관례다. 하지만 이 모든 범주적 구별은 결코 단선적이지 않으며, 경우와 관계를 좇아 세분화되고 또 그 사회의 성격과 계층에 따라 변칙적으로 적용되기도 한다. 가령 개인의 육체는 대체로 사적 영역이며 따라서 공공연히 노출하는 것을 금하는 사회적 관례와 법이 있지만, 맨살이 드러나는 것은 워낙 복잡다단한 형식과 여건 아래 놓이므로 관례와 법의 성문(成文)으로써 일일이 규정할 수가 없다. 예를 들어 서구에서는 17세기 이후 차츰 남자 의사들이 출산(出産)에 참여하게 되었지만, 과학사의 뒷얘기로 흔히 거론되는 일화 중에는 그 이전 시기 '실습'의 목적 아래 여장(女裝)을 한 채로 산실(産室)에 숨어든 남자 의사들이 발각되어 처형된 사례가 더러 있다. 거꾸로 의사 집단을 매개로 한 이른바 '생체 권력'이 기승을 부리고 있는 작금에는 아예 임산부들의 동의도 없이 수련의나 의대생들을 참관시켜 물의를 빚고 있기도 한 실정이다. 아무튼 중요한 것은 이 거리감도 인간의 주관적 개입에 따라 상대적으로 진동하면서 그 친소(親疏)를 미세하게 조율한다는 사

실이다. 친구와 연인 사이의 거리차(差)가 문턱처럼 규제력을 발휘하듯이, 특정한 공동체, 사회, 그리고 체계는 그 나름의 목적과 관계의 성격을 규정하고 유지할 수 있는 거리감의 정치를 행하는 법이다.

아는 대로 그 모든 거리(감)는 인간관계의 정상성을 유지시키는 데 결정적이다. 가령 어떤 독신 남자가 자신의 친구와 그 친구의 아내를 같이 만날 경우, 회동 중에 이 남자가 자신의 친구와 유지하는 거리(감)는 당연히 이 남자가 그 친구의 아내와 유지하는 거리(감)와는 사뭇 다르다. 우리나라의 경우 이 남자는 친구와 악수를 하거나 심지어 스킨십을 즐길 수도 있지만, 친구의 아내와는 정중한 악수를 하는 정도의 거리(감)까지도 배제되곤 한다. (나는 친구의 아내가 내미는 손을 순진하게 잡았다가 된통 낭패를 겪은 적이 있다.) 아무튼 사회 속의 인간관계들은 그 경우와 여건에 따라 이런저런 거리(감)를 요구하며, 다른 시대와 지역은 다른 거리감에 터해서 그 나름의 사회적 정상성을 유지한다. 예를 들자면, 한때 젊은이들을 달뜨게 말려놓았던 상사병이라는 일련의 증상도 결국은 교통과 통신의 여건을 포함해서 사람과 사람 사이의 거리(감)의 문제가 그 바탕에 놓여 있다. 당연히 상사병스러운 증상들 일체는 거울사회의 자기표상 도구인 휴대전화 혹은 휴대전화스러운 것들 통해 손쉽게 해소된다. '거리두기'는 부르디외의 사회학적 논의에서도 매우 중요하게 논급되지만, 엘리아스의 궁정사회에 대한 다양한 역사인류학적 논의에서도 키워드로 자주 등장한다. (여기서의 용례는 근대적·개인적 로맨스의 기원을 탐색하는 맥락 속에 위치한다.)

자기억제의 전개 과정, 자발성의 축소, 거리두기와 그에 상응하여 문명화 과정에서 나타나는 거대한 운동의 전형적인 징후는 그것이 남녀관계에 해당되는 한, 실제적인 출현 또는 차라리 숭배(컬트)나 이상으로서의 낭만적인 애정관계의 발전일 것이다. 아무리 다른 요인이 개입하더라도, 자기억제의 가식을 뚫고서, 때로는 좋은 매너의 형태로 때로는 양심이나 성찰의 형태로 나타나는 성별 사이의 거리두기, 말하자면 탐욕스러운 사랑의 향유에 대한 주저함과 고통스러운 환희에 대한 애처로운 만족, 이 모든 것은 때로는 더 강조되고 때로는 덜 강조되면서 낭만적 사랑이라는 감정복합체의 토대를 형성한다.[*]

한편 어떤 거리감은 환상을 유지하게 돕고 또 어떤 거리감은 단숨에 환멸을 몰아오기도 한다. 그중에서 인간의 관계들이 거리감이나 속도감을 통해 매개되는 현상으로서 가장 흥미롭고 특징적인 것은 '메시아'와 '괴물' 사건으로 부를 수 있겠다. 요컨대 그 소재와 내용이 무엇이든 '지나치게 빨리 다가와'서 둘 사이에 적정한 거리감을 단번에 잠식하는 현상을 일러 '괴물적'

---

[*] 노르베르트 엘리아스, 『궁정사회』, 박여성 옮김, 한길사, 2003, 425쪽.

이라고 한다. 예를 들어 남자가 타인인 여자의 육체에 접근하는 방식은 둘 사이의 거리(감)와 함께 그 남자의 몸이 그 여자의 몸에 접근하는 속도(감)에 의해서 정상성을 얻는다. 그런 게 매너고 에티켓이며 관습이자 상식이다. 여기서 굳이 속도'감(感)'이니 거리'감(感)'이라고 덧붙이는 이유는 사람들 사이의 거리와 속도의 효과는 꼭 측정 가능한 객관성에 의해 결정되지 않기 때문이다. 하여튼 이런 경우에 거리(감)와 속도(감)가 매너와 상식의 수준을 넘어 가까워지고 빨라지면 성추행이 되거나 심지어 강간에 이른다. 이처럼 자신의 사회적 위치를 보존할 적절한 거리(감)와 상대에 관습적으로 대응할 수 있는 안정적인 속도(감)를 훨씬 상회하는 '접근'과 정신적·육체적 잠식을 일러 '괴물(적)'이라고 칭한다.

이와 반대로, 둘 사이의 거리(감)와 속도(감)가 너무나 멀고 느려 실질적으로 그 약속된 관계를 현실화할 수 없는 경우가 있다. 나는 이를 '메시아적'이라고 부른다. 앞서 설명한 괴물이 관계상으로 가능한 환멸의 극단이라고 한다면, 이는 관계상으로 가능한 환상의 극단적 형태다. 가장 쉬운 사례가 '파루시아(παρουσία)'의 형태다. 예수의 재림(再臨)에 대한 기다림과 기대는 서구 역사상, 아니 어쩌면 인류 역사상 오래된 환상일 것이다. 그것은 수천 년의 말미를 얻어도 영영 현실화되지 못한 채 유예의 정치를 거듭하면서 다가오지 않는 대중적 환상이다. 실은 메시아의 비밀은 '그는 오지 않는다', 아니 정확히 말하자면 '그는 오지 못한다'는 사실이다. 메시아는 백년천년을 기다려온 군중 앞에 제 모습을, 그 콧구멍을 벌름거리고 제 사투리를 구사하면서 드러내진 못한다. 맞선 자리에 나가서도 환상이 깨지는 경우가 잦을진대, 전 인류의 수천 년을 상대하는 메시아의 경우에 그 환상을 유지시킬 유일한 방식이란 게 대체 무엇이겠는가? 그러므로 기다려도 오지 않지만 오지 않는다고 기다림을 포기하지 않는 이 선량한 악순환의 이름을, 나는 '메시아'라고 부르는 것이다. 마찬가지로 신이—그 무슨 신이든!—인류의 환상을 지속시켜줄 유일무이한 방식은 그가 태초부터 존재하지 않았다는 사실밖에 달리 제시할 게 없다.

　괴물은 온다. 그러나 그는 너무나 빨리 다가와서 우리의 인식을 마비시키며 결국 환멸의 원인이 된다. 메시아는 오지 않는다. 그러나 그는 천년을 두고 뜸을 들이면서도 그 매력을 잃지 않아 우리의 인식을 마비시키며 필경 환상의 원천이 된다. 대개의 사람들은 괴물과 메시아 사이에서 불안한 균형을 유지하며 살아간다. 괴물에 대한 공포와 메시아를 향한 심리적 전이(轉移)를 적절히 조절하면서 그럭저럭 살아가는 것이다. 괴물에 당하고 메시아에 사로잡힌 나머지 삶의 주체성을 잃은 채 환멸과 환상에 이끌려다니는 이들도 있지만, 거개는 이리저리 꺼들리고 휘청거리면서 어중간하게 살아간다. 이렇게 보면, 이른바 이데올로기는 너무 빠르게 혹은 이미 너무 가까이 우리 주변에 다가와서 우리의 인식과 판단을 잠식해버린 '너무-있는-장소'

집중과 영혼

라고 해도 되겠다. 마치 개인의 시각과 태도가 성립하기 위해 선 반드시 경유하거나 매개되어야만 하는 외상(trauma)처럼 말이다. 이와 대조적으로 '너무-없는-장소'는 유토피아(u-topos)인데, 집단적 환상의 초점이거나 희망의 벼리로서만 기능할 뿐 너무나 느리게 가물거리거나 혹은 영영 다가오지 않는 역설적인 방식으로 그 신도들을 다가서게 한다. 이런 맥락에서 보자면 '외설성(obscenity)'은 극히 시사성 높은 개념이다. 보드리야르의 설명처럼, 그것의 알짬은 '보여진 사물의 절대적 근접성'인데, 바로 이 근접성에 조응하는 욕망의 논리는 앞서 지적한바 괴물과 환멸의 습격과 일치한다.

3. 마지막으로, 장소와 시간이 '사물'에서 맺힌다는 사실에 유의해야 한다. 다시, 하이데거는 「우리는 왜 시골에 사는가」라는 에세이에서 다음과 같이 말한다.

도시인들은 산속에 묻혀 사는 농부들이 그렇게도 오랫동안 단조롭게 혼자서 지낸다는 사실에 대해 종종 놀라워한다. 그러나 그것은 결코 '홀로 있음'이 아니라 분명히 고독일 것이다. (…) 고독은 우리를 개별화하지 않고 온갖 사물의 본질이 갖는 광활한 가까움 속으로 모든 현존재를 내던지는 아주 독특한 힘을 지니고 있기 때문이다.(하이데거 2012, 23~24)

외로움이나 권태의 감정 속에서 인간은 자신이 놓인 장소와 사물들로부터 동떨어진다. 소외되어, 그 장소나 사물의 영기(靈氣)와의 접촉을 잃는다. '재미가 없어지는 느낌'을 가만히 떠올려보면, 그 느낌의 중요한 지점은 내 존재가 처한 장소와 시간이 조금 전까지 내 관심을 끈 사물들로부터 멀어지는 데 있다. 내 장소와 시간, 그리고 이들을 사물(휴대전화기든 불어터진 라면이든 혹은 친구의 길어지는 발화든)과 엮어주던 끈들이 끊어지고, 나는 내 얇은 시간과 공간 속으로 방치된다. 흥미와 관심은 내 존재 조건인 내 시간과 공간이 특정한 사물과 맺는 일체감의 효과이기 때문이다. 말하자면, 사물과 꾸준하고 알뜰하게 만나는 인간의 독특한 방식 속에 그의 시간이 들어앉는다. 마찬가지로 어떤 사물들이 어떤 대접을 받는 장소에 맺힌 내력 속에서 인간적 지혜의 원형을 톺아낼 수도 있을 것이다.

니어링네(the Nearings)를 찾으면 지식이 쓸모 있으면서도 기품 있게 응용된 예를 보게 된다. 안채, 바깥채, 농장, 어디나 형태와 기능 면에서 아름다움이 있다. 사물이 단순히 작동하는 데서 나아가 조화롭게, 훌륭하게 움직이고 있는 것처럼 보인다. 이것이 지혜의 본질이다.*(로날드 라콘테)

---

* 로날드 라콘테, 「니어링네를 찾아서」, 아래에서 재인용. 헬렌 니어링, 『아름다운 삶, 사랑 그리고 마무리』, 이석태 옮김, 보리, 1997, 151쪽.

종언

이 책은 아침 해변을 거닐며 조개껍질을 완상하고 찬탄하는 아이의 밝음으로, 혹은 해거름의 낙조에 빠져 입을 벌리고 하염없이 바장이는 노인의 어두움으로 쓴 것이다. 아직 글자를 몰랐던 아득한 시절, 나는 밤하늘과 그 별들을 치어다보는 중에 '존재'를 요득했고, 무(無)에 치명적으로 베였다. 그리고 그 사이에서 신(神)이 탄생했다. 여태껏 이어진 내 공부는 이 셋 사이를 오락가락하며 일희일비하는 일이었다.

마음이란 참 정묘영활(精妙靈活)한 움직임이다. '사람만이 절망'이라는 게 내 오래고도 얄궂은 지론이지만, 짧지 않은 세상을 지나오면서 사람의 마음, 그 역사와 가능성만큼 깊이 감심(感心)케 하는 것도 없었다. 마음은 아무 낯선 주제가 아니지만, 사람의 무늬를 알고자 했던 내 공부 길에서 마음의 이력과 그 '너머'에 눈을 돌린 것은 중요한 변곡점이었다. '집중'으로써 일이관지하고 '영혼'을 그 가능성의 한 결절로 삼은 게 곧 그 중요성에 응하며 의의를 밝히고자(物至而應事起而辨) 한 것이기 때문이었다. 아는 대로 마음은 뇌의 활동에 의해 떠오른 것이며, 뇌는 몸의 활동에 의해서 내면화된 것이고, 몸은 타자와의 조응적 활동에 의해 진화한 것으로서 그 모든 타자는 원초적 활동과 개입의 흔적들이다. 하지만 아직 제대로 묻지 않고 있는 가장 중요한 질문은, 인간의 마음은 스스로의 신묘한 활동을 통해 무엇이 될 수 있는가 하는 것이다.

여기서 '공부'라는 극히 인간적인 메타 활동이 도드라진다. 공부는 인간이라는 정신의 특이성에 최적화된 수행이기 때문이다. 그리고 이 수행성의 갈래갈래에서 달인과 성인의 이야기가 출몰하는 것은 외려 자연스럽다. 이는 인문학적 실효(實效)에 대한 내 오랜 고민과 실존적 선택이 겹쳐 응결된 의욕이다. 부족하나마 공을 들인 게 바로 달인과 성인의 '사이'를 밝히는 작업이었으며, 이 책에서 갱신된 공부론 역시 그 이치를 밝히면서 더불어 그 존재가 되어가려는 노력의 일환이다. 책에서 영(0)이나 셋(3)의 전망을 거듭 말하면서 하나(1)와 둘(2)의 지경을 초극하려 한 것도 인간 정신에 배어 있는 '나보다 더 큰 나'를 '알면서 모른 체하기'를 통해 드러내려는 것이다. '인간의 미래'에 대한 물음에 접근하면서 기술이 아니라 정신의 길을 택한 이유가 여기에 있다.

존재와 무 그리고 그 사이에서 태어난 신을 말했건만, 이 같은 내 공부 길의 기원은 부득이 학(學)과 술(術), 철학과 종교,

유물과 유심, 속(俗)과 성(聖), 혹은 삶과 죽음의 경계로 치닫게 될 일이었다. 이제야 회고하면, 무릇 조짐으로써 운명을 점칠 수는 없지만 천년송도 솔방울 하나 속에 있는 것이다.

이 책은 내 인생의 공백이었던 지난 몇 년에 걸쳐 간간이 쓰인 것이다. 매사 부족한 위인이건만, 이 공백(空白)이 허실생백(虛室生白)의 나날에 이르도록 애쓰는 가운데 글쓰기가 이루어진 것은 그나마 다행이고 감사한 노릇이었다. 누구의 말처럼 빈자리를 견디는 사람은 죽든지 초월의 양식을 얻게 된다면, 나처럼 어리석은 사람은 오직 이 하아얀 길 속에서 일없이 죽기만을 바랄 일이다.

참 고 문 헌

Alain Badiou, *Saint Paul: the Foundatio of Universalism*, (tr). Ray Brassier, Standford, California: Standford U. Press, 1993.

Alexander Kojeve, *Introduction to the Reading of Hegel: Lectures on The Phenomenology of Spirit*, Ithaca: Cornell University Press, 1980.

Alexis De Tocqueville, *Democracy in America*, Richard D. Heffner(ed.), New York: A Mentor Book, 1956.

Alfred N. Whitehead, *Science and the Modern World*, New York: The Free Press, 1953.

Arthur Schopenhauer, *Essays and Aphorisms* (tr). R. J. Hollingdale, Baltimore: Penguin Books, 1972.

B. Tuchmann, *A Distant Mirror: the Calamitous 14th Century*, New York: Random House, 1978.

Benedict de Spinoza, *A Theologico-Political Treatise/ A Political Treatise*, (tr). R.H.M. Elwes, New York: Dover Publications, Inc., 1951.

Bertrand Russell, *My Philosophical Development*, New York: Simon and Schuster, 1959.

―――, *Religion and Science*, Oxford University Press, 1956.

―――, *The Autobiography of Bertrand Russell*, Boston: Bantam Books, 1968.

―――, *Unpopular Essays*, New York: Simon & Schuster, 1950.

Betty Cannon, *Sartre and Pschoanlysis: An Existential Challenge to Clinical Metatheory*, Lawrence, Kansas: Kansas University Press, 1991.

Bryan Magee, *Confessions of a Philosopher*, New York: The Modern

집 중 과 영 혼

Library, 1999.

Charles Taylor, *Sources of the Self: The Making of the Modern Identity*, Cambridge, Massachusetts: Harvard University Press, 1989.

Daniel C. Dennett, *Consciousness Explained*, New York: Back Bay Books, 1991.

David Hume, *Dialogue Concerning Natural Religion*, New York: The Bobbs-Merrill Company, Inc., 1947.

E. Bloch, Das Prinzip Hoffnung, *Gesammelte Werks V*, Frankfurt 1968.

E. N. da C. Andrade, *Sir Isaac Newton*, New York: Doubleday Anchor Book, 1958.

Erich Fromm, *To have or to be*, New York: Harper & Row, 1976.

Ernest Renan, *The Life of Jesus*, Lexington, KY, 2014.

Ernst Cassirer, An Essay on Man, New Haven: Yale Univ. Press, 1962.

Evelyn Underhill, *Mysticism*, New York: E.P.Dutton, 1961.

Fritjof Capra, *The Tao of Physics*, New York: Bantam Books, 1984.

Fyodor Dstoyevsky, *The Possessed* (tr). Andrew R. MacAndrew, New York: The New American Library of World Literature, Inc.

George Herbert Mead, *Movements of Thought in the 19th Century*(Vol. 2), Chicago: U. of Chicago Press, 1972.

Gerald M. Edelman, *Second Nature: Barin Science and Human Nature*, New Haven: Yale University Press, 2006.

Hannah Arendt, *Eichmann in Jerusalem: A Report on the Banality of Evil*, New York: Penguin Books, 1994.

Hannah Arendt/Karl Jaspers, *Correspondence 1926~1969*, New York: Harcourt Brace & Company, 1985.

Hans-Georg Gadamer, *Wahrheit und Methode*(4th ed.), Tubingen: J.C.B. Mohr, 1975.

Helena Norbrerg-Hodge, *Ancient Future*, San Francisco: Sierra Club Books, 1991.

Heonik Kwon, *After the Massacre: Commemoration and Consolatin in Ha My and My Lai*, Berkeley: University of California Press, 2006.

Jacque Derrida, *Dissemination*, B. Johnson(tr)., London: Athlone Press, 1981.

_____, *Given Time: 1. Counterfeit Money*, (tr). Peggy Gamut, Chicago: the U of Chicago Press, 1992.

_____, *Of Grammatology*, G. C. Spivak, Baltimore: Johns Hopkins Univ.

참 고 문 헌

Press, 1976.

Jacque Lacan, *The Four Fundamental Concepts of Psychoanlaysis*, Alan Sheridan(tr)., New York: W.W. Norton & Company, Inc., 1998.

Jared Diamond, *Guns, Germs, and Steel: The Fate of Human Societies*, New York: W.W. Norton & Company, 1997.

———, *The World until Yesterday*, New York: Penguin Books, 2012.

Jean-Paul Sartre, *Being and Nothingness*, (tr). Hazel E, Barnes, New York: Philosophical Library, 1956.

———, *Search for a Method*, (tr). Hazel E. Barnes, New York: Vintage Book, 1966.

Johann Wolfgang von Goethe, *Faust*, (tr). Bayard Taylor, New York: Washington Square Press, 1964.

John Hellman, *Simon Weil: an Introduction to her Thought*, Philadelphia: Fortress Press, 1982.

Joseph Conrad, *Heart of Darkness*, New York: W.W. Norton & Company, 1963.

Karl R. Popper, *Objective Knowledge: An Evolutionary Approach*, Chicago: Chicago University Press, 1971.

Konrad Z. Lorenz, *King Solomon's Ring*, New York: Time Incorporated, 1952.

Leo Tolstoy, *Anna Karenina*, (tr). Louise & Aylmer Maude, Oxford: Oxford University Press, 2008.

Ludwig Feuerbach, *Principle of the Philosophy of the Future*, M. H. Vogel (tr)., New York: The Bobbs-Merrill Company, Inc., 1966.

Ludwig Wittgenstein, 'Conversations on Freud', *Freud: A Collection of Critical Essays*, Richard Wollheim(ed.), New York: Anchor Books, 1974.

Ludwig Wittgenstein, *Philosophical Investigation*, New York: The MacMillan Co., 1953.

Lyall Watson, *Supernature: A Natural History of Supernature*, London: Hodder & Stoughton, 1973.

M. K. Gandhi, *An Autobiography or the Story of My Experiment with Truth*, India: Navajivan Trust, 2001.

Martin Heidegger, *Basic Writings*, San Francisco: Harpercollins, 1993.

Maurice Blanchot, *L'Espace Litteraire*, Gallimard, 1951.

———, *The Blanchot Reader*, (ed.) M. Holland, Blackwell, Oxford, 1995.

Max Weber, 'Einleitung der Wirtschaftsethik der Weltreligion', *Gesammelte*

집중과 영혼

Aufsätze zur Religionssoziologie I.

Melianie Klein/Joan Riviere, *Love, Hate and Reparation*, New York: W.W. Norton & Company, 1964.

Michel de Certeau, *La Possession de Loudun*, Gallimard, 1973.

Mircea Eliade, *The Sacred and Profane*, New York: Harcourt, Brace and World, 1959.

Nikolai Berdyaev, *Slavery and Freedom*, R. M. French (tr)., New York: Charles Scribner's Sons, 1944.

Oliver Sacks, *On the Move*, New York: Vintage Books, 2016.

Oliver Sacks, *The Man Who Mistook His Wife for a Hat*, London: Picador, 1986.

Paul Nizon, *Van Gogh in Seinen Briefen*, Frankfurt: Insel Verlag, 1979.

Paul Ricoeur, *Oneself as Another*, Chicago: Unversity of Chicago Press, 1992.

Paul Ricoeur, *The Symbolism of Evil*, Boston: Beacon Press, 1967.

Paul Valery, *Selected Writings of Paul Valery*, New York: New Directions Books, 1964.

Phyllis Korkki, 'The Sicence of Older and Wiser', *New York Times*, Mar. 12, 2014.

R. M. Rilke, *Letters to a Young Poet*, New York: W.W. Norton & Com., 1962.

Rene Girard, *Les origines de la culture*, Desclée de Brouwer, 2004.

———, *Things Hidden since the Foundation of the World*, Stanford California: Standord University Press, 1978.

Richard E. Leakey·Roger Lewin, *Origins: What New Discoveries Reveal About the Emergence of Our Species and Its Possible Future*, New York: Penguine Books, 1977.

Richard J. Bernstein, *The Pragmatic Turn*, Cambridge, MA: Polity, 2010.

Richard Rorty, *Philosophical Papers*, vol. 4: 'Philosophy as Cultural Politics', Cambridge: Cambridge U. Press, 2007.

Richard Sennett, *The Craftsman*, New Haven: Yale University Press, 2008.

Richard Wolin, *Heidegger's Children*, Princeton: Princeton University Press, 2001.

Robert M. Augros, G. N. Stanciu, *The New Story of Science*, New York: Bantam Books, 1984.

Roland Barthes, *A Lover's Discourse*, (tr). Richard Howard, New York: Hill and Wang, 1979.

참 고 문 헌

———, *The Pleasure of the Text*, R. Miller(tr)., New York: Farrar, Straus & Giroux, 1975.

———, *Writing Degree Zero*, A. Lavers(tr)., New York: Farrar, Straus & Giroux, 1968.

Rupert Sheldrake, *Dogs That Know When Their Owners Are Coming Home*, New York: Three Rivers Press, 2011.

———, *Morphic Resonance: the Nature of Formative Causation*, Rochester, Vermont: Park Street Press, 2009.

Simone de Beauvoir, *The Ethics of Ambiguity*, (tr). Bernard Frechtman, Secaucus, New Jersey: The Citadel Press, 1948.

Simone Petrement, *Simone Weil*, (tr). Raymond Rosenthal, New York: Schocken Books, 1976.

Simone Weil, *Waiting for God*, (tr). Emma Craufurd, New York: Harper & Row Publisher, 1951.

Soren Kierkegaard, "Works of Love," *A Kierkegaard Anthology*, (ed)., Robert Bretall, Princeton, New Jersey: Princeton U. Press, 1972.

Susan Forward, *Toxic Parents*, New York: Bantam Books, 1989.

Susan Sontag, *Against Interpretation*, New York: Farrar, Straus & Giroux, 1966.

Teilhard de Chardin, *The Phenomenon of Man*, New York: Harper & Row, 1955.

Thomas Hanna, *Bodies in Revolt*, New York: A Delta Book, 1970.

Viktor E. Frankl, *The Unheard Cry for Meaning*, New York: Washington Square Press, 1985.

———, *Psychotherapy and Existentialism*, New York: Simon & Schuster, 1967.

Voctor Farias, *Heidegger and Nazism*, Philadelphia: Temple University Press, 1989.

Voltaire, *Candide*, Hatier: Paris, 1968.

Walter Benjamin, 'Zentralpark', *Charles Baudelaire*, (tr). J. Lacoste, Paris: Payot, 1982.

William Hubben, *Dostoevsky, Kierkegaard, Nietzsche, and Kafka: Four Prophets of Our Destiny*, London: Collier-MacMillan Ltd., 1962.

Yuval Noah Harari, *Sapience: A Brief History of Humankind*, London: Vintage Books, 2011.

『改訂徒然草』, 今泉忠義 譯註, 角川書店, 平成12年.

E.H. カ-,『歴史とは何か』, 清木幾太郞 驛, 岩波書店, 1996.
米山俊直,『日本人の仲間意識』, 講談社, 1976.
柄谷行人,『日本情神分析』, 文藝春秋, 2002.
福田恆存, '仮面の告白について', 三島由紀夫,『仮面の告白』, 新潮社, 2010.
司馬療太郞 (外),『日韓 理解への道』, 中央公論社, 1987.
川端康成,『女であること』, 新潮社, 2014.

『소학』, 박정수 엮음, 청목사, 1994.
E. 렐프,『장소와 장소상실』, 김덕현 외 옮김, 논형, 2005.
E.O. 라이샤워,『일본 근대화론』, 이광섭 옮김, 소화, 1997.
G. 마르틴,『소크라테스 評傳』, 박갑성 옮김, 삼성미술문화재단, 1980.
H. D. 소로우,『시민의 반항』, 황문수 옮김, 범우문고, 1988.
J. 아다마르,『수학 분야에서의 발명의 심리학』, 정계섭 옮김, 범양사, 1990.
M. 존슨,『마음 속의 몸』, 노양진 옮김, 철학과현실사, 1987.
T.W. 아도르노 · M. 호르크하이머,『계몽의 변증법』, 김유동 옮김, 문학과지성사,
    1994.
가라타니 고진,『근대문학의 종언』, 조영일 옮김, 도서출판 b, 2006.
_____,『문자와 국가』, 조영일 옮김, 도서출판 b, 2011.
_____,『언어와 비극』, 조영일 옮김, 도서출판 b, 2004.
_____,『일본 근대문학의 기원』, 박유하 옮김, 민음사, 1993.
_____,『일본정신의 기원』, 송태욱 옮김, 이매진, 2003.
가와바타 야스나리,『伊豆の踊子』, 다락원, 1996.
가토 슈이치,『양의 노래』, 이목 옮김, 글항아리, 2015.
_____,『일본문화의 시간과 공간』, 박인순 옮김, 작은이야기, 2010.
강의숙,「원효의 공부론」,『공부론』, 예문서원, 2007.
강정주,『생활풍수 인테리어』, 미래출판기획, 2011.
강항,『간양록』, 이을호 옮김, 서해문집, 2005.
강희맹 외,『아름다운 우리 고전 수필』, 손광성 외 편역, 을유문화사, 2007.
거자오광,『이 중국에 거하라』, 이원석 옮김, 글항아리, 2012.
게오르그 짐멜,『게오르그 짐멜: 여성문화와 남성문화』, 가이 오크스 편역, 김희 옮
    김, 이화여대출판부, 1993.
_____,『짐멜의 모더니티 읽기』, 김덕영 · 윤미애 옮김, 새물결, 2005.
게오르그 크네어 · 아민 낫세이,『니클라스 루만으로의 초대』, 정성훈 옮김, 갈무
    리, 2008.
고은,『제주도, 그 전체상의 발견』, 일지사, 1976.

고트프리트 마르틴, 『소크라테스 평전』, 박갑성 옮김, 삼성문화미술재단, 1981.

괴테, 『시와 진실』, 김훈 옮김, 혜원출판사, 1999.

권헌익, 『베트남 전쟁의 유령들』, 박충환 외 옮김, 산지니, 2016.

권헌익 · 정병호, 『극장국가 북한』, 창비, 2013.

그램 질로크, 『발터 벤야민과 메트로폴리스』, 노명우 옮김, 효형출판, 2005.

긴다이치 하루히코, 『일본어 (上)』, 황광길 옮김, 소화, 1997.

吉川英治, 『미야모토 무사시』, 이영진 평역, 큰방, 1989.

김광규 편, 『카프카』, 문학과지성사, 1978.

김만중, 『서포만필 (상)』, 심경호 옮김, 문학동네, 2010.

――――, 『서포만필 (하)』, 심경호 옮김, 문학동네, 2010.

김명호, 『熱河日記 硏究』, 창작과비평사, 1990.

김봉렬, 『서원건축』, 대원사, 2006.

김상봉, 『서로 주체성의 이념』, 도서출판 길, 2007.

김상현, 『한국의 茶詩』, 민족사, 1997.

김영민, 『공부론』, 샘터, 2010.

――――, 『동무론: 인문연대의 미래형식』, 한겨레출판, 2008.

――――, 『봄날은 간다: 控除의 비망록』, 글항아리, 2012.

――――, 『비평의 숲과 동무공동체』, 한겨레출판, 2011.

――――, 『사랑, 그 환상의 물매』, 마음산책, 2004.

――――, 『산책과 자본주의』, 늘봄, 2007.

――――, 『세속의 어긋남과 어긋냄의 인문학』, 글항아리, 2011.

――――, 『손가락으로, 손가락에서』, 민음사, 1998.

――――, 『철학과 상상력』, 시간과공간사, 1992.

――――, 『컨텍스트로, 패턴으로』, 문학과지성사, 1996.

――――, 『탈식민성과 우리 인문학의 글쓰기』, 민음사, 1996.

김영하, 「표적이 빗나간 화살들이 끝내 명중한 곳에 대하여」, F. 스콧 피츠제럴드,
『위대한 개츠비』, 김영하 옮김, 문학동네, 2009.

김용운, 『일본인과 한국인의 의식구조』, 한길사, 1992.

김인환, 「산문의 철학」, 『문학과 사회』, 1997년 가을.

김재권, 『물리계 안에서의 마음』, 하종호 옮김, 철학과현실사, 1998.

金荃園 편, 『孔子傳』, 명문당, 1991.

김정설, 『風流情神』, 영남대학교출판부, 2009.

김준영, 『조선 후기 性笑話 선집』, 문학동네, 2010.

김충렬, 『남명 조식의 학문과 선비정신』, 예문서원, 2008.

김태준, 『홍대용』, 한길사, 1998.

김학현 편, 『能, 노의 고전 〈風姿花傳〉』, 열화당, 1991.

김화영 편, 『사르트르』, 고려대출판부, 1990.

나가이 가후, 『강 동쪽의 기담』, 문학동네, 2014.

───, 『게다를 신고 어슬렁어슬렁』, 정수윤 옮김, 정은문고, 2015.

───, 『묵동기담』, 박현석 옮김, 문예춘추사, 2010.

나카지마 아쓰시, 「호랑이 사냥」, 『식민지 조선의 풍경』, 최관·유재진 옮김, 고려
　　대학교출판부, 2007.

노르베르트 엘리아스, 『궁정사회』, 박여성 옮김, 한길사, 2003.

───, 『문명화 과정 1』, 박미애 옮김, 한길사, 2007.

───, 『죽어가는 자의 고독』, 김수정 옮김, 문학동네, 2012.

다나베 하지메, 『참회도(懺悔道)의 철학: 정토진종과 타력철학의 길』, 김승철 옮
　　김, 동연, 2016.

다다 미치타로, 『생활 속의 일본문화』, 김행원 옮김, 소화, 2002.

대니얼 C. 데닛, 『마음의 진화』, 이희재 옮김, 두산동아, 1996.

더글러스 러시코프, 『카오스의 아이들』, 김성기 외 옮김, 민음사, 1997.

데어드르 베어, 『시몬 드 보부아르』, 김석희 옮김, 웅진문화, 1991.

데이비드 보더니스, 『마담 사이언티스트』, 최세인 옮김, 생각의나무, 2006.

데즈먼드 모리스, 『털 없는 원숭이』, 김석희 옮김, 정신세계사, 1991.

드니 디드로, 『배우에 관한 역설』, 주미사 옮김, 문학과지성사, 2001.

딕 윌슨, 『周恩來, 중국혁명을 이끈 한 인간의 일대기』, 한영탁 옮김, 한길사,
　　1985.

라디스라우스 로보스, 「신─우리의 미래」, N. 쿠치키 엮음, 『현대의 神』, 진철승 옮
　　김, 범우사, 1996.

라이얼 왓슨, 『로미오의 실수』, 박문재 옮김, 인간사, 1992.

───, 『초자연: 우주와 물질』, 박문재 옮김, 인간사, 1992.

梁啓超, 『中國古典入門』, 이계주 옮김, 삼성문화재단, 1974.

레비스트로스, 『신화와 의미』, 임옥희 옮김, 이끌리오, 2000.

레온 트로츠키, 『배반당한 혁명』, 김성훈 옮김, 갈무리, 1995.

레이 몽크, 『루드비히 비트겐슈타인 2: 천재의 의무』, 남기창 옮김, 문화과학사,
　　2000

레이먼드 윌리엄스, 『기나긴 혁명』, 성은애 옮김, 문학동네, 2007.

레이몬드 B. 블레크니, 『마이스터 에크하르트』, 이민재 옮김, 다산글방, 1994.

로버트 펄먼, 『진화와 의학』, 김홍표 옮김, 지만지, 2015.

롭상라룽파, 『티벳 불교의 성자, 밀라레빠』, 이경숙 옮김, 불일출판사, 1988.

루돌프 옷토, 『성스러움의 의미』, 길희성 옮김, 분도출판사, 1987.

루스 베네딕트, 『국화와 칼』, 허준 옮김, 카푸치노문고, 2006.

루이 알튀세르, 『철학과 맑스주의: 우발성의 유물론을 위하여』, 서관모·백승욱 옮

김, 새길, 1996.

뤼스 이리가라이, 『나, 너, 우리: 차이의 문화를 위하여』, 박정오 옮김, 동문선, 1996.

뤼크 페리, 『파괴적 혁신』, 김보희 옮김, 글항아리, 2016.

르네 지라르, 『나는 사탄이 번개처럼 떨어지는 것을 본다』, 김진식 옮김, 문학과지성사, 2004.

르네 지라르, 『폭력과 성스러움』, 김진석 · 박무호 옮김, 민음사, 1997.

———, 『희생양』, 김진식 옮김, 민음사, 1998.

리 호이나키, 『正義의 길로 비틀거리며 가다』, 김종철 옮김, 녹색평론사, 2007.

李能和, 『朝鮮佛教通史』 下編, 新文館, 1918.

李泳禧, 『베트남 전쟁: 30년 베트남 전쟁의 전개와 종결』, 두레, 1985.

李瀷, 『藿憂錄』, 이익성 옮김, 한길사, 1992.

리처드 도킨스, 『이기적 유전자』, 홍영남 옮김, 을유문화사, 2006.

리처드 로티, 『미국 만들기: 20세기 미국에서의 좌파 사상』, 임옥희 옮김, 동문선, 2003.

———, 『우연성, 아이러니, 연대성』, 김동식 외 옮김, 민음사, 1996.

리처드 세넷, 『장인』, 김홍식 옮김, 21세기북스, 2010.

李滉, 『退溪 選集』, 윤사순 옮김, 현암사, 1993.

李孝德, 『표상공간의 근대』, 박성관 옮김, 소명출판, 2002.

마단 사럽, 『알기 쉬운 자끄 라깡』, 김해수 옮김, 백의, 1996.

마루야마 마사오, 『日本 政治 思想史 硏究』, 김석근 옮김, 통나무, 1995.

마루야마 마사오 · 가토 슈이치, 『번역과 일본의 근대』, 임성모 옮김, 이산, 2003.

마르셀 모스, 『증여론』, 이상률 옮김, 한길사, 2002.

마르틴 하이데거, 「현존재(現存在)의 가능한 전체 존재와 죽음을 향한 존재」, 정동호 외편, 『죽음의 철학』, 청람, 1987.

마르틴 하이데거, 『사유의 경험으로부터』, 신상희 옮김, 도서출판 길, 2012.

———, 『세계상의 시대』, 최상욱 옮김, 서광사, 1995.

———, 『형이상학의 근본 개념들』, 이기상 · 강태성 옮김, 까치, 2001.

마빈 해리스, 『작은 인간』, 김찬호 옮김, 민음사, 1995.

마샬 맥루한, 『미디어의 이해』, 박정규 옮김, 커뮤니케이션북스, 2001.

마아크 스로닐, 『도스토엡스키: 인간의 심연』, 전광용 옮김, 신구문화사, 1976.

마이스터 에크하르트, 『마이스터 에크하르트』, 레이몬드 B. 블레크니 엮음, 이민재 옮김, 다산글방, 1994.

마이클 셔머, 『과학의 변경지대』, 김희봉 옮김, 사이언스북스, 2005.

마틴 바인만, 『손이 지배하는 세상』, 박규호 옮김, 해바라기, 2002.

마틴 제이, 『변증법적 상상력』, 황재우 옮김, 돌베개, 1979.

집 중 과 영 혼

막스 베버, 『막스 베버 사상 선집(1)/ '탈주술화' 과정과 근대: 학문, 종교, 정치』, 전성우 옮김, 나남출판, 2002.

_____, 『유교와 도교』, 이상률 옮김, 문예출판사, 1990.

_____, 『직업으로서의 학문』, 이상률 옮김, 문예출판사, 1994.

모리스 블랑쇼 · 장-뤽 낭시, 『밝힐 수 없는 공동체/마주한 공동체』, 박준상 옮김, 문학과지성사, 2005.

墨子, 『墨子』, 김학주 역해, 명문당, 1977.

미나미 히로시, 『일본적 자아』, 서정완 옮김, 소화, 2015.

미르치아 엘리아데, 『대장장이와 연금술사』, 이재실 옮김, 문학동네, 1999.

_____, 『이미지와 상징』, 이재실 옮김, 까치, 1998.

미셸 드 세르토, 『루됭의 마귀들림: 근대 초 악마 사건과 타자의 형상들』, 이충민 옮김, 문학동네, 2013.

미셸 콜로, 『현대시의 지평구조』, 정선아 옮김, 문학과지성사, 2003.

미셸 푸코, 『감시와 처벌』, 오생근 옮김, 나남출판, 2003.

미우라 쿠니오, 『인간 주자』, 김영식 외 옮김, 창작과비평사, 1996.

밀란 쿤데라, 『농담』, 권재일 옮김, 벽호, 1993.

박병련 외, 『남명 조식, 칼을 찬 유학자』, 청계, 2001.

박성규, 서울경제신문, 2016년 6월 10일자.

박영주, 『송강 정철 평전』, 중앙 M&M, 1999.

박제가, 『궁핍한 날의 벗』, 안대회 옮김, 태학사, 2003.

_____, 『北學議』, 이익성 옮김, 한길사, 1992.

박찬국, 『하이데거와 나치즘』, 문예출판사, 2001.

발터 벤야민, 『독일 비애극의 원천』, 조만영 옮김, 새물결, 2008.

버트런드 러셀, 『서양의 지혜』, 이명숙 외 옮김, 서광사, 1990.

_____, 『게으름에 대한 찬양』, 송은경 옮김, 사회평론, 2005.

_____, 『나는 왜 기독교인이 아닌가』, 송은경 옮김, 사회평론, 2003.

번영로, 『酩酊四十年』, 범우사, 1994.

법정, 『말과 침묵』, 샘터, 2010.

_____, 『새들이 떠나간 숲은 적막하다』, 샘터, 2010.

베르나르 앙리 레비, 『사르트르 평전』, 변광배 옮김, 을유문화사, 2009.

베르너 좀바르트, 『사치와 자본주의』, 이상률 옮김, 문예출판사, 1997.

변광배, 『장 폴 사르트르, 시선과 타자』, 살림, 2006.

복거일, 『영어를 공용어로 삼자』, 삼성경제연구소, 2003.

볼프강 몸젠, 「막스 베버의 보편사관 및 정치사상」, 『마르크스냐 베버냐』, 강신준 · 이상률 편역, 홍성사, 1984.

빅터 프랭클, 『죽음의 수용소, 인간의 의미 탐구』, 정태시 옮김, 제일출판사, 1987.

참 고 문 헌

빈센트 반 고흐, 『고흐의 편지』, 홍순민 옮김, 정음사, 1974.

빌렘 플루서, 『디지털 시대의 글쓰기』, 윤종석 옮김, 문예출판사, 1998.

빌헬름 라이히, 『성혁명』, 윤수종 옮김, 새길, 2000.

———, 『오르가즘의 기능』, 윤수종 옮김, 그린비, 2005.

사빈 멜쉬오르, 『거울의 역사』, 윤진 옮김, 에코리브르, 2001.

사이 몽고메리, 『유인원과의 산책』, 김홍옥 옮김, 다빈치, 2001.

샐리 하비 리긴스, 『현장법사』, 신소연 외 옮김, 민음사, 2010.

서경덕, 『花潭集』, 김학주 외 옮김, 세계사, 1992.

서영채, 『아첨의 영웅주의: 최남선과 이광수』, 소명출판, 2012.

徐有英, 『錦溪筆談』, 宋淨民 외 옮김, 명문당, 1985.

서정주, 「서리 오는 달밤 길」, 『국화 옆에서』, 이남호 선(選), 민음사, 1997.

石鼎 엮음, 『내가 애송하는 禪偈』, 불일출판사, 1992.

셸리 테일러, 『보살핌』, 임지원 옮김, 사이언스북스, 2008.

순자, 『순자』, 을유문화사, 2001.

슈테판 츠바이크, 『에라스뮈스 평전』, 정민영 옮김, 아롬미디어, 2008.

스탕달, 『미완성의 〈레퀴엠〉: 모차르트』, 창우문화사, 1982.

슬라보예 지젝, 『당신의 징후를 즐겨라: 할리우드의 정신분석』, 주은우 옮김, 한나
래, 1997.

———, 『실재의 사막에 오신 것을 환영합니다』, 김희진 옮김, 자음과모음, 2011.

———, 『이데올로기라는 숭고한 대상』, 이수련 옮김, 인간사랑, 2002.

———, 『잃어버린 대의를 옹호하며』, 박정수 옮김, 그린비, 2010.

———, 『진짜 눈물의 공포』, 오영숙 옮김, 울력, 2004.

———, 『폭력이란 무엇인가: 폭력에 대한 6가지 성찰』, 이현우 외 옮김, 난장이,
2011.

시몬 베유, 『중력과 은총』, 윤진 옮김, 이제이북스, 2008.

시몬느 드 보봐르, 『위기의 여자』, 손장순 옮김, 문예출판사, 1984.

시몬느 뻬트르망, 『시몬느 베이유, 불꽃의 여자』, 강경화 옮김, 까치, 1978.

신영복, 『담론』, 돌베개, 2015.

아르놀트 하우저, 『문학과 예술의 사회사 4』, 백낙청·염무웅 옮김, 창작과비평사,
1999.

아비샤이 마갈릿, 『품위 있는 사회』, 신성림 옮김, 동녘, 2008.

아이리스 장, 『난징 대학살』, 김은령 옮김, 끌리오, 1999.

악셀 호네트, 『물화: 인정 이론적 탐구』, 강병호 옮김, 나남출판, 2006.

안재성, 『이현상 평전』, 실천문학사, 2007.

안토니오 다마지오, 『스피노자의 뇌』, 임지원 옮김, 사이언스북스, 2007.

알랭 바디우, 『윤리학』, 이종영 옮김, 동문선, 2001.

———, 『철학을 위한 선언』, 이종영 옮김, 백의, 1995.

알렉산드르 R. 루리야, 『모든 것을 기억하는 남자』, 박중서 옮김, 갈라파고스, 2007.

알렉시스 토크빌, 『구체제와 프랑스 혁명』, 이용재 옮김, 일월서각, 1989.

앙리 베르그송, 『도덕과 종교의 두 원천』, 송영진 옮김, 서광사, 1998.

앨런 소칼 · 장 브르크몽, 『지적 사기』, 이희재 옮김, 민음사, 2000.

야나기 무네요시, 『다도와 일본의 美』, 구마쿠라 이사오 엮음, 김순희 옮김, 소화, 2010.

양선규, 『시골무사, 삽살개에 대한 명상』, 지식공작소, 1999.

에드워드 W. 사이드, 『저항의 인문학: 인문주의와 민주적 비판』, 김정하 옮김, 마티, 2008.

에드워드 윌슨, 『통섭, 지식의 대통합』, 최재천 · 장대익 옮김, 사이언스북스, 2008.

에마누엘 레비나스, 『모리스 블랑쇼에 대하여』, 박규현 옮김, 동문선, 2003.

에밀 부르다레, 『대한제국 최후의 숨결』, 정진국 옮김, 글항아리, 2009.

엘리스 밀러, 『폭력의 기억, 사랑을 잃어버린 사람들』, 신홍민 옮김, 양철북, 2006.

엘리아스 카네티, 『구제된 혀』, 양혜숙 옮김, 심설당, 1982.

———, 『군중과 권력』, 반성완 옮김, 한길사, 1985.

엠마누엘 레비나스, 『시간과 타자』, 강영안 옮김, 문예출판사, 1996.

吳經熊, 『禪의 황금시대』, 류시화 옮김, 경서원, 1986.

오수양, 『천선정리(天仙正理)』, 석원태 옮김, 서림문화사, 1994.

오이겐 헤리겔, 『마음을 쏘다, 활』, 정창호 옮김, 걷는책, 2012.

왕용쿠안, 『혹형, 피와 전율의 중국사』, 김장호 옮김, 마니아북스, 1999.

요리토미 모토히로 · 나카무라 료오 외, 『밀교의 역사와 문화』, 김무생 옮김, 민족사, 1989.

요시다 겐코, 『도연초』, 송숙경 옮김, 을유문화사, 2000.

울리히 벡, 『지구화의 길』, 조만영 옮김, 거름, 2000.

울리히 벡 · 엘리자베트 벡-게른샤임, 『사랑은 지독한 그러나 너무나 정상적인 혼란』, 강수영 외 옮김, 새물결, 2002.

움베르토 에코, 『무엇을 믿을 것인가』, 이세욱 옮김, 열린책들, 2003.

위르겐 하버마스, 『아, 유럽』, 윤형식 옮김, 나남, 2011.

———, 『의사소통 행위이론 (1)』, 장춘익 옮김, 나남출판, 2006.

유달영 외, 『다석 유영모』, 무애, 1993.

유성룡, 『懲毖錄』, 남만성 옮김, 현암사, 1970.

유승훈, 『부산은 넓다』, 글항아리, 2013.

유협, 『文心雕龍』, 최동호 역편, 민음사, 1994.

참 고 문 헌

유홍준,『김정희』, 학고재, 2009.

―――,『화인열전 1』, 역사비평사, 2001.

윤노빈,『신생철학』, 제일출판사, 1974.

이기동,『이또오진사이, 일본사상의 대변자』, 성균관대학교출판부, 2000.

이덕무,『士小節: 韓國의 傳統禮節』, 김종권 옮김, 명문당, 1984.

―――,『책에 미친 바보: 이덕무 산문선』, 미다스북스, 2004.

이매뉴얼 월러스틴 외,『반체제운동』, 송철순·천지현 옮김, 창작과비평사, 1994.

이브 카스탕,「정치와 사생활」, 로제 샤르티에 편,『사생활의 역사 (3): 르네상스에
   서 계몽주의까지』, 이영림 옮김, 새물결, 2005.

이사야 벌린,『비코와 헤르더』, 이종흡·강성호 옮김, 민음사, 1997.

이삼성,『20세기의 문명과 야만』, 한길사, 1998.

이성복,『무한화서: 2002-2015 이성복 시론』, 문학과지성사, 2015.

이소마에 준이치,『죽은 자들의 웅성임』, 장윤선 옮김, 글항아리, 2016.

이이,『율곡집』, 김태완 옮김, 한국고전번역원, 2013.

이익,『星湖雜著』, 이익성 옮김, 삼성출판사, 1972.

이태,『남부군 (하)』, 두레, 1988.

이황,『退溪 選集』, 윤사순 역주, 현암사, 1993.

―指,『중관불교와 유식불교』, 세계사, 1992.

任繼愈,『中國哲學史』, 전택원 옮김, 까치, 1990.

임마누엘 칸트,『이성의 한계 안에서의 종교』, 신옥희 옮김, 이화여대출판부,
   2001.

임옥희,『젠더감정정치』, 여이연, 2016.

잠바티스타 비코,『이탈리아인 태고의 지혜』, 이원두 옮김, 동문선, 1996.

장 라플랑슈·장 베르트랑 퐁탈리스『정신분석사전』, 임진수 옮김, 열린책들,
   2005.

장 보드리야르,『소비의 사회』, 이상률 옮김, 문예출판사, 1991.

전경린,「낙원빌라」,『물의 정거장』, 문학동네, 2004.

정민,『한서 이불과 논어 병풍』, 열림원, 2000.

정약용,『유배지에서 보낸 편지』, 박석무 편역, 창작과비평사, 1991.

―――,『丁若鏞』, 이익성 편역, 한길사, 1992.

정영선,『다도철학』, 너럭바위, 1996.

정휴,『적멸의 즐거움』, 우리출판사, 2000.

정희진,『페미니즘의 도전』, 교양인, 2006.

제럴드 에덜먼,『뇌는 하늘보다 넓다』, 김한영 옮김, 해나무, 2014.

제인 구달,『제인 구달: 침팬지와 함께한 나의 인생』, 박순영 옮김, 민음사, 1996.

제임스 게일,『코리언 스케치』, 장문평 옮김, 현암사, 1977.

집 중 과 영 혼

제프리 클루거, 『옆집의 나르시시스트』, 구계원 옮김, 문학동네, 2016.

조너선 컬러, 『소쉬르』, 이종인 옮김, 시공사, 1998.

조동일, 『우리 학문의 길』, 지식산업사, 1995.

조르조 아감벤, 『아우슈비츠의 남은 자들』, 정문영 옮김, 새물결, 2012.

─────, 『유아기와 역사: 경험의 파괴와 역사의 근원』, 조효원 옮김, 새물결, 2010.

조르주 바타유, 『에로티즘』, 조한경 옮김, 민음사, 1989.

─────, 『저주의 몫』, 조한경 옮김, 문학동네, 2000.

조성래, 『마하시 사야도의 위빠사나 명상법』, 무량수, 2009.

조셉 콘라드, 『암흑의 핵심』, 이상옥 옮김, 민음사, 2003.

조용현, 『정신은 어떻게 출현하는가?』, 서광사, 1996.

조지 오웰, 『나는 왜 쓰는가』, 이한중 옮김, 한겨레출판, 2011.

존 네이피어, 『손의 신비』, 이민아 옮김, 지호, 1999.

존 러스킨, 『나중에 온 이 사람에게도』, 김석희 옮김, 느린걸음, 2007.

주겸지, 『중국이 만든 유럽의 근대』, 전홍석 옮김, 청계, 2003.

주디스 허먼, 『트라우마』, 최현정 옮김, 플래닛, 2007

줄리아 크리스테바 · 카트린 클레망, 『여성과 성스러움』, 임미경 옮김, 문학동네, 2002.

지그문트 프로이트, 『새로운 정신분석 강의』, 임홍빈 · 홍혜경 옮김, 열린책들, 2003.

지허, 『선방일기』, 여시아문, 2000.

진순신, 오자키 호츠키, 『영웅의 역사(10)』, 솔, 2000.

질 들뢰즈 · 펠릭스 가타리, 『천 개의 고원』, 김재인 옮김, 새물결, 2001.

초의, 『艸衣茶禪集』, 통광 역주, 불광출판사, 1996.

최대림, 『금강경』, 홍신문화사, 1990.

카를 마르크스, 『자본론 1 (상)』, 김수행 옮김, 비봉출판사, 2002.

카터 핍스, 『인간은 무엇이 되려 하는가』, 이진영 옮김, 김영사, 2016.

칸트, 『칸트의 교육학 강의』, 조관성 옮김, 철학과현실사, 2001.

칼 구스타프 융, 『무의식의 분석』, 권오석 옮김, 홍신문화사, 1991.

칼 세이건, 『에필로그』, 김한영 옮김, 사이언스북스, 2002.

칼 세이건 · 앤 드루얀, 『잃어버린 조상의 그림자』, 김동광 과학세대 옮김, 고려원미디어, 1995

케이트 밀레트, 『性的 政治學 (上)』, 정의숙 외 공역, 현대사상사, 2002.

켄 윌버, 『현대 물리학과 신비주의』, 공국진 · 박병철 옮김, 고려원미디어, 1990.

코린 맥러플린 · 고든 데이비드슨, 『새벽의 건설자들』, 황대권 옮김, 한겨레출판, 2005.

참 고 문 헌

크세노폰, 『소크라테스의 회상』, 최혁순 옮김, 범우사, 1988.

클라우디오 마그리스, 『다뉴브』, 이승수 옮김, 문학동네, 2015.

키에르케고르, 『불안의 개념』, 이명성 옮김, 홍신문화사, 1996.

테리 이글턴, 『포스트모더니즘의 환상』, 김준환 옮김, 실천문학사, 2000.

테오도르 아도르노, 『미니마 모랄리아: 상처받은 삶에서 나온 성찰』, 김유동 옮김, 도서출판 길, 2005.

──, 『부정변증법』, 홍승용 옮김, 한길사, 2003.

토마스 모어, 『유토피아』, 나종일 옮김, 박영사, 1977.

폴 데이비스, 『현대물리학이 탐색하는 신의 마음』, 과학세대 옮김, 한뜻, 1994.

폴 리쾨르, 『악의 상징』, 양명수 옮김, 문학과지성사, 1999.

푸코, 『자기의 테크놀로지』, 이희원 옮김, 동문선, 1997.

프란츠 카프카, 『城』, 김덕수 옮김, 홍신문화사, 1996.

프란츠 파농, 『검은 피부, 하얀 가면』, 이석호 옮김, 인간사랑, 1998.

프랑수아즈 지루, 『루 살로메』, 함유선 옮김, 해냄, 2006.

프레데리크 마르텔, 『스마트: 전 세계 디지털 문명의 현주소에 대한 보고서』, 배영란 옮김, 글항아리, 2016.

프로이트, 『일상생활의 정신병리학』, 이한우 옮김, 열린책들, 2012.

프리드리히 니체, 『이 사람을 보라』, 김태현 옮김, 청하, 2000.

──, 『즐거운 학문: 메시나에서의 전원시: 유고(1881년 봄~1882년 여름)』, 안성찬·홍사현 옮김, 책세상, 2005.

프리드리히 엥겔스, 『루트비히 포이어바흐와 독일 고전철학의 종말』, 양재혁 옮김, 돌베개, 1992.

프리모 레비, 『이것이 인간인가』, 이현경 옮김, 돌베개, 2011.

피에르 부르디외, 『구별짓기: 문화와 취향의 사회학 下』, 최종철 옮김, 새물결, 1995.

필 주커먼, 『신 없는 사회』, 김승욱 옮김, 마음산책, 2012.

한나 아렌트, 「여우 하이데거」, 『이해의 에세이 1930~1954』, 홍원표 외 옮김, 텍스트, 2012

──, 『인간의 조건』, 이진우·태정호 옮김, 한길사, 1996.

한병철, 『피로사회』, 김태환 옮김, 문학과지성사, 2012.

한비자, 『한비자』, 남만성 역주, 현암사, 1976.

한스 요나스, 『생명의 원리: 철학적 생물학을 위한 접근』, 한정선 옮김, 아카넷, 2001.

한스 큉, 『모차르트, 음악과 신앙의 만남』, 주도홍 옮김, 이레서원, 2000.

한형조, 『주희에서 정약용으로, 조선유학의 철학적 패러다임 연구』, 세계사, 1996.

허균, 『사찰 100美 100選』, 불교신문사, 2007.

허만하, 『낙타는 십리 밖 물냄새를 맡는다』, 솔, 2000.

허버트 마르쿠제, 『1차원적 인간, 부정』, 차인석 옮김, 삼성출판사, 1982.

헬렌 니어링, 『아름다운 삶, 사랑 그리고 마무리』, 이석태 옮김, 보리, 1997.

胡適, 『胡適文選』, 민두기 편역, 삼성문화재단, 1972.

홍대용, 『산해관 잠긴 문을 한 손으로 밀치도다: 홍대용의 북경 여행기 〈을병연행
록〉』, 김태준, 박성준 옮김, 돌베개, 2001.

黃榦, 『朱子行狀』, 강호석 옮김, 을유문화사, 1983.

찾아보기

찾 아 보 기

집중과 영혼
ⓒ 김영민

1판 1쇄 2017년 10월 10일
1판 2쇄 2020년 11월 23일

지은이 김영민
펴낸이 강성민
편집장 이은혜
마케팅 정민호 김도윤
홍보 김희숙 김상만 지문희 김현지

펴낸곳 (주)글항아리 | 출판등록 2009년 1월 19일 제406-2009-000002호

주소 10881 경기도 파주시 회동길 210
전자우편 bookpot@hanmail.net
전화번호 031-955-2696(마케팅) 031-955-1936(편집부)
팩스 031-955-2557

ISBN 978-89-6735-450-3 03100

글항아리는 (주)문학동네의 계열사입니다.

이 도서의 국립중앙도서관 출판예정도서목록(CIP)은 서지정보유통지원시스템 홈페이지(http://seoji.
nl.go.kr)와 국가자료종합목록 구축시스템(http://kolis-net.nl.go.kr)에서 이용하실 수 있습니다.
(CIP제어번호 : CIP2017023605)

잘못된 책은 구입하신 서점에서 교환해드립니다.
기타 교환 문의 031-955-2661, 3580

geulhangari.com